한 권으로 끝내는

스파르타 토익

NEW EDITION

700

LC&RC

English& 북스

한 권으로 끝내는

스파르타 토익
700
LC&RC
NEW EDITION

개정판 1쇄 발행 2019년 6월 5일
개정판 8쇄 발행 2023년 7월 7일

지은이 원정서, 피터, 박선영
펴낸이 박성호
펴낸곳 잉글리쉬앤 (주)

편 집 박고우니, 장서원
영업마케팅 여주형, 김성윤, 방성출, 박훈효, 조민형, 이달님, 강정구, 이진희, 조병운,
변중구, 정노을, 조예선, 조광민, 김정민, 최희성, 최인태, 윤종철, 엄주아,
이지은, 윤지원

주   소 서울 특별시 관악구 쑥고개로 67-1
대표전화 (02) 878-1945
출판등록 2002년 3월 3일 제 320-2002-00045호

ISBN 978-89-6715-127-0 13740

스파르타 토익 700 LC&RC
개정판을 내면서

2016년 첫 출간 이후 독자 여러분께 꾸준히 사랑을 받아온 토익 입문서 베스트셀러인 스파르타 토익 700 LC&RC가 새롭게 개정판을 출간합니다.

어떻게 하면 단기간에 토익 고득점에 꼭 필요한 내용만 효율적으로 학습할 수 있을까? 토익을 준비하는 모든 수험생들의 한결같은 질문일 것입니다.

이미 많은 고득점자들이 증명한 대로 토익은 단기간에 집중적으로 공부해서 끝내야 합니다. 토익은 한정된 유형이 반복 출제되기 때문에 무엇을 어떻게 학습하는지가 고득점의 관건이라고 할 수 있습니다.

스파르타 토익 700 개정판은 기출 문제를 기반으로 토익 입문자가 효율적으로 목표 점수에 도달할 수 있도록 안내하는 기본 전략서입니다. 본 교재에는 저자진이 15년 이상 현장에서 집중 훈련을 통해 고득점자를 배출한 전략 및 노하우가 모두 응축되어 있습니다. 또한 영어의 기본기를 다지고 효과적인 학습을 할 수 있도록 꼭 필요한 내용만 실었습니다. 토익 유형을 완벽히 분석하여, 이에 맞는 문제풀이 전략과 다양한 실전 문제들로 구성하였습니다.

토익 공부를 어떻게 시작해야 할지 막막한 학습자, 목표 점수가 나오지 않아 고민인 학습자들을 위해, 스파르타 토익 700 개정판이 토익 고득점으로 향하는 지름길을 제시하고자 합니다. 그리고 그 길을 함께 하며 여러분을 항상 응원하겠습니다.

Contents

LC

PART 1

PART 2

PART 3

PART 4

RC

PARTS 5&6

PART 7

토익 소개

토익이란?

Test Of English for International Communication의 약자로, 영어가 모국어가 아닌 사람들의 일상생활이나
국제업무 등에 필요한 실용 영어 능력을 평가하는 국제 평가 시험

▶ 시험 구성

구성	Part	유형		문항 수	시간	배점
듣기(LC)	1	사진 묘사		6		
	2	질의 응답		25		
	3	대화문		39	100	45분	495점
	4	담화문		30			
읽기(RC)	5	단문 공란 채우기		30			
	6	장문 공란 채우기		16	100	75분	495점
	7	지문 독해	단일 지문	29			
			복수 지문	25			
TOTAL	7 Parts			200문항	120분	990점

▶ 시험 내용

Part	유형	유형 내용
1	사진 묘사	제시된 사진을 알맞게 설명하는 보기 고르기
2	질의 응답	질문을 듣고 알맞은 대답 고르기
3	대화문	대화를 듣고 질문에 알맞은 내용 고르기
4	담화문	담화를 듣고 질문에 알맞은 내용 고르기
5	단문 공란 채우기	빈칸에 맞는 내용을 골라 문장 완성하기
6	장문 공란 채우기	빈칸에 맞는 내용을 골라 장문 완성하기
7	지문 독해	단일 지문 또는 이중 · 삼중 지문을 읽고 문제에 맞는 내용 고르기

접수 방법은?

▶ 한국 토익 위원회 사이트 혹은 앱으로 접수 ➔ www.toeic.co.kr
▶ 인터넷 접수할 때 시험일, 고사장, 개인 정보 등을 입력 (증명사진 필요)
　※ 접수 마감일 이후 추가 접수일에 접수 시 추가 비용 발생

응시 준비물은?

▶ 규정 신분증 (주민등록증, 운전면허증, 기간 만료 전의 여권, 중고등학생만 학생증 인정)
▶ 연필, 지우개 (볼펜이나 사인펜은 사용 금지)
▶ 아날로그 시계 (전자 시계 불가)

시험 진행은?

▶ **시험 시간이 오전일 경우** 오전 9:20까지 입실 (오전 9:50 이후 입실 불가)
▶ **시험 시간이 오후일 경우** 오후 2:20까지 입실 (오후 2:50 이후 입실 불가)

오전 시험	오후 시험	시험 진행
오전 9:30 ~ 9:45 (15분)	오후 2:30 ~ 2:45 (15분)	답안지 작성에 관한 오리엔테이션
오전 9:45 ~ 9:50 (5분)	오후 2:45 ~ 2:50 (5분)	수험자 휴식 시간
오전 9:50 ~ 10:05 (15분)	오후 2:50 ~ 3:05 (15분)	신분 확인
오전 10:05 ~ 10:10 (5분)	오후 3:05 ~ 3:10 (5분)	문제지 배부, 파본 확인
오전 10:10 ~ 10:55 (45분)	오후 3:10 ~ 3:55 (45분)	듣기 평가(LC)
오전 10:55 ~ 12:10 (75분)	오후 3:55 ~ 5:10 (75분)	읽기 평가(RC)

※ 읽기 평가(RC) 시간에 2차 신분 확인 실시

성적 확인은?

▶ 시험일로부터 약 2주 후에 토익 위원회 사이트(www.toeic.co.kr)에서 확인 가능
▶ 온라인 출력과 우편 수령은 1회 무료, 이후에는 유료 발급

PART 1

사진 묘사 〈 6문제

파트 1은 4개의 보기 중에서 사진을 가장 잘 묘사하는 보기를 고르는 문제이다. 총 6문제가 출제되며, 인물 및 사물/풍경 사진 등 다양한 유형들이 등장한다.

| 핵심 전략 |

+ 사진 유형별로 자주 출제되는 어휘와 표현들을 익힌다.

+ 난이도가 높은 경우 주어가 사물인 보기가 자주 등장하므로 수동태, 현재완료 수동태, 수동태 진행형과 같은 문법을 완벽하게 숙지한다.

+ 오답 소거법을 통해 사진을 완벽하게 묘사한 보기가 아닌, 그 중 정답에 가장 가까운 Best Answer를 고르도록 훈련한다.

+ 유사 발음, 연상 어휘 등을 이용한 오답이나, 사람과 사물의 상태 및 동작을 잘못 묘사하는 오답들이 자주 등장한다.

| 문제 형태 |

1

Look at the picture marked number one in your test book.

(A) She is cleaning her desk.
(B) She is sharpening a pencil.
(C) She is filing some papers.
(D) She is holding a phone.

PART 2

질의 응답 ◄ 25문제

파트 2는 3개의 보기 중에서 질문에 적절한 응답을 고르는 파트이다. 문항 수는 총 25개로, 의문사 의문문, Yes/No 의문문이 출제된다.

| 핵심 전략 |

- ➕ 질문의 앞부분을 집중해서 듣고 질문 유형을 파악하는 연습을 한다.
- ➕ 의문사 의문문은 가장 자주 출제되는 유형으로, 답변 패턴이 정해져 있다. 의문사별로 정답 유형을 숙지해 두자.
- ➕ 평서문은 답변 패턴이 정해져 있지 않아서 어렵게 느껴질 수 있다. 오답 소거법을 이용하여 보기 중 가장 적절한 응답을 고르면 정답을 쉽게 찾을 수 있다.
- ➕ 유사 발음 어휘, 질문의 단어 반복 등을 이용한 보기가 오답으로 자주 등장하므로 이를 주의하여 정답을 골라야 한다.

| 문제 형태 |

7 Mark your answer on your answer sheet.

How much longer do you need on this project?

(A) About ten pages long.
(B) Roughly half an hour.
(C) The project was successful.

PART 3

대화문 39문제

파트 3는 2~3명이 나누는 대화를 듣고 이와 관련된 3개의 문제를 푸는 파트이다. 총 39문제가 출제되며, 3인 대화가 1~2세트 출제된다. 화자 의도 파악 문제와 시각 자료 연계 문제가 각각 2~3세트 출제된다.

| 핵심 전략 |

+ 대화를 듣기 전에 문제를 먼저 읽고, 키워드를 파악한 후 그 부분을 집중적으로 듣는 훈련을 하자.

+ 첫 번째 문제는 주로 주제나 장소, 신분에 관한 문제로, 정답의 단서가 대화 초반에 나오므로 처음 부분을 놓치지 않고 들어야 한다.

+ 의도 파악 문제는 먼저 제시된 표현을 확인하고, 음성을 들으면서 해당 표현이 나올 때까지 문맥을 정확히 파악해야 한다.

+ 표나 송장, 지도 등의 다양한 시각 자료가 출제되며, 미리 시각 자료를 읽고 지문의 내용을 예측해 본다. 또한, 시각 자료와 음성을 연계하여 정보를 파악하는 능력을 길러야 한다.

+ 3인 대화에서 화자는 국적에 따라 발음이 구분되므로, 미국, 영국, 호주 등의 다양한 발음에 익숙해지도록 연습한다.

| 문제 형태 |

🔍

32 What does the woman imply when she says, "I got one for my friend"?

(A) She is inviting the man to meet her friend.
(B) Her friend is the same size with his wife.
(C) She is willing to pay for the product.
(D) She is emphasizing it's a good product.

▶

Questions 32 through 34 refer to the following conversation.

M: Hi, I'm looking for a birthday present for my wife. I think she'd like one of these sweaters, but do you have any in a smaller size?

W: I'm pretty sure everything we have is out here on the display table. But I can check the stockroom in the back if you'd like.

M: Thanks, that'll be great. You know they look perfect for early spring. Light, but warm. You can wear them indoors or outdoors.

W: That's right. I got one for my friend who wears it a lot, so I'm sure your wife would love one. And we're selling them for 30% off this week.

M: That's good to know. I hope you have one in my wife's size.

PART 4

담화문 [30문제]

파트 4는 담화를 듣고 이와 관련된 3개의 문제를 푸는 파트이다. 총 30문항이 출제되며, 녹음 메시지나 공지, 뉴스 등이 주로 출제된다. 파트 3와 마찬가지로, 화자 의도 파악 문제와 시각 자료 연계 문제가 등장한다.

| 핵심 전략 |

✦ 담화를 듣기 전에 문제를 먼저 읽고, 키워드를 파악한 후 그 부분을 집중적으로 듣는 훈련을 하자.

✦ 첫 번째 문제는 주로 주제나 장소, 신분에 관한 문제로, 정답의 단서가 담화 초반에 나오므로 처음 부분을 놓치지 않고 들어야 한다.

✦ 의도 파악 문제는 파트 3와 달리 한 사람의 담화이므로 문맥의 흐름을 더 쉽게 파악할 수 있다. 따라서 담화의 전반적인 문맥 흐름을 이해하고, 해당 문장의 앞뒤 상황을 정확히 파악하도록 하자.

✦ 표나 송장, 지도 등의 다양한 시각 자료가 출제되며, 미리 시각 자료를 읽고 지문의 내용을 예측해 본다. 또한, 시각 자료와 음성을 연계하여 정보를 파악하는 능력을 길러야 한다.

| 문제 형태 |

🔍

Tour Schedule	
Garden Tour	10:00 A.M.
Lunch	Noon
Museum Visit	1:30 P.M.
Theater Performance	4:00 P.M.

98 Look at the graphic. What time is this talk most likely being given?

(A) At 10:00 A.M.
(B) At noon
(C) At 1:30 P.M.
(D) At 4:00 P.M.

▶

Questions 98 through 100 refer to the following talk and list.

Can I have everyone's attention at the front of the bus? I hope you enjoyed your lunch at Restaurant Baron. As I mentioned earlier, it first opened in 1880 and has been operating longer than any other restaurants in Charlestown. Now, if you look out the window on your right, you'll see the National Museum of History and according to our schedule, we're right on time. We'll be spending about 2 hours here. I'll pass out the brochures with the information about the permanent and temporary exhibits you'll be seeing today. We'll meet again at the main entrance at 3:30 for our next schedule. Enjoy yourselves.

PART 5

단문 공란 채우기 `30문제`

파트 5는 문장 안에 있는 빈칸에 적절한 단어나 어구를 채워 넣는 파트이다. 총 30문항이 출제되며, 문법 문제와 어휘 문제가 등장한다. 문제 유형에 따라 풀이 방식이 다르므로 이를 가장 먼저 파악하는 것이 중요하다.

| 핵심 전략 |

+ 문제를 풀기 전, 보기를 통해 문제 유형을 파악하는 연습을 한다.
+ 문법 문제는 문장 구조나 빈칸 주변의 문법을 통해 문제를 풀어야 한다. 문법 문제를 단시간에 풀기 위해서 명사, 동사, 형용사 등의 기본적인 문법을 확실히 익혀 두도록 하자.
+ 어휘 문제는 해석을 통해 문맥에 가장 적절한 단어를 선택해야 한다. 가능한 한 많은 어휘를 암기하고, 예문을 통해 어휘가 어떻게 사용되는지를 이해하자.
+ 자주 함께 쓰이는 단어 및 표현들을 숙지하여 빠른 시간 내에 문제를 풀어야 한다.

| 문제 형태 |

101 Sky Motors offers a variety of training programs to help enhance ------- in the workplace.

(A) productivity
(B) produce
(C) productive
(D) productively

102 The fundraising event recorded such high ------- that the proceeds will be higher than expected.

(A) representative
(B) consultation
(C) safety
(D) attendance

PART 6

장문 공란 채우기 16문제

파트 6는 지문 안에 있는 4개의 빈칸에 알맞은 보기를 선택하는 파트이다. 문법, 어휘, 문장을 넣는 문제가 등장하며, 총 16문항이 출제된다. 문맥에 맞는 문장을 고르는 문제는 각 지문마다 1개씩 출제된다.

| 핵심 전략 |

- ✚ 전체 문맥을 이해해야 풀 수 있는 문법 및 어휘 문제가 나오므로 지문의 흐름을 놓치지 않는 것이 중요하다.
- ✚ 빈칸에 알맞은 문장을 넣는 문제는 빈칸 앞뒤와 전체 맥락을 파악하여 정답을 골라야 하므로 전반적인 독해력을 늘려야 한다.
- ✚ 지문을 읽으면서 흐름상 다음에 나와야 할 내용을 예측하면 정답을 쉽게 찾을 수 있다.

| 문제 형태 |

Questions 135-138 refer to the following notice.

Important Notice about Hatter Industries

Please note that the contact information for Hatter Industries changed on March 21.
Due to the closure of our Dabbley office and the ------- of our operations in Buena,
135
all correspondence concerning our products and services should now be sent to the
following address: Hatter Industries, 642 Mandela Lane, Buena, CA.
Our employees' e-mail addresses, as well as our Web site's address,
www.hatterindustries.com, remain -------.
136
However, we are still waiting for our new telephone and fax numbers. ------- will be
137
updated on our Web site as soon as the new numbers are assigned as of March 25.
-------.
138

---

135 (A) decision
(B) relocation
(C) suspension
(D) result

136 (A) assigned
(B) even
(C) formal
(D) unchanged

137 (A) Yours
(B) Another
(C) These
(D) Theirs

138 (A) We apologize for any inconvenience and thank you for your understanding.
(B) Refer to the side of the packet for full details of instructions before applying.
(C) Her office location will also remain the same.
(D) For more information about the forthcoming event, visit www.lizard.org.br/events.

지문 독해 ◀ 54문제

파트 7은 지문을 읽고 지문과 관련된 문제 2~5개를 푸는 파트이다. 총 54문항이 출제되며, 지문은 편지, 문자 메시지, 광고, 공지문 등 다양한 유형으로 나온다. 단일 지문 10개, 이중 지문 2개, 삼중 지문 3개의 세트가 등장한다.

| 핵심 전략 |

- ✚ 지문의 종류와 제목, 키워드를 파악하여 내용을 미리 예측하고 정답 단서를 찾는다.
- ✚ 지문의 단서가 보기에는 다르게 패러프레이징될 수 있으므로, 단어를 암기할 때 동의표현을 함께 익힌다.
- ✚ 복수 지문에서는 2개 이상의 지문을 연계하여 풀어야 하는 문제들이 출제되므로, 지문간의 관계를 파악하는 연습을 해야 한다.

| 문제 형태 |

Questions 162-164 refer to the following advertisement.

ACCOUNT SERVICE DIRECTOR WANTED

A leading financial service bank is looking for an account services director. —[1]—. He or she will be responsible for reclassifying income payment to ensure the accurate reporting of tax payments. —[2]—. Validating tax related information, determining reclassification amounts, processing reclassifications using various internal systems, and performing quality-control checks relevant to all tax-reporting processes will be some of the other responsibilities. —[3]—. In order to qualify, the candidate must have a college degree and previous tax or brokerage experience along with strong analytical skills. —[4]—.

If you are interested, please send your résumé to:

Rosabeth Moss Kanter / Lawrence Financial, Inc.
985, Andrew Park Avenue / Houston, TX 48954

---

162 What position is being advertised?

(A) Public official
(B) Real estate agent
(C) Accountant
(D) Financial consultant

163 Which of the following is required for the position?

(A) Communication skills
(B) A license approved by a related organization
(C) Background knowledge of Lawrence Financial, Inc.
(D) A college education

164 In which of the positions marked [1], [2], [3], and [4] does the following sentence best belong?

"They must also be able to work overtime and weekends when required."

(A) [1]
(B) [2]
(C) [3]
(D) [4]

학습 플랜

> 2주 완성

		Day 1	Day 2	Day 3	Day 4	Day 5
1 week	RC	기본기 다지기, UNIT 01-02	UNIT 03-05	UNIT 06-07	UNIT 08-10	UNIT 11-12
	LC	기본기 다지기, UNIT 01-02		UNIT 03-06		UNIT 07-09
2 week	RC	UNIT 13-14	UNIT 15-17	UNIT 18-19	UNIT 20-21	UNIT 22
	LC	UNIT 10-12		UNIT 13-15		UNIT 16-17

> 4주 완성

	Day 1	Day 2	Day 3	Day 4	Day 5
	RC	LC	RC	LC	RC
1 week	RC 기본기 다지기, UNIT 01	LC 기본기 다지기, UNIT 01-02	UNIT 02-03	UNIT 03-05	UNIT 04-05
2 week	UNIT 06-07	UNIT 06-07	UNIT 08-09	UNIT 08-09	UNIT 10-11
3 week	UNIT 12-13	UNIT 10-11	UNIT 14-15	UNIT 12-13	UNIT 16-17
4 week	UNIT 18-20	UNIT 14-15	UNIT 21	UNIT 16-17	UNIT 22

※ 집중 학습을 위해 추가 학습 자료(books.english.co.kr)와 빈출 어휘(p.306~)를 활용하시길 추천합니다.

LC

PART 1

📝 미국식 발음 VS. 영국식 발음 비교

실제 비즈니스 세계에서 사용되는 다양한 국적의 영어 발음이 토익 시험에 등장한다. 정확하게 말하면 미국, 영국, 호주, 캐나다식 영어 악센트가 나온다. "미국식 영어도 안 들리는데 이 많은 영어 발음은 또 어떡하지?" 라고 생각하며 섣불리 겁먹지 말자. 가장 많이 나오는 미국식 발음 위주로 미국(캐나다 발음 유사), 영국(호주 발음 유사) 발음을 비교하면서 차근차근 익혀 나가면 단숨에 정복할 수 있다.

✏️ LISTENING POINT **1** 모음의 다른 발음

• a 발음: 미국은 '애', 영국은 '아'   LP_18_1 🇬🇧 🇺🇸

알파벳 a는 대부분의 자음 뒤에서 미국식 발음은 [æ]로, 영국식 발음은 [ɑ]로 발음된다. 물론 어휘에 따라 미국식 발음도 [ɑ]로 되는 경우가 있지만 우리는 미국과 영국의 발음이 다른 경우에 집중한다.

어휘	미국식 발음	영국식 발음
staff 직원(들)	스태프	스타프
plant 공장, 화초, 심다	플랜트	플란트
pass 지나가다, 통과하다	패스	파스
path 길	패스[θ]	파스[θ]
half 반	해프	하프
ask and answer 묻고 대답하다	애스크 앤 앤써ㄹ	아스크 앤 안써

• o 발음: 미국은 '아', 영국은 '오'   LP_18_2 🇬🇧 🇺🇸

알파벳 o는 미국식 발음에서는 입을 크게 벌리고 [ɑ] 발음에 가깝게 나오는데 반해서 영국식 발음은 철자 그대로 [o]로 발음한다.

어휘	미국식 발음	영국식 발음
body 몸, 신체	바디	보디
opera 오페라	아퍼러	오퍼러
box 박스	박스	복스
bottle 병	바를	보틀
boss 상사	바스	보스
copy 복사하다, ~부/~권(단위)	카피	코피

✏️ LISTENING POINT 2 자음의 다른 발음

▪ t 발음: 미국은 약하게, 영국은 세계

LP_19_1 🇬🇧 🇺🇸

미국식 발음은 강하게 발음하지 않기 때문에 t 발음이 d나 r로 변환되거나 '응'과 같이 소리가 막힌 느낌이 난다. 영국식 발음은 정확하게 발음하므로 초보는 발음을 변환하고 생략하는 미국식 발음에 먼저 집중하도록 하자.

어휘	미국식 발음	영국식 발음
item 물건, 상품	아이럼	아이템
battery 전지	배러리	배터리
international 국제적인	이너내셔널	인터내셔널
automatic 자동의	오로매릭	오토매틱
written 쓰다(write의 과거분사형)	리튼	리튼
button 단추, 단추를 채우다	버른	버튼

▪ r 발음: 미국은 세게, 영국은 약하게

LP_19_2 🇺🇸 🇬🇧

미국식 발음의 가장 큰 특징이 r을 발음할 때 혀를 말아서 목구멍 깊숙한 곳에서 소리를 내는 것이다. 영국식 발음은 이에 비해 r 발음이 훨씬 약하거나 발음이 되지 않는 경우가 대부분이다. 토익 초보는 발음이 까다로운 미국식 발음을, 미국식 발음에 익숙한 학생은 영국식 발음을 집중해서 듣자.

어휘	미국식 발음	영국식 발음
cart 카트, 수레	카아ㄹ트	카트
park 공원	파아ㄹ크	파크
paper 종이, 신문, 서류	페이퍼ㄹ	페이퍼
board 판, 흑판, 이사회	보오ㄹ드	보드
reporter 리포터, 기자	리포오ㄹ러	리포터
important 중요한	임포오ㄹ턴트	임포턴트

▪ 꼭 알아 두어야 할 특이한 미국식/영국식 발음 비교

LP_19_3 🇬🇧 🇺🇸

어휘	미국식 발음	영국식 발음
schedule 일정	스케쥴	쉐쥴
water 물	워러	워터
garage 차고, 수리점	거라쥐	개리쥐
advertisement 광고	애드버ㄹ타이즈먼트	어드버티스먼트
I can do it (긍정) ~할 수 있다	아이 캔 두 잇	아이 칸 두 잇
I can't do it (부정) ~할 수 없다	아이 캔트 두 잇	아이 칸트 두 잇

✏️ PART 1의 유형과 구성

▪ PART 1은?

제시된 사진을 영어로 표현한 선택지 (A), (B), (C), (D) 중에서 가장 적합한 것을 고르는 파트다. 다른 파트에 비해 음성의 속도가 느려서 얼핏 쉽다고 생각할 수 있다. 하지만 "사진 묘사"라는 분야를 평소에 접해 보지 못한 수험생들이 많기 때문에 사진을 묘사하는 어휘와 시제를 파악해 둬야 한다.

▪ PART 1 구성은?

총 6문제로, 1번부터 6번까지 출제된다. 단순히 인물의 행동을 묘사하는 표현이 정답이 되는 경우도 꽤 있지만, 그림의 세부적인 부분이나 다소 난해한 표현이 정답이 되는 경우도 있다. 소위 "Best Answer(그 중 가장 좋은 표현) 고르기"라는 소거법으로 풀어야 할 난이도 높은 문제도 있다.

▪ PART 1 사진 유형

◆ 인물 사진

(1인 사진)

(2인 사진)

(복수 인물 사진)

◆ 풍경[사물] 사진

(사물 사진)

(풍경 사진)

(특정 풍경_기차역)

📝 PART 2의 유형과 구성

- **PART 2는?**

  질문을 듣고 연이어 나오는 3개의 답변 중에 가장 적합한 하나를 고르는 파트다. 그림이나 글을 읽고 음원을 듣는 다른 파트에 비해, 백프로 청취에만 의존해서 정답을 골라야 한다. 토익 초보자가 가장 어려워하는 파트이기도 하며, 관용적인 표현이 정답이 되는 경우도 많아 고득점자들도 어려워하는 파트다.

- **PART 2 구성은?**

  총 25문제로, 7번에서 31번까지 출제된다. 의문사 의문문은 정답 유형을 암기해서 풀 수 있지만, Yes/No 의문문인 긍정/부정의문문과 평서문이 등장하기 때문에 정답 위주로만 공부해서는 고득점을 받기 힘들다. 본 교재를 통해 정답은 물론 주어진 3개의 선택지에서 "Best Answer(그 중 가장 덜 틀린 대답)"를 고르는 훈련을 반복하면 PART 2 에서 고득점을 달성할 수 있다.

- **PART 2 질문 및 정답 유형**

  ◆ **의문사 의문문**

  ① **Who/Where 의문문:** 정체/장소를 표현하는 어휘를 암기한다.
  ② **When 의문문:** 과거/미래 시점 어휘를 구분해서 암기한다.
  ③ **How 의문문:** 다양한 How 연결 구문을 분류해서 암기한다.
  ④ **What 의문문:** 가장 난이도가 높아 암기만으로는 풀 수 없다.
  ⑤ **Which 의문문:** 출제 빈도는 낮지만 선택 관련 어휘를 암기한다.

  ◆ **Yes/No 의문문**

  ① **긍정의문문 :** Yes/No로 답하는 법을 익힌다.
  ② **부정[부가]의문문:** 질문하는 사람의 의견을 감안해서 Yes/No로 대답한다.
  ③ **선택의문문:** 2개 중에 선택하는 법을 분류해 암기한다.
  ④ **권유[청유]형:** 질문하고 답하는 사람의 인칭을 확인한다.
  ⑤ **평서문:** 주어진 정보에 대해 다양하게 반응하는 법을 익힌다.

📝 PART 3의 유형과 구성

▪ **PART 3는?**

2~3명이 나누는 짧은 대화를 듣고 이와 관련된 세 문제의 정답을 고르는 파트다. 귀로는 녹음을 듣고, 눈으로는 시험지의 문제와 보기, 표/그래프까지 파악해야 하기 때문에 부담스러운 파트이기도 하다. 하지만 문제를 미리 읽고 요점을 정확하게 파악하는 훈련과 "문제&녹음"을 매칭하는 훈련을 통해 초보자도 비교적 빨리 고득점을 얻을 수 있다.

▪ **PART 3 구성은?**

총 39문제로, 32번부터 70번까지 출제된다. 3개짜리 문제가 무려 13세트가 등장해서 LC 전체에서 가장 많은 비율을 차지한다. 토익 초보자는 PART 3에서 문제를 읽느라 녹음을 듣지 못하거나, 녹음을 집중해서 듣느라 문제를 제대로 읽지 못하는 경우가 있다. 하지만 청취를 완벽하게 하지 못해도 시험에 자주 나오는 문제 유형을 익히고 녹음에서 필요한 정보를 선별해서 듣는 훈련을 한다면 정답을 고르는 것이 훨씬 수월해진다.

▪ **PART 3 예제 (시각 자료 관련)**

① 음원이 나오기 전에 문제를 파악한다.

Itinerary for Jennifer Anderson

Destination	Dates	Duration
Paris	Mar 2nd	2 days
London	Mar 4th	3 days
Liverpool	Mar 7th	2 days
Total		7 days

② 문제의 키워드를 체크한다.

32. What are the speakers discussing?
▶ General Question

33. Look at the graphic. How long will the woman stay at the place for the convention?
▶ Specific Question : 문제와 시각 자료를 동시에 확인!

34. What does the man suggest?
▶ Specific Question : 문제 순서대로 단서 등장!

③ 음원을 들으면서 동시에 정답을 체크한다.

Questions 32-34 refer to the following conversation and list.

M Hi. ³²**Has your travel itinerary been finalized for the upcoming convention** in London?

W Yes, I just got it. Let me see. I know I have to stop by in Paris for two days before heading up to London for the convention. But, ³³**oh, no, I need one more day in Liverpool before coming back.** – 중략 –

M ³⁴**You should call the travel agent who gave you the itinerary right away.** – 중략 –

✏️ PART 4의 유형과 구성

• PART 4는?

하나의 담화를 듣고 이와 관련된 세 문제의 정답을 고르는 파트다. PART 3와 다르게 문장의 길이가 길고 한 사람의 목소리만 들리기 때문에 초보 수험생들이 집중하기 힘든 파트이기도 하다. PART 3와 마찬가지로 다양한 문제 유형에 표/그래프 등의 시각 자료가 추가되어 출제된다. 본문이 난해하고 문제도 복잡하지만 고득점을 위해 문제를 정확하게 파악하고 "문제&녹음"을 매칭하는 훈련을 하는 것이 중요하다.

• PART 4 구성은?

총 30문제로, 71번부터 100번까지 출제된다. LC 파트에서는 문제를 읽고 음원과 매칭해서 푸는 PART 3&4가 총 100문제 중 약 70프로를 차지한다. PART 3&4를 정복하지 않고서는 고득점을 달성할 수 없으므로 기출 문제 유형을 통한 연습과 속도 훈련이 매우 중요하다. 또한 유사한 주제(TOPIC)의 지문과 문제가 반복되어 출제되므로 미리 대비가 가능하다. 기본적인 어휘/구문을 익히면서 주제에 따라 지문/문제/정답 표현을 정리하고 실전 연습도 하자.

• PART 4 예제 (화자 의도 관련)

① 음원이 나오기 전에 문제를 파악한다.

③ 음원을 들으면서 동시에 정답을 체크한다.

② 문제의 키워드를 체크한다.

71. What field does the speaker most likely work in?
▶ General Question

72. What does the speaker imply when she says, "I need to update the client on this by tomorrow"?
▶ Specific Question : 앞뒤 문맥 파악!

73. What will the company do for some employees?
▶ Specific Question : 문제 순서대로 단서 등장!

Questions 71-73 refer to the following announcement.

Gather around, everyone. **71 I have an important announcement before we continue work on the construction project today.** – 중략 – You can sign up for overtime shifts in my office. **72 I need to update the client on this by tomorrow.** Thanks for all your hard work. **73 And for those of you who agree to work on the weekends, lunch will be provided.**

SPARTA 📝 전략

동사를 무식하게 외우고 듣자!

사람이나 풍경을 묘사하려면 행동과 상태를 표현하는 '동사'를 알아야 한다. 주어의 행동과 상태를 나타내는 동사를 암기하는 것이 Part 1 고득점의 기초라 할 수 있다.

📝 POINT ❶

- **사진의 행동과 상태를 동사와 연계해서 암기하자!**

  ① '행동 동사'를 알아야 인물의 행동을 묘사할 수 있다.

  ② '상태 동사'와 수동태를 알아야 풍경이나 사물의 상태를 묘사할 수 있다.

| 예제 1 | 인물 사진 | | U01_24_1 🏴󠁧󠁢 🇺🇸 |

(A) A worker <u>is raking</u> the soil. (O)
일꾼이 흙을 (갈퀴로) 긁고 있다.

(B) A lawn <u>is being mowed</u>. (X)
잔디가 깎이고 있다.

(C) Some gardeners <u>are trimming</u> bushes. (X)
정원사들이 관목을 다듬고 있다.

(D) The house <u>is being cleaned</u>. (X)
집이 청소되고 있는 중이다.

🔳 Part 1의 문장 구조(주어+동사+목적어+부사)에서 인물의 행동을 좌우하는 것은 '동사'다. 자세/행동을 표현하는 동사를 무조건 암기한다.

| 예제 2 | 풍경 사진 | | U01_24_2 🏴󠁧󠁢 🇺🇸 |

(A) Some crops <u>are being planted</u>. (X)
농작물이 심어지고 있는 중이다.

(B) Some people <u>are washing</u> vegetables. (X)
사람들이 채소를 씻고 있다.

(C) Some fruits <u>have been sorted</u> into boxes. (O)
과일이 박스에 분류되어 있다.

(D) Some venders <u>are selling</u> fruits on a stand. (X)
상인들이 매대에서 과일을 판매하고 있다.

🔳 사물이 주어가 될 수 있는 사진에서 동사의 '완료' 또는 '수동태' 표현으로 사진을 묘사할 수 있다. 풍경 사진의 동사구문(동사가 포함된 구)을 익히자.

✎ POINT ❷

▪ 동사의 시제를 듣는 훈련을 하자!

① **be + -ing / be being p.p.** : 진행형(능동/수동)은 인물의 행동을 주로 묘사한다.

② **have p.p. / have been p.p.** : 완료(능동/수동)는 사물의 상태를 주로 묘사한다.

③ **동사원형 / be p.p.** : 출제 빈도수는 낮지만 일반 현재형(능동/수동)도 사물의 상태를 주로 묘사한다.

| 예제 3 | 인물 사진 |

U01_25_1 🇬🇧 🇺🇸

● The clerk <u>is handing</u> a receipt. (O)
점원이 영수증을 건네고 있다. ▶ 진행형

● An item <u>is being given</u> to a customer. (O)
물건이 손님에게 주어지고 있다. ▶ 수동태 진행

● The women <u>are facing</u> each other. (O)
여자들이 서로 마주보고 있다. ▶ 진행형

📖 타동사의 경우 주어(사람)의 행동을 능동으로 표현할 수 있고, 주어를 사물로 바꾸어서 수동태 진행으로 표현할 수도 있다. 귀에 익숙한 능동태 진행뿐만 아니라 '수동태 진행'도 듣는 훈련을 하자. 일반적으로 수동태 진행은 사람이 있는 사진의 답으로 등장한다는 것을 기억하자.

| 예제 4 | 사물[풍경] 사진 |

U01_25_2 🇬🇧 🇺🇸

● Pictures <u>have been hung</u> next to the window. (O)
그림이 창문 옆에 걸렸다. (누군가에 의해 이미 걸린 상태)
▶ 수동태 완료

● A monitor <u>sits</u> on the desk. (O)
모니터가 책상 위에 있다. (앉아 있다: 의인화) ▶ 현재

● A chair <u>is placed</u> near the desk. (O)
의자가 책상 근처에 놓여 있다. ▶ 수동태

📖 사물[풍경] 사진의 경우, 주어가 사물이고 시제는 사물을 의인화해서 현재를 사용하는 경우가 있다. 물건의 상태를 표현하는 수동태 완료(have been p.p.)와 일반 수동태(be p.p.)는 의미상 차이가 거의 없다고 생각하고 듣자.

✏️ POINT ❸

● 행동을 나타내는 동사

동사의 의미를 사전적으로 구분하기보다 같은 행동을 표현하는 다양한 동사를 암기하는 것이 핵심이다. 예를 들어, 사진상으로 '응시하다(stare)'와 '관망하다(gaze)'를 구분하는 것이 아니라 '보다'라는 일반적인 의미로 묶어서 암기하도록 한다.

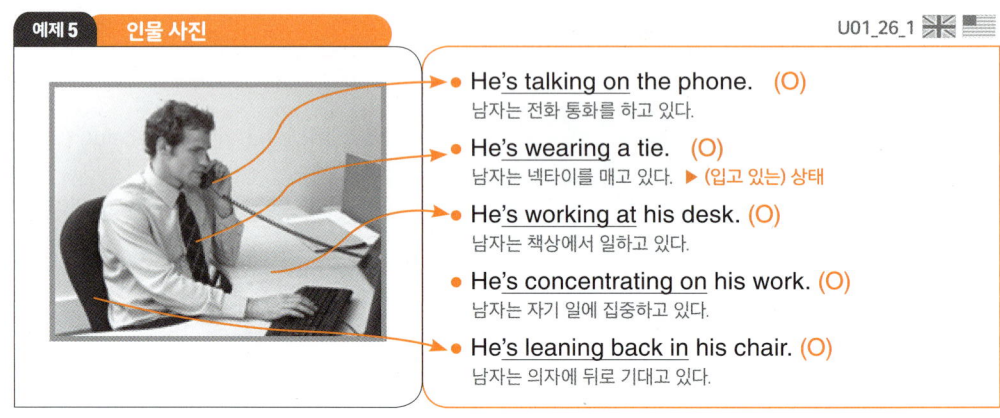

| 예제 5 | 인물 사진 | U01_26_1 🇬🇧 🇺🇸 |

He's talking on the phone. (O)
남자는 전화 통화를 하고 있다.

He's wearing a tie. (O)
남자는 넥타이를 매고 있다. ▶ (입고 있는) 상태

He's working at his desk. (O)
남자는 책상에서 일하고 있다.

He's concentrating on his work. (O)
남자는 자기 일에 집중하고 있다.

He's leaning back in his chair. (O)
남자는 의자에 뒤로 기대고 있다.

➕ VOCABULARY

01 | 인물의 행동 I

보다	look, watch 보다 gaze 관망하다 view 관망하다 stare 응시하다 peer 뚫어지게 보다 study (내용을 확인하며) 보다 glance 훑어보다 face 바라보다
일하다	work 일하다, 작업하다 concentrate 집중하다
앉다	sit 앉다 be seated 앉다 be occupied 앉다 be taken (자리를) 차지하다
눕다/기대다	lie 눕다 lean 기대다 rest 쉬다 relax (편하게) 쉬다
말하다/발표하다	talk 말하다 chat (가볍게) 말하다 present 발표하다 address (앞에서) 말하다 deliver a speech 발표하다

02 | 물건/기기와 관련된 인물의 행동 II

잡다/(들고) 보다	hold 잡다 use 사용하다 grab 잡다 grasp (꽉) 잡다 examine 자세히 보다 inspect 검사하다 check 확인하다 review 검토하다 admire (감탄하며) 보다
놓다/쌓다 정렬하다	put 놓다 place 위치시키다 lay 내려놓다 rest 자리잡다, 기대다 leave 남기다 stack 쌓다 pile (겹겹이) 놓다 stock (재고로) 놓다 arrange 정렬하다 display 전시하다
주다	give 주다 hand 건네다 pass 넘기다
작동하다/다루다	drive 운전하다 operate 작동하다 adjust 조정하다 handle 다루다, 조절하다
청소하다	clean/clear 청소하다 sweep (빗자루로) 쓸다 mop (대걸레로) 닦다 rake (갈퀴로) 긁어모으다 mow (잔디를) 깎다

03 | 외모/복장 관련 동사

입다(상태)	have, wear 입다(의상), 신다(의복), 달다/매다/쓰다(안경, 장신구 등), 하다(머리, 수염)
입다(동작)	put on 입는 행동을 하다(주로 오답)

- **DICTATION : 시제 듣기 훈련**
  [녹음은 2번씩 반복, 쓰는 연습과 따라 읽기 연습을 같이 하면 효과 UP!]

1 He's _____ some furniture.

2 A woman _____ _____ a watering can with both hands.

3 Boxes _____ _____ _____ on top of each other.

4 The women _____ _____ by the window.

5 Some notes _____ _____ _____ at a meeting.

6 One of the men _____ _____ papers to another person.

7 A tree _____ _____ _____ in a courtyard.

8 A path _____ _____ a building entrance.

9 A cabinet _____ _____ _____ with supplies.

10 A man _____ _____ a _____ with a hammer.

11 Some cars _____ _____ near the water.

12 A presentation _____ _____ _____ on a screen.

1

2

3

4

5

6

SPARTA 📝 전략

문장의 시작(주어)부터 끝(부사구)까지 확실하게 듣자!

Part 1의 난이도가 낮은 문제는 쉽고 직설적인 어휘로 사진을 표현한다. 하지만 난이도가 올라갈수록 답이 될 만한 어휘를 '오답'에 넣어 혼동을 유발하고, 오히려 조금 '애매한 표현'이 답이 되는 경우가 많다. Part 1은 다른 보기들이 명확한 오답이어서 어쩔 수 없이 남은 보기가 답이 되는 'Best Answer'를 고르는 법을 훈련해야 고득점을 달성할 수 있다.

✏️ POINT ❶

- ### 조금 틀린 것도 틀린 것이다!

① 동사의 종류/시제가 틀린 것은 틀린 문장이다.
② <주어 + 동사>의 연결이 틀린 것은 틀린 문장이다.
③ 부사구가 틀린 것은 틀린 문장이다.

예제 1 | **인물 사진**　　　　　　　　　　　　　　　　　U02_30_1 🇬🇧 🇺🇸

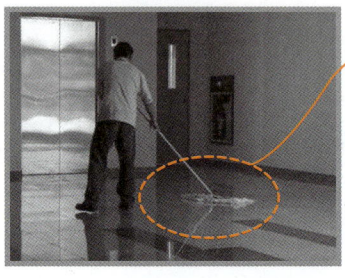

(A) The floor is being mopped. (O)
　바닥이 걸레로 닦이고 있다.

(B) A man is sweeping the floor. (X)
　남자가 바닥을 (빗자루로) 쓸고 있다.

(C) A man is cleaning outside. (X)
　남자가 야외에서 청소하고 있다.

(D) A man is working in his office. (X)
　남자가 그의 사무실에서 일하고 있다.

📑 정답은 남자가 바닥을 걸레질하는 것(is mopping the floor)을 수동태 진행형(be being p.p.)으로 표현한 (A). 문장의 대부분이 맞아도 조금이라도 틀린 부분이 나오면 오답이다. (C)는 청소하는 행동은 맞지만 장소가 건물 안이지 야외(outside)는 아니기 때문에 틀렸다.

예제 2 | **풍경 사진**　　　　　　　　　　　　　　　　　U02_30_2 🇬🇧 🇺🇸

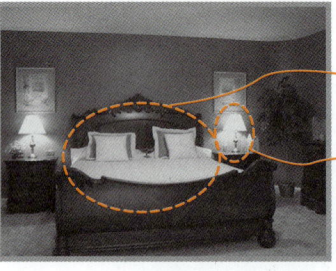

(A) The paintings are being hung on the wall. (X)
　그림들이 벽에 걸리고 있는 중이다.

(B) The bed has been made. (O)
　침대가 정리되어 있다.

(C) Lamps have been placed on the floor. (X)
　램프가 바닥에 놓여 있다.

(D) There is a plant in the middle of the room. (X)
　화초가 방의 한 가운데 있다.

📑 다양한 사물이 주어로 등장할 수 있다. 무조건 사진에 나온다고 답이 아니다. 문장을 끝까지 듣고 사진과 일치하는지 확인해야 한다. 화초는 방 가운데가 아닌 구석(in the corner)에 있어서 (D)는 오답이다.

✏ POINT ❷

▪ **정답이 되는 포괄적이고 애매한 표현을 암기하자.**

① 사진을 보고 예측되는 세부적 어휘는 오답일 수 있다.
② 같은 행동을 포괄적으로 나타내는 애매한 표현은 정답일 확률이 높으니 꼭 암기해 두자.

| 예제 3 | 인물 사진 | U02_31_1 🇬🇧 🇺🇸 |

- They are <u>greeting each other</u>. (O)
  그들은 서로 인사하고 있다.
- The woman is <u>handing a document</u>. (X)
  여자는 서류를 주고 있다.
- The man's <u>hand is shaky</u>. (X)
  남자의 손이 흔들린다.

📖 사진을 보고 떠올릴 수 있는 표현은 악수하다(shake hands)이다. 하지만 난이도가 올라가면 추측하기 쉬운 어휘를 오답에 넣고, 같은 행동을 다른 표현으로 바꾸어 보기에 넣을 수 있다. 오답에 들어간 shaky나 동사 hand(건네다)는 악수와 관계없는 표현이다. 정답은 서로 인사하다(greet each other)로 포괄적으로 표현했다.

| 예제 4 | 풍경 사진 | U02_31_2 🇬🇧 🇺🇸 |

- There is <u>heavy machinery</u> on the site. (O)
  현장에 중장비가 있다.
- The construction has <u>already finished</u>. (X)
  공사가 이미 끝났다.
- They're moving some <u>trees</u>. (X)
  그들은 나무를 옮기고 있다.

📖 공사장(construction site)과 관련된 어휘는 일반 수험생이 접하기 힘든 생소한 표현들이 대부분이다. 각종 자재나 기구 이름을 암기하는 것도 중요하지만, 특정 표현이 정답일 확률이 높다고 섣불리 판단하지 말자. 굴착기(excavator)라는 어휘보다는 machinery, equipment(기계/장비)를 꼭 암기해야 한다. construction만 듣고 그 문장을 답으로 고르지 않도록 주의하자.

✎ POINT ❸

• **위치[상태]를 나타내는 다양한 부사구**

일반적으로 문장 구성의 주된 요소인 <주어+동사>가 전체 해석의 대부분을 차지한다. 하지만 Part 1 특성상 상태나 위치를 나타내는 부사구가 틀리면 그 문장은 틀린 것이다. 자주 등장하는 부사구를 익혀 두고 문장을 처음부터 끝까지 확실하게 듣고 나서 틀렸는지 맞았는지 파악하는 훈련을 하자. 정답은 느낌이 좋은 문장이 아니라 틀린 부분이 없는 문장이다.

| 예제 5 | 사물[풍경] 사진 | U02_32_1 |

● The picture is placed <u>over the chairs</u>. (O)
그림이 의자 위에 놓여 있다.

● The lamp is placed <u>in a corner</u>. (O)
램프가 구석에 놓여 있다.

● Chairs have been arranged <u>in a row</u>. (O)
의자들이 일렬로 배치되어 있다.

✎ POINT ❹

• **정답이 되는 포괄적이고 애매한 어휘**

난이도가 높은 문제에서 수험생이 예측하지 못한 생소하고 애매한 어휘를 정답으로 표현하는 경우가 많다. 그림을 보고 특정 답을 예측하기보다는 각각의 문장을 듣고 그 표현이 사진과 적합한지 확인하면서 선택지를 지워 나가야 한다. Part 1에서는 포괄적이고 애매한 표현을 암기해 둬야 정답 확률을 높일 수 있다.

| 예제 6 | 인물 사진 | U02_32_2 |

● They are playing <u>instruments</u>. (O)
그들은 악기를 연주하고 있다.

● The women are playing the <u>piano</u>. (X)
여자들이 피아노를 연주하고 있다.

● They are performing <u>on the stage</u>. (X)
그들은 무대 위에서 공연하고 있다.

✚ VOCABULARY

01 | 사물의 위치 및 상태 관련 표현

사물의 위치	on the roof 지붕 위에 on the table 책상 위에 in the corner 구석에 in the middle of 한가운데(방, 구역) along the wall 벽을 따라 against the wall 벽에 기대어 from the ceiling 천장에 (매달려 있는) on the board 게시판에 in the air 공중에
사물의 상태	in piles, in stacks, in heaps 더미로, 가득 symmetrically 대칭으로

02 | 인물의 위치 및 상태 관련 표현

인물의 위치	in front of 앞에 behind, rear 뒤에 next to 옆에 near 근처에 in a row[line] 한 줄로 in line 줄 지어서 in a circle 동그랗게, 둘러서 to, toward ~쪽으로, ~로
인물의 상태/상황	around the table 테이블 주변에 side by side 나란히 next to each other 서로 옆에 behind the counter 책상 뒤에 in one's hand 손에 (가지고) with both hands 두 손으로 (잡고) across 가로질러 along 따라서 at a distance 멀리서

03 | 위치[상태] 표현과 같이 쓰는 동사

놓다	place, put, leave 놓다 arrange 정렬하다 display 전시하다 set ~ out ~을 정리(진열)하다, 차리다, 세팅하다 occupy (자리를) 차지하다
보다	look 보다 face 향하다
앉다, 기대다	sit 앉다, 놓다 rest 쉬다, 놓다 lean 기대다, 기울이다
기다리다, 걷다	wait 기다리다 stand 서 있다 walk 걷다 stroll 거닐다

04 | 포괄적인 의미의 동사

작업하다	work 일하다 use 사용하다 improve 향상시키다
도와주다	help 도와주다 serve 봉사하다, 시중 들다
즐기다	enjoy 즐기다 have a good time 좋은 시간을 보내다 gather 모이다

05 | 포괄적인 의미의 명사

사람	people 사람들 pedestrian 행인 crew 일꾼 staff 직원 worker 일꾼, 직원 client 고객 customer, patron 손님 waiter, server 종업원 audience 청중 spectator 관객
직업, 정체	doctor 의사 surgeon 외과의사 physician 내과의사 patient 환자 nurse 간호사 technician 기술자 engineer 기술자 conductor 지휘자, 차장
행사, 모임	gathering 모임 event 행사 sporting event 운동 경기
물건	vegetables 야채 items 물건 food items 음식 products 상품 produce 농산물 liquid 액체 beverage, drinks 음료수 plant 화초 bush 관목
옷	clothing 옷 garment 의류 attire 의복 apparel 의복
장비	equipment 장비 machinery 기계 instrument 기구, 악기 vehicle 탈것, 자동차

06 | 그 외 눈에 띄지 않는 곳을 나타내는 어휘

실내	indoors 실내의 gap 빈 공간, (비교적 좁은) 틈
야외	area 지역, 부분 scenery 경치 water 물(바다, 강 등) shade 그늘 track 자국

■ **DICTATION : 문장 끝까지 듣기**
[녹음은 2번씩 반복, 쓰는 연습과 따라 읽기 연습을 같이 하면 효과 UP!]

1 A woman is strolling _____ ____ _____.

2 A salesperson is _____ ____ _____ with a necklace.

3 A vase of flowers has been placed _____ ____ _____.

4 The man is seated in ____ _____ _____.

5 Motorcycles are parked _____ _____ _____.

6 The woman has placed her bag _____ _____ _____.

7 A footrest has been placed _____ _____ _____ a _____.

8 There is a large plant _____ _____ _____.

9 Workers are replacing bricks in ____ _____ _____.

10 Some garments have been hung _____ _____ _____.

11 Some cyclists are viewing a city _____ ____ _____.

12 Some papers are being piled _____ _____ _____ _____ _____.

1

2

3

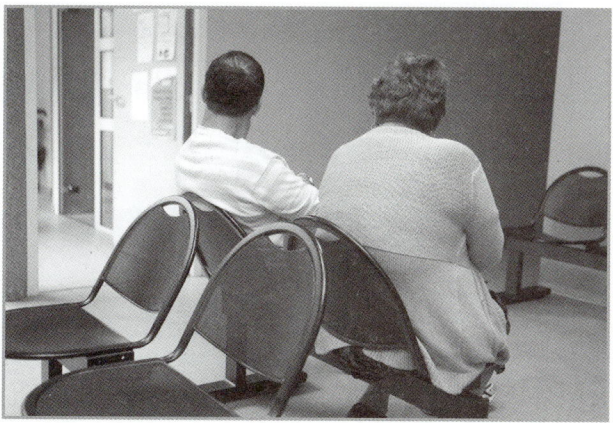

4

5

6

1

2

3

4

5

6

7

8

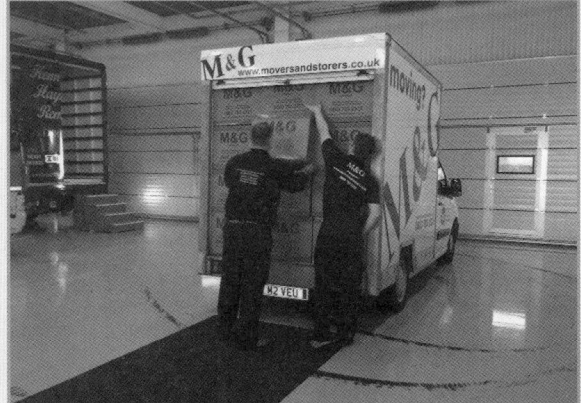

9

10

11

12

LC

PART 2

UNIT 03 안 들려도 정답을 고르는 방법

SPARTA 📝 전략

정답·오답 유형을 암기하자!

토익에 익숙하지 않은 수험생들이 Part 2의 짧은 대화를 듣고 내용을 정확하게 이해하는 것은 힘들다. 하지만 너무 걱정하지 말자! 시험 특성상 정확하게 들리지 않아도 정답이 되는 유형, 무조건 오답인 유형이 있다. 일단 이것들만 잡아도 Part 2의 공포를 극복하고 초보에서 탈출할 수 있다.

📝 POINT ❶

- **"몰라요"라고 말하면, 일단 살아남는다.**

  ① '몰라요'의 다양한 표현을 암기한다.
  ② '모르는 이유'를 설명하는 것도 '몰라요'를 말하는 방법이다.

| 예제 1 | 의문사 의문문 | U03_42_1 🇬🇧 🇺🇸 |

Q Who's going to the London office next week? 다음 주에 누가 런던 사무소를 방문할 건가요?

(A) Are you <u>going</u> to buy it?　(X)　당신이 살 건가요?

(B) We don't know yet.　(O)　우린 아직 몰라요. ▶ 물어보는 의문문의 종류와 상관없이 "몰라요"라고 대답할 수 있다.

(C) Through <u>a travel agency</u>.　(X)　여행사를 통해서요.

토익은 자연스러운 회화가 등장하기 때문에 주어진 의문문에 형식적인 대답만 하지 않고 다양하게 반응하는 것이 가능하다. 질문에 반문을 하거나 '모른다'고 답하는 것은 정답 확률이 매우 높아서 무조건 암기해 두고 1순위로 고를 수 있어야 한다. 위 예제에서도 Who 의문문의 답으로 '아직 모른다(We don't know yet)'고 답한 (B)가 정답이다. (A)는 going이라는 어휘 반복해서 혼동을 주는 오답, (C)는 London이라는 지명을 듣고 연상할 수 있는 여행사(travel agency)를 언급한 오답이다. 정답 유형을 암기하면서 혼동을 주는 오답을 지우는 훈련을 하자.

✏️ POINT ❷

▪ **"몰라요(I don't know)"를 표현하는 다양한 방법**

정답 1순위 '몰라요' 유형은 다양한 의문문에서 다양한 형태로 등장한다. 단순하게 하나의 문형이 아니라, 변형 유형까지 훈련해서 난이도가 높은 문제에서도 답으로 고를 수 있도록 하자.

예제 2	Yes/No 의문문		U03_43_1 🇬🇧 🇺🇸

Q Do you have a single room for this weekend? 이번 주말에 1인용 방이 있나요?

(A) <u>Let me check</u> our online system. (O) 저희 온라인 시스템을 확인해 보죠.
　　▶ '확인하다(check), 물어보겠다(ask)' 표현이 들어간 '몰라요' 유형

(B) I am not working this weekend. (X) 저는 이번 주말에 일하지 않아요.

(C) Yes, it was a great trip. (X) 네, 정말 멋진 여행이었어요.

◆ 다양한 '몰라요' 유형

유형	표현	표현
말해 주지 않아서 몰라요	It hasn't been decided. 결정되지 않았어요. They are still discussing. 아직 토론 중이에요. There are several options. 선택할 옵션이 많아 결정하지 못 했어요. I haven't heard. 못 들었어요. It hasn't been announced. 아직 발표가 안 났어요. I haven't been notified. 공지 못 받았어요. No one told me. 아무도 말해 주지 않았어요. She didn't give a reason. 그녀가 이유를 말해 주지 않았어요.	It hasn't been confirmed. 확정되지 않았어요. They haven't decided yet. 아직 결정 안 했어요. I haven't been told. 못 들었어요. I haven't been informed. 공지 못 받았어요. He didn't mention. 그가 언급하지 않았어요.
안 했어요, 없어요	I didn't go. 안 갔어요. I didn't read it. 읽지 않았어요. I don't have one. 안 갖고 있어요.	I haven't checked it. 확인하지 않았어요. I didn't watch. 못 봤어요.
확실하지 않아요 (생각해 봐야 해요)	I'm not sure at the moment. 지금은 확실하지 않아요. I have to think. 생각 좀 해봐야 해요. Let me think about it. 생각 좀 해볼게요.	I wish I knew. 알았으면 좋겠어요(몰라요). It depends on. 상황에 따라 달라요.
기억이 나지 않아요	I forgot. 잊어버렸어요. It slipped my mind. 잊어버렸어요.	I can't remember. 기억이 나지 않아요.
책임자가 아니에요, 결정 못 해요	I'm not in charge. 저는 책임자가 아니에요. It's not up to me. 제가 결정할 수 없어요.	I can't decide. 전 결정 못 해요. It's up to the board. 이사회가 결정할 일이에요.
(전문가, 전문내용을) 확인해 봐요	Ask Michael. 마이클에게 물어봐요. Let me check. 제가 확인할게요. I have to call her. 제가 그녀에게 전화해야 해요.	I'll ask the manager. 매니저에게 물어볼게요. Let me find out. 제가 알아볼게요. I'll get back to you. 다시 전화 드릴게요.

- **DICTATION : 유형 듣기 훈련**
  [녹음은 2번씩 반복, 쓰는 연습과 따라 읽기 연습을 같이 하면 효과 UP!]

1

> Q _____ _____ the _____ you saw last night?
>
> A I _____ _____.

2

> Q _____ _____ _____ Mr. Henderson as vice president?
>
> A It _____ _____ _____.

3

> Q My car _____ _____ _____ today, won't it?
>
> A _____ _____ _____ how busy we are.

4

> Q _____ _____ the _____ of the caterer we used the last time?
>
> A I _____ _____.

5

> Q _____ _____ _____ the current exchange rate for dollars to Japanese yen?
>
> A Hold on. Let me _____ _____ _____.

6

> Q _____ have the renovations to the third-floor lobby _____ _____?
>
> A You'll have to _____ the _____ _____.

✏️ POINT ③

- **동문서답하는 선택지를 없애라! 잘못 대답하는 오답을 지워라!**

  ① 의문사 의문문에 Yes/No로 답하는 것은 오답이다.
  ② 유사 발음(파생어/단어 반복), 연상어는 오답이다.
  ③ 너와 나의 대화에서 he[she]가 등장하면 오답이다.

예제 3　**의문사 의문문**　　　　　　　　　　　　　　　U03_45_1

> **Q**　**Where** do you want me to put your **mail**? 당신의 우편물을 어디에 둘까요?
>
> (A) On the table, please.　(O)　테이블 위에 부탁해요.
>
> (B) <u>No</u>, you can <u>e-mail</u> me.　(X)　아니요, 당신은 제게 이메일을 보내면 돼요.
> 　　　　　　　　　　　　　　　　　▶ 의문사 의문문에 Yes/No가 나오면 오답 처리!
> 　　　　　　　　　　　　　　　　　▶ 질문에 나온 mail과 유사 발음의 e-mail은 오답 처리!
>
> (C) Did you take a message?　(X)　메시지를 받으셨나요?

📋 Where 의문문의 대답으로 물건을 놓을 수 있는 위치를 언급한 (A) on the table이 정답이다. 난이도 높은 답이 등장하더라도 Yes/No로 답하거나 유사 발음 어휘로 혼동을 주는 (B)를 오답 처리해 정답 확률을 높일 수 있다. 정답 유형과 오답 유형을 동시에 익혀서 고득점으로 가는 시간을 줄이자.

예제 4　**긍정 의문문**　　　　　　　　　　　　　　　U03_45_2

> **Q**　Do you want to **join us for coffee** after the meeting?
> 　　회의 끝나고 저희랑 커피 마실래요?
>
> (A) Yes, it was delicious.　(X)　네, 맛있었어요.
> 　　　　　　　　　　　　　　　▶ 시제 오류, 아직 마시지 않은 coffee가 맛있다고 할 수 없어 오답 처리!
>
> (B) <u>Milk and sugar</u>, please.　(X)　우유와 설탕이요. ▶ coffee와 연상되는 어휘인 milk, sugar는 오답 처리!
>
> (C) Thanks, but I'm busy then.　(O)　고마워요, 하지만 그때는 바빠요.

📋 질문에서 들은 단어와 연상되는 보기의 단어는 정답과 상관없는 어휘를 늘어놓은 오답이다. (A)는 시제가 잘못된 오답이다. 아직 마시지도 않은 커피를 맛있었다(delicious)고 할 수 없다. (B)는 지금 커피를 마시는 것이 아니기 때문에, "우유와 설탕 주세요."라는 표현은 적절하지 않다. 난이도가 높은 정답 유형을 익히고 예측하기까지는 시간이 걸린다. 하지만 관계어/연상어와 같은 어휘를 넣은 오답을 걸러내는 훈련을 한다면 정답 확률을 높일 수 있다.

- **DICTATION : 오답 지우기 훈련**

[녹음은 2번씩 반복, 쓰는 연습과 따라 읽기 연습을 같이 하면 효과 UP!]

1

Q _____ are you _____ tomorrow?

정답 Early _____ _____ _____.

오답 I don't _____ _____ _____.

2

Q _____ Ms. Roxy _____ at the New York office?

정답 No, she _____ _____ last month.

오답 Yes, it was a lot of _____.

3

Q _____ did _____ _____ to paint the front door?

정답 _____ _____ _____ we used last year.

오답 The house _____ _____ _____.

4

Q _____ _____ in the parking area _____ _____ registration stickers.

정답 _____ is on the window.

오답 _____ _____ at the branch office.

5

Q _____ contractor offered the _____ _____?

정답 _____ _____ we met with at the site.

오답 She told me _____ _____.

PART 2

기초 1

1	Mark your answer on your answer sheet.	ⓐ ⓑ ⓒ
2	Mark your answer on your answer sheet.	ⓐ ⓑ ⓒ
3	Mark your answer on your answer sheet.	ⓐ ⓑ ⓒ
4	Mark your answer on your answer sheet.	ⓐ ⓑ ⓒ
5	Mark your answer on your answer sheet.	ⓐ ⓑ ⓒ
6	Mark your answer on your answer sheet.	ⓐ ⓑ ⓒ

기초 2

1	Mark your answer on your answer sheet.	ⓐ ⓑ ⓒ
2	Mark your answer on your answer sheet.	ⓐ ⓑ ⓒ
3	Mark your answer on your answer sheet.	ⓐ ⓑ ⓒ
4	Mark your answer on your answer sheet.	ⓐ ⓑ ⓒ
5	Mark your answer on your answer sheet.	ⓐ ⓑ ⓒ
6	Mark your answer on your answer sheet.	ⓐ ⓑ ⓒ

SPARTA 📝 전략

정답을 외워서 맞힐 수 있다!

Part 2를 처음 공부하는 학생들은 회화체의 연음 때문에 문장을 정확히 듣고 해석하는 것이 힘든 경우가 많다. 하지만 가장 많이 출제되는 Who, Where, When 의문문은 질문에서 맨 앞 의문사를 듣고 의문문 유형을 알 수 있고, 정답 유형을 암기해 푸는 것이 가능하다. 꾸준한 청취 연습과 함께 정답 유형을 익혀 두자.

◆ 의문사 의문문 I 개요 정리

Who 의문문	사람, 직책, 회사 이름 등이 답이 된다.	Q: **Who** oversees the Sales Department? A: I believe Mr. Hayward is in charge of it.
Where 의문문	위치나 소속을 묻는 질문으로, 장소 표현 부사구가 답이 된다.	Q: **Where** can I get my car repaired? A: How about Ted's Garage?
When 의문문	시점을 묻는 질문으로, 시제 파악이 중요!	Q: **When** did you buy a photocopier? A: Last year, I think.

✏️ POINT ❶

- Who 의문문: 사람의 이름·직급·회사를 표현하는 어휘를 익혀라!

  ① 고유 명사로 나오는 사람 이름(직업)·직급·부서·회사 이름을 익혀라.
  ② 특정인을 간접적으로 설명하는 표현을 익혀라.

예제 1　**Who 의문문**　　　　　　　　　　　　　　　　　U04_48_1 🇬🇧 🇺🇸

Q **Who's speaking** at the next conference session?　누가 다음 회의 시간에 발표하나요?

정답	Suk-hee volunteered to do it.	(O)	석희가 하겠다고 자원했어요.
정답	The vice president in Marketing.	(O)	마케팅부서 부사장이요.
정답	Someone from the main office.	(O)	본사에서 온 사람이요.
오답	He will be here soon.	(X) (대명사 he)	그는 곧 여기에 올 거예요.

🗎🗎 의문사 Who는 '누구'로 해석되지만, 그렇다고 해서 무조건 이름이 답이 되는 것은 아니다. 토익에 나오는 다양한 고유명사 외에도 사람 이름, 회사 직급, 부서, 회사 이름 등과 같이 조금은 생소하지만 사람을 대체할 수 있는 표현을 암기할 필요가 있다. 사람의 이름이나 직급을 모르는 경우, 본사에서 온 사람(Someone from the main office)처럼 그 사람의 소속, 출신, 외모, 배경 등을 묘사해서 표현할 수 있다.

✏️ POINT ❷

▪ **Where 의문문: 사람/장소를 표현하는 어휘를 익혀라!**

① 의문사 Where의 발음을 익히고, When과 구분하라.
② 장소 이름(고유명사), 위치 이름(사람 장소/물건 장소)을 외워라.
③ 간접적으로 장소를 설명하는 표현을 익혀라.

예제 2	Where 의문문		U04_49_1 🇬🇧 🇺🇸

Q **Where are the sales reports** for this quarter?　이번 분기 판매보고서는 어디에 있나요?

정답	On the shelf over there.	(O)	저쪽에 있는 선반 위에요.
정답	They're in my desk drawer.	(O)	제 책상 서랍에 있어요.
정답	I can get them for you.	(O)	제가 가져다드릴 수 있어요.
오답	Sales start next Saturday.	(X) (유사 발음)	다음 주 토요일에 판매가 시작됩니다.

📑 의문사 Where는 말하는 사람의 국적이나 억양에 따라 '웨, 웨얼, 월'등의 다양한 발음이 가능하므로 음원을 통해 발음을 확인하는 것이 좋다. 장소를 나타내는 다양한 표현을 암기해 두어야 하며, Who/Where 의문문은 서로 호환해서 답을 표현할 수 있다는 것을 기억해 두자.

예제 3	Where 의문문		U04_49_2 🇬🇧 🇺🇸

Q **Where** will the next budget meeting **be held**?　다음 예산 회의는 어디서 열리나요?

정답	At our New York office.	(O)	저희 뉴욕 사무소에서요.
정답	We're planning on having it here.	(O)	여기서 하려고 계획하고 있어요.
정답	We're still discussing.	(O)	아직 논의 중이에요.
오답	It will be held on July 1st.	(X) (When의 답)	7월 1일에 개최될 거예요.

📑 Where 의문문은 물건을 놓을 수 있는 장소와, 사람이 갈 수 있는 장소를 구분할 수 있어야 한다. 다양한 장소의 고유 명사 또는 장소를 묘사하는 표현을 익히자. 장소를 물어보는 Where 의문문의 오답으로 When 의문문의 답이 자주 등장한다. 문제에서 물어보는 부분을 잊지 않고 답을 고르는 것이 중요하다.

✏ POINT ❸

▪ **When 의문문: 시제/시점을 표현하는 어휘를 익혀라!**

① 시점을 물어보는 어휘를 암기한다.
② 과거/미래 시제를 구분하자.
③ 시점/기간을 구분하는 훈련을 하자.

예제 4	When 의문문			U04_50_1 🇬🇧 🇺🇸

Q When will the test results **be announced**? 　　　　언제 검사 결과가 발표되나요?

정답	Next Monday.	(O)	다음 주 월요일이요.
정답	They will be posted in an hour.	(O)	1시간 뒤면 공지될 거예요.
정답	As soon as we get them from the lab.	(O)	우리가 실험실에서 받자마자요.
오답	We met two months ago.	(X) (과거 시점)	저희는 2달 전에 만났어요.

📋 시점을 물어보는 When 의문문은 과거/미래 시점을 구분해서 들을 수 있어야 한다. 시점이 등장한다고 무조건 정답이 되는 것은 아니다. 미래시제로 된 질문의 오답으로 다른 시제를 넣는 경우도 종종 등장하기 때문이다. 미래 시점을 묻는 질문은 in(~후에), next(다음 ~)로 시작하는 표현이 정답으로 많이 나온다.

예제 5	When 의문문			U04_50_2 🇬🇧 🇺🇸

Q When was the printing order **canceled**? 　　　　인쇄 주문은 언제 취소됐어요?

정답	Late last night.	(O)	어젯밤 늦게요.
정답	They called this morning.	(O)	그들이 오늘 아침에 전화했어요.
정답	Right after we opened up the store.	(O)	우리가 가게를 연 직후요.
오답	For a week.	(X) (기간: How long의 답)	1주일 동안이요.

📋 과거의 시점을 다양하게 묘사했다. 시점을 나타내는 접속사 before, after, as soon as, once, not until, when으로 시작하는 문장을 들을 수 있어야 한다. How long의 답으로 '기간'을 나타내는 표현을 선택해야 하며 무조건 시점(When)을 답으로 고르지 않도록 주의하자.

✚ VOCABULARY

▪ Who, Where, When 의문문의 정답 유형

지금까지 알고 있던 어휘를 뛰어 넘어 Part 2의 다양한 정답 패턴을 익히자.

01 | Who 의문문의 정답 유형

대명사 I, You	I can do it. 제가 할 수 있어요. You are. 너야.
사람 이름	Suk-hee, Eric, Mary, Emily, Ms. Reynolds, Mr. Ortega, Ms. Guelo, Ms. Martinez, Anderson
직업, 직책	president 사장 vice president 부사장 director 이사 board member 이사회 임원 supervisor, manager 상사, 매니저 head (부서의) 장 representative, agent, staff 직원 coworker, colleague 동료, 사원 accountant 회계사 lawyer 변호사 consultant 컨설턴트 editor 편집자 receptionist 접수직원 architect 건축가 plumber 배관공 landlord 집주인 tenant 세입자
부서, 회사	Accounting Department 회계부 Payroll Department 경리부 Maintenance (Facilities) Department 시설관리부 customer service 고객서비스부 public relations 홍보팀
인물 묘사	someone from Marketing 마케팅부서에서 온 사람 a woman from upstairs 위층 여자

02 | Where 의문문의 정답 유형

지명	Chicago office 시카고 사무소 Kyoto branch 교토 지점 in Seoul 서울에서 Central Plaza 센트럴 플라자 trade center 무역 센터
물건의 장소	in the drawer 서랍 안에 in the supply cabinet 사무용품장에 warehouse, storeroom 창고 on the shelf 선반 위에 on the second floor 2층에
만나는 장소	front[back] row 앞[뒷]줄 downtown 시내 main[head] office, headquarters 본사 station 역 lobby 로비, (건물 현관의) 홀
장소의 묘사	here/there 여기[거기]에 around the corner 코너에 next to, near 근처에 straight down 곧바로 내려가서 behind, rear 뒤쪽에 across from ~건너편에
Who와 호환	Mr. Kim has it. 김 씨가 가지고 있어요. From Ms. Kumiko. 쿠미코 씨에게서요.

03 | When 의문문의 정답 유형

시점 어휘	at noon 정오에 on Sundays 일요일에 soon 곧 in July 7월에 on the fifteenth 15일에	
과거의 시점	~ ago ~전에 last 지난	two days ago 이틀 전에 last year 작년에
미래의 시점	in ~후에 next 다음	in about a year 약 1년 후에 next spring 내년 봄에
시간 전치사/ 접속사	before, after, as soon as, not until, once, when	as soon as you sign it 서명하자마자 not until the end of the month 월말이나 되어야 once we get up 일어나면 when prices go down 가격이 내려가면

• **DICTATION : 의문사별 듣기 훈련**

[녹음은 2번씩 반복, 쓰는 연습과 따라 읽기 연습을 같이 하면 효과 UP!]

1

Q _____ _____ the shelves _____ _____?

A _____ _____ next month.

2

Q _____ else _____ _____ in the conference call tomorrow?

A The _____ from New York.

3

Q _____ _____ ___ _____ all these flowers?

A I'd like them to line _____ front _____.

4

Q _____ _____ is that across the street?

A I believe it's _____ _____.

5

Q _____ _____ the program on interviewing techniques _____

_____?

A On _____ _____.

6

Q _____ _____ the nearest currency exchange _____?

A Right _____ _____ _____ _____.

PART 2

Who 의문문

1 Mark your answer on your answer sheet. ⓐ ⓑ ⓒ
2 Mark your answer on your answer sheet. ⓐ ⓑ ⓒ
3 Mark your answer on your answer sheet. ⓐ ⓑ ⓒ
4 Mark your answer on your answer sheet. ⓐ ⓑ ⓒ
5 Mark your answer on your answer sheet. ⓐ ⓑ ⓒ

Where 의문문

1 Mark your answer on your answer sheet. ⓐ ⓑ ⓒ
2 Mark your answer on your answer sheet. ⓐ ⓑ ⓒ
3 Mark your answer on your answer sheet. ⓐ ⓑ ⓒ
4 Mark your answer on your answer sheet. ⓐ ⓑ ⓒ
5 Mark your answer on your answer sheet. ⓐ ⓑ ⓒ

When 의문문

1 Mark your answer on your answer sheet. ⓐ ⓑ ⓒ
2 Mark your answer on your answer sheet. ⓐ ⓑ ⓒ
3 Mark your answer on your answer sheet. ⓐ ⓑ ⓒ
4 Mark your answer on your answer sheet. ⓐ ⓑ ⓒ
5 Mark your answer on your answer sheet. ⓐ ⓑ ⓒ

SPARTA ✍ 전략

정답·오답 유형을 암기하자!

의문사 How/Why/What·Which는 뒤에 오는 어휘에 따라 쓰임과 의미가 다를 수 있다. 가령 How의 경우, How long(얼마나 오래), How much(얼마나 많이), How often(얼마나 자주), How far(얼마나 멀리) 등으로 달라진다. 따라서 질문에서 처음 들리는 두세 단어를 정확히 듣는 연습을 해야 한다.

◆ 의문사 의문문 II 개요 정리

How 의문문	방법·상태·의견 등을 묻는 질문으로, How 바로 다음 단어가 관건!	Q: **How** far away is the bus station? A: It's just down the road.
Why 의문문	이유·목적을 묻는 질문으로, 의문사 다음의 키워드 파악이 관건!	Q: **Why** is the park so crowded today? A: There's a free concert later.
What/Which 의문문	의문사 다음의 키워드를 통해 질문의 의도 파악이 관건!	Q: **What** would you like for lunch? A: A salad would be fine.

✏ POINT ❶

- **How 의문문: 문장 안에서 다양한 용법을 구분하자!**

  ① 방법(어떻게), 상태(어떤)를 구분하자.
  ② <How + 명사/형용사>를 하나의 의문사 같이 공부하자.

예제 1	How 의문문	U05_54_1 🇬🇧 🇺🇸

Q **How** can I **register** for the competition?   대회에 어떻게 등록하나요?

정답	By filling out a form.	(O)	양식을 작성해서요.
정답	You can do it online.	(O)	온라인에서 하실 수 있어요.
정답	I'm afraid the deadline is over.	(O)	마감은 벌써 지난 것 같아요.
오답	It was really helpful.	(X) (상태, How의 답)	그것은 정말 도움이 되었어요.
오답	Twice a month.	(X) (빈도, How often의 답)	한 달에 2번이요.

📋 <How + 일반동사>는 방법을 물어보고, <How + be동사>는 상태를 물어본다. 등록 방법을 물어보는 질문에 방법 외에도 반문, 몰라요 등으로 다양하게 응답하는 것이 가능하다. 하지만 How 의문문의 경우, How만 듣고 답을 고르면 오답을 고를 확률이 높다. 의문사와 연계되는 동사, 명사/형용사를 한 덩어리로 듣고 답을 고르는 훈련을 하자.

✏️ POINT ❷

▪ **Why 의문문: 다양한 이유·목적을 밝히는 표현을 익히자!**

① 목적을 밝히는 구문(to부정사, for + 목적)이 정답으로 자주 등장한다.

② 흔한 문제점 또는 상투적인 이유를 암기해 두자.

③ 지나치게 짧은 대답은 이유·목적을 잘 설명하기 힘들다.

예제 2	Why 의문문		U05_55_1 🇬🇧 🇺🇸

Q Why are you all **dressed up** today?   오늘 왜 그렇게 옷을 차려 입었나요?

정답	To attend the office party.	(O)	사무실 파티에 참석하기 위해서요.
정답	For an annual banquet.	(O)	연례 연회 때문에요.
정답	There will be a reception for new employees.	(O)	신입 사원을 위한 파티가 있을 거예요.
오답	The <u>dress</u> is on sale now.	(유사 발음 반복) (X)	그 드레스는 지금 할인 중이에요.

📖 Why 의문문이 목적을 물어보는 경우, to부정사의 부사적 용법(~하기 위해, ~하려고)이 정답이 되는 경우가 많다. Why 의문문에 대해 이유나 목적을 추측하는 훈련도 해야겠지만 'to부정사, for+명사, so (that) 절' 등 목적을 나타내는 전형적인 구문도 익혀 두자.

예제 3	Why 의문문		U05_55_2 🇬🇧 🇺🇸

Q Why didn't you come to the company picnic?   회사 야유회에 왜 오지 않았나요?

정답	I had other plans.	(O)	다른 일이 있었어요.
정답	Something came up.	(O)	갑자기 급한 일이 생겼어요.
정답	I was visiting the Singapore office that day.	(O)	그날 싱가포르 지사를 방문하고 있었어요.
오답	The <u>outside</u> terrace.	(상관어 오답) (X)	야외 테라스요.

📖 토익에서는 직장생활 관련 대화가 많이 나오기 때문에, Why 의문문이 업무상 문제점의 이유를 물어보는 경우가 많다. 올바른 반응은 그에 대한 이유나 변명을 표현하는 것이다. 시간이 없어서, 바빠서, 자금이 모자라서, 약속이 변경되어서 등 무조건 because 구문을 답으로 고르기보다는 질문을 듣고 내용상 적절한 답을 예상하고, 오답을 하나씩 지워나가는 소거법을 이용해서 답을 찾는 연습을 하자.

✏️ POINT ❸

• What·Which 의문문: "무엇/어떤 것"의 답이 될 수 있는 표현을 익힌다!

① "What + 명사, What + 동사" 구분을 훈련하자.
② What의 관용적인 용법을 암기하자.
③ 선택 사항을 묻는 What·Which는 "the one ~"이 정답이 될 수 있다.

예제 4	What 의문문		U05_56_1 🇬🇧 🇺🇸

Q What should I do with the budget proposal when I'm done?

제가 예산 제안서를 다 쓰면 어떻게 해야 할까요?

정답	<u>Leave it</u> on my desk.	(O)	제 책상 위에 두세요.
정답	We should <u>send it</u> to the regional offices.	(O)	우리는 지역 사무소에 보내야 해요.
정답	You'll have to <u>ask the supervisor</u>.	(O)	상사에게 물어봐야 할 거예요.
오답	It was too <u>expensive</u>. (연상어 오답)	(X)	그건 너무 비쌌어요.

📑 What 의문문은 연결되는 명사/동사에 따라 다양하게 해석되고 정답 또한 다양할 수 있다. 의문사 What과 연결되는 명사/동사를 한꺼번에 묶어서 암기하고 훈련하자. 어떤 물건을 어떻게 처리해야 하는지를 묻는 표현은 "What should I do with + 명사?" 구문으로 암기해 두면 편하다.

예제 5	Which 의문문		U05_56_2 🇬🇧 🇺🇸

Q Which printer should we purchase for the office?

사무실에서 쓸 프린터로 어떤 것을 구매할까요?

정답	<u>The one</u> with a lower price.	(O)	가격이 저렴한 거요.
정답	I don't <u>like either one</u>.	(O)	전 다 별로예요.
정답	We've already got one.	(O)	저희 벌써 샀는데요.
오답	It's five hundred dollars.	(X) (How much의 답)	그건 5백 달러입니다.

📑 선택 사항을 물어보는 Which 의문문의 정답으로는, 사물의 이름을 직접 언급하기보다 내가 원하는 특징을 가진 것을 부정대명사 "the one ~"(~한 것)으로 표현한 것이 답이 되는 경우가 많다.

✚ VOCABULARY

▪ **How/Why/What 의문문의 정답 유형**

지금까지 알고 있던 어휘를 뛰어 넘어 Part 2의 다양한 정답 구문을 익히자.

01 | How 의문문의 정답 유형 및 관용적인 용법

How + 일반동사	▶ How ~ contact? 연락하는 방법은? 　call 전화로　e-mail 이메일로　fax 팩스로　in person 직접 ▶ How ~ improve profits? 수익성을 높이는 방법은? 　cut cost 비용 절감　　　　　　　change suppliers 공급업체를 바꾸다 　close down a branch 지사를 닫다　reduce electricity 전기 절약
How + be동사	▶ How is ~ seminar? 세미나는 어떤가? 　good 좋은　　learned a lot 많이 배웠다　informative 정보가 많은, 유익한 　helpful 도움이 되는　　　　　　　productive 생산적인 ▶ How is ~ applicant? 지원자는 어떤가? 　[well/highly] qualified 자격 조건이 좋은　impressive 굉장히 좋은, 인상적인 　experienced 경험이 많은　　　　highly recommend 적극 추천하는
관용적인 용법: 어때요?/좋아요? (암기 문형)	How did the meeting go? 미팅은 어땠어요? How is the sales report coming along? 판매 보고서가 어떻게 진행되고 있어요? How do you like your new computer? 새로 산 컴퓨터는 어때요? (마음에 들어요?) How come you didn't show up? 왜 안 왔어요?

02 | Why 의문문의 정답 유형 및 관용적인 용법

Why: 왜 ~하나요? (목적의 구문)	▶ to부정사 ~하기 위해: to make it visible 잘 보이게 하기 위해 ▶ for + 명사 ~를 위해: for the convenience of its customers 고객 편의를 위해 ▶ so (that) 절 ~하려고, ~하기 위해: so we can be there on time 시간에 맞춰 가려고
Why + 부정: 왜 잘못되었나요? (다양한 변명)	I've been busy. 바빴다.　　　　　　I haven't had the time. 시간이 없었다. I'm not feeling well. 아프다.　　　Something came up. 다른 일이 생겼다. I have a previous engagement. 선약이 있다.
Why don't~?: 권유, 청유 구문 (질문 아님)	Why don't you ~? ~하렴. (~하지 그래?)　Why don't we ~? 우리 ~하자. Why don't I ~? 내가 ~해 줄게. (도와줄게.)　Why not ~? ~하자. (대답: 그러지 뭐.)

03 | What 의문문의 정답 유형 및 관용적인 용법

What + 명사	What + estimate 견적 / price 가격 / fee 요금 / charge 비용 : 얼마예요?
What + 동사	What ~ order? 무엇을 주문했나?　　　What is ~ in the box? 박스 안에 무엇이 들었나? What ~ arrive? 무엇이 도착했나?　　What is ~ plan? 계획이 무엇인가?
관용적인 용법 (암기 문형)	What do you do? 직업이 무엇인가요? What is the seminar about? 무엇에 관한 세미나인가요? What do you think? / What do you say? 어때요? What's going on? / What happened? / What's wrong? 무슨 일인가요? What does the new manager look like? 새 매니저는 어떻게 생겼나요? What is the new manager like? 새 매니저는 어떤가요? (성격이 어떤가요?)

▪ **DICTATION : 의문사별 듣기 훈련**
[녹음은 2번씩 반복, 쓰는 연습과 따라 읽기 연습을 같이 하면 효과 UP!]

1

Q _____ _____ the marketing _____ you took today?

A _____ _____ really _____.

2

Q _____ did you look _____ _____ during the concert?

A I _____ _____ _____ last night.

3

Q _____ the _____ _____ on this bus line?

A The Valley _____ _____.

4

Q _____ _____ do you hold staff development _____?

A About _____ ___ _____.

5

Q _____ is the office supply store _____ _____?

A _____ ___ national _____.

6

Q _____ _____ will the manager give ____ _____?

A At seven o'clock _____ _____ _____.

How 의문문

1 Mark your answer on your answer sheet. ⓐ ⓑ ⓒ
2 Mark your answer on your answer sheet. ⓐ ⓑ ⓒ
3 Mark your answer on your answer sheet. ⓐ ⓑ ⓒ
4 Mark your answer on your answer sheet. ⓐ ⓑ ⓒ
5 Mark your answer on your answer sheet. ⓐ ⓑ ⓒ

Why 의문문

1 Mark your answer on your answer sheet. ⓐ ⓑ ⓒ
2 Mark your answer on your answer sheet. ⓐ ⓑ ⓒ
3 Mark your answer on your answer sheet. ⓐ ⓑ ⓒ
4 Mark your answer on your answer sheet. ⓐ ⓑ ⓒ
5 Mark your answer on your answer sheet. ⓐ ⓑ ⓒ

What·Which 의문문

1 Mark your answer on your answer sheet. ⓐ ⓑ ⓒ
2 Mark your answer on your answer sheet. ⓐ ⓑ ⓒ
3 Mark your answer on your answer sheet. ⓐ ⓑ ⓒ
4 Mark your answer on your answer sheet. ⓐ ⓑ ⓒ
5 Mark your answer on your answer sheet. ⓐ ⓑ ⓒ
6 Mark your answer on your answer sheet. ⓐ ⓑ ⓒ
7 Mark your answer on your answer sheet. ⓐ ⓑ ⓒ
8 Mark your answer on your answer sheet. ⓐ ⓑ ⓒ

Yes/No 의문문 I

SPARTA 📝 전략

Yes/No 의문문의 응답 형태를 익히자!

Yes/No 의문문은 질문의 청취도 힘들고 대답도 어떻게 해야 할지 몰라, 감으로 고르는 경우가 많다. Yes/No 의문문은 ① 집중적으로 본동사까지 청취(조동사+주어+본동사), ② 전형적인 Yes/No의 정답 훈련을 통해 정복할 수 있다.

◆ Yes/No 의문문 개요 정리

긍정의문문	긍정으로 시작하는 Yes/No 의문문	**Did** you make the reservations? 예약하셨나요?
부정의문문	부정으로 시작하는 Yes/No 의문문	**Haven't** we met before? 우리 전에 만난 적 있지 않나요?
부가의문문	문장 끝에 확인하는 구가 붙는 Yes/No 의문문	The weather is really good, **isn't it**? 날씨가 정말 좋아요, 그렇지 않나요?
권유/청유형	상대편에게 부탁하거나 제안하는 의문문	**Would you mind** calling her? 그녀에게 전화 좀 해 주시겠어요?
선택의문문	or를 사용하여 둘 중 하나를 선택하게 하는 의문문	Would you like coffee **or** tea? 커피를 드시겠어요 아니면, 차를 드시겠어요?
평서문	혼잣말하는 듯한 문장에 반응해야 하는 문제	**It's** really cold today. 오늘 정말 춥네요.

🖊 POINT ❶

▪ 먼저 Yes/No로 답하자!

　① Yes/No를 의미하는 응답 표현을 문장째로 암기한다.

예제 1	긍정의문문		U06_60_1 🇬🇧 🇺🇸

Q Is it supposed to rain tomorrow?　　　　내일 비가 오기로 되어 있나요?

　정답 I think so.　　　　　　　　　　(O)　　　그런 것 같아요.

　정답 That's what the forecast says.　　(O)　　일기예보에서 그러더라고요.

　정답 Yes, I'd better take my umbrella.　(O)　　네, 우산을 챙겨야겠어요.

　오답 The training starts tomorrow.　　(X) (유사 발음)　훈련이 내일부터 시작해요.

Yes/No 의문문의 기본적인 답변 형태는 ① 문장 전체 암기형 Yes/No, ② Yes + 긍정 내용, No + 부정 내용, ③ (Yes/No 가 없어도) 문장 전체 내용상 긍정/부정으로 나눌 수 있다. 문장 전체 암기형 Yes/No는 우리말로 "그래요, 그렇죠, 그렇다 고 하더라고요, 그럼 좋죠" 등의 긍정[부정]의 표현이다.

✏️ POINT ❷

• 긍정의문문: Yes/No로 말하고 나서 "따라 나올 말"을 연습하자!

① Yes 뒤에 긍정적인 '세부 내용'을 언급한다.
② No 뒤에 '이유, 다른 방법'으로 부정 내용을 언급한다.
③ Yes/No 없이 문장으로 긍정/부정의 내용을 나타낼 수 있다.

예제 2	긍정의문문		U06_61_1 🇬🇧 🇺🇸

Q Do you have extra copies of the budget report?   예산 보고서의 남는 복사본이 있나요?

정답	I don't think so.	(O)	아닐 거예요.
정답	Yes, they're on the top shelf.	(O)	네, 맨 위 선반에 있어요.
정답	They're on my desk.	(O)	제 책상 위에 있어요.
오답	The expense report.	(X) (연상어 오답)	비용 보고서요.

🔖 "~이 있나요?(Do you have ~?)"라는 처음의 세 단어에서 본문의 해석이 좌우된다. 전형적인 정답은 ① 암기형 Yes/No, ② Yes + 세부 내용(선반에 있어요), ③ '책상 위에 있어요'라는 문장으로 복사본이 더 있다는 것을 추측하게 하는 유형이다. 특히 ②처럼 Yes라고 답한 후에 자세한 세부 내용들을 덧붙이는 연습을 해야 한다. '네, 책상 위에. / 네, 어제 복사해 두었어요. / 네, 가져다 드릴까요?' 등의 세부 내용을 연결하는 대답을 연습해 두자.

예제 3	긍정의문문		U06_61_2 🇬🇧 🇺🇸

Q Did we find someone to replace Ms. Martinez?   마르티네즈 씨 후임을 구했나요?

정답	Not that I know of.	(O)	제가 아는 바로는 아닌데요.
정답	Yes, she will start next Monday.	(O)	네, 그녀는 다음 주 월요일에 시작해요.
정답	We're still looking.	(O)	아직 찾는 중이에요.
오답	No, the replacement parts are here.	(X) (연상어 오답)	아니요, 교체 부품은 여기에 있어요.

🔖 정답은 ① 제가 아는 바로는 아닌데요(Not that I know of): 암기형 Yes/No, ② Yes + 세부 내용(그 후임이 언제부터 일을 시작하는지), ③ '아직 찾고 있어요'라는 문장으로 결국 후임을 구하지 못했다는 것을 설명하고 있다. 특히 ②는 Yes로 답한 다음 후임을 구한 방법, 시간, 이유 등 자세한 세부 사항을 연습할 수 있어야겠다.

✏️ POINT ❸

- **부정의문문, 부가의문문: 질문하는 사람의 의도를 파악하자!**

  ① 말하는 사람의 의견에 긍정적으로 반응하자.
  ② <Yes + 긍정 세부 내용>, <No + 부정 세부 내용>을 심화 학습하자.

예제 4	부가의문문		U06_62_1 🇬🇧 🇺🇸

Q **Don't we have to show** the proposal to Mr. Sanderson?   제안서를 샌더슨 씨에게 보여줘야 하지 않나요?

정답	<u>Yes, I'll do that right away.</u>	(O)	네, 제가 당장 할게요.
정답	<u>That's a good idea.</u>	(O)	좋은 생각이에요.
정답	<u>Yes, but we don't have time.</u>	(O)	네, 하지만 시간이 없어요.
오답	<u>The show</u> starts in 10 minutes.	(X) (유사 발음)	쇼는 10분 후에 시작해요.

📑 긍정/부정/부가의문문은 같은 내용을 다르게 물어보는 경우일 수 있다. "밥 먹었니?/먹지 않았니?/먹었지, 그렇지 않니?" 처럼 세 가지 의문문에 <Yes + 긍정 내용>, <No + 부정 내용>을 연습해서 정답을 맞힐 수 있다. 하지만 부정의문문의 특징은 화자의 의견을 강하게 물어보는 것이다. '~하자(권유/청유)'의 뜻을 가진 '~해야 하지 않나요?(don't we have to ~?)' 의 답변으로 That's a good idea. / Yes, but ~ 등의 표현이 정답으로 사용될 수 있다.

예제 5	부가의문문		U06_62_2 🇬🇧 🇺🇸

Q **We don't need to bring** our name tag to the seminar, **do we**?   세미나에 이름표를 가지고 갈 필요는 없죠, 그렇죠?

정답	<u>It's not necessary.</u>	(O)	필요 없어요.
정답	<u>Yes, we do.</u>	(O)	아니요, 그래야 해요.
정답	<u>You need to wear it at all times.</u>	(O)	항상 달고 다니셔야 해요.
오답	Yes, it's 30 dollars a <u>piece</u>.	(X) (연상어 오답)	네, 한 개에 30달러예요.

📑 부가의문문도 말하는 사람의 의견이 반영된 의문문이다. 긍정/부정과 마찬가지로 Yes/No로 대답하고 긍정/부정의 세부 내용을 연결할 수 있는 훈련을 해야겠다. 첫 번째 정답 형태는 암기 문형의 Yes/No 응답이고, 두 번째는 자주 등장하지는 않지만 조동사/대동사를 그대로 대답하는 것이다. 난이도가 올라가면 Yes/No 없이 내용만 가지고 긍정인지 부정인지를 판단해야 한다. 세 번째 정답은 항상 달고 다녀야 한다(wear it at all times)는 말로, 결국 가져오라는 말임을 알 수 있다.

✚ VOCABULARY

▪ 긍정의문문, 부정의문문, 부가의문문의 정답 유형

지금까지 알고 있던 어휘를 뛰어 넘어 Part 2의 다양한 정답 구문을 익히자.

01 | 암기 문형의 문장 전체 Yes/No

문장 전체로 Yes	문장 전체로 No
I think so. 그런 것 같아요. I hope so. 그러길 바라요. I'd like that. 그러고 싶어요. That's my goal. 그게 제 목표예요.	I don't think so. 아닌 것 같아요. I doubt it. 아닐 거예요. Not yet. 아직이요. (아직 아니에요.) Not quite. 그런 건 아니에요. Not at all. 천만에요.
No problem. 물론이죠. It shouldn't be a problem. 물론이죠. It's possible. 가능해요.	It's not possible. 불가능해요. It's not necessary. 필요 없어요. It's not required. 필요하지 않아요.
That's what I heard. 제가 들은 바로는 그래요. That's what they told me. 그들이 말한 바로는 그래요.	Not that I know of. 제가 아는 바로는 아니에요. Not that I'm aware of. 제가 아는 바로는 아니에요.

02 | 전형적인 <Yes + 긍정 내용> / <No + 부정 내용>

긍정 + 세부 내용	▶ Yes + 세부 내용 (언제, 어디서, 어떻게)
	Did the shipment arrive? 물건이 도착했나요? · Yes, it came yesterday. 네, 어제 왔어요. · Yes, I put them in the warehouse. 네, 창고에 넣어 두었어요. · Yes, should I send them to our clients? 네, 고객들에게 보낼까요?
부정 + 이유/다른 선택	▶ No + 이유/다른 선택·시간·방법
	Can we meet at 10 in the morning? 저희 아침 10시에 만날 수 있을까요? · No, I have another appointment. 아니요, 다른 약속이 있어요. · (No,) How about after lunch? (아니요,) 점심 후는 어떠세요?

03 | 부정의문문/부가의문문의 암기 유형

Yes, but ~ 그래요, 하지만 ~	Yes, but we didn't have enough time. 네, 하지만 시간이 모자랐어요. Yes, but it has been changed. 네, 그런데 변경됐어요.
That's a good idea. 좋은 생각이에요.	Yes, that could be a solution. 네, 그게 해결책이 될 수 있겠네요. That could save some time[money]. 그게 시간[돈]을 절약하겠네요.
Thank you for reminding me. 다시 알려주셔서 고마워요.	Thanks. I almost forgot. 고마워요, 거의 잊어버리고 있었어요. Oh, was it today? 어, 그게 오늘이었어요?

- **DICTATION : 의문사별 듣기 훈련**
  [녹음은 2번씩 반복, 쓰는 연습과 따라 읽기 연습을 같이 하면 효과 UP!]

1

Q _____ the confirmation _____ _____ from New York yet?

A No, _____ _____ ____ _____ _____.

2

Q _____ _____ _____ next week?

A _____, I'll be _____ _____.

3

Q _____ _____ preparing the _____, didn't you?

A Yes, _____ _____ _____.

4

Q _____ _____ _____ the accounting class on Tuesday?

A Yes, and I _____ ____ _____.

5

Q _____ _____ _____ the copy of May Song's new book yet?

A Yes, it'll _____ _____ _____.

6

Q _____ promotion is _____ _____, isn't it?

A _____ really does _____ _____.

긍정의문문

1 Mark your answer on your answer sheet.   ⓐ ⓑ ⓒ
2 Mark your answer on your answer sheet.   ⓐ ⓑ ⓒ
3 Mark your answer on your answer sheet.   ⓐ ⓑ ⓒ
4 Mark your answer on your answer sheet.   ⓐ ⓑ ⓒ
5 Mark your answer on your answer sheet.   ⓐ ⓑ ⓒ

부정의문문

1 Mark your answer on your answer sheet.   ⓐ ⓑ ⓒ
2 Mark your answer on your answer sheet.   ⓐ ⓑ ⓒ
3 Mark your answer on your answer sheet.   ⓐ ⓑ ⓒ
4 Mark your answer on your answer sheet.   ⓐ ⓑ ⓒ
5 Mark your answer on your answer sheet.   ⓐ ⓑ ⓒ

부가의문문

1 Mark your answer on your answer sheet.   ⓐ ⓑ ⓒ
2 Mark your answer on your answer sheet.   ⓐ ⓑ ⓒ
3 Mark your answer on your answer sheet.   ⓐ ⓑ ⓒ
4 Mark your answer on your answer sheet.   ⓐ ⓑ ⓒ
5 Mark your answer on your answer sheet.   ⓐ ⓑ ⓒ

Yes/No 의문문 II

SPARTA 📝 전략

최고의 출제 스타! 전형적인 반응을 익히자!

대다수의 Yes/No 의문문이 UNIT 6에서 배운 긍정/부정/부가의문문의 정답 유형을 가지고 답을 고를 수 있다. 앞서 배운 팁들은 이번 UNIT에서도 대부분 적용 가능하다. 하지만 선택의문문, 권유[청유]형, 평서문은 출제 빈도가 높고 따로 암기할 표현도 많으므로 특별히 시간을 할애하여 공부하자. 선택의문문에서는 선택 조건을 암기하고, 권유[청유]형에서는 대명사의 호환을, 평서문에서는 긍정적 반응을 익히도록 하자.

📝 POINT ❶

▪ **선택의문문! 선택할 수 있는 옵션을 기억하자!**

① 선택의문문에 Yes/No로 답하지 않는다!
② '아무거나 좋아요', '둘 다 좋아요' 표현을 익히자.
③ 어휘 반복이 가능하다! A, B 중 선택하라는 질문이므로 답변이 A나 B로 나올 수 있다.
④ 동의어로 어휘가 교체된 표현들을 익히자.

| 예제 1 | 선택의문문 | | | U07_66_1 🇬🇧 🇺🇸 |

Q Can we **walk** to the train station, or should we **take a cab**?
　　기차역까지 걸어갈까요, 아니면 택시를 탈까요?

정답	We'd better <u>walk</u>.	(O) (A 선택)	걷는 편이 좋겠어요.
정답	I think we should <u>drive</u>.	(O) (C 제안)	운전해야 할 것 같아요.
정답	I don't care. <u>Either will be fine</u>.	(O)	상관없어요, 아무거나 좋아요.
정답	<u>Whichever</u> is faster.	(O)	아무거나 빠른 걸로요.
오답	<u>Sure</u>, let's do that right away.	(X) (Yes 불가)	물론이죠, 당장 그렇게 하죠.

📖 2가지(A와 B) 중 하나를 고르는 선택의문문이다. 선택의문문의 전형적인 정답은 ① A나 B 선택, ② 아무거나 좋아요 (either will be fine), ③ 둘 다 좋아요(both), ④ 둘 다 싫어요(neither), ⑤ 다른 새로운 제안 C. 이 중 ②, ③, ④는 암기 해서 답을 고르는 것이 가능하다. 걷거나(A) 택시를 타는(B) 방법 이외에 운전(C)과 같은 새로운 선택을 답으로 고르기 위해서는 다양한 어휘를 암기해야 한다.

✏ POINT ❷

▪ 권유[청유]형, 제안형!
누가 부탁하고 받는지 기억하자! 한국어에서 잘 사용하지 않는 대명사 확인!

① 누가 부탁하고 누가 부탁 받는지, I/You를 확인하자. (대명사 호환)
② <Yes + 세부 내용>, <No + 이유, 다른 옵션>을 집중적으로 연습하자.

예제 2	권유[청유]형		U07_67_1 🇬🇧🇺🇸

Q **Could you help me** move this lab equipment?   실험실 장비 옮기는 것 좀 도와주실래요?

정답	No problem.	(O)	물론이죠.
정답	Yes, where does it go?	(O)	네, 어디로 가야 하나요?
정답	I'm afraid I'm busy at the moment.	(O)	미안하지만 지금은 좀 바빠요.
오답	It's fully equipped.	(X) (유사 발음)	그것은 장비를 완벽히 갖추었어요.

📑 권유[청유]형에서는 한국어에서 잘 쓰지 않는 대명사로 인해 누가 어떤 행동을 하는지 파악하는 것이 힘들 수 있다. 도와줄 수 있냐는 질문에서 말하는 내가 바쁘다거나 기꺼이 도와주겠다고 하는 대답이 정답인 경우가 많다. Yes/No 의문문의 전형적인 정답 형태로 ① 문장 전체 Yes/No, ② <Yes + 세부 내용>, ③ Yes/No 없이 문장 전체로 긍정/부정의 의미를 전하는 대답을 연습하자.

예제 3	제안형		U07_67_2 🇬🇧🇺🇸

Q **Should I take** a message for you?   제가 메모 남겨 드릴까요?

정답	That'll be great.	(O)	그럼 좋죠.
정답	Thanks. Please tell him Mark called.	(O)	고마워요. Mark가 전화했다고 전해 주세요.
정답	It's okay. I can call back later.	(O)	괜찮아요. 제가 나중에 다시 전화할게요.
오답	Yes, I'd be glad to.	(대명사 호환의 오답) (X)	네, 제가 기꺼이 해 드리죠.

📑 다른 사람에게 온 전화를 대신 받는 상황이다. 권유/청유/제안에서 정답이 되는 행동은 다양하지 않다. 주로 짐을 옮기거나 보고서를 도와주는 내용으로, 특히 대명사(주어, 목적어)의 관계를 명확하게 정리해야 한다. 'Should I ~?'는 '제가 도와드릴까요?'라는 의미로, 상대방에게 호의를 베풀 때 사용하는 표현이다. 이에 대한 전형적인 정답은 ① 그러면 좋죠 (That'll be great - 전형적인 문장 전체의 Yes/No 구문), ② <Yes + 세부 내용>, ③ 나중에 다시 전화하겠다 즉, 지금 메시지를 남기지 않겠다는 내용을 표현했다. 이때 조심해야 할 것은, 'Should I ~?'의 답으로 똑같은 대명사를 써서 I'd be glad to ~(내가 하겠다)는 알맞은 정답이 될 수 없다는 것을 기억해 두자.

✏ POINT ③

- **평서문: 화자의 의도를 가장 먼저 파악하자.**

  ① 문제를 제시하면 대답으로 해결책이 나올 것을 예상해야 한다.
  ② 사실을 제시하면 동의하거나 그에 대한 추가 내용이 답변으로 나올 수 있다.
  ③ <Yes + 긍정 내용>, <No + 부정 내용>을 훈련하자!

예제 4	평서문 - 문제 제시		U07_68_1 🇬🇧 🇺🇸

Q **The photocopier is broken down again.**　　　　　　복사기가 또 고장 났네요.

정답	Let me take a look at it.	(O)	제가 한번 볼게요.
정답	I already called the maintenance.	(O)	제가 관리팀에 벌써 연락했어요.
정답	That's the third time this week.	(O)	이번 주에만 3번째네요.
오답	No, I didn't break anything.	(X) (유사 발음 오답)	아니요, 전 아무것도 깨지 않았어요.

📖📖 평서문은 말하는 사람이 혼잣말처럼 하는 발언에 적합한 반응을 해야 한다. 특히 업무상의 문제점을 말하는 경우, 해결하려는 적극적인 자세를 보이는 응답이 대부분이다. <Yes/No + 세부 내용>으로 대화를 이끌어 나가는 것도 자연스럽다. '복사기가 고장났다'는 말에 '자주 그런다', 비가 온다는 말에 '벌써 며칠째다' 등의 내용을 덧붙일 수 있다.

예제 5	평서문 - 사실 제시		U07_68_2 🇬🇧 🇺🇸

Q **The park is rather crowded today.**　　　　　　공원이 오늘 사람들로 붐비네요.

정답	I thought so, too.	(O)	그러게 말이에요.
정답	I wonder what's going on.	(O)	무슨 일이 있는 건지 궁금해요.
정답	That's because of the carnival.	(O)	축제 때문에 그래요.
오답	It is scheduled for next week.	(X) (When의 답)	다음 주로 예정되어 있어요.

📖📖 사실이나 상황을 말하는 평서문에는 말하는 사람의 의견에 동의하거나 거기에 대한 세부 내용을 제시해서 반응하는 경우가 많다. 다소 생소한 상황은 Unit 6에서 <Yes/No + 세부 내용> 구문을 충분히 훈련했다면 정답을 쉽게 맞힐 수 있다.

✚ VOCABULARY

▪ 선택의문문, 권유[청유]형/제안형, 평서문의 정답 유형

지금까지 알고 있던 어휘를 뛰어 넘어 Part 2의 다양한 정답 구문을 익히자.

01 | 선택의문문의 전형적인 정답 유형

아무거나 좋아요.	Either will be fine. 아무거나 좋아요.　　I have no preference. 저는 선호하는 게 없어요. I don't care. 신경 쓰지 않아요.　　It doesn't matter. 상관 없어요. It doesn't make any difference to me. 저에게는 차이가 없어요. Whenever it's convenient for you. 당신 편하실 때 아무 때나요. Whichever is cheaper. 아무거나 저렴한 걸로요.
둘 다 좋아요.	I use both. 둘 다 써요.　　I like both. 둘 다 좋아해요.　　Each of them. 각각 모두요.
둘 다 싫어요.	Neither. 둘 다 아니에요(싫어요).　　I don't like either of them. 둘 다 좋아하지 않아요.
C가 좋아요.	I want something else. 다른 걸 원해요.　Do you have ~?, How about ~? ~는 어때요?

02 | 권유[청유]형, 제안형의 전형적인 정답 유형

권유[청유]	How about ~?, What about ~?, Why don't we ~?, Let's ~ ~하는 것은 어때?, ~하자.
	Why don't you ~?, Could you ~?, Would you ~?, Will you ~? (당신이) ~하지 그래요? ~해 주세요.
	긍정: That's a good idea, Sounds good, Sure. 좋은 생각이에요, 물론이죠. (+ 세부 내용)
	부정: Sorry, + 이유, 다른 옵션 미안하지만 안 돼요.
제안	Should I ~?, Could I ~?, Do you want me to ~?, Would you like me to ~? ~해 드릴까요?
	긍정: Thanks, I really appreciate it, + 세부 내용 고마워요, ~ 해 주시면 좋겠어요.
	부정: No thanks, It's okay, I can manage, I can handle it. 괜찮아요, 제가 할 수 있어요.

03 | 평서문의 전형적인 정답 유형

제가 할게요.	I can take care of. 제가 처리할게요. Let me get it for you. 제가 가져오도록 하죠.	I'll do it right away. 제가 당장 할게요.
저도 그래요.	So do I. 저도 그래요.	Neither have I. 저도 해본 적 없어요.
잘됐네요.	That's good news. 좋은 소식이네요.	That's good to know. 정말 잘됐네요.
기대하고 있어요.	I'm looking forward to it. 기대돼요.	I'll be there. 꼭 참석할게요.

- **DICTATION: 의문사별 듣기 훈련**
  [녹음은 2번씩 반복, 쓰는 연습과 따라 읽기 연습을 같이 하면 효과 UP!]

1

Q _____ _____ _____ if I sit on this chair?

A _____ _____ _____ . It's vacant.

2

Q Would you like a _____ of the city _____ _____ or _____ ?

A _____ it's more convenient.

3

Q This _____ will make the room _____ _____ _____ .

A We could choose a _____ _____ .

4

Q Are you _____ to work on _____ or only on _____ ?

A My _____ _____ very _____ .

5

Q _____ _____ _____ _____ the details at the meeting on Thursday?

A I'd _____ _____ _____ if possible.

6

Q I think we're going to _____ _____ _____ for today's meeting.

A There should be _____ in the _____ .

선택의문문

1	Mark your answer on your answer sheet.	ⓐ ⓑ ⓒ
2	Mark your answer on your answer sheet.	ⓐ ⓑ ⓒ
3	Mark your answer on your answer sheet.	ⓐ ⓑ ⓒ
4	Mark your answer on your answer sheet.	ⓐ ⓑ ⓒ
5	Mark your answer on your answer sheet.	ⓐ ⓑ ⓒ

권유[청유]형, 제안형

1	Mark your answer on your answer sheet.	ⓐ ⓑ ⓒ
2	Mark your answer on your answer sheet.	ⓐ ⓑ ⓒ
3	Mark your answer on your answer sheet.	ⓐ ⓑ ⓒ
4	Mark your answer on your answer sheet.	ⓐ ⓑ ⓒ
5	Mark your answer on your answer sheet.	ⓐ ⓑ ⓒ

평서문

1	Mark your answer on your answer sheet.	ⓐ ⓑ ⓒ
2	Mark your answer on your answer sheet.	ⓐ ⓑ ⓒ
3	Mark your answer on your answer sheet.	ⓐ ⓑ ⓒ
4	Mark your answer on your answer sheet.	ⓐ ⓑ ⓒ
5	Mark your answer on your answer sheet.	ⓐ ⓑ ⓒ

의문사 의문문

1	Mark your answer on your answer sheet.	ⓐ ⓑ ⓒ
2	Mark your answer on your answer sheet.	ⓐ ⓑ ⓒ
3	Mark your answer on your answer sheet.	ⓐ ⓑ ⓒ
4	Mark your answer on your answer sheet.	ⓐ ⓑ ⓒ
5	Mark your answer on your answer sheet.	ⓐ ⓑ ⓒ
6	Mark your answer on your answer sheet.	ⓐ ⓑ ⓒ
7	Mark your answer on your answer sheet.	ⓐ ⓑ ⓒ
8	Mark your answer on your answer sheet.	ⓐ ⓑ ⓒ
9	Mark your answer on your answer sheet.	ⓐ ⓑ ⓒ
10	Mark your answer on your answer sheet.	ⓐ ⓑ ⓒ
11	Mark your answer on your answer sheet.	ⓐ ⓑ ⓒ
12	Mark your answer on your answer sheet.	ⓐ ⓑ ⓒ
13	Mark your answer on your answer sheet.	ⓐ ⓑ ⓒ
14	Mark your answer on your answer sheet.	ⓐ ⓑ ⓒ
15	Mark your answer on your answer sheet.	ⓐ ⓑ ⓒ
16	Mark your answer on your answer sheet.	ⓐ ⓑ ⓒ
17	Mark your answer on your answer sheet.	ⓐ ⓑ ⓒ
18	Mark your answer on your answer sheet.	ⓐ ⓑ ⓒ
19	Mark your answer on your answer sheet.	ⓐ ⓑ ⓒ
20	Mark your answer on your answer sheet.	ⓐ ⓑ ⓒ

Yes/No 의문문

1　Mark your answer on your answer sheet.　　ⓐ ⓑ ⓒ
2　Mark your answer on your answer sheet.　　ⓐ ⓑ ⓒ
3　Mark your answer on your answer sheet.　　ⓐ ⓑ ⓒ
4　Mark your answer on your answer sheet.　　ⓐ ⓑ ⓒ
5　Mark your answer on your answer sheet.　　ⓐ ⓑ ⓒ
6　Mark your answer on your answer sheet.　　ⓐ ⓑ ⓒ
7　Mark your answer on your answer sheet.　　ⓐ ⓑ ⓒ
8　Mark your answer on your answer sheet.　　ⓐ ⓑ ⓒ
9　Mark your answer on your answer sheet.　　ⓐ ⓑ ⓒ
10　Mark your answer on your answer sheet.　　ⓐ ⓑ ⓒ
11　Mark your answer on your answer sheet.　　ⓐ ⓑ ⓒ
12　Mark your answer on your answer sheet.　　ⓐ ⓑ ⓒ
13　Mark your answer on your answer sheet.　　ⓐ ⓑ ⓒ
14　Mark your answer on your answer sheet.　　ⓐ ⓑ ⓒ
15　Mark your answer on your answer sheet.　　ⓐ ⓑ ⓒ
16　Mark your answer on your answer sheet.　　ⓐ ⓑ ⓒ
17　Mark your answer on your answer sheet.　　ⓐ ⓑ ⓒ
18　Mark your answer on your answer sheet.　　ⓐ ⓑ ⓒ
19　Mark your answer on your answer sheet.　　ⓐ ⓑ ⓒ
20　Mark your answer on your answer sheet.　　ⓐ ⓑ ⓒ

PART 2

LC

PART 3

SPARTA 📝 전략

문제를 분석해야 정답이 보인다!

문제를 미리 파악하고 음원을 들으면서 문제를 풀어야 하는 Part 3에서는 "문제를 정확하게 분석"하는 것이 가장 기본적인 전략이다. 토익 LC를 처음 공부하는 수험생들은 "청취"만 잘하면 좋은 점수를 얻을 수 있다고 착각하는 경우가 많다. 하지만 목표는 청취를 잘 하는 것이 아니라, 문제의 "정답"을 맞히는 것이다. 따라서 "어떤 문제"가 "어떻게 출제되는지" 이해하고 준비하는 자세가 필요하다.

📝 POINT ①

- **General Questions : 첫 문장을 공략하라!**

① 장소/직업 문제는 자주 출제되는 장소, 직업 어휘를 암기하고 첫 문장을 공략하라.
② 주제/목적은 첫 문장을 듣고, 어휘 바꾸기(paraphrasing)를 훈련한다.

- What are the speakers talking about? 화자들은 무슨 이야기를 하고 있는가?
- What are they discussing? 그들은 무엇을 이야기하는가?
- What is the purpose of the conversation? 대화의 목적이 무엇인가?
- What seems to be the problem? 무엇이 문제인가? (부정적인 주제)
- Where does this conversation take place? 대화가 일어나는 장소는 어디인가?
- Who probably is the man? 남자는 누구일 것 같은가?
- What is the man's occupation? 남자의 직업은 무엇인가?

예제 1 **General Questions**

U08_76_1 🇬🇧 🇺🇸

GQ **What** are the speakers **talking about**?
화자들은 무엇에 대해 이야기하고 있는가?

(A) Changing seats 자리 변경
(B) Making a reservation 예약하기
(C) A last-minute cancelation 막판 취소
(D) Receiving a refund 환불 받기

📋 evening flight이 available한지 묻는 것은 표를 사겠다는 것, 즉, 항공편 예약 문의

SQ [세부 내용 관련 문제]

SQ [세부 내용 관련 문제]

W: Hi. I know this is at the last minute, but I need to fly to Wellington today. Do you have any evening flights available?

M: Unfortunately, all the flights are sold out. I can put you on an earlier flight tomorrow morning at 8:00. Would that work for you?

W: 안녕하세요. 막바지인 거 아는데요. 제가 오늘 웰링턴에 가야 해서요. 오후에 비행기가 있을까요?

M: 죄송합니다, 모든 좌석이 다 팔렸어요. 내일 아침 8시에 빠른 비행기에 올려드릴 수 있는데요. 괜찮으실까요?

 POINT ❷

▪ Specific Questions : 주인공을 미리 분석하라!

① 문제에 등장하는 여자(woman), 남자(man)의 성별을 파악한다.
② 문제에 등장하는 시제를 확인한다.
③ 표/차트는 미리 훑어 두고 음원을 들으면서 다시 본다.

01 ┃ 문제에서 성별을 지정하는 경우

- What does the man say he will do? 남자는 무엇을 하겠다고 말하는가?
- What does the man ask the woman to do? 남자는 여자에게 무엇을 하라고 요구하는가?
- What does the woman offer to do? 여자는 무엇을 해 주겠다고 말하는가?

02 ┃ 문제에서 시제를 언급하는 경우

- When did the woman place an order? 여자는 언제 주문했는가?
- What type of payment did the man use the last time? 남자는 지난번에 어떻게 계산했는가?
- What will the woman most likely do next? 여자는 다음에 어떤 행동을 할 것 같은가?
- Look at the graphic. How many units will the man order?
  도표를 보시오. 남자는 몇 개를 주문할 것인가?

| 예제 2 | Specific Questions | U08_77_1 🇬🇧 🇺🇸 |

GQ Where are the speakers?

★ 문제를 미리 읽고 Key Word를 파악한다!
SQ What does **the woman suggest the man do**?

(A) Have some food delivered
(B) Visit a museum
(C) Drive to a market
(D) Call the hotel manager

📝 pizza를 food로 바꾸어 표현한 (A)가 정답이다.

SQ Look at the **graphic**. What will **the man** probably **order**?

M: Hi. I am a guest here at the hotel. I was wondering if you could recommend a restaurant within walking distance.

W: Umm... Let's see. There aren't many restaurants nearby, but there is a pizza shop. You could order for delivery from there.

M: (이어지는 내용)

M: 안녕하세요, 호텔 투숙객인데요. 걸어갈 수 있는 거리에 있는 식당을 추천해 주실 수 있나 해서요.

W: 음… 글쎄요. 근처에 식당이 많지 않지만 피자 가게가 하나 있는데요. 거기서 배달을 주문할 수 있어요.

Menu	Prices
Cheese	$20
Pepperoni	$25
Combination	$30
Vegetable	$20

POINT ③

▪ **고난도 문제 완전 정복 : 추론 유형은 문맥을 확인하라!**

① 추론 문제는 보기를 미리 읽어 둔다.
② 화자 의도 파악 문제는 "따옴표" 안의 특정 표현을 기억하고 음원을 듣자.

01 | 전체적인 추론 문제

▪ What is [said/mentioned] about the company? 회사에 대해 무엇이 언급되었나?

▪ What can be inferred about the man? 남자에 대해서 무엇을 추론할 수 있는가?

▪ What does the man imply about the company? 남자는 회사에 대해 무엇을 암시하는가?

02 | 화자 의도 파악 문제

▪ What does the man imply when he says, "I'll see what I can do"?
남자가 "제가 할 수 있는 일을 알아보도록 하죠"라고 말한 것은 무엇을 암시하는가?

▪ Why does the woman say, "I wouldn't miss it for the world"?
여자는 왜 "절대로 빠지지 않을 거야"라고 말하는가?

▪ What does the man mean when he says, "I can't believe it"?
남자가 "믿지 못하겠어"라고 말한 것은 무슨 의도인가?

예제 3   **화자 의도 파악 문제**

U08_78_1 🇬🇧 🇺🇸

GQ Who probably are the speakers?

★ 문제를 미리 읽고 Key Word를 파악한다!
SQ What does the woman imply when she says, **"I have high hopes for them"**?
(A) She will get a new job.
(B) The new employees will do well.
(C) They will move to another city.
(D) She is very disappointed in them.

📑 새로운 직원들에게 "기대가 높다"고 얘기한 것은 회사에서 일을 잘 할 거라고 기대한다는 의미다.

SQ What will the speakers do next?

M: Did you see the new employees who were hired in the sales team last month? They were so passionate and energetic about our company and products.

W: I agree. I have high hopes for them.

M: 지난달에 판매팀에 고용된 신입 사원들을 보셨나요? 우리 회사와 상품에 대해서 아주 열정적이고 에너지가 넘쳤어요.

W: 동감해요. 저는 그들에게 기대가 높아요.

✚ VOCABULARY

01 | 자주 등장하는 직업과 장소의 어휘

직업 **(occupation)**	mechanic 기술자 carpenter 목수 inspector 검사관 author, writer 작가 doctor, physician, surgeon 의사 instructor 강사 realtor 부동산 중개인 captain 기장, 선장	technician 기술자 plumber 배관공 auditor (회계) 감사관 editor 편집자 photographer 사진작가 (bank) teller 은행 창구 직원 ground crew 지상 근무요원	lab technician 실험실 기술자 architect 건축가 accountant 회계사 server 웨이터 pharmacist 약사 librarian 사서 (train) conductor (기차) 차장 flight attendant 승무원	electrician 전기 기술자 operator 전화 교환수 chef/cook 요리사 veterinarian 수의사
직급 **(position)**	representative, agent, staff, personnel, associate 직원 supervisor, manager, department head, section chief 부서장 executive, officer, CEO, board member, president, vice president 중역 new hire, recruit 신입 사원 receptionist 접수원 administrative staff 행정 직원		shift manager 근무조 관리자 secretary/assistant 비서, 보좌관	
정체 **(identity)**	applicant 지원자 interviewer 면접관 winner 수상자 colleague, co-worker 동료사원	candidate 후보자 landlord 집주인 presenter, speaker 발표자	interviewee 인터뷰 받는 사람 tenant 세입자	recipient 수령인 participant 참가자
장소 **(사업체)**	aquarium 수족관 library 도서관 publisher 출판사 retail outlet 소매점 manufacturing facility, plant 공장	florist's 꽃집, 꽃가게 bookstore 서점 cleaner 세탁소 travel agency 여행사	real estate (agency) 부동산 insurance (agency) 보험사 advertising agency 광고사 newspaper company 신문사 service center 수리 센터	
장소 **(특정 장소)**	news stand 신문 가판대 checkout counter 계산대 banquet hall 연회장		assembly line 조립 라인 baggage claim (area) (공항에서) 짐 찾는 곳	

02 | 자주 등장하는 시제 및 빈도 관련 표현

과거의 표현 **(과거시제 사용)**	before 전에 originally 원래는 just 좀 전에	last time 지난번에 recently 최근에 used to ~하곤 했다	last summer 지난여름에 was supposed to ~하기로 했다 I thought 나는 ~라고 생각했다
미래의 표현 **(미래시제 사용)**	likely 아마도	probably 아마도	do next 다음에 하다
빈도의 표현	usually 보통	rarely 거의 (않다)	often 자주 regularly 정기적으로

03 | 의도 파악 관련 관용 표현

Back to square one. 원점으로 돌아간다.	You can say that again. 당연하지.
Better late than never. 늦게라도 하는 게 낫다.	It's now or never. 지금 아니면 안 돼, 서두르자.
Don't hold your breath. 기대하지 마, 기다리지 마.	That's more like it. 그러는 편이 더 낫다.
Fair enough. 그 정도면 됐어, 괜찮아, 알았어.	What are the odds? 가능성(확률)이 얼마나 돼?
I can't believe it. 말도 안 돼, 설마 그럴 리가.	We'll see about that. 어디 두고 봅시다.

다음 보기 중 동의어로 <u>잘못</u> 짝지어진 것을 모두 고르세요.

1

① author – writer

② supervisor – manager

③ colleague – co-worker

④ landlord – tenant

⑤ doctor – physician

⑥ chef – cook

⑦ executive – assistant

⑧ new hire – recruit

다음 보기 중 단어와 의미 연결이 <u>잘못된</u> 것을 모두 고르세요.

2

① secretary – 비서

② interviewee – 면접관

③ pharmacist – 약사

④ recipient – 수령인

⑤ participant – 참가자

⑥ department head – 부서장

⑦ realtor – 기장, 선원

⑧ electrician – 전기 기술자

3

① banquet hall – 연회장

② checkout counter – 계산대

③ retail outlet – 소매점

④ baggage claim area – 가판대

⑤ insurance – 보험사

⑥ plant – 식물원

⑦ aquarium – 수족관

⑧ cleaner – 세탁소

다음 관용 표현을 완성하세요.

4

Better late t_____ never. 늦게라도 하는 게 낫다.

5

We'll s_____ about that. 어디 두고 봅시다.

정답 **1** ④, ⑦ **2** ②, ⑦ **3** ④, ⑥ **4** than **5** see

PART 3

- **DICTATION : 목적어절 듣기 훈련**

긴 문장을 듣고 화자(speaker)가 말하는 목적을 고르는 훈련을 하자!

(녹음은 2번씩 반복, 쓰는 연습과 따라 읽기 연습을 같이 하면 효과 만점!)

1

I'm here _____ _____ _____ at the music festival.

Have you seen many performances?

(A) 면접을 보기 위해   (B) 취재하기 위해

2

I'm staying in room 506. I was wondering if you _____ _____

a _____ near the hotel.

(A) 먹을 곳을 알아보기 위해   (B) 호텔을 예약하기 위해

3

I just received an e-mail _____ _____ ____ _____

at ten o'clock. I was wondering _____ ____ _____ _____

it for another time.

(A) 약속을 잡기 위해   (B) 약속을 변경하기 위해

4

We're interested in _____ _____ _____ _____ for our

customers. Could you give me some more information about your prices?

(A) 티셔츠를 팔기 위해   (B) 티셔츠를 사기 위해

5

Hi. I'm calling from Jackson Realtors. _____ _____ _____ _____

_____ _____ that I think you might be interested in. It's available immediately.

(A) 아파트를 사기 위해   (B) 아파트를 추천하기 위해

▪ **DICTATION : 문제-녹음 매칭 훈련**

긴 문장을 듣고 문제가 묻는 내용을 고르는 훈련을 하자!

(녹음은 2번씩 반복, 쓰는 연습과 따라 읽기 연습을 같이 하면 효과 만점!)

1 Where is the conversation taking place?

(A) At a car dealership   (B) At a newspaper company

> W I _____ _____ _____ in a newspaper ____ _____
> _____. Do you have electric cars here, too?
>
> M No, not here. But we have another location on Route 53 about 10 miles north.
> They have some electric cars there.

2 When did the man visit Florence?

(A) Two weeks ago   (B) One year ago

> M Hi. How was your vacation in Italy?
>
> W It was just great. We stayed at a small hotel in Florence for two weeks.
>
> M I really enjoyed Florence myself when ____ _____ _____ with
> my family _____ _____.

3 Where do the speakers most likely work?

(A) At a printing factory   (B) At an advertising agency

> M I wanted to ask you about ____ _____ _____ _____
> _____ the Miller Company's coffee maker. This company is a really important
> client for us.
>
> W Yes, we need to highlight a variety of colors of its products, especially the green
> and purple ones it recently developed.

4 What does the man imply when he says, "It would certainly distinguish itself from the
others"?

(A) It is easy to find the box.   (B) It is specially designed for customers.

> M(A) Hello. Mailroom? This is Tom Reynolds from the fabric design team. We're
> supposed to get a package from our Shanghai office.
>
> M(B) Yes, I've already _____ ____ ____ _____ _____
> with other packages. It has a large, shiny blue logo on top of it. It would
> certainly distinguish itself from the others.

PART 3

1 Where does this conversation probably take place?

(A) At a reception desk
(B) At a technology conference
(C) At a manufacturing facility
(D) In an elevator

2 Which floor does Ms. Elliot work on?

(A) The first floor
(B) The second floor
(C) The third floor
(D) The fourth floor

3 Why does the man want to speak with Ms. Elliot?

(A) He wants to sell some products.
(B) He needs to review a proposal.
(C) He is looking for employment.
(D) He wants to make a purchase.

----

4 What did the man do this morning?

(A) Made a donation
(B) Wrote a memo
(C) Met a client
(D) Bought a magazine

5 What happened last month?

(A) The price of a magazine went up.
(B) The company moved to a new location.
(C) They developed a new product.
(D) They had a discussion with some clients.

6 How does the woman plan to save money?

(A) By joining a carpool
(B) By leasing a smaller place
(C) By getting an annual subscription
(D) By changing Internet servers

----

7 What is the woman looking for?

(A) Conference materials
(B) A new table
(C) A set of keys
(D) A pair of glasses

8 What does the woman imply when she says, "I have way too much work"?

(A) She needs to read a lot.
(B) She needs to work over the weekend.
(C) The reception desk is crowded.
(D) There are too many people in the office.

9 How will the man contact the woman?

(A) By sending an e-mail
(B) By calling her
(C) By vising her office in person
(D) By writing a letter

World Travel Summer Packages

Fantastic Asia	$2,500
Serendipity in Tibet	$3,600
The Charm of Europe	$3,200
Expedition Alaska	$4,500

10 Who most likely is the woman?

(A) A foreign tourist
(B) A tour guide
(C) A travel agent
(D) A hotel clerk

11 Why is the man planning the event?

(A) To celebrate an anniversary
(B) To travel around the world
(C) To buy some souvenirs
(D) To get a discounted price

12 Look at the graphic. Where will the man probably decide to go?

(A) Asia
(B) Tibet
(C) Europe
(D) Alaska

SPARTA 📝 전략

일반적인 성인의 활동 범위와 행동 패턴을 이해하자!

일반 성인이 아침에 일어나서 카페와 식당에 들르고, 회사에 가고, 병원에 가고, 자동차를 수리하고, 슈퍼에 가고, 세탁소를 들러 집에 오는 상황들이다. 영어로 들으면 생소할 수 있지만, 각종 장소 및 관련 표현에 익숙해지면 쉽게 정답을 맞힐 수 있다.

01 | 빈출 상황
① 쇼핑/구매 관련 → 상품의 구매 문의, 교환 및 환불, 재고 부족, 할인 등
② 각종 편의시설 이용 관련 → 부동산, 우체국, 식당, 병원, 미용실, 시장, 슈퍼 등의 이용
③ 교통/주차 관련 → 대중교통, 교통 체증, 주차/공사, 길 안내 등

02 | General Questions : 전체 내용 관련 빈출 문제

주제/목적	What is the conversation about? 무엇에 관한 대화인가? ▶ **Reserving a venue** 장소 예약
장소/직업/정체	Who probably is the woman? 여자는 아마도 누구인가? ▶ **A postal worker** 우체국 직원
언급/추론	What is said about the library? 도서관에 대해서 무엇이라고 말하는가? ▶ **It has a long history.** 역사가 길다.

03 | Specific Questions : 세부 내용 관련 빈출 문제

제안/지시	What does the woman suggest the man do? 여자는 남자에게 무엇을 하라고 제안하는가? ▶ **Renew his magazine subscription** 잡지 구독을 갱신하라고
이유	Why does the man recommend Nubo Computers? 남자는 왜 Nubo 컴퓨터를 추천하는가? ▶ **It has reasonable prices.** 가격이 합리적이다.
특정 시점/기간	What time does the store open on weekends? 가게는 주말에 몇 시에 문을 여는가? ▶ **At 10:00 A.M.** 오전 10시에
미래의 할 일	What will the woman probably do next? 여자는 아마도 다음에 무엇을 할 것인가? ▶ **Log on to a computer** 컴퓨터에 로그인한다
화자 의도 파악	What does the man mean when he says, "No problem"? 남자가 "문제 없어"라고 이야기한 것은 무슨 뜻인가? ▶ **He will check with other stores.** 그는 다른 가게에 확인해 볼 것이다.

✏ POINT ❶

Q1 What seems to be the problem?

    (A) A vehicle is too small.

    (B) An office closed early.

    (C) The man's family has not arrived.

    (D) An extra charge will be added.

Q2 What does the woman suggest doing?

    (A) Paying in advance

    (B) Waiting for a while

    (C) Saving a receipt

    (D) Speaking with a manager

Q3 What does the man say he will do?

    (A) Take a taxi

    (B) Return at another time

    (C) File a complaint

    (D) Visit another business

Questions 1 through 3 refer to the following conversation.

W: All right, you're all set with your rental car. Here are your keys. It's the white compact car outside in Parking Lot 25.

M: **Q1** Actually, that's not what I ordered. I requested a full-size car because I'm going to pick up my family from the airport to spend the vacation together. Could you double-check my reservation?

W: Oh, I'm sorry. You did book a full size. Unfortunately, we're all out of full-size cars at this location. **Q2** If you can wait, we're expecting some large cars to be returned in a couple of hours.

M: No, I don't think I can do that. Please cancel my reservation. **Q3** I'm going to see if another car rental agency nearby has a larger car available right now.

Q1 무엇이 문제인 것 같은가?
  (A) 차량이 너무 작다.
  (B) 사무실이 일찍 문을 닫았다.
  (C) 남자의 가족들이 도착하지 않았다.
  (D) 추가 비용이 더해질 것이다.

Q2 여자는 무엇을 하라고 제안하는가?
  (A) 미리 돈을 내라고
  (B) 잠깐 기다리라고
  (C) 영수증을 보관하라고
  (D) 매니저와 이야기하라고

Q3 남자는 무엇을 할 것이라고 말하는가?
  (A) 택시를 탄다
  (B) 다른 시간에 돌아온다
  (C) 불평을 접수한다
  (D) 다른 업체를 방문한다

W: 네, 손님의 렌터카 준비가 끝났습니다. 여기 열쇠가 있습니다. 바깥에 25번 주차공간에 있는 흰색 소형차입니다.

M: 실은, 그건 제가 주문한 게 아니에요. 저는 휴가를 같이 보내기 위해서 공항으로 가족을 데리러 가야 하기 때문에 대형차를 요청했는데요. 제 예약을 다시 확인해 주시겠어요?

W: 이런, 죄송합니다. 대형차를 예약하셨네요. 죄송하지만 이 지점에는 대형차가 없어요. 조금만 기다리시면 2시간 안에 큰 차가 몇 대 올 거예요.

M: 아니요, 그렇게는 힘들 거 같아요. 제 예약을 취소해 주세요. 근처에 다른 렌터카 업체에 가서 지금 당장 더 큰 차가 있는지 봐야겠어요.

Q1 General Question – 전체적인 문제점을 물어보는 문제
  ▶ 대화 초반부에 가장 많은 힌트가 나오는 문제 유형이다. 자동차의 크기가 주문한 full size가 아닌 compact로 준비된 것이 문제임을 알 수 있다.

Q2 Specific Question – 여자가 제안하는 내용을 물어보는 문제
  ▶ 여자가 제안(suggest)하는 부분을 집중적으로 듣는 훈련을 하자. 기다리면 큰 차가 들어온다(if you can wait ~)에서 기다릴 것을 제안하는 것을 알 수 있다.

Q3 Specific Question – 남자가 미래에 할 일을 추측하는 문제
  ▶ 미래의 할 일을 추측하는 문제는 주로 3문제의 마지막에 등장하며, 힌트도 마지막에서 주는 경우가 많다. 다른 렌터카 업체(another car rental agency)를 듣고 동의 표현인 another business를 고를 수 있어야겠다.

PART 3

✚ VOCABULARY

01 | 자주 등장하는 장소별 어휘

Store/ Retail outlet (가게/소매점)	out of stock, sold out, not available 재고가 없는 deliver, send 배달하다 expedite, speed up 빠르게 하다 free installation 무료 설치 store credit 가게 적립금	rush delivery 빠른 배달 pick up, visit 찾으러 오다 refund, money back 환불 receipt 영수증	blowout sale 파격 세일 extra charge 추가 비용 warranty 보증(수리) exchange 교환
Grocery store (식료품점/슈퍼)	dairy section 유제품 칸 vegetables 야채 lettuce 상추 plastic bag 비닐 봉투	baked goods 빵, 과자류 fruits 과일 strawberry 딸기 paper bag 종이 봉투	cash register 계산대 coupon (할인) 쿠폰
Restaurant (식당)	waiter, server 웨이터 chef, cook 요리사 today's special 오늘의 특별 요리	drink, beverage 음료수 bowl, dish, silverware 그릇, 식기	menu 메뉴
Bank (은행)	account 계좌 teller 창구 직원 interest 이자 get a loan 대출받다 cash a check 수표를 현금화하다	balance 잔액, 잔고 loan officer 대출 관리자 withdraw 출금하다 exchange money 환전하다	bank statement 은행 거래 명세서 loan application 대출 신청서 deposit 입금하다 wire[transfer] money 송금하다
Post office (우체국)	mail, letter 편지 send 보내다 express mail 속달 우편	package, parcel 소포 receive 받다 registered mail 등기 우편	postage stamps 우표 fragile 깨지기 쉬운
Dry cleaner's (세탁소)	laundry 세탁물 stain, spot 얼룩	drop off 맡기다 hand wash 손빨래	clothes, suits, shirts 옷, 정장, 셔츠 detergent 세제　alteration 수선
Hospital/ Pharmacy (병원/약국)	doctor, surgeon, physician 의사 dentist 치과의사　pharmacist 약사 examine a patient 환자를 진찰하다 pick up a prescription 처방약을 찾다		veterinarian 수의사 prescribe medicine 약을 처방하다 fill a prescription 약을 조제하다

02 | 필수 동의 표현 (Paraphrasing)

본문	문제 보기
The vegetables are not fresh enough. 야채가 신선하지 않다.	The ingredients could be better. 재료가 더 신선할 수 있었다.
I want to get my money back. 돈을 돌려받기를 원한다.	She wants a refund. 그녀는 환불을 원한다. She did not want the original product. 그녀는 원래 상품을 원하지 않았다.
The coat is too small. 코트가 작다.	The coat is the wrong size. 코트가 잘못된 사이즈다.
I ordered a blue one, but a green one came. 파란색을 주문했는데 초록색이 왔다.	The wrong color[item] came. 잘못된 색[물건]이 왔다. He wants a different[another] item. 그는 다른 물건을 원한다.
All of the employees are busy right now. 모든 직원들이 지금 바쁩니다.	No one is available to help you. 도와줄 사람이 아무도 없다.
call another store[restaurant] 다른 가게[식당]에 연락하다	contact another[different] location / business / branch 다른 위치, 사업체, 지점에 연락을 취하다
toaster 토스터　oven 오븐　refrigerator 냉장고 washer & dryer 세탁기 겸용 건조기	home appliance 가전제품　electronics 전자제품 order 주문한 물건　shipment 배송(품)　delivery 배달 물건 item 물건　product 상품　model 모델(상품)

다음 보기 중 단어와 의미 연결이 <u>잘못된</u> 것을 모두 고르세요.

1

① deliver – 배달하다
② refund – 환불(하다)
③ exchange – 반품하다
④ not available – 재고가 없는
⑤ out of stock – 고장난
⑥ baked goods – 빵, 과자류
⑦ beverage – 음료수
⑧ warranty – 보증

2

① deposit – 출금하다
② wire – 송금하다
③ balance – 잔액
④ account – 계좌
⑤ plastic bag – 플라스틱 가방
⑥ loan officer – 가게 주인
⑦ detergent – 세제
⑧ fragile – 깨지기 쉬운

다음 보기 중 동의 표현으로 맞게 짝지어진 것을 모두 고르세요.

3

① The vegetables are not fresh enough. → The ingredients could be better.
② I want to get my money back. → I want an exchange.
③ The coat is too small. → The coat is my size.
④ I ordered a blue one, but a green one came. → The wrong item came.

다음 동의 표현을 완성하세요.

4

call another store 다른 가게에 연락하다

→ contact a d_____ branch

5

All of the employees are busy right now. 모든 직원들이 지금 바쁩니다.

→ No one is a_____ to help you.

정답 **1** ③, ⑤ **2** ①, ⑤, ⑥ **3** ①, ④ **4** different **5** available

- **DICTATION : Paraphrasing 훈련**

긴 문장에서 문제가 묻는 내용을 듣고 동의 표현(paraphrasing)을 고르는 훈련을 하자!

(녹음은 2번씩 반복, 쓰는 연습과 따라 읽기 연습을 같이 하면 효과 만점!)

1 What is the woman inquiring about?

(A) A flight schedule   (B) Payment options

> W I'd like to book a direct flight to Miami for May 2nd, please. _____ _____
> _____ _____ _____ _____ in Miami in the late
> afternoon?
>
> M Yes, there's one that will land at 4 P.M. Would you like to pay for the ticket now?

2 What does the woman plan to do tomorrow?

(A) Make a reservation   (B) View a property

> M Would you like to _____ _____ _____ _____ _____ ?
> We can get in to see it sometime tomorrow.
>
> W I'm busy in the morning because of the presentation, but the _____
> _____ _____ _____. Hope to see you then.

3 Why is the woman calling?

(A) To inquire about a bill   (B) To request a repair service

> M Hello. Tim's Plumbing Services. How may I help you?
>
> W Hi. I'm having a _____ _____ _____ _____ _____.
> Could someone come and take a look at it?

4 According to the woman, why will buyers like that car?

(A) It is fuel efficient.   (B) The outside is in good condition.

> W I think buyers will really like the car because the _____ _____ _____
> _____ _____. However, I can see a few holes in the
> cloth on the front seat. I recommend having that repaired.
>
> M Okay, I'll do it if it can help sell the car.

1 Where most likely is the conversation taking place?

(A) At a restaurant
(B) At a fruit market
(C) At a flower shop
(D) At a hotel

2 According to the woman, what is special about the product?

(A) It is locally grown.
(B) It is new this season.
(C) It is currently out of stock.
(D) It is only available today.

3 What does the woman offer the man?

(A) A business card
(B) A discount coupon
(C) A handmade basket
(D) A free recipe

----

4 Who most likely is the woman?

(A) A florist
(B) A bus driver
(C) A travel agent
(D) A postal worker

5 What does the man say he cannot find?

(A) A credit card
(B) A delivery notice
(C) A trip itinerary
(D) A revised invoice

6 What does the woman ask the man to bring with him?

(A) Proof of payment
(B) An account number
(C) Photo identification
(D) Some packing material

----

7 Where is the conversation most likely taking place?

(A) At a furniture store
(B) At a moving company
(C) At a real estate agency
(D) At an employment agency

8 What does the man say he prefers?

(A) A job in his neighborhood
(B) A weekend appointment
(C) A short-term contract
(D) A different listing

9 What does the woman say she will do next?

(A) Look for information
(B) Waive a fee
(C) Pay a penalty
(D) Send an e-mail

Trade-in Policy	Discount Range
MT 3000	10 percent off
MT 4000	15 percent off
MT Premium Series	20 percent off
MT VIP Package	30 percent off

10 What does the woman inquire about?

(A) A repair service
(B) An Internet provider
(C) An error on an invoice
(D) An equipment change

11 Look at the graphic. How much of a discount will the woman receive?

(A) 10 percent
(B) 15 percent
(C) 20 percent
(D) 30 percent

12 What does the man offer to do?

(A) Transfer some data
(B) Provide a manual
(C) Issue a refund
(D) Replace a part

주제별 공략: 여가활동

SPARTA 📝 전략

일반적인 성인의 활동 범위와 행동을 이해하자!

매일 직장에서 겪는 생활이 아닌, 여행이나 여가 생활에 대한 내용이다. 특히 비행기, 호텔, 공연 등을 예약하고 문제가 생겼을 시 이를 해결하는 내용이 나온다.

01 | 빈출 상황

① 여행 관련 - 여행사 상품 예약, 항공편 및 숙박 예약, 공항 및 호텔 이용에 관한 내용
② 여가 활동 관련 - 극장, 공연장, 박물관, 전시회를 이용하는 내용

02 | General Questions : 전체 내용 관련 빈출 문제

주제/목적	What is the purpose of the woman's call? 여자가 전화한 목적은 무엇인가? ▶ **To confirm her reservation** 예약을 확인하기 위해서
장소/직업/정체	What most likely is the man's job? 남자의 직업은 무엇이겠는가? ▶ **Hotel clerk** 호텔 직원
언급/추론	What can be inferred about the exhibit? 전시회에 대해서 무엇을 유추할 수 있는가? ▶ **It is very popular.** 인기가 많다.

03 | Specific Questions : 세부 내용 관련 빈출 문제

제안/지시	What does the man offer to do? 남자는 무엇을 해주겠다고 하는가? ▶ **Include meal vouchers** 식사권을 포함시켜 주겠다고
문제점	What problem does the man mention? 남자는 어떤 문제를 언급하는가? ▶ **He doesn't have the reservation number.** 예약 번호를 가지고 있지 않다.
특정 시점/기간	When will the speakers leave for the airport? 화자들은 언제 공항으로 출발할 것인가? ▶ **Right after work** 일 끝나자마자
미래의 할 일	What will the woman probably do next? 여자는 아마도 다음에 무엇을 할 것인가? ▶ **Provide an address** 주소를 준다
화자 의도 파악	What does the woman imply when she says, "enjoy it while you can"? 여자가 "즐길 수 있을 때 즐겨라"라고 얘기한 것은 무엇을 의도한 것인가? ▶ **The weather won't last long.** 이 날씨가 오래 지속되지 않을 것이다.

POINT ❶

예제 1   여가활동 관련

U10_91_1

Q1 Where is the conversation most likely taking place?

(A) At a running track

(B) At a conference center

(C) At a fitness center

(D) At a sporting goods store

Q2 Who is Sam Conrad?

(A) A personal trainer

(B) A gym owner

(C) A sportswriter

(D) A repairperson

Q3 What does the woman offer to do?

(A) Participate in an interview

(B) Complete a registration form

(C) Recommend a doctor

(D) Arrange an appointment

Questions 1 through 3 refer to the following conversation.

M: Good morning. <u>**Q1** I'm interested in joining this fitness center</u>. I need to get in shape for a sports competition in two months.

W: We can definitely help you get ready. We have a full range of fitness equipment, and if you work out, you can schedule sessions with one of our personal trainers.

M: That sounds great. I'm going to be running a marathon, so I need to build up my general endurance.

W: Then **Q2** <u>I'd recommend Sam Conrad as a trainer</u>. He is also a marathoner, so he'd know the best fitness plan for you. **Q3** <u>If you like, I can set up an appointment with him</u> before you sign up.

Q1 이 대화는 아마 어디에서 일어나고 있는가?
(A) 육상 트랙에서
(B) 컨퍼런스 센터에서
(C) 피트니스 센터에서
(D) 스포츠용품 가게에서

Q2 샘 콘래드는 누구인가?
(A) 개인 트레이너
(B) 체육관 주인
(C) 스포츠 기자
(D) 수리공

Q3 여자는 무엇을 해 주겠다고 하는가?
(A) 취재에 참여하겠다고
(B) 등록 양식을 작성하겠다고
(C) 의사를 추천하겠다고
(D) 약속을 잡아 주겠다고

M: 좋은 아침이에요. 제가 피트니스 센터에 가입하는 데 관심이 있어서요. 두 달 후에 있을 운동 경기에 대비해서 몸을 준비해야 해요.

W: 저희가 손님이 준비하실 수 있도록 도와드릴 수 있습니다. 저희는 폭넓은 장비를 갖추고 있고, 운동하시면 저희 개인 트레이너와 훈련 일정을 잡으실 수 있습니다.

M: 좋은 것 같네요. 저는 마라톤을 참여할 거라서, 전반적인 지구력을 키워야 해요.

W: 그렇다면 트레이너로 샘 콘래드를 추천합니다. 그도 마라톤 선수여서, 손님에게 맞는 운동계획을 알 겁니다. 원하시면, 등록하시기 전에 그분과 약속을 잡아드리도록 하죠.

Q1 General Question – 전체적인 내용을 물어보는 문제

▶ 대화 초반부에 가장 많은 힌트를 주는 문제 유형이다. 피트니스 센터에 가입하고 싶다(join this fitness center)라는 부분에서 정답을 알 수 있다.

Q2 Specific Question – 고유명사(Sam Conrad)의 직업

▶ 고유명사의 직업은 지문 맨 앞에 GQ로 나오거나 아니면 그 사람의 이름 앞뒤로 등장하게 된다. 샘을 트레이너로 추천한다는 부분에서 샘의 직업을 알 수 있다.

Q3 Specific Question – 여자가 제안(offer)하는 부분

▶ offer는 호의를 베푸는 내용으로 "I could ~, do you want me to ~?" 구문으로 주로 정답이 제시된다. 마지막 문장에서 약속을 잡아 주다(set up)를 arrange로 바꿔 표현했다.

✚ VOCABULARY

01 | 자주 등장하는 주제별 어휘

여행	travel agent 여행사 직원 destination 목적지 reserve 예약하다 attraction 명소	tour guide 여행 가이드 stopover 경유지 confirm 확인하다 excursion 짧은 여행	itinerary 여행 일정표 sightseeing 관광 activity 활동
호텔	accommodations 숙박시설 suite 스위트룸 shuttle (to the airport) (공항까지 가는) 셔틀 버스	single room 1인실 front desk 프런트	double room 2인실 receptionist 접수원
비행	flight 비행, 비행편 one-way ticket 편도 티켓 baggage claim ticket 수하물 표	departure 출발 round-trip ticket 왕복 티켓 window seat 창가 쪽 자리	arrival 도착 aisle seat 복도 쪽 자리
공연	theater 극장 (dramatic) play 연극 [front, back] row 앞줄, 뒷줄 movie 영화	performance 공연 actor 배우 (program, play) guide 공연 안내서 showing 상영	performer 공연가 actress 여배우
관람/운동	gallery 미술관 collection 전시물 instructor, trainer 강사	museum 박물관 fitness center, gym 피트니스 센터, 체육관 membership 회원권	exhibit, exhibition 전시 fee 비용

02 | 필수 동의 표현 (Paraphrasing)

본문	문제 보기
book a flight 비행기를 예약하다	reserve a plane 비행기를 예약하다 make a flight arrangement 비행기 예약을 잡다
be sure to ~, don't forget to ~ ~하는 것을 잊지 마라	remind 상기시키다, 생각나게 하다
check a reservation 예약을 확인하다	confirm[check, verify] a reservation 예약을 확인하다
be delayed 연착되다, 연기되다	be put off, pushed back, postponed 연기되다
be canceled 취소되다	be called off 취소되다
The shower is not working. 샤워기가 고장났다.	A hotel facility is malfunctioning. 호텔 시설이 오작동하다.
It rained too much. 비가 너무 많이 왔다.	They had inclement weather. 악천후를 겪었다.

다음 보기 중 단어와 의미 연결이 <u>잘못된</u> 것을 모두 고르세요.

1

① tour guide – 여행 가이드　　⑤ stopover – 정류장

② itinerary – 목적지　　⑥ excursion – 짧은 여행

③ sightseeing – 관광　　⑦ one-way ticket – 편도 티켓

④ attraction – 명소　　⑧ aisle seat – 복도 쪽 자리

2

① performance – 공연　　⑤ showing – 상영

② departure – 도착　　⑥ front row – 현관

③ exhibition – 전시　　⑦ collection – 전시물

④ accommodations – 숙박 시설　　⑧ exhibit – 전시

다음 동의 표현을 완성하세요.

3

book a flight 항공편을 예약하다

→ r_____ a plane

4

The shower is not working. 샤워기가 고장났다.

→ A hotel f_____ is malfunctioning.

5

It rained too much yesterday. 어제 비가 너무 많이 왔다.

→ We had i_____ weather yesterday.

6

be delayed 연착되다, 연기되다

→ be p____ o____ / p_____ _____ / p_____

정답 **1** ②, ⑤　**2** ②, ⑥　**3** reserve　**4** facility　**5** inclement　**6** put off, pushed back, postponed

▪ **DICTATION : Paraphrasing 훈련**

긴 문장에서 문제가 묻는 내용을 듣고 동의 표현(paraphrasing)을 고르는 훈련을 하자!

(녹음은 2번씩 반복, 쓰는 연습과 따라 읽기 연습을 같이 하면 효과 만점!)

1 Where most likely are the speakers?

(A) In an airport   (B) In a hotel

> M Hi. My name is Daniel Hartford. ___ _____ _____ _____ _____
> earlier _____. Do you have any messages for me? My luggage didn't
> arrive, so I've been expecting a call from Chicago Airlines.
>
> W I'm sorry, Mr. Hartford. The airline hasn't called yet.

2 What does the woman want to do at the art gallery?

(A) Look at some paintings   (B) Register for a class

> W Excuse me. I saw the flyer posted on the window of your gallery advertising
> art classes. I wonder _____ ____ _____ _____ _____ for the water
> color painting class on Tuesday morning.
>
> M Sorry, but that class is already full. Would you be interested in taking the same
> class on Wednesday?

3 Why does the man say he likes the woman's suggestion?

(A) There is a good selection.   (B) The location is convenient.

> W You know that a new theater opened up on Stenson Street. It is _____ _____
> _____ _____. We should try the place sometime next week.
>
> M Oh, that sounds really good. I can just _____ _____ _____ _____
> from home and not have to worry about parking.

4 What promotion is currently offered?

(A) A reduced price   (B) A gift certificate

> W Hi. I'm calling to subscribe to *Gardening Today* magazine.
>
> M You're in luck. There's currently a special offer for that magazine. If you pay for
> a two-year subscription, you'll receive _____% _____ _____ _____
> _____.

1 Where does the man most likely work?

(A) At a museum
(B) At a park
(C) At a bus station
(D) At a university

2 What does the man say will happen in five minutes?

(A) A press conference will start.
(B) Tickets will go on sale.
(C) A gift shop will open.
(D) A tour will begin.

3 What problem does the woman mention?

(A) She has a limited amount of time.
(B) She does not have any cash.
(C) She lost her guidebook.
(D) She missed the bus.

----

4 What most likely is the woman's job?

(A) Hotel clerk
(B) Bus driver
(C) Restaurant manager
(D) Tour guide

5 What does the man ask the woman to do?

(A) Assign a bigger room
(B) Leave a message for a conference organizer
(C) Direct him to the bus company
(D) Provide him with tour information

6 What does the woman offer to do?

(A) Visit a travel agency
(B) Write down directions
(C) Inquire about a schedule
(D) Call a taxi

----

7 What does the man want to know?

(A) An arrival time
(B) A boarding location
(C) An expiration date
(D) A round-trip price

8 What does the woman recommend the man do?

(A) Call an information line
(B) Speak with a conductor
(C) Keep a ticket receipt
(D) Check a display monitor

9 What does the woman imply when she says, "You'll be fine"?

(A) He has enough time.
(B) He would like the coffee.
(C) He will meet someone on the train.
(D) The conductor will guide him.

Family Membership Pack (per person)

Senior citizens	40 dollars
Adults	50 dollars
Children over 12	30 dollars
Children under 12	Free with a chaperone

* Membership can be renewed yearly.

10 Where does this conversation take place?

(A) At a library
(B) At an art museum
(C) At a concert hall
(D) At a sports stadium

11 Look at the graphic. How much does the man have to pay today?

(A) 30 dollars
(B) 50 dollars
(C) 120 dollars
(D) 200 dollars

12 What does the woman ask the man to do?

(A) Present photo identification
(B) Join the next tour
(C) Complete some paperwork
(D) Pick up a visitors' guide

주제별 공략: 회사 생활

SPARTA 전략

회사의 다양한 부서와 업무를 익히자!

회사에서 업무만큼 중요한 것은 "회사 생활"에 대해 이해하는 것이다. 복사부터 주차장 이용까지 특히, 동료와 상사들과의 관계 및 업무 협조에 관한 내용은 출제 빈도가 높은 중요한 주제다.

01 | 빈출 상황

① 부서별 업무 - 시설 관리, 급여/비용 정산, 회사 홍보 관련하여 부서별 업무 협조하는 내용
② 직원 채용, 승진 - 채용 공고/면접/신입 사원 및 직원의 승진, 포상과 관련된 내용
③ 사내 행사 - 야유회, 연말 행사/시상식, 직원 교육과 관련된 내용

02 | General Questions : 전체 내용 관련 빈출 문제

주제/목적	What is the woman calling about? 여자는 무엇 때문에 전화하는가? ▶ **A maintenance problem** 시설 관리 문제
장소/직업/정체	Who probably is the man? 남자는 아마도 누구인가? ▶ **A job candidate** 입사 지원자
언급/추론	What is mentioned about the position? 직책에 대해서 무엇이 언급되는가? ▶ **It requires international experience.** 해외 경력이 필요하다.

03 | Specific Questions : 세부 내용 관련 빈출 문제

제안/지시	What does the man ask the woman to do? 남자는 여자에게 무엇을 하라고 지시하는가? ▶ **Return at a later time** 나중에 다시 오라고
이유	Why is the woman going to Rome? 여자는 왜 로마에 가는가? ▶ **To attend a business function** 사업상의 행사에 참가하기 위해서
특정 시점/기간	What will the woman do at 4:00 P.M.? 여자는 오후 4시에 무엇을 할 것인가? ▶ **Meet with her client** 그녀의 고객과 만난다
미래의 할 일	What will probably be discussed next? 아마도 다음에 무엇이 논의될 것인가? ▶ **The woman's previous experience** 여자의 이전 경력

✏ POINT ①

Q1 What is the woman calling about?

　(A) An electrical problem

　(B) An error in a contract

　(C) A delayed delivery

　(D) A broken lock

Q2 What does the man say about Sparks Limited?

　(A) It is an important client.

　(B) It has canceled an order.

　(C) It installed some wiring.

　(D) It is hiring more workers.

Q3 What is scheduled to take place on Thursday?

　(A) A client meeting

　(B) A job interview

　(C) A training session

　(D) A building tour

Questions 1 through 3 refer to the following conversation.

W: Hi. This is Emily Chung. Listen, I'm in the third-floor conference room, and **Q1** I have a problem to report. The electricity is out. The lights won't turn on.

M: Oh, I can send up a maintenance worker to look, but **Q2** the building was originally wired by Sparks Limited, not us. We may need some consultation and won't be able to fix it right away.

W: Well, let's just hope they'll be working by Thursday. **Q3** We have a big meeting with some clients scheduled for Thursday morning, and we're going to need that room.

M: I'll try my best to take care of it as soon as possible.

Q1 여자는 무엇에 대해서 전화하는가?
　(A) 전기 문제
　(B) 계약서 오류
　(C) 지연된 배달
　(D) 부서진 자물쇠

Q2 남자는 스팍스 사에 대해서 무엇이라고 말하는가?
　(A) 중요한 고객이다.
　(B) 주문을 취소했다.
　(C) 전선을 설치했다.
　(D) 직원들을 더 고용하고 있다.

Q3 목요일에는 어떤 일이 있을 계획인가?
　(A) 고객 미팅
　(B) 구직 면접
　(C) 직원 훈련
　(D) 건물 견학

W: 안녕하세요. 저는 에밀리 정이에요. 들어보세요, 제가 3층 회의실에 있는데요, 문제를 알려드릴 게 있어요. 전기가 나갔어요. 불이 들어오지 않아요.

M: 아, 제가 시설 관리팀 직원을 보내드릴 수는 있는데요, 이 건물은 원래 저희가 아닌 스팍스 사에서 전선을 깔았어요. 상의가 필요할지도 몰라서 지금 당장 못 고칠 수도 있어요.

W: 그래요, 그럼 목요일까지는 작동하기를 바라야겠네요. 목요일 아침에 손님들과 큰 회의 일정이 잡혀 있는데 그 방이 필요해요.

M: 되도록 빨리 처리할 수 있도록 최선을 다할게요.

Q1 General Question – 전체적인 내용을 물어보는 문제
　▶ 주제를 물어보는 GQ형 문제다. 여자의 첫 문장에서 전기가 문제라는 것을 추측할 수 있어야겠다.

Q2 Specific Question – 고유명사를 기억하고 정답지를 읽어두자.
　▶ 언급형(say, mention) 문제는 선택지가 길기 때문에 미리 읽어 두자. Key Word인 스팍스 사를 기억하고 들으면 전선을 설치하는 전기 회사임을 알 수 있다.

Q3 Specific Question – Thursday를 기억하고 기다리자.
　▶ 시점에 관한 Specific Question은 Key Word가 잘 들리기 때문에 수험생들이 좋아하는 문제다. 문제 키워드를 정확하게 기억하면 정답률이 더 높아진다. 정답은 고객과의 회의다.

PART 3

✚ VOCABULARY

01 | 자주 등장하는 주제별 어휘

회사 내 장소	department, division 부서 meeting room 회의실 cafeteria 구내식당	section 구획 employee lounge 직원 휴게실 mailroom 우편물실	station 자리
인사부 (personnel)	apply for 지원하다 experience 경력 bachelor's degree 학사 학위 interview 면접 employee handbook 사원 안내서	application 지원, 지원서 education 학력 qualifications, requirements 자격 요건 job offer 구직 제안	résumé 이력서
시설 관리 (maintenance)	broken, down, out 고장난 malfunction 오작동하다 projector 프로젝터, 영사기 power, electricity 전기	not working (properly) (제대로) 작동하지 않는 office equipment 사무기기 office supplies 사무용품	photocopier 복사기 paper 종이
회계 부서 (accounting)	budget 예산 expense report 비용 보고서 financial statement 재무제표 break even 손익 분기점	receipt 영수증 Payroll Department 경리부 funding, financing 자금 analyze financial data 재무 자료를 분석하다	reimbursement 환급
홍보팀 (public relations)	public image 대외적 이미지 volunteer 자원 봉사하다	help the local community 지역 공동체를 돕다 raise fund 자금을 모으다	
행사 (event)	register, sign up 등록하다 itinerary 일정 fly in, out 비행기 타고 오다, 가다 reschedule, change 변경하다	signup sheet (참가) 신청서 event, function 행사 arrange, organize 준비하다 delay, postpone 연기시키다	schedule 일정 reserve, book 예약하다
야근하다 (work overtime)	work after hours, put in extra hours 야근하다 workload 작업량 overtime payment 야근 수당	time sheet 근무 시간표 top priority 최우선 순위	workforce 인력

02 | 필수 동의 표현 (Paraphrasing)

본문	문제 보기
move to New York 뉴욕으로 옮기다	transfer[relocate] to another location 다른 지역으로 옮기다[전근하다]
leave a company 회사를 떠나다	resign from his position 직책에서 사임하다
take some time off 시간을 내서 쉬다	go on vacation 휴가를 가다
I have a conference in Paris. 파리에 참석할 회의가 있다.	I'll be out of town. 시내(국내)에 있지 않을 것이다. I'll be on a business trip. 출장 가 있을 것이다. I have to participate in a business function overseas. 해외 사업행사에 참석해야 한다.
We're expecting them soon. 그들을 기다리고 있다.	We're waiting for them to show up. 그들이 오기를 기다린다.
give out bonuses 보너스를 나눠주다	provide incentives 인센티브를 제공하다
error, wrong figure 오류, 잘못된 수치	inaccurate information 정확하지 않은 정보

PART 3

다음 보기 중 단어와 의미 연결이 <u>잘못된</u> 것을 모두 고르세요.

1

① department, division – 부서	⑤ apply for – 지원하다
② application – 지원서	⑥ bachelor's degree – 학사 학위
③ experience – 경력	⑦ job offer – 업무 협조
④ expense report – 이력서	⑧ qualifications – 자격 요건

2

① malfunction – 오작동하다	⑤ financial statement – 재무제표
② office equipment – 사무기기	⑥ budget – 예산
③ time sheet – 시간 외 수당	⑦ reimbursement – 환급
④ workload – 업무량	⑧ break even – 파산

다음 보기 중 의미가 <u>다른</u> 것을 고르세요.

3

① I have a conference in Paris.

② I want to take some time off.

③ I'll be on a business trip.

④ I have to participate in a business function overseas.

다음 동의 표현을 완성하세요.

4

Mr. Brown will leave the company soon. Brown 씨는 곧 회사를 떠날 겁니다.

→ Mr. Brown will r_____ from his position soon.

5

We're expecting them soon. 우리는 그들이 오기를 기다리고 있다.

→ We're w_____ for them to show up.

정답 1 ④, ⑦ 2 ③, ⑧ 3 ② 4 resign 5 waiting

▪ **DICTATION : Paraphrasing 훈련**

긴 문장에서 문제가 묻는 내용을 듣고 동의 표현(paraphrasing)을 고르는 훈련을 하자!

(녹음은 2번씩 반복, 쓰는 연습과 따라 읽기 연습을 같이 하면 효과 만점!)

1 What does the woman ask about?

(A) The date of a meeting　　　　　　(B) The location of an office

> W Hello. I have some documents to deliver to Mr. Terry Anderson. _____ _____
> _____ _____ _____ _____ _____ _____ ?
>
> M It's on the fifth floor. But Mr. Anderson is out of town for an important business meeting.

2 What is the woman's problem?

(A) A machine is not working properly.　　(B) She is late for a presentation.

> W Did you contact the Maintenance Department about the photocopier? It keeps jamming, so ____ _____ _____ _____ _____ _____ for today.
>
> M Well, they said they'll be busy all day today. When is your presentation?

3 Why is the woman calling?

(A) To make a suggestion　　　　　　(B) To ask for assistance

> W Hi. I heard you have experience in editing digital photographs. I'm calling _____ _____ _____ ___ _____. I have pictures that I'd really like to use. _____ _____ _____ _____ _____ _____ them to fit to our product labels?
>
> M Well, it doesn't sound too difficult. Can you send them to me?

4 What does the woman ask for?

(A) A product description　　　　　　(B) Pricing information

> M I'd like to replace the software package with the one that is a little more expensive but is better suited for my department's needs.
>
> W That shouldn't be a problem. Just give me the _____ _____ _____ _____ _____ _____ .

PART 3

1 Why is the man calling the woman?
(A) To resolve a technical problem
(B) To follow up on an e-mail message
(C) To finalize an agenda
(D) To discuss a recent order

2 What problem does the woman say she has?
(A) She is unable to attend a meeting.
(B) She cannot locate a folder.
(C) Her contact information is listed incorrectly.
(D) Her computer is not working properly.

3 What does the man suggest the woman do?
(A) Come to his office
(B) Send an e-mail
(C) Contact a client
(D) Restart a machine

----

4 What is being discussed?
(A) A book signing
(B) A magazine advertisement
(C) A newsletter
(D) A package design

5 What is the problem?
(A) Some texts are hard to read.
(B) A page is not printed.
(C) Some pictures are too dark.
(D) There is a spelling mistake.

6 What does the woman imply when she says, "leave it to me"?
(A) She can develop some software.
(B) She can take them to some experts.
(C) She is not going to be here next month.
(D) She can edit the photos.

----

7 What are the speakers mainly discussing?
(A) A new office space
(B) A job applicant
(C) An important client
(D) A travel arrangement

8 What does the woman say about Mr. Kim?
(A) He is willing to travel.
(B) He has recently started a new job.
(C) He speaks Italian and English.
(D) He lives near the company headquarters.

9 What can be implied when one of the men says, "if he has any flexibility"?
(A) Mr. Kim knows many people.
(B) Mr. Kim has exercised a lot.
(C) Mr. Kim can speak many languages.
(D) Mr. Kim may start working earlier.

Itinerary for Jennifer Anderson
(New York Branch)

Destination	Date	Duration
Paris	Mar 2nd	2 days
London	Mar 4th	3 days
Liverpool	Mar 7th	2 days
Total		7 days

10 What are the speakers discussing?
(A) A business trip
(B) A vacation destination
(C) The number of attendees
(D) A conference venue

11 Look at the graphic. How long will the woman stay at the place for the convention?
(A) 1 day
(B) 2 days
(C) 3 days
(D) 7 days

12 What does the man suggest the woman do?
(A) Change airlines
(B) Prepare for a presentation
(C) Call the hotel right away
(D) Contact the travel agency

주제별 공략: 회사 업무

SPARTA 전략

수익성 있는 회사를 꾸려나가는 방법을 익히자!

토익에는 다양한 종류와 규모의 회사가 등장한다. 다수의 해외 지사를 가지고 물건을 직접 제조·유통하는 큰 기업부터 동네의 작은 식당까지 등장한다. 이런 다양한 업체들이 매출을 올리기 위해서 공급처로부터 원자재를 구매하고 포장재도 고르고 관청에서 허가를 받아 사업하는 내용에 대한 기본 상식을 이해하도록 하자.

01 | 빈출 상황

① 고객사에 계약 수주/공급 업체에 자재 주문 – 다양한 물건, 서비스를 주문하는 내용

② 관공서 관련 – 사업을 하기 위한 각종 검사/인가, 허가증 취득에 관한 내용

③ 서류 작업 – 각종 업무 절차를 서류를 통해 제안/검토/승인하는 내용

02 | General Questions : 전체 내용 관련 빈출 문제

주제/목적	What are the speakers doing? 화자들은 무엇을 하고 있는가? ▶ **Preparing for a presentation** 발표 준비
장소/직업/정체	Where does the woman work? 여자는 어디서 일하는가? ▶ **At an office supply store** 사무용품점에서
언급/추론	What can be implied about the product? 제품에 대해서 무엇을 유추할 수 있는가? ▶ **It has been popular overseas.** 해외에서 유명하다.

03 | Specific Questions : 세부 내용 관련 빈출 문제

요구사항	What does the woman inquire about? 여자는 무엇에 대해 문의하는가? ▶ **The quantity of a product** 제품의 수량
이유	Why is the woman calling? 여자는 왜 전화하는가? ▶ **To find out about the status of an order** 주문 상태를 알아보려고
특정 시점/기간	Why will Mr. Gomez visit the office on Tuesday? 고메즈 씨는 왜 화요일에 사무실을 방문할 것인가? ▶ **To discuss a future project** 향후 프로젝트를 논의하기 위해
미래의 할 일	What does the man say he will check? 남자는 무엇을 확인하겠다고 말하는가? ▶ **A payment record** 결제 기록

✏️ POINT ❶

예제 1 | **회사 업무 관련**

Q1 Who is the woman?

   (A) An interior designer

   (B) A furniture store owner

   (C) A factory inspector

   (D) A hotel manager

Q2 What is special about the products?

   (A) They were featured in an article.

   (B) They were locally made.

   (C) They are affordably priced.

   (D) They are environmentally friendly.

Q3 What does the man offer to do for the woman?

   (A) Take some measurements

   (B) Send her some samples

   (C) Change a warranty period

   (D) Reduce a product's cost

Questions 1 through 3 refer to the following conversation.

W: Hi. I'm calling to get some information about the carpets that you make. **Q1** I'm an interior decorator, and one of my projects is to update the inside of a hotel using only eco-friendly materials.

M: Well, all of the carpets that **Q2** we produce are made from 100-percent recycled materials, and our manufacturing procedures do not produce any pollutants.

W: That sounds like exactly what my client is looking for. But I'm worried how attractive the carpets made from recycled materials are. Do you have many styles to choose from?

M: We do, in fact. Just like any other carpets, they come in a variety of colors and patterns. **Q3** If you'd like, I can mail you some pieces of our bestsellers so that you can see for yourself. I'm sure you'll be impressed.

Q1 여자는 누구인가?
(A) 인테리어 디자이너
(B) 가구점 주인
(C) 공장 검사관
(D) 호텔 매니저

Q2 그 상품들은 무엇이 특별한가?
(A) 기사에 실렸다.
(B) 그 지역에서 만들어졌다.
(C) 괜찮은 가격이다.
(D) 환경 친화적이다.

Q3 남자는 여자를 위해 무엇을 하겠다고 하는가?
(A) 측정을 한다
(B) 샘플을 보낸다
(C) 보증 기간을 변경한다
(D) 상품 가격을 낮춘다

W: 안녕하세요. 저는 귀사가 생산하는 카펫에 대해 좀 알고 싶어 전화하는데요. 저는 실내 장식가인데 제 프로젝트 중 하나가 호텔 내부를 환경 친화적인 자재만 써서 새롭게 만드는 거예요.

M: 네, 저희 회사의 모든 카펫은 백프로 재활용 재료로 만들고 저희 생산 공정은 오염물질을 만들어내지 않습니다.

W: 저희 고객님이 찾고 있던 바로 그거네요. 하지만 재생 물질로 만든 카펫이 얼마나 매력적일지 조금 걱정이 되네요. 선택할 수 있는 다양한 스타일이 있나요?

M: 그럼요, 실은 다른 카펫처럼 다양한 색깔과 모양이 있어요. 원하시면 손님이 직접 보실 수 있도록 저희 회사에서 가장 잘 나가는 상품들을 몇 개 보내드릴게요. 정말 좋아하실 겁니다.

Q1 **General Question** – 전체적인 내용을 물어보는 문제

▶ 대화 초반부에 힌트를 주는 문제 유형이다. 조심할 것은 나와 나의 고객 그리고 물건을 대줄 공급업체(supplier)의 관계를 잘 이해해 두는 것이다.

Q2 **Specific Question** – 긴 보기를 미리 읽어 두면 유리하다.

▶ 상품의 특징을 물어보는 내용으로, 미리 보기를 읽어 두면 문제를 푸는 데 훨씬 유리하다. 이러한 독해형 문제들은 지문을 빠르게 읽고 이해하는 독해력이 필요하다.

Q3 **Specific Question** – 남자가 제안하는 것을 고르는 문제

▶ offer는 본문에서 '~ 해 줄까?(I could ~ / do you want me to ~?)'의 형태로 호의를 베푸는 내용이다. 가장 잘 나가는 상품을 우편으로 보내 주겠다는 말을 듣고 샘플을 보내 준다는 (B)를 고를 수 있어야겠다.

✚ VOCABULARY

01 | 자주 등장하는 회사 업무 관련 어휘

고객 (client)	win a contract[bid] 계약[입찰]을 따내다 increase sales 판매를 증가시키다 meet the customers' needs 고객의 요구에 맞추다 attract more customers 더 많은 고객을 끌어모으다	submit a bid 입찰을 넣다 account 계정
공급업체 (supplier)	raw materials 원자재 cut costs[expenses] 비용을 줄이다 quantity sale, volume sale 대량구매 세일	price estimate 견적 packaging 포장 contractor 하청업체
공장 (factory)	assembly line 조립 라인 quality control 품질 관리팀 safety procedure 안전 절차 shift manager 근무조 감독	food-processing plant 식품 가공 공장 delivery truck 배달 트럭 regular inspection 정기 검사

업무 (job)	responsibility 책임 project 프로젝트, 작업 collaborate 함께 일하다, 협력하다	duties 업무 assignment 과제	task 작업 assign 배정하다

서류 (report, paper)	document 서류 proposal 제안서 agreement 협약서 draft 초안 review, go over 검토하다 approve, authorize 승인하다, 인가하다	summary 요약서 contract 계약서 final version 최종안 blueprint 설계도면 revise, update, change 수정하다

신상품 개발	new product development 신상품 개발 taste test 선호도 테스트 marketing survey 마케팅 설문	consumer product testing 고객 상품 테스트 focus group meeting 표적 집단 테스트(선호도) questionnaire 설문지 compensate 보상하다

서비스 대행 (광고/보험/여행)	estimate 견적 presentation 발표 corporate discount 법인 할인	appraisal 평가, 견적 competitor 경쟁사 customized service 맞춤 서비스

신문/잡지/출판사	article 기사 business section 비즈니스란 classified ad 광고란 novel 소설 printer 인쇄업체	morning edition 조간 editor 편집자 edit 편집하다 poem 시 author 작가	editorial 사설 photograph 사진 new release 신간 bookstore 서점 book-signing 책 사인회

배송/반품	deliver 배달하다 pick up, collect 가지러 가다 discount 할인	send 보내다 drop by 들르다 receipt 영수증	visit 방문하다 return, refund 반품하다, 환불하다 exchange 교환하다

02 | 필수 동의 표현 (Paraphrasing)

본문	문제 보기
put together a draft 초안을 만들다	finish[write] a document 서류를 완성하다
Tell us what you like or don't like. 무엇을 좋아하고 싫어하는지 알려주세요.	give one's preferences 선호사항을 알려주다 provide customer information 고객 정보를 제공하다
take the blueprints to the site 현장에 설계도면을 가져가다	deliver some documents to a client 고객에게 서류를 배달하다
The first thing you should do in the morning is to check the supply cabinet for any shortages. 당신이 아침에 해야하는 첫 번째 일은 자재 캐비닛에 부족한 것이 없는지 확인하는 것입니다.	explain duties[job responsibilities] 업무를 설명하다
The generator in the factory malfunctioned. 공장의 발전기가 오작동이 났다.	There has been a problem at the factory. 공장에 문제가 생겼다.

PART 3

다음 보기 중 표현과 의미 연결이 <u>잘못된</u> 것을 고르세요.

1

① meet the customers' needs – 고객의 요구에 맞추다

② customized service – 맞춤 서비스

③ new product development – 신상품 개발

④ attract more customers – 고객을 응대하다

다음 보기 중 동의어로 <u>잘못</u> 짝지어진 것을 모두 고르세요.

2

① review – go over

② approve – authorize

③ summary – contract

④ pick up – collect

⑤ revise – change

⑥ quantity sale – volume sale

⑦ agreement – blueprint

⑧ refund – exchange

다음 보기 중 의미가 <u>다른</u> 것을 고르세요.

3

① Please give his preferences.

② You can send him a message.

③ Tell us what he likes or doesn't like.

④ Please provide customer information.

다음 동의 표현을 완성하세요.

4

The first thing you should do is to check the supply cabinet.
당신이 제일 먼저 할 일은 자재 캐비닛을 확인하는 것입니다.

→ explain job r_____

5

The generator in the factory malfunctioned. 공장의 발전기가 오작동이 났다.

→ There has been a p_____ at the factory.

정답 **1** ④ **2** ③, ⑦, ⑧ **3** ② **4** responsibilities **5** problem

• **DICTATION : Paraphrasing 훈련**

긴 문장에서 문제가 묻는 내용을 듣고 동의 표현(paraphrasing)을 고르는 훈련을 하자!

(녹음은 2번씩 반복, 쓰는 연습과 따라 읽기 연습을 같이 하면 효과 만점!)

1　How can the man receive a discount?

(A) By placing a large order　　　　　　(B) By paying in advance

> W The shirts are eight dollars each, but if you ＿＿＿＿＿ ＿＿ ＿＿＿＿ ＿＿＿
>
> ＿＿＿＿＿—more than 50—you'll get a fifteen-percent discount off the total price.
>
> M That sounds reasonable. We'd also like to get our company logo printed on the
> shirts.

2　Who most likely is the woman?

(A) A builder　　　　　　　　　　(B) A store owner

> W Mr. Backer, I just stopped by the construction site this morning and there
>
> ＿＿＿＿＿ ＿＿＿＿＿ ＿＿＿＿＿ ＿＿＿＿＿＿＿＿ ＿＿＿ ＿＿＿ ＿＿＿＿＿.
>
> What's making you so slow?
>
> M It's because of the weather. But don't worry. Everything will be ready for the
> store's grand opening in May.

3　What problem does the woman tell the man?

(A) An item is out of stock.　　　　　(B) A customer complained.

> W Mr. Cunningham, I noticed ＿＿＿＿＿ ＿＿＿＿ ＿＿＿ Devil's Candies' hard
>
> candies ＿＿＿ ＿＿＿＿ ＿＿＿＿＿ ＿＿＿＿＿. I looked for more in the
>
> storage room, but I couldn't find any.
>
> M They stopped producing those candies and started to make special chocolate.

4　According to the man, what is special about the product?

(A) It is difficult to break.　　　　　(B) It has a handle that is easy to grip.

> W Could you tell me a bit more about the product first?
>
> M What makes the toothbrush unique is that it has a handle that's ＿＿＿＿＿＿
>
> ＿＿＿＿＿＿＿＿ for children. The shape allows them to ＿＿＿＿ ＿＿＿
>
> ＿＿＿＿ ＿＿＿＿＿＿.

PART 3

1 Who most likely is the man?
(A) A museum director
(B) An interior decorator
(C) A sculptor
(D) A graphic designer

2 What does the woman say she prefers?
(A) Natural materials
(B) Large font sizes
(C) Simple designs
(D) Bold colors

3 What will the man send the woman in a few days?
(A) An exhibit catalog
(B) Registration confirmation
(C) Logo options
(D) Fabric samples

---

4 Where do the speakers work?
(A) At a national park
(B) At a travel agency
(C) On a farm
(D) At a market

5 What does the woman ask the man to do?
(A) Arrange a display
(B) Unload some boxes
(C) Update a contact list
(D) Order supplies

6 Why does the man say he cannot complete the task today?
(A) He has to make a delivery.
(B) He needs additional information.
(C) No one is available to help.
(D) The weather is bad.

---

7 What are the speakers discussing?
(A) Opening a new store
(B) Hosting an outdoor event
(C) Expanding a dining area
(D) Purchasing new equipment

8 What does the woman mean when she says, "Don't worry"?
(A) She is willing to pay for the purchase.
(B) She thinks they will make more money.
(C) She is very happy to meet the man.
(D) She thinks they can meet the construction deadline.

9 What will the man do tomorrow morning?
(A) Purchase more tables and chairs
(B) Call some customers
(C) Build a new house
(D) Contact a financial institute

Projected Buying Power

Age	2019	2020
20s	10%	14%
30s	10%	10%
40s	7%	8%
50s	9%	9%

(rate of increase)

10 What type of company are the speakers most likely working for?
(A) An advertising agency
(B) A graphic design company
(C) A clothing manufacturer
(D) A television station

11 Look at the graphic. Which segment of customers does the man think has been undervalued?
(A) 20s
(B) 30s
(C) 40s
(D) 50s

12 What will the woman probably do next?
(A) Create a new advertising campaign
(B) Contact the agency manager
(C) Distribute surveys to customers
(D) Change the prices of their products

1 Who most likely is the man?

(A) An artist
(B) A waiter
(C) A librarian
(D) A taxi driver

2 What does the woman ask about?

(A) Expansion plans
(B) Recipe changes
(C) Business hours
(D) An admission fee

3 What does the man say he will do?

(A) Give a discount
(B) Contact another store
(C) Cancel an order
(D) Bring an item

----

4 Where do the speakers most likely work?

(A) At a park
(B) At a movie theater
(C) At an art gallery
(D) At a bookstore

5 What problem are the speakers discussing?

(A) A display area is not clean.
(B) The money has not been deposited.
(C) Some supplies are out of stock.
(D) Some furniture is broken.

6 What will the man most likely do next?

(A) Ask for a recommendation
(B) Visit another branch office
(C) Call for an emergency meeting
(D) Contact some companies

----

7 Why does the woman visit the city?

(A) To attend a conference
(B) To sign a contract
(C) To receive an award
(D) To purchase real estate

8 What is the woman concerned about?

(A) Reserving a hotel room
(B) Getting a ticket
(C) Choosing the right partner
(D) Arriving on time for the event

9 What does the man recommend doing?

(A) Buying a city map
(B) Catching a taxi to the center
(C) Purchasing a bus pass
(D) Calling a friend for help

----

10 What does the woman suggest the man do?

(A) Reserve transportation
(B) Purchase extra materials
(C) Set up a video call
(D) Take over a presentation

11 Why does the man say, "the meeting starts soon"?

(A) To ask questions
(B) To refuse an offer
(C) To announce a schedule change
(D) To express a concern

12 What does the man ask about?

(A) How many people they should invite
(B) Where to find documents
(C) How to install software
(D) When they will have lunch together

----

13 What does the woman want to purchase?

(A) A camera
(B) A printer
(C) A software
(D) Office appliances

14 What would the woman like to improve?

(A) The speed of an Internet connection
(B) The quality of a picture
(C) The price of the delivery service
(D) The design of a product

15 According to the man, what will the woman have to do?

(A) Come back at a later time
(B) Spend more than expected
(C) Speak with a technician
(D) Keep the receipt for an exchange

Company	Cost per Shirt	Minimum Order
Charles Corp.	$6.10	55
Basic-Tec	$5.90	100
Full Color Designs	$6.50	25
Spyder Prints	$6.25	70

16 What did Mr. Adams send the man?

(A) A logo
(B) A chart
(C) A sample menu
(D) An invoice

17 Look at the graphic. Which company will the speakers most likely choose?

(A) Charles Corp.
(B) Basic-Tec
(C) Full Color Designs
(D) Spyder Prints

18 According to the man, what will happen on July 5th?

(A) A company will hire more people.
(B) A project will begin.
(C) A sale will take place.
(D) A new business will open.

LC

PART 4

SPARTA 전략

광고문의 구조를 알고, 자주 등장하는 상품을 익히자!

광고는 상품/서비스를 팔기 위한 선전문이다. 토익 초보는 본인이 접한 물건에는 익숙하지만 보험이나 청소, 계약 서비스 등에는 익숙하지 않다. 자주 등장하는 광고 지문의 구조를 익히고, 광고하는 상품의 특징 및 할인 표현을 익혀 두면 비교적 쉽게 정답을 맞힐 수 있다.

01 | 빈출 상황

① 제품/업체 광고 - 특정 상품이나 업체를 선전, 상품의 특장점을 강조한다.
② 할인 광고 - 재고 정리/점포 이전 등의 다양한 이유로 할인 선전, 기간/장소를 강조한다.
③ 서비스 광고 - 구인/보험/서비스 구매와 관련된 내용이 등장한다.

02 | General Questions : 전체 내용 관련 빈출 문제

주제/목적	What is being advertised? 무엇이 광고되고 있는가? ▶ The opening of a new restaurant 새로운 식당의 개점
장소/직업/정체	Who is the advertisement for? 누구를 위한 광고인가? ▶ Job seekers 구직자들
언급/추론	What is special about the product? 이 상품의 특별한 점(특징)은 무엇인가? ▶ It is environmentally friendly. 환경친화적이다.

03 | Specific Questions : 세부 내용 관련 빈출 문제

이유	Why are listeners asked to call? 청자들은 왜 전화하라고 요청 받는가? ▶ To set up an inspection 검사 약속을 잡기 위해
특정 시점/기간	When do they close on Saturdays and Sundays? 그들은 토요일과 일요일에 언제 문을 닫는가? ▶ At 10 P.M. 오후 10시에
미래의 할 일	What will happen next month? 다음 달에는 무슨 일이 일어날 것인가? ▶ They will move to a new location. 새로운 곳으로 이전할 것이다.
세부 추론	What does the speaker mean when he says, "Go ahead"? 남자가 "그렇게 하세요"라고 말한 것은 무슨 뜻인가? ▶ Order their products online 온라인에서 상품을 주문하라고
제안/지시	What are the listeners asked to do? 청자들은 무엇을 하라고 요청 받는가? ▶ Visit a Web site 웹사이트를 방문하라고

POINT 1

Q1 What is the bakery celebrating?

(A) A holiday

(B) An anniversary

(C) Winning an award

(D) Opening a new location

Q2 What can customers receive with any purchase?

(A) A discount coupon

(B) A cake recipe

(C) Some cookies

(D) Some coffee

Q3 When does the promotion end?

(A) On Tuesday

(B) On Wednesday

(C) On Thursday

(D) On Friday

Q1 빵 가게는 무엇을 축하하고 있는가?
(A) 휴일
(B) 기념일
(C) 상을 받는 것
(D) 새로운 가게의 개점

Q2 무엇이든 구매하면 손님들은 무엇을 받을 수 있는가?
(A) 할인 쿠폰
(B) 케이크 레시피
(C) 쿠키
(D) 커피

Q3 언제 판촉이 끝나는가?
(A) 화요일에
(B) 수요일에
(C) 목요일에
(D) 금요일에

Questions 1 through 3 refer to the following advertisement.

Q1 Nicolas's Bakery is celebrating the opening of its new location in Medford. You can now find all of your favorite breads, pastries, and cakes right next to the Medford Shopping Center. From now until Friday, **Q2** we are offering a free box of cookies with the purchase of any bakery item. So whether it's for a birthday, a holiday or just because you love our delicious baked goods, come to Nicolas's new location. Remember! **Q3** Our special celebration offer only lasts until Friday. So come today!

니콜라스 빵가게는 메드포드에 새 지점의 개점을 기념하고 있습니다. 이제 여러분이 좋아하시는 빵, 과자, 케이크를 메드포드 쇼핑센터 바로 옆에서 찾으실 수 있습니다. 지금부터 금요일까지 아무 물건이나 구입하시면 쿠키 한 박스를 무료로 제공해 드립니다. 그러니까 생일이든 휴일이든 아니면 당신이 그냥 저희의 맛있는 빵을 좋아하시기 때문이든, 니콜라스의 새 가게로 오세요. 기억하세요! 저희의 특별 행사는 금요일까지 지속됩니다. 그러니 오늘 오세요!

Q1 General Question – 전체적인 내용을 물어보는 문제
▶ 무엇을 축하하느냐, 무엇이 문제인가라는 질문들은 좋은 점/나쁜 점을 물어보는 것이다. 첫 문장에서 새로운 가게를 여는 내용을 듣고 정답을 골라야 한다.

Q2 Specific Question – 구매(purchase)를 하면 주는 것
▶ 가게에서의 문제로 자주 등장한다. 물건을 사면 주는 사은품은 (C)이다.

Q3 Specific Question – 행사가 끝나는 시간
▶ 세일 관련 지문에서 가장 많이 등장하는 문제다. 행사가 시작하는 시점과 끝나는 시점을 확인해서 문제에서 원하는 정보를 골라내는 훈련을 하자.

PART 4

✚ VOCABULARY

01 | 광고 관련 어휘

업체/물품	software 소프트웨어 · furniture 가구 office supplies, stationery 사무용품 · electronics, appliance 가전제품 automobile[car] dealer 자동차 판매점 · travel agency 여행사 insurance agency 보험사 · service center 수리점 supermarket, grocery store 슈퍼마켓 · bakery 빵집 theater 극장, 공연장 · landscaper 조경업체, 조경사 employment service 고용소개소 · temporary, permanent 임시직, 정규직 contractor 계약업체 · construction worker 공사 현장 인부 real estate, real property 부동산
특장점	features, characteristics 특징 · advantage, merits 장점 a variety of, a wide range of, a large selection of 다양한 good[reasonable/affordable/competitive] price 좋은[합리적인] 가격 durable 견고한 · dependable, reliable 믿을 만한 convenient location 편리한 위치 · kind, informative staff 친절한, 해박한 직원 free delivery 무료 배달 · free installation 무료 설치
할인	discount, reduced price, off, savings, mark down 할인 special offer, special deal 특가 상품 · opening sale 개점 세일 clearance sale 재고 정리 세일 · holiday sale 명절 세일 anniversary sale 기념 세일 · going-out-of-business sale, closing sale 폐점 세일 back-to-school sale 신학기 세일 · limited time only 한정 기한 동안만 end-of-summer sale 여름철 마감 세일 · extended hours of operation 연장 영업 Saturday only 토요일만

02 | 광고문 구조 및 기본 표현

첫 문장 (문제점, 반문)	Are you having trouble ~? ~에 문제가 있습니까? Do you want to ~? ~를 원하십니까? Are you looking for ~? ~를 찾고 계십니까?
해결책 (상품 소개)	Then, look no further 이제 더 이상 찾지 않으셔도 됩니다. Now, come to the ~ 이제 ~로 오세요. Why not try ~ ~ 한번 시도해 보세요.
물건의 장점 (특장점)	What's special about our product ~? 우리 상품의 특징은 ~? Our product is specially made/for ~. 우리 상품은 ~를 위해서 특별히 만들어졌습니다.
강조 문구	Your satisfaction guaranteed or your money back. 여러분이 만족하지 않으면 돈을 돌려드립니다. We'll be there for you day or night, 24 hours a day. 낮이나 밤이나 24시간 내내 준비되어 있습니다.
정보 안내 (연락처)	For further information, visit our Web site[call/stop by/come to] ~. 더 많은 정보를 알고 싶으시면, 웹사이트를 방문하세요[전화하세요/직접 들르세요].

PART 4

다음 보기 중 표현과 의미 연결이 <u>잘못된</u> 것을 모두 고르세요.

1

① grocery store – 사무용품점　　⑤ landscaper – 시설관리 업체

② automobile dealer – 자동차 판매점　　⑥ contractor – 협의회

③ travel agency – 여행사　　⑦ temporary – 임시직

④ real estate – 부동산　　⑧ dependable – 믿을 만한

2

① special offer – 특가 상품　　⑤ informative staff – 친절한 직원

② clearance sale – 개점 세일　　⑥ free installation – 무이자 할부

③ closing sale – 폐점 세일　　⑦ opening sale – 개점 세일

④ limited time only – 한정 기한 동안만　　⑧ holiday sale – 명절 세일

다음 보기 중 의미가 <u>다른</u> 것을 고르세요.

3

① reasonable price

② affordable price

③ competitive price

④ higher price

4

① Look no further than Brick's Pizza!

② Are you looking for Brick's Pizza?

③ Now, come to Brick's Pizza!

④ Why not try Brick's Pizza?

다음 동의 표현을 완성하세요.

5

Your satisfaction guaranteed or your money back. 여러분이 만족하지 않으면 돈을 돌려드립니다.

→ We offer a r_____ if you are not satisfied with the item.

정답 **1** ①, ⑤, ⑥　**2** ②, ⑤, ⑥　**3** ④　**4** ②　**5** refund

- **DICTATION : Paraphrasing 훈련**

긴 문장에서 문제가 묻는 내용을 듣고 동의 표현(paraphrasing)을 고르는 훈련을 하자!

(녹음은 2번씩 반복, 쓰는 연습과 따라 읽기 연습을 같이 하면 효과 만점!)

1　What is on sale?

(A) Office supplies　　　　　　　(B) Office furniture

> Mathew's _____ _____ is having its sixth anniversary sale this coming Saturday. Paper, pens and pencils, file folders, staplers, and all the _____ _____ _____ are _____ _____. Come and enjoy the biggest sale of the year.

2　What gift is being offered?

(A) A purse　　　　　　　(B) A briefcase

> Tiffany Luggage will satisfy your travel and fashion needs. As a bonus to our loyal customers, the first 100 people who purchase our new suitcases online will receive a _____ _____, a _____ _____ with the same design as our suitcases. Visit us today at www.tiffanyluggage.com to take advantage of this special offer.

3　What type of job is being advertised?

(A) Construction helper　　　　　　　(B) Sales representative

> Are you looking for a full-time job for the summer? Endon Incorporated, a local homebuilder, _____ _____ _____ _____ for several building sites for the eastern Riverdale area. To apply, come to the Endon Incorporated office located at 800 Main Street.

4　What type of software is being advertised?

(A) Network security software　　　　　　　(B) Contract management software

> If you run a business, you know that creating and renewing contracts can be a time-consuming and frustrating process. Well, now with CNL tracker, _____ _____ _____ _____ and _____. CNL is a new software application that helps you create and manage contracts in one safe place.

1 What type of business is being advertised?

(A) A software company
(B) A dry cleaning shop
(C) A landscaping service
(D) An electronics store

2 What special event is taking place?

(A) An annual sale
(B) A grand opening
(C) A community fundraiser
(D) A trade show

3 What does the speaker say about the Eaglewood Shopping Center?

(A) It has expanded its hours of operation.
(B) It has several open positions.
(C) A new store has opened.
(D) A parking area has been added.

4 What type of business is being promoted?

(A) A graphic design agency
(B) A garden supply center
(C) A grocery store
(D) A restaurant

5 What does the speaker say is special about Michelle's?

(A) It accepts all forms of payment.
(B) It offers express delivery.
(C) It uses fresh ingredients.
(D) It has a convenient location.

6 What is the business offering with certain purchases?

(A) A free dessert
(B) A coupon
(C) A recipe book
(D) A gift certificate

7 What service does the company provide?

(A) Clothing alterations
(B) Financial consultations
(C) Personal training
(D) Pool cleaning

8 What advantage to this service is mentioned?

(A) Customer satisfaction
(B) Harmless food
(C) Competitive prices
(D) Free delivery

9 Why does the speaker say, "This is practically a steal"?

(A) He's encouraging people to call in.
(B) He's worried about the security of the company.
(C) He wants customers to use discount coupons.
(D) He needs to practice more to work efficiently.

Curriculum for Maneuver Institute

Level	Term	Price
Beginner's Course	5 weeks	$3,000
Intensive Course	3 weeks	$2,500

10 Who is this advertisement for?

(A) Traffic officers
(B) Auto mechanics
(C) New drivers
(D) College students

11 Look at the graphic. What has been changed this month?

(A) The price of Beginner's course
(B) The price of Intensive course
(C) The term of Beginner's course
(D) The term of Intensive course

12 How can listeners get more information?

(A) By talking to an instructor
(B) By visiting the Web site
(C) By sending a letter
(D) By contacting the office

유형별 공략: 녹음 안내

SPARTA ✏ 전략

형식적인 전화 메시지는 구조가 같다.

녹음 안내는 전화상의 메시지로, 한 개인이 다른 사람에게 보내거나, 어떤 업체에 전화할 때 나오는 안내 메시지를 통틀어서 가리킨다. 녹음 안내는 Part 4에서 출제 빈도율이 가장 높지만 지문 형태가 상당히 정형화되어 있어 비교적 빠른 시간에 익숙해질 수 있다.

01 | 빈출 상황

① 개인 전화 메시지 – "자기소개 + 목적 + 연락처" 구조로 다양한 업무를 처리하는 내용
　　　　　　　　　　　주로 문제점을 해결하거나 세부 지식을 요청, 확인하는 내용
② 부재중 메시지 – 출장 등의 부재 이유를 설명하고 급한 일 처리를 안내하는 내용
③ 사업체 안내 메시지 – 업체 소개, 영업장 위치, ARS 업무 처리 방법을 안내하는 내용

02 | General Questions : 전체 내용 관련 빈출 문제

주제/목적	What is the purpose of the message? 메시지의 목적은 무엇인가? ▶ **To respond to an inquiry** 질문에 답하기 위해
장소/직업/정체	Who is this message intended for? 누구를 대상으로 하는 메시지인가? ▶ **A hotel clerk** 호텔 직원
언급/추론	What is suggested about the ticket price? 티켓 가격에 대해 무엇이라고 말하는가? ▶ **You can save money through Internet.** 인터넷으로 돈을 절약할 수 있다.

03 | Specific Questions : 세부 내용 관련 빈출 문제

이유	Why is the business closed? 왜 사업체는 문을 닫았는가? ▶ **A holiday is being observed.** 휴일을 보내고 있다.
특정 시점/기간	When will the store reopen? 가게는 언제 다시 문을 여는가? ▶ **On Monday** 월요일에
미래의 할 일	Will the speaker do next? 화자는 다음에 무엇을 할 것인가? ▶ **Provide expedited shipping** 빠른 배송을 제공한다
제안/지시	What is the listener asked to provide? 청자는 무엇을 제공하라고 요청 받는가? ▶ **Directions to an office** 사무실까지의 길안내

✏️ POINT ①

예제 1　　**녹음 안내**

Q1 Where does the speaker work?

(A) At a farm

(B) At a department store

(C) At a restaurant

(D) At a bakery

Q2 What problem does the speaker describe?

(A) An order was not filled correctly.

(B) An appliance is not working properly.

(C) A shipment has been lost.

(D) An account has been closed.

Q3 What is the listener asked to do?

(A) Consult an expert

(B) Indicate a preference

(C) Contact another vendor

(D) Pay an additional fee

Questions 1 through 3 refer to the following telephone message.

Hello, Mr. Davidson. **Q1** I am calling from Rebecca's Cupcake shop about the cake you ordered. I am really sorry, but **Q2** we made a mistake. We used the wrong filling for your cupcakes. Instead of the strawberry filling you wanted, we put raspberry in them. **Q3** You have two choices. If you don't mind different ingredients, we'll give you these cakes for free. Or if you still want the cakes with strawberry filling in them, we'll offer you a 30% discount and bake your new cakes by tomorrow. Once again, we're really sorry for the mistake. **Q3** Please let us know which option is better for you.

PART 4

Q1 화자는 어디에서 일하는가?
(A) 농장에서
(B) 백화점에서
(C) 식당에서
(D) 제과점에서

Q2 화자는 어떤 문제를 묘사하는가?
(A) 주문이 제대로 처리되지 않았다.
(B) 전자제품이 제대로 작동하지 않는다.
(C) 배송물이 없어졌다.
(D) 계좌가 해지되었다.

Q3 청자는 무엇을 하라고 요청 받는가?
(A) 전문가와 상담하라고
(B) 선호사항을 알려 달라고
(C) 다른 판매자에게 연락하라고
(D) 추가 비용을 내라고

안녕하세요, 데이비슨 씨. 저는 레베카 컵케이크 가게에서 손님께서 주문하신 케이크에 대해서 말씀드리려고 전화합니다. 정말 죄송한데, 저희가 실수를 했네요. 저희가 손님의 컵케이크에 엉뚱한 필링을 잘못 채웠습니다. 원하시던 딸기 필링 대신에 라즈베리를 넣었어요. 두 가지 선택권이 있습니다. 재료가 바뀐 것이 상관이 없으시면, 이 케이크들을 무료로 드리도록 하겠습니다. 여전히 딸기 필링이 들어간 케이크를 원하시면 저희가 30퍼센트 할인을 해 드리고 내일까지 새로 구워드리겠습니다. 다시 한번, 실수에 대해서 정말 죄송합니다. 어떤 것이 더 좋으신지 알려주시기 바랍니다.

📑 **Q1 General Question** - 화자가 일하는 장소를 물어보는 문제

▶ 전화한 사람의 직업을 물어보는 문제로 본문 앞쪽의 자기 소개를 하는 부분에서 정답 힌트가 나온다. 컵케이크를 파는 곳에서 연락을 했다고 했으므로 제과점을 고를 수 있어야겠다.

Q2 General Question - 문제점을 물어보는 문제

▶ 실수로 케이크 속이 바뀌어 주문을 제대로 처리하지 못한 상황을 설명하고 있다.

Q3 Specific Question - 듣는 사람에게 지시/부탁하는 내용

▶ 전화 메시지는 "자기소개 + 용건 + 연락처" 구조로 마지막에 두 가지 중에 무엇이 좋은지 연락을 달라는 내용을 듣고 preference(선호사항)라는 표현을 골라야겠다.

✚ VOCABULARY

01 | 개인 녹음 안내 관련 어휘

목적 (관심)	I'm calling to ask[inquire] 물어보기 위해 전화드립니다 postpone, delay, put off 지연시키다, 연기되다　　　　　call off, cancel 취소하다 I saw an advertisement and want to ~ 광고를 봤고 ~하고 싶습니다 arrange, schedule, plan, reserve 예약하다　　　　reschedule, change, revise 변경하다 respond to an inquiry[a question] 질문에 응답하다 return a call 응답 전화를 하다
문제점 (주문)	place an order 주문하다　　　　　　　　　　　deliver, ship 배송하다 I'm calling regarding your order 귀하의 주문에 대해 전화 드립니다 wrong color[material/ingredient] 잘못된 색깔[자재/재료] lack of information 정보 부족, 누락　　　　　out of stock 재고가 없는 not available 이용할 수 없는　　　　　　　be booked up 예약이 꽉 차다 It won't be ready until ~ ~나 되어야 준비될 것이다(일정보다 늦게 준비되다) Would it be possible for you to ~? ~하는 게 가능하겠어요?
기계	photocopier 복사기　　　　　projector 프로젝터, 영사기　　elevator 엘리베이터 electricity 전기　　　　　　light 조명 service person 수리공　　Maintenance [Facilities] Department 시설 [관리] 부서
부재 안내	I'm not available right now. 저는 지금 전화를 받을 수[자리에] 없습니다. voice mail 음성사서함　　　　　　participate 참가하다 overseas, international 해외의　　out of town (출장 등으로) 도시를 떠나서 While I am away, please ~. 제가 없는 동안 ~해 주세요. contact my colleague[secretary] 제 동료[비서]에게 연락하세요.
해결책	compensate 보상하다　　　　　make up for 배상하다 make a choice[selection] 선택하다　give specific[detailed] information 자세한 정보를 주다 Please call and state your preference. 전화하셔서 귀하의 선호사항을 말씀해 주세요.

02 | 사업체 녹음 안내 관련 어휘

업체 소개	You have reached ~. ~에 전화하셨습니다. This is ~ calling from … 저는 …의 ~입니다 Thank you for calling ~. ~에 전화해 주셔서 감사합니다. 24-hour service center 24시간 서비스 센터 automated information line 자동 정보 라인
목적	be closed for renovations[repairs] 수리로 문을 닫다 recognize[observe] a national holiday 국경일을 지키다 All of our representatives are busy taking other calls[helping other customers]. 모든 저희 직원들이 다른 전화를 받느라[손님들을 돕느라] 바쁩니다.
업체 위치	We're located in ~. 저희는 ~에 위치하고 있습니다. Our store is at ~. 저희 가게는 ~에 있습니다. We're near[next to / across from] ~. 저희는 ~ 근처에[~옆에 / ~건너편에] 있습니다.
영업시간	hours of operation, office hours, business hours 영업시간, 운영시간 We're open from 9 to 5. 저희는 아침 9시부터 5시까지 영업합니다.
기타 표현	operator 전화 교환수　　pound key 우물정자(#) 키　　star key 별표(*) 키 after the tone[beep] 삐 소리가 난 후에 Please press number one. 1번을 누르세요.　　hang up 전화를 끊다 stay on the line, hold (끊지 말고) 기다리다　I will call you back. 응답 전화 드리겠습니다. contact information 연락처

다음 보기 중 표현과 의미 연결이 <u>잘못된</u> 것을 모두 고르세요.

1

① not available – 이용할 수 없는   ⑤ call off – 부재중이다

② out of stock – 재고가 없는   ⑥ photocopier – 복사기

③ lack of information – 부정확한 정보   ⑦ make a choice – 선택하다

④ be booked up – 예약이 꽉 차다   ⑧ place an order – 주문하다

2

① make up for – 취소하다   ⑤ ship – 배송하다

② wrong material – 잘못된 자재   ⑥ return a call – 응답 전화를 하다

③ respond to an inquiry – 질문에 응답하다   ⑦ put off – 부족하다

④ specific information – 자세한 정보   ⑧ arrange – 예약하다

다음 보기 중 의미가 <u>다른</u> 것을 고르세요.

3

① postpone the meeting

② cancel the meeting

③ put off the meeting

④ delay the meeting

다음 동의 표현을 완성하세요.

4

We're open from 9 A.M. to 5 P.M. 저희는 오전 9시부터 오후 5시까지 문을 엽니다.

→ Our b_____ hours are from 9 A.M. to 5 P.M.

5

Thank you for calling E&P Publishing. E&P 출판사에 전화 주셔서 고맙습니다.

→ You have r_____ E&P Publishing.

정답 **1** ③, ⑤ **2** ①, ⑦ **3** ② **4** business **5** reached

- **DICTATION : Paraphrasing 훈련**

긴 문장에서 문제가 묻는 내용을 듣고 동의 표현(paraphrasing)을 고르는 훈련을 하자!

(녹음은 2번씩 반복, 쓰는 연습과 따라 읽기 연습을 같이 하면 효과 만점!)

1   Who most likely is the speaker?

(A) A computer technician   (B) An employment counselor

> Hello, Ms. Young. This is Nina Karman calling. ___ _____ _____ _____
> who set up the _____ _____ in your office last month. Now,
> I'm trying to apply to work full time for a larger corporation and I'd like to get a
> reference letter from you.

2   Why is the speaker calling?

(A) To explain a policy   (B) To apologize for an error

> Hello, Mr. Huang. I'm calling from McKenzie Paper Products. I'd like to _____
> _____ _____ _____ with your stationery _____. I discovered
> that when your order was being filled last week, the wrong product code was
> entered in our inventory control system.

3   Where does the speaker work?

(A) At a bakery   (B) At a restaurant

> Hello. This is Michael Benfield calling from Orchid _____. I _____
> _____ e-mail with an _____ about reserving our restaurant for
> a corporate party on March 15th. Unfortunately, our dining area is already booked
> up that night.

4   What does the speaker ask the listener to provide?

(A) Feedback about the training   (B) A list of training participants

> I would really appreciate it if you please give me a call after the training and
> _____ _____ _____ _____ _____ of it. I'd like to know if
> everyone on the team liked the program. This would help us learn how we could
> improve our courses in the future.

PART 4

1 Who most likely is the speaker?

(A) A company president
(B) A marketing intern
(C) A television reporter
(D) A hiring manager

2 Why is the speaker calling?

(A) To set up an interview
(B) To celebrate a promotion
(C) To confirm a work schedule
(D) To request personal information

3 Which day is the speaker available?

(A) On Monday
(B) On Tuesday
(C) On Thursday
(D) On Friday

----

4 According to the message, why is the pizzeria closed?

(A) It is hosting a private event.
(B) It has changed its hours of operations.
(C) It is remodeling.
(D) It has relocated.

5 What new item is the pizzeria offering?

(A) Homemade ice cream
(B) Healthy fish options
(C) Vegetarian menus
(D) Fresh fruit juice

6 How can customers obtain a coupon for free drinks?

(A) By pressing 3
(B) By purchasing a local newspaper
(C) By completing a survey
(D) By visiting a Web site

----

7 What is the speaker calling about?

(A) Repairing a roof
(B) Remodeling a kitchen
(C) Building a garage
(D) Installing a heating system

8 Why does the speaker say, "We're very busy this time of the year"?

(A) He is explaining about a delay.
(B) He is happy about the increased business.
(C) He is asking people to buy products.
(D) He wants to cancel an appointment.

9 What does the speaker offer to do?

(A) Reduce a price
(B) Hire additional workers
(C) Refer other companies
(D) Complete a part of the project

Presenter	Time
Orientation	10:00~10:30
Stephan Myers	10:30~12:00
Lunch Break	
Georgiana Yang	2:00~3:30
Michael Fernando	4:00~5:30

10 What is the purpose of the trip to New York?

(A) To attend a seminar
(B) To hold a convention
(C) To sign a contract
(D) To give a presentation

11 Look at the graphic. When will Keith deliver his presentation?

(A) At 10:00   (B) At 10:30
(C) At 2:00   (D) At 4:00

12 What will the listener be given?

(A) A payment form
(B) A list of clients
(C) Sales figures
(D) Some slides

SPARTA 전략

라디오 방송의 진행 순서를 익혀 두자.

프로그램 이름, 채널, 주파수 등이 언급되거나 진행자(host)가 등장하면서 라디오 프로그램임을 알 수 있게 해준다. 또 지역 뉴스, 비즈니스 뉴스, 라디오 토크쇼 등 프로그램의 주제가 드러날 수도 있지만, 간혹 프로그램의 주제와 관계 없이 "채널 고정(stay tuned)"이라며 교통 상황, 날씨 등이 나오는 경우도 있다.

01 | 빈출 상황

① 교통 뉴스 - 교통 체증의 이유/우회 안내
② 일기예보 - 날씨와 그에 맞는 요일을 매칭하는 내용
③ 라디오 토크쇼 - 진행자(host)가 초대 손님이나 프로그램을 안내하는 내용
④ 지역 뉴스 - 시 위원회가 추천한 지역경제 활성화를 위한 건설/관광 관련 프로젝트의 내용
⑤ 비즈니스 뉴스 - 회사들의 합병/인수/확장/신제품 출시 등의 내용

02 | General Questions : 전체 내용 관련 빈출 문제

주제/목적	What is the announcement about? 무엇에 관한 안내인가? ▶ **Choosing a city flower** 시화를 선택하는 것
장소/직업/정체	Who is this report for? 누구를 대상으로 한 뉴스인가? ▶ **Commuters** 출퇴근자들
언급/추론	What can be implied about Nokita Telecommunications? 노키타 통신사에 대해 무엇을 추론할 수 있는가? ▶ **It is the current market leader.** 현재 시장의 선두 기업이다.

03 | Specific Questions : 세부 내용 관련 빈출 문제

문제점	What are the local business owners concerned about? 지역 사업가들은 무엇을 걱정하는가? ▶ **A decrease in revenue** 매출 감소
특정 시점/기간	What is the weather like on Saturday? 토요일 날씨는 어떤가? ▶ **Rainy and then clear** 비 온 뒤 맑음
제안/지시	What are the listeners asked to do before the show is over? 청자들은 쇼가 끝나기 전에 무엇을 하도록 요구 받는가? ▶ **Enter a competition** 대회에 참가하라고
미래의 할일	What will the listeners most likely hear next? 청자들은 다음에 무엇을 들을 것 같은가? ▶ **An advertisement** 광고

Q1 What is the news report mainly about?

  (A) Roadwork on a highway

  (B) Construction of a building

  (C) A bridge repair

  (D) A subway line extension

Q2 What are listeners advised to do?

  (A) Avoid rush hour traffic

  (B) Take another road

  (C) Use public transportation

  (D) Call a hotline

Q3 How long is the traffic situation expected to last?

  (A) Two weeks

  (B) Three weeks

  (C) One month

  (D) Two months

Questions 1 through 3 refer to the following news report.

And now for the local traffic report. All major roads and highways are currently clear without delays this evening. **Q1** <u>But tomorrow morning, construction is scheduled to start on Highway 19,</u> and major delays are expected throughout the project. **Q2** <u>Commuters are advised to take the train</u> instead. Both the Blue Line and the Yellow Line will be running more frequently to accommodate more passengers. According to the Department of Transportation, **Q3** <u>this roadwork is expected to be completed in about a month.</u>

Q1 뉴스는 주로 무엇에 대한 것인가?
  (A) 고속도로 공사
  (B) 건물 공사
  (C) 교량 보수
  (D) 지하철 노선 확장

Q2 청자들은 무엇을 하도록 조언 받는가?
  (A) 출퇴근 시간을 피하라고
  (B) 다른 길로 가라고
  (C) 대중교통을 이용하라고
  (D) 비상전화에 전화하라고

Q3 교통 상황은 얼마 동안 계속되는가?
  (A) 2주
  (B) 3주
  (C) 한 달
  (D) 두 달

자 이제 지역 교통 뉴스를 보죠. 오늘 저녁 모든 주요 도로와 고속도로가 현재 정체 없이 잘 빠지고 있습니다. 하지만 내일 아침은 19번 고속도로에서 공사가 시작하기로 되어 있어서 프로젝트가 진행되는 동안 큰 정체가 예상됩니다. 통근하시는 분들은 대신에 기차를 탈 것을 권해 드립니다. 블루라인과 옐로라인은 더 많은 승객들을 수용하기 위해서 더 자주 운행할 것입니다. 교통부에 의하면, 이 도로 공사는 약 한 달 내로 완성될 것이라고 합니다.

📖 **Q1** General Question – 주제를 묻는 문제
  ▶ 뉴스의 주제를 묻는 GQ로, 주로 지문 초반에 주제가 언급된다. 첫 문장에서는 도로 정체가 없다고 했으나, 이어지는 문장(But tomorrow morning, construction is scheduled ~)에서 공사가 시작됨을 말하고 있다.

Q2 Specific Question – 청자에게 지시하는 내용을 고르는 문제
  ▶ 교통 안내를 듣는 청자들(listeners)에게 부탁하는 내용은 다양하지 않다. 막힌 길을 돌아가거나 대중교통을 이용하라는 안내가 정답으로 많이 출제되었다. "be advised to do ~"라는 부분을 놓치지 말자.

Q3 Specific Question – 기간의 세부 사항을 물어보는 문제
  ▶ 얼마나 지속(How long ~ last)되는지를 묻고 있으므로 공사가 끝나는 시점(completed in about a month)을 들을 수 있어야겠다. 뉴스에서 공사 일정에 대한 내용은 대개 마지막에 등장한다.

PART 4

✚ VOCABULARY

01 | 방송/뉴스 관련 어휘

인사말	Thank you for listening. 청취해 주셔서 감사합니다. You're listening to KMB, your favorite station for music and news. 음악과 뉴스를 위한 여러분이 가장 좋아하는 채널 KMB를 듣고 계십니다. host 프로그램 진행자　　　　　　　guest 초대 손님
청취	Stay tuned. 채널 고정하세요.　　　Keep listening ~. ~를 계속 청취해 주세요. We'll be right back after the commercial break. 광고 듣고 바로 돌아오겠습니다.
쉬는 시간	commercial, advertisement 광고　　message from the sponsors 후원자 메시지
부탁/지시	Please call to ask questions, We'll take questions. 질문을 위해 전화 주세요. We'll be giving tickets to the first 10 callers. 첫 10명에게 티켓을 줄 것입니다.

02 | 교통/기상 관련 필수 어휘

듣는 사람	motorists, drivers 운전자들　　　commuters 출퇴근하는 사람들
교통 체증	traffic jam, bumper to bumper, be stuck, backed up, held up, caught up (도로가) 정체된
체증 이유	accident 사고　　　　　　　　construction/repairs 공사 turn upside down 뒤집어지다　　stall 서 있다 bad weather(storm, snow, thunder) 나쁜 날씨(폭풍, 눈, 번개)　　detour 우회로 take a different road[alternate route/alternative] 다른 도로[길/대안]를 택하다 keep listening 계속해서 듣다　　use public transportation 대중교통을 이용하다
날씨	weather report 일기예보　　sunny, clear 맑은　　　hot, scorching 더운 overcast, cloudy, foggy 흐린　　rain, showers, drizzle 비　　precipitation 강우량 snow, blizzard 눈, 눈보라　　cold, chilly, freezing 추운　　temperature 온도 20 degrees Celsius 섭씨 20도
날씨 표현	There is a possibility of ~, There is a chance of ~, We expect rain 비가 예측됩니다

03 | 지역/비즈니스 관련 필수 어휘

주제	merge, join together 합병하다　　　　　acquire, buy, take over 인수하다 expand facility 시설을 확장하다　　　　construction project 공사 프로젝트 open new locations, expand overseas 새 지점을 열다, 해외로 확장하다 introduce[launch/unveil] a new product 신상품을 소개하다 local park, library, museum, historic house 지역 공원, 도서관, 박물관, 역사적 장소 local 지역의　　　community 지역 공동체　　　resident 주민 mayor 시장　　　city council member 시위원회 임원 local business owner 지역 사업가 (가게 주인)
장점	boost sales 판매를 증가시키다　　cut costs, reduce expenses 비용을 절감하다 hire more employees, employment opportunities increase 직원들을 더 고용하다 increase tourism, attract tourists[travelers] 관광업을 증가시키다, 관광객을 유치하다 boost the local economy 지역 경제를 부흥시키다
단점	increased traffic 늘어난 교통　　　　　increased noise 커진 소음 bad for environment 환경에 나쁜 public hearing, meeting 공청회(시민의 의견을 듣는 자리)
시작 일정	will start, introduce, be ready 시작할 것이다

다음 보기 중 표현과 의미 연결이 <u>잘못된</u> 것을 모두 고르세요.

1

① construction – 공사

② detour – 우회로

③ weather report – 일기예보

④ precipitation – 온도

⑤ motorists – 기술자들

⑥ public transportation – 대중교통

⑦ commercial – 광고

⑧ Stay tuned. – 채널 고정하세요.

2

① join together – 합병하다

② expand facilities – 시설을 확장하다

③ boost sales – 판매량이 떨어지다

④ attract tourists – 관광객을 유치하다

⑤ scorching – 더운

⑥ stall – 서 있다

⑦ commuters – 커뮤니티

⑧ take over – 인수하다

다음 보기 중 의미가 <u>다른</u> 것을 고르세요.

3

① stuck in a traffic jam

② take a different road

③ Cars are backed up.

④ bumper to bumper

⑤ caught up in traffic

⑥ held up in traffic

다음 동의 표현을 완성하세요.

4

They opened a new location in Vietnam last month.

그들은 지난달에 베트남에 새 지점을 열었습니다.

→ They e_____ their business last month.

5

employment opportunities increase 직원들을 더 고용하다

→ h_____ more employees

정답 1 ④, ⑤   2 ③, ⑦   3 ②   4 expanded   5 hire

- **DICTATION : Paraphrasing 훈련**

긴 문장에서 문제가 묻는 내용을 듣고 동의 표현(paraphrasing)을 고르는 훈련을 하자!

(녹음은 2번씩 반복, 쓰는 연습과 따라 읽기 연습을 같이 하면 효과 만점!)

1 What is the purpose of the broadcast?

(A) To explain a travel package   (B) To report a weather condition

_____ _____ _____ _____ picture perfect, but a change is coming tomorrow. Warmer air will move into the region tonight, and we expect the _____ _____ _____ 20 degrees Celsius tomorrow. You might want to go out and enjoy the sun and warm weather.

2 Who probably is the speaker?

(A) A radio announcer   (B) A famous musician

This is your _____ _____ _____ _____,
WBY 93.5, and I'm your host, Jean. We'd like to remind you of an upcoming concert featuring pianist Angela Khanna, who will be performing tonight at the Memphis Civic Center.

3 When is this report being given?

(A) In the morning   (B) In the evening

Now, let's check on the traffic situation. _____ _____ _____ _____ _____ _____ with tie-ups on major roads. The traffic is already slow on Washington Bridge, but all lanes are open. Please allow extra time of 25 to 30 minutes to get to your destination.

4 What is the news report mainly about?

(A) A corporate merger   (B) A construction project

This is Emily Kim for Fox TV News at the future site of Gen Power's headquarters. _____ _____ _____ _____ Gen Tower began this past week. When it's finished, the thirty-story tower will be considerably taller than any other buildings in town and become a new landmark in the area.

PART 4

1 Who is this report intended for?

(A) Road crew
(B) Car drivers
(C) Pedestrians
(D) Police officers

2 What has caused the problem?

(A) Bad weather
(B) An accident
(C) A road construction
(D) Slow drivers

3 What are listeners encouraged to do?

(A) Take a different road
(B) Take Highway 95
(C) Go to the information center
(D) Use public transportation

----

4 What does the speaker suggest about today's weather?

(A) It will be warm.
(B) It will rain all day.
(C) There will be a snowstorm.
(D) It will change later in the day.

5 What will the weather be like next week?

(A) The temperature will soar.
(B) There temperature will decrease.
(C) There will be some rain.
(D) There will be sunny weather.

6 When will the next weather report take place?

(A) In ten minutes
(B) In twenty minutes
(C) In thirty minutes
(D) In sixty minutes

----

7 What did the city council do yesterday?

(A) Responded to questions
(B) Announced a festival
(C) Approved a budget
(D) Worked on revising a law

8 What will happen once the bridge reopens?

(A) There will be more cars.
(B) There will be more tourists.
(C) They will save more money.
(D) There will be a reelection.

9 What does the speaker imply when he says, "the project will take about 6 months to be completed"?

(A) He thinks the deadline should be extended.
(B) He is worried about the bad weather.
(C) He wants more people to live in the community.
(D) He is excited about the construction.

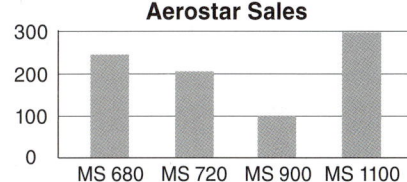

Aerostar Sales

10 What does the business produce?

(A) Light bulbs   (B) Radios
(C) Automobiles   (D) Engines

11 Look at the graphic. Which product will be discontinued?

(A) MS 680   (B) MS 720
(C) MS 900   (D) MS 1100

12 What does the mayor say will happen in Lamington?

(A) More traffic laws will be passed.
(B) Employment opportunities will increase.
(C) An energy policy will be revised.
(D) Public transportation services will improve.

유형별 공략: 행사 안내

SPARTA ☑ 전략

인솔자가 소개하는 일정과 지시사항을 주의 깊게 듣자.

다양한 장소에서 주최자가 행사 일정이나 변동 사항, 주의 사항을 안내하는 내용이다. Part 4의 행사 안내는
<안내+지시>의 구조로 기본적인 어휘들을 익혀 놓고 접근하면 정답을 훨씬 더 잘 맞힐 수 있다.

01 | 빈출 상황

① 안내 방송(항공/열차) - 탑승/출발/도착 안내 및 기타
② 견학 안내 - 주로 인솔자가 견학 일정, 볼 만한 곳, 주의 사항을 안내하는 내용
③ 행사 안내 - 주로 행사 진행자가 일정, 강연 소개, 주의 사항을 안내하는 내용

02 | General Questions : 전체 내용 관련 빈출 문제

주제/목적	What is the purpose of the message? 이 메시지의 목적은 무엇인가? ▶ **To inform the change in schedule** 일정 변경을 알리기 위해
장소/직업/정체	Where is the announcement being made? 안내 방송이 나오는 곳은 어디인가? ▶ **On an airplane** 비행기 안에서
언급/추론	What is suggested about Milan? 밀라노에 대해 무엇을 추론할 수 있는가? ▶ **The weather has been bad.** 날씨가 나빴다.

03 | Specific Questions : 세부 내용 관련 빈출 문제

제안/지시	What are each participant asked to do? 각각의 참가자들은 무엇을 하라고 요청 받는가? ▶ **Read some training material** 훈련 자료를 읽으라고
이유	Why was the keynote speaker's lecture rescheduled? 기조 연설가의 강연 일정은 왜 변경되었는가? ▶ **Her plane was delayed.** 그녀의 비행기가 지연되었다.
특정 시점/기간	How long will the tour last? 견학은 얼마 동안 지속될 것인가? ▶ **For 2 hours** 2시간 동안
미래의 할 일	What will the participants most likely do next? 참가자들은 아마 다음에 무엇을 할 것인가? ▶ **Fill out a questionnaire** 설문지 작성하기
화자 의도 파악	What does the speaker mean when she says, "Time's up"? 화자가 말한 "시간이 다됐다"는 무슨 뜻인가? ▶ **They have to proceed to another place.** 다른 장소로 이동해야 한다.

✏ POINT ❶

Q1 Where is the announcement being made?

(A) At a train station

(B) On an airplane

(C) On a bus

(D) At a ferry terminal

Q2 What is the reason for the delayed departure?

(A) Some passengers are late.

(B) There is stormy weather.

(C) Some baggage needs to be loaded.

(D) There is heavy traffic.

Q3 What does the speaker say that listeners can do?

(A) Leave the waiting area

(B) Use electronic devices

(C) Change their tickets

(D) Purchase meals

Questions 1 through 3 refer to the following announcement.

Attention, passengers. **Q1** This is your captain, Jeremy, speaking. Welcome to Alta Airlines Flight 380 to Rome. **Q2** Our departure will be slightly delayed while we take care of all the passengers' baggage. This is a full flight, so it's taking a little longer to get your luggage onto the plane. But we should be ready to take off in about 15 minutes. While the plane remains at the gate, **Q3** you're free to use your mobile phones and other electronic devices. I'll let you know when it's time to turn everything off. Thank you for your patience.

Q1 이 안내는 어디에서 나오고 있는가?
(A) 기차역에서　　　　　　(B) 비행기 안에서
(C) 버스에서　　　　　　　(D) 보트 터미널에서

Q2 출발 지연의 이유는 무엇인가?
(A) 몇몇 승객들이 늦는다.
(B) 폭풍이 부는 날씨다.
(C) 가방들이 몇 개 실어져야 한다.
(D) 교통량이 많다.

Q3 화자는 청자들이 무엇을 할 수 있다고 말하는가?
(A) 대기실을 떠난다
(B) 전자기기를 이용한다
(C) 티켓을 바꾼다
(D) 식사를 구매한다

승객 여러분, 주목해 주세요. 저는 기장인 제레미입니다. 로마로 가는 알타 항공사의 380편에 탑승하신 것을 환영합니다. 저희는 모든 승객들의 수하물을 처리하기 위해서 출발이 약간 늦어질 것 같습니다. 오늘은 만석으로 비행기에 짐을 싣는 것이 조금 더 오래 걸리고 있습니다. 하지만 약 15분 후면 출발할 수 있을 것 같습니다. 비행기가 게이트에 있는 동안 여러분은 휴대전화와 다른 전자기기를 사용하실 수 있습니다. 제가 모든 것을 꺼야 될 때가 되면 여러분께 알려 드리겠습니다. 기다려 주셔서 감사합니다.

Q1 General Question – 안내 방송이 나오는 장소를 물어보는 문제
▶ 첫 문장에서 기장이 탑승 환영 인사를 하는 것을 보아 장소가 비행기 안임을 짐작할 수 있다. 특히 공항과 비행기 안은 혼동을 유도하고 출제되는 경우가 많다는 것을 기억하자.

Q2 Specific Question – 지연의 이유를 묻는 문제
▶ 문제 유형은 SQ이지만 이유/문제점 등은 주로 전체적인 내용을 물어보는 경우가 많다. 지문 앞에서 짐을 처리하느라 늦어지고 있다고 언급했으므로 정답은 (C)이다.

Q3 Specific Question – 청자들에게 허락하는 내용을 묻는 문제
▶ 지시나 허락 등에 관한 내용은 지문 마지막에 등장한다. 이륙 전까지 전자기기를 이용할 수 있다는 부분에서 답을 고를 수 있다. 특히 세 번째 문제는 타이밍이 중요하다.

➕ VOCABULARY

01 | 항공/열차 관련 필수 어휘

항공	arrival, landing 도착, 착륙 runway 활주로 ground crew 지상근무 요원 carry-on bags 기내용 짐 immigration 출입국 관리소 boarding pass 탑승권 overhead compartment 머리 위 짐칸	departure, takeoff 출발, 이륙 captain 기장 check in bags 짐을 부치다 baggage claim area 짐 찾는 곳 fasten seatbelt 안전벨트를 매다 under your seat 좌석 밑	boarding 탑승 flight attendant 승무원 customs 세관 gate 탑승 게이트
열차/보트	conductor 기차 차장 platform 플랫폼 ferry (boat) 보트 ticket counter 매표소	buy tickets on a train 기차에서 표를 사다 transfer 갈아타다 dining car 식당칸 nonstop, express train 직행열차	sleeping car 침대칸
문제점	overbooking 예약 초과 inclement weather conditions 나쁜 날씨 상태	mechanical problem 기계적인 문제	

02 | 견학 관련 필수 어휘

견학	main attractions 주요 명소 historic site 역사적인 장소 hiking 하이킹 admission 입장(료)	landmark (여행객들을 위한) 큰 표지물, 관광물 fortress 요새 mountain, cave 산, 동굴 proceed, make your way ~로 가다	river cruise 강 유람
박물관/미술관	exhibition 전시회 paintings 그림 pottery 도자기	selections, collections of work 다양한 작품 impressionism 인상주의 sculpture 조각(상)	museum 박물관
공장/시설	manufacturing facility 제조 시설 safety regulations[rules] 안전 규정[규칙]	restricted area 통제 구역	

03 | 비즈니스 행사 관련 필수 어휘

행사	event, function 행사 organization, group 단체 council, committee 위원회 keynote speaker 기조연설가 program, schedule, agenda, itinerary, plan 프로그램, 일정, 계획 handout, printout 유인물 changes, updates 변동 사항	fundraiser 모금 행사 association 협회 lecture, speech, presentation, talk 강연, 발표 guest speaker 객원 연사, 발표자 sign up, register 등록하다, 신청하다	demonstration 시연 foundation 재단
행사 후	question-and-answer session 질의 응답 시간 activity 활동 drink, beverage 음료수	reception 파티 refreshment, snack 간단히 먹을 것, 다과	
내용	expo, fair, convention 박람회 marketing strategy 마케팅 전략 organization skills 조직 관리 능력 industry expert[leader] 업계 전문가, 지도자	dealers' meeting 전문 판매인 회의 franchisers' meeting 프랜차이즈 (가맹점) 회의 latest industry trend 최신 업계 동향	

다음 보기 중 표현과 의미 연결이 <u>잘못된</u> 것을 모두 고르세요.

1

① captain – 기장　　　　　　　⑤ river cruise – 강 유람

② boarding – 탑승　　　　　　　⑥ immigration – 출입국 관리소

③ runway – 활주로　　　　　　　⑦ pottery – 도자기

④ customs – 승객　　　　　　　⑧ overbooking – 예약 취소

2

① ticket counter – 매표소　　　　　⑤ fortress – 요새

② mechanical problem – 기계적 결함　⑥ impressionism – 인상주의

③ restricted area – 행정 구역　　　　⑦ admission – 입장료

④ overhead compartment – 머리 위 짐칸　⑧ landing – 육지

다음 보기 중 동의어로 <u>잘못</u> 짝지어진 것을 모두 고르세요.

3

① event – function　　　　　　⑤ expo – fair

② lecture – foundation　　　　　⑥ lecture – talk

③ changes – updates　　　　　⑦ itinerary – bill

④ fair – convention　　　　　　⑧ sign up – register

4

① arrival – takeoff　　　　　　⑤ refreshment – snack

② regulations – rules　　　　　⑥ drinks – beverages

③ organization – group　　　　⑦ expert – skill

④ handout – printout　　　　　⑧ nonstop – express train

다음 동의 표현을 완성하세요.

5

I'd like to sign up for the class. 그 수업에 등록하고 싶습니다.

→ I'd like to r_____ for the class.

정답 **1** ④, ⑧　**2** ③, ⑧　**3** ②, ⑦　**4** ①, ⑦　**5** register

▪ **DICTATION : Paraphrasing 훈련**

긴 문장에서 문제가 묻는 내용을 듣고 동의 표현(paraphrasing)을 고르는 훈련을 하자!

(녹음은 2번씩 반복, 쓰는 연습과 따라 읽기 연습을 같이 하면 효과 만점!)

1 What has caused the change in service?

(A) An equipment malfunction   (B) Poor weather conditions

> Attention, all Quickrail passengers who are waiting for the four o'clock train to Warrington. This service has been cancelled _____ _____ ___ _____ _____ with the train. There has been an issue with the engine.

2 What will happen immediately after the lecture?

(A) A group photo will be taken.   (B) A reception will be held.

> In fact, Ms. Ortega will join us right _____ _____ _____ for a _____ _____ in the lobby. Smith's Bookstore has kindly extended its hours tonight for the reception. So, please join us.

3 What type of event is taking place?

(A) A community fundraiser   (B) An awards ceremony

> Welcome, everyone, to this dinner to benefit the children of our community. With your help, we hope _____ _____ enough _____ ____ _____ our town's playground. So enjoy yourselves and be generous.

4 What is the topic of the workshop?

(A) Conducting successful meetings   (B) Encouraging creativity in the workplace

> Welcome to _____ _____ on ways to _____ _____ _____ in the office. Encouraging employees to take new, creative approaches to problems is important for a successful, innovative company.

PART 4

1 Where most likely does the introduction take place?

(A) In a classroom
(B) In a bookstore
(C) In an art gallery
(D) In a restaurant

2 Who is Adam Finnegan?

(A) A professor
(B) A painter
(C) A writer
(D) A critic

3 What will Adam Finnegan speak about?

(A) Writing his memoirs
(B) Changing his career
(C) Leading a company
(D) Collecting art

----

4 Where is this announcement most likely taking place?

(A) In a park
(B) In a hotel
(C) In a library
(D) In a museum

5 What does the speaker say his special interest is?

(A) The work of an important artist
(B) The designs of some monuments
(C) The lives of some historical figures
(D) The renovations to an exhibit hall

6 What does the speaker recommend?

(A) Purchasing a map
(B) Booking a room
(C) Using an audio player
(D) Signing up for a city tour

----

7 What is the topic of the workshop?

(A) Applying for a job
(B) Making effective presentations
(C) Creating a business plan
(D) Designing advertisements

8 According to the speaker, why is it important to make a good impression?

(A) To attract new customers
(B) To keep listeners' attention
(C) To gain employees' respect
(D) To get investors' support

9 What does the speaker imply when he says, "share your work experience with the group"?

(A) He wants to hire only experienced workers.
(B) He used to work for the same company.
(C) He thinks they can save money by working together.
(D) He believes getting to know each other will help the learning process.

BOARDING PASS	‖‖‖‖‖‖‖‖‖
FLIGHT: **BR 0027**	FROM: **San Francisco**
DATE: **DEC 22**	TO: **Taipei**
TIME: **13:55**	

10 Who most likely is the speaker?

(A) An airline employee
(B) A train conductor
(C) A news reporter
(D) A travel agent

11 Look at the graphic. What information will be updated tomorrow?

(A) BR 0027   (B) Dec 22
(C) 13:55   (D) San Francisco

12 Where will the shuttle go?

(A) To a terminal   (B) To a hotel
(C) To a restaurant (D) To an airport

SPARTA 📝 전략

직원 회의(Staff Meeting)를 통해 회사 생활을 경험하자!

회사에서 논의, 정기 회의나 회의 준비 등의 업무 관련 지식과 건물·시설 관리에 대한 회사의 다양한 기본 상식을 습득하여 문제를 풀도록 하자. 회사 경험이 없는 사회 초년생들은 주제가 생소해서 틀리는 난이도가 높은 주제이기도 하다.

01 | 빈출 상황

① 회사 업무 - 고객 & 공급업체와의 계약/판매 조건 관련, 배송/서비스 관련 내용
② 기타 업무 - 주차장, 회의장 등 각종 시설 관련, 지역사회 봉사 및 회사 홍보 관련 내용
③ 인물 소개 - 신입 사원, 수상자, 발표자 등의 업적 및 현재 업무/앞으로 할 일을 소개하는 내용

02 | General Questions : 전체 내용 관련 빈출 문제

주제/목적	What kind of event is taking place? 어떤 종류의 행사가 일어나고 있는가? ▶ **A retirement party** 은퇴 파티
장소/직업/정체	Who is the talk intended for? 누구를 대상으로 하는 담화인가? ▶ **Factory workers** 공장 직원들
언급/추론	What is mentioned about Taoling Corporation? 타오링 회사에 대해 무엇이 언급되는가? ▶ **It is sponsoring the event.** 행사를 후원한다.

03 | Specific Questions : 세부 내용 관련 빈출 문제

제안/지시	What are the listeners encouraged to do? 청자들은 무엇을 하라고 독려 받는가? ▶ **Apply for a position abroad** 해외 직책에 지원하라고
이유	What has caused an increase in sales? 무엇이 판매 증가를 야기시켰는가? ▶ **New book series** 새로운 책 시리즈
특정 시점/기간	What is the company planning to do next year? 회사는 내년에 무엇을 할 계획인가? ▶ **Open another office** 또 다른 사무소를 여는 것
미래의 할 일	What will the speaker do next? 화자는 다음에 무엇을 할 것인가? ▶ **Distribute some materials** 자료를 배포한다
특정 표현 추론	What does the speaker mean when she says, "Let's move on"? 화자가 "넘어갑시다"라고 한 것은 무슨 뜻인가? ▶ **Change topics** 주제를 바꾼다

✏️ POINT ❶

예제 1 **회의**

Q1 What are the listeners encouraged to do?

(A) Practice their presentations

(B) Share rides to work

(C) Print on both sides of paper

(D) Turn off their computers during the break

Q2 Who is Katherine Willows?

(A) A copier technician

(B) An accountant

(C) A store clerk

(D) A secretary

Q3 According to the speaker, why is the change being made?

(A) To reduce costs

(B) To promote recycling

(C) To save time

(D) To produce more products

Questions 1 through 3 refer to the following talk.

And finally, as you all know, our company has started an initiative to save on printing and copying. From now on, **Q1** everyone should make double-sided copies for their meetings and presentations whenever possible. **Q2** Our chief accountant, Katherine Willows, says that if we make this one simple change, **Q3** we can save more than two thousand dollars every month in paper and ink costs.

Q1 청자들은 무엇을 하라고 독려 받는가?
(A) 그들의 발표를 연습하라고
(B) 직장까지 차를 함께 타라고
(C) 종이의 양면에 인쇄하라고
(D) 쉬는 시간에 컴퓨터를 끄라고

Q2 캐서린 월로우는 누구인가?
(A) 복사기 정비사
(B) 회계사
(C) 가게 점원
(D) 비서

Q3 화자에 의하면, 왜 변화가 있는가?
(A) 비용을 줄이기 위해
(B) 재활용을 촉진하기 위해
(C) 시간을 줄이기 위해
(D) 상품을 더 많이 생산하기 위해

그리고 마지막으로, 여러분도 모두 아시다시피, 회사에서 인쇄와 복사의 비용을 줄이기 위한 새로운 계획을 시작했습니다. 이제부터는 가능하면 언제나 회의와 발표를 위해 양면 복사를 해야 합니다. 저희 회계장인 캐서린 월로우 씨가 말하길, 우리가 이 간단한 변화를 주면, 매달 종이와 잉크 비용에서 2천 달러 이상을 절약할 수 있다고 합니다.

Q1 Specific Question – 직원들에게 독려하는 내용을 물어보는 문제
▶ 회의 첫 부분에서 회사 잡무에 대한 내용을 덧붙였다. 새로운 계획(initiative)이라는 어휘를 사용해서 양면 복사를 독려하고 있다.

Q2 Specific Question – 특정 인물의 직업/직급을 묻는 문제
▶ 화자의 직업은 맨 앞에 등장하고, 고유명사로 언급되는 특정 인물의 직업은 그 사람 이름 앞뒤에 등장한다. 회사에서 예산/비용 관리를 담당하는 our chief accountant에서 답을 알 수 있다.

Q3 General Question – 목적/이유를 묻는 문제
▶ GQ 문제는 대부분 첫 문제로 등장하는데, 이 지문에서는 세 번째 문제로 출제됐다. 정답은 "save ~ dollars" 돈 절약을 비용 절약(reduce costs)으로 바꿔 표현한 (A)임을 알 수 있다.

✚ VOCABULARY

01 | 회사 업무 관련 필수 어휘 I

판매/업무	increase sales 매출을 올리다 cost, expense 비용 contract, agreement 계약, 협의 assignment (업무) 배정 comment, opinion, suggestion, idea 의견, 제안 new product development 신상품 개발 marketing survey 마케팅 설문조사 improve 향상시키다	profits 수익 project 프로젝트 client 고객 task 일, 업무 hand out, distribute 배포하다 target market 목표 시장 questionnaire 설문지 update, revise 업데이트하다, 바꾸다
공장	manufacturing facility, plant 제조 시설, 공장 quality control 품질 관리 shift manager 근무조 관리자 productivity, efficiency 생산성, 효율성 product, item, order, shipment 제품, 주문품 procedure, precaution, regulation, policy 절차, 안전 규정, 방침	assembly line 조립 라인 safety line 안전선 new machinery, equipment 새 장비 safety training 안전 교육 ship, deliver 배송하다

02 | 회사 업무 관련 필수 어휘 II

시설관리/안전	Maintenance[Facilities] Department 시설 관리 부서 electricity, energy, power 전기, 에너지 access a building[information] 건물 입장[정보 사용] remodeling, renovation, repairs 개조, 개축, 수리 work procedure[process] 업무 절차	parking permit 주차 허가증 parking lot 주차장 Security Department 보안 부서 construction 공사 employee ID card 사원증
회계/재정	Accounting Department 회계부서 travel expense 여행 비용 cut costs 비용을 줄이다 recycling 재활용 work overtime 야근하다 Finance Department 재정부서 merger, acquisition 합병, 인수	reimbursement (비용) 상환 budget 예산 save 절약하다, 저축하다 payroll 급여 (명단) overtime payment 야근 수당 financing, funding 자금 financial resources 재정 자원
지역 사회	public relations 홍보 local community 지역 사회 sponsor 후원하다 initiative 새로운 계획	public image (회사의) 대외적인 이미지 volunteer 자원봉사하다 benefit, help 돕다

03 | 직원 소개 관련 필수 어휘

소개 유형	new employee[staff], hire, recruit 신입 사원 awards ceremony 시상식 presenter 발표자 duties, responsibilities 책임, 책무	reception 환영 파티 prize 상 winner, recipient 수상자 qualifications, requirement 자격 요건 give a talk[speech/lecture/presentation] 발표하다
소개 표현	I'm honored to introduce ~, Let us welcome ~,	It is a privilege to introduce ~, I'm proudly announce ~, ~를 소개하게 되어서 영광이다
시점	previously 전에 currently 현재	before joining us 우리 회사에 오기 전에 today 오늘 at the moment 바로 지금

다음 보기 중 표현과 의미 연결이 <u>잘못된</u> 것을 모두 고르세요.

1

① profits – 지출
② expense – 비용
③ contract – 계약
④ assignment – 업무 배정
⑤ questionnaire – 설문지
⑥ productivity – 상품
⑦ safety training – 안전 교육
⑧ quality control – 품질 관리

2

① Maintenance Department – 관리부서
② Security Department – 보안 부서
③ Accounting Department – 회계부서
④ Finance Department – 총무부서
⑤ public relations – 공립 시설
⑥ work overtime – 야근하다
⑦ financial resources – 재정 자원
⑧ access a building – 건물 입장

다음 보기 중 동의어로 <u>잘못</u> 짝지어진 것을 모두 고르세요.

3

① hand out – distribute
② machinery – electricity
③ ship – deliver
④ procedure – process
⑤ merger – acquisition
⑥ precaution – regulations
⑦ benefit – improve
⑧ cost – expense

4

① qualifications – requirements
② duties – responsibilities
③ recruit – recipient
④ financing – funding
⑤ productivity – efficiency
⑥ remodeling – renovation
⑦ safety – assembly
⑧ comment – opinion

다음 동의 표현을 완성하세요.

5

It is a privilege to introduce Ms. Bennett. Bennett 씨를 소개하게 되어 영광입니다.

→ I'm h_____ to introduce Ms. Bennett.

정답 **1** ①, ⑥ **2** ④, ⑤ **3** ②, ⑦ **4** ③, ⑦ **5** honored

▪ **DICTATION : Paraphrasing 훈련**

긴 문장에서 문제가 묻는 내용을 듣고 동의 표현(paraphrasing)을 고르는 훈련을 하자!

(녹음은 2번씩 반복, 쓰는 연습과 따라 읽기 연습을 같이 하면 효과 만점!)

1 Where most likely do the listeners work?

(A) At a fitness center   (B) At a public library

Good morning. Today's staff meeting is about an important _____ ____ _____ _____ _____. We're going to be setting up a library of online workout videos. This video library will allow people to workout at home or even at work at any time of the day they want.

2 According to the speaker, what is being changed?

(A) The codes for accessing a database   (B) The procedure for entering the building

Starting on the first of the next month, _____ _____ _____ _____ how employees _____ _____ _____. All employees will receive a photo identification badge to swipe when you enter the building. Everyone must go to the security desk to have their photographs taken.

3 What product is being discussed?

(A) Smartphone cases   (B) Laptop computers

Next on the agenda this morning is this month's sales report about accessories for electronic devices. As you may have read, _____ _____ of smartphone cases _____ _____ _____ _____ as we'd hoped. We aren't successfully reaching our target customers.

4 According to the speaker, what has been Mr. Antony's greatest achievement?

(A) He developed a best-selling product.   (B) He expanded a client base.

His notable achievement here at the Samsonight Company has been _____ _____ _____ _____ than any other sales representatives in the firm's history. We thank you, Anthony, and would like to present this award as a small token of our appreciation.

PART 4

1 Where does this talk most likely take place?

(A) At a bookstore
(B) At a grocery store
(C) At a restaurant
(D) At a travel agency

2 What is mentioned as Ms. Lawrence's most important qualification?

(A) International experience
(B) Creative recipes
(C) Technical skills
(D) Advanced degrees

3 According to the speaker, what will Ms. Lawrence change?

(A) A menu
(B) A work schedule
(C) A supplier
(D) Some appliances

----

4 Where would you hear this talk?

(A) At a year-end party
(B) At an awards ceremony
(C) At a staff meeting
(D) At a company picnic

5 What is the main topic of this talk?

(A) Successful new products
(B) An increased advertisement budget
(C) Improvement of packaging material
(D) Plans for a celebration

6 What will be sent to the customers?

(A) Invitations to a party
(B) Product samples
(C) Discount coupons
(D) Marketing surveys

----

7 What does the company plan to do?

(A) Open an overseas office
(B) Sell more cars
(C) Build a security gate
(D) Create special parking spaces

8 Why is the change being made?

(A) To help the environment
(B) To increase employee security
(C) To lower corporate expenses
(D) To promote community relations

9 Why should listeners email Alexander Yang?

(A) To get a new parking permit
(B) To take part in a program
(C) To schedule an interview
(D) To meet some coworkers

Project	Deadline
Aurora Shopping Center	April 10th
The City Garden	April 25th
Tammy's Tavern Café	April 30th
Hackensack Hospital	May 1st

10 Who is the speaker most likely talking to?

(A) Store managers
(B) Construction workers
(C) Event planners
(D) Restaurant servers

11 Look at the graphic. Which deadline is no longer accurate?

(A) April 10th
(B) April 25th
(C) April 30th
(D) May 1st

12 What are the listeners asked to do as soon as possible?

(A) Confirm supply quantities
(B) Submit project invoices
(C) Review the safety procedures
(D) Notify any problems

----

1 Who is Mr. Santiago?

(A) The Shipping Department manager
(B) A Human Resources employee
(C) A Quality Control manager
(D) An electrician

2 Why is the speaker leaving this message?

(A) To set up an interview
(B) To report a delay
(C) To request an order
(D) To cancel a shipment

3 When will the speaker leave his office?

(A) At 10:00 A.M.
(B) At noon
(C) At 2:00 P.M.
(D) At 4:00 P.M.

---

4 Who most likely is the speaker?

(A) A software developer
(B) A magazine editor
(C) A hotel manager
(D) A travel agent

5 What is the talk mainly about?

(A) A travel itinerary
(B) Computer upgrades
(C) A business merger
(D) Work assignments

6 What does the speaker want the listeners to do tomorrow morning?

(A) Write some reports
(B) Meet with some clients
(C) Conduct a survey
(D) Visit some local attractions

---

7 What field does the speaker most likely work in?

(A) Tourism
(B) Construction
(C) Manufacturing
(D) Catering

8 What does the speaker imply when she says, "I need to update the client on this by tomorrow"?

(A) She is unable to attend an event.
(B) She is dissatisfied with the process.
(C) She needs more budgets.
(D) She wants employees to decide quickly.

9 What will the company do for some employees?

(A) Provide some food
(B) Arrange transportation
(C) Hire temporary workers
(D) Schedule an extra session

---

10 Why is the speaker calling?

(A) To promote travel packages
(B) To set up an appointment
(C) To offer employment
(D) To discuss salary

11 What does the speaker ask the listener to do?

(A) Request financial aid
(B) Revise a document
(C) Provide reference letters
(D) Move to a new city

12 What does the speaker say will happen next week?

(A) A company will be closed.
(B) An announcement will be made.
(C) Prices will go up.
(D) A workshop will take place.

Reward Level	Number of Sales	Reward
Level 1	1-3	Tickets for theaters
Level 2	4-9	$100 worth of store gift certificates
Level 3	10-15	$300 in cash
Level 4	16-20	$300 in cash plus extra vacation days

13 What type of business does the speaker most likely work for?

(A) A clothing company
(B) An automobile company
(C) An appliance manufacturer
(D) A furniture factory

14 Look at the graphic Which reward level did most of the employees reach?

(A) Level 1
(B) Level 2
(C) Level 3
(D) Level 4

15 According to the speaker, why will Rosa Calero travel to Ecuador next month?

(A) To apply for a new position
(B) To receive an award
(C) To meet with some family members
(D) To participate in an industry expo

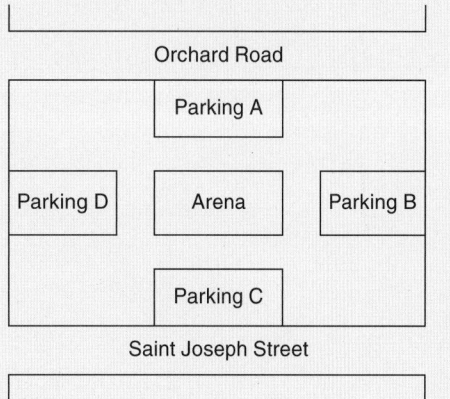

16 Why has the baseball game been rescheduled?

(A) The weather has been bad.
(B) Some players got injured.
(C) Not enough tickets have been sold.
(D) The arena is being repaired.

17 According to the speaker, why might some listeners watch a game on television?

(A) If a snowstorm gets worse
(B) If tickets are sold out
(C) If there is no available parking
(D) If the game is cancelled again

18 Look at the graphic Which parking area will be closed?

(A) Parking A
(B) Parking B
(C) Parking C
(D) Parking D

PART 4

books. english. co. kr

books. english. co. kr

RC

PARTS 5&6

✏️ GRAMMAR POINT **1** 문장의 요소와 형식

❶ 문장의 요소
영어 문장을 제대로 이해하기 위해서는 문장 요소와 구조에 대한 기본 지식이 있어야 한다.

- **영어 문장의 뼈대를 이루는 필수 요소는 주어, 동사, 목적어, 보어다.**

  ① **주어** : 동사가 나타내는 **동작이나 상태의 주체**를 말하며, 보통 '~은, 는, 이, 가'로 해석한다.
  주어 자리에 올 수 있는 것은 **명사, 명사구, 명사절, 대명사**다.

  ② **동사** : 동사는 **동작이나 상태**를 나타내는데, 이와 동시에 일어난 일이 현재인지 과거인지를 구별하는 **시제**도 표현한다.

  ③ **목적어** : 동사가 동작을 나타낼 때 그 **행위의 대상**을 말하며, 보통 '~을/를, ~에게'로 해석한다.
  목적어 자리에 올 수 있는 것은 주어와 마찬가지로 **명사, 명사구, 명사절, 대명사**다.

  ④ **보어** : 주어나 목적어의 의미가 불완전한 경우 그 **의미를 보충**해 준다.
  명사, 명사구, 명사절 그리고 **형용사, 형용사구**가 보어로 쓰일 수 있다.

❷ 문장의 형식
문장 형식은 동사가 취하는 구조에 따라서 크게 5가지로 구분되는데, 이것을 문장의 5형식이라고 부른다.

① **1형식 : 주어 + 동사 [완전 자동사] + 수식어 [구, 절]**

- 1형식 동사는 완전 자동사라고 하는데, 주어만 있으면 완전한 의미를 나타낸다.

  A package **arrived** at the office. 소포가 사무실에 도착했다.
  주어　　　동사　부사구로서 동사(arrived) 수식

② **2형식 : 주어 + 동사 [불완전 자동사] + 주격 보어**

- 2형식 동사는 불완전 자동사라고 하는데, 주어와 그 주어의 의미를 보충해 주는 주격 보어를 필요로 한다.
  명사 보어는 주어와 동격 관계를, 형용사 보어는 주어의 상태를 나타낸다.

  Time **is** money. 시간은 돈이다.
  주어 동사 주격 보어(Time과 동격)

  Corliss **looks** happy today. Corliss는 오늘 기분이 좋아 보인다.
  주어　　동사　주격 보어　부사
  　　　　　(Corliss의 상태)

③ **3형식 : 주어 + 동사 [완전 타동사] + 목적어**

- 3형식 동사는 완전 타동사라고 하는데, 주어와 행위의 대상인 목적어를 필요로 한다.

  The position **requires** 3 years' experience. 그 직책은 3년의 경력을 필요로 한다.
  주어　　　동사　　　목적어

④ 4형식 : 주어 + 동사 [수여 동사] + 간접 목적어 (사람) + 직접 목적어 (사물)

✦ 4형식 동사는 수여 동사라고 하는데, 주어와 2개의 목적어를 필요로 한다.
2개의 목적어 중 하나는 간접 목적어로 '사람'이 오고 주로 '~에게'라고 해석되며, 다른 하나는 직접 목적어로 '사물'이 오고 주로 '~을[를]'이라고 해석된다.

The manager **offered** me a transfer. 매니저는 나에게 전근을 제안했다.
　　주어　　　　　동사　 간접 목적어 직접 목적어

⑤ 5형식 : 주어 + 동사 [불완전 타동사] + 목적어 + 목적격 보어

✦ 5형식 동사는 불완전 타동사라고 하는데, 주어와 목적어 그리고 그 목적어의 의미를 보충해 주는 목적격 보어를 필요로 한다.

The members **elected** Harry president. 회원들은 Harry를 회장으로 선출했다.
　　주어　　　　　동사　 목적어　목적격 보어(명사)

Mary **found** the book helpful. Mary는 그 책이 도움된다는 것을 알았다.
주어　 동사　　목적어　　목적격 보어(형용사)

🖉 GRAMMAR POINT **2** 품사

❶ 명사

✦ 명사(Noun)는 이름(Name)에서 유래한 말로 사람이나 사물의 이름을 말한다.

✦ 명사는 셀 수 있는 명사와 셀 수 없는 명사로 나뉘며, 셀 수 있는 명사는 단수일 때 앞에 관사 a, an, the를 붙이고 복수일 경우에는 뒤에 -(e)s를 붙인다.

✦ 명사는 문장에서 주어, 목적어, 보어 역할을 한다.

Mr. Wilson made a **reservation** for the **banquet**. Wilson 씨는 연회를 위해 예약했다.
　명사(주어)　　　　　　 명사(목적어)　　　　　　명사(목적어)

❷ 대명사

✦ 대명사는 명사를 대신한다는 뜻으로, 사물의 이름을 모를 때나 한번 언급한 사람과 사물을 다시 가리킬 때 사용한다.
it, this, that, you, he, she, they, them...

✦ 대명사도 명사와 마찬가지로 주어, 목적어, 보어가 될 수 있다.

Ms. Benton promised that **she** would take part in the event. Benton 씨는 행사에 참가하겠다고 약속했다.
　　　　　　　　　　　　　 대명사(= Ms. Benton)

❸ 동사

✦ 동사는 주어의 동작이나 상태를 알려주며, 모든 동사에는 반드시 주체, 즉 주어가 있다.

✦ <주어+동사>는 가장 기본적인 문장의 골격이다.

Our store **provides** delivery service for customers. 우리 가게는 고객을 위해 배달 서비스를 제공한다.
　주어　　　　동사

❹ 형용사

✚ 명사의 상태를 설명하며, 명사 앞이나 뒤에서 명사를 꾸며 의미를 한정해 준다.
✚ 명사를 설명하는 보어로 쓰인다.

We offer a **special** discount to **new** customers. ▶ 명사 의미 한정
우리는 신규 고객들에게 특별 할인을 제공한다.

Exercise is **necessary** for good health. ▶ 보어 역할
운동은 건강을 위해 필요하다.

❺ 부사

✚ 기본적으로 동사를 수식하며, 형용사·다른 부사·문장 전체도 수식한다.

Please **check** the revised manual **carefully**. ▶ 동사 수식
개정된 매뉴얼을 면밀히 확인하세요.

The project's team manager is **extremely** proud of his team. ▶ 형용사 수식
프로젝트 담당 부장은 그의 팀을 매우 자랑스럽게 생각한다.

The whole marketing team worked **very** hard. ▶ 다른 부사 수식
마케팅 부서 직원들 모두 매우 열심히 일했다.

Apparently, the manager did not know the truth. ▶ 문장 전체 수식
분명히 매니저는 그 사실을 모르고 있었다.

❻ 전치사

✚ 전치사는 (동)명사를 목적어로 취하며, 시간, 장소, 조건, 수단, 방향, 이유 등의 다양한 의미를 나타낸다.
✚ 전치사 다음에는 명사(구), 대명사, 동명사가 올 수 있다.

We are looking forward **to** meeting you. 우리는 당신을 만나길 고대하고 있습니다.
　　　　　　　　　　전치사　동명사

Mr. Smith always has a cup of coffee **after** lunch. Smith 씨는 점심 후에 항상 커피 한잔을 마신다.
　　　　　　　　　　　　　　　　전치사　명사

❼ 접속사

✚ 문장과 문장 또는 단어와 단어를 연결하는 역할을 한다.
✚ 등위접속사 : and, but, so, yet, or 등
✚ 명사절 접속사 : that, whether, if (~인지 아닌지)
✚ 형용사절 접속사 : 관계대명사 who, which, whose, whom, that
✚ 부사절 접속사 : because, although, while, when 등

We are looking for **reliable** **and** hardworking workers. ▶ 단어와 단어 연결
　　　　　　　　　　　　　　등위접속사
우리는 믿을 만한 성실한 일꾼들을 찾고 있다.

I cannot go to work today **because** I am sick. ▶ 문장과 문장 연결
　　　　　　　　　　　　　부사절 접속사
나는 오늘 아파서 일하러 갈 수 없다.

✏️ GRAMMAR POINT ❸ 구와 절

- 구는 <주어+동사>를 포함하지 않는 2개 이상의 단어가 모여 하나의 품사와 같은 구실을 한다.

❶ 명사구

- 명사처럼 주어, 목적어, 보어로 쓰인다.

To get up early is good for your health. ▶ 주어 역할을 하는 명사구
일찍 일어나는 것은 건강에 좋다.

I **want** **to get up early** for my health. ▶ 동사 want의 목적어 역할을 하는 명사구
나는 건강을 위해 일찍 일어나고 싶다.

❷ 형용사구

- 형용사처럼 명사를 수식하거나 보어로 쓰인다. 명사를 직접 수식할 때는, 일반적으로 명사 바로 뒤에 온다.

Look at **the house on the hill**. ▶ the house 수식
언덕 위에 있는 저 집을 보라.

❸ 부사구

- 부사처럼 동사, 형용사를 수식한다.

He **stopped** smoking **with the help of his family**. ▶ 동사 수식
그는 가족의 도움으로 담배를 끊었다.

The habit of smoking is not **easy to get rid of**. ▶ 형용사 수식
담배 피우는 습관은 고치기 쉽지 않다.

- 절이란 문장의 일부로 <주어+동사>의 요소를 갖춘 것을 말하며, 하나의 품사와 같은 구실을 한다. 문장에서 중심이 되는 절을 주절이라고 하며, 주절에 포함된 절을 종속절이라 한다. (종속절 : 명사절, 형용사절, 부사절)

❶ 명사절

- 관계대명사 what, 접속사 that와 if(whether) 등이 포함된 절이 주어, 목적어, 보어로 쓰인다.

I don't know **whether she will come to the party**. ▶ 목적어 역할
                          명사절
나는 그녀가 파티에 올지 모르겠다.

❷ 형용사절

- 관계대명사가 이끄는 절로, 절 전체가 선행사(명사)를 수식하는 형용사 역할을 한다.

We hired **an accountant who is qualified**. ▶ 선행사 수식
                          형용사절
우리는 자격을 갖춘 회계사를 고용했다.

❸ 부사절

- 시간(when) · 조건(if) · 이유(because) · 양보(though) 등의 부사절 접속사가 이끄는 절이 <주어+동사> 요소를 갖추고 주절의 문장 전체를 꾸민다.

We expanded the facilities **because the business was highly profitable**.
                                    부사절
사업이 수익성이 매우 좋았기 때문에 우리는 시설을 확충했다.

PART 6 장문 공란 메우기

📝 출제 경향

01 131번부터 146번까지로 구성된다. 지문당 4문제로 총 16문제가 출제된다.

02 기본적인 문법(수동태, to부정사, 동명사, 분사), 맥락에 맞는 어휘와 문장을 찾는 문제가 출제된다.

03 빈칸이 포함된 문장 해석만으로 풀 수 없는 context question이 전체 16문제 중 평균 5문제 정도 출제된다. 여기에서 동사 시제 문제가 평균 1~2문제가 출제된다.

04 지문의 흐름상 문장과 문장을 의미에 맞게 연결해 주는 접속부사 문제가 평균 2~3문제가 출제된다.

05 지문 중간 또는 마지막에 들어갈 문장을 찾는 문제가 지문당 1개씩 총 4개가 출제된다.

📝 문제 풀이법

- 4개의 지문(총 16문항)을 8~10분 안에 해결해야 한다. 하나의 지문을 늦어도 2분 30초 안에 풀고 한 문제당 20~30초를 넘지 않도록 한다.
- 속독으로 내용을 해석하면서 머릿속으로 내용을 이미지화한다.
- 전체적인 글의 맥락을 이해하면서 풀어야 한다. 흐름을 놓쳐 처음부터 다시 읽지 않도록 주의하자.
- 빈칸의 앞뒤 내용을 파악하고 정답의 단서를 찾아 답을 구하는 연습을 한다.
- 보기를 먼저 보고 빈칸의 앞뒤만 파악하는 방식의 문제 풀이는 피하는 것이 좋다.

✏️ READING POINT

해석 p. 408

❶ 문맥에 맞는 어휘 선택하기

> Enclosed, you will find an invoice and the relevant documents. We are sure **you will be pleased with the** ------- and look forward to your next order.
> 　　　　　　　　　　　　　　　　　 **1**

(A) production 생산 　　　　　　　　　　　　　　(B) products 제품

🔳 문맥상 '제품에 만족할 것'이라는 내용이다.

❷ 문맥에 맞는 시제 선택하기

> I would like to take this time to commend Mr. Kline for his exceptional contribution. As you all may know, he ------- on Project V102 **for the past twelve weeks**. As the chief
> 　　　　　　　　　　　　　 **2**
> researcher, he has played a vital role on the project not only as a biochemist but also as the team leader.

(A) will be working 　　　　　　　　　　　　(B) has been working

🔳 for the past twelve weeks를 보고 현재 완료를 선택한다.

❸ 적절한 접속사 또는 접속부사 선택하기

> I benefited greatly from the chance to spend six weeks clerking in Judge Robert's court. **------- Judge Robert has more than 20 years of experience working as a Georgia state judge, I got a great deal of valuable knowledge from the time I spent assisting him.**
>
> ₃

(A) Given that ~을 감안하면   (B) Even though 그럼에도 불구하고

≣≣ '판사는 20년 이상 법정에서 일했다'와 '소중한 지식을 얻었다'를 이어줄 접속사는 Given that이다.

❹ 문맥에 맞는 적절한 문장 선택하기

> Eagle Airways is the number-one airline in Asia, with a growing network covering China, Singapore, Malaysia, and numerous other countries. -------. Our hub is located at the heart of Singapore, Singapore City; the airline is starting to develop an international network of destinations covering more than 30 cities across America, Europe, and Africa.
>
> ₄

(A) It has just launched its newest fleet of airplanes, including the V757 and the E-9000.
우리는 최근 V757과 E-9000을 포함하는 새로운 항공편의 운항을 시작했습니다.

(B) The failure in our online ticketing system caused several flight delays over the weekend.
주말 동안 온라인 발권 시스템 고장이 여러 비행편의 연착 원인이었습니다.

≣≣ 앞에서 항공사가 여러 국가와 네트워크를 구축하고 있다고 했으며 뒤 문장은 항공사의 위치와 현재 네트워크를 구축하는 국가들이 나열되므로 문맥상 알맞은 문장은 (A)이다.

SPARTA 📝 전략

명사 문제는 문법을 따져 고르는 '자리 문제'와 의미를 따져 고르는 '어휘 문제'가 출제된다.

01 명사의 위치는 주어, 보어, 타동사의 목적어, 전치사의 목적어 자리!
02 명사는 한정사(관사, 소유격 대명사, 수량 형용사, 지시 형용사 등) 뒤에 온다!
03 시험에 자주 나오는 사람 명사와 사물 명사를 구분해서 암기하라!
04 문맥과 용법에 알맞은 명사를 찾는 문제가 출제된다!
05 복합명사는 한 단어처럼 암기하라!

📝 Preview

01 | 대표적인 명사 문제 보기 유형

명사 자리 문제	명사 어휘 문제 1	명사 어휘 문제 2
(A) protects	(A) protection 보호	(A) employs
(B) protection 명사	(B) opinion 의견	(B) employed
(C) protected	(C) condition 상태	(C) employment 사물 명사
(D) protect	(D) inspection 점검	(D) employees 사람 명사

02 | 대표적인 명사 접미사

-ness	busi**ness** 사업	-sis	analy**sis** 분석
-sion	deci**sion** 결정	-cy	agen**cy** 대리점
-tion	consulta**tion** 상담	-ty	adaptabili**ty** 적응, 융통성
-ment	depart**ment** 부서	-th	leng**th** 길이
-ance	perform**ance** 수행, 공연	-er	suppli**er** 공급업체
-ence	prefer**ence** 선호(도)	-or	inspect**or** 검사관

03 | 혼동하기 쉬운 명사 접미사

-tive	alterna**tive** 대안, 대책	execu**tive** 중역
	objec**tive** 목표, 목적	representa**tive** 대표(자)
-al	propos**al** 제안	renew**al** 갱신
	approv**al** 승인	profession**al** 전문가
-ing	market**ing** 마케팅	ticket**ing** 발권
	meet**ing** 회의	spend**ing** 지출

01 | 명사의 역할

- **명사는 문장에서 주어, 목적어, 보어 역할을 한다.**

  주어   **Tickets** for the concert **will be sold** beginning tomorrow. ▶ 문장의 주어
  콘서트 티켓이 내일부터 팔릴 것이다.

  목적어   Our products on the market **meet the needs** of specific clients. ▶ 타동사의 목적어
  시장에 나온 우리 상품들은 특정 고객들의 욕구를 충족시킨다.

       Mr. Franco will be responsible **for our new research team**. ▶ 전치사의 목적어
  Franco 씨는 우리의 새로운 연구팀을 맡게 될 것이다.

  보어   Addressing customer requests **is our first priority** now. ▶ be동사의 보어
  고객 요청사항을 처리하는 것이 지금 우리의 첫 번째 우선 과제다.

02 | 명사의 위치

- **명사는 관사, 소유격, 형용사, 전치사 다음에 온다.**

① _____ + 동사	▶ 문장의 주어 자리
② 주어 + 동사 + _____	▶ 타동사의 목적어 자리
③ be동사 + _____	▶ be동사의 보어 자리
④ 형용사 + _____	▶ 형용사의 수식을 받는 명사 자리
⑤ a/an/the/소유격 + _____ + of	▶ 관사/소유격 다음 명사 자리
⑥ some/many/(a) few/much/(a) little 등 + _____	▶ 한정사 다음 명사 자리
⑦ 준동사 (to부정사/동명사/분사) + _____	▶ 준동사의 목적어 자리
⑧ 전치사 + _____	▶ 전치사의 목적어 자리
⑨ _____ + 명사 / 명사 + _____	▶ 복합명사 지리

Please **follow the information** below that is relevant to your situation. ▶ 타동사의 목적어
당신의 상황에 관련된 아래의 정보를 따라 주세요.

This meeting may take longer than expected if we are going **to reach an agreement**.
합의점을 찾고자 한다면 이번 회의는 아마 예상했던 것보다 더 오래 걸릴지 모른다. ▶ 준동사의 목적어

SPARTA 📝 PRACTICE I

| 해설 p. 408

➕ 명사의 위치는 주어, 보어, 목적어 자리!

1 ------- to *Home Updates Magazine* can be renewed online or by telephone.

  (A) Subscribes   (B) Subscribed
  (C) Subscriptions   (D) Subscribe

2 Thanks to all of the employees' -------, the project has been successfully completed.

  (A) dedicated   (B) dedication
  (C) dedicating   (D) dedicates

✏ POINT ❷

01 | 가산명사(Countable Noun) VS 불가산명사(Uncountable Noun)

- **가산명사는 셀 수 있는 명사로, 단수와 복수 형태를 가질 수 있다.**

단수/복수	단독으로 사용할 때	부정관사 a(an)와 결합	정관사 the와 결합	소유격과 결합
단수 가산명사	~~consultant~~	a consultant	the consultant	our consultant
복수 가산명사	consultants	~~a consultants~~	the consultants	our consultants

Abraham Pinacle Co. finally launched a new [**product** / ~~products~~] with a wide range of colors.
Abraham Pinacle 사는 마침내 다양한 색상의 새로운 제품을 출시했다.

- **불가산명사는 셀 수 없는 명사로, 단수 형태로만 쓴다.**

단수/복수	단독으로 사용할 때	부정관사 a(an)와 결합	정관사 the와 결합	소유격과 결합
단수 불가산명사	information	~~an information~~	the information	your information
복수 불가산명사	~~informations~~	~~an informations~~	~~the informations~~	~~their informations~~

Ms. Flores needs more [**information** / ~~informations~~] about the cost of the trip.
Flores 씨는 여행 경비에 관한 보다 많은 정보를 필요로 한다.

✚ VOCABULARY 토익 빈출 불가산명사

knowledge 지식	access 접근, 이용	baggage[luggage] 짐	clothing 의류
furniture 가구류	advice 충고	merchandise 상품	equipment 장비
approval 승인	participation 참가	satisfaction 만족	maintenance 유지 보수

02 | 혼동하기 쉬운 가산명사와 불가산명사

가산명사	불가산명사	가산명사	불가산명사
a plan 계획	planning 계획, 기획	a seat 좌석	seating 좌석 (배치)
a ticket 티켓	ticketing 발권	an account 계좌	accounting 회계
a price 가격	pricing 가격 책정	a fund 기금, 자금	funding 자금 지원

Noble Press is known for coming up with creative [**advertisements** / ~~advertisings~~].
Noble Press는 창의적인 광고를 생각해 내는 걸로 유명하다.

SPARTA 📑 PRACTICE II

해설 p. 408

✚ 가산명사 VS 불가산명사의 구분 문제가 출제된다.

1 All staff members in every division perform their duties with a strong sense of -------.

(A) professionalism (B) professional
(C) professionally (D) profession

2 Thanks to careful -------, the construction of a new office building is progressing smoothly.

(A) planner (B) planned
(C) plan (D) planning

✏️ POINT ❸

01 | 가산명사와 불가산명사 앞에 오는 한정사

단수 가산 명사 앞	복수 가산 명사 앞	불가산 명사 앞	가산/불가산 명사 앞
each, every, another	(a) few, many, several, a number of, both, various, a variety of	(a) little, much, less, an amount of	all, some, most, any, other, plenty of, lots of, a lot of

Many retired executives are willing to work as consultants for our company. ▶ 복수 가산명사 앞
퇴임한 많은 중역들이 우리 회사의 자문으로 기꺼이 일하고자 한다.

Much equipment becomes obsolete almost as soon as it's made. ▶ 불가산명사 앞
많은 장비들이 거의 만들어지자마자 쓸모가 없어진다.

02 | 혼동하기 쉬운 사람 명사와 사물 명사의 구분

My supervisor wants me to complete the financial [**report** / ~~reporter~~] before the deadline.
내 상사는 내가 재정보고서를 마감일 전에 완성하길 바란다.

You can send your résumés and [**applications** / ~~applicants~~] to my e-mail address.
당신은 제 메일 주소로 이력서와 지원서를 보내실 수 있습니다.

➕ VOCABULARY 토익 빈출 사람 명사 VS 사물·추상 명사

사람 명사	사물·추상 명사	사람 명사	사물·추상 명사
accountant 회계사	account 계정	distributor 배급업자	distribution 배급
applicant 지원자	application 지원	contributor 기부(공헌)자	contribution(s) 기부(금)
consultant 상담가	consultation 상담	manufacturer 제조업자	manufacture 제조

03 | 복합명사

You should submit a registration form for **a parking permit** by the end of the week.
당신은 주차 허가증을 받기 위해 주말까지 등록 양식을 제출해야 합니다.

➕ VOCABULARY 토익 빈출 복합명사

attendance record 출석률	customer satisfaction 고객 만족	registration fee 등록비
expiration date 만기일	marketing strategy 마케팅 전략	safety regulations 안전 지침
media coverage 언론 보도	performance appraisal 근무 평가	employee productivity 직원 생산성
identification card 신분증	sales figure 판매량	interest rate 이자율

SPARTA 📝 PRACTICE III

해설 p. 408

➕ 사람 명사 VS 사물 명사 / 복합명사 문제에 주의하라!

1 ------- to the EC Research Center must first register at the main security desk.

(A) To visit
(B) Visit
(C) Visiting
(D) Visitors

2 The executives have agreed to support the budget ------- of the finance team.

(A) decisions
(B) decide
(C) decides
(D) deciding

1 The fundraising event recorded such high ------- that the proceeds will be higher than expected.

(A) attendant
(B) attended
(C) attend
(D) attendance

2 Sky Motors offers a variety of training programs to help enhance ------- in the workplace.

(A) productivity
(B) produce
(C) productive
(D) productively

3 The newly appointed manager will serve as the company's ------- for consumer affairs in Lima.

(A) agreement
(B) interest
(C) account
(D) representative

4 If you believe you have received this message in -------, please notify Michael Keaton in the Technical Support Department immediately.

(A) loss
(B) error
(C) problem
(D) mistake

5 In ------- of your continued business with us, we would like to invite you to our annual banquet.

(A) comment
(B) response
(C) appreciation
(D) description

6 Renowned entrepreneur Brian Lynch announced his ------- to open a retail clothing store next year.

(A) explanation
(B) intention
(C) construction
(D) ideal

7 Those nominated as the employee of the month are kindly invited to Karma Enterprise's annual awards ------- at the Pine Restaurant next Friday.

(A) winner
(B) group
(C) title
(D) ceremony

8 You will be contacted by Ms. Wyble, one of our customer service agents, to arrange the time of the furniture -------.

(A) delivered
(B) deliver
(C) delivery
(D) deliverer

9 Mr. Eisenberg said that fuel -------, which have been stable for a while, will likely rise soon.

(A) priced
(B) pricing
(C) prices
(D) price

10 Sally Magennis, a renowned -------, received funding for community projects at today's event.

(A) environmentalist
(B) environmental
(C) environment
(D) environmentally

Questions 11-14 refer to the following e-mail.

To: All staff members

From: Adam Bartley, Manager

Date: Monday, November 13

Subject: Re: Lobby renovations

Due to some unexpected problems, the completion date for the renovation of Stamford's main lobby is now November 23 instead of November 16. This ------- means that you should
11
continue to enter the building through the north entrance.

In addition, offices ------- to the lobby will experience occasional noise disruptions until
12
next week. We ------- for the inconvenience, but the end result will be an attractive and
13
modern space that impresses customers. -------.
14

11 (A) course
(B) route
(C) delay
(D) rate

12 (A) continuous
(B) reachable
(C) direct
(D) adjacent

13 (A) apologize
(B) apologizes
(C) to apologize
(D) were apologizing

14 (A) I have experienced disruptions myself.
(B) I think you will all agree once the work is finished.
(C) The main problem is the issue with the floor.
(D) The north entrance is open 24 hours a day.

UNIT 02 대명사

대명사 문제는 매달 한두 문제가 출제된다.

01 인칭대명사는 주어 자리에는 주격, 명사 앞에서 소유 관계를 나타낼 때는 소유격, 동사나 전치사 뒤에 목적어가 와야 할 때는 목적격을 쓴다.

02 재귀대명사의 재귀용법은 생략할 수 없고 강조용법은 생략할 수 있다.

03 앞에 언급한 명사를 가리키는 that과 those를 구별해서 선택할 줄 알아야 한다.

04 의미/품사/수에 따라 적절한 부정대명사 선택 문제가 출제된다.

📝 Preview

01 | 대표적인 대명사 문제 보기 유형

대명사의 격	재귀대명사	that vs those	부정대명사
(A) they 주격	(A) you 주격	(A) this 이것	(A) some 몇몇
(B) their 소유격	(B) your 소유격	(B) that 저것	(B) most 대부분
(C) them 목적격	(C) yours 소유대명사	(C) these 이것들	(C) each 각각
(D) theirs 소유대명사	(D) yourself 재귀대명사	(D) those 저것들	(D) every 모두

02 | 인칭대명사

격	의미	주격 ~은/~는	소유격 ~의	목적격 ~을/~에게	소유대명사 ~의 것	재귀대명사 ~자신
1 인칭	나	I	my	me	mine	myself
	우리	we	our	us	ours	ourselves
2 인칭	너	you	your	you	yours	yourself
	너희	you	your	you	yours	yourselves
3 인칭	(남성) 그	he	his	him	his	himself
	(여성) 그녀	she	her	her	hers	herself
	(사물) 그것	it	its	it	없음	itself
	(사람 또는 사물) 그들/그것들	they	their	them	theirs	themselves

03 | 부정대명사

막연한 사람이나 사물을 가리킬 때 쓰는 대명사로 all(전부), some/any(일부), many(많은 사람들/것들), few(몇 명/소수) 등이 있다.

04 | 지시대명사

특정 사람이나 사물을 가리키는 대명사로 단수인 this/that, 복수인 these/those가 있다.

01 | 인칭대명사의 격

1) 주격

- 주어 자리에 사용하며, '~은/는/이/가'로 해석한다.

  We sent you a copy of the receipt by e-mail.
  저희는 귀하께 이메일로 영수증 사본을 보냈습니다.

2) 소유격

- 명사 앞에서 <소유격+명사>의 형태로 사용하며, '~의'로 해석한다.

  Our new products are currently available on the market.
  저희의 신제품들은 현재 시장에서 이용 가능합니다.

➕ VOCABULARY 소유격을 포함한 관용 표현

on one's own (= by oneself) 혼자서, 스스로	for one's convenience ~가 편리한 때에
do one's best 최선을 다하다	in one's best interest ~의 최고 이익을 위해
do one's utmost 전력을 다하다	at one's earliest convenience 되도록 일찍

3) 목적격

- 동사의 목적어 자리, 전치사의 목적어 자리에 사용하며, '~을[를] / ~에게'로 해석한다.

  Our manager will be waiting **for you** at the airport.
  저희 매니저가 당신을 공항에서 기다리고 있을 것입니다.

  She **sent me** detailed information about the project.
  그녀는 나에게 프로젝트에 대한 자세한 정보를 보냈다.

02 | 소유대명사

- <소유격+명사>를 대신해서 쓰는 것으로, '~의 것'으로 해석한다. 명사가 나올 수 있는 주어, 목적어, 보어 자리에 쓰인다.

  The financial system of the company is totally different from **ours**. (=our financial system)
  그 회사의 재무 체계는 우리의 것과 완전히 다르다.

SPARTA 📋 PRACTICE I　　　　　| 해설 p. 410

➕ 인칭대명사의 알맞은 격을 고르는 문제가 출제된다.
➕ 소유대명사는 <소유격+명사>를 대신하므로 주어, 목적어, 보어 자리에 출제된다.

1 Online banking customers can access
------- account information 24 hours
a day.

(A) theirs　　　　(B) their
(C) they　　　　 (D) them

2 Mr. Miller has submitted his sales report,
but Ms. Russo has not yet submitted
-------.

(A) she　　　　(B) herself
(C) hers　　　 (D) her

✏ POINT ❷

03 | 재귀대명사

1) 재귀용법

- 동사의 목적어 또는 전치사의 목적어가 주어와 같을 경우에 쓴다. 이 경우 생략 불가!

Ms. Hewson talked to her supervisor about **herself**. (herself = Ms. Hewson)
Hewson 씨는 상사에게 자신에 대해 이야기했다.

2) 강조용법

- 주어 바로 뒤, 또는 문장의 끝에 쓰여 주어를 강조한다. 이 경우 생략 가능!

The president himself opened the door for them. 사장이 그들을 위해 직접 문을 열어 주었다.

You must complete the project **yourself**. 당신은 그 프로젝트를 직접 끝내야 합니다.

➕ VOCABULARY   재귀대명사가 쓰인 숙어 표현

by oneself (= alone) 혼자서, 홀로; 직접	for oneself 혼자, 스스로의 힘으로, 자신을 위해
of oneself (= naturally) 저절로, 자연발생적으로	in itself 본래, 그 자체로
to oneself 혼자만, 마음 속으로	in spite of oneself (= unconsciously) 자기도 모르게, 무심코

04 | 부정대명사

- 특정한 사람이나 사물을 가리키지 않고, 막연히 어떤 사람/사물 또는 수량을 가리킬 때 쓴다.

수		양	수/양	
many 많은	(a) few 적은	much 많은	some 일부	any 누구든/무엇이든
several 몇몇	each 각각	(a) little 적은	most 대부분	all 모두
both 둘 다		less 더 적은	none 하나도 아님	enough 충분한

Some of the parking lots are currently under construction. 주차공간의 일부는 현재 공사 중이다.

Our executives interviewed **most** of the candidates in person.
저희 임원들은 지원자들 중 대부분을 직접 인터뷰했다.

SPARTA 📄 PRACTICE II   해설 p. 410

- ➕ 재귀대명사의 용법과 관용 표현을 묻는 문제가 출제된다.
- ➕ 부정대명사 용법 문제가 출제된다.

1 Elgort and James worked on the market share analysis for three days by -------.

(A) itself
(B) himself
(C) ourselves
(D) themselves

2 ------- of the companies have decided to make some changes in next year's budgets.

(A) Much
(B) Every
(C) Little
(D) Many

 **POINT ❸**

05 | 지시대명사

1) this[these] **VS.** that[those]

- 가까운 것은 this, 먼 것은 that으로 가리킨다. 가리키는 명사가 복수일 때는 these와 those를 쓴다.

[**This / That**] is the newest product on the market.
[이것/저것]은 시장에 나온 최신 제품이다.

[**These / Those**] are the newest products on the market.
[이것들/저것들]은 시장에 나온 최신 제품들이다.

TIP! 지시대명사와 지시형용사의 구별

	지시대명사		지시형용사
단수	this 이것	that 저것	this/that + 단수명사 이/저~
복수	these 이것들	those 저것들	these/those + 복수명사 이 ~들/저 ~들

2) that[those] of + 명사

- 지시대명사 that과 those는 앞서 언급된 명사를 대신한다.

Ms. Ryan's **performance** is much better than **that of** her co-workers. (that = performance)
Ryan 씨의 실적은 동료들의 것보다 훨씬 낫다.

This year's **earnings** have surpassed **those of** last year. (those = earnings)
올해의 수익은 작년의 것을 능가했다.

3) those who (~하는 사람들) **VS.** anyone who (~하는 사람은 누구나)

- those who 다음에는 복수동사, anyone who 다음에는 단수동사가 온다.

Those (who are) interested in the seminar should contact me directly.
세미나에 관심 있는 사람들은 저에게 바로 연락하세요.

Anyone (who is) interested in the seminar should contact me directly.
세미나에 관심 있는 사람은 누구나 저에게 바로 연락하세요.

SPARTA 📝 PRACTICE III
해설 p. 410

➕ 지시대명사 that과 those를 구별하는 문제가 출제된다.
➕ those who (~하는 사람들) **VS.** anyone who (~하는 사람은 누구나)

1 The quality of our products is much better than ------- of the products made by our competitors.

(A) those   (B) that
(C) them   (D) this

2 ------- who believe the growth of our company will continue plan to make more investments.

(A) Ours   (B) Them
(C) Those   (D) Anyone

1 Mr. Robinson will review the proposal thoroughly at least one week before ------- is due to the client.

(A) itself
(B) its
(C) its own
(D) it

2 Technicians cannot service the TVX T150 vacuum cleaner model as ------- parts are no longer available.

(A) our
(B) its
(C) his
(D) theirs

3 Those ------- to extend their trips need to contact the nearest agency immediately.

(A) wants
(B) wanted
(C) was wanted
(D) wanting

4 A recent study revealed that people who eat breakfast regularly tend to exercise more and stay healthier than ------- who skip breakfast.

(A) those
(B) such
(C) this
(D) someone

5 Seven years after opening the Mercy Clinic Dr. Forcher had established ------- as one of the leading physicians in Edmonton.

(A) hers
(B) herself
(C) her
(D) she

6 In response to unprecedented market pressure, many companies are restructuring -------.

(A) they
(B) their
(C) them
(D) themselves

7 Government regulations require that your boarding pass be accompanied by your passport when ------- purchase something from a duty-free shop.

(A) you
(B) your
(C) yours
(D) yourself

8 Valentine City employees who have not yet taken vacation days must use ------- by the end of the month.

(A) they
(B) them
(C) their
(D) themselves

9 The recipes in Chef William Sadler's cookbook were selected on the basis of ------- customers' favorite dishes.

(A) his
(B) he
(C) him
(D) himself

10 Human Resources has asked that copies of all insurance cards be handed in at ------- earliest convenience.

(A) you
(B) your
(C) yours
(D) yourself

Questions 11-14 refer to the following letter.

Dear Guest of the Best Riverside Inn,

It is with great pleasure that we welcome you to the Best Riverside Inn. Thirty years ago, our parents built the main building, carefully laying the bricks with their own hands. This is not just a ------- but our home as well, and we consider you to be part of the family.
11
We offer a wide range of activities for our guests to enjoy during their stay. -------.
12
Some of those options ------- cooking classes, river kayaking, and bicycling.
13
And if you pay an additional fee, you can enjoy a family dinner or have ------- meals at
14
our restaurant.

Please let us know if there is anything we can do to make your stay more enjoyable.

Sincerely,

The Best Riverside Inn

---

11 (A) school
(B) restaurant
(C) farm
(D) hotel

12 (A) The complete list of events is posted weekly on our Web site.
(B) We provide a quiet retreat in a peaceful and beautiful setting.
(C) To conserve electricity, please turn off the lights when you're not in your room.
(D) All rooms include a small refrigerator and bottled water.

13 (A) included
(B) include
(C) were included
(D) including

14 (A) their
(B) his
(C) my
(D) your

SPARTA 📝 전략

형용사와 부사 문제는 매달 다섯 문제 이상 출제된다.

01 형용사는 명사를 수식하고, 부사는 동사, 형용사, 부사, 문장 전체를 수식한다.

02 비슷한 뜻과 형태 때문에 혼동하기 쉬운 형용사와 부사를 구분해야 한다.

03 수사를 수식하는 부사를 알아 두자.

04 단/복수 가산명사 또는 불가산명사를 수식하는 수량 형용사를 익혀 두자.

📝 Preview

01 | 대표적인 형용사[부사] 문제 보기 유형

형용사[부사] 자리	혼동되는 형용사	수량 형용사	형용사 어휘	부사 어휘
(A) success	(A) consider	(A) several	(A) eligible	(A) conveniently
(B) successes	(B) considerate	(B) all	(B) plausible	(B) gracefully
(C) successful	(C) considerable	(C) any	(C) flexible	(C) evenly
(D) successfully	(D) considerably	(D) few	(D) compatible	(D) fluently

02 | 대표적인 형용사의 접미어

-able	consider**able** 상당한	-ive	defect**ive** 결함이 있는	-ant	signific**ant** 현저한
-ar	particul**ar** 특정한	-al	addition**al** 추가적인	-ful	success**ful** 성공적인
-ic	specif**ic** 구체적인	-ous	tremend**ous** 엄청난	-ary	prim**ary** 기본적인; 최초의

03 | 형용사의 종류

일반 형용사	durable, successful, excellent...	사람이나 사물의 성질, 모습, 상태를 나타냄
수량 형용사	(a) few, many, (a) little, much...	수나 양을 나타냄
부정 형용사	all, some, most, other...	정해지지 않은 수나 범위를 나타냄

04 | 일반적인 부사의 형태 : <형용사 + ly>

형용사		부사
significant 상당한 regular 규칙적인 mutual 서로의	+ -ly	significant**ly** 상당히 regular**ly** 정기적으로 mutual**ly** 상호간에

05 | 부사의 종류

시간부사	already 이미 still 여전히 once 한때 soon 곧 now 지금
빈도부사	always 항상 usually 주로 sometimes 때때로 regularly 정기적으로
정도부사	very 매우 quite 꽤 considerably 상당히 extremely 매우

✐ POINT ①

01 | 형용사의 역할

- **형용사는 명사 앞이나 뒤에서 명사를 수식한다.**

  The company provides **innovative technology**. ▶ 명사 앞에서 수식
  회사는 혁신적인 기술을 제공한다.

  We don't have any **rooms available** at the moment. ▶ 명사 뒤에서 수식
  저희는 현재 빈 방이 없습니다.

- **형용사는 주격 보어나 목적격 보어로 쓰인다.**

  He is **available** for consultation from 9 to 11 this morning. ▶ 주격 보어
  그는 오늘 오전 9시에서 11시까지 면담이 가능합니다.

  We considered **the new system innovative**. ▶ 목적격 보어
  우리는 새로운 시스템이 혁신적이라고 생각했다.

02 | 부사의 역할

- **부사는 동사·형용사·부사·문장 전체를 수식하며, 문장에 부사가 없어도 완전한 문장이 된다.**

  You should **review** the terms of the contract **thoroughly**. 당신은 계약 조건을 철저히 검토해야 한다.
  ▶ 동사 review를 수식하는 부사 thoroughly가 없어도 완전한 문장 성립

- **부사는 준동사[to부정사, 동명사, 분사]를 수식한다.**

  The terms of the contract should be **thoroughly** reviewed.
  계약 조건은 철저히 검토돼야 한다.

- **부사는 숫자와 양을 나타내는 말을 수식한다.**

  The drive from the airport to the conference center takes **approximately two hours**.
  그 공항에서 컨퍼런스 센터까지 차로 가는 데 대략 2시간이 걸린다.

✚ VOCABULARY 수사를 수식하는 부사

approximately / roughly / about / around 대략	over ~ 이상
nearly / almost 거의	at least / just / only 최소한, 겨우

SPARTA 📝 PRACTICE I   해설 p. 412

✚ 수식하는 품사에 따라 형용사와 부사 자리를 채우는 문제가 출제된다.

1 The merger has proven to be extremely ------- for both companies.
  (A) profits   (B) profitable
  (C) profitability   (D) profitably

2 Each new employee should read the terms ------- before signing the contract.
  (A) careful   (B) carefully
  (C) careless   (D) care

🖊 POINT ❷

03 | 수량 형용사와 부정 형용사

- **each / every / this / that / another + 단수 가산명사**

  - **each employee** 각각의 직원
  - **this facility** 이 시설
  - **every applicant** 모든 직원
  - **another division** 다른 부서

- **(a) few / several / many / a number of / these / those + 복수 가산명사**

  - **a few flaws** 몇 가지 결함들
  - **many investors** 많은 투자자들
  - **several new features** 몇 가지 새로운 특징들
  - **a number of complaints** 많은 불만 사항들

- **(a) little / much / an amount of / a great deal of + 불가산명사**

  - **little inconvenience** 약간의 불편
  - **an amount of help** 많은 도움
  - **much information** 많은 정보
  - **a great deal of time** 많은 시간

- **some / most / all / any / other / a lot of / lots of + [복수 가산명사 / 불가산명사]**

  - **some merchandise** 일부 상품
  - **other participants** 다른 참석자들
  - **all personal information** 모든 개인 정보
  - **a lot of assignments** 많은 과제

➕ VOCABULARY 가산명사 수식 수량 형용사 VS 불가산명사 수식 수량 형용사

- **가산명사를 꾸미는 수량 형용사**

  few 거의 없는   a few 약간 있는   fewer 보다 적은   each 각각   every 모든   many 많은   a lot of 많은

- **불가산명사를 꾸미는 수량 형용사**

  little 거의 없는   a little 약간 있는   less 보다 적은   much 많은   a lot of 많은

SPARTA 📝 PRACTICE II

해설 p. 412

➕ 명사의 수나 양을 보고 어울리는 수량 형용사를 고르는 문제가 출제된다.

1 ------- candidates who applied for the marketing position are highly qualified.

(A) Each   (B) Many
(C) Another   (D) Much

2 We are pleased that the advertisement for our new product has created so ------- interest.

(A) much   (B) many
(C) each   (D) few

✏️ **POINT ③**

04 | 주의해야 할 형용사와 부사

1) 혼동되는 형용사

- **considerable** effort 상당한 노력
- **competent** sales manager 유능한 판매 매니저
- **confident** manner 자신 있는 태도
- be **considerate** of others 다른 사람을 배려하다
- **competitive** prices 경쟁력 있는 가격
- **confidential** documents 기밀 문서

✚ VOCABULARY 혼동되는 형용사

economic 경제의	economical 경제적인	competent 유능한	competitive 경쟁력 있는
considerable 상당한	considerate 사려 깊은	respectable 존경할 만한	respective 각각의
successful 성공한	successive 연속적인	confident 자신 있는	confidential 기밀의
healthful 건강에 좋은	healthy 건강한, 건전한	moderate 알맞은	modest 겸손한

2) 형태는 비슷하지만 의미가 다른 부사

- arrive **shortly** 곧 도착하다
- release **lately** 최근에 출시하다
- be **nearly** impossible 거의 불가능하다
- **closely** inspect 면밀히 검사하다
- be **highly** profitable 매우 수익성이 있다
- **hardly** read the newspaper 신문을 거의 읽지 않다

✚ VOCABULARY 주의해야 할 부사

short 짧은/짧게	shortly 곧, 이내	high 높은/높게	highly 매우, 대단히
close 가까운/가까이에	closely 밀접하게, 면밀히	hard 어려운/열심히	hardly 거의 ~하지 않다
late 늦은/늦게	lately 최근에	near 가까운/가깝게	nearly 거의

3) -ly로 끝나는 형용사

- **friendly** critics 호의적인 비평가
- in a **timely** manner 시기적절하게
- **quarterly** meeting 분기별 회의
- **costly** items 값비싼 제품들
- in an **orderly** fashion 질서정연하게
- **yearly** earnings 연간 소득

✚ VOCABULARY -ly로 끝나는 형용사

daily 매일의	yearly 매년의	friendly 우호적인, 다정한	lonely 외로운
weekly 매주의	quarterly 분기별의	orderly 질서정연한	costly 값비싼
monthly 매달의	timely 시기적절한	lovely 사랑스러운	elderly 나이가 많은

SPARTA 📝 PRACTICE III

해설 p. 412

✚ 혼동되는 형용사와 부사를 구별하는 문제가 출제된다.

1 The presenter arrived at the annual meeting ------- due to traffic congestion.

(A) late
(B) lately
(C) laten
(D) lateness

2 The Fuji Corporation's yearly earnings were not ------- enough to attract more investors.

(A) impressive
(B) impressed
(C) impressing
(D) impressionist

UNIT 03 형용사와 부사 **169**

1 The ------- marketing strategies have been designed to increase the market share of the product.

(A) aggressiveness
(B) aggressive
(C) aggressively
(D) aggression

2 The Air-Limo 107 airplane is ------- of all the company's state-of-the-art aircrafts, which are known for their reliability.

(A) representative
(B) represented
(C) representation
(D) represent

3 Dale Morton has been a model railroader for ------- 30 years and an ardent rail fan for his whole life.

(A) besides
(B) between
(C) along
(D) about

4 Customers ------- return to Speedo Wireless because of its reasonable fees and outstanding customer service.

(A) highly
(B) frequently
(C) reciprocally
(D) moderately

5 All of the candidates for the sales position were highly qualified, but Ms. Swan's interview was ------- impressive.

(A) promptly
(B) occasionally
(C) immediately
(D) especially

6 The president congratulated the sales staff on the ------- work they had done in the first year.

(A) excel
(B) excellent
(C) excellence
(D) excellently

7 JP Technology offers ------- software that is capable of improving an organization's efficiency.

(A) innovatively
(B) innovative
(C) innovate
(D) innovates

8 I can assure you that we are ------- processing the final drafts and will begin construction in late March.

(A) ordinarily
(B) commonly
(C) lately
(D) currently

9 The goal of the Coppola Association is to make its products available in ------- region of the country.

(A) all
(B) every
(C) first
(D) many

10 The historic district is located in central Canterbury and is easily ------- by subway.

(A) transportable
(B) necessary
(C) active
(D) accessible

Questions 11-14 refer to the following article.

The number of residents in the Lakewood area has risen significantly over the past decade. Census data suggests that the population ------- 35 percent—nearly twice as much as in surrounding communities. Available local housing is insufficient to meet the demand.

As a -------, plans are in development for the construction of four new apartment complexes. -------.

Currently, Lakewood has only two: Milford Place and Summerwood. The new buildings will provide an ------- 750 units.

11 (A) will climb
(B) climbed
(C) is climbing
(D) climbs

12 (A) result
(B) compromise
(C) substitute
(D) replacement

13 (A) Lakewood residents hope each complex will have a pool and a fitness center.
(B) Available land has already been identified for the new complexes.
(C) A more accurate analysis of the survey is necessary.
(D) Apartment complexes should be built near major roadways.

14 (A) additional
(B) expendable
(C) approachable
(D) experimental

SPARTA 전략

전치사 문제는 매달 두서너 문제가 출제된다.

01 전치사 고유의 뜻과 용법을 묻는 문제가 출제된다.

02 전치사와 접속사를 구별할 줄 알아야 한다.

03 혼동되는 전치사를 구별하는 문제가 출제된다.

04 동사, 형용사, 명사와 어울리는 전치사의 관용 표현을 암기해야 한다.

Preview

01 | 대표적인 전치사 문제 보기 유형

전치사 어휘	전치사 VS. 접속사	혼동되는 전치사	분사형 전치사
(A) on	(A) in order that	(A) within	(A) regard
(B) to	(B) as soon as	(B) before	(B) regards
(C) as	(C) due to	(C) after	(C) regarded
(D) for	(D) even if	(D) until	(D) regarding

02 | 전치사의 종류

1) 단순 전치사

from ~로부터   to ~에, ~로, ~까지(방향)   by ~에 의해서   in ~안에   of ~의   for ~을 위해   on ~위에

2) 복합 전치사

into → in + to ~안으로   onto → on + to ~위에

without → with + out ~없이   before → by + fore ~전에

3) 합성 전치사 (구 전치사)

due to ~ 때문에   in spite of ~에도 불구하고

in addition to ~에 더하여, ~외에   in the event of ~인 경우에

4) 분사 전치사

concern 관계하다 / 관계가 있다 + ing → concerning ~에 관하여

consider 고려하다 / 숙고하다 + ing → considering ~을 고려하면

exclude 배제하다 / 제외하다 + ing → excluding ~을 제외하고

 **POINT ①**

01 | 전치사의 역할

- **전치사는 명사(구), 대명사, 동명사 등의 앞에 쓰여 연결 고리 역할을 한다.**

The city is known **for its many attractions**. ▶ <전치사+명사구>
이 도시는 많은 관광 명소로 유명하다.

Mr. Kim offered to make restaurant reservations **for us**. ▶ <전치사+대명사>
Kim 씨는 우리를 위해 식당을 예약하는 것을 제안했다.

He showed his appreciation of her help **by sending** her flowers. ▶ <전치사+동명사>
그는 꽃을 보내 그녀의 도움에 감사를 표시했다.

- **전치사+명사(전치사구)는 형용사나 부사 역할을 한다.**

1) 형용사 역할

The company has received many **customer complaints about its Internet service**.
그 회사는 인터넷 서비스에 대해 많은 고객의 불만사항을 접수했다. ▶ 명사 수식

The construction of the new office building is currently **on schedule**. ▶ 주어 보충
신규 사무실 빌딩 공사가 현재 예정대로 진행되고 있다.

2) 부사 역할

Some products displayed on the Web site are **available at reasonable prices**. ▶ 형용사 수식
웹사이트에 게재된 일부 상품은 합리적인 가격으로 이용 가능하다.

The population **has increased** substantially **in recent years**. ▶ 동사 수식
인구는 최근 몇 년간 상당히 증가했다.

In the end, our team failed to meet the project deadline. ▶ 문장 전체 수식
결국 우리 팀은 프로젝트 마감일을 맞추는 데 실패했다.

SPARTA 📋 PRACTICE I

해설 p. 414

✚ 전치사의 용법을 묻는 문제가 출제된다.

1 Applications received ------- the deadline will not be considered.

(A) after   (B) when
(C) and   (D) so

2 Passengers should wait for their luggage at the baggage claim ------- the information desk.

(A) near   (B) between
(C) into   (D) upon

✏️ POINT ❷

02 | 전치사의 종류

- 전치사는 시간, 장소, 위치, 방향, 이유, 양보 등의 의미를 표현한다.

시간 Please be at the bus station tomorrow morning **at ten o'clock**.
내일 아침 10시에 버스 정류장으로 나오세요.

TIP! at + 시각, 시점   in + 연도, 계절, 월   on : 요일, 날짜

at	at 9 P.M. 오후 9시에	at noon 정오에	at the end(beginning) of this month 이달 말(초)에	
in	in 2019 2019년에	in spring 봄에	in May 5월에	in the morning/afternoon/evening 오전/오후/저녁에
on	on Sunday 일요일에	on May 3 5월 3일에	on weekdays 주중에	on weekends 주말에

장소 Bill Hader's latest novel is now available **in bookstores**.
Bill Hader의 최신 소설은 현재 서점에서 구입할 수 있다.

위치 Our headquarters is located **on the second floor**.
우리 본사는 2층에 위치하고 있다.

TIP! at + 특정 지점   in + 넓은 장소나 공간의 내부   on + 표면에 접촉해 있는 경우

특정 지점	넓은 장소	공간의 내부	표면 위
at the hotel 호텔에서	in Chicago 시카고에서	in the envelope 봉투 안에	on the shelf 선반 위에

방향 He showed me the way **to the national museum**.
그는 나에게 국립박물관으로 가는 길을 가르쳐 주었다.

이유 The annual meeting was canceled **because of bad weather**.
연례 회의는 악천후 때문에 취소되었다.

양보 **Despite the inexperienced candidate**, her enthusiasm impressed us.
경험이 없는 지원자이지만, 그녀의 열정만큼은 우리에게 깊은 인상을 주었다.

SPARTA 📑 PRACTICE II
해설 p. 414

✚ 시간 전치사와 장소 전치사를 자주 묻는다.

1 In the past, ANNA's Hair Studio of Atlanta opened ------- 10:00 A.M. six days a week.
(A) in
(B) up
(C) at
(D) on

2 Jensen Ltd. plans to open new branch offices ------- the southern part of the country.
(A) in
(B) up
(C) against
(D) during

✏ POINT ❸

03 | 전치사의 위치

- **명사 + 전치사 + 명사**

  The recruitment **of new programmers** began three weeks ago.
  새로운 프로그래머 모집은 3주 전에 시작했다.

- **형용사 + 전치사 + 명사**

  Martin McCann is **suitable for the new project**.
  Martin McCann 씨는 새로운 프로젝트에 적격이다.

- **동사 + 전치사 + 명사**

  Mr. Jacobs **applied for a job** at a publishing company.
  Jacobs 씨는 출판사에 지원했다.

- **전치사 뒤에는 명사(구)가 와야 하며, 문장이나 절은 올 수 없다.**

  Work was temporarily suspended [**due to** / ~~because~~] **the cold weather**.
  추운 날씨 때문에 공사가 일시적으로 지연되었다.

- **접속사 다음에는 문장이나 절이 오고, 전치사 다음에는 명사(구)가 온다.**

  [**Despite** / ~~Although~~] **considerable efforts**, we were still unable to finish the project in time.
  엄청난 노력에도 불구하고, 우리는 여전히 그 프로젝트를 제시간에 끝마칠 수 없었다.

➕ VOCABULARY 같은 의미의 접속사와 전치사

의미	접속사	전치사(구)
~ 때문에	because, since, as, now that	because of, due to, owing to, on account of
~에도 불구하고	although, even though, even if, though	in spite of, despite
~하는 동안에	while	during, for
~한 경우에	in case (that), in the event (that)	in case of, in the event of
~을 제외하고	except that	except (for), excluding, barring
~하지 않는다면	unless	without

SPARTA 📋 PRACTICE III

해설 p. 414

➕ 같은 의미의 접속사와 전치사의 구별 문제가 출제된다.

1 The Rex Auto Company's annual meeting ------- shareholders will be held on Thursday, April 11.

    (A) into   (B) for

    (C) from   (D) to

2 The event scheduled for June 5 was canceled ------- the heavy rain.

    (A) while   (B) although

    (C) since   (D) because of

✏ POINT ④

04 | 그밖에 주의해야 할 전치사 1

1) 분사형 전치사

regarding / concerning	~에 관하여	including	~을 포함하여
barring	~이 없으면	excluding	~을 제외하고
considering	~을 고려하면	following	~이후에
pending	~하는 동안에	given	~을 감안하면

2) 자동사 + 전치사

enroll in	~에 등록하다	comply with	~을 따르다/지키다/준수하다
participate in	~에 참여[참가]하다	deal with	~을 다루다/처리하다/취급하다
account for	~를 설명하다/차지하다	concentrate on	~에 집중하다
apply for	~에 지원하다, ~을 신청하다	focus on	~에 초점을 맞추다
contribute to	~에 기여하다	consist of	~로 구성되다
subscribe to	~을 정기 구독하다	dispose of	~을 처리하다
differ from	~과 다르다	take over	~을 인수하다/인계받다
benefit from	~로부터 이익[혜택]을 보다	go through	~을 겪다/검토하다

3) 타동사 + 목적어 + 전치사

add A to B	A를 B에 더하다	attribute A to B	A를 B의 탓(덕)으로 돌리다
attach A to B	A를 B에 첨부하다	submit A to B	A를 B에 제출하다
inform A of B	A에게 B를 알리다	check A for B	B에 대해 A를 점검하다
notify A of B	A에게 B를 알리다	congratulate A on B	B에 대해 A를 축하하다
remind A of B	A에게 B를 상기시키다	provide A with B	A(사람)에게 B를 제공하다
replace A with B	A를 B로 교체하다	designate A as B	A를 B로 지정(임명)하다
appoint A as B	A를 B로 지명하다	familiarize A with B	A를 B에 익숙하게 하다

SPARTA 📑 PRACTICE IV
해설 p. 414

✚ 특정 어휘와 관용적으로 어울리는 전치사가 자주 출제된다.

1 Please comply ------- the rules outlined in this document to avoid losing membership benefits.

   (A) to   (B) with
   (C) in   (D) along

2 Information ------- our investment policies can be provided to the customer upon request.

   (A) concern   (B) concerned
   (C) concerning   (D) concerns

05 | 그밖에 주의해야 할 전치사 2

1) 명사 + 전치사

contribution to	~에 대한 공헌	source of	~의 출처
request for	~에 대한 요청	expansion into	~로의 확장
demand for	~에 대한 수요/요구	dispute over	~에 대한 분쟁(논쟁)
apology for	~에 대한 사과	interest in	~에 대한 관심
increase[rise] in	~의 증가	problem with	~에 대한 문제
decrease[drop] in	~의 하락	question about	~에 관한 질문

2) 전치사 + 명사(구)

in detail	상세히	at all times	항상
in advance	미리, 사전에	at a low price	싼 가격으로
in a timely manner	시기적절하게	at no extra charge	추가 비용 없이
ahead of schedule	예정보다 빨리	under the regulations	규정 하에
upon request	요청 시	under the new policy	새로운 정책 하에

3) (be동사) + 형용사 + 전치사

(be) similar to	~와 비슷하다	(be) responsible for	~을 책임지다
(be) responsive to	~에 대응하다	(be) aware of	~을 잘 알다
(be) consistent with	~와 일치하다	(be) capable of	~할 수 있다
(be) familiar with	~에 익숙하다	(be) eligible for	~의 자격이 있다
(be) reliant on	~에 의존하다	(be) certain about	~을 확신하다

✚ VOCABULARY 기간 VS. 시점

시점 전치사	활용 표현	기간 전치사	활용 표현
since ~이래로 until/by ~까지 after ~이후에 before/prior to ~전에 from ~부터	last week / April 1 P.M. / next month	within ~이내에 for/during ~동안 throughout ~하는 내내	seven days the last three years a decade

SPARTA 📝 PRACTICE V

해설 p. 414

✚ 특정 어휘와 관용적으로 어울리는 전치사가 자주 출제된다.

1 If you have questions ------- any of our products, please contact our Customer Service Department.

(A) after   (B) across
(C) about   (D) against

2 Thanks to our team's hard work, the project was completed ------- schedule.

(A) ahead of   (B) depending on
(C) in exchange for   (D) aside from

1 The Khaosan Bakery & Restaurant will be closed on Sunday, December 23, ------- a private event.

(A) of
(B) for
(C) along
(D) since

2 Deli Catering's menu items may differ slightly from those posted online depending ------- the availability of ingredients.

(A) there
(B) upon
(C) entirely
(D) with

3 The new state law forbids the use or selling of clients' personal information ------- a written agreement.

(A) except
(B) without
(C) within
(D) between

4 Before he came to Shanghai, Mr. Cohen had served ------- a researcher at the Birmingham Art Museum.

(A) down
(B) into
(C) as
(D) in

5 The Paradise Hotel is conveniently located in the East River district, ------- walking distance of all the main tourist attractions.

(A) within
(B) finally
(C) moreover
(D) until

6 ------- complex regulations, the opening of Quinn's Computers' local factory will be postponed until next year.

(A) In order to
(B) Because of
(C) However
(D) Now that

7 The personnel manager sent a reminder to all employees ------- the upcoming training seminar.

(A) concerning
(B) usually
(C) resulting
(D) following

8 The project team regrettably informed the board of directors that the presentation would not be ready ------- December 7.

(A) before
(B) between
(C) above
(D) within

9 In the event ------- bad weather, the outdoor event arranged for tomorrow evening will be postponed until the following Saturday.

(A) of
(B) against
(C) with
(D) by

10 ------- the overwhelming amount of work involved, the study should take a year to complete.

(A) Consider
(B) Considered
(C) Considerable
(D) Considering

Questions 11-14 refer to the following article.

April 21 — This afternoon, software developer Ed Harry ------- a new company.
11
The new firm, E-Harry Design, will specialize in enhancing the look and functionality of online stores.

Mr. Harry's team of technicians is skilled at gathering data ------- clients' sites and
12
reorganizing the sites based on users' preferences. -------.
13

Mr. Harry expects his firm's services to be in demand, saying, "We will upgrade a client's Web interface for ------- user experience on all screen sizes, from mobile phones to
14
tablets to desktops."

11 (A) hired
(B) launched
(C) toured
(D) contacted

12 (A) up
(B) to
(C) from
(D) above

13 (A) It helped most online stores to reach a wider customers.
(B) Market studies show an increase in online stores that sell home goods.
(C) This can be done with the help of new software that examines visitors' behavior.
(D) Customers often prefer shopping online rather than visiting stores.

14 (A) improvement
(B) improve
(C) improves
(D) improved

SPARTA 전략

동사는 뒤에 목적어의 유무에 따라 자동사와 타동사로, 보어의 유무에 따라 완전 동사와 불완전 동사로 나뉜다. 동사의 종류나 형태 문제는 매달 나오며 수 일치, 태와 시제 등이 결합된 문제도 자주 출제된다.

01 동사원형이 들어가는 경우를 모두 알고 있어야 한다.
02 be동사 또는 have동사와 결합되는 현재분사, 과거분사의 형태를 이해해야 한다.
03 자동사와 타동사를 구별하는 문제가 출제된다.
04 3·4·5형식 문장의 구조 문제가 출제된다.

 **Preview**

01 | 자동사와 타동사

구분	종류	문장 구조
자동사	완전 자동사	1형식 : 주어 + 동사
	불완전 자동사	2형식 : 주어 + 동사 + 주격 보어
타동사	완전 타동사	3형식 : 주어 + 동사 + 목적어
	수여동사	4형식 : 주어 + 동사 + 간접 목적어 + 직접 목적어
	불완전 타동사	5형식 : 주어 + 동사 + 목적어 + 목적격 보어

02 | 3인칭 단수 현재형과 현재분사형

동사원형	3인칭 단수 현재형	현재분사형
have	has	having
carry	carries	carrying
provide	provides	providing
put	puts	putting

03 | 주요 불규칙 동사 변화

동사원형	과거형	과거분사형	동사원형	과거형	과거분사형
be	was/were	been	keep	kept	kept
have	had	had	forget	forgot	forgotten
rise	rose	risen	cut	cut	cut
write	wrote	written	give	gave	given

✏️ POINT ①

01 | 형태에 따른 동사의 쓰임

1) 동사원형

- **조동사 뒤에는 반드시 동사원형을 써야 한다.**

  Only authorized personnel **can enter** this room.
  허가된 사람만 이 방에 들어갈 수 있다.

- **명령문에는 동사원형을 쓴다.**

  Please **turn out** all the lights before leaving the office.
  사무실을 떠나기 전에 모든 전등을 끄세요.

2) 과거형

Mr. Robinson **became** the CEO of the company.
Robinson 씨는 회사의 최고경영자가 되었다.

Our company **decided** to sign an agreement with AT Technology.
우리 회사는 AT Technology 사와 계약을 체결하기로 결정했다.

3) 과거분사형

The results will **be released** later this month.
결과는 이달 말에 공개될 예정이다.

Ms. Domingo **has received** an invitation to dinner.
Domingo 씨는 저녁 식사 초대장을 받았다.

4) 현재분사형

Eagle Technology **is planning** to merge with Warner Shipping.
Eagle Technology 사는 Warner Shipping 사와 합병할 계획이다.

5) 3인칭 단수 현재형

The manager **predicts** that profits will increase next year.
관리자는 내년에 이익이 증가할 것으로 예상한다.

SPARTA 📋 PRACTICE I
해설 p. 416

➕ 조동사와 have 동사, be 동사 다음에 들어갈 동사 형태를 묻는 문제가 출제된다.

1 The shipments ordered last week did not ------- yet because of severe weather conditions.

(A) arrives   (B) arriving
(C) arrive   (D) arrived

2 Damaged merchandise must be ------- within 7 days of receipt of the shipment you ordered.

(A) report   (B) reported
(C) reports   (D) reporting

✏️ POINT ❷

02 | 자동사와 타동사

We will **deal** **with** the customer complaints immediately. 우리는 즉시 고객 불만사항을 처리할 것이다.
　　　자동사 전치사

We **contacted** **the service center** to complain about the product.
　　타동사　　　　목적어 (명사)

우리는 제품에 대한 불만을 제기하려고 서비스 센터에 연락했다.

➕ VOCABULARY 특정 전치사와 어울리는 자동사 <자동사 + 전치사 = 타동사 역할>

자동사 + 전치사		자동사 + 전치사	
engage in	~에 종사하다	ask for	~을 요청/요구하다
look into	~을 조사하다	account for	~를 설명하다/차지하다
respond[reply] to	~에 응답하다, 대응하다	comply with	~을 따르다/지키다/준수하다
lead to	~을 초래하다	deal with	~을 다루다, 처리하다
talk about	~에 대해 얘기하다	concentrate on	~에 집중하다

03 | 대표적인 자동사

go 가다	come 오다	exist 존재하다	appear 나타나다
happen 발생하다	expire 만기가 되다	sit 앉다	disappear 사라지다
remain 남다, 머무르다	talk 말하다	arrive 도착하다	wait 기다리다
work 효과가 있다	rise 오르다	seem ~인 것 같다	become ~이 되다
function 작동하다	last 지속되다	emerge 출현하다	respond 응답하다

This month's *Business Journal* **arrived** by mail. 이번 달 <비즈니스 저널>이 우편으로 도착했다.
　　　　　　　　　　　　　　자동사 (목적어 x)

➕ VOCABULARY 자동사로 착각하기 쉬운 타동사

access	~에 접속하다	face	~에 직면하다	damage	~에 피해를 끼치다
discuss	~를 논의하다	attend	~에 참석하다	join	~에 참여하다
visit	~를 방문하다	answer	~에 대답하다	resemble	~를 닮다
reach	~에 도착하다	mention	~을 언급하다	inhabit	~에 살다

The board of directors will **discuss** the matter tomorrow. 이사회는 내일 그 문제에 대해 토론할 것이다.
　　　　　　　　　　　　　타동사 → discuss about the matter (x)

SPARTA 📝 PRACTICE II

➕ 자동사와 타동사를 구별하는 문제가 출제된다.

1 Due to traffic congestion, they couldn't ------- at the seminar on time.

(A) answer　　　　(B) discuss
(C) access　　　　(D) arrive

2 Mr. Poter is invited to ------- a reception welcoming representatives from our Brazilian offices.

(A) attend　　　　(B) participate
(C) face　　　　　(D) emerge

04 | 목적어를 두 개 취하는 타동사 (4형식 동사)

- **대표적인 4형식 동사 (수여동사)**

  give 주다   send 보내다   lend 빌려주다   offer 제공하다   show 보여주다   teach 가르치다   bring 가져오다

  We **offer customers quality products** at affordable prices.
  　　　　 간접 목적어 (~에게)　 직접 목적어 (~을)
  우리는 고객들에게 저렴한 가격으로 양질의 제품들을 제공한다.

  > **TIP!** 수여동사는 전치사 to를 사용해 간접목적어와 직접목적어의 위치를 바꿀 수 있다.
  > 이때 문장은 3형식이 된다.

  > **ex** We **offer quality products to customers** at affordable prices.
  > 　　　　 직접 목적어　　　 간접 목적어

05 | 4형식 동사로 착각하기 쉬운 3형식 동사

announce (to + 사람) + that	(~에게) 발표하다	explain (to + 사람) + that	(~에게) 설명하다
recommend (to + 사람) + that	(~에게) 추천하다	suggest (to + 사람) + that	(~에게) 제안하다
mention (to + 사람) + that	(~에게) 알리다	say (to + 사람) + that	(~에게) 말하다

The CEO **announced** (to reporters) **that he will retire next year**.
CEO는 (기자들에게) 내년에 은퇴할 것이라고 발표했다.

06 | 목적격 보어를 취하는 5형식 동사

We do not **allow** you **to reproduce** the materials. 저희는 여러분에게 자료 복사를 허용하지 않습니다.
　　　　 타동사　 목적어　 목적격 보어 (to부정사)

➕ VOCABULARY 5형식 동사의 종류

① 목적격 보어에 명사를 취하는 동사: call, elect, name, consider 등
② 목적격 보어에 형용사를 취하는 동사: make, keep, find, leave 등
③ 목적격 보어에 to부정사를 취하는 동사: allow, permit, require, expect, ask, advise 등
④ 목적격 보어에 원형부정사(동사원형)를 취하는 동사: make, have, let 등

SPARTA 📝 PRACTICE III　　　　　해설 p. 416

➕ 3~5형식 동사를 구별하는 문제가 출제된다.

1 To request additional information about our program, please ------- Ms. Harris an e-mail.

(A) announce　　(B) call
(C) send　　　　(D) see

2 The manager asked the employees ------- out the evaluation form completely.

(A) fills　　　　(B) filling
(C) to fill　　　(D) filled

1 Consumers experiencing difficulty with this home appliance are advised to ------- with our Customer Service Department by using our toll-free number.

(A) call
(B) contract
(C) speak
(D) touch

2 The electromagnetic compatibility directive applies to all products that could cause or be ------- by electromagnetic emissions.

(A) affect
(B) affected
(C) affection
(D) affectable

3 We will ------- new strategies for researching international competition during the special training session.

(A) expend
(B) express
(C) expire
(D) explore

4 The personnel handbook is intended to ------- employees information concerning the benefits, services, and policies of the company.

(A) give
(B) support
(C) produce
(D) promote

5 Please ------- Mr. Takahashi that my visit to the Tokyo office has been rescheduled for February 10.

(A) inform
(B) informed
(C) informing
(D) informative

6 Art Studio ------- to reporters that it will reduce its staff by as much as 20 percent.

(A) informed
(B) told
(C) assured
(D) announced

7 Managers should ------- the new hires that protective headgear should be worn in the factory at all times.

(A) remind
(B) announce
(C) explain
(D) suggest

8 The security guard will not ------- anyone from outside to enter the building after 9 P.M.

(A) achieve
(B) join
(C) remind
(D) allow

9 Please ------- to all safety regulations when using facilities such as the swimming pool and fitness center.

(A) adhere
(B) observe
(C) comply
(D) obey

10 Too many kinds of products available in stores or online sometimes make it ------- to make quick purchase decisions.

(A) difficultly
(B) difficulties
(C) difficulty
(D) difficult

Questions 11-14 refer to the following information.

Storage Facility Safety Guidelines: Fire Extinguishers

Fire extinguishers should be located every 20 meters throughout the building and kept ------- from obstructions.
11

All extinguishers must be checked by a licensed maintenance contractor once a year. -------.
12

In addition to the professional checks, all extinguishers should be examined by facility personnel at least once a month. ------- for obvious physical damage, corrosion, or
13
leakage.

Confirm that the instructions on the canisters are ------- visible.
14

---

11 (A) free
(B) weak
(C) evident
(D) different

12 (A) Each tag shows the last date it was inspected.
(B) We intend to increase the frequency of inspections.
(C) We are looking to extend the contract by another year.
(D) A training session will be conducted tomorrow.

13 (A) Accept
(B) Stand
(C) Look
(D) Pay

14 (A) clears
(B) clearly
(C) cleared
(D) clearing

SPARTA 📝 전략

수 일치 문제는 매달 한 문제 이상 출제된다.

01 주어와 동사의 수 일치를 묻는 문제가 출제된다.
02 주어와 동사의 수 일치 문제는 태와 시제를 함께 묻는 경우가 많다.
03 다양한 수량 표현의 수 일치를 알고 있어야 한다.
04 수식어구를 제외한 수 일치 확인 문제가 출제된다.

📝 Preview

01 | 대표적인 수 일치 문제 보기 유형

주어와 동사의 수 일치 1	주어와 동사의 수 일치 2	주어와 동사의 수 일치 3
(A) is 단수	(A) help 복수	(A) was received 단수
(B) are 복수	(B) helps 단수	(B) receive 복수
(C) have been 복수	(C) helping	(C) were received 복수
(D) are being 복수	(D) to help	(D) is received 단수

02 | be동사의 수 일치

	현재시제		과거시제	
	단수	복수	단수	복수
1인칭	am		was	
2인칭	are	are	were	were
3인칭	is		was	

03 | have 동사의 수 일치

	현재 시제		과거 시제	
	단수	복수	단수	복수
1인칭	have			
2인칭	have	have	had	
3인칭	has			

04 | 일반 동사의 수 일치

	현재시제		과거시제	
	단수	복수	단수	복수
1인칭	동사원형			
2인칭	동사원형	동사원형	과거형	
3인칭	동사원형 + -(e)s			

01 | 주어와 동사의 수 일치

1) 단수 주어 + 단수 동사

The awards ceremony is going to begin at 6 in the evening.
시상식은 저녁 6시에 시작할 것이다.

The Raffles Hotel offers guests a variety of outdoor activities.
Raffles 호텔은 고객들에게 다양한 야외 활동을 제공한다.

2) 복수 주어 + 복수 동사

You have to get written permission to use this equipment.
이 장비를 사용하기 위해서는 서면 허가를 받아야 한다.

Our profits depend on our company's productivity.
우리의 수익은 회사의 생산성에 달려 있다.

02 | 주어와 동사 사이에 수식어가 들어간 경우의 수 일치

An increase (in competition) **causes** a significant drop in sales.
　주어 (단수)　　　　전치사구　　　　동사 (단수)
경쟁의 증가는 상당한 매출 하락을 야기한다.

People (working in this lab) **are** highly qualified engineers.
주어 (복수)　　　　분사구　　　　동사 (복수)
이 실험실에서 일하는 사람들은 뛰어난 자격을 갖춘 기술자들이다.

The products (which were delivered yesterday) **were damaged**.
　주어 (복수)　　　　　　형용사절　　　　　　동사 (복수)
어제 배달된 상품들이 손상되었다.

SPARTA 📝 PRACTICE I

| 해설 p. 418

➕ 주어와 동사 사이의 수식어를 제거한 뒤 수 일치를 묻는 문제가 출제된다.

1 Most customers usually ------- prices before making a purchase.

(A) comparing　　　(B) compare
(C) is comparing　　(D) compares

2 Visitors to the national park ------- significantly increased over the past three years.

(A) has　　　(B) to have
(C) having　　(D) have

POINT ❷

03 | 부정사, 동명사, 명사절이 주어일 때의 수 일치

- 부정사, 동명사, 명사절이 주어일 경우, 항상 단수 동사가 나온다.

To live so close to the station is convenient. ▶ 부정사가 주어
역 근처에 사는 것은 편리하다.

Checking the itinerary thoroughly **is** important. ▶ 동명사가 주어
여행 일정을 꼼꼼하게 확인하는 것은 중요하다.

What we have to do first is to find the ideal person for the position. ▶ 명사절이 주어
우리가 먼저 해야 할 일은 그 직책에 적합한 사람을 찾는 것이다.

04 | 상관어구의 수 일치

either A or **B**	동사는 B와 수 일치	both A and B	동사는 반드시 복수동사
neither A nor **B**	동사는 B와 수 일치	not A but **B**	동사는 B와 수 일치
not only A but also **B**	동사는 B와 수 일치	**B** as well as A	동사는 B와 수 일치

Both the president and his secretary have already arrived.
사장과 그의 비서 둘 다 이미 도착했다.

Either you or Ms. Lane is expected to be assigned to the project.
당신이나 Lane 씨가 그 프로젝트에 배정될 것이다.

05 | 관계대명사절에서의 수 일치

- 주격 관계대명사(who, which, that) 다음에 나오는 동사는 관계대명사 앞 선행사에 수 일치

<선행사 (단수 명사) + 주격 관계대명사 + 단수 동사>

<선행사 (복수 명사) + 주격 관계대명사 + 복수 동사>

Employees [who / that] are interested in the seminar ~

Any employee [who / that] is interested in the seminar ~

All products [which / that] are essential for ~

Any product [which / that] is damaged during transport ~

SPARTA 📋 PRACTICE II

해설 p. 418

✚ 부정사, 동명사, 명사절이 주어일 때의 수 일치를 묻는 문제가 출제된다.
✚ 선행사와 수 일치하는 문제가 출제된다.

1 Shipping items on time ------- essential to remain competitive in the delivery industry.

(A) are
(B) be
(C) is
(D) were

2 Customers who ------- their orders from Well Mart's Web site will receive a 20% discount.

(A) purchases
(B) is purchased
(C) purchasing
(D) purchase

📝 POINT ❸

06 | 수량을 이용한 수 일치

1) 복수 취급하는 경우

several of / many of / few of / a variety of / a range of / a number of / a total of	+ 복수 명사 + 복수 동사

A variety of new products are on display. 여러 가지 신제품들이 전시되어 있다.

A number of salespeople were dismissed and replaced. 수많은 영업사원들이 해고되고 교체됐다.

2) 단수 취급하는 경우

each / every + 단수 명사 each of the + 복수 명사 ▶ each 자리에 every는 쓸 수 없음 the number of + 복수 명사 one of the + 복수 명사 anybody / anyone / anything / everybody / everyone / everything / nobody / no one / nothing / somebody / someone / something	+ 단수 동사

One of my co-workers was fired. 내 직장 동료 중 한 사람이 해고됐다.

Nobody wants to work with someone who is difficult to get along with.
어울리기 힘든 사람과 함께 일하고자 하는 사람은 아무도 없다.

07 | 부분이나 전체를 이용한 수 일치

[all / some / most / half] of the ~	+ 불가산명사 + 단수 동사
	+ 복수 가산명사 + 복수 동사

All of the necessary information is available on our Web site.
모든 필요한 정보가 우리 웹사이트에서 이용 가능하다.

Some of the employees were asked to attend the conference next week.
직원들 중 몇 명은 다음 주 회의에 참석하도록 요청 받았다.

> **TIP!** some / most / all은 형용사로도 쓰여서 뒤에 가산명사나 불가산명사가 올 수 있다.
>
> ex **Some information** is ~ / **All employees** are ~

SPARTA 📋 PRACTICE III
해설 p. 418

➕ 수량 표현이나 부분/전체 표현과 수 일치하는 문제가 출제된다.

1 The number of customers largely ------- on how successfully you advertise your product.

(A) depend   (B) to depend
(C) depending   (D) depends

2 All of the staff members ------- sales to go up substantially this quarter.

(A) expectation   (B) expect
(C) expecting   (D) expects

1 Most of the hotels in the heart of the city close to the famous Budapest Opera House ------- offering discounts to attract customers.

(A) is
(B) being
(C) are
(D) been

2 The Warden Pharmaceutical Group ------- plans yesterday to enlarge the overseas sales divisions.

(A) announce
(B) announced
(C) was announced
(D) announcing

3 Scientists ------- for the necessary information on this project, which is very important for the company.

(A) have been searched
(B) been searching
(C) have been searching
(D) is searching

4 That it took only three months to finish the construction of this building ------- the remarkable progress of the new transportation system.

(A) shows
(B) showing
(C) are showing
(D) has been shown

5 Since Coswden Electronics ------- its new product, its total sales figures have increased steadily.

(A) release
(B) released
(C) were released
(D) have released

6 The number of investors who ------- in making investments in commercial real estate is not growing at all because of the economic depression.

(A) are interesting
(B) to interest
(C) are interested
(D) interests

7 Unauthorized attempts to upload or change information ------- stringently prohibited.

(A) is
(B) was
(C) been
(D) are

8 Some of the top market analysts ------- that the stock market will reach 10,000 by the end of the year.

(A) predict
(B) is predicted
(C) has been predicted
(D) had been predicted

9 Hiddleston Moto Manufacturing ------- its workforce by ten percent for the next two years.

(A) will increase
(B) increasing
(C) increase
(D) is increased

10 All flights leaving Puerto International Airport ------- until further notice.

(A) will be postponed
(B) is postponing
(C) has postponed
(D) postponing

PART 5&6

Questions 11-14 refer to the following article.

Eos Zinfandel Port Growth
November 27

According to a report by the Global Port Association, cargo traffic through the port of Eos Zinfandel increased again this year. -------, it is the second consecutive year of
11
double-digit growth. A variety of products moved through the port, with perishable foods and ------- such as steel, lumber, and metal being the most common. -------.
12   **13**
As a result, the number of job opportunities at the port has also increased. Authorities ------- the growth in cargo traffic as a clear indicator of a growing economy in the region.
14

11 (A) In contrast
(B) In fact
(C) Nevertheless
(D) Even so

12 (A) buildings
(B) prices
(C) materials
(D) benefits

13 (A) There is a growing need for workers to deal with the increased workload.
(B) The port has submitted data for five years.
(C) The products will be available next year.
(D) One survey indicates a significant drop in the amount of cargo.

14 (A) view
(B) views
(C) viewing
(D) are viewed

UNIT 07 태

SPARTA ✍ 전략

태에 관한 문제는 매달 두세 문제가 출제된다.

01 자동사는 수동태가 될 수 없다.

02 동사 자리 뒤에 목적어가 있으면 능동태, 목적어가 없으면 수동태 동사가 온다.

03 4~5형식 동사의 수동태를 완성하는 문제가 출제된다.

04 감정동사는 주어가 감정의 원인이면 능동태, 주어가 감정을 느끼면 수동태를 쓴다.

05 조동사 다음과 to부정사의 능동/수동을 구분하는 문제가 출제된다.

06 수동태 뒤에 by 이외의 전치사가 나오는 표현을 주의해야 한다.

✍ Preview

01 | 대표적인 태 문제 보기 유형

be동사 다음 능동 수동	조동사 다음 능동 vs. 수동	5형식 동사의 능동 vs. 수동
(A) receives	(A) submit	(A) allow
(B) received	(B) submitted	(B) allowing
(C) receiving	(C) to submit	(C) was allowing
(D) being received	(D) be submitted	(D) was allowed

02 | 능동태와 수동태

1) 능동태: 주어가 행위의 주체로서 동작하며, 그 동작이 목적어에 영향을 미치는 경우를 능동태라 한다.
'주어가 목적어를 ~하다'로 해석한다.

We **hired** new employees. 우리는 새로운 직원들을 고용했다.

2) 수동태: 주어가 행위의 대상이 되어, 그 동작의 영향을 받거나 당하는 경우를 수동태라 한다.
'주어가 ~되다/되어지다/당하다'로 해석한다. 능동태와는 달리 <be+과거분사>로 쓴다.

New employees **were hired** by us. 새로운 직원들은 우리에 의해 고용됐다.

03 | 수동태의 시제

시제	형태	시제	형태	시제	형태
현재	[am/are/is]+p.p.	현재진행	[am/are/is]+being+p.p.	현재완료	[have/has]+been+p.p.
과거	[was/were]+p.p.	과거진행	[was/were]+being+p.p.	과거완료	had+been+p.p.
미래	will be+p.p.	미래진행	없음	미래완료	will have+been+p.p.

04 | 수동태가 될 수 없는 자동사

happen(= occur) 발생하다	expire 만기가 되다	participate 참여하다	exist 존재하다
function 작동하다	reply 대답하다	arrive 도착하다	respond 대답하다
remain 남다, 머무르다	rise 오르다	decline 감소하다	work 효과가 있다
react 반응하다	consist 구성되다	travel 여행하다	last 지속되다

✏️ POINT ❶

01 | 3형식의 수동태

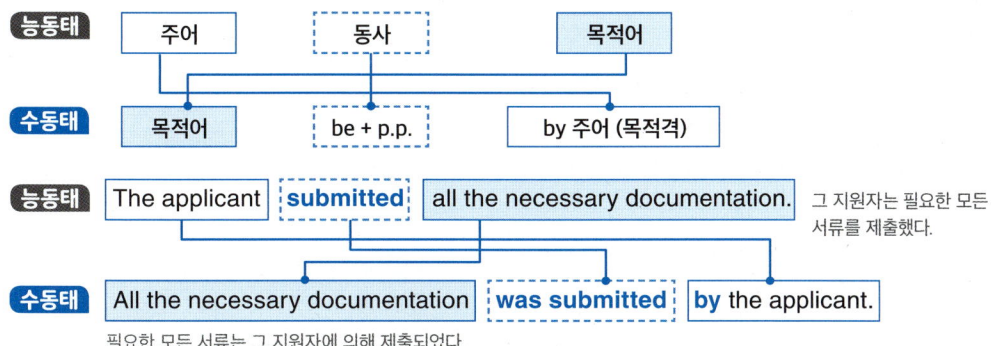

그 지원자는 필요한 모든
서류를 제출했다.

수동태 All the necessary documentation **was submitted** **by** the applicant.

필요한 모든 서류는 그 지원자에 의해 제출되었다.

02 | 4형식의 수동태

- 목적어가 2개인 4형식 문장에서는 간접 목적어와 직접 목적어가 주어로 오는 수동태 문장이 가능하다.

  The hotel **offers** **every guest** **a free shuttle bus service**.
  　　　　　　　　간접 목적어 (명사 ①)　　　　직접 목적어 (명사 ②)

  호텔은 모든 손님들에게 무료 셔틀버스 서비스를 제공합니다.

1) 간접 목적어가 주어로 온 수동태

- 간접 목적어가 수동태의 주어가 되고, <be동사+p.p.> 뒤에 직접 목적어가 나온다.

  Every guest is offered a free shuttle bus service by the hotel.
  모든 고객은 호텔로부터 무료 셔틀버스 서비스를 제공 받습니다.

2) 직접 목적어가 주어로 온 수동태

- 간접 목적어는 앞에 전치사가 붙어 <to/for+간접 목적어>의 형태로 쓴다.

  A free shuttle bus service is offered to every guest by the hotel.
  무료 셔틀버스 서비스가 호텔에 의해 모든 고객에게 제공됩니다.

SPARTA 📑 PRACTICE I

해설 p. 420

✚ 능동태와 수동태를 구분하여 알맞은 동사 형태를 고르는 문제가 출제된다. 단, 뒤에 목적어가 올 수 있는 4형식 동사의
수동태를 주의해야 한다.

1 The staff meeting ------- next Monday in
the conference room on the second floor.
- (A) is held
- (B) have been held
- (C) had held
- (D) will be held

2 BVW's latest luxury car was originally
------- negative reviews by critics.
- (A) give
- (B) giving
- (C) gave
- (D) given

PART 5&6

✏ POINT ❷

03 | 5형식의 수동태

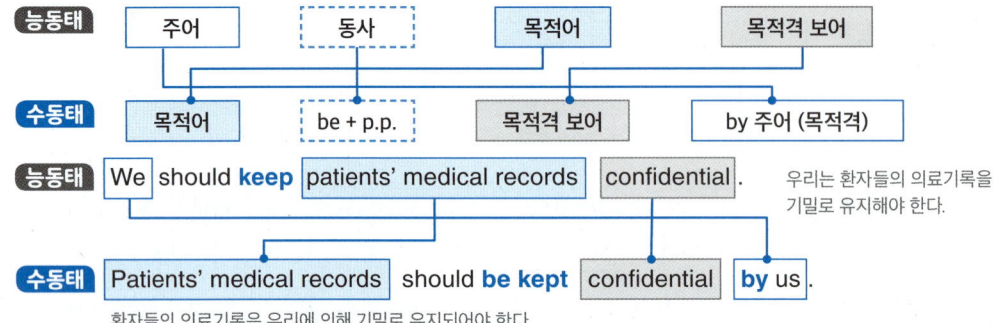

능동태	주어	동사	목적어	목적격 보어
수동태	목적어	be + p.p.	목적격 보어	by 주어 (목적격)

능동태 We | should **keep** | patients' medical records | confidential .

우리는 환자들의 의료기록을 기밀로 유지해야 한다.

수동태 Patients' medical records | should **be kept** | confidential | **by** us .

환자들의 의료기록은 우리에 의해 기밀로 유지되어야 한다.

✚ VOCABULARY 명사를 목적격 보어로 취하는 5형식 동사의 수동태 표현

능동태	수동태
call A B A를 B라고 부르다	A be called B A가 B로 불리다
elect A B A를 B로 선출하다	A be elected B A가 B로 선출되다
name A B A를 B로 임명하다	A be named B A가 B로 임명되다
consider A B A를 B로 간주하다	A be considered B A가 B로 여겨지다

✚ VOCABULARY 형용사를 목적격 보어로 취하는 5형식 동사의 수동태 표현

능동태	수동태
consider + 목적어 + 형용사	be considered + 형용사
make + 목적어 + 형용사	be made + 형용사
find + 목적어 + 형용사	be found + 형용사
keep + 목적어 + 형용사	be kept + 형용사
leave + 목적어 + 형용사	be left + 형용사

✚ VOCABULARY to부정사를 목적격 보어로 취하는 5형식 동사의 수동태 표현

be asked to ~하라고 요청 받다
be required to ~하라고 요구 받다
be requested to ~하라고 요구 받다

be expected to ~하는 것이 기대되다
be permitted to ~하도록 허용되다
be advised to ~하도록 권고 받다

be allowed to ~하도록 허락 받다
be reminded to ~하라는 당부를 듣다
be encouraged to ~하도록 권고 받다

SPARTA 📝 PRACTICE II

해설 p. 420

✚ 목적격 보어를 보고 5형식의 수동태를 완성하는 문제가 출제된다.

1 The board of directors requested that more funds be ------- available for recruitment.

(A) making   (B) makes
(C) made   (D) to make

2 Supervisors are ------- to attend conferences monthly to develop their leadership abilities.

(A) required   (B) requiring
(C) require   (D) requirement

04 | 감정동사의 수동태

- 감정을 나타내는 타동사의 경우, 주어가 감정의 원인이면 능동태, 주어가 감정을 느끼면 수동태를 쓴다.

수동태 The workers [are dissatisfied / ~~dissatisfy~~] with management's handling of the situation.
노동자들은 경영진의 상황 대처에 불만을 느꼈다.
  ▶ 주어(The workers)가 불만을 느끼므로, 능동태 동사(dissatisfy)가 아닌 수동태 동사(are dissatisfied)를 쓴다.

능동태 The new services [satisfied / ~~were satisfied~~] our customers.
새로운 서비스는 우리 고객들을 만족시켰다.
  ▶ 주어(The new services)가 만족을 주는 원인이므로, 수동태 동사(were satisfied)가 아닌 능동태 동사(satisfied)를 쓴다.

05 | 조동사가 있는 문장의 수동태

- will, must, can, may, should 등의 조동사가 있는 경우 수동태는 <조동사 + be + 과거분사> 형태가 된다.

Almost all of the items can [be purchased / ~~purchase~~] online.
거의 모든 상품들은 온라인에서 구매될 수 있다.

06 | to부정사의 수동태

- to부정사의 능동태·수동태 구별은 목적어 유무에 따라 결정된다.

The details of the work agreement are to [be discussed / ~~discuss~~] at Friday's meeting.
계약서의 세부사항은 금요일 회의에서 논의될 것이다.

07 | 수동태의 짝 표현

- by가 아닌 다른 전치사와 함께 쓰는 수동태 표현

be satisfied with ~에 만족하다	be related to ~와 관계가 있다
be pleased with ~을 기뻐하다	be dedicated to ~에 헌신하다, 전념하다
be equipped with ~을 갖추고 있다	be devoted to ~에 헌신하다
be associated with ~와 관련되다	be exposed to ~에 노출되다
be surprised at ~에 놀라다	be interested in ~에 관심이 있다
be disappointed at ~에 실망하다	be involved in ~에 관여하다
be shocked at ~에 충격을 받다	be based on ~에 근거하다

SPARTA 📝 PRACTICE III
해설 p. 420

✚ 감정동사의 능동태와 수동태를 구분하는 문제가 출제된다.
✚ 다양한 전치사가 쓰인 수동태 구문을 완성하는 문제가 출제된다.

1 We ------- to announce that the Welton Construction Company has won the bid for the project.

(A) please (B) are pleased
(C) pleasing (D) have pleased

2 AFM is an association that is devoted ------- boosting the careers of its members.

(A) from (B) without
(C) against (D) to

1 Top-Class Office Tower's heating system ------- by the city's Building and Safety department.

(A) inspectors
(B) have been inspected
(C) is being inspected
(D) will inspect

2 A new list of employee phone numbers will ------- on the intranet next Wednesday.

(A) post
(B) to be posted
(C) posts
(D) be posted

3 Complaints have reduced significantly since the service policy ------- last quarter.

(A) updates
(B) have updated
(C) was updated
(D) have been updated

4 Public computers, along with photocopiers, ------- on the second floor of the library.

(A) is locating
(B) located
(C) locate
(D) are located

5 Due to a flight delay, Mr. Walker will not ------- in time for the 10 A.M. meeting.

(A) arrive
(B) be arrived
(C) arriving
(D) to arrive

6 Mr. Bamber has decided to apply for the marketing position at Creation Sphere, Inc. as he is really ------- in the job.

(A) interest
(B) interesting
(C) interests
(D) interested

7 Due to heavy rain, the company outing scheduled for tomorrow ------- until May 23.

(A) have to postpone
(B) are postponing
(C) will be postponed
(D) has been postponing

8 All Bay View apartments are ------- with a state-of-the-art security system and energy-efficient household appliances.

(A) equip
(B) equipment
(C) equipped
(D) equipping

9 A company logo has been ------- from the selection submitted by the Advertising Department.

(A) choose
(B) chosen
(C) to choose
(D) choosing

10 Everyone in the office ------- much more productive since the new time-management software was installed.

(A) had
(B) has been
(C) has have
(D) had had

Questions 11-14 refer to the following notice.

Office-Jet Color Copier Policy

This color copier is for the ------- use of Marketing Department employees.
11
Workers from other departments must use the black-and-white copiers on the second floor. Marketing Department staff members may make up to 50 copies per day without a manager's authorization. Staff must receive managerial approval to make ------- copies.
12
Note that color printing ------- for business purposes only. -------.
13 14
Documents created with the color copier are for internal use by Office-Jet and external marketing partners such as advertising agencies.
Thank you for your cooperation.

---

11 (A) customary
(B) exclusive
(C) peculiar
(D) subtle

12 (A) such
(B) these
(C) additional
(D) required

13 (A) intends
(B) intending
(C) is intended
(D) should intend

14 (A) No personal copies are permitted.
(B) Technical Support maintains all printers and copiers.
(C) The black-and-white copiers have been upgraded.
(D) The printer will be replaced soon.

SPARTA 전략

시제 문제는 매달 두세 문제 정도 출제된다.

01 부사(구)를 보고 동사 시제를 고르는 문제가 출제된다.

02 문맥에 맞는 시제를 고를 줄 알아야 한다.

03 주절과 종속절의 시제 일치 관련 문제가 출제된다.

04 시간/조건 부사절에서 동사의 현재시제가 미래시제를 대신하는 경우를 이해해야 한다.

Preview

01 | 대표적인 시제 문제 보기 유형

시제 문제 1	시제 문제 2	시제 문제 3
(A) sent	(A) ordered	(A) to increase
(B) sending	(B) order	(B) have increased
(C) will be sent	(C) orders	(C) have been increased
(D) have been sending	(D) ordering	(D) will increase

02 | 시제의 종류

1) 단순시제

특정 시점의 동작이나 상태를 나타내며, <-(e)s, -ed, will+동사원형> 형태를 취한다.

2) 진행시제

한 시점에 동작이 계속 '진행'되고 있는 것을 나타내며 <be+-ing> 형태를 취한다.

3) 완료시제

특정 시점을 기준으로 그 이전에 일어난 일이나 그 시점까지 기간의 동작이나 상태가 계속되는 것을 나타내며 <have(has)+p.p. / had+p.p. / will have+p.p.> 형태를 취한다.

03 | 시제 일치의 법칙

두 개의 절로 이루어진 문장에서 주절과 종속절 시제를 일치시켜 주는 법칙으로, 주절의 동사가 과거시제일 때만 적용된다. 주절의 동사가 현재시제나 미래시제일 경우 종속절에 어떤 시제든 의미에 맞게 쓸 수 있다.

The manager **said** that there **would be** several job openings soon.
주절 (과거)　　　　　　　　　　　　종속절 (과거)
매니저는 곧 공석이 몇 자리 생길 거라고 말했다.

01 | 단순시제

1) 현재시제 : 동사원형 / (주어가 3인칭 단수일 때) 동사원형 + -(e)s

- 일반적인 사실 및 규칙적이거나 습관적인 행동을 언급할 때 쓴다.

We **regularly update** our computer security program with the latest version.
우리는 컴퓨터 보안 프로그램을 최신 버전으로 정기적으로 업데이트한다.

TIP! 현재시제 단서

every year 매년 (= annually)　every week 매주 (= weekly)　every month 매달 (= monthly)　at all times 항상
usually 보통　frequently 자주　routinely 일상적으로　periodically 주기적으로　regularly 정기적으로

2) 과거시제 : 동사원형 + -ed

- 과거에 일어난 사건이나 상태를 나타내며, 주로 정확한 과거시점을 나타내는 부사구와 어울려 쓰인다.

Ten years ago, Toynton Co. **produced** over 400,000 units a month.
10년 전, Toynton 사는 한 달에 40만 개 이상을 생산했다.

TIP! 과거시제 단서

시간 표현 + ago ~전에　yesterday 어제　once 한때　last [week/month/year] 지난주/달/해
in + 년도 ~년에　originally 원래, 본래　previously 이전에　recently 최근에

3) 미래시제 : will + 동사원형 / be going to + 동사원형

- 미래에 일어날 사건이나 상태를 표현할 때 쓴다.

As of tomorrow, Mr. Parker **will be** in charge of the Accounting Department.
내일부터, Parker 씨는 회계 부서를 담당할 것이다.

TIP! 미래시제 단서

tomorrow 내일　by[until] + 미래 시점 ~까지　in the near future 가까운 미래에
as of + 날짜 ~부로　this coming Sunday 다가오는 일요일에
soon 곧　shortly 곧　for[over] the next three years 다음 3년 동안

SPARTA 📋 PRACTICE I
해설 p. 421

➕ 다양한 시간 표현들과 어울리는 시제를 선택하는 문제가 출제된다.

1 The agenda for the company's staff meeting ------- in an e-mail tomorrow.

(A) will be sent　　(B) send
(C) has sent　　　(D) sending

2 Last weekend, photo specialists from all over the world ------- at the Bayview Hotel.

(A) convene　　　(B) convening
(C) to convene　　(D) convened

✏ POINT ❷

02 | 진행시제

1) 현재진행 : [am / are / is] + -ing
- 지금 시점에 일어나고 있는 상황을 나타낼 때 쓴다.

We **are** currently **looking** for experienced engineers.
우리는 현재 경험이 많은 엔지니어들을 찾고 있다.

TIP! 현재진행시제 단서

now 지금	at the moment 지금	right now 바로 지금	currently, presently 현재

2) 과거진행 : [was / were] + -ing
- 과거의 특정 시점에 진행되고 있던 상황을 나타낼 때 쓴다.

I **was attending** the seminar in Paris **when she called me**.
그녀가 나에게 전화했을 때 나는 파리에서 세미나에 참석 중이었다.

3) 미래진행 : will be + -ing
- 미래 특정 시점까지 계속될 동작이나 미래 특정 시점에 하고 있을(진행 중일) 상황 또는 미리 세워둔 계획에 의해 이루어질 미래의 활동을 나타낼 때 쓴다.

We all **will be participating** in the seminar **this afternoon**.
우리 모두는 오늘 오후에 세미나에 참석하고 있을 것이다.

SPARTA 📝 PRACTICE II
| 해설 p. 422

➕ 시제를 파악해 알맞은 진행 시제를 선택하는 문제가 출제된다.

1 Several reporters ------- when the president arrived at the convention center.
- (A) waits
- (B) were waiting
- (C) will be waiting
- (D) waiting

2 Due to the rise in oil prices, Max Delivery ------- its shipping costs by next month.
- (A) will be increasing
- (B) increase
- (C) have increased
- (D) increased

 **POINT ❸**

03 | 완료시제

1) 현재완료 : [has / have] + p.p.

- 과거에 일어난 사건이 현재까지 영향을 미칠 때 쓴다.

  For the past three years, the unemployment rate **has risen** by ten percent.
  지난 3년간 실업률은 10%까지 올랐다.

> **TIP!** 현재완료시제 단서
>
> since 1976 1976년 이래로   for[in/over/during] the last[past] ten years 지난 10년 동안
> so far(= up to now) 지금까지   in recent years 최근 몇 년간
> recently 최근에   already 이미   just 막   consistently 지속적으로

2) 과거완료 : had + p.p.

- 과거에 발생한 어떤 일보다 먼저 일어난 일을 나타낼 때 쓰며, 비교되는 과거 시점이 있어야 한다.

  Before Mr. Watts joined our firm, he **had worked** in accounting for five years.
  Watts 씨는 우리 회사에 입사하기 전에, 5년간 회계 분야에서 근무한 적이 있다.

3) 미래완료 : will have + p.p.

- 과거나 현재부터 시작된 일이 미래에 완료되거나 미래에 일어난 두 가지 일 중 하나가 먼저 일어날 때 쓴다.
  특히 <by the time + 현재시제>가 미래완료 시제와 어울려 자주 출제된다.

  The movie **will have started** by the time we go there.
  우리가 거기에 갈 때쯤이면 그 영화는 시작했을 것이다.

04 | 주의해야 할 시제

- 시간이나 조건 부사절에서는 현재시제가 미래시제를 대신한다.

  As soon as they [finish / ~~will finish~~] packing, they will move into the office.
  그들은 짐을 다 꾸리자마자 사무실로 이사 갈 것이다.

➕ VOCABULARY 시간/조건 부사절 접속사

시간 부사절 접속사	when / after / before / once / as soon as / until
조건 부사절 접속사	if / providing[provided] that / once / unless

SPARTA 📖 PRACTICE III

해설 p. 422

➕ 다양한 시간 표현을 보고 완료시제 구문을 완성하는 문제가 출제된다.

1 For the past five years, Ms. Kunis ------- to be the leading salesperson at the company.

   (A) aspires   (B) aspiring
   (C) has aspired   (D) to aspire

2 The JK Hospital ------- the best medical service since its establishment ten years ago.

   (A) providing   (B) has provided
   (C) will provide   (D) will be providing

1 Ms. Hanson ------- a formal contract to hire Ms. Russell as an assistant to support her work last week.

(A) sign
(B) signs
(C) signed
(D) has signed

2 When you ------- the project, you will meet with your assessor, who will recommend to us whether the award should be issued.

(A) finish
(B) finished
(C) finishes
(D) had finished

3 After Mr. Rogers ------- the skills for the job, his supervisor asked him to help train new employees.

(A) master
(B) mastering
(C) had mastered
(D) will have mastered

4 In 2011, Italian fashion designer Gianni Versace ------- his retirement after 45 years in the fashion business.

(A) announced
(B) was announced
(C) announcing
(D) will announce

5 Last November, our Sales Department ------- to expand into the residential districts that were formerly off-limits to us due to city regulations.

(A) begin
(B) began
(C) begun
(D) beginning

6 A survey technician ------- mapping the property lines at 10 Mulberry Drive last Thursday.

(A) will finish
(B) finishes
(C) is finishing
(D) finished

7 Mr. Columbus has worked at Grand Industry in Hong Kong ------- the last ten years.

(A) along
(B) over
(C) of
(D) with

8 The marketing team members ------- a customer satisfaction survey for the past two weeks.

(A) conducting
(B) have been conducted
(C) will conduct
(D) have conducted

9 After 20 years in business, Ann's Hair Salon ------- provides the excellent styling services that every customer desires.

(A) once
(B) soon
(C) still
(D) later

10 By the time Ms. Quinn joined our firm as a web designer, she ------- in the web-design field for many years already.

(A) works
(B) will work
(C) has worked
(D) had worked

Questions 11-14 refer to the following note.

At Tektra Pak, we take your opinions seriously. Feedback from annual surveys allows us to see where we already meet or ------- our customers' needs.
11
-------. When we don't fully satisfy your expectations, we make changes.
12
We want to hear from as many customers as possible. Therefore, the deadline for submitting the survey has been extended to October 5. If you haven't completed a questionnaire yet, please take a few minutes to do so. All survey respondents will be entered into a drawing to win a gift basket with some ------- healthcare products.
13
Survey results ------- posted on our Web site on October 30.
14

11 (A) increase
(B) conquer
(C) promote
(D) exceed

12 (A) As stated, honest feedback is more
important than compliments.
(B) We have not changed the
questionnaire format recently.
(C) Your comments also show us where
there is room for improvement.
(D) However, customers complete many
surveys a year.

13 (A) raised
(B) worthy
(C) comparable
(D) valuable

14 (A) were
(B) were being
(C) have been
(D) will be

SPARTA 전략

to부정사 문제는 매달 한두 문제가 출제된다.

01 명사, 형용사, 부사 역할을 하는 to부정사의 용법을 묻는 문제가 출제된다.

02 to부정사의 부사적 용법은 목적(~하기 위해)이 주로 출제된다.

03 to부정사를 수반하는 관용 표현 문제가 출제된다.

04 to부정사의 의미상 주어는 to부정사 앞에 <for+목적격>으로 쓴다.

Preview

01 | 대표적인 부정사 문제 보기 유형

to부정사의 용법	to부정사의 자리	to부정사의 능동  수동
(A) install	(A) treating	(A) to return
(B) installing	(B) treatment	(B) to be returned
(C) installed	(C) to treat	(C) to returning
(D) installation	(D) treated	(D) to returned

02 | to부정사란?

기본적으로 <to+동사원형>의 형태로 쓰인다. 부정사는 품사가 정해지지 않았다는 뜻이며, 앞에 to가 붙어 있어서 to부정사라고 부른다. 부정사는 명사, 형용사, 부사로 활용할 수 있어 주어, 목적어, 보어, 그리고 수식어구 역할을 할 수 있다.

03 | to부정사의 동사적 성질

동사의 형식	동사	to부정사 표현
1형식	stay	**to stay** at a hotel
2형식	become	**to become** complex
3형식	accept	**to accept** a proposal
4형식	offer	**to offer** tourists information
5형식	find	**to find** the information helpful

✏ POINT ❶

01 | to부정사의 역할

- **to부정사는 명사, 형용사, 부사 역할을 한다.**

1) 명사적 용법

- **'~하는 것', '~하기' 등으로 해석된다.**

  To review the contract carefully is important. ▶ 문장의 주어
  계약서를 신중하게 검토하는 것은 중요하다.

  We **decided to hire** a new accountant. ▶ 타동사의 목적어
  우리는 새로운 회계사를 고용하기로 결정했다.

  One of her duties **is to supervise** the production process. ▶ be동사의 보어
  그녀의 업무 중 하나는 생산 과정을 감독하는 것이다.

2) 형용사적 용법

- **'~(해야) 하는', '~(해야) 할'이라는 의미로 해석되며 명사를 뒤에서 수식하는 역할을 한다.**

일반 형용사	to부정사의 형용사적 용법
a **good** opportunity 좋은 기회	the opportunity **to meet you** 당신을 만날 기회

  I have **the right to hire** a temporary worker. ▶ 명사(right) 수식
  나는 임시 근로자를 고용할 권리가 있다.

3) 부사적 용법

- **'~하기 위해서'를 뜻하며 동사와 형용사를 꾸며주는 부사 역할을 한다.**

  The CEO **visited** America **to attend** an important meeting. ▶ 동사(visited) 수식 <목적>
  사장은 중요한 회의에 참석하기 위해 미국을 방문했다.

> **TIP!** 목적(~하기 위해)을 나타낼 때 <in order to+동사원형> 또는 <so as to+동사원형>으로 쓴다.
>
> You should return the merchandise within seven days **in order to receive** a full refund.
> 전액 환불을 받기 위해서 7일 내로 제품을 반품해야 합니다.

SPARTA 📝 PRACTICE I

| 해설 p. 423

✚ 각 용법에 맞는 to부정사를 고르는 문제가 출제된다.

1 We failed ------- a consensus on the issue of our expanding business at the meeting.

   (A) reach   (B) reaches
   (C) reached   (D) to reach

2 ------- reimbursement for a business trip, employees must submit expense reports.

   (A) Received   (B) To receive
   (C) Receive   (D) Reception

PART 5&6

✏️ POINT ❷

02 | to부정사의 능동과 수동

- **to부정사는 동사의 성질을 가지고 있어서, 능동태와 수동태 표현이 가능하다. 3형식 동사라는 가정 하에 능동의 경우에는 동사 뒤에 목적어가 오고, 수동의 경우 동사 뒤에 목적어가 오지 않는다.**

  능동 Many people are expected **to attend the seminar**.
  많은 사람들이 세미나에 참석할 것으로 예상된다.   목적어(명사)

  수동 The conference **to be attended** by VIP members will be delayed.
  최우수 회원들이 참석할 회의가 연기될 것이다.

03 | to부정사의 의미상의 주어

- **to부정사의 의미상 주어란 동사의 성질을 띠는 to부정사에 대한 동작의 주체를 의미한다. 일반적으로 to부정사 앞에 <for+목적격>으로 나타낸다.**

  It is necessary **(for you) to make a reservation** in advance. (당신은) 미리 예약할 필요가 있습니다.
  to make a reservation의 주체는 you

04 | 사역동사

- **목적어에게 어떤 행위를 시키는 동사를 말하며, make / have / let 등이 대표적이다.**

- **사역동사 뒤에 오는 목적어가 능동적 입장이면 목적격 보어에 동사원형이 온다.**

  The boss **had his secretary repair** the copier. 사장은 그의 비서에게 복사기를 고치도록 했다.
          사역동사 + 목적어 + 동사원형

- **사역동사 뒤에 오는 목적어가 수동적 입장이면 목적격 보어를 과거분사로 쓴다.**

  All passengers are advised to **have their seatbelts fastened**. 모든 승객들은 안전벨트를 매도록 요구된다.
             사역동사 + 목적어 + 과거분사 (p.p.)

05 | 준사역동사

- **동사원형과 to부정사를 모두 취하는 help 동사의 쓰임을 알아 두어야 한다.**

help + (to) 동사원형	~하는 것을 돕다
help + 목적어 + (to) 동사원형	목적어가 ~하는 것을 돕다

  I **helped her (to) carry** the bag to her room. 나는 그녀가 그녀의 방으로 가방을 나르는 것을 도왔다.

SPARTA 📝 PRACTICE II
해설 p. 423

➕ to부정사의 능동과 수동을 구별하는 문제가 출제된다.
➕ 사역동사 뒤에 목적격 보어로 동사원형을 고르는 문제가 출제된다.

1 The photographs need ------- before they can be approved for publication.

(A) to edit   (B) to edited
(C) to be edited   (D) edits

2 The CEO had her secretary ------- the document in duplicate.

(A) send   (B) sends
(C) sent   (D) sending

 **POINT ❸**

06 | to부정사가 들어간 관용 표현

1) 타동사 + to부정사

fail + to부정사	~하려던 것을 하지 못하다	intend + to부정사	~하려고 의도하다
ask + to부정사	~해 줄 것을 부탁하다	plan + to부정사	~하려고 계획하다
attempt + to부정사	~하려고 시도하다	prefer + to부정사	~하는 것을 선호하다
choose + to부정사	~할 것을 선택하다	tend + to부정사	~하는 경향이 있다
decide + to부정사	~하려고 결심[결정]하다	refuse + to부정사	~할 것을 거절하다

2) 명사 + to부정사

the plan + to부정사	~할 계획	the attempt + to부정사	~하려는 시도
the right[authority] + to부정사	~할 권리	the ability + to부정사	~할 수 있는 능력
the way[means] + to부정사	~할 방식[방법]	the opportunity + to부정사	~할 기회
the effort + to부정사	~하려는 노력	the chance + to부정사	~할 기회

3) 형용사 + to부정사

be able + to부정사	~할 수 있다	be pleased + to부정사	~하는 것을 기쁘게 생각하다
be likely + to부정사	~할 것 같다	be willing + to부정사	기꺼이 ~하다
be proud + to부정사	~하는 것을 자랑스럽게 여기다	be eligible + to부정사	~할 자격이 있다
be ready + to부정사	~할 준비가 되다	be eager + to부정사	~하고 싶어 하다

4) 타동사 + 목적어 + to부정사

advise + 목적어 + to부정사	목적어에게 ~하도록 조언하다
allow + 목적어 + to부정사	목적어가 ~하는 것을 허락하다
ask + 목적어 + to부정사	목적어에게 ~하는 것을 부탁하다
expect + 목적어 + to부정사	목적어가 ~하기를 기대하다
encourage + 목적어 + to부정사	목적어에게 ~하도록 장려하다
require + 목적어 + to부정사	목적어에게 ~하도록 요구하다
remind + 목적어 + to부정사	목적어에게 ~하도록 상기시키다

SPARTA 📑 PRACTICE III
해설 p. 423

➕ 특정 동사나 명사, 형용사 뒤에 to부정사를 넣어 다양한 관용 표현을 완성하는 문제가 출제된다.

1 All employees at our company are eligible ------- the management training course.

(A) take   (B) taking
(C) took   (D) to take

2 Sunixa Home Furnishings expects its domestic sales ------- temporarily.

(A) worse   (B) to worsen
(C) worsen   (D) worseness

1 The objective of this meeting is ------- an effective marketing strategy.

(A) developed
(B) develops
(C) development
(D) to develop

2 In an effort to ------- productivity, Bisset Micros plans to cut 150 jobs over the next two years.

(A) increasing
(B) increases
(C) increased
(D) increase

3 Regular checks of the system should be made ------- maintain a smooth level of operation at all times.

(A) in order to
(B) as a result of
(C) according to
(D) by means of

4 It is ------- to keep track of customer requests and complaints.

(A) essentially
(B) essence
(C) essentiality
(D) essential

5 I regret to inform you that I am unable to ------- your invitation to the party because of an unexpected personal problem.

(A) accept
(B) admit
(C) assert
(D) appear

6 Chris Cunningham, the vice president of Hanson Motors, will soon have a chance ------- the new branch offices in the Middle East.

(A) to visit
(B) visiting
(C) visit
(D) to visiting

7 DePaul University requires all supervisors of student employees ------- performance appraisals at least once a year.

(A) giving
(B) to give
(C) gives
(D) given

8 The new manager ------- the secretary to quickly organize the documents before the board meeting started.

(A) asked
(B) questioned
(C) inquired
(D) quizzed

9 This program is intended to ------- child welfare services provided by state and local public welfare agencies.

(A) establishing
(B) establish
(C) establishment
(D) established

10 It is essential for all maintenance employees to carefully ------- all of the machine's components when doing repairs.

(A) checks
(B) check
(C) checking
(D) be checked

Questions 11-14 refer to the following memo.

To : All General Electrics Staff

From : Human Resources Department

Date : August 13

Subject : Sick Leave

. . . .

To all General Electrics employees,

As a General Electrics employee, you are entitled to sick absences during which you will be paid for time off work for health ------- .
11
To avoid deductions from your pay, you ------- provide a physician-signed note as
12
documentation of your illness. ------- should include the date you were seen by the
13
doctor, a statement certifying that you are unable to perform the duties of your position, and your expected date of return. Your supervisor will then forward the documentation to Human Resources. ------- .
14
Employee health records can be accessed only by those with a valid business reason for reviewing them.

11 (A) reasons
(B) amenities
(C) facility
(D) proximity

12 (A) requires
(B) were required
(C) are required to
(D) are requiring

13 (A) Those
(B) They
(C) I
(D) It

14 (A) General Electrics ensures the privacy of your health information.
(B) You may be absent for a variety of reasons.
(C) Personal physicians are available when needed.
(D) However, it would be difficult for you to work if the illness lasts too long.

SPARTA 전략

동명사는 준동사 단독으로 동사 자리에 올 수 없고, 동사의 성질이 있어 목적어를 취할 수 있다.

01 동명사를 목적어로 취하는 동사들을 외워 두자.
02 동사와 전치사의 목적어 자리에 오는 동명사를 고르는 문제가 출제된다.
03 전치사 뒤 동명사(v-ing)와 과거분사(p.p.)의 구분 문제가 출제된다.
04 동명사를 수식하는 부사 자리 문제가 출제된다.

Preview

01 | 대표적인 동명사 문제 보기 유형

동명사 자리 문제	동명사 vs. 과거분사	동명사 수식 부사 문제
(A) lower	(A) attraction	(A) effective
(B) low	(B) attracted	(B) effected
(C) lowered	(C) attracting	(C) effectively
(D) lowering	(D) attractive	(D) effectiveness

02 | 동명사란?

<동사+-ing>의 형태로 '~하는 것(행위)'으로 해석되며, 명사 역할을 해서 문장의 주어, 목적어, 보어로 쓰인다.

03 | to부정사 vs 동명사

① to부정사와 동명사는 모두 명사 역할을 한다. 즉, '주어, 목적어, 보어'로 쓰여서 '~하는 것'으로 해석된다.
② 동명사는 to부정사와는 달리 전치사의 목적어로 쓰일 수 있다.
③ to부정사 또는 동명사만 목적어로 취하는 동사들이 있다.

04 | 동명사의 동사적 성질

동사의 형식	동사	동명사 표현
1형식	stay	**staying** at a hotel
2형식	become	**becoming** complex
3형식	accept	**accepting** a proposal
4형식	offer	**offering** tourists information
5형식	find	**finding** the information helpful

✏️ **POINT ❶**

01 | 동명사의 역할

- 동명사는 명사처럼 주어, 목적어, 보어 역할을 한다.

주어   **Opening** a branch office in China will broaden our customer base.
중국에 지사를 여는 것은 우리의 고객층을 넓힐 것이다.

목적어   The company is considering **redesigning** its Web site.
회사는 웹사이트를 다시 디자인하는 것을 고려하고 있다.

보어   This year, one of my new responsibilities is **training** new employees.
올해 나의 새로운 책무 중 하나는 신입 직원들을 교육시키는 것이다.

✦ VOCABULARY   동명사를 목적어로 취하는 동사

suggest + 동명사	~할 것을 제안하다	consider + 동명사	~할 것을 고려하다
recommend + 동명사	~할 것을 추천하다	dislike + 동명사	~하는 것을 싫어하다
avoid + 동명사	~하는 것을 피하다	finish + 동명사	~하는 것을 끝내다
discontinue + 동명사	~하는 것을 중단하다	enjoy + 동명사	~하는 것을 즐기다
postpone[delay] + 동명사	~할 것을 연기하다	include + 동명사	~하는 것을 포함하다

✦ VOCABULARY   to부정사와 동명사를 목적어로 취하는 동사

- 의미 변화 없이 to부정사와 동명사를 둘 다 목적어로 취하는 동사

like 좋아하다	hate 싫어하다	begin 시작하다	prefer 선호하다
love 좋아하다	continue 계속하다	start 시작하다	attempt 시도하다

- to부정사와 동명사를 둘 다 목적어로 취하면서 의미가 달라지는 동사

동사	동명사	to부정사
remember	(~한 것을) 기억하다	(~할 것을) 기억하다
forget	(~한 것을) 잊다	(~할 것을) 잊다
regret	(~했던 것을) 후회하다	(~하게 되어) 유감이다
try	(시험 삼아) ~을 해 보다	(~하기 위해) 애쓰다

SPARTA 📝 PRACTICE I

해설 p. 425

- 동명사는 to부정사와 마찬가지로 주어, 목적어, 보어 역할을 한다.
- 동사에 따라 목적어로 to부정사 또는 동명사를 취하거나, 둘 다 가능한 경우에 주의한다.

1 Please don't forget ------ your seatbelt when driving.

(A) to fasten   (B) fastened
(C) fastening   (D) fastener

2 ------ the contents on our Web site implies agreement with our terms and conditions.

(A) Use   (B) Used
(C) Using   (D) Uses

✏ POINT ❷

02 | 동명사의 위치: 전치사의 목적어 자리

- 동명사는 명사의 성질을 가지고 있어서 전치사의 목적어로 쓸 수 있고, 동사의 성질도 가지고 있어 그 뒤에 목적어나 수식하는 부사(구)가 올 수 있다.

after reviewing your résumé	before applying for the job
전치사 동명사 목적어	전치사 동명사 수식어
당신의 이력서를 검토한 후에	그 직책에 지원하기 전에

03 | 전치사의 목적어로 쓰인 동명사

동사의 형식	동명사 표현	의미
1형식	after arriving at the airport	공항에 도착한 후에
2형식	before becoming a writer	작가가 되기 전에
3형식	for expanding the factory	공장을 확장하기 위해
4형식	prior to offering him a job	그에게 일자리를 제안하기 전에
5형식	by making customers satisfied	고객을 만족하게 함으로써

TIP! to부정사는 동명사와는 달리 전치사의 목적어로 쓸 수 없다.

We are looking forward to [hearing / to hear] from you soon. 우리는 당신의 빠른 회신을 기대합니다.

04 | 동명사와 함께 자주 쓰이는 전치사

1) by -ing : ~함으로써

Mr. Liu will achieve the goal **by using** special techniques.
Liu 씨는 특별한 기술을 이용하여 그 목표를 달성할 것이다.

2) before -ing : ~ 하기 전에

Please check out at the front desk **before leaving** the guest house.
게스트 하우스를 나가기 전에 프런트 데스크에서 체크아웃하세요.

3) after -ing : ~ 한 이후에

The employment decision will be made **after interviewing** every candidate.
채용 결정은 모든 지원자들을 인터뷰한 후에 이루어질 것이다.

SPARTA 📑 PRACTICE II
해설 p. 425

➕ 전치사의 목적어로 오는 동명사를 고르는 문제가 출제된다.

1 All visitors must present a valid form of identification before ------- the laboratory.
(A) enter (B) to enter
(C) entrance (D) entering

2 The Finance Department submitted an initial budget estimate for ------- our billing system.
(A) upgrade (B) upgrading
(C) to upgrade (D) upgraded

✏ POINT ❸

05 | 동명사의 능동과 수동

- **동명사의 수동은 <being+p.p.>로 나타낸다.**

  능동　We are considering **hiring** Mr. Kim as our senior accountant.
  　　　　우리는 Kim 씨를 선임 회계사로 고용할지 고려 중이다.

  수동　Mr. Kim has a high chance of **being hired** as our senior accountant.
  　　　　Kim 씨는 우리의 선임 회계사로 고용될 가능성이 높다.

  TIP!　**동명사를 수식하는 품사는 형용사가 아니라 부사!**

  After [**carefully** / ~~careful~~] **reviewing** the contract,　계약서를 신중히 검토한 후에,

06 | 동명사가 들어간 관용 표현

1) 전치사(to) + 동명사

prior to + 동명사	~하기 이전에
object to + 동명사 / be opposed to + 동명사	~하는 데 반대하다
look forward to + 동명사	~하기를 기대하다, 고대하다
be used[accustomed] to + 동명사	~하는 데 익숙하다
be devoted[dedicated/committed] to + 동명사	~하는 데 전념[헌신]하다

2) 그밖의 동명사 관용 표현

be busy + 동명사	~하느라 바쁘다
be worth + 동명사	~할 만한 가치가 있다
feel like + 동명사	~하고 싶다
cannot help + 동명사	~하지 않을 수 없다
spend (time/money) + 동명사	~하는 데 (시간/돈을) 쓰다
have difficulty[trouble] + 동명사	~하는 데 어려움을 겪다
prevent[prohibit] A from + 동명사	A가 ~하는 것을 막다/금지하다

SPARTA 📑 PRACTICE III
해설 p. 425

✚ 동명사의 능동과 수동을 구별하는 문제가 출제된다.
✚ 동명사를 넣어 다양한 관용 표현을 완성하는 문제가 출제된다.

1 Responding promptly to job ads would improve your chances of ------- for the position.

(A) being hired　　　(B) hiring
(C) hire　　　　　　 (D) to hire

2 We are committed to ------- the highest-quality products and service.

(A) provide　　　　 (B) provision
(C) provided　　　　(D) providing

1 ------- a business is a very challenging task, especially for those who are afraid to take risks.

(A) Establish
(B) Establishing
(C) To establishing
(D) Establishment

2 We can attract and keep businesses in the region by ------- the services they demand.

(A) provide
(B) providing
(C) to provide
(D) provision

3 The hotel's management policy requires that all restaurant workers put on hats and wash their hands prior to ------- the kitchen and food storage rooms.

(A) to enter
(B) enter
(C) entered
(D) entering

4 The responsibilities of the junior editor include ------- the texts of company brochures and publications.

(A) advertising
(B) reviewing
(C) purchasing
(D) networking

5 Matthew Barney, our accountant, is looking forward to ------- out more about the newly announced tax deduction plan to cut costs today.

(A) find
(B) finding
(C) found
(D) be found

6 Please do not attempt to operate the new computer equipment without ------- the manual first.

(A) reading
(B) read
(C) reads
(D) to read

7 Ms. Mack is now looking for a secretary who can help her with ------- and sorting documents.

(A) copying
(B) copy
(C) copies
(D) copied

8 The circulation staff can provide assistance in ------- books that are not on the shelves and in recalling books that are in circulation.

(A) located
(B) locating
(C) will locate
(D) to locate

9 Dr. Maria Chilton told her patient to spend a minimum of thirty minutes ------- every day.

(A) exerciser
(B) exercise
(C) exercising
(D) exercised

10 One of the keys to ------- launching a new product is doing careful market research.

(A) success
(B) successful
(C) succeed
(D) successfully

Questions 11-14 refer to the following e-mail.

To: All staff

From: malsabah@smartthings.co.za

Date: December 13

Subject: Engagement Survey

Good afternoon, everyone,

Our annual engagement survey is your opportunity to share your thoughts about ------- at Smart Things. Your opinions will help shape the future of our company. We invite you to fill out the online survey, which will be available from December 17-23.

Your responses are -------. Only a summary of the responses will be shared ------- Smart Things management teams.

In the coming days, you will receive an e-mail containing a link to the survey. -------. Contributing in this way helps our company to improve.

Sincerely,

Mubarac Al Sabah

Director of Human Resources

11 (A) to work
(B) working
(C) has worked
(D) worked

12 (A) complete
(B) popular
(C) confidential
(D) professional

13 (A) of
(B) with
(C) upon
(D) like

14 (A) All employees replied promptly to the message.
(B) The deadline for the project is the 30th of this month.
(C) This survey must be finalized before the end of this month.
(D) Please take the time to provide your feedback.

SPARTA ✍ 전략

분사는 형용사 역할을 하며, 형태 구별과 관련하여 매달 한 문제 이상 출제된다.

01 명사 앞뒤에서 명사를 수식하는 현재분사와 과거분사의 구별 문제가 출제된다.
02 감정동사의 현재분사와 과거분사 구별 문제가 출제된다.
03 목적격 보어 자리에 현재분사와 과거분사 구별 문제가 출제된다.
04 수동태가 될 수 없는 자동사의 현재분사형이 출제된다.
05 분사구문 관련 문제가 출제된다.

✍ Preview

01 | 대표적인 분사 문제 보기 유형

현재분사  과거분사	감정동사 관련 문제	분사구문 관련 문제
(A) devoting	(A) disappoints	(A) Being
(B) devoted	(B) disappointed	(B) To be
(C) devotion	(C) disappointing	(C) Having
(D) devote	(D) disappointment	(D) To have

02 | 분사의 종류

1) **현재분사** : 형용사로서 명사를 꾸며주며, '~하는', '~하는 중인'이라는 **능동**의 의미
2) **과거분사** : 형용사로서 명사를 꾸며주며, '~된', '~당한', '~받는'이라는 **수동**의 의미

동사+ing	현재분사	동사+-ed/불규칙 변화	과거분사
send+ing	sending	conduct+ed	conducted
require+ing	requir(e)ing ⇒ requiring	excite+ed	excit(e)ed ⇒ excited
cut+ing	cut(t)ing ⇒ cutting	prefer+ed	prefer(r)ed ⇒ preferred

TIP! 과거분사를 만들 때 규칙 변화의 경우, 동사원형에 -(e)d를 붙이면 되지만 불규칙 변화는 각각의 형태를 따로 암기해야 한다.

원형 - 과거형 - 과거분사형	뜻	원형 - 과거형 - 과거분사형	뜻
am/is/are - was/were - **been**	~이다, 있다	go - went - **gone**	가다
become - became - **become**	~되다	give - gave - **given**	주다
begin - began - **begun**	시작하다	hold - held - **held**	개최하다
build - built - **built**	짓다	keep - kept - **kept**	유지하다
buy - bought - **bought**	사다	know - knew - **known**	알다
choose - chose - **chosen**	고르다	leave - left - **left**	떠나다
find - found - **found**	찾아내다	let - let - **let**	~하게 하다
found - founded - **founded**	설립하다	put - put - **put**	두다

POINT ①

01 | 분사의 역할

1) 명사 앞에서 수식

Car sales have decreased due to **the increasing cost** of gasoline.
휘발유 가격 인상으로 자동차 판매가 감소했다.

Your car is allowed to be parked in **designated parking spaces**.
귀하의 자동차는 지정된 주차 구역에 주차 가능합니다.

> **TIP!** 분사가 수식하는 명사와 관계가 능동이면 현재분사, 수동이면 과거분사를 사용!

a **discounted** price 할인된 가격   a **updated** manual 개정된 설명서   a **leading** company 선두 기업

2) 명사 뒤에서 수식

Employees attending the seminar can get a parking permit.
세미나에 참석하는 직원들은 주차권을 받을 수 있다.

All **files deleted** from your computer can be recovered.
당신의 컴퓨터에서 삭제된 모든 파일들은 복구될 수 있다.

> **TIP!** 분사는 동사의 성질이 있어서 명사를 뒤에서 수식하는 경우 뒤에 목적어나 수식어구가 올 수 있다.

employees **attending the seminar** 세미나에 '참석하는' 직원들
employees **interested in the seminar** 세미나에 '관심 있는' 직원들
employees **participating in the seminar** 세미나에 '참석하는' 직원들

> **TIP!** 자동사는 명사를 수식하는 과거분사로 쓸 수 없다.

과거분사로 쓸 수 없는 대표적인 자동사							
miss	wait	demand	remain	last	work	exist	mount

SPARTA 📝 PRACTICE I

해설 p. 427

✚ 명사를 앞뒤에서 수식하는 현재분사와 과거분사의 구별 문제가 출제된다.

1 All ------- guests are asked to arrive early since many people are expected to attend the show.

(A) invite   (B) inviting
(C) invited   (D) invitation

2 Phone orders ------- after 6 P.M. will be processed the following morning.

(A) receives   (B) receiving
(C) received   (D) receipts

✏️ POINT ②

02 | 감정동사의 분사형

- 주어가 감정을 일으키면 현재분사를, 감정을 느끼면 과거분사를 쓴다.
  현재분사는 주로 사물을 수식할 때, 과거분사는 주로 사람 주어를 수식할 때 쓰인다.

The news ⟶ **Peter**

The news was **shocking**.
그 소식은 충격적이었다.

Peter was **shocked** by the news.
피터는 그 소식에 충격을 받았다.

the **shocking** news
충격적인 소식

shocked Peter
충격 받은 피터

➕ VOCABULARY 시험에 자주 나오는 감정동사

interest ~의 관심을 끌다	amaze ~을 깜짝 놀라게 하다	please ~을 기쁘게 하다
satisfy ~을 만족시키다	excite ~을 흥분시키다	delight ~을 기쁘게 하다
disappoint ~을 실망시키다	bore ~을 지루하게 하다	encourage ~을 격려하다
surprise ~을 놀라게 하다	embarrass ~을 당황스럽게 하다	exhaust ~을 지치게 하다
frustrate ~을 좌절시키다	shock ~에 충격을 주다	concern ~을 걱정시키다
worry ~을 걱정시키다	tire ~을 피로하게 하다	fascinate ~을 매혹시키다

1) 감정동사의 분사는 명사 앞뒤에서 모두 수식할 수 있다.

We are so pleased with **the overwhelming response** to this exhibition.
저희는 이번 전시회의 엄청난 반응에 기뻐하고 있습니다.

2) 감정동사의 분사는 수식 받는 대상이 감정을 못 느끼면(사물) 현재분사, 감정을 느끼면(사람) 과거분사를 쓴다.

Anyone interested in the seminar is asked to contact Matthew Beard first.
세미나에 관심 있는 사람이라면 누구나 Matthew Beard 씨에게 먼저 연락해야 합니다.

3) <be동사+분사> : 주어가 사물이면 현재분사, 사람이면 과거분사를 쓴다.

All of the employees did their best, but **the results were disappointing**.
모든 직원들이 최선을 다했지만 결과는 실망스러웠다.

4) <5형식 동사+목적어+분사> : 목적어가 사물이면 현재분사, 사람이면 과거분사를 쓴다.

The goal of our company **is keeping** our employees **satisfied**.
우리 회사의 목표는 직원들의 만족을 유지하는 것이다.

SPARTA 📝 PRACTICE II
해설 p. 427

➕ 감정동사에서 파생된 현재분사와 과거분사를 구별하는 문제가 출제된다.

1 The marketing manager was not ------- with the monthly performances of his sales representatives.

(A) satisfy   (B) satisfied
(C) satisfying   (D) satisfactorily

2 Those ------- in the advertised position should submit an application by the end of the month.

(A) interest   (B) interesting
(C) interests   (D) interested

 **POINT ❸**

03 | 분사구문

- **<부사절 접속사 + 주어 + 동사>로 된 절을 구로 만든 것이 분사구문이다.**

	부사절을 분사구문으로 바꾸는 순서
Step 1	부사절의 접속사를 생략한다.
Step 2	부사절의 주어가 주절의 주어와 같을 경우, 부사절의 주어를 생략한다. (주어가 다를 경우 생략 불가)
Step 3	부사절 동사의 원형에 -ing를 붙인다.
Step 4	-ing 동사가 being 또는 having been일 경우는 생략 가능하다.

1) 능동의 분사구문

<u>**When you return** any merchandise</u>, <u>please indicate your account number on the return form.</u>
　　　　　　부사절 (시간)　　　　　　　　　　　　　　　　　　　주절

= **Returning** any merchandise, ~ / **When returning** any merchandise, ~
물건을 반환하실 때 반환 신청서에 계좌 번호를 기입해 주세요. ▶ 의미를 분명히 하려고 분사구문에서 부사절 접속사를 쓰는 경우가 많다.

2) 수동의 분사구문

<u>**Unless they are delivered** within a week</u>, orders can be fully refundable.

= **Unless delivered** within a week, ~
만약 주문품들이 일주일 이내에 배달되지 않으면, 전액 환불 가능합니다.

3) 완료형의 분사구문

<u>**After he had rearranged** his workroom</u>, Mr. Avery was able to work more effectively.

= **Having rearranged** his workroom, ~
작업공간을 재배치한 후, Avery 씨는 더 효율적으로 근무할 수 있었다.

4) as + p.p. 분사구문

- **'~한 대로'라는 의미로 [as (+ 주어 + be) + p.p. ~] 구조에서 주어와 be동사가 생략된 분사구문이 출제된다.**

as discussed 논의된 대로	as notified 공지된 대로	as planned 계획대로	as noted 공지(보고)된 대로
as mentioned 언급된 대로	as scheduled 일정대로	as requested 요청한 대로	as indicated 표시된 대로

TIP! <주어+be동사>가 생략된 while 관련 빈출 표현

while (he is) on duty (그가) 근무하는 동안　　　　while (you were) abroad (당신이) 해외에 있는 동안
while (it's been) parked (그것이) 주차되어 있던 동안　　while (I was) absent (내가) 없었던 동안

SPARTA 📝 PRACTICE III
해설 p. 427

✚ 분사구문 문제는 목적어의 유무에 따라 능동, 수동을 선택하는 문제로 출제된다.

1 We have steadily increased our level of service since ------- the seminar four years ago.

(A) attended　　　　(B) attending
(C) to attend　　　　(D) attend

2 ------- finished the report before the deadline, we could hold the staff meeting earlier than scheduled.

(A) Having　　　　(B) Have
(C) Has　　　　　(D) Having been

✏ POINT ④

04 | 시험에 자주 출제되는 분사 표현

1) 현재분사 + 명사

leading distributor	선도하는 배급업자	missing luggage[baggage]	분실된 짐
lasting impression	지속되는 감명	increasing demand	늘어가는 수요
overwhelming demand	압도적인 수요	misleading information	허위 정보
remaining inventory	남아있는 재고	mounting pressure	증가하는 압력
contributing writer	기고가 (= contributor)	deteriorating economy	악화되는 경제
outstanding debt	미지불된 부채	striking agreement	놀라운 합의
presiding officer	사회자 (= presider)	surrounding area	주변 지역
rewarding job	보람(가치) 있는 일	challenging task	힘든 일
disappointing revenues	실망스러운 수입	promising candidate	유망한 후보
demanding supervisor	까다로운 상사	culminating event	최절정 행사

2) 과거분사 + 명사

revised procedure	개정된 절차	damaged baggage	파손된 수하물
revised monthly report	개정된 월례 보고서	scheduled travel plan	예정된 여행 계획
complicated process	복잡한 과정	discounted price	할인된 가격
written report[contract]	서면 보고서[계약서]	designated area	지정된 구역
written consent	서면 동의	renovated building	수리된 건물
newly purchased product	새로 구입된 제품	recognized organization	인정받는 기관
proposed merger	제안된 합병	customized product	맞춤 제품
confirmed reservation	확인된 예약	screened company	선별된 회사
prohibited area	금지된 장소	enclosed brochure	동봉된 소책자
repeated absenteeism	반복되는 결근	guided tour	가이드 동반 여행
repeated request	반복되는 요청	relaxed atmosphere	편안한 분위기
expected delivery date	예상 배송일	reserved seat	지정석
restricted area	제한 구역	unlimited access	무제한 이용, 접근
finished product	완제품	unlimited guarantee	무제한 보장
detailed information	자세한 정보	limited time/capacity	제한된 시간/용량
unused vacation	사용하지 않은 휴가	informed decision	신중한 결정(선택)
preferred means	선호되는 수단	attached document	첨부된 서류
specified hours	명시된 시간	reduced rate	할인된 가격
sophisticated system	정교한 시스템	reduced hours	단축된 근무시간

3) 사람 명사를 수식하는 과거분사

dedicated (= devoted)	헌신적인	experienced	경험이 있는
talented	재능이 있는	qualified	자격을 갖춘
distinguished	뛰어난	established	기반을 다진
accomplished	숙달한	recognized	인정 받는
respected	존경 받는	seasoned	능숙한
skilled	숙련된	renowned	유명한

✚ VOCABULARY 과거분사의 수식을 자주 받는 사람 명사

employee (= worker)	직원	member	회원
consultant	상담가	applicant	지원자
assistant	조수	candidate	후보자
accountant	회계사	mechanic	기계공
delegate	대표자	professional	전문가
technician	기술자	architect	건축가

SPARTA 📋 PRACTICE IV

| 해설 p. 427

✚ 시험에 자주 출제되는 <분사 + 명사> 표현들이 따로 있다!

1 Our company offers a free DVD that provides ------- installation instructions.

(A) detail   (B) detailed
(C) detailing   (D) details

2 We were having difficulty filling vacant positions until several ------- candidates applied.

(A) promised   (B) to promise
(C) promises   (D) promising

1 According to our company policy, our clients' personal information cannot be released without ------- consent.

(A) writing
(B) written
(C) write
(D) wrote

2 After considering his choices carefully, Scott has decided to accept the position because the work seems -------.

(A) interest
(B) interesting
(C) interested
(D) interests

3 When ------- new equipment, make sure to carefully read the manual before installing it.

(A) purchase
(B) purchased
(C) purchasing
(D) purchases

4 Employees at Tech-Ace Computers were surprised to receive an ------- bonus in May.

(A) unexpectedly
(B) unexpecting
(C) unexpectedness
(D) unexpected

5 Mr. Suzuki asked all employees to attend the retirement party ------- for the president.

(A) plan
(B) planning
(C) planned
(D) plans

6 Documents ------- how to train new employees are located on the company Web site.

(A) describe
(B) described
(C) describing
(D) are described

7 When ------- for the ZJA conference, you must provide your membership number to receive a discount.

(A) register
(B) registers
(C) registering
(D) was registered

8 Employees are asked to report all expenses incurred ------- on business trips.

(A) during
(B) so
(C) meanwhile
(D) while

9 As a result of the restaurant's ------- new menu, the number of customers has increased significantly.

(A) impressed
(B) impresses
(C) impression
(D) impressive

10 Karen, the sales manager, received an ------- evaluation from the board of directors.

(A) accepting
(B) outstanding
(C) amplified
(D) inscribed

Questions 11-14 refer to the following information.

Your Konika office copier is one of the most important tools you have. -------, knowing
11
how to care for your copier properly is an important part of running an efficient business.

Here are four vital tips from our team of experts to keep your copier in top shape.

First, use Konika-approved -------, especially Konika toner cartridges.
12

Second, be careful when loading paper. Following the instructions in the manual will

ensure proper loading of the paper and prevent paper jams.

Third, clean the copier regularly. -------.
13

Finally, if your copier is in need of repair, we advise that you select a ------- professional
14

technician. Following these tips will prolong the life of your office copier.

---

11 (A) On the other hand
(B) In summary
(C) Even so
(D) Therefore

12 (A) employees
(B) supplies
(C) access
(D) power

13 (A) Use only soft cloths and cleaning
materials recommended by Konika.
(B) Select the power-saver function
when the copier is not in use.
(C) In case of a paper jam, follow the
instructions on the side of the copier.
(D) Quality paper will prevent extra
dust from building up inside the
machine.

14 (A) certifying
(B) certification
(C) certified
(D) certify

UNIT 12 접속사

SPARTA 📝 전략

접속사에는 등위·상관·종속 접속사가 있다.

01 문맥에 맞는 등위접속사의 선택 문제가 출제된다.

02 상관접속사의 짝을 고르는 문제가 출제된다.

03 명사절 접속사의 자리와 쓰임에 관련된 문제가 출제된다.

04 문맥에 맞는 적절한 부사절 접속사 선택 문제가 출제된다.

05 부사절 접속사와 전치사 구별 문제가 출제된다.

📝 Preview

01 | 대표적인 접속사 문제 보기 유형

등위접속사	상관접속사의 짝 유형 1	상관접속사의 짝 유형 2	종속접속사
(A) yet	(A) both	(A) or	(A) while
(B) so	(B) either	(B) nor	(B) after
(C) and	(C) neither	(C) and	(C) although
(D) but	(D) not only	(D) but	(D) that

02 | 접속사의 종류

1) 등위접속사

단어와 단어, 구와 구, 절과 절을 대등하게 연결하는 접속사를 말한다. 같은 문장 성분을 대등하게 연결하기 때문에 연결 대상이 없는 문두에는 올 수 없다. 대표적인 등위접속사로 and, but, or 등이 있다.

2) 상관접속사

두 단어가 짝을 이루어 단어와 단어, 구와 구, 절과 절을 연결하는 접속사를 말한다. 대표적인 상관접속사로 both A and B, either A or B 등이 있다.

3) 종속접속사

문장에는 주가 되는 주절과 주절의 의미를 보충하는 종속절이 있다. 이때 종속절에 쓰이는 접속사를 종속접속사라고 한다. 종속접속사는 명사절 / 형용사절 / 부사절 접속사로 나뉘며, 각각의 대표적인 접속사로 명사절 접속사(that, whether...), 형용사절 접속사(who, which, whose...), 부사절 접속사(because, if, although...) 등이 있다.

03 | 주절과 종속절

1) 주절

주된 내용을 전달하는 문장을 말하며 종속접속사가 사용되지 않은 문장으로 종속절의 내용과 연결되어 결론을 내리는 문장을 말한다.

2) 종속절

말 그대로 다른 문장에 내용상 종속되어 있다는 뜻이다. 단독으로 쓰일 수 없고, 문장에서 하나의 품사(명사 or 형용사 or 부사) 역할을 하는 절이다.

POINT ❶

01 | 등위접속사

- 등위접속사 앞뒤는 동일한 문장 구조를 취함으로써 병렬 구조를 이뤄야 한다.

1) 등위접속사의 종류

등위접속사	and	그리고 (추가)
	but (yet)	그러나 (반대)
	or	혹은, 그렇지 않으면 (선택)
	so	그래서 (결과)

2) 등위접속사의 역할

등위접속사	A (B와 같은 구조)	and	B (A와 같은 구조)
		but (yet)	
		or	
		so	

단어와 단어 StaBio recognizes the need for greater investment in **research and development**.
StaBio 사는 연구와 개발에 더 많은 투자의 필요성을 인식하고 있다.

구와 구 The president decided **to promote Mr. Teller and to raise his salary**.
사장은 Teller 씨를 승진시키고, 그의 급여를 인상하기로 결정했다.

절과 절 **Mr. Sandford was promoted, so he was given a higher wage.**
Sandford 씨는 승진되어서 더 많은 급여를 받았다.

> **TIP!** so는 앞뒤에 완전한 문장이 와야 한다.
>
> Mr. Sandford was promoted, so he was given a higher wage. (O)
> Mr. Sandford was promoted, so was given a higher wage. (X)

SPARTA 📋 PRACTICE I
해설 p. 429

✚ 문맥에 알맞은 등위접속사를 구별하는 문제가 출제된다.

1 We will reimburse the customer for any loss ------- damage.

(A) but   (B) yet
(C) for   (D) or

2 To remain competitive, the company must reduce costs ------- improve productivity.

(A) for   (B) so
(C) and   (D) nor

PART 5&6

✏ POINT ❷

02 | 상관접속사

- 두 단어 이상이 서로 짝을 이루어 쓰이는 접속사로, 등위접속사와 마찬가지로 품사나 구조가 같은 단어, 구, 절을 이어준다.

	both		and		A와 B 모두, A와 B 양쪽 다
상관접속사	either		or		A 혹은 B, A나 B
	neither	A	nor	B	A도 B도 아닌
	not only		but (also)		A뿐만 아니라 B도 (= B as well as A)
	not		but		A가 아니라 B

The exhibit was unique because it included **both historic and contemporary artifacts**.
→ historic (artifacts) and contemporary artifacts
전시회는 역사적이고 현대적인 문화 유물을 모두 포함하고 있었기 때문에 독특했다.

All facilities in the building have **either been repaired or replaced with new ones**.
→ either been repaired or (been) replaced
건물 내의 모든 시설물들은 수리되었거나 새것으로 교체되었다.

The coffee shop accepts **neither credit cards nor checks** during the morning rush hour.
→ accepts neither credit cards nor (accepts) checks
그 커피숍은 아침의 혼잡한 시간 동안에는 신용카드도 수표도 받지 않는다.

AP Telecom offers **not only Web site design but (also) various social media services**.
　　　　　　　　　　　　　　　A　　　　　　　　　　　　　　　　　　B
= AP Telecom offers **various social media services as well as Web site design**.
　　　　　　　　　　　　　　B　　　　　　　　　　　　　　　　　A
AP Telecom 사는 웹사이트 디자인뿐만 아니라 다양한 소셜 미디어 서비스도 제공합니다.

SPARTA 📖 PRACTICE II
해설 p. 429

➕ 상관접속사의 짝을 고르는 문제가 출제된다.

1 The store accepts ------- credit cards nor personal checks, so customers must pay in cash.

(A) either　　　　(B) neither
(C) both　　　　 (D) with

2 Design work requires not only a good imagination ------- also a great deal of attention to detail.

(A) but　　　　　(B) alone
(C) almost　　　 (D) always

🖋 POINT ❸

03 | 명사절을 이끄는 종속접속사 : that, whether, if

- 명사절은 문장 안에서 명사 역할을 하는 절이다. 문장에서 명사가 하는 역할, 즉 주어, 목적어, 보어로 쓰일 수 있다. 따라서 문장의 필수 요소이므로 **생략 불가!**

Mervin Software announced **that it is planning to expand into India**.

Mervin Software 사는 인도로 사업을 확장할 계획이라고 발표했다.

Please let us know **[whether / if] you will be able to attend the meeting**.

회의에 참석할 수 있을지 저희에게 알려주세요.

04 | 부사절을 이끄는 종속접속사 : when, while, if, because, since, as, though...

- 문장에서 시간, 조건, 이유, 양보, 목적 등을 나타내는 절이다. 문장의 수식어 절이므로 **생략 가능!**

시간 Mr. Dance will cover the manager's duties **while she is away**.

매니저가 없는 동안 Dance 씨가 그녀의 업무를 대신할 것이다.

조건 **If you buy the product online**, you can get an additional 15% discount.

이 상품을 온라인으로 구매하시면, 15% 추가 할인을 받으실 수 있습니다.

이유 Mr. King has to miss the meeting tomorrow **since he is supposed to be out of the office**.

King 씨는 외근하기로 되어 있어서 내일 회의에 빠져야 한다.

양보 **Though she was new to the job**, she was able to catch on very quickly.

그녀는 입사한 지 얼마 안 됐지만 일을 정말 빨리 배웠다.

목적 All workers should follow the safety rules **so that they can use the equipment safely**.

모든 직원들은 장비를 안전하게 사용하기 위해 안전 수칙을 따라야 한다.

SPARTA 📝 PRACTICE III
해설 p. 429

➕ 명사절 접속사는 문장의 필수 요소이며, 부사절 접속사는 문장의 수식 요소이다.

1 The airline's policy states ------- uniforms must always be worn while on duty.

(A) that   (B) these
(C) but   (D) so

2 The manager made us stay late ------- we could submit the report by tomorrow.

(A) accordingly   (B) however
(C) therefore   (D) so that

1 Either Mr. Flanigan ------- Ms. Delgado will be in the office to receive orders by phone and to notify the Shipping Department.

(A) or
(B) then
(C) but
(D) although

2 The building owner has decided to make small gardens ------- on the roof and on office balconies.

(A) never
(B) whether
(C) both
(D) either

3 ------- many improvements have been made to the proposal, I don't think the board of directors will approve it.

(A) Although
(B) Because
(C) Despite
(D) Due to

4 The training session for new employees will be offered next Monday, ------- the registration rate is still quite low.

(A) and
(B) so
(C) but
(D) or

5 ------- the updated printing procedures will affect the look of our promotional materials remains to be seen.

(A) However
(B) Whether
(C) Even if
(D) Because

6 Crine Electronics has a reputation for ------- flexibility in adapting to market conditions and effective product innovation.

(A) and
(B) both
(C) either
(D) rather

7 Basso Publishing accepts neither advertising ------- sponsorship of its content and does not offer user promotions of any type.

(A) but
(B) nor
(C) so
(D) yet

8 The amount of the installment is required to be paid on ------- before the due date.

(A) when
(B) neither
(C) or
(D) either

9 ------- the finance manager and director finish discussing the funding for the buyout, they will announce their decision.

(A) Because
(B) As soon as
(C) Unless
(D) So that

10 The company parking area will be repaved next week, ------- employees are advised to use public transportation during that time.

(A) except
(B) if
(C) so
(D) because

Questions 11-14 refer to the following e-mail.

To: hwelchman@attmail.com

From: dkobiela@jeromeindus.co.uk

Date: August 15

Subject: Your first day at Jerome

Dear Mr. Welchman,

Welcome to Jerome Industrials. Thank you for ------- the full-time permanent position
11
of laboratory assistant. We look forward to your arrival on September 1 at the Aidan

Building. Please report to the front desk and ask for Helen McCrory. She ------- you to the
12
Human Resources Office. There, you will obtain your employment badge ------- all of the
13
documents necessary to start work.

Note that because of its large size, the Leicester campus of Jerome can be difficult to

navigate. Studying a map will help orient you to the locations of buildings. -------.
14
Should you have any questions, please do not hesitate to contact me.

Sincerely,

Dorota Kobiela
HR Administrative Officer

11 (A) offering
(B) accepting
(C) discussing
(D) advertising

12 (A) accompany
(B) did accompany
(C) accompanies
(D) will accompany

13 (A) too
(B) also
(C) as well as
(D) additionally

14 (A) Please sign the attached file and
return it.
(B) I will provide you with a replacement.
(C) Construction will be finished next year.
(D) You can download one from our
Web site.

SPARTA 전략

명사절 접속사는 세 달에 한 문제, 부사절 접속사는 매달 한 문제 정도가 출제된다.
형용사절과 부사절을 구분할 줄 알아야 한다.

01 명사절을 이끄는 자리에 접속사를 채우는 문제가 출제된다.
02 불확실한 내용을 전달하는 명사절 접속사 if와 whether를 채우는 문제가 출제된다.
03 명사절에서 what과 that을 구별할 줄 알아야 한다.
04 부사절 접속사를 문맥에 맞게 채우는 연습을 하자.
05 같은 의미의 부사절 접속사와 전치사를 구별하는 문제가 출제된다.

Preview

01 | 대표적인 명사절과 부사절 접속사 문제 보기 유형

명사절 접속사	부사절 접속사 VS 전치사	부사절 접속사
(A) that	(A) Although	(A) until
(B) there	(B) Despite	(B) because
(C) what	(C) However	(C) unless
(D) whether	(D) Nevertheless	(D) so that

02 | 명사절이란?

<접속사+주어+동사>로 이루어진 덩어리가 주어, 목적어, 혹은 보어의 역할을 할 때 명사절이라 부른다.

1) 명사절의 형태 : 명사절 접속사 + (주어) + 동사
2) 명사절은 <주어+동사>를 포함하며 문장 내에서 주어, 목적어, 보어 역할을 한다.
3) 명사절은 <it is[was]+형용사+that+주어+동사> 구문의 진주어 역할을 한다.

03 | 부사절이란?

문장에서 부사 역할을 하는 절로, <접속사+주어+동사> 형태가 일반적이다. 부사절은 생략되어도 전체 문장에 구조적인 영향을 주지 않는 수식절이며, 시간·이유·양보·조건·목적·결과의 의미를 나타낸다.

1) 부사절이 포함된 문장의 형태 : 주절 + 부사절 접속사 + 부사절 / 부사절 접속사 + 부사절, 주절
2) 부사절 접속사가 이끄는 절은 완전한 문장 형태를 갖는다.

✏️ POINT ❶

01 | 명사절 접속사

- **명사절 접속사 that 이하는 확실하고 단정적인 사실이나 결론을 나타낼 때 쓴다.**

  주어 **That they will succeed in their new business** is certain.

  = **It** is certain **that they will succeed in their new business**. → 가주어 (it) / 진주어 (that 이하) 구문
  그들이 새로운 사업에서 성공할 것이라는 것은 확실하다.

  목적어 Many analysts believe **that the economy will improve starting next year**.
  많은 분석가들이 내년부터 경기가 호전될 거라고 믿고 있다.

  보어 The problem is **that sales have been dropping over the past few years**.
  문제는 최근 몇 년간 판매가 계속 감소해 왔다는 것이다.

➕ VOCABULARY that절을 목적어로 자주 취하는 동사

suggest	~을 제시하다	explain	~을 설명하다	think	~라고 생각하다
show	~을 보여주다	announce	~을 발표하다	ensure	~을 보증하다
indicate	~을 나타내다	state	~라고 진술하다	note	~에 주목[주의]하다

➕ VOCABULARY 형용사 뒤에 오는 that절 관용 표현

be aware that	~을 인지하다	be certain/sure/confident that	~을 확신하다
be hopeful/optimistic that	~을 희망/낙관하다	be afraid that	~을 걱정하다

02 | 명사절 접속사 that과 what의 구별

1) that 다음에는 완전한 절이 온다.

We understand **that increasing sales is a significant challenge**.
　　　　　　　　→ 주어(increasing sales), 동사(is), 보어(a significant challenge)를 갖춘 완전한 절
우리는 매출을 늘리는 것이 중요한 과제라는 것을 알고 있다.

2) what 다음에는 주어나 목적어가 빠진 불완전한 절이 온다.

The results of the study may be different from **what we expect now**.
　　　　　　　　　　　　　　　　　　→ expect의 목적어가 빠진 불완전한 절
연구 결과는 지금 우리가 기대하는 것과 다를 수 있다.

SPARTA 📝 PRACTICE I

해설 p. 431

➕ 명사절 접속사를 고르는 문제가 출제된다.

1 Fashion Publishing announced ------- it will reduce its staff by 20 percent.

(A) about　　　　　(B) that
(C) these　　　　　(D) this

2 We really appreciate your continuing business partnership with us and will do ------- we can to keep it.

(A) that　　　　　(B) what
(C) when　　　　　(D) how

✏️ POINT ❷

03 | 명사절 접속사 whether / if (~인지 아닌지)

- 명사절 접속사 whether와 if는 '~인지 아닌지'라고 해석되며, if는 타동사의 목적어로만 가능하지만 whether는 문장에서 주어, 목적어, 보어 역할을 모두 할 수 있다.

1) 주어 자리에 오는 경우
- 문장의 주어로 쓰이는 경우는 whether만 가능하다.

[**Whether** / ~~If~~] **Mr. Conklin will apply for the position** remains to be seen.
Conklin 씨가 그 자리에 지원할지는 두고 봐야 한다.

2) 목적어 자리에 오는 경우
- 타동사의 목적어로 쓰이는 경우는 whether와 if 둘 다 가능하다.

Mr. Conklin didn't <u>decide</u> [**whether** / **if**] **he will apply for the position**.
Conklin 씨는 그 자리에 지원할지 결정하지 못했다.

3) 뒤에 to부정사가 오는 경우
- 타동사의 목적어로 쓰이는 경우는 whether와 if 둘 다 가능하지만, 뒤에 <(or not) to부정사>가 나오는 경우 if를 쓸 수 없다.

Mr. Conklin didn't <u>decide</u> [**whether** / ~~if~~] **or not to apply for the position**.
Conklin 씨는 그 자리에 지원할지 말지 결정하지 못했다.

4) 뒤에 A or B가 오는 경우
- 타동사의 목적어로 쓰이는 경우는 whether와 if 둘 다 가능하지만, 뒤에 A or B가 나오는 경우 if를 쓸 수 없다.

Mr. Conklin will <u>choose</u> [**whether** / ~~if~~] **to work in the office or from home**.
Conklin 씨는 사무실에서 근무할지 아니면 집에서 근무할지 선택할 것이다.

✚ VOCABULARY   whether나 if를 목적어로 자주 취하는 동사

ask	묻다	decide	결정하다	see	확인하다
tell	구별하다	wonder	궁금하다	determine	결정하다
find out	알아내다	question	질문하다	don't know	모르다

SPARTA 📑 PRACTICE II   해설 p. 431

✚ 명사절 접속사 whether나 if를 고르는 문제가 출제된다.

1 The board members will decide ------- or not to start production of the model.

   (A) whether   (B) if
   (C) but   (D) because

2 Mr. Alex asked ------- Ms. Adamson would be available to participate in the sales exposition in November.

   (A) if   (B) whenever
   (C) either   (D) although

✒️ POINT ❸

04 | 부사절 접속사

1) 부사절의 형태

- 부사절은 <접속사+주어+동사>의 형태로 문장 내에서 부사 역할을 하며 주절 내용을 추가 설명하는 절이다. 부사절은 종속절로서 문장의 수식 성분이므로 단독으로 쓰일 수 없다.

<u>Customers will receive an invoice</u> **when they place a new order**.
　　　　　　주절　　　　　　　　　　　　부사절 : <부사절 접속사 + 주어 + 동사>

고객은 새로운 주문을 할 때 송장을 받을 것이다.

2) 부사절의 위치

- 주절의 앞이나 뒤에 오며, 주절 앞에 올 때는 부사절 뒤에 콤마(,)를 반드시 붙여야 한다.

① 부사절이 주절 앞에 온 경우

　When you make a decision on a job, consider the salary and benefits.
　　직업을 결정할 때, 급여 및 복지를 고려하십시오.

② 부사절이 주절 뒤에 온 경우

　Earnings significantly increased **after the company was restructured**.
　　회사의 구조 조정이 이루어진 후 수익이 매우 높아졌다.

3) 부사절의 쓰임

- 부사절 접속사 자리에 전치사는 올 수 없다.

　[**Because** / ~~Due to~~] his flight was delayed, Dr. Woods was absent from the meeting.
　　우즈 박사는 비행기가 연착되어 회의에 불참했다.

SPARTA 📝 PRACTICE III　　　　　　　　　해설 p. 431

➕ 문맥에 맞는 부사절 접속사를 고르는 문제가 출제된다.

1 You can use the current product ------- the new one is launched in January.

(A) so　　　　　　(B) by
(C) until　　　　　(D) during

2 ------- there are any further questions or comments, we will bring this meeting to a close.

(A) Unless　　　　(B) Despite
(C) Besides　　　　(D) When

PART 5&6

05 | 부사절 접속사의 종류

1) 시간을 나타내는 부사절 접속사

when ~할 때	as ~할 때	at the time ~할 때	by the time ~할 때쯤
after ~후에	until ~까지	since ~이래로	each[every] time ~할 때마다
before ~전에	while ~하는 동안	once ~하자마자	as soon as ~하자마자

As soon as we receive the required document, the hiring process will begin.
우리가 요구되는 문서들을 받자마자 고용 절차는 시작될 것이다.

2) 조건을 나타내는 부사절 접속사

if = providing (that) = provided (that) 만약 ~한다면		unless ~하지 않는 한
once 일단 ~하면	as long as ~하기만 한다면	so long as ~하기만 한다면	only if ~하는 경우에만

If you finish the work within the contracted period, a bonus of 10% will be paid.
만약 당신이 계약 기간 이내에 일을 끝낸다면 10퍼센트의 보너스가 지급될 것이다.

3) 이유를 나타내는 부사절 접속사

~ 때문에	because	since	as	now that

Alex was hired as the new design assistant **because he was the most qualified applicant**.
Alex가 가장 자격을 갖춘 지원자였기 때문에 신임 디자인 보조사원으로 고용되었다.

4) 양보/대조를 나타내는 부사절 접속사

~에도 불구하고	although	even though	even if	though	while

Although Mr. Teller has limited experience, he is proving to be a competent manager.
Teller 씨는 비록 경력은 짧지만, 유능한 관리자임이 입증되고 있다.

➕ VOCABULARY 그밖의 부사절 접속사

as if(= as though) 마치 ~인 것처럼 except that ~라는 점을 제외하고 assuming (that) ~라고 가정해 볼 때
in case (that) ~의 경우를 대비하여 in the event (that) ~할 경우에 considering (that) ~라는 점을 고려하면

SPARTA 📝 PRACTICE IV
해설 p. 431

➕ 문맥에 알맞은 부사절 접속사를 고르는 문제가 출제된다.

1 ------ you want to prolong the life of the appliance, you should perform regular maintenance.

(A) If   (B) And
(C) Unless   (D) But

2 ------ Mr. Clark is a competent accountant, he cannot perform his duties all by himself.

(A) When   (B) Although
(C) Because   (D) In spite of

✏️ POINT ⑤

06 | 의미가 유사해도 부사절 접속사 자리에 전치사는 올 수 없다.

의미	접속사	전치사
~ 때문에	because, since, as, now that	because of, due to, owing to
~에도 불구하고	(al)though, even though, even if	in spite of, despite, notwithstanding
~하는 동안에	while	during, for
~한 경우에	in case (that), in the event (that)	in case of, in the event of
~할 때까지	by the time, until	by+시점 (완료), until+시점 (계속)
~하자마자	as soon as	upon

The newsletter will not be updated next month [**because** / ~~because of~~] **the publisher will be away on a holiday**.
→ because of는 전치사로, 문장을 연결할 수 없다.
회보는 발행자가 휴가를 떠나기 때문에 다음 달에는 업데이트되지 않을 예정이다.

07 | 'so that ~'과 'so ~ that …'을 구분하자.

1) so that ~ (목적)

- **'~하기 위해서' 또는 '~하도록'의 의미를 나타내며, in order that ~으로 바꾸어 쓸 수 있다.**

He got a loan from the bank **so that** he could start his own business.
= He got a loan from the bank **in order that** he could start his own business.
그는 자기 사업을 시작하기 위해 은행에서 대출을 받았다.

2) so ~ that… (결과)

- **'너무 ~해서 …하다'의 의미를 나타내며, so와 that 사이에 형용사/부사가 오면 that 앞의 내용은 원인을 나타내고 that 이하는 결과를 나타낸다.**

The president speaks **so fast that** I can't understand what he says.
= **Because** the president speaks so fast, I can't understand what he says.
= The president speaks **too fast to** understand what he says.
사장이 너무 빠르게 말해서 그가 말하는 것을 이해할 수 없다.

SPARTA 📝 PRACTICE V
해설 p. 431

✚ 동일한 의미를 갖는 접속사와 전치사를 구별해 알맞은 부사절 접속사를 고르는 문제가 출제된다.

1 ------- labor costs were significantly lower last year, the firm failed to show a net profit.

(A) Even though   (B) Even
(C) Also   (D) Despite

2 Please wear your pass card at all times ------- you will be recognized as a confirmed visitor.

(A) for   (B) although
(C) despite   (D) so that

1 We are confident ------- our brand of frozen doughnuts will succeed nationwide.

(A) what
(B) about
(C) that
(D) this

2 ------- you begin the registration process, we request that you read the guidelines.

(A) About
(B) From
(C) Before
(D) During

3 ------- the company has been cutting production costs, profits have risen for five months.

(A) So
(B) Despite
(C) As
(D) And

4 The decision on ------- to acquire the land near the head office will be made soon.

(A) if
(B) and
(C) whether
(D) since

5 The failure of the previous project was caused by disregarding ------- customers wanted.

(A) what
(B) whose
(C) that
(D) these

6 ------- the cafeteria is undergoing renovations, sandwiches and salads will be available at the snack bar.

(A) Throughout
(B) Within
(C) During
(D) While

7 ------- you're worried about limited capacity, you should book a seat in the workshop in advance.

(A) If
(B) While
(C) As
(D) Before

8 It is essential that employees wear protective clothing in this area ------- the site is very dangerous.

(A) soon
(B) since
(C) because of
(D) after

9 As of now, we have still not determined ------- the annual company banquet will take place in the company lounge or in nearby Hudson Park.

(A) what
(B) neither
(C) whether
(D) ahead

10 We are pleased to announce ------- we finally decided to hire you as an accountant.

(A) if
(B) whether
(C) that
(D) what

Questions 11-14 refer to the following advertisement.

Global Planet Gym Opening in September
525 Pierpont Street, Charlotte, NC 34093

With Global Planet Gym's 30-day free trial period, you get the opportunity to try out our classes, equipment, and facilities. -------. It's completely risk-free.

To sign up, we require contact information and payment details, but you will only be charged if you are a member for more than 30 days.

If you decide within this time ------- you no longer want to be a member of Global Planet Gym, ------- visit our Web site at www.gpgym.com.

On the membership page, select to ------- your membership and to enter the necessary information.

11 (A) You will not be charged throughout the trial.
(B) Weightlifting classes are not currently available.
(C) A cash deposit is required when you sign up for a membership.
(D) All questions should be emailed to customerservice@gpgym.com.

12 (A) who
(B) that
(C) this
(D) what

13 (A) justly
(B) regularly
(C) evenly
(D) simply

14 (A) extend
(B) renew
(C) cancel
(D) initiate

SPARTA ☑ 전략

관계대명사 문제는 두 달에 한 문제 정도 출제되며, 뒤에 오는 문장이 완전한지 불완전한지 확인할 줄 알아야 한다. 주격 관계대명사는 뒤에 주어가 없고, 목적격 관계대명사는 목적어가 없다.

01 관계대명사의 격(주격/소유격/목적격)을 묻는 문제가 출제된다.
02 관계대명사와 be동사가 생략된 자리 뒤에 알맞은 분사 형태를 묻는 문제가 출제된다.
03 목적격 관계대명사가 생략된 절에서 주어 자리나 동사의 능동/수동 구별 문제가 출제된다.
04 관계대명사 that은 선행사의 종류에 상관없이 주격이나 목적격 관계대명사로 쓰인다.
    (단, 콤마(,)나 전치사 바로 뒤에는 that을 쓸 수 없다.)

✎ Preview

01 | 대표적인 관계대명사 문제 보기 유형

관계대명사 격	(목적격 관계대명사가 생략된 문장에서) 능동/수동 구별	관계대명사의 축약형 (주격관계대명사+be동사 생략)
(A) which	(A) require	(A) confirm
(B) whom	(B) requiring	(B) confirming
(C) that	(C) has required	(C) confirmed
(D) who	(D) was required	(D) confirmation

02 | 관계대명사의 역할

관계대명사절은 <관계대명사 + 절>로 명사 뒤에서 그 명사를 수식하는 형용사 역할을 하기 때문에 형용사절이라고도 한다. 이때 관계대명사는 앞의 명사(선행사)와 뒤에 이어지는 문장을 연결해 주는 <접속사 + 대명사>이다.

1 We hired Mr. Thomas. 우리는 Thomas 씨를 고용했다.

2 He is qualified for the project. 그는 그 프로젝트에 적격이다.

1+2 We hired Mr. Thomas, 접속사 he is qualified for the project.
    → 문장과 문장을 연결하는 접속사 역할

= We hired Mr. Thomas, 접속사+대명사 is qualified for the project.
    → 접속사 역할과 대명사 역할을 동시에

= We hired Mr. Thomas who is qualified for the project.
    → 관계대명사
우리는 그 프로젝트에 적격인 Thomas 씨를 고용했다.

 **POINT 1**

01 | 관계대명사의 종류

- 관계대명사는 수식 받는 선행사(관계대명사 앞에 위치한 명사)가 사람인지 사물인지에 따라 달라지며, 주격, 소유격, 목적격으로 나뉜다.

선행사	주격 관계대명사	소유격 관계대명사	목적격 관계대명사
사람	who	whose	who / whom
사물	which	whose / of which	which
사람/사물	that	x	that

02 | 관계대명사의 역할

- 명사 뒤에 관계대명사가 이끄는 문장이 오면 그 관계대명사절은 앞의 명사를 수식한다.

주격   We hired **an employee who** is qualified for the administrative position.
우리는 관리직에 적격인 직원을 뽑았다.

TIP! 주격 관계대명사 다음에 오는 동사는 선행사에 수 일치를 시킨다.

Employees who are transferred ~ 전근 간 직원들
선행사(복수명사)   복수동사

소유격   I have several **friends whose** jobs are in accounting. 회계 분야의 직업을 가진 친구가 몇 명 있다.

TIP! 소유격 관계대명사는 명사 뒤에서 바로 뒤에 오는 명사를 수식한다.

It's **the house whose** door is painted red. 그것은 문이 빨간색 페인트로 칠해진 집이다.

목적격   **The proposal which** they submitted will be reviewed by the board of directors.
그들이 제출한 제안서는 이사회에 의해 검토될 것이다.

TIP! 목적격 관계대명사는 문장 내에서 생략 가능!

We received **the parcel (which)** you sent by post. 우리는 당신이 우편으로 보낸 소포를 받았다.

SPARTA 📖 PRACTICE I

해설 p. 433

✚ 선행사와 격에 알맞은 관계대명사를 선택하는 문제가 출제된다.

1 The Hotel Miami offers free movie coupons to customers ------- are staying for longer than one week.

(A) whom   (B) who
(C) which   (D) whose

2 The second training session is for employees ------- responsibilities include planning meetings and events.

(A) whose   (B) which
(C) what   (D) who

✏️ POINT ❷

03 | 관계대명사의 생략

1) <주격 관계대명사 + be동사>의 생략

Anyone (who is) attending the online marketing seminar should sign up.

= **Anyone attending** the online marketing seminar should sign up.

온라인 마케팅 세미나에 참석할 사람은 누구든지 서명해야 한다.

Anyone (who is) interested in the online marketing seminar should sign up.

= **Anyone interested** in the online marketing seminar should sign up.

온라인 마케팅 세미나에 관심이 있는 사람은 누구든지 서명해야 한다.

> **TIP!** 주격 관계대명사절이 진행형이나 수동태인 경우, <관계대명사+be동사>는 생략 가능하다.
> 이때 뒤에 남는 분사 -ing 또는 -ed가 선행사를 직접 수식한다.

People **(who are)** attending ~   ~에 참석하는 사람들

People **(who are)** interested ~   ~에 관심 있는 사람들

2) 목적격 관계대명사의 생략

I purchased **the car (which)** my immediate supervisor strongly recommended yesterday.

나는 직속상관이 어제 강력히 추천했던 자동차를 구매했다.

> **TIP!** 목적격 관계대명사가 생략된 문장에서 관계사절의 주어나 동사 자리가 빈칸으로 출제된다.

Please accept our sincere gratitude for the excellent service **we** received. (인칭대명사 격 문제)
Please accept our sincere gratitude for the excellent service we **received**. (동사 자리 + 능동[수동] 문제)
우리가 받은 훌륭한 서비스에 대해 진심으로 감사드립니다.

SPARTA 📑 PRACTICE II   해설 p. 433

➕ <주격 관계대명사+be동사>를 생략하고 뒤에 남는 분사를 고르는 문제가 출제된다.

1 Anyone ------- employment in the
   Sales Department should submit an
   application within a week.

   (A) seek   (B) seeking
   (C) seeks   (D) must seek

2 Research articles ------- for publication
   must include descriptive statistics.

   (A) intend   (B) intended
   (C) will be intended (D) intending

✏ POINT ❸

04 | 관계대명사 that

1) 관계대명사 that은 주격(who, which), 목적격(whom, which) 관계대명사를 대신한다.

Customers that [= who] use our online shopping mall are invited to complete this survey.
우리 온라인 쇼핑몰을 이용하는 고객들은 이 설문지를 작성하도록 권유 받는다.

The agenda included **several topics that [= which]** I want to discuss.
논제는 내가 논의하길 원하는 몇몇 주제들을 포함했다.

2) 관계대명사 that은 콤마(,) 뒤에 쓰지 않는다.
- 관계대명사의 계속적 용법은 관계대명사 앞에 콤마(,)가 있으며, 이때 관계대명사 that은 올 수 없다.

The company hired additional **designers,** [who / ~~that~~] are creative and motivated.
회사는 디자이너들을 더 고용했는데, 그들은 창조적이고 의욕적이다.

05 | 관계대명사 that과 명사절 접속사 that

관계대명사   The company hired **a new manager that** has a lot of experience.
→ 주어가 없는 불완전한 절로 명사를 뒤에서 수식

회사는 많은 경력을 가진 신임 매니저를 고용했다.

명사절 접속사   Southeast Airlines announced **that the flight would be delayed**.
→ 완전한 문장을 갖춘 채 문장에서 주어·목적어·보어 역할

사우스이스트 항공사는 비행기가 연착될 거라고 발표했다.

SPARTA 📝 PRACTICE III   해설 p. 433

✚ 관계대명사 that의 용법을 묻는 문제가 출제된다.

1 Consumers can buy long-lasting lamps ------- last more than five years.

(A) who   (B) that
(C) whom   (D) when

2 Mr. Russell talked about the TNA development plan, ------- he will announce next month.

(A) that   (B) who
(C) whom   (D) which

1 Audience members ------- need to leave the auditorium are asked to exit quietly in order not to disturb the ongoing presentations.

(A) those
(B) which
(C) who
(D) whom

2 The person ------- job is to process new applications is David Ellison, the human resources manager.

(A) what
(B) her
(C) whose
(D) this

3 Employees express admiration for their manager, Mr. Martin, ------- achieved notable results in the reorganization of the division.

(A) when
(B) who
(C) whom
(D) which

4 Mr. Brown speaks fluent German, ------- will be an asset to his role as an overseas marketing manager.

(A) which
(B) what
(C) who
(D) whichever

5 Ms. Tyler is a very talented artist ------- works are now on display in an art gallery on First Avenue.

(A) who
(B) whom
(C) whose
(D) which

6 Most airline companies charge an extra fee for baggage ------- a specified weight.

(A) exceed
(B) exceeded
(C) exceeding
(D) is exceeded

7 Mr. Ferroni has been appointed to take over for Corey Stoll, ------- is retiring as chief editor of the *Daily News*.

(A) who
(B) that
(C) whose
(D) he

8 The flight was delayed because of a thunderstorm ------- by some heavy winds.

(A) will accompany
(B) accompanying
(C) to accompany
(D) accompanied

9 Managers should provide possible solutions to the problems ------- face to their team members.

(A) their
(B) them
(C) they
(D) themselves

10 Whoever is not good at using computer programs is urged to register for the computer training session that ------- for October 10.

(A) schedules
(B) are scheduling
(C) is scheduled
(D) have been scheduled

Questions 11-14 refer to the following announcement.

Lucy Walker's Customer Service Seminar

Lucy Walker is a widely recognized ------- in the area of customer satisfaction and
11
retention. Ms. Walker has served as the vice president of marketing for Westfield Services
for ten years. Using the insight gained from her experience here at Westfield, Ms. Walker
develops informative seminars ------- employ innovative instructional techniques. -------.
12   **13**
As a result, participants gain valuable practice dealing with real-world situations.
Please note that the sessions scheduled for September 3 and 5 are already filled up.
-------, a limited number of spaces are still available for the September 4 and 6 sessions.
14

11 (A) authority
(B) authorized
(C) authorizing
(D) authorization

12 (A) those
(B) in that
(C) which
(D) what

13 (A) While at Westfield, she began
conducting seminars with
colleagues.
(B) One of them is to use role-playing.
(C) She graduated from the prestigious
Norton School of Business.
(D) Participants are asked to submit
a résumé with their application.

14 (A) Finally
(B) However
(C) Specifically
(D) Unfortunately

SPARTA 전략

비교급과 최상급의 문제는 평균 두 달에 한 문제 정도 출제된다.

01 비교급의 짝을 이루는 표현 문제가 출제된다.
02 as ~ as 또는 more ~ than 사이에 품사 결정 문제가 출제된다.
03 최상급 표현 문제가 출제된다.
04 가정법 미래/과거완료 도치 구문을 알아 두자.
05 부정어/보어가 문두에 올 때 주어와 동사가 도치된다.

Preview

01 | 대표적인 비교급 문제 보기 유형

as ~ as / more ~ than	비교급 짝	최상급 표현	도치 1	도치 2
(A) quick	(A) high	(A) poor	(A) Enclosed	(A) does
(B) quickest	(B) highest	(B) poorer	(B) Enclosure	(B) did
(C) quickly	(C) highly	(C) poorest	(C) Enclosing	(C) am
(D) quickness	(D) higher	(D) poorly	(D) Enclose	(D) will

02 | 원급 - 비교급 - 최상급의 형태

형용사[부사] 형태	원급	비교급	최상급
1음절의 짧은 단어	young 젊은	younger 더 젊은	the youngest 가장 젊은
[단모음+단자음]의 단어	big 큰	bigger 더 큰	the biggest 가장 큰
[자음+y]로 끝나는 단어	easy 쉬운	easier 더 쉬운	the easiest 가장 쉬운
2음절 이상의 단어	efficient 효율적인	more efficient 더 효율적인	the most efficient 가장 효율적인
불규칙 변화	good/well 좋은/잘 bad/ill 나쁜/병든 many/much (수/양이) 많은 little 적은	better 더 좋은 worse 더 나쁜 more 더 많은 less 더 적은	the best 가장 좋은 the worst 가장 나쁜 the most 가장 많은 the least 가장 적은

03 | 도치

도치 전	도치 후
주어 + be동사 주어 + [have/has/had] + p.p. 주어 + 조동사 + 동사원형 주어 + 일반동사	be동사 + 주어 [have/has/had] + 주어 + p.p. 조동사 + 주어 + 동사원형 [do/does/did] + 주어 + 동사원형

 **POINT ❶**

01 | 원급

- 두 대상의 동등함을 나타낸다.

1) as + 형용사/부사 + as : ~만큼 …한

Our service is not **as reliable as** our competitors'. 우리의 서비스는 경쟁사들의 것만큼 신뢰할 만하지 못하다.
→ 형용사 (주어 our service가 reliable함)

Please fasten the boxes **as tightly as** possible. 상자를 가능한 한 단단하게 묶으세요.
→ 부사 (동사 fasten을 수식, '단단히' 매라는 의미)

2) the same + (명사) + as : ~와 같은

Diana received **the same report as** the other employees.
Diana는 다른 직원들과 같은 보고서를 받았다.

3) 배수사 + as + [many / much] + 명사 + as : ~에 비해 몇 배 많은

Mr. Choi has purchased **twice as many books as** he did last year.
Choi 씨는 작년에 비해 두 배 많은 책을 구입했다.

02 | 비교급

- 두 대상 중에서 하나가 우월하거나 열등함을 나타낸다.

1) 형용사[부사]의 비교급 + than + 비교 대상 (명사구, 대명사, 절) : ~보다 (더/덜) …하다

This camera is **more expensive than** hers. 이 카메라는 그녀의 것보다 더 비싸다.

She spoke **more clearly than** you. 그녀는 당신보다 더욱 명료하게 말했다.

TIP! 비교급 강조 부사 much, even, still, far, a lot (훨씬)

This building is **much larger than** I expected. 이 건물은 내가 예상한 것보다 훨씬 더 크다.

SPARTA 📝 PRACTICE I

해설 p. 435

✚ 'as ~as'나 'more ~ than' 사이에 들어갈 형용사나 부사를 고르는 문제가 출제된다.

1 The faulty photocopier in the main office needs to be replaced as ------- as possible.

(A) quick (B) quicker
(C) quickest (D) quickly

2 The office furniture designs of Office Pro are more ------- than those of its competitor.

(A) efficiently (B) efficient
(C) most efficiently (D) as efficient

✏️ POINT ❷

03 | 최상급

- **셋 이상의 대상 중에서 하나가 우월하거나 열등함을 나타낸다.**

Mr. Jefferson is **the most outstanding** employee in the Marketing Department.
Jefferson 씨는 마케팅 부서에서 가장 우수한 직원이다.

- **최상급을 쓸 때는 대개 비교 대상이나 범위를 한정시키는 표현이 수반된다.**

표현	의미
최상급 + of all (the) + 복수명사(대상)	~중에 가장 ~한
최상급 + in (the) + 단수명사(단체, 기관, 장소)	~에서 가장 ~한
최상급 + among / of + 복수명사	~중에서 가장 ~한
최상급 + ever	이제껏(여태껏) 중에서 가장 ~한
최상급 + (that) + 주어 + have (ever) p.p.	'주어'가 ~했던 것 중에서 가장 ~한

Of all the subway lines that serve downtown, the red line is **the easiest** to use.
도심을 지나는 모든 지하철 노선 중에 레드라인이 가장 이용하기 쉽다.

Mr. Crowe has **the best** performance record **in the entire department**.
Crowe 씨는 전체 부서에서 최고의 업무성적을 냈다.

Les Miserables is **the most interesting** movie **that I have ever seen**.
레미제라블은 내가 이제껏 본 가장 흥미로운 영화다.

> **TIP!** 최상급 강조 부사 by far, quite, the very (단연코)
>
> **By far** the most important issue for us is unemployment.
> 우리에게 단연코 가장 중요한 문제는 실업이다.

SPARTA 📝 PRACTICE II

✚ 비교 범위가 있는 문장에서 최상급을 완성하는 문제가 출제된다.

1 According to a customer survey, Abby's Food offers the ------- quality of seafood in Carson City.

(A) highly   (B) highest
(C) high   (D) higher

2 This new product is the ------- advanced one our company has developed.

(A) most   (B) more
(C) some   (D) so

246 스파르타 토익 700

04 | 주의해야 할 비교급 표현

1) of the two + 복수명사, the + 비교급 : 두 ~중에서, 더 …한

Of the two applicants, Mr. Paul is **the more** qualified.
두 명의 지원자 중에서, Paul 씨가 더 자격을 갖추었다.

2) the + 비교급 + 주어 + 동사, the + 비교급 + 주어 + 동사 : ~하면 할수록 더 ~하다

The more we have, **the more** we want. 우리는 더 많이 가질수록, 더 많이 원한다.

3) 라틴계 비교급

prior to ~에 앞서	posterior to ~보다 이후에
superior to ~보다 우수한	inferior to ~보다 열등한
senior to ~보다 손위의	junior to ~보다 손아래의

We should look over the report **prior to** the meeting.
회의 전에 우리는 보고서를 검토해야 한다.

05 | 그 밖의 관용 표현

1) as soon as possible(= as soon as someone can) : 가능한 한 빨리

We should implement the plan **as soon as possible**.
우리는 가능한 한 빨리 그 계획안을 시행해야 한다.

2) less than + 숫자 : ~보다 적은

Employees are permitted to work **less than 16 hours** per week.
직원들은 주당 16시간보다 적게 일하도록 되어 있다.

3) more than : ~이상

Donors of **more than** $100 are eligible to become members of the Star Club.
100달러 이상의 기부자들은 Star Club의 회원이 될 자격이 된다.

SPARTA 📋 PRACTICE III

해설 p. 435

➕ 비교급 앞에 the를 써야 하는 경우가 출제된다.

1 ------- advanced your equipment is, the better its performance is.

(A) The more (B) More of
(C) The best (D) More

2 Of the two managers, Mr. Lee is the ------- qualified specialist in the Internet business area.

(A) better (B) much
(C) too (D) well

✏️ POINT ④

06 | 도치

1) 가정법 도치

- 가정법 문장의 if 절에서 if는 생략이 가능하며, 이 경우 주어와 (조)동사가 도치된다.

① 가정법 미래의 도치

> **If + 주어 + should** + 동사원형, 주어 + 조동사(will/would) + 동사원형 / 명령문
> = **Should + 주어** + 동사원형 ~

If you should have any questions, feel free to contact me.
= **Should you** have any questions, feel free to contact me.
질문이 있으시면 제게 편하게 연락해 주세요.

② 가정법 과거완료의 도치

> **If + 주어 + had p.p.** ~, 주어 + 조동사의 과거형(would/could/might) + have p.p.
> = **Had + 주어 + p.p.** ~

If he had finished the work in time, we wouldn't have been late.
= **Had he finished** the work in time, we wouldn't have been late.
그가 제시간에 업무를 끝냈다면, 우리는 늦지 않았을 것이다.

TIP! **가정법의 종류**

1 가정법 과거(현재 상황을 반대로 가정)
If + 주어 + 과거 동사, 주어 + would/could/might + 동사원형 (만약 ~라면, ~할 텐데.)
2 가정법 과거완료(과거 상황을 반대로 가정)
If + 주어 + had p.p., 주어 + would/could/might + have p.p. (만약 ~했다면, ~했을 텐데.)
3 가정법 미래(미래에 있을 만한, 가능성 희박한 일)
If + 주어 + should + 동사원형, 주어 + will/can/may + 동사원형 (만약 ~하면, ~할 것이다.)

SPARTA 📝 PRACTICE IV
해설 p. 435

➕ 가정법 도치구문을 파악하고 문두에 올 조동사를 고르는 문제가 출제된다.

1 ------- you need a free subscription, you have to fill out the attached postcard.

(A) Should
(B) Could
(C) Would
(D) Might

2 ------- you arrived earlier, I could have bought the cut-price goods.

(A) Has
(B) Have
(C) Had
(D) Having

2) 부정어가 문두에 올 때

Not / Never / Hardly / Seldom / Little / Not only +	be동사 + 주어 do/does/did + 주어 + 동사원형(일반 동사) 조동사 + 주어 + 동사원형 have/has/had + 주어 + p.p.

The movie is **not only** interesting, but it is also informative.

= **Not only** is the movie interesting, but it is also informative.
　　부정어　be동사　주어

그 영화는 흥미로울뿐만 아니라 유익하다.

She has **never** used such a complex program.

= **Never** has she used such a complex program.
　부정어　동사　주어

그녀는 그런 복잡한 프로그램을 한 번도 이용해 본 적이 없다.

3) 보어가 문두에 올 때

▪ 보어를 강조하고자 할 때 보어(형용사, 현재분사, 과거분사)를 맨 앞에 두어 주어와 동사를 도치한다.

A list of emergency contact numbers is attached.

= **Attached** is a list of emergency contact numbers.
　　보어　be동사　　　　　　주어

비상 연락처 목록을 첨부합니다.

SPARTA 📑 PRACTICE V

해설 p. 435

✚ 도치 구문의 문두를 채우는 문제가 출제된다.

1 ------- is an updated record of members who regularly attend city council meetings.

(A) Attach　　　　　(B) Attaching
(C) Attachment　　(D) Attached

2 ------- is Cora Miller the writer of many books, but she is also a promising photographer.

(A) And　　　　(B) Whether
(C) Which　　　(D) Not only

1 The medical equipment support team assured the board that its heart-testing monitor is as ------- as other top models on the market.

(A) reliant
(B) reliable
(C) reliably
(D) reliability

2 The new system developed this year is ------- efficient than the previous one.

(A) little
(B) least
(C) less
(D) few

3 The study found that the biotechnology industry is growing faster ------- other related fields.

(A) than
(B) within
(C) onto
(D) there

4 Star Airlines offers the ------- flights available from New Delhi to Kabul.

(A) cheapness
(B) cheapen
(C) cheaply
(D) cheapest

5 The price of gasoline is ------- higher than it was at the beginning of the year.

(A) much
(B) very
(C) many
(D) so

6 Since ------- than twenty people have signed up to take the workshop, it has to be canceled.

(A) a few
(B) much
(C) less
(D) fewer

7 ------- you require extra time to finish the project, please inform the Production Department in advance.

(A) Might
(B) Could
(C) Would
(D) Should

8 Had Mr. Freeman contacted the repair company when the problem started, he ------- in this predicament now.

(A) won't be
(B) wouldn't have been
(C) wasn't
(D) wouldn't be

9 Firms cannot sell the personal information of customers, ------- can they share it.

(A) nor
(B) and
(C) but
(D) which

10 Never ------- we think that exports would increase that much in such a short period.

(A) does
(B) did
(C) am
(D) will

Questions 11-14 refer to the following e-mail.

From : Stellan Skarsgard

To : All managers

Date : November 15

Subject : Annual Staff Awards Banquet

Dear Managers,

December is quickly approaching, and the annual banquet committee is working out the details for this year's staff awards banquet. As you know, this ------- event is an excellent
                                                                                          11
opportunity for us to thank the entire staff and to look back at the year that has passed. In addition, it will provide all employees with the chance ------- time with their colleagues in
                                                                                          12
a relaxed environment.

We know that the distance to last year's banquet in Southampton made it difficult for several employees to attend the event. To make it -------, we are currently looking for
                                                                                          13
a venue that is closer to our office building. -------.
                                                 14

11 (A) initial
(B) yearly
(C) favoring
(D) hiring

12 (A) to spend
(B) having spent
(C) spending
(D) will spend

13 (A) easily
(B) easier
(C) easiest
(D) easiness

14 (A) Driving directions are attached.
(B) We apologize for the confusion.
(C) Please reply to me if you have any
    suggestions.
(D) Remember to confirm your
    attendance.

PART 5&6

RC

PART 7

SPARTA ✔ 전략

편지(letter)는 가장 많이 출제되는 지문 유형 중 하나로, 다른 지문과는 달리 제목이 따로 제시되지 않아 주제를 찾기 쉽지 않다. 하지만 서식에 제시된 발신자·수신자 정보를 활용하면 주제를 파악하는 데 도움이 된다. 이메일도 상단에 제시된 정보(subject 등)를 활용하여 접근하자.

- 수신자와 발신자의 이름보다 회사나 직책명에 집중하라!
- 용건이 분명한 공적인 편지가 주로 출제된다!
- I'm writing to ~로 주제문이 시작됨을 명심하라!
- 편지에서는 세부 내용에 추가되는 동봉 서류에 대해 물어볼 수 있다.
- 이메일에서는 @뒤에 나와 있는 회사나 단체의 이름을 꼭 파악하라!

01 | 빈출 지문 유형

- 고객과 고객관리부서 직원 간의 서비스 문의 관련 편지 / 이메일
- 회사와 회사 간의 비즈니스 관련 편지 / 이메일
- 회사 내 동료들 간의 업무 관련 편지 / 이메일
- 지역 혹은 국가의 특정 단체에서 보내는 편지 / 이메일
- 고용과 관련된 편지

02 | 빈출 문제 유형

- **Why was this letter written?** 이 편지는 왜 쓰였나?
- **To whom is this letter addressed?** 이 편지는 누구에게 보내지는가?
- **Where does Ms. Wright most likely work?** Wright 씨는 어디에서 일할 것 같은가?
- **What is enclosed[included/attached] with this letter?** 이 편지에 무엇이 동봉되어 있는가?
- **What is Ms. Declan being asked to do?** Declan 씨는 무엇을 하라고 요청 받는가?

Questions 1-3 refer to the following letter. ---------------- **1** 지문 종류를 확인한다.

Terrence Armstrong
Director of Human Resources ---------------- **2** 편지를 받는 사람의 정보가 나타나는데, 여기에서는 이름보다 **회사나 직책명**을 확인 (토익에 출제되는 편지의 목적은 주로 공적이므로 회사나 직책명에서 주제를 찾도록 한다.)
Genstar Consulting
386 West Leigh Street
Columbia, SC 62890

Dear Mr. Armstrong, ---------------- **3** '~에게'라는 표현으로, 받는 사람을 나타 낸다.

I'm writing to recommend Sheila Paskowitz for the job of marketing director at your company. ---------------- **4** 편지를 쓴 용건, 즉 **주제문**이 되는 부분이 므로 정확히 파악한다. (편지는 보통 'I'm writing to ~'로 주제문을 시작)

— [1] —. She has been working at KPL, Inc. as a marketing specialist. From the time she began working here, she has demonstrated the ability to be innovative and versatile. — [2] —. In fact, she performed her duties so well that she was quickly promoted to marketing team leader after only two years. Under her leadership, the marketing team has flourished. ---------------- **5** 편지의 목적을 뒷받침하는 세부 내용이 등장한다. (주제문을 통해 예측한 내용을 속독으로 확인)

— [3] —. I have enclosed some of her performance evaluations so that you can read them. ---------------- **6** 편지에서는 특별히 **동봉 자료**를 첨부할 수 있다. (동봉 여부는 'enclose, attach, include'로 표현)

— [4] —. However, I encourage her to take the opportunity for the professional advancement that your company is offering. She will be a fantastic addition to your company. I suggest you to give a chance to her. ---------------- **7** 편지 작성을 마무리하면서 수신인에게 주제와 관련된 **추후의 할 일**을 당부한다.

Sincerely,

Joshua Hertzlog ---------------- **8** '~ 올림'과 같은 표현으로 보내는 사람의 회사나 직책명을 나타낸다. (**보내는 사람의 회사나 직책명을 주제문을 찾는 데 이용**)
Director of Marketing
KPL, Inc.

해석 Terrence Armstrong / 인사부장

Genstar Consulting / 386 West Leigh Street / Columbia, SC 62890

친애하는 Armstrong 씨에게,

저는 Sheila Paskowitz를 귀사의 마케팅 관리자로 추천하기 위해 이 편지를 씁니다.

그녀는 KPL 사에서 마케팅 전문가로 일하고 있습니다. 그녀가 이곳에서 일을 시작하면서부터 그녀는 혁신적이고 다재다능한 능력을 증명하고 있습니다. 사실, 그녀는 임무를 아주 잘 수행해서 불과 2년 만에 마케팅 팀장으로 빠르게 승진했습니다. 그녀의 지도 하에서, 마케팅팀은 번창했습니다.

당신이 읽어보실 수 있도록 그녀의 업무 평가서를 첨부합니다.

물론, Sheila가 KPL 사를 떠나는 것을 보게 되어 매우 유감입니다. 하지만, 저는 당신 회사에서 제공할 전문적인 성장의 기회를 그녀에게 권하고자 합니다. 그녀는 귀사에 훌륭한 추가 인력이 될 것입니다.

저는 당신이 그녀에게 기회를 주길 바랍니다.

진심을 담아,
Joshua Hertzlog / 마케팅 부장 / KPL 사

✚ 문제 풀이 전략

Q1 Why was this letter written?

(A) To compliment Ms. Paskowitz's performance
(B) To offer Mr. Armstrong a job opportunity
(C) To suggest the employment of Ms. Paskowitz
(D) To report the achievements of KPL, Inc.

이 편지는 왜 쓰였는가?

(A) Paskowitz 씨의 실적을 칭찬하기 위해
(B) Armstrong 씨에게 취업 기회를 주기 위해
(C) Paskowitz 씨의 고용을 제안하기 위해
(D) KPL 사의 성과를 보고하기 위해

| 전반적인 내용을 묻는 문제 |

▶ I'm writing to ~ 구문에 드러난 편지를 쓴 용건을 통해 답을 확인하도록 한다. 지문 초반을 보면 Paskowitz를 회사에 추천하려는 것을 알 수 있다. 그러므로 정답은 (C)이다.

Q2 What is enclosed in this letter?

(A) Ms. Paskowitz's cover letter
(B) Ms. Hertzlog's résumé
(C) A report on the achievements of Genstar Consulting
(D) An appraisal of Ms. Paskowitz's work performance

이 편지에 무엇이 동봉되어 있는가?

(A) Paskowitz 씨의 자기 소개서
(B) Hertzlog 씨의 이력서
(C) Genstar Consulting 사의 성과 보고서
(D) Paskowitz 씨의 업무 실적 평가서

| 세부적인 내용을 묻는 문제 |

▶ 편지는 서식의 특성상 다른 서류를 첨부하는 것이 가능하다. 세부 내용이 전개되다가 더 세세한 내용이 필요하면 서식의 중간이나 마지막쯤에 동봉 내용이 기재된다. 'I have enclosed some of her performance evaluations so that you can read them.'을 보면 이 편지에는 Paskowitz의 업무 수행 실적이 첨부되어 있음을 알 수 있다. 따라서 정답은 (D)이다.

Q3 In which of the positions marked [1], [2], [3], and [4] does the following sentence best belong?

"Of course, I very much regret seeing Sheila leave KPL, Inc."

(A) [1]
(B) [2]
(C) [3]
(D) [4]

지문에 표시된 [1], [2], [3] 그리고 [4] 중에서 다음 문장이 들어가기에 가장 좋은 위치는 어디인가?

"물론, Sheila가 KPL 사를 떠나는 것을 보게 되어 매우 유감입니다."

(A) [1]
(B) [2]
(C) [3]
(D) [4]

| 맥락 완성 문제 |

▶ 전반적인 맥락을 논리적으로 이해하는 능력이 필요하다. 특히 문맥을 따라가다가 흐름이 이상하거나 논리적으로 비약이 있는 부분, 혹은 논리적으로 공백이 있는 부분에 집중하는 연습을 통해 정답을 찾도록 한다. 위 지문에서는 'However, I encourage her to take the opportunity for the professional advancement that your company is offering.'의 문장을 시작하는 접속 부사 however를 통해서 맥락의 흐름이 갑자기 반전되는 것을 알 수 있다. 따라서 해당 문장이 삽입되기에 가장 좋은 위치는 (D)가 된다.

I am writing to complain about the arrangements your travel company made for my friends and me while we were in London. According to your advertisement, we could choose whatever we wanted to do in London.

1 What is the purpose of this letter?

(A) To make a reservation
(B) To employ an advertising company
(C) To make a complaint about an itinerary
(D) To confirm the destination of a trip

At this time, we are proud to announce special savings on our already discounted 2-year subscription. If you act within 10 days of receipt of this letter, you can get a 2-year subscription for the low price of 24 dollars per year. That's a full 20% off the newsstand price. To take advantage of this one-time offer, simply fill out the enclosed order form today.

2 What is attached in this letter?

(A) A discount voucher
(B) An estimate
(C) A list of special savings
(D) A subscription form

I have included a brochure that explains the features of the DS500 and another for the DS400 with the differences highlighted. Please let me know whether you will cancel or modify your order.

3 What will the reader probably do next?

(A) Inform the writer of a decision
(B) Distinguish the differences between two items
(C) Enclose some sheets for an advertisement
(D) Explain the features of some products

Questions 1-2 refer to the following e-mail.

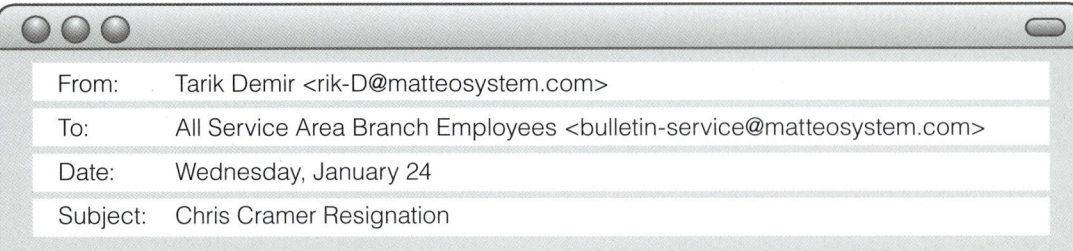

From:	Tarik Demir <rik-D@matteosystem.com>
To:	All Service Area Branch Employees <bulletin-service@matteosystem.com>
Date:	Wednesday, January 24
Subject:	Chris Cramer Resignation

Some volunteers are planning a resignation party for Chris Cramer on Friday, January 26, at 6:00 P.M. in the employee cafeteria. As you may know, Chris has been here at the company for more than 25 years and is well respected by his fellow colleagues.

I'm asking each employee to kindly donate $7.00 to purchase a present for him as a token of gratitude for the excellent work he has done for the company for the last 25 years. We have not decided on the type of gift yet, so we welcome all suggestions. Once again, be kind and please support our party plan for our dear friend Chris, who is leaving us soon. I'm looking forward to seeing all of you on Friday.

Tarik Demir

System Engineering Director

1 Why was this e-mail written?

(A) To ask colleagues to donate some items
(B) To notify employees of Mr. Cramer's work history
(C) To announce plans for a banquet
(D) To volunteer for a celebration

2 What does Mr. Demir ask colleagues to do?

(A) Make some presentations for Mr. Cramer's resignation
(B) Let him know if they will attend an upcoming party
(C) Help with decorating for an event
(D) Make suggestions about a present

Questions 3-5 refer to the following letter.

Dear Mr. Shey,

It is with regret that we have to inform you that your phone has been disconnected due to the nonpayment of your phone bill.

— [1] —. We have made every effort to establish a means whereby you can settle the bill in installments. — [2] —. If you had answered our inquiries, an alternative arrangement might have been considered to enable you to keep your phone since we are generally most unwilling to take this measure. — [3] —. Consequently, we have no alternative but to terminate your account. We intend to place the matter in the hands of our attorneys. However, if you should find yourself able to solve this problem, we would be pleased to hear that from you. We really hope that your phone can be reconnected as soon as possible.

— [4] —. A great deal of inconvenience is avoided if bills are paid promptly.

Yours sincerely,

Alfrio Levy
Account Division
Phenix Public Telecom

3 What is the topic of this letter?

(A) The discontinuing of a service
(B) The way to pay a bill
(C) Problems regarding product quality
(D) Phone installation

4 What is Mr. Shey asked to do?

(A) Call Mr. Levy promptly
(B) Pay outstanding expenses
(C) Hand in an order form
(D) Visit an office in person

5 In which of the positions marked [1], [2], [3], and [4] does the following sentence best belong?

"However, we received no reply."

(A) [1]
(B) [2]
(C) [3]
(D) [4]

SPARTA 📝 전략

광고(advertisement)는 크게 구인광고(job opening)와 상품광고(commercial) 2가지 유형으로 분류된다. 구인광고는 제목에 드러난 구인 직책을 중심으로 지문을 파악하면 된다. 반면, 상품광고는 소비자의 호기심을 유발하기 위해 도입부에 주로 광고 카피가 등장한다. 따라서 판매하는 상품이나 서비스를 일컫는 고유명사를 중심으로 맥락을 확인하도록 한다.

- 제목을 통해 구인광고인지 상품광고인지 먼저 구별하라!
- 구인광고에서는 'We are looking for ~'로 주제문이 시작됨을 명심하라!
- 상품광고는 지문 내에 등장한 고유명사를 확인하라!
- 상품광고는 지문 초반에 나오는 의문문을 제외하라!
- 구인광고는 지문 마지막에 지원 방법이, 상품광고는 구매 방법이 나온다!

01 | 빈출 지문 유형

구인광고
- 회사나 단체에서 필요한 직책의 사람을 구하는 광고
- 회사나 단체에서 인재 모집을 위해 대회를 개최하는 내용의 광고

상품광고
- 제조 상품을 판매하는 광고
- 서비스(식당, 대중교통 수단, 교육 기관, 청소 대행업체 등) 판매 광고
- 신상품의 판매 개시와 제품의 판촉활동을 위한 광고

02 | 빈출 문제 유형

- What is being advertised? 무엇이 광고되고 있는가?
- Which is NOT a requirement of the job position? 이 직책의 자격 요건이 아닌 것은 무엇인가?
- What is preferred qualifications? 우대 사항은 무엇인가?
- Who would most likely be interested in this advertisement?
  이 광고에 누가 관심을 둘 것 같은가?
- What is a stated feature of the product? 상품의 특징으로 언급된 것은 무엇인가?
- How are applicants required to apply for the position?
  지원자들은 이 직책에 어떻게 지원하길 요구 받는가?

 **POINT ❶**

Questions 1-3 refer to the following advertisement. .... **1** 지문 종류를 확인한다.

EDITORS/WRITERS WANTED .... **2** 제목을 통해 구인광고임을 확인하고 **구인 직종과 직책**을 파악한다.

LIFE SCENE, a nationally known and distributed publication, is looking for editors and writers. — [1] —. .... **3** 구인광고를 쓴 목적, 즉 주제문이 되는 부분이므로 정확히 파악한다. (구인광고의 주제문에는 'is looking[searching] for, is seeking~ 등이 주로 쓰임)

The responsibilities of these positions include writing and editing for our weekly magazine and sometimes interviewing people for features. — [2] —. .... **4** 구인 직책의 **업무**를 파악한다. (보통 'he or she will~ / must do~'로 명시)

We need people with above-average writing ability, creativity, and a great amount of experience in editing and writing. — [3] —. A college degree in a relevant subject area is a requirement. .... **5** 구인 직책의 **자격 요건**을 파악한다. (보통 'Applicants must have ~' 형태로 언급)

Previous publishing experience is not necessary but is certainly a plus. .... **6** 자격 요건에는 'preferred / plus'라는 표현과 함께 **우대사항**이 나오기도 한다.

If you think you have what it takes, send your résumé and a recent writing sample to :
LIFE SCENE Editorial Department 1800 2nd Street New York, NY 19002
— [4] —. .... **7** 구인광고에서는 마지막에 **지원 방법**이 나온다.

해석

편집자/작가 모집

전국적으로 알려지고 배포되는 출판물인 <라이프 씬>에서 편집자와 작가를 모집합니다.
이 직책들의 업무는 주간지 기사 작성과 편집, 때로는 특집 기사를 위해 사람들을 인터뷰하는 것을 포함합니다.
저희는 평균 이상의 작문 실력과 창조성, 편집과 작문에 많은 경험을 가진 사람들을 찾습니다. 또한 높은 동기의식을 가지고 감독이나 관리 없이 일할 수 있는 분들을 필요로 하고 있습니다. 관련 분야에서의 학위는 필수사항입니다.
이전의 출판 경력은 반드시 필요한 것은 아니지만, 가산점으로 인정해 드립니다.
이런 조건을 가지고 있다고 생각하신다면, 이곳으로 이력서와 최근 작문 샘플을 보내주십시오:
<라이프 씬> 편집부 뉴욕 2번가 1800번지, 뉴욕 19002.

✚ 문제 풀이 전략

Q1 Who would most likely be interested in this advertisement?

    (A) Editors
    (B) Librarians
    (C) Novelists
    (D) Salespeople

누가 이 광고에 관심이 있을 것 같은가?

(A) 편집자들
(B) 사서들
(C) 소설가들
(D) 영업사원들

| 전반적인 내용을 묻는 문제 |

▶ 제목과 'We are looking for ~'로 시작하는 주제문에서 드러난 구인 직책을 확인하여 답을 찾도록 한다. 제목의 'EDITORS/ WRITERS WANTED'와 주제문의 '*LIFE SCENE*, a nationally known and distributed publication, is looking for editors and writers.'에서 이 광고에 관심을 가질 사람이 편집자와 작가들임을 쉽게 알 수 있다. 그러므로 정답은 (A)이다.

Q2 What is the preferred qualification?

    (A) A college degree
    (B) An advanced level of writing ability
    (C) Prior work in an editing or writing position
    (D) Previous experience in publishing

우대 사항은 무엇인가?

(A) 대학 학위
(B) 높은 작문 실력
(C) 편집 또는 작문 분야의 이전 경력
(D) 이전 출판 경력

| 세부적인 내용을 묻는 문제 |

▶ 구인광고는 필수 자격요건을 언급하고, 우대 사항을 덧붙일 수 있으며, 이는 'preferred'나 'plus'와 같은 표현으로 나타난다. 이 지문에서는 'Previous publishing experience is not necessary but is certainly a plus.'에서 이전 출판 경력이 우대됨을 알 수 있다. 그러므로 정답은 (D)이다.

Q3 In which of the positions marked [1], [2], [3], and [4] does the following sentence best belong?

"They must also have a high degree of motivation and be team players who need little or no supervision."

    (A) [1]
    (B) [2]
    (C) [3]
    (D) [4]

지문에 표시된 [1], [2], [3], 그리고 [4] 중에서 다음 문장이 들어가기에 가장 좋은 위치는 어디인가?

"또한 높은 동기의식을 가지고 감독 없이 팀원으로서 일할 수 있는 분들을 필요로 하고 있습니다."

(A) [1]
(B) [2]
(C) [3]
(D) [4]

| 맥락 완성 문제 |

▶ they와 also가 나타내는 맥락의 흐름을 잘 활용해야 한다. 'They must also have a high degree of motivation'은 'We need people with above-average writing ability, creativity, and a great amount of experience in editing and writing.' 문장 바로 뒷자리에 와서 앞 문장에 이어 자격 요건을 추가적으로 언급하는 맥락이 되어야 자연스럽다. 그러므로 정답은 (C)이다.

Too busy to cook?
Let Ian's Bistro do it for you!

Ian's Bistro has opened a new restaurant in Winchester
located across the street from the federal courthouse.
Mention this ad at Ian's Bistro and receive 10% off your total order!

---

1 What is being advertised?

(A) An event venue
(B) The opening of a restaurant
(C) A cooking class
(D) Affordable cookers

Career Opportunity
Position: Field Service Representative
Pay & Benefits: $31,000~$45,000/year according to experience. Three weeks' paid annual leave, health insurance, travel expenses, a company car, and stock options.

---

2 Which of the following is suggested in this advertisement?

(A) Only experienced applicants should apply.
(B) The company provides various benefits.
(C) More than a month's paid vacation is provided.
(D) Employees are allowed to lease cars at low rates.

Experience Preferred: Executive assistant or related experience
Send résumé by July 17 to Human Resources director at kswayne@realauditing.com.
Successful candidates will be notified individually on August 22nd.

---

3 What are the applicants asked to do next?

(A) Report performances to a supervisor
(B) Speak with a Human Resources executive
(C) Send an e-mail by a certain date
(D) Work with an executive assistant

Questions 1-3 refer to the following advertisement.

Lawrence Financial, Inc.

A leading financial service bank is looking for an account services director. — [1] —. He or she will be responsible for reclassifying income payment to ensure the accurate reporting of tax payments. — [2] —. Validating tax related information, determining reclassification amounts, processing reclassifications using various internal systems, and performing quality-control checks relevant to all tax-reporting processes will be some of the other responsibilities. — [3] —. In order to qualify, the candidate must have a college degree and previous tax or brokerage experience along with strong analytical skills. — [4] —.

If you are interested, please send your résumé to:

Rosabeth Moss Kanter
Lawrence Financial, Inc.
985, Andrew Park Avenue
Houston, TX 48954

1 What position is being advertised?

(A) Public official
(B) Real estate agent
(C) Accountant
(D) Financial consultant

2 Which of the following is required for the position?

(A) Communication skills
(B) A license approved by a related organization
(C) Background knowledge of Lawrence Financial, Inc.
(D) A college education

3 In which of the positions marked [1], [2], [3], and [4] does the following sentence best belong?

"They must also be able to work overtime and weekends when required."

(A) [1]
(B) [2]
(C) [3]
(D) [4]

Questions 4-6 refer to the following advertisement.

Learn How to Speed-Read in 6 Weeks!

Do you want to read off anything fast and easily? If you can speed-read, you can gain an edge in business and in education! Our tried and true super-fast reading technique, called Speedie Readie, is guaranteed to help you get information from the page or computer screen into your brain faster than ever before.

This program, developed by 5-time speed-reading champ Arnold Gusterson, is now available through this special offer. It will help you increase your ability to focus on and to quickly comprehend the topic of whatever information is in front of you. You will also learn to scan documents for vital bits of information very quickly without having to read the entire page.

Make your purchase today, and you will also receive our bonus CDs, entitled *Listening for Comprehension*. Our package comes to you for the low price of $99.95 and comes with a money-back guarantee. Fill out the form on our Web site at www.readfast.com or call 1-866-345-1234 to order now!

4 What kind of service does the business offer?

(A) Teaching a reading method
(B) A program to improve quick reading skills
(C) Education for the top people in business
(D) Tips for mastering a language

6 What option is available to order the product?

(A) Filling out a paper form
(B) Visiting the closest branch
(C) Sending a fax
(D) Contacting an office

5 What is listed as an advantage of the service?

(A) Comprehensive reading materials
(B) A discussion with Mr. Gusterson
(C) A lower price than other companies
(D) A refund of the purchase price

SPARTA 전략

공지(notice/announcement)와 메모(memo)는 공적인 내용을 통지하는 목적의 글이다. 글의 구조가 처음, 중간, 끝으로 정확히 구분되어 있고 매우 구조적인 것이 특징이다.

- 공지와 메모는 다수의 대상에게 통지하는 공적인 내용임을 잊지 마라!
- 처음, 중간, 끝으로 나뉘는 지문의 구조를 이용하라!
- 공지의 첫 번째 문장(주제문)을 파악하라!
- 메모는 상단에 있는 수신인, 발신인, 주제(subject) 정보를 파악하라!

01 ┃ 빈출 지문 유형

- 지역 주민들에게 지역 내 행사나 공사에 대한 주요 일정을 안내하는 글
- 새로운 상품의 출시를 알리는 글
- 구인을 목적으로 하는 공지
- 사내에서 결정된 사안을 통보하는 메모
- 다양한 행사의 참여를 요청하는 메모

02 ┃ 빈출 문제 유형

- Where is this notice most likely posted? 이 공지는 어디에 게시될 것 같은가?
- Who was this notice written by? 누가 이 공지를 썼는가?
- Who would most likely be interested in this notice? 누가 이 공지에 관심이 있을 것 같은가?
- Why was this memo written? 이 메모는 왜 쓰였는가?
- What are employees asked[recommended/suggested] to do?
  직원들은 무엇을 하라고 요청[추천/제안] 받는가?
- When should the staff submit applications for the workshop?
  직원들은 언제까지 워크숍 참가 신청서를 제출해야 하는가?
- Where will the fair be held at the end of the month? 이달 말에 박람회가 어디에서 열리는가?

Questions 1-3 refer to the following notice. ················ 1 지문 종류를 확인한다.

Notice ························· 2 공지는 대부분 'Notice'가 제목이다.
('Notice'의 의미는 **'필독을 요한다'**는 뜻)

Starting next month, there will be a change in the schedule for trash collection. — [1] —. ·········· 3 다수의 사람들이 요지를 파악하도록 대부분 **첫 문장이 주제문**이다.

Eco sanitation workers will now conduct trash pickup on Thursdays. Please remember to place your trash bins at the curb by 7:00 A.M. on pickup day. — [2] —. If Thursday is a holiday, please put out your bins by 7:00 A.M. the following day, Friday. — [3] —. ·········· 4 주제문에서 언급한 내용을 세세하고 일목 요연하게 전달한다.

For further information concerning holiday pickup schedules and service fee descriptions as well as a description of recyclable items, please visit our Web site at www. ecosanitation.com. Thank you for your cooperation. — [4] —. ·········· 5 공지된 내용에 대한 **추후 당부 내용**을 정확히 언급한다. (일반적으로 문의하는 방법이나 공지된 내용에 필요한 신청 등을 언급)

해석

공지

다음 달부터 쓰레기 수거 일정이 변경될 예정입니다. 그러나 재활용 쓰레기 수거 및 요금에는 변동이 없습니다.
이제 Eco 환경미화원들은 목요일마다 쓰레기 수거 작업을 할 것입니다. 쓰레기 수거 당일 오전 7시까지 보도 경계석에 당신의 쓰레기 통을 갖다 놓아야 한다는 것을 기억해 주시기 바랍니다. 만약 목요일이 공휴일인 경우에는, 쓰레기통을 다음 날인 금요일 오전 7시까지 내놓으시기 바랍니다.
재활용품에 대한 안내뿐만 아니라 공휴일 쓰레기 수거 일정, 서비스 요금 내역에 대한 더 많은 정보를 원하신다면 www.ecosanitation. com을 방문해 주시기 바랍니다.
협조에 감사드립니다.

PART 7

✦ 문제 풀이 전략

Q1 What is the purpose of the notice?

    (A) To announce new service fees

    (B) To explain how to obtain recycling bins

    (C) To provide information about deliveries

    (D) To introduce schedule changes

이 공지의 목적은 무엇인가?

(A) 새로운 서비스 요금을 발표하기 위해

(B) 분리수거함을 구하는 방법을 설명하기 위해

(C) 배달에 대한 정보를 제공하기 위해

(D) 스케줄 변경을 알리기 위해

| 전반적인 내용을 묻는 문제 |

▶ 공지는 다수의 사람들에게 정보의 핵심을 명백하게 알리기 위해 대부분 첫 문장에 주제가 등장한다. 혹은 'We would like to inform you that ~'과 같은 구문으로 주제문을 나타내기도 한다. 지문의 도입부를 보면 'Starting next month, there will be a change in the schedule for trash collection.'이라고 했으므로 스케줄 변경을 알리기 위한 공지임을 알 수 있다. 그러므로 정답은 (D)이다.

Q2 What is NOT found on the Web site?

    (A) An online bill pay form

    (B) A list of items that are recyclable

    (C) The prices of service fees

    (D) The dates of alternate service

웹사이트에서 볼 수 없는 내용은 무엇인가?

(A) 온라인 청구서 지불 양식

(B) 재활용 가능한 물품 목록

(C) 서비스 요금

(D) 대체 서비스 날짜

| 세부적인 내용을 묻는 문제 |

▶ 옳은 보기를 고르는 유형은 문항에서 묻는 키워드를 지문과 직접 대조하면 되지만, 거짓을 고르는 문제는 보기를 지문과 대조해야 하므로 전략과 연습이 필요하다. 지문 하단을 보면 'For further information concerning holiday pickup schedules and service fee descriptions as well as a description of recyclable items, please visit our Web site at www.ecosanitation. com.'이라고 하므로 재활용품, 서비스 요금, 공휴일의 경우 변경되는 대체 서비스 날짜를 웹사이트에서 알 수 있다. 온라인 청구서 지불 양식에 대한 언급은 없으므로 정답은 (A)이다.

Q3 In which of the positions marked [1], [2], [3], and [4] does the following sentence best belong?

    "Please note, however, that recycling pickup and service fees will remain unchanged."

    (A) [1]

    (B) [2]

    (C) [3]

    (D) [4]

지문에 표시된 [1], [2], [3], 그리고 [4] 중에서 다음 문장이 들어가기에 가장 좋은 위치가 어디인가?

"그러나 재활용 쓰레기 수거 및 요금에는 변동이 없습니다."

(A) [1]

(B) [2]

(C) [3]

(D) [4]

| 맥락 완성 문제 |

▶ 주제문인 'Starting next month, there will be a change in the schedule for trash collection.'에서 일정의 변경이 있다고 언급했으므로 '요금에는 변경이 없다'를 언급하는 이 문장은 'however'와 함께 주제문 바로 뒤에 위치해야 자연스럽다. 그러므로 정답은 (A)이다.

PART 7

To: All department members
From: Rhonda Lansing, Manager of Research and Development
Date: May 26
Subject: Upcoming event

I would like to invite all of you who are working on publicizing our new refrigerator model to a casual luncheon.

1 What is the main purpose of this memo?

(A) To celebrate the start of a project
(B) To require people to take part in an event
(C) To introduce a new manager
(D) To invite coworkers to socialize together

Company Library Cards

The Law Society's library system allows members of the business community to use its facilities. Employees at businesses within the local area will be eligible for a company library card.

2 What is the purpose of the notice?

(A) To explain a service
(B) To propose an idea
(C) To correct a mistake
(D) To announce an opening

We do NOT recycle shredded paper of any type. Please discard shredded paper with the regular trash in the trash bin. I hope you can inform all your employees about this simple rule as it will make the custodial staff's job much easier.
Thank you.

Ken Rickson
Maintenance, Custodial Supervisor

3 According to the notice, how should shredded paper be disposed of?

(A) It should be recycled.
(B) It must be tossed away with trash.
(C) It must be put in the bin that says RECYCLE.
(D) It should be put in in separate bags.

Questions 1-3 refer to the following notice.

Notice

This lounge is a space intended exclusively for Columbia Soft Tech staff members during lunch and break times. Please follow the guidelines below carefully:

- Return furniture to its proper place if you have moved it.
- Do not take lounge-area furniture to your office.
- Clean the kitchenette every time after using it.
- Separate paper, glass, and cans to recycle them.

Coffee and other beverages are all supplied by the company. If you find the refrigerator empty, please ask Ethan Milla in the Administration Department to fill it with more.

---

1 For whom is the notice most likely intended?

(A) Community members
(B) Visitors
(C) Job applicants
(D) Employees

2 Which of the following is NOT mentioned in the guidelines?

(A) Items should be returned to the original locations.
(B) The kitchen area should be cleaned after using it.
(C) Trash should be put in designated bins.
(D) Any damaged furniture should be reported.

3 According to the notice, what is one of Mr. Milla's responsibilities?

(A) Greeting visitors
(B) Cleaning the kitchen
(C) Restocking some food
(D) Scheduling meetings

Questions 4-6 refer to the following memo.

MEMO

To : All Staff
From : Accounting Department
Date : February 12

To reduce the amount of time spent on processing travel expense claims, the Accounting Office is issuing company credit cards to all members of the staff who use company vehicles. Starting on April 1, drivers will be issued a card which can only be used to purchase fuel for the registered vehicle. All receipts must then be scanned and entered into the new online system found on the company Web site. The IT Department will be holding tutorials in the training room on how to submit online expense forms correctly in the new system during the week beginning on March 25. All staff with company vehicles must attend one of the hourly sessions. Please indicate your preferred day and time on the list in the reception area.

PART 7

4　What is the purpose of the memo?

(A) To inform employees of a change in policy
(B) To explain a delay in processing salaries
(C) To introduce a new fleet of company vehicles
(D) To remind all employees to attend a training session

5　Why should some employees go to the training room in the week commencing on March 25?

(A) To suggest computer improvements to customers
(B) To meet with new staff members
(C) To learn how to use a new software system
(D) To sign up for extra driving practice

6　What are the employees recommended to indicate in an information desk?

(A) The number of their own car
(B) Expected time to participate
(C) The expenses of purchasing fuel
(D) The list of issued company cards

SPARTA 📝 전략

기사(article)는 두괄식 형태의 글로, 주제문이 대부분 첫 문장에 드러나 있다. 하지만 처음, 중간, 끝의 구조가 정확히 드러나지 않은 경우도 많아 줄거리를 예측하기 어려울 수 있다. 따라서 지문 자체에 집중하기보다는 그 줄거리를 예측할 수 있는 문항을 미리 읽으면 내용이 어느 방향으로 전개될 것인지 파악할 수 있다. 속독과 정독의 중간 속도로 충분한 시간을 안배하여 정확히 읽어 내는 연습을 해야 한다.

- 대부분의 기사 글은 두괄식임을 명심하라!
- 주제문에는 'announced that ~'이나 'has/have p.p.', 'will ~'과 같은 표현이 언급된다.
- 문제를 미리 읽고 기사의 줄거리를 예측하라!
- 인터뷰 내용은 대상과 키워드를 표시하며 읽어라!

01 | 빈출 지문 유형

- 사회의 사건 사고에 대한 보도
- 정부나 단체, 기업의 향후 계획이나 결정된 사안에 대한 보도
- 지역사회의 사업이나 일상에 대한 보도
- 특정 행사나 상품에 대한 후기
- 시사성이 있는 문제나 사회의 관심거리 등을 평한 짧은 기사
- 보도 내용에 대한 다양한 사람들의 인터뷰

02 | 빈출 문제 유형

- What is the issue[topic] of this article? 이 기사의 쟁점[주제]은 무엇인가?
- What is the article mainly about? 이 기사는 주로 무엇에 대한 것인가?
- Why was this article written? 이 기사는 왜 쓰였는가?
- Who would most likely be interested in this article? 누가 이 기사에 관심이 있을 것 같은가?
- What is indicated about Mr. Wilkins? Wilkins 씨에 대해 언급된 것은 무엇인가?
- What is NOT mentioned about Royal Airlines? Royal 항공사에 대해 언급되지 않은 것은?
- Which party has a positive[negative] opinion? 어느 단체가 긍정적인[부정적인] 의견을 가지고 있는가?
- What is Winston Tech reported to have done? Winston Tech 사가 무엇을 했다고 보고하는가?
- Why does the article suggest that a limited number of robots are used domestically? 기사에서 왜 제한된 수의 로봇이 가정에 쓰인다고 암시하고 있는가?

Questions 1-3 refer to the following article ┄┄┄┄┄┄┄┄┄┄┄ **❶** 지문 종류를 확인한다.

British Airways announced that it is expected to resume normal service on Saturday after some problems with computer software programs forced it to cancel 20 flights on Thursday. — [1] —.

❷ 기사는 두괄식의 형식을 가지고 있어, 대부분 첫 문장이 주제문이다. (과거에 있었던 사건이나 미래의 계획들이 기사의 주제가 된다. 주제문에 announced / will과 같은 표현이 주로 나온다.)

Most of these flights caused inconvenience to passengers traveling between Dublin and Manchester. — [2] —. Airport officials in both cities stated that snowy weather was not a factor. — [3] —.

The airline made a press release on Sunday in which Tim Woodward, the personal relations manager for British Airways, admitted that the cause of the computer malfunction hadn't been determined. — [4] —.

❸ 기사는 세부 내용의 전개를 예측하기 어렵다. 그러므로 속독보다 문항을 꼼꼼히 읽은 후 대략적인 맥락을 추론하여, 본문을 읽는 것이 효과적이다. 다른 종류의 지문에 비해 충분히 시간 안배를 하여 한 번에 읽는 훈련이 필요하다. (인터뷰 내용은 인터뷰 대상과 키워드에 표시하며 읽도록 한다.)

해석 British Airways는 컴퓨터 소프트웨어 프로그램 문제로 20편의 비행이 취소되었던 목요일 이후, 토요일에 정상 서비스를 재개할 예정이라고 발표했습니다.

이런 항공편들 대부분은 더블린과 맨체스터를 오가는 여행객들에게 불편을 주었습니다. 두 도시의 공항 관계자들은 눈이 오는 날씨는 원인이 아니었다고 밝혔습니다.

항공사는 일요일에 British Airways의 고객관리 부장 Tim Woodward가 컴퓨터 오작동의 원인은 아직 밝혀지지 않았음을 시인했다는 언론 발표를 했습니다. 하지만 그는 작은 문제들은 개선되었다고 덧붙였습니다.

✚ 문제 풀이 전략

Q1   What is the article mainly about?

(A) The restarting of a service
(B) The cancelation of flights
(C) The malfunctioning of computers
(D) The occurrence of inclement weather

이 기사는 주로 무엇에 관한 것인가?

(A) 서비스의 재개
(B) 항공편의 취소
(C) 컴퓨터의 오작동
(D) 기상악화의 발생

| 전반적인 내용을 묻는 문제 |

▶ 첫 문장에 언급된 'is expected to' 구문으로 항공사는 일시적으로 중단되었던 서비스를 곧 재개할 것임을 보고하고 있다. 이처럼 기사는 대부분 과거에 있었던 사건이나 미래의 계획에 대해 보도하므로 기사 첫 문장의 과거나 미래시제에 유의하도록 하자. 첫 문장 'British Airways announced that it is expected to resume normal service on Saturday'로 미루어 보아 정답은 (A)이다.

Q2   Who is Tim Woodward?

(A) A television reporter
(B) An airline passenger
(C) An airline representative
(D) A computer technician

Tim Woodward는 누구인가?

(A) 텔레비전 리포터
(B) 비행기 승객
(C) 항공사 대변인
(D) 컴퓨터 기술자

| 세부적인 내용을 묻는 문제 |

▶ 기사에서는 다수의 인터뷰가 등장하여 자칫 어렵게 느껴질 수 있다. 인터뷰 내용이 나오면 반드시 인터뷰나 보도의 대상과 핵심어를 표시해 두어, 문제 풀이에 활용하도록 한다. 'Tim Woodward, the personal relations manager for British Airways'에서 항공사 대변인임을 알 수 있으므로 정답은 (C)이다. representative는 대표자 외에도 '대리인, 대변인'의 뜻이 있다.

Q3   In which of the positions marked [1], [2], [3], and [4] does the following sentence best belong?

"However, he added that they were minor problems which have been remedied."

(A) [1]
(B) [2]
(C) [3]
(D) [4]

지문에 표시된 [1], [2], [3], 그리고 [4] 중에서 다음 문장이 들어가기에 가장 좋은 위치가 어디인가?

"하지만 그는 작은 문제들은 개선되었다고 덧붙였습니다."

(A) [1]
(B) [2]
(C) [3]
(D) [4]

| 맥락 완성 문제 |

▶ 전체적인 맥락을 따라가다가 논리의 공백이나 반전이 있는 부분에 집중한다. 마지막에 'the cause of the computer malfunction hadn't been determined'처럼 컴퓨터 오작동의 원인이 아직 밝혀지지 않았다는 맥락 바로 뒤에 'However, they were minor problems which have been remedied'와 같이 약간의 문제는 개선되었다는 반전의 맥락이 이어져야 자연스러우므로 답은 (D)이다.

Magi-Tech Creates Solar Power Tents

Magi-Tech announced yesterday that it had made a prototype tent using solar power. The company said it will run 100% on solar power, and only when there is no light, it can run on two 9-volt batteries. Those who love the outdoors will find this extremely useful.

---

1 What is the purpose of this article?

(A) To help campers save energy
(B) To bring new technology into the world
(C) To save the environment by using solar power
(D) To replace batteries with solar batteries

Mr. Heller conceded that a previous attempt at expansion had not been successful because the company had moved too quickly. He also acknowledged that the company had not had the right personnel in place to handle such an undertaking at the time. Now that Eagle Eye, whose headquarters is located in Los Angeles, has a more experienced staff in place, Mr. Heller proudly claimed the expansion would be a huge success.

---

2 What is indicated about Eagle Eye?

(A) It needs additional staff members.
(B) It hopes to expand its range of products.
(C) It decided to hire Mr. Heller as the CEO.
(D) Its headquarters is currently located in Los Angeles.

Local Business — April 4
Royal Airlines to Sell Food on Board Its Aircraft

Royal Airlines spokesperson Mac Green told reporters yesterday that as of May 28, the company intends to discontinue free meals for passengers flying in economy class. The company, named the best domestic airline for the past 3 years by air travelers, expects this will save the firm $10 million a year.

---

3 What is implied about Royal Airlines?

(A) It is about to be sold to a competitor.
(B) Its annual budget will decrease.
(C) It has a good reputation with travelers.
(D) It will merge with another company.

PART 7

Questions 1-4 refer to the following article.

(Saturday, March 18) The use of public transportation continues to rise around the nation. — [1] —. Despite the recent decrease in gas prices to an average of $2.52 per gallon, researchers at the National Transportation Council report that nationwide, third-quarter ridership is up 8% compared to the same quarter in the previous year. — [2] —. In some cities, the number of people riding buses and subways increased by as much as 20%.

— [3] —. "Lots of people gave public transportation a try and liked it. It looks as if they're here to stay," said the NTC's president. — [4] —. "Once gas prices fall back below around $2.00 a gallon," bus driver Chris Payne speculated, "I'll start seeing the number of passengers on my bus drop to what it used to be."

1 What is the article mainly about?

(A) Increases in public transportation ridership
(B) An unexpected decline in the price of fuel
(C) Increased city spending on buses and subways
(D) A large number of retiring bus drivers

2 According to Mr. Payne, what will cause bus ridership to decrease?

(A) A report from NTC researchers
(B) A lack of customer confidence
(C) Lower gasoline prices
(D) An increase in car sales

3 The word "speculated" in paragraph 2, line 3, is closest in meaning to

(A) guessed
(B) distinguished
(C) invested
(D) confirmed

4 In which of the positions marked [1], [2], [3], and [4] does the following sentence best belong?

"Still, some transportation workers are skeptical."

(A) [1]
(B) [2]
(C) [3]
(D) [4]

Questions 5-8 refer to the following article.

Blackwell Publishing announced that it plans to merge with Pressian Media next January. — [1] —. The new company will be called Blackwell & Pressian Media. — [2] —. Both companies have struggled to compete with the nation's largest publishing company, Gate Media, Inc., which controls over 70 percent of the market.

— [3] —. Since Gate Media, Inc. was founded by Vinchis Duvet, Jr. in 2008, the company has successfully forced ten other small publishing companies to declare bankruptcy. According to a spokesman from Pressian Media, after the merger is completed, the new company will launch a 3-million-dollar marketing campaign. — [4] —. Anthony Gonzalez, a famous writer, has already announced he will be leaving Gate Media, Inc. to pursue a contract with the new company.

5 Why are the two companies making the change?

(A) To induce voluntary retirement
(B) To hire more employees
(C) To reduce operation costs
(D) To remain competitive

6 According to the article, what happened in 2008?

(A) Gate Media, Inc. went bankrupt.
(B) Vinchis Duvet, Jr. started a company.
(C) Pressian Media started a new campaign.
(D) Anthony Gonzalez published a book.

7 What can be inferred from the article?

(A) The new company will lay off many workers.
(B) Blackwell Publishing will invest a considerable amount of money.
(C) Gate Media, Inc. is a huge company.
(D) Pressian Media's headquarters will change locations.

8 In which of the positions marked [1], [2], [3], and [4] does the following sentence best belong?

"The decision results from both companies experiencing their third straight year of losses."

(A) [1]
(B) [2]
(C) [3]
(D) [4]

PART 7

SPARTA 📝 전략

온라인 대화문은 온라인 통신 장비의 사용이 급격히 증가하면서 이를 이용한 실질적인 의사소통 능력을 평가하기 위한 유형이다. 다자간의 대화문 형식의 지문은 LC Part 3의 대화와 매우 흡사하다. 그러므로 특정 인물의 메시지에만 집중하지 말고 대화에 참여한 인물 모두에게 집중하여, 줄거리의 전반적인 흐름을 찾는 것이 중요하다.

- 문자 메시지나 온라인 채팅 형식에 익숙해져라!
- 대화문 속 화자들의 관계를 파악하라!
- 화자들이 이끌어가는 대화의 전반적인 내용을 파악하는 게 핵심이다!
- 전반적인 맥락 안에서 화자가 의도한 메시지를 파악하라!

01 | 출제 방향

- 문자 메시지와 온라인 채팅 서식은 문제 난이도에 크게 영향을 미치지 않는다.
- 대화문에 쓰인 특정 표현의 의미나, 의도한 바를 묻는 유형이 출제된다.
- 화자가 문의·요청·제안한 사항이 무엇인지를 묻는 유형이 출제된다.

02 | 빈출 지문 유형

- 사내 동료 간의 업무에 대한 대화
- 고객과 고객센터 직원의 문제 해결을 위한 대화
- 간단한 문의 사항이나 요청 사항에 대한 대화

03 | 빈출 문제 유형

- What is suggested about Suzanna?
  Suzanna에 대하여 무엇이 암시되는가?
- At 9:21, what does Mr. Patrick mean when he writes, "Awesome"?
  9시 21분에 Patrick 씨가 쓴 "훌륭해"는 무엇을 의미하는가?
- What problem is indicated in the online chat discussion?
  온라인 토론에서 어떤 문제가 언급되었는가?
- What is Mr. Bolton asked to do during the conference call?
  Bolton 씨는 전화 회의에서 무엇을 할 것을 요청 받았는가?

Questions 1-3 refer to the following text-message chain .········· ▪**1** 지문 종류를 확인한다.

> Patrick
> Hello, Suzanna. Do you have time?
> 11:59 A.M.

> Patrick
> I'd like to discuss the documents for the annual office training session. Have you taught the session before?
> 12:10 P.M.

> Suzanna
> Yes, but I have to leave the office now to catch a flight.
> 12:20 P.M.

> Suzanna
> How about if I e-mail a copy of my manual from last year to you? That should provide you with some information about the course I taught.
> 12:21 P.M.

> Patrick
> Fabulous.
> 12:21 P.M.

> Suzanna
> I want you to learn more helpful information.
> 12:26 P.M.

2 주제문 – 화자의 용건이 드러난 의문문
첫 화자의 용건을 의문문 형태로 물어 보면 응답자는 질문에 답하며 내용을 이끌어간다.

3 세부 사항
주제문에서 예측된 맥락의 흐름에 따라 세부 내용이 전개된다.
(첫 화자의 용건에 관한 해결책을 상대방이 제시한다.)
ex. How about ~?
　　Please, ~.
　　You can/should/may ~.
　　I will do ~ for you.
　　I recommend you to ~.

4 의도 파악 문제의 경우, 맥락 내에서 파악해야 하므로 단순 번역으로 이해 하면 안 된다.

5 추후 당부와 일정
주제문에 나타난 용건을 처리하는 추후 조치가 드러난다.

PART 7

해석　Patrick　안녕하세요. Suzanna 씨. 시간 좀 있어요? [오전 11:59]
　　　　　　　연례 업무 교육에 대한 문서에 대해 의논 드리고 싶은 게 있습니다.
　　　　　　　전에 이 교육을 강의하신 적이 있나요? [오후 12:10]

　　　　Suzanna　네, 하지만 비행기를 타야 해서 지금 사무실을 나가야 합니다. [오후 12:20]
　　　　　　　지난해의 제가 쓴 설명서를 이메일로 보내 드리면 어떨까요?
　　　　　　　제가 강의했던 교육에 대한 정보를 잘 설명할 것입니다. [오후 12:21]

　　　　Patrick　굉장히 좋은데요. [오후 12:21]

　　　　Suzanna　당신한테 더 도움이 될 만한 자료이길 바랍니다. [오후 12:26]

✦ 문제 풀이 전략

Q1 What is suggested about Suzanna?

(A) She is the manager of the Research and Development Department.

(B) She has led a workshop for employees before.

(C) She is supposed to go on summer vacation soon.

(D) Her job is to retain the company's documents.

Suzanna에 대해 무엇이 암시되는가?

(A) 그녀는 연구 개발 부서장이다.

(B) 그녀는 전에 직원 워크숍을 진행한 적이 있다.

(C) 그녀는 곧 여름 휴가를 떠날 예정이다.

(D) 그녀는 회사의 서류들을 보관하는 업무를 맡고 있다.

| 전반적인 내용을 묻는 문제 |

▶ 추론 유형의 문제로, 지문 전반에 있는 단서를 가지고 해결해야 한다. 'Have you taught the session before?', 'a copy of my manual from last year', 'some information about the course I taught' 등의 단서를 통해 Suzanna가 교육을 진행한 적이 있음을 알 수 있으므로 정답은 (B)이다.

Q2 What will Suzanna do next?

(A) Go to the airport

(B) Teach a course

(C) Send a document

(D) Cancel her reservation

Suzanna는 다음에 무엇을 할 것인가?

(A) 공항으로 간다

(B) 강의를 한다

(C) 서류를 보낸다

(D) 예약을 취소한다

| 추후 일정을 묻는 문제 |

▶ 특정 인물의 추후 일정을 묻는 문제로, 내용의 전반적인 흐름을 이해하면서 풀어야 한다. 문제에서 Suzanna라고 언급했으므로 Suzanna의 메시지를 확인하면 된다. 대화 마지막 부분에 'How about if I e-mail a copy of my manual from last year to you?'라고 했으므로 이메일로 서류를 보낼 것을 알 수 있다. 따라서 정답은 (C)이다.

Q3 At 12:21 P.M., what does Patrick mean when he writes, "Fabulous"?

(A) He is pleased to hear about Suzanna's vacation.

(B) He agrees to go on a business trip with Suzanna.

(C) He considers Suzanna an experienced coworker.

(D) He appreciates the help Suzanna is giving him.

오후 12시 21분에 Patrick이 쓴 "굉장히 좋은데요"는 무엇을 의미하는가?

(A) 그는 Suzanna의 휴가 소식을 들어 즐겁다.

(B) 그는 Suzanna와 출장 가는 것에 동의한다.

(C) 그는 Suzanna를 노련한 동료로 인정한다.

(D) 그는 Suzanna가 그를 도와준 것에 고마워한다.

| 의도 파악 문제 |

▶ 일상 표현에 나타난 화자의 의도를 찾는 유형이다. 전반적인 내용의 흐름을 주시하면서, 맥락상에서 화자의 의도를 정확하게 이해해야 해결할 수 있다. 대화 중에 Suzanna가 'How about if I e-mail a copy of my manual from last year to you?'라고 Patrick에게 용건에 적합한 해결책을 제시해 주었으므로 이에 고마워한다는 (D)가 정답이다.

Paul We have a big problem. I got a call from our keynote speaker right now. He said that due to the inclement weather, his flight was canceled. 3:28 P.M.

3:30 P.M. Really? So is he waiting for his flight at the airport?

Risa

1 What is the problem?

(A) A keynote speaker cannot be reached.
(B) A speaker has not prepared a speech.
(C) It will be difficult to start an event as planned.
(D) Few people have registered for an event due to the bad weather.

Aaron Hi. Are you looking for a job through the job placement office? 9:24

Oh, hi. Yes. I was hoping I might find some information on summer jobs. **Caroline** I thought if I got started early, I'd have a better chance of finding something I'd like. 10:03

Aaron Good job! Are you finding any good possibilities? 10:05

2 At 10:05, what does Aaron mean when he writes, "Good job"?

(A) He tries to find a job for Caroline.
(B) He has enough information for job opening.
(C) He is totally hoping that Caroline can be hired.
(D) He agrees with Caroline's plan.

Madison Can I get a discount on all of these items? I heard that employees at Kentbuz, Inc. get a ten-percent discount when they shop at your store.

Yes. We can also give you an additional ten-percent discount since you're buying in bulk. So we'll give you 20% off the final total.

SUB SUPPLIES

3 Why will Madison get a discount?

(A) He has a discount coupon.
(B) He is an employee at Kentbuz, Inc.
(C) He frequently visits the store.
(D) He is paying in cash.

Questions 1-3 refer to the following text-message chain.

Suzi
Hi. Have you heard about the handcrafts exhibition in Drysmont this Saturday? I'm planning to check it out this Saturday afternoon.
3:27

James
Wow! Unbelievable! I'm considering going too, but when I went there last year, the parking was awful.
3:29

It took me over forty minutes to find a place to park.
3:30

Suzi
You don't have to worry. There is a free shuttle service to the exhibition this time. You can catch a shuttle at the bus stop near the Royal Hotel.
3:32

How about doing that? The shuttles are supposed to run every twenty minutes.
3:40

---

1 What is suggested about James?

(A) He has been to the venue by car.
(B) He needs to participate in the event.
(C) He doesn't have enough time to go to the exhibition.
(D) He is a resident of Drysmont.

2 At 3:29, what does James mean when he writes, "Unbelievable"?

(A) He is looking forward to attending his first exhibition.
(B) He is very excited to go with Suzi.
(C) He is surprised to have the same plans as Suzi.
(D) He can't believe that the exhibition will be held in Drysmont.

3 What does Suzi suggest James do?

(A) Go early
(B) Take a shuttle
(C) Buy tickets in advance
(D) Take a taxi

Questions 4-6 refer to the following text-message chain.

Sarah [8:45 A.M.]

Tom. I'm terribly sorry, but my illness has gotten worse, so I don't think I can make it today.

Tom [8:45 A.M.]

I'm sorry to hear that. Have you seen a doctor yet?

Sarah [8:48 A.M.]

I did last Saturday, and the doctor said that I have a bad flu which is going around. He advised me to get plenty of water and stay in bed. I followed his instructions, but I have been feeling sick all weekend, and it seems to be developing into something worse. Yesterday, I couldn't move at all. Will you inform the director of my condition?

Tom [8:49 A.M.]

That's too bad. Okay. Don't worry. The director may instruct Mark to handle your work.

Send

PART 7

4 Who most likely is Tom?

(A) A colleague
(B) A doctor
(C) A neighbor
(D) A director

6 What will Mark probably have to do?

(A) Go to the hospital
(B) Report on Sarah's condition
(C) Do Sarah's work
(D) Complete his work

5 At 8:49 A.M., what does Tom mean when he writes, "That's too bad"?

(A) He thinks that Mark doesn't want to do extra work.
(B) He considers the treatment inappropriate.
(C) He feels bad for Sarah.
(D) He believes that it would be difficult to tell the director.

Questions 7-8 refer to the following text-message chain.

Benjamin Bratt [11:19 A.M.]

I wonder how it is going there.

Alanna Ubach [11:21 A.M.]

Most of the work has been completed. We are installing the lighting fixtures on the ceiling in the main hall and have almost finished it.

Benjamin Bratt [11:23 A.M.]

Is that it? If it is completed before 1 P.M., I want you to come here and assist us.

Alanna Ubach [11:25 A.M.]

We also have to run a test trial after setting up the system.

Benjamin Bratt [11:26 A.M.]

Hmm, is it necessary to do that today?

Alanna Ubach [11:28 A.M.]

Yes, the hotel strongly urged us to do it.

Benjamin Bratt [11:32 A.M.]

Okay. Then please call me around 2 P.M.

7 Where do the writers most likely work?

(A) At a sanitation company
(B) At a private security company
(C) At a furniture company
(D) At a construction company

8 At 11:23 P.M., what does Mr. Bratt most likely mean when he writes, "Is that it"?

(A) He is curious if other supplies are needed.
(B) He wants to know how long it will take to be done.
(C) He has to identify the cause of a problem.
(D) He needs to confirm the schedule of a job.

Questions 9-12 refer to the following online chat discussion.

New Chat　　　　　　　　　　　　　　　　　　　　　　　　　⊖▢⊗

Jaime Camil [2:31 P.M.]
Hi, all. As you are the department managers, I need you to talk about the opinions of your staff members after the announcement of the merger with the Malizia Law Firm.

Renee Victor [2:33 P.M.]
Right after the initial announcement, they felt uncomfortable, but they seemed to gradually calm down. They are paying sharp attention to future changes.

Amanda Mohr [2:34 P.M.]
Our staff expects that the decision will involve some personnel moves and massive layoffs. Due to the continued economic recession, employees are worried about any changes that might happen.

Thomas Diaz [2:35 P.M.]
It's hard to say something about this issue to my employees. I can't say anything to them without further information.

Jaime Camil [2:36 P.M.]
We're working on it. After the board of directors make some decisions roughly next week, I'll share more details with you.

Amanda Mohr [2:37 P.M.]
I think that some of our offices might be filled with moving boxes soon.

Jaime Camil [2:38 P.M.]
Until the plan is complete, we all need your cooperation. If you have any questions, please feel free to contact me.

　　　　　　　　　　　　　　　　　　　　　　　　　　　　　　Send

---

9 Why did Mr. Camil send the message?

(A) To confirm the schedules for office moves
(B) To announce possible plans
(C) To find out employees' opinions
(D) To schedule a meeting

10 At 2:36 P.M., what does Mr. Camil most likely mean when he writes "We're working on it"?

(A) More detailed information is being gathered.
(B) Several offices will be closed soon.
(C) He meets regularly with the CEO.
(D) The work hours have been extended significantly.

11 When will the offices receive an update?

(A) Later this week
(B) In one week
(C) In two weeks
(D) In three weeks

12 What are the department managers expected to do?

(A) Hire new employees
(B) Ask questions
(C) Provide new identification cards
(D) Order office equipment

SPARTA 📝 전략

이중 지문(double passages)은 5문제씩 총 2세트가 출제된다. 이중 지문은 첫 지문에서 정확히 주제문을 찾으면 두 번째 지문에도 그 내용이 반복됨을 알 수 있다. 따라서 두 지문을 하나의 지문처럼 쉽게 읽을 수 있다. 또한 1세트 당 마킹 포함 5분의 시간 안배를 철저히 지키는 훈련이 필요하다.

- 이중 지문은 연계된 하나의 맥락만 찾으면 된다!
- 첫 번째 지문의 맥락을 정확히 잡아라!
- 첫 번째 지문 마지막 부분의 추후 당부 사항을 반드시 파악하라!
- 후속 지문이 존재하는 이유를 찾아라!
- 후속 지문은 첫 번째 지문의 재확인 작업이다!

01 | 빈출 지문 유형

- 구인광고와 구직을 위한 편지
- 상품광고와 구입 문의 혹은 배송 문제 해결을 위한 편지
- 공지/메모의 추후 당부와 목적 달성을 위한 이메일
- 사내 동료들끼리 공통의 주제로 주고받는 이메일
- 행사 공지와 그 행사에 대한 리뷰
- 기사와 그 내용을 바탕으로 한 편지

02 | 빈출 문제 유형

- **What is the main purpose of the first letter?**
  첫 번째 편지의 주요 목적은 무엇인가?

- **What is indicated in the second e-mail?**
  두 번째 이메일에는 무엇이 언급되어 있는가?

- **According to the first e-mail, what will Mr. Kun do next week?**
  첫 번째 이메일에 따르면, Kun 씨는 다음 주에 무엇을 할 것인가?

- **Why is Mr. Rouny the most qualified applicant?**
  Rouny 씨는 왜 가장 자격을 갖춘 지원자인가?

- **On what day did the bookstore require two extra staff members?**
  서점은 언제 두 명의 추가 직원을 요청했는가?

Questions 1-3 refer to the following advertisement and e-mail . ┄┄ **1** 지문 종류를 확인한다.

Lighting Designer Wanted ┄┄ **2** 제목에서 주제를 예측한다.

The Goodman Theater is looking for an in-house lighting designer. ┄┄ **3** 주제문을 확인한다.

The ideal applicants must have 5–10 years of stage lighting experience with at least two in actual lighting design. ┄┄ **4** 구인 직책의 자격요건을 확인한다.

The job will involve design for a variety of shows, including plays, concerts, ballets, and operas. The successful applicant will have a probationary period of 6 months to familiarize himself with the job under the supervision of the current designer, Dick Johanson, who is retiring soon. ┄┄ **5** 구인 직책에 대한 업무를 확인한다.

Anyone interested in this post should send a résumé to Larry Jordan, Personnel Office, Goodman Theater, Fairview Ave, Hampstead, PA 23478 or larryj@goodmantheater.com ┄┄ **6** 추후 당부 사항 - 지원 요령을 확인한다. (여기에 후속 지문이 쓰인 이유가 드러나 있다. 반드시 확인할 것)

From: Henry Bird <henryb@email.hd.net>
To: Larry Jordan <larryj@goodmantheater.com>
Subject: Lighting Designer
Sent: Sat., June 3, 15:00 ┄┄ **7** 이메일 서식에 드러난 주제 관련 정보와 수신자 및 발신자를 파악한다.

Dear Mr. Jordan,
I am writing with reference to the advertisement that appeared in last week's issue of *Stage Today*. ┄┄ **8** 이메일의 주제문을 파악해, 첫 지문의 추후 당부 사항과 맥락을 연결시킨다.

As you will see from my attached résumé, I have only been working in the stage lighting field for the last 4 years, but I have been in theater production for nearly 15 years. In fact, my experience as an assistant stage manager at the Global Theater in Craddock was a great asset when I finally got involved in lighting design. I now feel it is time to move on from the Global and take full responsibility for the lighting design at a theater such as yours. ┄┄ **9** 첫 지문에서 언급한 자격요건과 업무 사항을 후속 지문인 구직자의 편지 내용과 연계시키며 맥락을 확인한다.

If you need any further information, please do not hesitate to contact me. ┄┄ **10** 구직자의 추후 당부 사항을 파악한다.

Yours Sincerely,
Henry Bird

조명 디자이너 구함

Goodman 극장은 사내 조명 디자이너를 구하고 있습니다. 저희는 실제 조명 디자인에 적어도 2회 이상, 5년 내지 10년의 무대 조명 경험을 가지고 있는 사람을 찾고 있습니다.
업무는 연극, 음악회, 발레 그리고 오페라 등을 포함하는 다양한 쇼의 디자인과 관련될 것입니다. 합격한 지원자는 곧 은퇴하는 현직 디자이너인 Dick Johanson의 감독 하에 업무에 친숙해지기 위해 6개월간의 수습 기간을 갖게 될 것입니다. 이 자리에 관심이 있는 분들은 Larry Jordan, Personnel Office, Goodman Theater, Fairway Ave, Hampstead, PA23478 또는 larryj@goodmantheater.com으로 이력서를 보내시면 됩니다.

발신: Henry Bird <henryb@email.hd.net>
수신: Larry Jordan <larryj@goodmantheater.com>
제목: 조명 디자이너
송부: 6월 3일 토요일 15시

친애하는 Jordan 씨에게,
저는 <Stage Today>의 지난주 호에 나온 구인광고에 관해 쓰고 있습니다. 첨부된 제 이력서에 나와 있듯이, 저는 과거 4년 동안 무대 조명 일을 했습니다. 그렇지만 저는 거의 15년 동안 극장 제작에 있었습니다. 사실, Craddock에 있는 Global 극장에서 보조 무대 감독으로서의 경험은 제가 마침내 조명 디자인을 하게 되었을 때 훌륭한 자산이 되었습니다. 저는 지금 Global 극장을 떠나 귀하의 극장과 같은 곳에서 조명 디자인에 대한 총 책임을 맡아야 될 때라고 생각합니다. 만약 귀하께서 더 자세한 정보를 원한다면, 주저 말고 제게 연락 주세요.

진심으로 / Henry Bird

✦ 문제 풀이 전략

Q1 Why is the position of lighting designer at the Goodman Theater becoming available?

   (A) The lighting designer there now is reaching the end of his career.

   (B) The current designer's probationary period has finished.

   (C) Mr. Johanson is leaving to go to another theater.

   (D) The theater is looking for someone with more experience.

Goodman 극장의 조명 디자이너 자리가 왜 비어 있는가?

(A) 현재 그곳에 있는 조명 디자이너의 직업 경력이 끝나가고 있다.

(B) 현재 디자이너의 수습 기간이 끝났다.

(C) Johanson 씨가 다른 극장으로 떠날 것이다.

(D) 극장은 더 경험 많은 사람을 찾고 있다.

| 첫 번째 지문의 세부 사항을 묻는 문제 |

▶ 구인광고의 주제문에서 예측된 흐름을 가지고 세부 내용을 찾는다. 여기에서는 첫 번째 지문에 'the current designer, Dick Johanson, who is retiring soon'이라고 언급되어 있다. 그러므로 정답은 (A)이다.

Q2 What most likely is Mr. Jordan's occupation?

   (A) Lighting designer

   (B) Stage manager

   (C) Personnel manager

   (D) Film director

Jordan 씨의 직업은 무엇일 것 같은가?

(A) 조명 디자이너

(B) 무대 감독

(C) 인사 담당자

(D) 영화 감독

| 첫 번째 지문의 세부 사항을 묻는 문제 |

▶ 첫 번째 지문에 'Anyone interested in this post should send a résumé to Larry Jordan'이라고 언급되어 있으므로, Goodman 극장에서 신규 고용을 담당하고 있는 사람임을 알 수 있다. 따라서 Goodman 극장의 인사 담당자인 (C)가 정답이다.

Q3 Why is Mr. Bird NOT qualified for the position?

   (A) He hasn't finished his probationary period.

   (B) He hasn't done any lighting design.

   (C) He hasn't been working in stage lighting for long enough.

   (D) He hasn't worked in theater lately.

왜 Bird 씨는 그 직책에 필요한 자격을 갖추지 못했는가?

(A) 그는 수습 기간을 끝내지 못했다.

(B) 그는 조명 디자인을 한 적이 없다.

(C) 그는 무대 조명에서 충분히 오랫동안 일하지 않았다.

(D) 그는 극장에서 최근에 일하지 않았다.

| 이중 지문의 통합 문제 |

▶ 난이도 높은 문제로, 두 지문의 전반적인 흐름을 파악하고 있어야 해결이 가능하다. 첫 번째 지문 두 번째 문장에서 'The ideal applicants must have 5~10 years of stage lighting experience'라고 했고, 두 번째 지문 두 번째 문장 'I have only been working in the stage lighting field for the last 4 years'라고 언급되어 있으므로 Bird는 구인광고에서 이상적인 경력이라고 하는 5~10년에 비해 경력이 부족함을 알 수 있다. 그러므로 (C)가 정답이다.

Questions 1-3 refer to the following notice and memo.

Villagehouse for Rent

**To see interior pictures of the property,
visit www.resnick-realty.com!**

Spring Hill Villagehouses in Branderville
Gorgeous 3-bedroom, 2-bathroom, unit conveniently located near Interstate 64 and the Branderville Mall. Recently updated with new carpeting, a fresh paint job, and granite countertops. Features a cozy backyard with a brick patio. Monthly rent includes trash collection. Security deposit of one month's rent required. Available on April 1st.
Open house on March 6th from 2–5 P.M.
For more information, contact Bonnie Resnick at Resnick Realty at 717-555-8364.

While You Were out of the Office

For : Bonnie Resnick
Date : March 2
Time : 10:30   A.M. ( ) / P.M. (o)
          Renaldo Martinez called
Phone : 717-555-2987

Mr. Martinez saw the ad for the Villagehouse in today's paper. He's relocating to the area next month and is here this week looking for housing. He'd like to schedule an appointment to see it ASAP. He can be reached at the phone number listed above.

Message taken by: Tammy Arnold

---

1 What is NOT suggested about the apartment?

(A) It has new flooring.
(B) It is near a major highway.
(C) It can be viewed online.
(D) It can be leased for a short time.

2 What is indicated about Mr. Martinez?

(A) He wants to look at an apartment next week.
(B) He would like to replace the countertops.
(C) He currently lives near Spring Hill Villagehouses.
(D) He is moving to Branderville soon.

3 Why did Mr. Martinez call Ms. Resnick?

(A) Ms. Resnick can find affordable housing for him.
(B) Ms. Resnick is one of his acquaintances.
(C) Ms. Resnick is able to offer a timely contract.
(D) Mr. Martinez's friend recommended the services of Resnick Realty.

Questions 1-5 refer to the following letters.

Date : February 4

To Whom It May Concern,

I bought a new cell phone at one of your stores a month ago and have been experiencing problems with it. When talking on the phone, it has a tendency to cut off in mid-conversation, which is particularly frustrating. I am unsure as to the actual cause, but I believe either the speaker on the phone is not working properly or the connections are poor. The microphone is working normally.

This is the first time I have had problems using a mobile phone from my residence. I assume there is a fault with the equipment itself. I have also tried using the phone at my office, which is quite far from my house, but I still couldn't figure out whether the problem is due to my phone or the phone of the person I was talking to. I would like to return my cell phone. Please assist me with this matter.

Marc Bergetz

Dear customer,

Thank you for your recent request. We've checked our customer database, and it shows that you purchased your mobile phone, a model XRS 456, on December 27th from our Elington store. We are deeply sorry that you are having problems with your new phone.

In the event that the phone you purchased is defective, then it may need to be returned to the manufacturer. However, we have currently been replacing our transmission towers near your location, and that may be the reason for the problems you mentioned. Unfortunately, as a technical support specialist, I don't have the authority to help you with your particular request.

Should you need any further assistance, please visit one of our BT&T stores. To find your nearest BT&T store, please visit www.btandttelephones.com/storelocation.

Regards,

Peter Straghan
Technical Support Assistant

1 What is Mr. Bergetz's problem?

(A) He was charged more than he actually used.
(B) He cannot use some features on his phone.
(C) His phone conversations get interrupted.
(D) The recipients of his calls cannot hear well.

2 Why does Mr. Bergetz think the problem is caused by his equipment?

(A) The phone used to work well before.
(B) His phone appears to be missing a part.
(C) He hasn't extended his phone service contract.
(D) There is visible damage to his phone.

3 Where is BT&T conducting maintenance work?

(A) At its Elington store
(B) At its main office
(C) Near Mr. Bergetz's home
(D) Near the BT&T headquarters

4 What is NOT mentioned in the second letter?

(A) The purchase date of the phone
(B) The name of the company which manufactured the phone
(C) The place where Mr. Bergetz purchased his phone
(D) Where to find more information

5 What is Mr. Straghan unable to help Mr. Bergetz with?

(A) Finding a repair center
(B) Getting an exchange
(C) Returning an item
(D) Extending a warranty

PART 7

Questions 6-10 refer to the following e-mail and memo.

From: Patricia Clarkson
To: Alexia Rasmussen
Subject: Conference

Dear Alexia,

As you requested, I am writing to provide you with some more information about the conference at the end of the month. It will be held at the City Conference Center in San Francisco, California, on Friday, December 25th. The conference is a great way for New Media, Inc. employees to meet other people in the entertainment industry.
The conference schedule is as follows:

- 8:00 A.M.–10:00 A.M.
  "Understanding the Customer"
  presented by market analyst, Joseph Cross

- 10:15 A.M.–12:00 P.M.
  "Increasing Productivity"
  presented by director of sales at Phillip Mortin Media, Bob Ross

- Noon–1:00 P.M. Free lunch

- 1:30 P.M.–3:30 P.M.
  "Making an Effective Presentation"
  presented by CEO of Anderson Entertainment, Devon Graye

- 3:45 P.M.–5:45 P.M.
  "Future Trends in the Entertainment Industry"
  presented by Phillip Trent, author of *The 10 Most Successful Media Companies*

- 5:45 P.M.–6:00 P.M.
  Closing remarks by Samuel Wright, conference coordinator

Please note that New Media, Inc. will pay for employees' registration fee, accommodations, and all meals. Employees are expected to pay for transportation to and from the conference. I hope you find this information helpful.

Regards,

Patricia Clarkson
Director of New Media, Inc.

From : Alexia Rasmussen
To : All employees
Subject : Conference

Hi, everyone! I am just writing to inform you that there has been a slight change in the schedule. You may have already heard it on the news, but Joseph Cross suffered a heart attack on Monday night and is recovering in Kings County Hospital.

Unfortunately, he will not be able to give his presentation as planned. I have been informed by the conference coordinator that Lorraine Bracco, the director of customer relations at Fleet Media, will be giving a presentation instead. She will talk about her 15 years of experience dealing with customer complaints under the title of "How to Satisfy the Customer."

In addition, if you have any special meal requests for the conference, please contact Patricia Clarkson at 895-326-6547 by December 23rd.

6 Why did Patricia Clarkson write the e-mail?

(A) To provide information about an event
(B) To change the date of a meeting
(C) To discuss a new company policy
(D) To introduce a new work schedule

7 What does Patricia Clarkson mention about the event?

(A) It is held in San Francisco every year.
(B) It is organized by Anderson Entertainment.
(C) It is intended for new employees in the industry.
(D) It is an excellent place to develop business relationships.

8 What are employees expected to pay for?

(A) Registration
(B) Transportation
(C) Accommodations
(D) Food and drinks

9 Which seminar was canceled at the conference?

(A) Understanding the Customer
(B) Increasing Productivity
(C) Making an Effective Presentation
(D) Future Trends in the Entertainment Industry

10 What is true about Lorraine Bracco?

(A) She is the CEO of New Media, Inc.
(B) She has written a book on customer service.
(C) She organized the conference.
(D) She is a company executive.

SPARTA 전략

삼중 지문(triple passages)은 기존의 이중 지문(double passages)에서 나왔던 목록이나 세부 내용의 일부를 별도의 시각 자료로 분리한 유형이다. 지문이 추가되었지만 파악해야 할 정보량은 이중 지문과 비슷하다. 또한, 정보들이 서식(표, 목록 등)으로 더욱 일목요연하게 주어지기 때문에 오히려 지문 독해에 대한 부담은 줄었다고 볼 수 있다. 다만 지문이 3개로 분리된 만큼, 주제와 전반적인 맥락에 대한 이해가 없으면 문제를 풀기가 어려울 수 있다. 그러므로 유의어와 동의어를 통한 어휘 학습과 첫 지문의 주제문을 찾는 연습이 전략적으로 필요하다.

- 이중 지문의 전략을 최대한 활용하라!
- 표나 그래프와 같은 다양한 서식에 익숙해져라!
- 날짜나 다양한 수치가 무엇을 의미하는지 파악하라!
- 지문 수는 늘었지만 하나의 맥락으로 연결됨을 기억하라!
- 정확한 시간 안배로 마지막 문제까지 완벽한 풀이가 되도록 연습하라!

01 | 빈출 지문 유형

- 상품광고 + 주문서/송장 + 문제 해결을 위한 고객의 편지
- 공지 + 공지 사항을 다룬 표 + 문의에 대한 편지
- 구인광고 + 구직자의 지원 편지 + 첨부된 이력서
- 행사 초대장 + 행사 보고서 + 기사

02 | 빈출 문제 유형

- How much was the shipping charge for Mr. Kong's order?
  Kong 씨의 주문 배송료는 얼마였는가?
- Which actor does Ms. Milton refer to in the review?
  Milton 씨는 논평에서 어떤 배우를 언급하고 있는가?
- On the contact information, what is necessary? 연락 정보에 따르면 무엇이 필수적인가?
- What is NOT included on the invoice? 송장에 포함되지 않은 것은 무엇인가?

POINT 1

Questions 1-3 refer to the following advertisement, itinerary, and letter.

1 지문 종류를 확인한다.

The Nature Tour in Costa Rica is ideal for anyone who wants to explore the incomparable beauty of Costa Rica's rainforests.

2 주제문을 파악한다.

Tour price includes:
- 4 nights' hotel accommodations
- Round trip in an air-conditioned bus between San Jose hotel and nature lodge
- All meals, entrance fees, and activities listed in the itinerary (except for rafting)
- Expert bilingual naturalist guides
- Hotel taxes and service charge (San Jose hotel stays not included in price.)

3 세부 내용을 파악한다.
(세부 내용이 목록으로 제시될 경우, 필요에 따라 발췌하여 읽을 수 있다.)

	Itinerary
Day 1	Transfer from San Jose to the nature lodge. Visit a volcano and natural hot spring along the way.
Day 2	Hike through the biological reserve around the nature lodge and explore the unique flora and fauna of a cloud forest.
Day 3	Canoe on Lake Coter and spend a free afternoon exploring the natural surroundings around the nature lodge.
Day 4	Morning rafting on the Corobici River and then head to Playa Coco on the Pacific Coast.
Day 5	Mountain-bike along the Pacific Coast. Return to San Jose.

4 지문 종류를 확인한다.
(첫 번째 지문과의 연관성을 파악한다.)

5 세부 내용을 파악한다.
(표는 필요에 따라 발췌하여 읽기 가능)

Dear Nature Tour,

I saw the ad for your tour service in Costa Rica.

I really enjoy rafting, so I want to know what I should prepare for this activity in advance.

I would like you to call me in person ASAP. I usually work during the daytime. Therefore, is it possible to contact me after 6 P.M.? I'm looking forward to your response.

Mark Pitt
Supervisor at NTP Fitness Center
1493-99-5038

6 수신인 정보를 파악한다.

7 편지를 쓴 배경을 파악한다.

8 앞 지문들과 맥락을 연결지어 주제문을 파악한다.

9 세부 내용과 추후 당부 내용을 파악한다.

PART 7

코스타리카에서 대자연 관광여행은 코스타리카 우림의 비길 데 없는 아름다움을 탐험하고 싶은 분들에게 이상적입니다.

여행 경비는 다음의 것들을 포함합니다:

- 호텔에서 4박 5일 숙박
- 냉난방장치를 갖춘 버스를 타고 산호세 호텔과 자연산장 간의 왕복 여행
- 모든 식사, 일정표에 포함된 입장료와 활동들 (래프팅 제외)
- 2개 국어를 할 수 있는 전문적인 자연주의자 가이드
- 호텔 부가세와 서비스료
  (산호세 호텔 체류는 경비에 포함되지 않습니다.)

일 정	
첫째 날	산호세 호텔에서 자연산장으로 이동. 가는 도중에 화산과 천연 온천 구경
둘째 날	자연산장 주변의 생물학적 보호구역을 지나는 도보 여행과, 운무림의 독특한 동식물 무리 탐험
셋째 날	코터 호수에서 카누를 타고 자연산장 주변의 자연 환경을 답사하며 자유로운 오후 시간을 보냄
넷째 날	코로비키 강에서 아침 래프팅을 하고 난 후, 태평양 해안의 플라야 코코로 향함
다섯째 날	태평양 해안을 따라 산악자전거 타기. 산호세로 돌아옴

대자연 관광 여행사에,

저는 코스타리카 지역에 대한 당신 여행상품 광고를 보았습니다.
저는 래프팅을 정말 좋아해서 이 활동을 할 때 무엇을 준비해야 하는지 미리 알고 싶습니다.
되도록이면 빨리 당신에게 직접 전화로 안내 받고 싶습니다. 저는 보통 낮에는 일하기 때문에 오후 6시 이후에 연락 주실 수 있나요? 당신의 답변을 기다리겠습니다.

마크 피트
NTP 헬스클럽 관장
1493-99-5038

Q1 What is the main focus of the tour package?

<blockquote>

(A) The city of San Jose

(B) Caribbean beaches

(C) Rainforests

(D) Luxury accommodations

</blockquote>

이 여행 패키지의 주된 초점은 무엇인가?

(A) 산호세라는 도시

(B) 카리브 해변

(C) 우림

(D) 호화로운 숙소

| 첫 번째 지문의 세부 내용을 묻는 문제 |

▶ 첫 문장 'The Nature Tour ~ is ideal for anyone who wants to explore ~ rainforests.'를 보면 이 여행 패키지는 코스타리카의 우림에 초점을 두고 있음을 알 수 있다. 그러므로 정답은 (C)이다.

Q2 When is the activity with extra charge planned?

<blockquote>

(A) Day 2

(B) Day 3

(C) Day 4

(D) Day 5

</blockquote>

추가 비용이 드는 활동은 언제로 계획되어 있는가?

(A) 둘째 날

(B) 셋째 날

(C) 넷째 날

(D) 다섯째 날

| 첫 번째 지문과 두 번째 지문의 통합 문제 |

▶ 첫 번째 지문인 광고에서 래프팅을 제외한 모든 활동이 여행 경비에 포함된다고 했고, 두 번째 지문인 여행 일정에서 래프팅을 넷째 날에 한다고 나와 있으므로 정답은 (C)이다.

Q3 Where would Mr. Pitt most likely prefer to visit?

<blockquote>

(A) The Corobici River

(B) The nature lodge

(C) The Pacific coast

(D) San Jose

</blockquote>

Pitt 씨는 어디를 방문하길 가장 선호할 것 같은가?

(A) 코로비키 강

(B) 자연산장

(C) 태평양 해안

(D) 산호세

| 두 번째 지문과 세 번째 지문의 통합 추론 문제 |

▶ Pitt 씨는 세 번째 지문인 편지에서 'I really enjoy rafting'이라고 했으므로, 두 번째 지문의 일정에 래프팅이 포함되어 있는 코로비키 강을 가장 좋아할 것이다. 그러므로 정답은 (A)이다.

Questions 1-3 refer to the following invoice and e-mails.

Invoice #4527

Bill To:

John Corbett
749 Mulberry St.
Leafmont, Rhode Island 22099

Ship To:
(same)

Item #	Description	Quantity	Cost
7982	Mountain Tent (for 2)	1	$159.99
1054	Bluebird Pack, Kid's	1	$21.97
1067	Deluxe Pack	1	$89.99
9856	Raincoat, Child's Size small, red	1	$19.96

Total: $291.91
Tax: $8.76
Total Due: $300.67

From: Customer Service <customerservice@wildwoodcamping.com>

To: John Corbett <corbett@t-mail.net>

Date: May 5

Subject: Invoice #4527

Dear John Corbett,

Thank you for your purchase on May 1.

I have enclosed the invoice for your order in this e-mail. I want you to check whether the delivery is complete or not. I am also very sorry to inform you that our small children's raincoats in blue are out of stock. Therefore, we are sending a red raincoat instead of the blue one because you need the item until the date you are going camping with your son. All other items will be delivered as you ordered. Have a wonderful time camping!

Sincerely,
WILDWOOD CAMPING GEAR

From: John Corbett <corbett@t-mail.net>

To: Customer Service <customerservice@wildwoodcamping.com>

Date: May 6

Subject: Re: Invoice #4527

I am returning the red children's raincoat. My son likes the color blue and will wear nothing else. He and I will purchase a blue coat on our way out of town. I am otherwise very happy with your products and service. Once you check out this e-mail, please send me a revised invoice, and I will immediately mail you a check for the correct amount.

John Corbett

1 Where were the products shipped?

(A) Sydney, Australia
(B) Mountain View, Colorado
(C) Leafmont, Rhode Island
(D) London, England

3 How much does NOT John Corbett have to pay?

(A) $159.99
(B) $21.97
(C) $89.99
(D) $19.96

2 Who is most likely going camping?

(A) Two adults
(B) One parent and two children
(C) A Boy Scout troop
(D) One parent and one child

Questions 1-5 refer to the following e-mails and table.

From: Martha Higareda <mhigareda@higaredacommunications.com>

To: <customerservice@waterlogic.com>

Date: May 3

Subject: Water Dispenser

Our company recently moved to 1607 Lake Drive, and we are interested in renting a refillable water dispenser with built-in heating and cooling. We would also like to order regular drinking-water delivery. After reading several online reviews of different companies, we found that Waterlogic has many great reviews from its users. So we decided to contact you first. Before making a decision to place an order, we would like to learn more about the dispensers you have and other options as well as get an estimate for both initial and ongoing costs.

Sincerely,

Martha Higareda
Higareda Communications

From: Daryl Gates <gates@waterlogic.com>

To: Martha Higareda <mhigareda@higaredacommunications.com>

Date: May 4

Subject: Re: Water Dispenser

Dear Ms. Higareda,

Thank you for your interest in our service and for contacting us. Waterlogic offers the best-tasting water in Texas. We are pleased to work with you to determine which dispenser model meets your needs. I have attached a file which includes the estimates you requested. So you can refer to the table, and you may compare options and costs. The fifteen-liter systems are typically for residential use. A twenty-liter model is the most popular for businesses. To provide an estimate for your needs, please let me know how many people will be using the water dispenser.

In addition to the refill costs, our service requires a one-time refundable deposit of $30 with your first order. Delivery costs depend on the number of bottles ordered as well as on how easy it is for our delivery people to access the drop-off and pickup area. The latter can be determined with a simple site visit.

We would be happy to send a sales representative to your location to discuss the proposed contract with you. Please contact me at 525-5458 to make an appointment.

Daryl Gates
Waterlogic

<Estimated Price List>

Model	Dispenser Features	Bottle Size	Price per Refill	Monthly Dispenser Fee
WLH-1502	Cold water and ice	15L	$30.00	$9.9
WLH-1503	Hot and cold water	15L	$30.00	$12.0
WLB-2003	Hot and cold water	20L	$45.00	$14.9
WLB-2004	Cold water and ice	20L	$45.00	$19.9

1 Why was the first e-mail written?

(A) To complain about a billing error
(B) To inform a firm about a change of address
(C) To inquire about a service
(D) To ask about returning a product

2 What is indicated about payments?

(A) A discount is applied to large orders.
(B) Customers are billed every week.
(C) Delivery is free for the first order.
(D) The initial order comes with an additional charge.

3 What information is NOT needed for a price estimate?

(A) The customer's location
(B) The number of users
(C) The type of water preferred
(D) The dispenser desired

4 According to the second e-mail, why should Ms. Higareda contact Mr. Gates?

(A) To schedule a meeting
(B) To cancel a subscription
(C) To make a deposit
(D) To ask for some contact information

5 Which model most likely fits Ms. Higareda's needs best?

(A) WLH-1502
(B) WLH-1503
(C) WLB-2003
(D) WLB-2004

Questions 6-10 refer to the following schedule, reminder, and Web page.

Subway Transit System

Snowdon – Saint Michel Line
Effective January 1 – June 30

(Arrival Times)

Train	Snowdon	Acadie	Parc	Jean Talon	Saint Michel
67*	8:15 A.M.	8:50 A.M.	9:14 A.M.	–	10:15 A.M.
11	10:02 A.M.	10:32 A.M.	–	11:10 A.M.	11:59 A.M.
28*	12:45 P.M.	1:25 P.M.	1:44 P.M.	2:09 P.M.	3:05 P.M.
25	6:30 P.M.	7:07 P.M.	7:31 P.M.	7:55 P.M.	9:01 P.M.

* No service on holidays.

Dear passengers,

Please be informed that you can travel on the subway daily except where indicated.

Schedules are updated every six months. The schedule for July 1 – December 31 will be posted on May 15.

For tickets not purchased in advance, they are available from a conductor on board for an additional charge of $1.

www.sts.com/notice			
Home	Notice	Services	Q&A

Subway Updates

March 5

New ticket machines will allow subway transit system passengers to purchase tickets at all stations beginning on March 20. These are expected to significantly decrease the waiting time on lines at most ticket offices, which will remain open for all transactions. Please click on "Services" above for additional details.

The following service disruption may affect travelers on Monday, March 12:
Some of the service at Jean Talon Station will be discontinued for a limited time due to the repaving of some parts of the access road and the parking area near the station. The number 28 train will be the last to stop at Jean Talon Station, and regular train service will resume the following day.

Beginning on July 1, the new number 9 train will begin express service from Snowdon to Saint Michel during peak commuting hours. Arrival times will be posted on the next schedule. Special commuter rates for the number 9 train will also be charged.

6 What is indicated about the subway schedule?

(A) It changes once a month.
(B) It is always flexible.
(C) It is different on holidays.
(D) It is set by the Ministry of Transportation.

7 What is NOT mentioned as a way of purchasing tickets?

(A) From staff members on trains
(B) From automated machines
(C) From travel agents
(D) At customer service windows

8 On March 12, what time will the last train arrive at Jean Talon Station?

(A) 11:10 A.M.
(B) 2:09 P.M.
(C) 7:55 P.M.
(D) 9:01 P.M.

9 According to the Web page, what change in train service will occur?

(A) A station will be renovated.
(B) Discounted monthly passes will be made available.
(C) A commuter train will be added.
(D) Customer service windows will stay open later.

10 When will the arrival time for the number 9 train be found?

(A) On March 12
(B) On March 20
(C) On May 15
(D) On July 1

VOCA

DAY 1 ☑ 토익 빈출 어휘

No.	단어	의미	토익 빈출 표현
1	announce	v. 발표하다, 알리다	**announce** results 결과를 발표하다
2	retirement	n. 은퇴, 퇴직	a **retirement** pension 퇴직 연금
3	outstanding	adj. 뛰어난, 걸출한, 미지불된	**outstanding** debts 아직 갚지 못한 빚
4	application	n. 지원[신청](서)	an **application** form 신청서
5	applicant	n. 지원자	a job **applicant** 구직자
6	loan	n. 대출(금)	take out/repay a **loan** 대출을 받다/갚다
7	require	v. 요구하다, 필요로 하다	**require** much skill 많은 숙련이 필요하다
8	stable	adj. 안정된, 안정적인	**stable** prices 안정된 물가
9	occupation	n. 직업	out of **occupation** 실업 중인, 직업이 없는
10	sufficient	adj. 충분한	**sufficient** evidence 충분한 증거
11	expense	n. 경비	travel **expenses** 출장 경비
12	reimburse	v. 변제하다	**reimburse** any expenses 모든 비용을 배상하다
13	receipt	n. ⓒ 영수증 ⓤ 수령, 인수	an original **receipt** 영수증 원본
14	personally	adv. 직접, 개인적으로	Apply **personally**. 직접 신청하세요.
15	identifiable	adj. 인식 가능한, 알아볼 수 있는	**identifiable** information 식별 정보
16	identification	n. 신원 확인, 신분 증명, 식별	an **identification** number 식별 번호
17	enclose	v. 동봉하다	**enclose** a remittance 송금액을 동봉하다
18	suitable	adj. 적합한, 적절한, 알맞은	a **suitable** candidate 적합한 후보
19	occasion	n. 행사, 경우	a special **occasion** 특별한 행사
20	fill in	v. 기입하다, 채우다	**fill in** the registration form 신청서에 기입하다

No.	단어	의미	토익 빈출 표현
21	temporary	adj. 일시적인, 임시의	a **temporary** worker 임시 직원
22	borrow	v. 빌리다	**borrow** books from the library 도서관에서 책을 빌리다
23	necessary	adj. 필요한	a **necessary** part 필수 부품
24	put off	v. ~을 미루다	**put off** work 업무를 미루다
25	completely	adv. 완전히, 전적으로	be kept **completely** confidential 완전히 비밀리에 유지되다
26	successful	adj. 성공한, 성공적인	a **successful** candidate 당선자
27	store	v. 저장하다, 보관하다	Equipment is safely **stored.** 장비가 안전하게 보관된다.
28	stack	v. (깔끔하게 정돈하여) 쌓다	**stack** the paper correctly 똑바로 종이를 쌓다
29	closely	adv. 밀접하게, 친밀하게	work **closely** 긴밀히 협력하다
30	merge	v. 합병하다, 합치다	**merge** the two companies 두 회사를 합병하다
31	crucial	adj. 중대한, 결정적인	a **crucial** stage 중대한 단계
32	adversely	adv. 불리하게, 반대로	affect **adversely** 나쁜 영향을 미치다
33	valid	adj. 유효한, 정당한	a **valid** passport 유효한 여권
34	populate	v. 살다, 거주하다	a densely **populated** country 인구 밀도가 높은 국가
35	confidence	n. 신뢰, 확신, 자신	consumer **confidence** 소비자 신뢰
36	accommodate	v. 수용하다	**accommodate** up to 500 guests 손님을 500명까지 수용하다
37	representative	n. 대표자	a sales **representative** 영업 사원[대표]
38	hesitate	v. 망설이다, 주저하다	Don't **hesitate.** 주저하지 마라.
39	shipment	n. 수송품, 적하물	The **shipment** was delivered. 물건이 배달됐다.
40	budget	n. 예산(안)	a **budget** deficit 예산 적자

DAY 2 ☑ 토익 빈출 어휘

No.	단어	의미	토익 빈출 표현
1	opportunity	n. 기회	job **opportunity** 취업 기회
2	refund	n. 환불(금)	receive a full **refund** 전액 환불을 받다
3	merchandise	n. 물품, 상품	a wide selection of **merchandise** 다양하게 엄선한 상품
4	responsible	adj. (~에 대해) 책임이 있는	a **responsible** office[position] 책임 있는 직장[지위]
5	recognize	v. (~으로) 인정받다	a **recognized** organization 인정받는 기관
6	transportation	n. 교통, 운송(수송)	public **transportation** 대중 교통
7	inform	v. 알리다, 통지하다	**Inform** us of any changes. 저희에게 변경 사항을 알려 주세요.
8	convenient	adj. 편리한, 간편한	a **convenient** appliance 편리한 기구
9	strategy	n. 계획, 전략	plan a **strategy** 전략을 세우다
10	usable	adj. 사용 가능한, 쓸 수 있는	**usable** washer and dryer 사용 가능한 세탁기와 건조기
11	entirely	adv. 전적으로, 완전히, 전부	agree **entirely** 전적으로 동의하다
12	committee	n. 위원회	organize a **committee** 위원회를 조직하다
13	suggestion	n. 제안, 제의, 의견	consent to a **suggestion** 제안에 동의하다
14	accept	v. 받아들이다	**accept** the responsibility 책임을 받아들이다
15	development	n. 개발, 발전	profitable **development** plan 수익성 있는 개발 계획
16	contribute	v. 기여하다, 이바지하다	**contribute** to the success 성공에 기여하다
17	launch	v. 출시하다	The new model will be **launched**. 새 모델이 출시될 것이다.
18	marketplace	n. 시장	in the **marketplace** 시장에서
19	inspection	n. 점검, 검사, 검토	thorough **inspection** 철저한 점검
20	auditor	n. 회계 감사관	according to **auditor** figures 감사관의 계산에 의하면

No.	단어	의미	토익 빈출 표현
21	defect	n. 결함	a minor **defect** 사소한 결함
22	promise	v. 약속하다	*cf)* make a **promise** 약속하다
23	catalogue	n. 목록, 카탈로그	an online **catalogue** 온라인 카탈로그
24	complain	v. 불평하다	**complain** bitterly 몹시 불평하다
25	take place	v. 일어나다	be scheduled to **take place** 열릴 것으로 예정되다
26	contract	n. 계약(서)	sign a **contract** 계약서에 서명하다
27	balance	n. 잔액, 균형	pay the unpaid **balance** 미납금을 지불하다
28	allow	v. 허락하다	**allow** staff to park 직원들에게 주차를 허락하다
29	technician	n. 기술자, 기사	an experienced **technician** 숙련된 기술자
30	complete	adj. 모든 것이 갖춰진, 완벽한	**complete** trust 완전한 신뢰
31	finally	adv. 마침내	be **finally** settled 마침내 해결되다
32	knowledge	n. 지식	comprehensive **knowledge** 해박한 지식
33	request	n. 요구 (사항)	address the **requests** 요구에 대응하다
34	authorize	v. 인가하다, 권한을 부여하다	**authorized** service center 지정 서비스 센터
35	retire	v. 은퇴[퇴직]하다	**retire** from business 폐업하다, 사업에서 은퇴하다
36	currently	adv. 현재, 지금	be **currently** available 지금 이용 가능하다
37	competitive	adj. 경쟁을 하는, 경쟁력 있는	at a **competitive** price 경쟁력 있는 가격으로
38	delivery	n. 배달, 전달	by express **delivery** 빠른 우편으로
39	discount	n. 할인	a **discount** rate/price 할인율/할인가
40	leadership	n. 지도력, 통솔력	provide **leadership** 리더십을 발휘하다

토익 빈출 어휘

DAY 3 ☑ 토익 빈출 어휘

No.	단어	의미	토익 빈출 표현
1	limit	v. 제한하다	The seating is **limited**. 좌석이 제한되다.
2	participant	n. 참가자	a survey **participant** 조사 참가자
3	submit	v. 제출하다	**submit** an application 지원서를 제출하다
4	recommendation	n. 추천장, 추천, 권고	a letter of **recommendation** 추천장
5	dedicate	v. 바치다, 헌신하다	**dedicate** oneself to ~에 전념하다, 몸을 바치다
6	nationwide	adj. 전국적인	a **nationwide** strike 전국적인 파업
7	regularly	adv. 정기적으로	inspect **regularly** 정기적으로 점검하다
8	remainder	n. 나머지	**remainders** of the items 남은 물품들
9	welcome	adj. 환영 받는, 반가운	a **welcome** change 반가운 변화
10	presentation	n. 발표, 프레젠테이션	make a **presentation** 발표하다
11	constantly	adv. 끊임없이, 거듭	complain **constantly** 끊임없이 불평하다
12	remind	v. 상기시키다, 다시 한번 알려주다	**remind** them that ~ 그들에게 ~을 상기시키다
13	comply with	v. 순응하다, 지키다, 준수하다	**comply with** the rules 규칙을 따르다
14	safety procedure	n. 안전 절차, 안전 수칙	information about **safety procedures** 안전 절차에 대한 정보
15	tremendous	adj. 엄청난, 대단한, 굉장한	a **tremendous** achievement 굉장한 업적
16	success	n. 성공, 성과	achieve **success** 성공을 이루다
17	satisfactory	adj. 만족스러운, 충분한	**satisfactory** results 만족스러운 결과
18	result	n. 결과	the **result** of an experiment 실험 결과
19	approximately	adv. 대략, 거의	**approximately** fifty people 대략 50명의 사람들
20	internal	adj. 내부의	**internal** divisions within the company 회사 내부 부서들

No.	단어	의미	토익 빈출 표현
21	patronage	n. 후원, 지원	Thank you for your constant **patronage**. 계속 애용해 주셔서 고맙습니다.
22	lawyer	n. 변호사	hire a **lawyer** 변호사를 고용하다
23	prosecutor	n. 검사	a district public **prosecutor** 지방 검사
24	reach	v. ~에 이르다, 닿다, 도달하다	**reach** an agreement 합의에 이르다
25	agreement	n. 동의, 합의	come to an **agreement** 합의를 보다
26	assign	v. (일 등을) 맡기다, 배정하다	**assign** work to each man 각자에게 작업을 할당하다
27	unstable	adj. 불안정한	**unstable** conditions 불안정한 상태
28	recession	n. 경기 후퇴, 불경기, 불황	a business[economic] **recession** 경제 불황[경기 침체]
29	effort	n. 노력, 공	with the utmost **effort** 최대로 노력하여
30	candidate	n. 후보자, 지원자	a successful **candidate** 당선자
31	factor	n. 요인, 요소	a principal **factor** 주요인
32	efficiency	n. 효율(성), 능률(성)	improvements in **efficiency** 능률 개선
33	stay	v. 머물다[지내다/묵다]	**stay** on the market 시장에 나와 있다
34	administrator	n. 관리자, 행정인	a hospital **administrator** 병원 관리자
35	administrate	v. 관리하다, 행정하다	**administrate** the company 회사를 관리하다
36	concerning	prep. ~에 관한	questions **concerning** the company 회사에 관한 질문들
37	excellence	n. 뛰어남, 탁월함	a record of **excellence** in job performance 뛰어난 업무 실적 기록
38	performance	n. 공연, 연주회	a benefit **performance** 자선 공연
39	predict	v. 예측하다	**predict** the weather 날씨를 예측하다
40	employment	n. 고용, 채용	conditions[terms] of **employment** 고용 조건

DAY 4 ☑ 토익 빈출 어휘

No.	단어	의미	토익 빈출 표현
1	prospect	n. 전망	employment **prospects** 취업 전망
2	graduate	n. 졸업자	college **graduates** 대학 졸업생들
3	promising	adj. 유망한, 촉망되는	a **promising** job 유망한 직업
4	previous	adj. 이전의	**previous** experience 이전의 경험
5	variety	n. 다양성, 여러 가지	a **variety** of models 다양한 모델들
6	investment	n. 투자	initial **investment** 초기 투자
7	overnight delivery	n. 익일 배송	send the products by **overnight delivery** 익일 배송으로 물건을 보내다
8	train	v. 교육시키다	**train** new employees 신입 직원들을 교육시키다
9	hire	v. 고용하다	**hire** a clerk 점원을 고용하다
10	draft	n. 초안, 원고	the final **draft** 최종 원고
11	below	adv. 아래에	See **below** for references. 아래를 참조하시오.
12	review	v. 검토하다	**review** the evidence 증거를 검토하다
13	document	n. 서류, 문서	relevant **documents** 관련 서류
14	gather	v. 모으다, 수집하다	**gather** information 정보를 수집하다
15	acquire	v. 습득하다, 얻다	**acquire** a skill 기술을 익히다
16	attribute	v. (~을 …의) 덕분으로 여기다	**attribute** the success to him 성공을 그의 덕으로 여기다
17	advisable	adj. 권할 만한, 바람직한	Early booking is **advisable**. 조기 예매를 권합니다.
18	appropriately	adv. 적당하게, 알맞게	behave **appropriately** 적절히 행동하다
19	function	n. 행사, 의식	attend an official **function** 공식 행사에 참석하다
20	consumer	n. 소비자	**consumer** awareness 소비자 인식

No.	단어	의미	토익 빈출 표현
21	response	n. 대답, 응답, 반응	in **response** to ~에 반응하여[답하여]
22	complaint	n. 불평	file a **complaint** 고소하다
23	reduce	v. 줄이다	**reduce** the budget 예산을 줄이다
24	material	n. 재료, 자재, 자료	building **materials** 건축 자재
25	present	v. 제시하다	**present** the final report 최종 보고서를 제출하다
26	voucher	n. 상품권, 할인권, 쿠폰	a gift **voucher** 상품권
27	stable	adj. 안정된, 안정적인	**stable** prices 안정된 물가
28	despite	prep. ~에도 불구하고	**despite** (the fact that) S+V ~(의 사실)에도 불구하고
29	unpredictable	adj. 예측할 수 없는, 예측이 불가능한	**unpredictable** consequences 예측할 수 없는 결과들
30	due to	prep. ~ 때문에	**due to** your negligence 당신의 태만 때문에
31	conflict	n. 갈등, 충돌	a **conflict** of opinion(s) 의견의 대립
32	trend	n. 동향, 추세	economic/social/political **trends** 경제적/사회적/정치적 동향
33	complimentary	adj. 무료의	**complimentary** tickets 무료 티켓
34	executive	n. 경영 이사[중역]	advertising/business **executives** 홍보/영업 이사
35	profile	n. 개요(서), 프로필	an employee **profile** 직원 프로필
36	convention	n. 대회, 협의회	hold a **convention** 대회를 열다
37	leader	n. 지도자, 대표	a political **leader** 정치 지도자
38	up-to-date	adj. 최신의	share the **up-to-date** information 최신 정보를 공유하다
39	interest	n. 관심, 흥미, 호기심	show/express **interest** 흥미를 보이다/표하다
40	target	v. 대상으로 삼다, 겨냥하다	be **targeted** at regular customers 단골 고객들을 겨냥하다

DAY 5 ☑ 토익 빈출 어휘

No.	단어	의미	토익 빈출 표현
1	overall	adj. 전반적인, 전체의	**overall** results 종합적인 성과
2	contingency	n. 만일의 사태	a **contingency** plan 사전 대책
3	supervisor	n. 감독관, 관리자, 지도 교수	an immediate **supervisor** 직속 상관
4	protective	adj. 보호하는, 보호용의	**protective** clothing 보호복
5	warehouse	n. 창고	a freight **warehouse** 화물 창고
6	fragile	adj. 손상되기 쉬운	**fragile** goods 파손되기 쉬운 상품
7	adequately	adv. 충분히, 적절히	He **adequately** deserves praise. 그는 충분히 칭찬 받을 만하다.
8	wrap	v. 싸다, 포장하다	**wrap** a gift 선물을 포장하다
9	evaluation	n. 평가	job **evaluation** 직무 평가
10	issue	v. 발급하다	**issue** passports/tickets 여권/티켓을 발급하다
11	certificate	n. 자격증, 면허증	a teacher's **certificate** 교사 자격증
12	interview	v. 면접을 보다	**interview** ten applicants 열 명의 지원자를 면접 보다
13	headquarters	n. 본사, 본부	The meeting was held at the **headquarters**. 회의는 본사에서 열렸다.
14	thoroughly	adv. 철저히, 철두철미하게	**thoroughly** review 철저히 검토하다
15	assume	v. 맡다	**assume** the responsibility 책임을 맡다
16	extend	v. 연장하다	**extend** a deadline/visa 마감 기한/비자를 연장하다
17	hazard	n. 위험 (요소)	a fire/safety **hazard** 화재/안전 위험
18	examine	v. 검사하다	**examine** progress 진전 상황을 검토하다
19	resume	v. 재개하다, 다시 시작하다	**resume** talks/negotiations 회담/협상을 재개하다
20	operation	n. (조직적인) 활동	business **operation** 경영 활동

No.	단어	의미	토익 빈출 표현
21	expand	v. 확대되다	a plan to **expand** into Asia 아시아로 진출할 계획
22	residential	adj. 거주하기 좋은, 주택지의	a **residential** district 주택 지구
23	district	n. (특정한) 지구, 지역	the financial **district** 금융가
24	relocate	v. 이전하다, 이동하다	**relocate** an office 사무실을 이전하다
25	considerably	adv. 많이, 상당히	drop **considerably** in value 가치가 현저히 떨어지다
26	ample	adj. 충분한	**ample** evidence/space/proof 충분한 증거/공간/증거
27	version	n. (다른 것들과 다른) 판, 형태	the latest **version** 최신판
28	secure	v. 확보하다	**secure** a contract/deal 계약/거래를 따내다
29	greatly	adv. 대단히, 크게	be **greatly** appreciated 대단히 감사히 여겨지다
30	base	n. 기반	customer **base** 고객층
31	accountant	n. 회계원, 회계사	a qualified **accountant** 자격을 갖춘 회계사
32	sector	n. 부문	the manufacturing **sector** 제조업 부문
33	fill	v. 채우다	**fill** the position 직책에 인원을 충원하다
34	several	adj. 몇몇의	**several** months 수개월(여러 달)
35	discuss	v. 논의하다	**discuss** the issues 문제를 논의하다
36	discontinue	v. 중단하다	**discontinue** the services 서비스를 중지하다
37	newly	adv. 최근에, 새로	a **newly** created job 새로 창출된 일자리
38	assembly	n. 조립	a car **assembly** plant 자동차 조립 공장
39	percentage	n. 비율, 퍼센트	a **percentage** of profit 이득의 비율
40	architect	n. 건축가	a renowned **architect** 유명한 건축가

DAY 6 ☑ 토익 빈출 어휘

No.	단어	의미	토익 빈출 표현
1	ventilation	n. 통풍, 환기 장치	a **ventilation** system 환기 장치
2	install	v. 설치하다	**install** a heating system 난방 설비를 설치하다
3	plan	n. 계획	a sales **plan** 판매 계획
4	conference	n. 회의, 회담	hold a press **conference** 기자 회견을 열다
5	agenda	n. 의제, 안건	draw up an **agenda** 안건을 작성하다
6	finalize	v. 마무리짓다, 완결하다	**finalize** plans/arrangements 계획/준비를 마무리짓다
7	attach	v. 붙이다, 첨부하다	**attach** a label to a parcel 소포에 꼬리표를 붙이다
8	line	n. 작업 라인, 조립 공정	production **line** 생산 라인
9	suggest	v. 제안하다	**suggest** new plan 새로운 계획을 제안하다
10	greenhouse	n. 온실	reduce **greenhouse** gases 온실가스를 줄이다
11	advance	n. 진전, 발전	technological **advance** 기술 발전
12	encourage	v. 권장하다	**encourage** employees to work efficiently 직원들에게 효율적으로 일하도록 장려하다
13	participation	n. 참가, 참여	active **participation** 적극적인 참여
14	conservation	n. 보존, 관리	energy **conservation** 에너지 보존
15	approval	n. 승인	get **approval** 승인을 받다
16	recently	adv. 최근에	be **recently** announced 최근 발표되다
17	effectively	adv. 효과적으로	work **effectively** 효과적으로 일하다
18	succeed	v. 성공하다	to **succeed** in the publishing industry 출판업계에서 성공하기 위해
19	attract	v. 끌어들이다	**attract** new customers 신규 고객들을 끌어들이다
20	leading	adj. 가장 중요한, 선두적인	a **leading** manufacturer 선두하는 제조업체

No.	단어	의미	토익 빈출 표현
21	wonder	v. 궁금하다, 궁금해하다	**wonder** if it is true 사실인지 궁금해하다
22	appoint	v. 임명하다	**appoint** a new secretary 새 비서를 임명하다
23	popularity	n. 인기	gain **popularity** 인기를 얻다
24	visitor	n. 방문객, 손님	a frequent **visitor** 자주 오는 방문객, 단골 손님
25	retailer	n. 소매업자, 소매상, 소매업	a **retailer**/wholesaler 소매/도매 상인
26	reserve	v. 갖다, 보유하다	**reserve** the right to do ~할 권리를 가지다
27	alter	v. 바꾸다, 고치다	**alter** conditions 조건을 (일부) 변경하다
28	notice	n. 알림, 통지	one month's **notice** 한 달 전의 통지
29	host	v. 주최하다	**host** a reception 환영회를 주최하다
30	celebration	n. 기념 행사	in **celebration** of the opening 개장을 축하하여
31	excellent	adj. 훌륭한, 탁월한	**excellent** service 훌륭한 서비스
32	communicate	v. 의사소통하다	**communicate** with each other 서로 의사소통하다
33	progress	n. 진척, 진행	slow/steady/rapid **progress** 더딘/꾸준한/빠른 진전
34	goal	n. 목표	achieve/attain a **goal** 목표를 달성하다
35	strength	n. 강점, 장점	the **strengths** and weaknesses 강점과 약점
36	ideal	adj. 이상적인, 가장 알맞은	the **ideal** candidate for the job 그 일자리에 가장 알맞은 후보자
37	form	v. 구성하다	**form** the new government 새로운 정부를 구성하다
38	firm	n. 회사	an engineering **firm** 엔지니어링 회사
39	patient	n. 환자	treat a **patient** 환자를 진찰하다
40	safety	n. 안전	a **safety** device 안전 장치

No.	단어	의미	토익 빈출 표현
1	familiar	adj. ~에 익숙한	be **familiar** with the computer 컴퓨터에 익숙하다
2	stated	adj. 정해진, 명시된	Do not exceed the **stated** dose. 명시된 복용량을 초과하지 마시오.
3	newsletter	n. 소식지, 신문	publish the company **newsletter** 사보를 발행하다
4	preparation	n. 준비, 대비	in **preparation** for tomorrow's meeting 내일 회의에 대비해서
5	fiscal	adj. 국가 재정의	**fiscal** policies/reforms 국가 재정 정책/세제 개혁
6	pair	v. (둘씩) 짝을 짓다	be **paired** with senior staff 상급 직원과 둘씩 조가 되다
7	planning	n. 기획	thanks to careful **planning** 신중한 계획 덕분에
8	senior	n. 상급자	**senior** staff 고위급 간부, 상급 직원
9	advice	n. 조언, 충고	seasonable **advice** 시기적절한 충고
10	experience	v. 겪다, 경험하다	**experience** mechanical problems 기계적 결함을 겪다
11	prompt	adj. 즉각적인, 지체 없는	a **prompt** decision 즉결, 속결
12	repair	n. 수리, 보수, 수선	beyond **repair** 수리할 수 없을 정도로
13	vehicle	n. 차량, 탈것, 운송 수단	all damages to your **vehicle** 귀하의 차량에 대한 모든 피해
14	additional	adj. 추가의	an **additional** delivery charge 추가 배달 비용
15	charge	n. 요금	admission **charges** 입장료
16	conscientious	adj. 양심적인, 성실한	a **conscientious** worker 성실한 근로자
17	inquiry	n. 질문, 문의, 조회	an **inquiry** office 안내소
18	quickly	adv. 빨리, 곧	spread **quickly** 급속히 퍼지다
19	ahead of	prep. ~보다 빨리	**ahead of** schedule 예정보다 먼저[일찍]
20	mistakenly	adv. 잘못하여, 실수로	believe **mistakenly** 잘못 생각하다

No.	단어	의미	토익 빈출 표현
21	entertainment	n. 오락, 여흥	other forms of **entertainment** 다른 형태의 오락거리들
22	direct	adj. 직행의	a **direct** flight 직항 항공편
23	loss	n. 손실액, 손실[손해]	considerable **losses** 상당한 손실
24	specific	adj. 구체적인	**specific** information 구체적인 정보
25	motivate	v. 동기를 부여하다	**motivate** students to study harder 학생들에게 더 열심히 공부하도록 동기를 부여하다
26	volunteer	v. 자원하다	**volunteer** to help others 다른 사람 돕기를 자원하다
27	competent	adj. 능숙한, 유능한	**competent** workers 유능한 직원들
28	perform	v. 행하다, 수행하다	**perform** a contract 계약을 이행하다
29	duty	n. 업무, 의무	perform important **duties** 중요한 업무를 하다
30	commercial	adj. 상업의	a **commercial** vehicle (화물을 수송하는) 상업용 차량
31	flexibility	n. 융통성, 탄력성	Bank offers customers more **flexibility**. 은행은 고객에게 더 많은 융통성을 제공한다.
32	stress	v. 강조하다	**stress** the importance 중요성을 강조하다
33	precise	adj. 정확한, 정밀한	**precise** details/instructions 정확한 세부 내용/지시
34	align	v. 정렬시키다, 조정하다	**align** an organization 조직을 정비하다
35	consistent	adj. ~와 일치하는	**consistent** with our principles 우리의 원칙과 일치하는
36	subscribe	v. 구독하다	**subscribe** to a magazine 잡지를 구독하다
37	transfer	v. 전근[이전]하다, 이전[전근]시키다	**transfer** to the sales department from the marketing department 마케팅 부서에서 영업 부서로 전근가다
38	atmosphere	n. 분위기, 기운, 공기	a friendly **atmosphere** 우호적인 분위기
39	comfortable	adj. 편안한, 쾌적한	a very **comfortable** atmosphere 매우 편안한 분위기
40	eco-friendly	adj. 친환경적인	new **eco-friendly** heaters 새로운 친환경 난방기

DAY 8 ☑ 토익 빈출 어휘

No.	단어	의미	토익 빈출 표현
1	acceptable	adj. 받아들일 수 있는, 허용할 수 있는	an **acceptable** compromise 수용할 수 있는 타협안
2	connection	n. 연결, 접속	Internet **connection** 인터넷 연결
3	monitor	v. 감시하다	**monitor** closely 면밀히 감시하다
4	exhibition	n. 전시	be on **exhibition** 전시 중이다
5	disturb	v. 방해하다	Do not **disturb** others. 다른 사람들을 방해하지 마세요.
6	broadcasting	n. 방송업(계)	radio **broadcasting** 라디오 방송
7	at least	adv. 적어도, 최소한	**at least** once a week 적어도 일주일에 한 번
8	facility	n. 시설, 기관	shopping/banking **facilities** 쇼핑 시설/금융 기관
9	upgrade	n. 업그레이드(품질·성능의 향상)	an **upgrade** of the computer system 컴퓨터 시스템의 업그레이드
10	calendar	n. 달력, 일정표	Let me check my **calendar**. 일정표를 살펴보겠습니다.
11	suburban	adj. 교외의	**suburban** areas 교외 지역
12	resident	n. 거주자, 주민	a **resident** of Paris 파리의 거주자
13	lodge	v. 숙박하다	**lodge** at a hotel 호텔에 묵다
14	substantial	adj. 상당한	a **substantial** change 상당한 변화
15	essential	adj. 필수적인, 매우 중요한	an **essential** part/component 필수적인 부분/성분
16	technical	adj. 기술적인, 전문적인	**technical** terms 전문 용어, 술어
17	consult	v. 상담하다, 상의하다	**consult** with colleagues 동료들과 상의하다
18	support	n. 지지, 지원	continuous **support** 끊임없는 지원
19	enthusiastic	adj. 열렬한, 열광적인	**enthusiastic** support 열렬한 지지
20	ensure	v. 반드시 ~하게 하다, 보장하다	**ensure** success 성공을 보장하다

No.	단어	의미	토익 빈출 표현
21	funding	n. 자금, 자금 제공, 재정 지원	government **funding** 정부의 재정 지원
22	congratulate	v. 축하하다	**congratulate** him on his result 그가 얻은 결과에 대해 축하하다
23	forecast	n. 예측, 예보, 전망	according to the weather **forecast** 일기 예보에 따르면
24	appropriate	adj. 적절한	an **appropriate** response/measure 적절한 반응/조치
25	headgear	n. (머리에) 쓸 것	protective **headgear** 보호용 모자[헬멧]
26	visible	adj. 보이는, 알아볼 수 있는	barely **visible** 겨우 보이는
27	reliable	adj. 믿을 수 있는	a **reliable** source 믿을 만한 소식통
28	competition	n. 대회, 시합	win/lose a **competition** 시합에서 이기다/지다
29	emergency	n. 비상 (사태)	in case of (an) **emergency** 비상시에는
30	terms	n. (계약 등의) 조건	the **terms** of the agreement 합의서 조건
31	sign	v. 서명하다, 계약하다	**sign** a contract 계약서에 서명하다
32	feature	n. 특색, 특징, 특성	a notable **feature** 눈에 띄는 특징
33	advertisement	n. 광고	place an **advertisement** in a newspaper 신문에 광고를 내다
34	theory	n. 이론, 학설	propound a **theory** 이론을 제기하다
35	opposition	n. 반대, 항의	without **opposition** 반대 없이
36	reveal	v. 드러내다, 밝히다	**reveal** the truth 사실을 밝히다
37	household	adj. 가정의	**household** appliances 가전제품
38	average	adj. 평균의	an **average** rate/cost/price 평균 비율/비용/가격
39	reorganize	v. 재조직하다	**reorganize** its staff 사원을 재편성하다
40	adopt	v. 채택하다	**adopt** the scheme 계획을 채택하다

DAY 9 ☑ 토익 빈출 어휘

No.	단어	의미	토익 빈출 표현
1	stagnant	adj. 침체된	a **stagnant** economy 침체된 경제
2	insurance	n. 보험	an **insurance** provider 보험 회사
3	coverage	n. 범위	medical **coverage** 보험, 의료 혜택
4	flaw	n. 결함	the **flaw** in the equipment 장비의 결함
5	beneficial	adj. 유익한, 이로운	be mutually **beneficial** 상호간에 이익이 되다
6	impressive	adj. 인상적인, 인상 깊은	an **impressive** performance 감명 깊은 공연
7	investor	n. 투자자	a large **investor** 거액 투자자
8	foreseeable	adj. 예측할 수 있는	in the **foreseeable** future 예측할 수 있는 미래에
9	current	adj. 현재의, 지금의	a budget for the **current** year 올해의 예산
10	commit	v. 전념하다	**commit** oneself to working 일하는 데 전념하다
11	anticipate	v. 예상하다, 기대하다	**anticipate** eagerly 열렬히 기대하다
12	reference	n. 추천서	a letter of **reference** 추천서
13	recruit	v. 모집하다	**recruit** staff 직원을 모집하다
14	solitary	adj. 혼자 하는	a **solitary** laboratory assistant/walk 혼자 하는 보조 연구원/산책
15	revenue	n. 수익	**revenue** loss 수익 감소
16	redesign	v. 다시 디자인하다	**redesign** the site 사이트를 다시 디자인하다
17	brilliant	adj. 훌륭한, 멋진	a **brilliant** performance 멋진 공연
18	drive	n. 추진력	He has tremendous **drive**. 그는 추진력이 대단하다.
19	come up with	v. ~을 생각해 내다, 고안하다	**come up with** a different approach 다른 방법을 고안하다
20	strong	adj. 강한, 강력한	a **strong** team 강력한 팀

No.	단어	의미	토익 빈출 표현
21	forbid	v. ~을 못 하게 하다, 금지하다	**forbid** expressly 확실하게 금지하다
22	complex	n. 복합 건물, (건물) 단지	an industrial **complex** 공업 단지
23	demolish	v. 철거하다	**demolish** a building 건물을 철거하다
24	faithfulness	n. 충실함, 신뢰할 만함	his **faithfulness** to his duties 그의 의무에 대한 충실함
25	switch	v. 전환하다, 바꾸다	**switch** ideas/seats 아이디어/자리를 바꾸다
26	documentary	n. 다큐멘터리, 기록물	the new **documentary** film 새로운 다큐멘터리 영화
27	air	v. 방송하다, 방송되다	The program **aired** last week. 그 프로그램은 지난주에 방송되었다.
28	prove	v. 증명하다	**prove** to be competent 유능함을 증명하다
29	enrollment	n. 등록, 등록자 수, 입학	**enrollment** fees 입회비
30	permission	n. 허락, 허가	get **permission** 허가를 얻다
31	exclusively	adv. 독점적으로, 오로지, 오직 ~뿐	designed **exclusively** for children 아이들만을 위해 설계된
32	durability	n. 내구성, 내구력	**durability** of the products 제품의 내구성
33	affordability	n. 감당할 수 있는 비용	housing **affordability** index 주택 구입 능력 지수
34	reputed	adj. ~라고 알려진, 평판이 좋은	be **reputed** to be the definitive producer 가장 권위 있는 제작자로 유명하다
35	audience	n. 청중	address an **audience** 청중에게 연설하다
36	fasten	v. 매다	**fasten**/unfasten a seat belt 안전벨트를 매다/풀다
37	expiration	n. 만료, 만기	an **expiration** date (유효 기간) 만기일
38	prior to	prep. ~에 앞서, 먼저	**prior to** the end of the fiscal year 회계 연도가 끝나기 전에
39	proceed	v. (일을 계속) 진행하다	Work is **proceeding** slowly. 작업은 더디게 진행되고 있다.
40	revitalize	v. 새로운 활력을 주다, 재활성화시키다	**revitalize** the nation's economy 국가 경제를 부활시키다

No.	단어	의미	토익 빈출 표현
1	initiative	n. 계획	as part of our public relations **initiative** 홍보 계획의 일환으로
2	foundation	n. (건물의) 토대, 기초	**foundation** work 기초 공사
3	feasibility	n. 실행할 수 있음, 실행 가능성	a **feasibility** study 예비 조사
4	overseas	adj. 해외의	**overseas** development/markets/trade 해외 개발/시장/무역
5	organic	adj. 유기농의, 화학 비료를 쓰지 않는	**organic** farming 유기농 (농사)
6	reception	n. 접수처	the **reception** desk 접수처
7	access	v. 접근하다, 들어가다, 이용하다	**access** the building 건물에 들어가다
8	utmost	n. 최대한도	do one's **utmost** 전력을 다하다
9	depression	n. 불경기, 불황	economic **depression** 경제 불황
10	blue-chip	adj. 우량의	a **blue-chip** stock (company) 우량주 (회사)
11	regardless of	prep. ~에 상관없이	**regardless of** the outcome of ~의 결과에 상관없이
12	reinstall	v. 재설치하다	**reinstall** the program 프로그램을 재설치하다
13	wireless	adj. 무선의	**wireless** communications 무선 통신
14	evaluate	v. 평가하다	**evaluate** outcomes 결과를 평가하다
15	determine	v. 결정하다	**determine** which is right 어느 쪽이 옳은지를 결정하다
16	fill out	v. 기입하다	**fill out** an application 신청서에 기입하다
17	boost	v. 신장시키다, 북돋우다	**boost** exports/profits 수출/수익을 증대시키다
18	morale	n. 사기, 의욕	boost/raise/improve **morale** 사기를 높이다[북돋우다]
19	special	adj. 특별한	a **special** event 특별 행사
20	promote	v. 승진시키다	**promote** someone to the position of ~ ~를 ~ 직위로 승진시키다

No.	단어	의미	토익 빈출 표현
21	vest	n. 조끼	a protective **vest** 방탄조끼
22	horizon	n. 수평선, 지평선	below the **horizon** 수평선[지평선] 아래로
23	invitation	n. 초대, 초청	a letter of **invitation** 초대장
24	guard	n. 경비 요원	a security **guard** 경호원[보안 요원]
25	outdoor	adj. 야외의	**outdoor** clothing/activities 야외용 의류/야외 활동
26	unexpected	adj. 예기치 못한, 예상 밖의, 뜻밖의	an **unexpected** result 예기치 못한 결과
27	enthusiasm	n. 열광, 열정, 열의	**enthusiasm** for the job 일에 대한 열의
28	consideration	n. 사려, 숙고	under **consideration** 고려 중인
29	accident	n. 사고	a car/traffic **accident** 교통사고
30	malfunction	n. 고장	the computer **malfunction** 컴퓨터 오작동
31	handle	v. 다루다, 다스리다, 처리하다	**handle** the chemicals 화학 물질을 다루다
32	assure	v. 장담하다, 확언하다	**assure** him of our support 그에게 우리의 지지를 장담하다
33	environmental	adj. (자연) 환경의	the **environmental** pollution 환경 오염
34	express	v. 표현하다	**express** the concern 우려를 표하다
35	pollution	n. 오염, 공해	reduce **pollution** 오염을 줄이다
36	damage	n. 손상, 피해	severe/minor **damage** 심한/경미한 손상
37	unfortunate	adj. 유감스러운	the **unfortunate** decision 유감스러운 결정
38	minor	adj. 작은, 가벼운	a **minor**[slight] error 사소한 실수
39	container	n. 그릇, 용기	a plastic **container** 플라스틱 용기
40	downsize	v. 줄이다	**downsize** the workforce 직원 수를 줄이다

No.	단어	의미	토익 빈출 표현
1	outcome	n. 결과	a probable **outcome** 가능한 결과
2	guideline	n. 지침	according to the new **guideline** 새로운 지침에 따라
3	maximize	v. 극대화하다	**maximize** efficiency/profits 효율성/수익을 극대화하다
4	effectiveness	n. 유효(성), 효능	the **effectiveness** of the new drug 신약의 효능
5	domestic	adj. 국내의	the **domestic** market 국내 시장
6	accommodation	n. 숙박 시설	comfortable **accommodation** 편안한 숙박 시설
7	amenity	n. (주로 복수로) 생활 편의 시설	modern **amenities** 현대식 편의 시설들
8	respectfully	adv. 공손하게, 정중하게	decline **respectfully** 정중히 거절하다
9	infection	n. 감염	increase the risk of **infection** 감염의 위험을 증가시키다
10	nonessential	adj. 중요치 않은	**nonessential** items 필요치 않은 물품들
11	defer	v. 미루다, 연기하다	**defer** the decision 결정을 미루다
12	legal	adj. 법률과 관련된	take/seek **legal** advice 법률적 자문을 받다/구하다
13	parameter	n. 한도	within the **parameters** 한도 내에서
14	expenditure	n. (공공 기금의) 지출, 비용, 경비	the total **expenditure** 총 경비
15	subject	adj. (~의) 영향을 받는[받기 쉬운]	Prices are **subject** to change without notice. 가격은 통보 없이 변경될 수 있다.
16	extensive	adj. 광범위한	**extensive** knowledge 광범위한 지식
17	stringent	adj. (규정 등이) 엄중한	**stringent** regulations 엄격한 규정
18	procedure	n. 절차, 방법	emergency/safety **procedures** 응급/안전 절차
19	fulfill	v. (요건 등을) 만족시키다, 충족시키다	**fulfill** the customers' expectation 고객들의 기대를 충족시키다
20	originally	adv. 원래, 본래	as **originally**/initially scheduled 원래/애초에 계획된 대로

No.	단어	의미	토익 빈출 표현
21	postpone	v. 연기하다, 미루다	**postpone** the release date 출시일을 연기하다
22	defective	adj. 결함이 있는	**defective** merchandise 결함이 있는 상품
23	gladly	adv. 기꺼이	**gladly** contribute 기꺼이 기부하다
24	engineer	n. 기사, 기술자	an experienced **engineer** 경험이 많은 기술자
25	requirement	n. 요구 사항	meet the **requirement** 요구 사항을 충족시키다
26	session	n. 회의, 교육	training **session** 교육 (과정)
27	reimbursement	n. 변상, 상환, 변제	the claim for **reimbursement** of expenses 비용에 대한 상환 요청
28	purpose	n. 목적	our campaign's main **purpose** 우리 캠페인의 주된 목적
29	efficient	adj. 효율적인	**efficient** heating equipment 효율적인 난방 장치
30	tight	adj. 빠듯한	**tight** budget 빠듯한 예산
31	retain	v. 보유하다	**retain** all the receipts 모든 영수증을 보유하다
32	verify	v. ~을 확증하다, 입증하다	**verify** claims 주장을 입증하다
33	refuse	v. 거절하다	**refuse** his request 그의 요청을 거절하다
34	abroad	adv. 해외에, 해외로	reside **abroad** 외국에 거주하다
35	undergo	v. 겪다, 경험하다	**undergo** changes 변화를 겪다
36	temporarily	adv. 일시적으로	be **temporarily** out of stock 일시적으로 품절되다
37	appreciate	v. 고마워하다, 환영하다	**appreciate** sincerely 진심으로 감사하다
38	reward	n. 보상	a financial **reward** 재정적 보상
39	dedicated	adj. 전념하는, 헌신적인	be **dedicated** to -ing ~에 전념하다
40	coordinate	v. 조정하다	**coordinate** the schedule 일정을 조정하다

DAY 12 ☑ 토익 빈출 어휘

No.	단어	의미	토익 빈출 표현
1	press	n. 언론	a **press** conference 기자 회견
2	remarkable	adj. 놀랄 만한, 주목할 만한	a **remarkable** career/talent 놀랄 만한 경력/재능
3	hesitant	adj. 주저하는, 머뭇거리는	be **hesitant** about + (동)명사 ~에 대해 망설이다
4	delegate	v. 위임하다	**delegate** authority 권한을 위임하다
5	entire	adj. 전체의	on behalf of the **entire** staff 직원 전체를 대표하여
6	assistant	n. 조수, 보조원	a senior research **assistant** 선임 연구 조교
7	primary	adj. 주된, 기본적인	a **primary** concern 주된 관심사
8	signature	n. 서명	an authorization **signature** 허가증 서명
9	attached	adj. 첨부된	the **attached** seminar registration form 첨부된 세미나 등록 양식
10	regarding	prep. ~에 관하여	any questions **regarding** your bill 당신의 청구서에 관한 어떤 질문들
11	full	adj. 최대한의, 최고의	receive **full** pay 임금 전액을 받다
12	owner	n. 주인, 소유주	a factory **owner** 공장 소유주
13	dish	n. 요리	an excellent main **dish** 훌륭한 주요리
14	objective	n. 목적, 목표	meet[achieve] **objectives** 목적을 달성하다
15	productivity	n. 생산성	high/improved/increased **productivity** 높은/개선된/늘어난 생산성
16	advertise	v. 광고하다	**advertise** for a sales manager 영업 부장을 구하는 광고를 내다
17	skill	n. 기술	management **skills** 경영 기술
18	contemporary	adj. 동시대의, 현대의	**contemporary** literature 현대 문학
19	increase	v. 증가시키다	**increase** productivity 생산성을 늘리다
20	recycle	v. 재활용하다	**recycled** paper 재생지

No.	단어	의미	토익 빈출 표현
21	copier	n. 복사기	The **copier** has a paper jam. 복사기에 종이가 걸렸어요.
22	promotion	n. 승진, 진급	receive a **promotion** 승진하다
23	lucrative	adj. 수익성이 좋은	a **lucrative** business/market 수익성이 좋은 사업/시장
24	conclude	v. 결론을 내리다, 끝내다	**conclude** an argument 논쟁을 마치다
25	solely	adv. 오로지, 단지, 단독으로	be **solely** responsible for it 그것에 대해서 전적으로 책임이 있다
26	potential	n. 잠재력	full **potential** 충분한 잠재력
27	lower	v. ~을 내리다[낮추다]	**lower**[decrease] the price 값을 내리다
28	assert	v. 주장하다	**assert** one's authority 권리를 주장하다
29	instead of	prep. ~ 대신에	the new logo **instead of** the old one 오래된 것 대신 새로운 로고
30	creative	adj. 창조적인, 창의적인	**creative** thinking 창의적 사고
31	following	prep. ~후에, ~에 따라	**following** the reception 환영회가 끝난 후에
32	broaden	v. 넓히다	**broaden** one's knowledge ~의 지식을 넓히다
33	represent	v. 대표하다	**represent** the company as an accountant 회계사로서 회사를 대표하다
34	enroll	v. 등록하다	**enroll** in the course 과정에 등록하다
35	gym	n. 체육관	recently built a new **gym** 최근에 새로 체육관을 지었다
36	outskirts	n. 변두리[교외]	at the **outskirts** of a town 교외에
37	compile	v. 수집하다	**compile** materials 자료를 수집하다
38	analyze	v. 분석하다, 검토하다	**analyze** data 데이터를 분석하다
39	deserve	v. ~할 만하다	**deserve** blame 비난 받을 만하다
40	honor	n. 명예, 영예	in **honor** of his achievements 그의 업적을 기념하여

No.	단어	의미	토익 빈출 표현
1	exception	n. 예외	without **exception** 예외 없이
2	critical	adj. 대단히 중요한	a **critical** factor 중대한 요소
3	information	n. 정보	detailed **information** 상세한 정보
4	establish	v. 설립하다	**establish** marketing strategy 마케팅 전략을 세우다
5	demanding	adj. 요구가 많은, 까다로운	a **demanding** boss 요구가 많은 사장
6	task	n. 일, 과업	cope with a **task** 일을 처리하다
7	run	v. 운행하다, 운영하다	**run** extra trains 기차를 추가로 운행하다 **run** a business 사업을 운영하다
8	take pride in	v. ~을 자랑하다, ~을 자랑으로 여기다	**take pride in** the work they do 그들이 하는 일에 자긍심을 느끼다
9	solution	n. 해법, 해결책	a **solution** for a problem 문제의 해결법
10	respond	v. 응답하다	**respond** promptly 신속하게 반응하다
11	ashamed	adj. 부끄러운, 수치스러운	deeply **ashamed** 몹시 부끄러워하는
12	comment	v. 논평하다, 견해를 밝히다	have yet to officially **comment** 아직 공식적인 논평을 하지 않다
13	deadline	n. 기한, 마감일	meet the **deadline** 마감일을 맞추다
14	urban	adj. 도시의	**urban** areas 도시 지역
15	workplace	n. 직장, 업무 현장	leave the **workplace** 직장을 그만두다
16	manufacturing	n. 제조업	a **manufacturing** firm 제조 회사
17	outing	n. 야유회	a company **outing** 회사 야유회
18	method	n. 방법	an effective **method** of data analysis 효과적인 데이터 분석 방법
19	delete	v. 삭제하다	**delete** a file 파일을 지우다
20	recreate	v. 되살리다, 재현하다	**recreate** the feeling of the original theatre 극장 원래의 분위기를 되살리다

No.	단어	의미	토익 빈출 표현
21	quarterly	adj. 분기별의	a **quarterly** meeting of the board 분기별 이사회
22	award	v. 수여하다	**award** him a prize 그에게 상을 주다
23	prevent	v. 막다, 보호하다	**prevent** eyes from getting dry 눈이 건조해지지 않게 보호하다
24	lease	v. 대여하다	**lease** computer equipment 컴퓨터 장비를 빌리다
25	praise	v. 칭찬하다	be often **praised** by colleagues 동료들로부터 종종 칭찬을 받다
26	timely	adj. 시기적절한, 때맞춘	**timely** measures 시기적절한 방법
27	manner	n. 방식	in a timely **manner** 시기적절한 방법으로
28	lack	n. 부족, 결핍	a **lack** of food/money/skills 식량/자금/기술 부족
29	fundamental	adj. 근본적인	a **fundamental** difference 근본적인 차이
30	attitude	n. 태도, 자세	a positive/negative **attitude** 긍정적인/부정적인 태도
31	resolve	v. 해결하다	**resolve** a dispute/conflict/crisis 분쟁/갈등/위기를 해결하다
32	without	prep. ~없이	**without** permission 허가 없이, 무단으로
33	professional	adj. 전문적인	**professional** qualifications/skills 전문 자격증/기술
34	obtain	v. 얻다, 구하다	**obtain** advice/information/permission 충고/정보/허락을 얻다
35	benefit	n. 혜택, 이득	a tax **benefit** 세금 혜택
36	challenging	adj. 도전적인, 어려운	**challenging** work/questions/problems 도전적인 일/질문/문제
37	lofty	adj. 고귀한, 고결한	**lofty** ambitions/ideals/principles 고귀한 야망/이상/원칙
38	unique	adj. 독특한	a **unique** figure 독특한 인물
39	character	n. 등장인물	a major/minor **character** 주요/비중이 크지 않은 등장인물
40	fascinate	v. 마음을 사로잡다, 매혹하다	**fascinate** the audience 관객의 마음을 사로잡다

DAY 14 ☑ 토익 빈출 어휘

No.	단어	의미	토익 빈출 표현
1	patio	n. (보통 집 뒤쪽에 만드는) 테라스	**patio** furniture 테라스에 두는 가구
2	demonstrate	v. 보여주다, 설명하다, 증명하다	**demonstrate** how to keep electronic files protected 전자 파일을 어떻게 보호하는지 보여주다
3	recognition	n. 인식	the automatic **recognition** 자동 인식
4	replacement	n. 교체, 대체	**replacement** parts 교환 부품
5	maintenance	n. (보수) 유지	**maintenance** costs 유지 비용
6	consequence	n. 결과	answer for the **consequence** 결과에 대해 책임을 지다
7	photograph	v. ~의 사진을 찍다	a beautifully **photographed** book 멋진 사진들이 실린 책
8	former	adj. 이전의	my **former** boss/colleague/wife 내 이전 상사/동료/아내
9	compatible	adj. 호환되는, 어울리는 (with)	**compatible** with the existing system 기존의 시스템과 호환이 되는
10	numerous	adj. 많은	have **numerous** offers 많은 제안이 있다
11	protest	v. 항의하다	**protest** against the decision 그 결정에 항의하다
12	throughout	prep. 도처에	**throughout** Asia 아시아 전역에
13	extended	adj. 연장된, 늘어난	the **extended** warranty 연장된 보증 기간
14	add	v. 더하다	**add** chocolate flavoring to antibiotics 항생제에 초콜릿 맛을 더하다
15	passenger	n. 승객	All **passengers** are required to be at the airport at least two hours in advance. 모든 승객들은 적어도 2시간 전에 공항에 도착해야 한다.
16	release	v. 공개하다	**release** a movie/book 영화를 개봉하다/책을 발간하다
17	pack	v. 포장하다	**pack** the product 제품을 포장하다
18	manufacture	v. 제조하다	**manufacture** the products 상품을 제조하다
19	huge	adj. 엄청난, 거대한	**huge** amounts of data 엄청난 양의 데이터
20	create	v. 창조하다	**create** jobs for young people 청년층을 위한 일자리를 창출하다

No.	단어	의미	토익 빈출 표현
21	community	n. 주민, 지역 사회	**community** park/library 지역 주민을 위한 공원/도서관
22	accompany	v. 동반하다, 동행하다	the adults who **accompany** the children 아이들을 동반한 어른들
23	admit	v. 들어가게 하다, (입장을) 허락하다	be **admitted** free of charge 무료로 입장이 허용되다
24	schedule	v. 일정을 잡다, 예정하다	the **scheduled** event 예정된 행사
25	existing	adj. 기존의	replace **existing** equipment 기존 장비를 교체하다
26	employ	v. 고용하다	**employ** laborers native to the area 지역 출신의 노동자를 고용하다
27	referral	n. 추천, 소개	attract new customers through **referrals** 추천을 통해 신규 고객을 유치하다
28	overheat	v. 과열되다	The computer equipment **overheats**. 컴퓨터 장비가 과열되다.
29	estimated	adj. 견적의, 추측의	**estimated** costs 견적 비용
30	virtual	adj. 가상의	**virtual** reality 가상 현실
31	get down to	v. ~에 착수하다	**get down to** business 사업을 시작하다
32	partly	adv. 부분적으로	The success is **partly** thanks to her suggestions. 성공은 부분적으로 그녀의 제안 덕분이다.
33	in accordance with	prep. ~와 일치하여, ~에 따라	**in accordance with** its expansion 이러한 확장에 따라
34	in a timely fashion	adv. 시기적절하게	open new branches **in a timely fashion** 새로운 지점들을 시기적절하게 개점하다
35	validity	n. 타당성	consider the **validity** and profitability 타당성과 수익성을 고려하다
36	intermittently	adv. 간헐적으로, 이따금씩	We have **intermittently** gotten disconnected. 우리는 이따금씩 연결이 끊긴다.
37	flicker	v. 깜빡거리다	The screen **flickers**. 화면이 깜빡거리다.
38	have no choice but to	v. ~할 수밖에 없다	We **had no choice but to** reschedule the conference. 우리는 회의 일정을 변경할 수밖에 없었다.
39	terminate	v. 종료하다	**terminate** a service contract 서비스 계약을 종료하다
40	proceed with	v. ~을 진행하다	**proceed with** projects smoothly 프로젝트를 순조롭게 진행하다

DAY 15 ☑ 토익 빈출 어휘

No.	단어	의미	토익 빈출 표현
1	deduct	v. 공제하다, 차감하다	**deduct** $100 from this month's bill 이번 달 청구서에서 100달러를 차감하다
2	in light of	prep. ~에 비추어, ~에 고려하여	**in light of** this variable 이러한 변수를 고려하여
3	round-trip	adj. 왕복의	a **round-trip** ticket to New York City 뉴욕행 왕복 티켓
4	kiosk	n. 간이 안내소, 가판	at any check-in **kiosk** 체크인 기기에서
5	beforehand	adv. 사전에, 미리	pay for the fee **beforehand** 요금을 사전에 납부하다
6	customary	adj. 관습적인	in the **customary** manner 관습적으로
7	in advance	adv. 사전에	make the payment **in advance** 미리 지불하다
8	pre-owned	adj. 중고의	donate new or **pre-owned** items 새 물건이나 중고 물건들을 기부하다
9	stained	adj. 얼룩진	damaged or **stained** items 손상되거나 얼룩진 물건
10	surrounding	adj. 주변의	the **surrounding** environments 주변 환경
11	redundant	adj. 쓸모없는, 남는	Bring your **redundant** or unneeded items. 쓸모없거나 불필요한 물건들을 가져오세요.
12	operation hour	n. 영업 시간, 운영 시간	the **operation hours** of each store 각 매장의 운영 시간
13	on a regular basis	adv. 정기적으로	place orders **on a regular basis** 정기적으로 주문하다
14	out of stock	adj. 품절된	The items are **out of stock**. 물건들이 품절되었다.
15	top-ranked	adj. 최상위의	the **top-ranked** product 최상위 제품
16	premises	n. 구내, 부지	in other buildings on the **premises** 구내의 다른 건물들 안에서
17	preliminary	adj. 사전의	**preliminary** management seminars 경영진의 사전 세미나
18	on a first-come, first-served basis	adv. 선착순으로	be reserved **on a first-come, first-served basis** 선착순으로 예약되다
19	labor	n. 노동	Young people tend to avoid physical **labor**. 젊은 사람들은 육체 노동을 피하려는 경향이 있다.
20	up to	prep. ~까지	The convention center can seat **up to** 500 people. 그 컨벤션 센터는 사람들을 500명까지 수용할 수 있다.

No.	단어	의미	토익 빈출 표현
21	modification	n. 수정, 변경	make **modifications** 수정하다
22	consent	n. 동의, 허락	without **consent** 허락 없이
23	established	adj. 인정받는, 저명한	an **established** company 저명한 회사
24	specialize in	v. ~을 전문적으로 하다, 전공하다	The company **specializes in** corporate advertising. 그 회사는 기업 광고 전문이다.
25	leftover	adj. 남은	**leftover** materials 잔재
26	be qualified for	v. ~에 자격이 있다	He **is** well **qualified for** operating the new management system. 그는 새로운 관리 시스템을 운영하기에 충분한 자격을 갖추고 있습니다.
27	strategic	adj. 전략적인	**strategic** methods 전략적인 방법들
28	a variety of	adj. 다양한	**a variety of** experiences 다양한 경험
29	ongoing	adj. 진행 중인	the **ongoing** construction 진행 중인 공사
30	consecutive	adj. 연속의	for twelve **consecutive** weeks 12주 연속으로
31	go into effect	v. 효력이 발생되다, 시행되다	A new dress code **goes into effect**. 새로운 복장 규정이 시행되다.
32	plan	n. 설계도, 계획	the **plans** for the new building 새 건물에 대한 설계도
33	subscription	n. 구독, 구독료	**subscription** to a magazine 잡지 구독
34	comprehensively	adv. 포괄적으로, 철저히	The product needs to be **comprehensively** inspected. 그 제품은 포괄적으로 검사되어야 한다.
35	fluctuating	adj. 요동치는, 변동의	the **fluctuating** market 변동이 심한 시장
36	awareness	n. 인식, 인지도	brand **awareness** 브랜드 인지도
37	reputable	adj. 평판이 좋은	other **reputable** companies 평판이 좋은 다른 회사들
38	overtime	n. 초과 근무	work **overtime** 초과 근무하다
39	lay off	v. 해고하다	**lay off** some employees 몇몇 직원들을 해고하다
40	do one's best	v. 최선을 다하다	We will **do our best** to protect your personal information. 우리는 당신의 개인 정보를 보호하기 위해 최선을 다할 것이다.

LC/RC

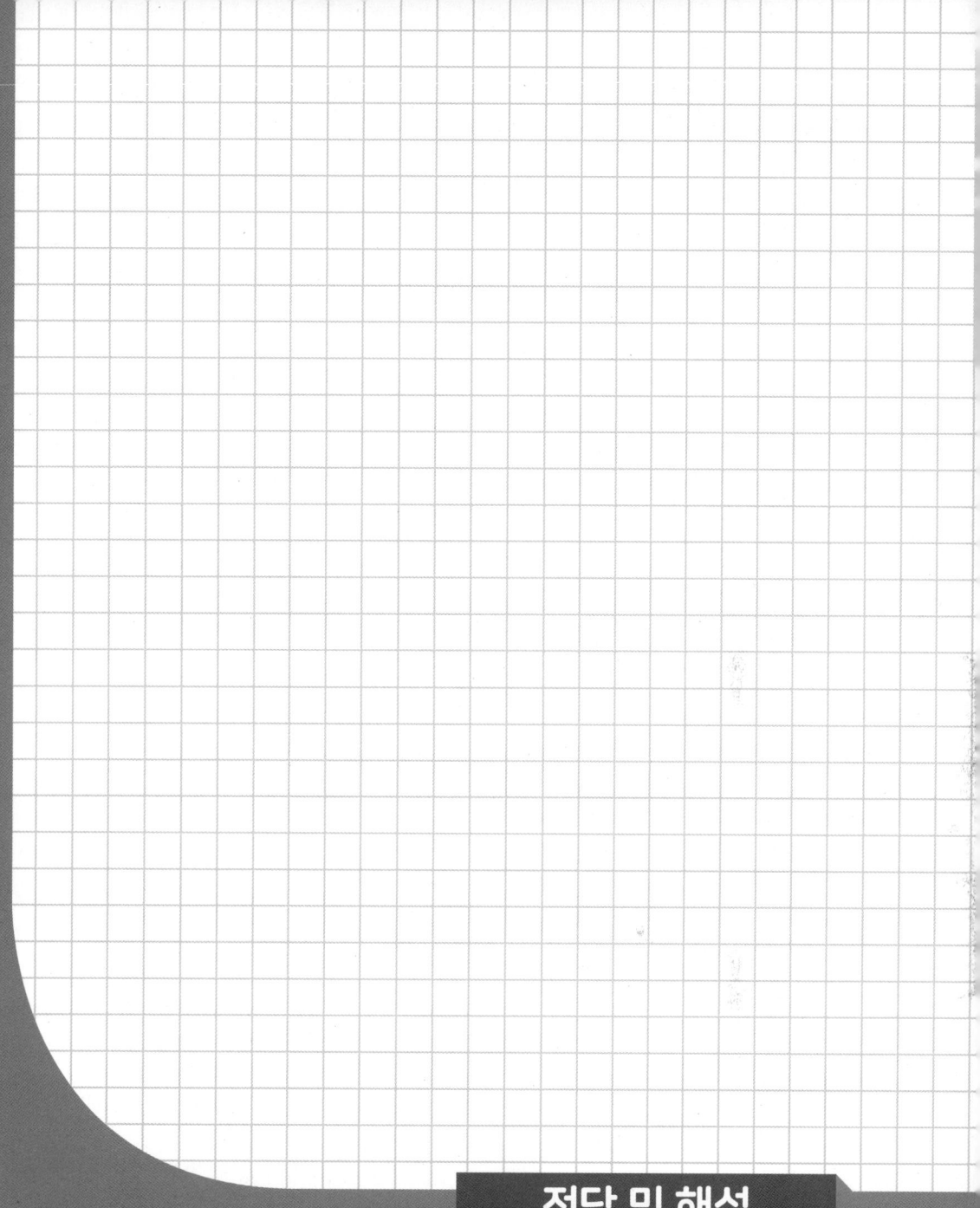

정답 및 해설

PART 1

SPARTA 📖 PRACTICE   p. 27

1 He's **arranging** some furniture.
남자가 가구를 정렬하고 있다.

▶ 능동태, 현재진행, 사람 주어

2 A woman **is holding** a watering can with both hands.
여자가 양손으로 물뿌리개를 들고 있다.

▶ 능동태, 현재진행, 사람 주어

3 Boxes **have been stacked** on top of each other.
박스들이 차곡차곡 쌓여 있다.

▶ 수동태, 현재완료, 사물 주어

4 The women **are seated** by the window.
여자들이 창문 옆에 앉아 있다.

▶ 수동태, 현재, 사람 주어

5 Some notes **are being distributed** at a meeting.
자료가 회의에서 나눠지고 있다.

▶ 수동태, 현재진행, 사물 주어

6 One of the men **is handing** papers to another person.
남자들 중 한 명이 다른 사람에게 종이를 건네고 있다.

▶ 능동태, 현재진행, 사람 주어

7 A tree **is being planted** in a courtyard.
나무가 마당에 심어지고 있다.

▶ 수동태, 현재진행, 사물 주어

8 A path **leads to** a building entrance.
도로가 건물 입구로 연결된다.

▶ 능동태, 현재형, 사물 주어

9 A cabinet **has been stocked** with supplies.
캐비닛이 용품으로 채워져 있다.

▶ 수동태, 현재완료, 사물 주어

10 A man **is making** a **repair** with a hammer.
남자가 망치로 수리하고 있다.

▶ 능동태, 현재진행, 사람 주어

11 Some cars **are parked** near the water.
자동차들이 물가에 주차되어 있다.

▶ 수동태, 현재형, 사물 주어

12 A presentation **is being shown** on a screen.
발표가 화면에 보여지고 있다.

▶ 수동태, 현재진행, 사물 주어

SPARTA ✔ ACTUAL TEST   p. 28

1 (B) **2** (B) **3** (D) **4** (A) **5** (D) **6** (C)

1 (A) A man is working outdoors.
(B) A man is handling some equipment.
(C) A man is looking at the factory building.
(D) A man is putting on some glasses.

(A) 남자는 야외에서 일하고 있다.
(B) 남자는 장비를 다루고 있다.
(C) 남자는 공장 건물을 보고 있다.
(D) 남자는 안경을 쓰고 있는 중이다. (동작)

해설 공장 내부로 보이는 장소에서 남자가 기계 장비를 다루며 일하는 장면이다. 정답은 동작을 is handling으로, 작업 대상을 equipment로 표현한 (B)이다. (A)는 working은 맞으나 야외(outdoors)라는 어휘가 틀렸다. (C)는 실내에서 작업 중인 남자가 factory building을 바라볼 수 없으므로 잘못된 묘사다. (D)의 is putting on은 안경을 쓴 '상태'가 아니라 안경을 쓰는 '동작'을 나타내므로 틀렸다.

어휘 **work** 일하다, 작업하다 **handle** 다루다, 처리하다 **put on** 입다(입는 동작)

2 (A) Some people are sitting next to each other.
(B) Some people are standing around the table.
(C) They are ordering some food at a restaurant.
(D) One woman is pouring liquid from a bottle.

(A) 몇몇 사람들이 서로 옆에 앉아 있다.
(B) 몇몇 사람들이 테이블 주변에 서 있다.
(C) 그들은 식당에서 음식을 주문하고 있다.
(D) 한 여자가 병에서 액체를 따르고 있다.

해설 긴 테이블 주변에 사람들이 뷔페식으로 음식을 각자 접시에 담는 장면이다. 동사 are standing과 부사구 around the table로 사람들이 테이블 주변에 서 있는 모습을 표현한 (B)가 정답이다. (A)는 앉아 있다(are sitting)라는 동사 부분이 틀렸다. (C)는 음식을 주문하는(are ordering) 행동이 없다. (D)는 액체를 따르는(is pouring) 행동이 없다.

어휘 **sit** 앉다(cf. seat : 앉히다) **stand** 서다 **order** 주문하다; 주문 **pour** 붓다, 따르다 **liquid** 액체 **bottle** 병

3 (A) They are all wearing black shoes at a store.
(B) Some shoes are being stacked in a box.

(C) The clerk is showing a product to a customer.

(D) Some items have been arranged in a display case.

(A) 그들은 모두 가게에서 검은 신발을 신고 있다.

(B) 신발들이 박스 안에 쌓이는 중이다.

(C) 점원이 상품을 손님에게 보여주고 있다.

(D) 물건들이 진열장에 진열되어 있다.

해설 진열장에 구두 여러 켤레가 진열되어 있는 장면으로, 정답은 구두를 some items로, 진열된 모습을 have been arranged로 표현한 (D)이다. 물건들이 놓여 있는 사물 사진을 가장 많이 묘사하는 시제는 수동태 완료(have been placed)와 단순 수동태(are placed)라는 점을 기억하자. (A)와 (C)는 사람이 등장하지 않는 사진에서 사람 주어 They와 clerk를 써서 틀렸다. (B)는 쌓여 있는 것이 아닌데 are being stacked 라고 쌓이는 동작을 표현했으므로 틀렸다. 참고로, (B)는 창고에서 했을 만한 행동이다.

어휘 wear 입다 stack 쌓다, 올리다 clerk 점원, 직원 show 보여주다 customer 손님, 고객 item 물건, 상품 arrange 정렬하다 display case 진열 선반

4
(A) A woman is examining a tube.

(B) A server is pouring something into a glass.

(C) A woman is holding a microscope.

(D) A machine is being left on the counter.

(A) 여자는 튜브를 보고 있다.

(B) 종업원이 유리잔에 무언가를 따르고 있다.

(C) 여자는 현미경을 들고 있다.

(D) 기계가 카운터 위에 놓여지고 있다.

해설 실험실에서 한 여성이 장갑을 끼고 튜브를 보고 있는 사진으로 (A)가 정답. 여성이 손에 들고 있는 원통형의 물건을 tube로 표현했다. 또 examine, inspect, check 등의 동사는 보고 있는 행동을 묘사한다는 것을 기억해 두자. (B)에서 주어 A server는 식당에서 음식을 서비스하는 사람을 가리키는 어휘이며, 사진 속의 여자는 무언가를 붓는(is pouring) 행동을 하고 있지도 않다. (C)는 주어와 동사는 적절하나 목적어(a microscope) 어휘가 틀렸다. (D)는 수동태 진행형(is being left)으로, 지금 내려놓는 행동을 하는 중이어야 한다.

어휘 examine 자세히 보다 tube 튜브 server 종업원, 서빙하는 사람 microscope 현미경 leave 두다, 놓다 counter 카운터, 데스크

5
(A) Customers are waiting to be seated at a table.

(B) Some flowers are being arranged in a restaurant.

(C) Some plants have been put outside the front door.

(D) Tables are unoccupied at the moment.

(A) 고객들이 테이블에 앉으려고 대기 중이다.

(B) 꽃들이 레스토랑에 장식되고 있다.

(C) 화초들이 현관 밖에 놓여 있다.

(D) 테이블들이 현재 비어 있다.

해설 의자와 테이블이 여럿 놓인 식당 내부로, 사람이 아무도 없다. 손님 없이 비어 있는 테이블을 'are unoccupied'로 표현한 (D)가 정답이다. (A)는 사진에 없는 사람 주어 customers가 쓰여서 틀렸다. (B)는 꽃이 등장하지만, 지금 놓여지고 있는 수동태 진행형(are being arranged)이 되기 위해서는 사람이 등장해서 동작(arrange)을 수행해야 하므로 틀렸다. (C)는 장소가 야외(outside)가 아니고, 사진에는 문(front door)이 나오지 않는다.

어휘 seat 앉히다 plant 화초; 심다 put 놓다 front door 현관 unoccupied 비어 있는, 앉아 있지 않는 at the moment 현재

6
(A) A man is selling a copy machine.

(B) A man is putting some memos on the board.

(C) A piece of paper is being placed on a machine.

(D) The photocopier is out of order.

(A) 남자는 복사기를 팔고 있다.

(B) 남자는 게시판에 메모를 붙이고 있다.

(C) 종이가 기계 위에 놓여지고 있다.

(D) 복사기가 고장났다.

해설 한 남자가 복사기를 사용하는 장면인데, 문장 안에 사람이 포함되어 있지 않지만 수동태 진행형으로 사람의 행동을 묘사한 (C)가 정답이다. '남자가 종이를 놓고 있다'라는 문장을 '종이가 놓여지고 있다'라는 수동태 진행형(be being p.p.)로 표현할 수도 있음에 주의하자. (A)는 복사기는 등장했지만 이것을 파는(sell) 행동은 아니어서 틀렸다. (B)는 남자가 붙이고 있는 행동(is putting)을 하는 중이 아니어서 틀렸다. (D)는 사진만으로는 복사기가 고장났는지 알 수 없다.

어휘 copy machine 복사기(= photocopier, copier) put 놓다, 걸다, 달다 board 게시판(= bulletin board) place 놓다, 위치시키다 out of order 고장난

UNIT 02 Best Answer 고르기

SPARTA PRACTICE | p. 34

1 A woman is strolling **across a field**.
들판을 가로질러 걷고 있다.

▶ 들판 가운데를 가로질러 걸어가고 있는 여자의 사진을 묘사한 표현 (주로 오답)

2 A salesperson is **helping a customer** with a necklace.
영업사원이 목걸이를 고르는 손님을 도와주고 있다.

▶ 영업사원이 손님에게 목걸이를 걸어주는 행동을 help로 표현

3 A vase of flowers has been placed **under a clock**.

꽃이 꽂힌 꽃병이 시계 밑에 놓여 있다.

▶ 꽃병의 위치를 나타내는 부사구까지 들어야 하는 문제

4 The man is seated in **a waiting area**.

남자는 대기실에서 기다리고 있다.

▶ 대기실 안에서 기다리는 남자의 사진을 나타내는 표현

5 Motorcycles are parked **between the cars**.

오토바이들이 차 사이에 주차되어 있다.

▶ 차 사이에 주차되어 있는 오토바이들의 사진을 나타내는 표현

6 The woman has placed her bag **on the ground**.

여자는 자신의 가방을 바닥에 내려놓았다.

▶ 바닥에 가방을 내려놓고 다른 행동을 하는 여자의 사진을 나타내는 표현 (가방은 이미 그 전에 놓여 있었음)

7 A footrest has been placed **in front of** a **sofa**.

발판(발걸이)이 소파 앞에 놓여 있다.

▶ 소파 앞에 발을 올려놓는 작은 받침대가 있는 사진을 나타내는 표현

8 There is a large plant **between two tables**.

두 테이블 사이에 큰 화초가 있다.

▶ 테이블 사이(between)에 있는 화초를 확인해야 하는 표현

9 Workers are replacing bricks in **a parking area**.

일꾼들이 주차장에서 벽돌을 교체하고 있다.

▶ 벽돌 공사를 하는 장소가 주차장인지 확인해야 하는 표현

10 Some garments have been hung **outside the storefront**. 의류가 가게 앞 바깥에 걸려 있다.

▶ 의류가 걸려 있는 것이 가게 앞인지 확인해야 하는 표현

11 Some cyclists are viewing a city **from a distance**.

자전거 타는 사람들이 멀리 있는 도시를 보고 있다.

▶ '멀리'라는 부사구를 사진으로 표현하기 힘들기 때문에 예측하기 힘든 표현

12 Some papers are being piled **on top of each other**. 몇몇 서류들이 차곡차곡 쌓이고 있다.

▶ 서류들이 차곡차곡 쌓이는 것을 on top of each other라는 부사구로 표현

SPARTA ✔ ACTUAL TEST | p. 35

1 (D) **2** (A) **3** (C) **4** (B) **5** (A) **6** (C)

1 (A) A man is chopping some wood.

(B) A man is putting on an apron.

(C) A man is raising some potatoes.

(D) A man is preparing some food.

(A) 남자는 나무를 자르고 있다.

(B) 남자는 앞치마를 입고 있는 중이다.

(C) 남자는 감자를 기르고 있는 중이다.

(D) 남자는 음식을 준비하고 있다.

해설 부엌에서 감자 껍질을 벗기고 있는 남자의 사진이다. 감자 껍질을 벗기는 동작을 is preparing some food로 포괄적으로 표현한 (D)가 정답이다. (A)는 껍질을 벗기는 동작(peel)을 자르다(chop)라고 한 부분은 연계성이 있으나 나무(wood)는 전혀 틀린 목적어다. (B)는 is putting on 시제가 현재진행이면 지금 앞치마를 입는 동작이 진행 중이어야 하므로 틀렸다. (C)는 감자는 맞지만 감자를 기르고 있다는(is raising) 동사는 틀렸다.

어휘 chop 자르다, 토막내다 put on 입다(동작) raise 기르다 potato 감자 prepare 준비하다

2 (A) Trees are lined up along the street.

(B) Workers are trimming some branches.

(C) Some people are strolling in the park.

(D) Some trees are being planted in a garden.

(A) 나무들이 길을 따라 줄지어 있다.

(B) 일꾼들이 나뭇가지를 자르고 있다.

(C) 사람들이 공원에서 걷고 있다.

(D) 정원에 나무들이 심어지고 있다.

해설 공원으로 보이는 풍경 사진으로 산책로를 따라 늘어선 나무들이 있고, 사람이 등장하지 않는다. 풍경 사진은 다양한 주어가 가능해서, 주어와 동사를 연계해서 듣는 훈련을 해야 한다. 정답은 (A)인데, 나무들이 늘어져 있는 모습을 조금 생소한 동사인 line으로 묘사했다. (B)는 사진에 일꾼(workers)이 없어서, (C)도 동작의 주체인 some people이 사진에 등장하지 않으므로 틀렸다. 동사 stroll은 walk의 동의어로 암기해 두자. (D)의 수동태 진행형 역시 심는 행동을 진행하는 사람들이 사진에 등장하지 않으므로 잘못된 표현이다.

어휘 line 줄짓다, 줄 trim 다듬다, 자르다 branch 나뭇가지, 지점 stroll 걷다, 산책하다 plant 심다; 화초

3 (A) The couple is seated around the table.

(B) They are looking at each other.

(C) They are sitting side by side.

(D) They are setting up the seats in the room.

(A) 남녀 한 쌍이 테이블 주위에 둘러 앉아 있다.

(B) 그들은 서로를 보고 있다.

(C) 그들은 나란히 앉아 있다.

(D) 그들은 방에 의자를 세팅하고 있다.

해설 남녀 한 쌍이 의자에 앉아 있는 모습으로, side by side(나란히)라는 부사구를 사용해 표현한 (C)가 정답이다. (A)는 앉아 있는 상태는 맞으나 둘러 앉지 않았고 사진에 table은 없다. (B)는 남녀가 서로를 마주보는

것이 아니라서 잘못된 묘사다. (D)는 의자를 세팅하고 있는 것이 아니므로 틀린 묘사인데, sitting과 발음이 유사하게 들리는 setting을 써서 자칫 혼동하기 쉽다.

어휘 **seat** 앉히다 **each other** 서로 **side by side** 나란히 **set up** 세팅하다, 정렬하다

4 (A) Some hotel guests are checking into their rooms.

(B) Some guests are being helped at a counter.

(C) Some people are waiting to board a plane.

(D) Some people are paying for their purchases.

(A) 호텔 고객들이 방을 체크인하고 있다.

(B) 손님들이 카운터에서 도움을 받고 있다.

(C) 사람들이 비행기를 타려고 기다리고 있다.

(D) 사람들이 구매품의 값을 지불하고 있다.

해설 호텔 프런트에서 손님들을 응대하는 직원이 있는 장면으로, 손님을 주어로 해서 도움을 받고 있는 중(are being helped)이라고 수동태 진행형으로 표현한 (B)가 정답이다. (A)는 check-in 단어가 귀에 익숙하겠지만, 손님들이 방에 체크인하려고 하는지 사진으로 알 수 없어서 오답이다. (C)는 공항에서 적절한 표현이고, (D)는 상점 계산대의 표현으로 적절하겠으나, 모두 사진상으로는 알기 힘들다.

어휘 **guest** 손님 **check into** 체크인하다 **board** 탑승하다 **purchase** 구매(품)

5 (A) Some people are enjoying the performance.

(B) Some musicians are packing up their instruments.

(C) A group is practicing outside the theater.

(D) The audience has all gotten up from the chairs.

(A) 사람들이 공연을 즐기고 있다.

(B) 음악가들이 악기를 싸고 있다.

(C) 한 단체가 극장 밖에서 연습하고 있다.

(D) 관중이 모두 의자에서 일어났다.

해설 사람들이 많이 등장하는데, 지휘자, 합창단과 오케스트라 그리고 공연을 구경하는 사람들로 구분된다. 공연을 즐기는 중(are enjoying the performance)이라며 청중을 some people로 바꾸어 표현한 (A)가 정답이다. (B)는 음악가들(some musicians)이 있기는 하지만 악기를 싸고 있다는(packing up) 행동 묘사가 틀렸다. (C)는 장소가 극장 외부(outside)라고 한 어휘가 틀렸다. (D)는 청중(the audience)이 있기는 하지만 의자에서 일어나 있지 않아서 틀렸다.

어휘 **enjoy** 즐기다 **performance** 공연 **musician** 음악가 **pack** 싸다, 포장하다 **instrument** 악기, 기구 **practice** 연습(하다) **audience** 관중 **get up** 일어나다

6 (A) The cushions have been positioned on the ground.

(B) All of the windows are being cleaned.

(C) A lighting fixture is hanging from the ceiling.

(D) A plant is standing in the corner of the room.

(A) 쿠션들이 바닥에 놓여 있다.

(B) 모든 창문들이 청소되고 있는 중이다.

(C) 조명 장치가 천장에 매달려 있다.

(D) 식물이 방 구석에 있다.

해설 소파와 테이블, 의자 등의 다양한 물건이 등장하는 풍경 사진에서는 각각의 주어와 동사를 정확하게 듣고, 틀린 문장을 지워서 답을 고를 수 있어야 한다. 다소 생소하지만 A lighting fixture라는 어휘로 천장에 매달린 조명을 표현한 (C)가 정답이다. (A)는 쿠션이 놓여진 위치가 소파 위가 아니라 바닥(on the ground)이라고 해서 틀렸다. (B)의 clean은 수동태 진행형(are being cleaned)으로 쓰여 지금 창문이 청소되고 있는 중을 표현했는데, 청소하는 주체가 사진에 등장하지 않으므로 오답이다. (D)는 식물이 테이블 위에 있어서 틀렸다. 정확하게 오답을 지우는 훈련을 통해 생소한 어휘가 있는 정답을 골라내는 훈련을 하자.

어휘 **cushion** 쿠션 **position** 위치; 위치시키다, 놓다 **ground** 땅, 바닥 **clean** 청소하다; 깨끗한 **fixture** 고정(물) **hang** 매달다, 매달리다 **ceiling** 천장

SPARTA 💡 REVIEW TEST | p. 37

1 (C)	2 (B)	3 (D)	4 (C)	5 (D)	6 (A)
7 (D)	8 (B)	9 (A)	10 (C)	11 (C)	12 (B)

1 (A) The woman is walking up the stairs.

(B) The woman is reaching for the flowerbed.

(C) The woman is leaning over the fence.

(D) The woman is calling for some help.

(A) 여자가 계단을 올라가고 있다.

(B) 여자가 화단에 손을 뻗고 있다.

(C) 여자가 담장에 기대고 있다.

(D) 여자가 도움을 청하고 있다.

해설 난간에 기대어 손을 뻗고 있는 여자의 사진으로, 정답은 동사 lean(기울이다, 기대다)을 사용한 (C)이다. 토익에 자주 등장하는 동사이니 암기해 두자. (A)는 계단도 없고 올라가는 행동도 없으므로 오답이다. (B)는 화단이 보이지 않고, (D)는 추상적인 행동으로 정답이 되기에는 애매하다.

어휘 **stair** 계단 **reach** 뻗다 **flowerbed** 화단 **lean** 기울이다, 기대다 **fence** 울타리, 담 **call for** ~을 요청하다, 부르다 **help** 도움; 도와주다

2 (A) They're wrapping some boxes.

(B) They're moving a container.

(C) They're opening the lid of a box.

(D) They're chasing each other on a beach.

(A) 그들은 박스를 포장하고 있다.

(B) 그들은 용기를 옮기고 있다.

(C) 그들은 박스 뚜껑을 열고 있다.

(D) 그들은 바닷가에서 서로를 쫓고 있다.

해설 두 사람이 큰 박스를 함께 옮기고 있는 사진이다. 정답은 move라는 동사로 옮기는 모습을 표현한 (B)이다. move는 타동사(옮기다)와 자동사(이동하다/이사하다)로 사용될 수 있다는 것을 기억해 두자. (A)는 박스는 있지만 포장하는 행동이 없고, (C)도 뚜껑을 여는 행동이 없으므로 오답이다. (D)는 바닷가에 있지만 서로 쫓고 있지 않아서 정답이 될 수 없다.

어휘 wrap 싸다, 포장하다 move 옮기다, 이사 가다 container 용기, 통 lid 뚜껑 chase 쫓다, 따라가다

3 (A) The woman is looking into a microscope.

(B) The light is being turned on.

(C) The man is giving a present to the woman.

(D) The woman is delivering a speech.

(A) 여자가 현미경을 들여다보고 있다.

(B) 조명이 켜지고 있다.

(C) 남자가 여자에게 선물을 주고 있다.

(D) 여자가 발표하고 있다.

해설 스크린 화면 앞에서 발표하는 여자의 사진이다. '발표하다'라는 의미의 다양한 표현을 익혀 두도록 하자. deliver는 '배달하다'라는 뜻 외에 "(발표를) 하다"라는 의미가 있다. 따라서 정답은 (D)이다. (A)는 사진에 나온 microphone의 유사 발음 microscope으로 혼동을 주었으나 현미경도 없고 실험실에서 사용될 수 있는 표현이기 때문에 오답이다. (B)는 수동태 진행형이므로 누군가가 불을 켜는 행동을 하고 있어야 하고, (C)는 present/presentation 유사 발음의 오답으로, 선물을 주는 행동이 보이지 않으므로 정답이 될 수 없다.

어휘 look into ~을 들여다보다 microscope 현미경 light 불, 조명 turn on 켜다 present 선물, 현재의 deliver a speech 발표하다

4 (A) Some people are cooking some food.

(B) Some cookies are being baked in the oven.

(C) Some items are stacked on a counter.

(D) A customer is talking to a clerk.

(A) 몇몇 사람들이 음식을 조리하고 있다.

(B) 쿠키들이 오븐에서 구워지고 있다.

(C) 몇몇 물건들이 카운터 위에 쌓여 있다.

(D) 고객이 점원과 이야기하고 있다.

해설 다양한 물건이 진열되어 있는 상점의 모습을 '물건이 쌓여 있다'라는 의미의 수동태 문장으로 표현한 (C)가 정답이다. 인물이 등장하더라도 사물/풍경을 묘사한 보기가 정답이 될 수 있음을 기억해 두자. 물건을 진열하는 다양한 동작동사를 반드시 익혀 두어야 한다. (A)는 요리하는 사람들이 없으므로 오답, (B)는 쿠키를 굽고 있는 행동은 없고, (D)는 점원과 얘기하고 있는 손님이 보이지 않으므로 정답이 될 수 없다.

어휘 cook 요리하다; 요리사 bake 굽다 oven 오븐 item 물건, 상품 stack 쌓다 counter 카운터, 계산대, 진열대 customer 고객

5 (A) She is rearranging some chairs.

(B) She is clearing the dishes.

(C) She is holding on to a railing.

(D) She is sweeping the deck.

(A) 그녀는 의자를 재배치하고 있다.

(B) 그녀는 접시를 닦고 있다.

(C) 그녀는 난간을 잡고 있다.

(D) 그녀는 데크를 빗자루로 쓸고 있다.

해설 집에 연결되어 있는 데크에서 빗자루질하는 여자의 사진으로 (D)가 정답이다. sweep이라는 동사와 다양한 청소 관련 동사를 암기해 두도록 하자. (A)는 의자는 보이지만 옮기고 있지 않으므로 오답. (B)는 청소하고 있지만 접시가 없으므로 오답. (C)는 난간은 보이지만 잡고 있는 행동은 없으므로 오답이다. 오답이라고 항상 전체가 틀린 문장이 나오는 것이 아니라, 부분적으로만 틀린 문장이 나올 수 있으므로 주의하자.

어휘 rearrange 재배치하다, 재정렬하다 clear 치우다 hold on to (~을) 잡고 있다 railing 난간, 손잡이 sweep (빗자루로) 쓸다 deck 데크, 갑판

6 (A) All of them are wearing suits.

(B) The men are shaking hands.

(C) One man is talking into a microphone.

(D) One man is writing on a board.

(A) 모든 사람들이 정장을 입고 있다.

(B) 남자들은 악수를 하고 있다.

(C) 한 남자가 마이크에 대고 이야기하고 있다.

(D) 한 남자가 칠판에 쓰고 있다.

해설 특정 행동이 아닌 인물의 위치나 복장이 정답이 되는 경우, 실수로 놓치는 경우가 많다. 특히 입고 있는 '상태'를 나타내는 동사 'wear'과 입는 '동작'을 나타내는 동사 'put on'을 구분하고 정답을 골라낼 수 있도록 훈련하자. (B)는 악수하는 행동이 없으므로 오답, (C)는 마이크가 없으므로 정답이 될 수 없다. (D)는 무언가를 쓰고 있지만 칠판은 없으므로 오답이다.

어휘 **wear** 입다(상태 동사) **shake hands** 악수하다 **microphone** 마이크 **board** 칠판

7 (A) The man is working on a roof.
(B) The man is piling up some wood.
(C) The man is fixing his car.
(D) The man is pushing a wheelbarrow.

(A) 남자가 지붕에서 작업을 하고 있다.
(B) 남자가 나무를 쌓고 있다.
(C) 남자가 자동차를 수리하고 있다.
(D) 남자가 외바퀴 손수레를 밀고 있다.

해설 남자가 작업장에서 외바퀴 손수레를 밀고 있는 사진으로 정답은 (D)이다. 외바퀴 손수레 같이 생소한 어휘가 나와도, 나머지 보기를 소거법으로 지워서 정답을 골라낼 수 있다. (A)는 작업은 하고 있지만 장소가 지붕 위가 아니므로 오답, (B)는 쌓고 있는 행동도, 나무도 없으므로 오답이다. (C)는 자동차를 수리하고 있지 않으므로 정답이 될 수 없다.

어휘 **work** 일하다; 작업 **roof** 지붕 **pile up** 쌓이다 **fix** 수리하다, 고치다 **push** 밀다 **wheelbarrow** 외바퀴 손수레

8 (A) Some equipment is being assembled.
(B) A truck is parked in a warehouse.
(C) The men are working on a factory floor.
(D) The men are ordering some boxes.

(A) 장비가 조립되고 있다.
(B) 트럭이 창고에 주차되어 있다.
(C) 남자들이 공장에서 일하고 있다.
(D) 남자들이 박스를 주문하고 있다.

해설 창고의 트럭에서 박스를 옮기는 사진이다. 박스와 상관없이 '트럭이 주차되어 있다'라는 상태를 묘사한 (B)가 정답이다. 고난이도 문제에서는 주된 행동이 아닌 배경이나 작은 세부사항이 정답인 경우가 있으니 주의하도록 하자. (A)는 equipment가 지칭하는 대상이 모호하고 조립하는 행동이 없으므로 오답, (C)는 장소가 알맞지 않으므로 오답, (D)는 주문하는 행동이 없으므로 오답이다.

어휘 **equipment** 장비, 기기 **assemble** 조립하다 **park** 주차하다 **warehouse** 창고 **factory** 공장 **order** 주문하다; 주문

9 (A) The place is crowded with people.
(B) Some people are waiting in line to get on a bus.
(C) They are watching a game together.
(D) Some bags have been placed on a carousel.

(A) 사람들로 장소가 붐빈다.
(B) 몇몇 사람들은 버스를 타려고 줄을 서서 기다리고 있다.
(C) 그들은 함께 경기를 보고 있다.
(D) 가방들이 수하물 컨베이어 벨트에 놓여 있다.

해설 공항에서 수속하기 위해 짐을 가지고 기다리는 사람들의 사진이다. 다양한 행동을 하는 인물들이 등장하지만 정답은 '사람들로 붐비다'라고 장소의 상태를 묘사한 (A)이다. 소거법으로 틀린 부분이 있는 보기를 지우고, 남은 것을 정답으로 고를 수 있도록 훈련하자. (B)는 사람들이 기다리고 있지만 버스를 타려는 것은 아니므로 오답, (C)는 경기를 보고 있지 않으므로 오답, (D)는 가방들이 놓인 장소가 컨베이어 벨트가 아니므로 오답이다.

어휘 **place** 장소; 놓다 **be crowded with** ~로 붐비다 **wait in line** 줄 서서 기다리다 **carousel** 수하물 컨베이어 벨트

10 (A) Some people are swimming in the water.
(B) The boats are docked at a pier.
(C) Waves are crashing on a shore.
(D) The water is flowing over a bridge.

(A) 사람들이 물에서 수영하고 있다.
(B) 배들이 선착장에 정박되어 있다.
(C) 파도가 해안가에 부딪히고 있다.
(D) 물이 다리 위로 넘쳐흐르고 있다.

해설 특정 풍경사진에는 흔히 쓰이지 않는 어휘가 등장할 수 있으므로, 아는 부분에 기반하여 소거법으로 오답을 지우는 훈련을 하자. 정답은 '해안가에 파도가 부딪힌다'는 것을 묘사한 (C)이다. (A)는 수영하는 사람이 없어서, (B)는 배도 없고 선착장도 없어서 정답이 될 수 없다. 다리가 보이지 않으므로 (D)도 오답이다.

어휘 **dock** 선착장; 선착장에 대다 **pier** 부두 **crash** 부딪히다, 치다 **shore** 해안가, 바닷가 **flow** 흐르다; 흐름

11 (A) The man is using a keyboard.
(B) The man is kneeling on the ground.
(C) The file drawer has been left open.
(D) The desk is being pushed against the wall.

(A) 남자는 키보드를 사용하고 있다.
(B) 남자는 바닥에 무릎을 꿇고 있다.
(C) 파일 서랍이 열려 있다.
(D) 책상이 벽으로 밀리고 있다.

해설 파일 서랍장에서 뭔가 꺼내려는 듯이 쳐다보는 인물 사진이지만, 정답은 파일 서랍이 열린 상태를 묘사한 (C)이다. 사물의 상태를 묘사할 때 수동태 완료가 자주 사용된다는 것을 기억해 두자. (A)는 키보드가 없으므로 오답, (B)는 무릎을 꿇는 자세가 아니므로 오답, (D)는 책상도 없고 남자가 무언가를 벽으로 밀고 있지 않아서 정답이 될 수 없다.

어휘 use 사용하다 kneel (무릎을) 꿇다 ground 땅 drawer 서랍
left ~한 상태로 두다(leave의 과거분사형) push 밀다
against ~에 기대어

12 (A) They're sitting
in a circle.
(B) They're resting by
some flowers.
(C) They're facing the
same direction.
(D) The bicycle is leaning against a fence.

(A) 그들은 둥그렇게 앉아 있다.
(B) 그들은 꽃 옆에서 쉬고 있다.
(C) 그들은 같은 방향을 보고 있다.
(D) 자전거가 담장에 기대어 있다.

해설 화단 주변에 걸터앉아 있는 사람들을 '꽃 옆에서 쉬고 있다'고 묘사한 (B)가 정답이다. 잘 들리는 특정 어휘에 현혹되지 않도록 주의하자. (A)는 사람들이 앉아 있지만 둥그렇게 앉은 게 아니므로 오답, (C)는 같은 방향을 보고 있지 않으므로 정답이 될 수 없다. (D)는 자전거는 있지만 담장에 기대어 있지 않으므로 오답이다.

어휘 rest 쉬다, 기대다 face 향하다, 보다 direction 방향 lean 기울이다, 기대다 fence 담장, 울타리

PART 2

UNIT 03 안 들려도 정답을 고르는 방법

SPARTA 📄 PRACTICE I | p. 44

1 **Q** **How was** the **movie** you saw last night?
어젯밤에 당신이 본 영화는 어땠어요?

A I **didn't go**. 전 가지 않았어요.

▶ 가지 않아서 모른다는 "몰라요" 유형

2 **Q** **Who will replace** Mr. Henderson as vice president?
누가 부사장으로 핸더슨 씨를 대신하나요?

A It **hasn't been decided**. 아직 결정 안 났어요.

▶ 아직 결정나지 않았다는 "몰라요" 유형

3 **Q** My car **will be ready** today, won't it?
제 차는 오늘 준비되죠, 그렇지 않나요?

A It **depends on** how busy we are.
우리가 얼마나 바쁜가에 달려 있어요.

▶ 상황에 따라 다르다고 하는 "몰라요" 유형

4 **Q** **What is** the **name** of the caterer we used the last time?
지난번에 우리가 이용한 출장요리 업체의 이름이 무엇이죠?

A I **don't remember**. 기억나지 않아요.

▶ 기억이 나지 않는다는 "몰라요" 유형

5 **Q** **Do you know** the current exchange rate for dollars to Japanese yen?
지금 달러 대 일본 엔화의 환율을 아세요?

A Hold on. Let me **look it up**.
잠깐만요. 제가 찾아볼게요.

▶ 찾아보겠다는 "몰라요" 유형

6 **Q** **Why** have the renovations to the third-floor lobby **been delayed?**
3층 로비의 수리가 왜 지연되었나요?

A You'll have to **ask** the **project manager**.
프로젝트 매니저에게 물어보셔야 할 거예요.

▶ 담당자에게 물어보라는 "몰라요" 유형

SPARTA 📄 PRACTICE II | p. 46

1 **Q** **When** are you **leaving** tomorrow?
당신은 내일 언제 떠날 건가요?

정답 Early **in the morning**. 아침 일찍이요.

오답 I don't **live around here**. 저는 이 근처에 살지 않아요.

▶ leave/live 유사 발음이 등장하는 오답

2 **Q** **Doesn't** Ms. Roxy **work** at the New York office?
Roxy 씨는 뉴욕 사무소에서 근무하지 않나요?

정답 No, she **was transferred** last month.
아니요, 그녀는 지난달에 전근했어요.

오답 Yes, it was a lot of **work**. 네, 그건 일이 많았어요.

▶ work라는 파생어(동사/명사)가 등장하는 오답

3 Q Who did **you call** to paint the front door?
현관을 페인트칠하기 위해 누구를 불렀어요?

정답 **The same company** we used last year.
작년에 이용했던 같은 회사요.

오답 The house **in the back**. 뒤에 있는 집이요.

▶ front door를 듣고 연상 가능한 house를 이용한 오답

4 Q All cars in the parking area **must have** registration stickers.
주차장에 있는 모든 자동차는 등록증 스티커가 있어야 합니다.

정답 **Mine** is on the window. 제 것은 창문에 있어요.

오답 **She is** at the branch office. 그녀는 지사에 있어요.

▶ I/You 대화에 she가 등장한 오답

5 Q Which contractor offered the **lowest price**?
어느 계약업체가 가장 낮은 가격을 제시했나요?

정답 **The one** we met with at the site.
우리가 현장에서 만난 곳이요.

오답 She told me **the price**. 그녀가 가격을 이야기했어요.

▶ 특정 어휘(price)가 반복되면 일단 오답 처리

SPARTA ✔ ACTUAL TEST [기초 1] | p. 47

1 (C) **2** (A) **3** (B) **4** (A) **5** (C) **6** (C)

1 When can we meet to work on our budget?
(A) She's in our department.
(B) It went well. Thanks.
(C) Let me check my calendar.
언제 우리가 예산 작업을 하기 위해서 만날 수 있을까요?
(A) 그녀는 우리 부서에 있어요.
(B) 잘 됐어요. 고마워요.
(C) 제 달력(일정)을 확인해 보도록 하죠.

해설 시점을 물어보는 When 의문문에 (C)의 지금은 모르고 일정을 봐야 알겠다는 "몰라요" 유형이 정답이다. 물어보다(ask), 확인하다(check) 등의 표현이 "몰라요" 유형의 답으로 자주 등장하니 꼭 익혀 두도록 하자. (A)는 너와 나의 대화에 대명사 she가 등장할 수 없다. (B) 시점이 과거이며, 의문사 How(상태)의 대답으로 나올만한 선택지다.

어휘 work on ~ ~작업을 하다, 일을 하다 department 부서 go well 잘 진행되다 check 확인하다

2 Would you be willing to lead the marketing seminar?
(A) Well, it depends on when it is.
(B) Around 25 people.
(C) No, I didn't read it.
마케팅 세미나를 진행할 용의가 있으신가요?
(A) 글쎄요, 언제 하는지에 따라 달라요.
(B) 약 25명이요.
(C) 아니요, 저는 읽지 않았어요.

해설 조동사를 사용한 의문문으로 미래에 할 일을 물어보고 있다. 이에 전형적인 Yes/No 대답과 달리 상황에 따라 다르다(it depends on)라고 말한 "몰라요" 유형 (A)가 정답이다. (B)는 세미나 참석 인원수를 제시한 듯한 연상어가 등장한 오답, (C)는 lead, read의 유사 발음을 이용한 전형적인 오답 유형이다.

어휘 lead 진행하다 it depends on ~에 따라 다르다 around 약, 대략

3 Which magazine will our advertisement be printed on?
(A) It was an interesting article.
(B) We still haven't decided.
(C) On the cover of the magazine.
어떤 잡지에 저희 광고가 인쇄될 건가요?
(A) 그것은 재미있는 기사였어요.
(B) 저희는 아직 결정하지 않았어요.
(C) 잡지 표지에요.

해설 어떤 잡지인지 물어보는 Which 의문문에, (B)의 아직 결정을 못 했다는 "몰라요" 유형이 정답인 경우이다. 난이도 높은 문제에서는 잡지의 이름이나 종류를 언급한다. (A)는 잡지에서 연상되는 article을 사용한 오답, (C)는 magazine(잡지)이 반복된 전형적인 오답이다.

어휘 advertisement 광고 print 인쇄하다; 인쇄물 article 기사 cover 표지, 커버; 덮다

4 Where is the new production facility going to be built?
(A) It hasn't been announced yet.
(B) I'm going home.
(C) The new employee is doing fine.
어디에 새로운 생산 시설을 지을 건가요?
(A) 아직 발표 되지 않았어요.
(B) 저는 집에 가요.
(C) 신입 직원은 잘하고 있어요.

해설 회사의 새로운 공장 부지의 위치를 물어보는 말에 아직 발표되지 않았다고 하는 "몰라요" 유형 (A)가 정답이 되었다. 특히, 회사 관련 정보는 발표나 결정이 되지 않아서 모르는 경우가 많다는 것을 기억하자. (B)는 going이 반복된 전형적인 유사 발음 오답, (C)는 new라는 어휘가 반복되면서 혼동을 주는 오답이다.

어휘 facility 시설 build 건설하다, 짓다 announce 발표하다 fine 좋은

5 Could you trade shifts with Emily next Friday?
(A) I didn't know them.
(B) Yes, it worked well.
(C) Let me check my schedule.
다음 주 금요일에 Emily와 근무 시간을 바꿀 수 있나요?
(A) 전 그들을 몰랐어요.
(B) 네, 그것은 잘 됐어요.
(C) 제 일정을 확인해 보죠.

해설 어떤 행동을 해 달라는 청유에, 일정을 봐야 한다는 "몰라요" 유형 (C)가 정답이 되었다. (A)는 them이라고 부를 사람이나 물건이 없어서 오답이다. (B)는 Yes라며 바꿔 주겠다고 했지만 뒤에 이어진 내용이 맞지 않는다. 여기서 work는 '일하다'는 뜻이 아닌 '(일이) 진행되다'라는 뜻이다.

어휘 trade 바꾸다, 거래하다; 무역 shift 근무 시간 work 작동하다, 진행되다; 일하다 check 확인하다

6 Why was the due date of the project moved up?
(A) Thanks. I appreciate that.
(B) On November 2nd.
(C) The manager didn't give a reason.
왜 프로젝트 마감일이 당겨졌나요?
(A) 고마워요. 그렇게 하면 좋죠.
(B) 11월 2일에요.
(C) 매니저가 이유를 말해 주지 않았어요.

해설 이유를 물어보는 Why 의문문의 대답으로, 담당자가 말해 주지 않아서 모른다고 한 "몰라요" 유형 (C)가 정답이 되었다. (A)는 호의를 베풀어 주겠다는 말에 대한 반응으로 적절, (B)는 When의 답으로 적절하며, due date라는 어휘를 듣고 관련인 날짜를 언급해 혼동을 주는 오답이다.

어휘 due date 마감일 project 프로젝트, 작업 move up (앞으로) 옮기다 appreciate 감사하다, 이해하다

SPARTA ✔ ACTUAL TEST [기초 2] | p. 47

1 (A) **2** (B) **3** (A) **4** (C) **5** (B) **6** (C)

1 Who is bringing the photocopies to the meeting?
(A) Mrs. Martinez is going to.
(B) That would be great.
(C) The meeting starts at 8 A.M.
누가 회의에 복사물을 가져오나요?
(A) 마티네즈 씨가 할 거예요.
(B) 그러면 좋겠네요.
(C) 회의는 오전 8시에 시작해요.

해설 의문사 Who를 이용해서 누구인지 묻는 질문에, 사람 이름을 말한 (A)가 전형적인 정답이지만, 오답을 분류해서 답을 찾을 수도 있어야 한다. (B)는 권유, 청유의 답으로 적절하고, (C)는 질문에 나온 meeting이 반복된 오답으로 When 의문문의 답으로 알맞다.

어휘 bring 가져오다 photocopy 복사하다; 복사물 be going to ~할 것이다

2 How will you be getting to the airport?
(A) My flight is next week.
(B) I'm taking the train.
(C) She is behind the car.
어떻게 공항에 갈 거예요?
(A) 제 비행은 다음 주입니다.
(B) 기차를 탈 거예요.
(C) 그녀는 자동차 뒤에 있어요.

해설 방법을 물어보는 How 의문문에, 기차를 타고 간다는 (B)가 전형적인 정답이다. 오답을 가려 보면, (A)는 공항과 비행이라는 연상어가 등장하나 공항까지 가는 교통수단을 말한 것이 아니다. 답을 제시하지 않고 관련되는 어휘만 늘어놓은 오답이다. 또, (C)처럼 너와 나 사이의 대화에서 he, she가 등장하면 오답일 확률이 높다. 여기서는 그녀(She)라고 지칭할 수 있는 대상이 없다.

어휘 get to 도착하다, 가다 take 타다(교통수단) behind 뒤에

3 Has the package arrived for Marcus Lee?
(A) Yes, it's right here.
(B) Thanks. I'd like to.
(C) To pack them first.
마커스 리 씨의 물건이 도착했나요?
(A) 네, 바로 여기에 있어요.
(B) 고마워요. 그러고 싶어요.
(C) 먼저 포장을 하려고요.

해설 물건이 도착했는지 묻는 질문에 Yes라고 한 후 "바로 여기에 있다"라는 세부 정보를 제시한 (A)가 적절하다. Yes/No의문문의 경우에 대답도 중요하지만, 그에 어울리는 표현을 연결하는 것이 중요하다. (B)는 호의(offer)를 받았을 때 응답으로 적절하고, (C)는 유사 발음의 package, pack이라는 어휘가 등장한 오답이다. to부정사는 목적을 나타내는 표현으로 Why 의문문의 응답으로 적절하다.

어휘 package 포장, 소포, 짐 arrive 도착하다 right here 바로 여기에 pack 포장하다, 싸다

4 Where can I find a cup of coffee?
(A) Yes, I'd love to.
(B) Two dollars and fifty cents.
(C) There's a café two blocks away.
어디서 커피 한 잔을 구할 수 있을까요?
(A) 네, 그러고 싶어요.
(B) 2달러 50센트예요.
(C) 2블록만 가면 카페가 있어요.

해설 장소를 묻는 의문사 Where를 이용해서 커피 마실 장소를 찾는 질문에, 위치로 대답한 (C)가 전형적인 정답이다. (A)는 의문사 의문문에 Yes/No로 대답할 수 없으므로 오답이며, 커피 마시러 가자는 권유·청유형의 응답으로 적절하다. (B)는 How much의 응답으로 적절하며, 현재 있는 장소가 카페가 아니므로 오답이다. 여기서는 커피에서 연상되는 가격을 언급하여 혼란을 주는 오답이다.

어휘 find 찾다, 발견하다 a cup of 한 잔의 block 블록

5 What time is the band scheduled to perform?
(A) It's original jazz music.
(B) The announcement said six o'clock.
(C) It is scheduled to be held in the park.
몇 시에 밴드가 공연하기로 되어 있나요?
(A) 그건 독창적인 재즈 음악이에요.
(B) 공지에서 6시라고 했어요.
(C) 공원에서 개최하기로 되어 있어요.

해설 What time으로 시간을 묻는 질문에 6시로 공지했다고 대답한 (B)가 정답이다. (A)는 band라는 어휘를 듣고 연상되는 재즈 음악(jazz music)이 등장하지만 시간에 대한 정보는 없는 오답이다. (C)는 scheduled to라는 어휘가 반복되지만 장소(in the park)를 언급한 대답으로, Where 의문문의 응답으로 적절하다.

어휘 what time 언제(= when) be scheduled to ~하기로 되어 있다 perform 공연하다 original 원래의, 독창적인 announcement 공지, 발표 be held 개최되다, 열리다

6 Do you want your order delivered, or will you come to the store?
(A) Things are out of order.
(B) We accept cash or credit cards.
(C) I'll pick it up on Friday.
주문품을 배달할까요, 아니면 가게로 오실 건가요?
(A) 물건들이 고장났어요.
(B) 저희는 현금이나 신용 카드를 받아요.
(C) 제가 금요일에 가지러 갈게요.

해설 배달인지(deliver), 손님이 직접 찾으러 올 건지(come) 고르는 선택의문문으로, '오다(come)'라는 동사의 동의 표현으로 pick up을 사용한 (C)가 정답이다. (A)는 order라는 유사 발음의 어휘를 사용했으나 전혀 상관없는 오답, (B)는 order(주문)라는 어휘와 연계성이 있어 보이는 현금/신용 카드란 어휘가 등장했지만 상황은 주문하는 상황이 아닌 이미 산 물건을 배달하는 내용이다.

어휘 order 주문, 주문한 물건 deliver 배달하다 out of order 고장난 accept 받아들이다 pick up 가지러 가다

UNIT 04 의문사 의문문 I

SPARTA 📖 PRACTICE | p. 52

1 Q When will the shelves **be installed**?
언제 선반이 설치될 건가요?
A Not until next month. 다음 달이나 되어야 해요.
▶ When 의문문에 대해 시점을 나타내는 'not until' 구문을 이용한 정답 표현이다.

2 Q Who else **will participate** in the conference call tomorrow?
그 밖에 누가 내일 전화 회의에 참석할 건가요?
A The **accountants** from New York.
뉴욕에서 온 회계사들이요.
▶ Who 의문문의 대답으로 직업을 나타내는 accountant가 쓰였다.

3 Q Where should I plant all these flowers?
어디에 제가 이 꽃들을 심어야 할까요?
A I'd like them to line **the** front **walkway**.
전 그것들이 앞쪽 통로에 줄지어 있기를 원해요.
▶ 장소를 물어보는 Where의 답으로 walkway라는 장소명사가 쓰였다. 단답형이 아닌 문장으로 표현해서 난이도가 올라간 문제이다.

4 Q Whose car is that across the street?
길 건너에 저것은 누구의 차인가요?
A I believe it's **my brother's**. 제 형의 차인 것 같아요.

▶ Whose 의문문의 답으로 my brother's가 쓰였다. Who, Whose, Whom에 대해서는 사람을 지칭할 수 있는 다양한 어휘를 알아 두자.

5 Q When will the program on interviewing techniques **be broadcast**?
언제 면접 기술에 대한 프로그램이 방영되나요?
A On **Tuesday night**. 화요일 밤에요.
▶ 시점을 물어보는 When 의문문의 답으로 Tuesday night 표현이 쓰였다. 문제 자체는 난이도가 높지 않으나 질문이 길어지면 초보에게는 어렵게 느껴질 수도 있다. 문장을 듣고 따라 읽기 연습을 하면서 Part 2를 준비하자.

6 Q Where is the nearest currency exchange **office**? 어디에 가장 가까운 환전소가 있나요?
A Right next to the mall. 쇼핑몰 바로 옆에요.
▶ 장소를 물어보는 Where 의문문에, 'next to'로 위치를 설명하고 있다. Where 의문문은 장소를 설명하는 다양한 표현들을 익혀 둬야 한다.

SPARTA ✅ ACTUAL TEST [Who 의문문] | p. 53

1 (A) **2** (B) **3** (C) **4** (B) **5** (C)

1 Who ordered this salad?
(A) I did.
(B) A few dollars.
(C) It's almost finished.
누가 이 샐러드를 주문했나요?
(A) 제가 했어요.
(B) 몇 달러요.
(C) 거의 끝나가요.

해설 누가 주문했는지를 물어보는 Who 의문문의 답으로 대명사 I가 쓰였다. Who 의문문에 사람 이름 외에도 다양한 정답 유형이 있다는 것을 기억해 두자. 대명사 I, You는 Who의 답으로 가능하다. (B)는 How much의 답으로 가능, (C)는 상태를 묻는 How 의문문의 답으로 가능하다.

어휘 order 주문하다; 주문 a few 몇몇의, 몇개의 almost 거의

2 Who oversees the Marketing Department?
(A) We do a lot of overseas transactions.
(B) I believe Mr. Hayward is in charge of it.
(C) The department has a sale going on.
누가 마케팅 부서를 관리하나요?
(A) 저희는 많은 해외 거래를 합니다.
(B) Hayward 씨가 담당일 거예요.
(C) 매장에 세일이 진행되고 있어요.

해설 Who 의문문의 답으로 사람 이름인 Hayward가 들어간 (B)가 정답이다. 단답형이 아닌 문장으로 나와도 무엇에 대한 답인지 듣는 훈련을 해야 한다. 'Mr. Kim → I think it's Mr. Kim. → I think Mr. Kim handles it.'은 같은 의미로 확장된 표현이다. (A)는 유사 발음(overseas)이 등장한 오답 유형. (C)는 department가 다른 의미로 사용된 오답이다.

어휘 oversee 감독하다, 관리하다 department 부서 overseas 해외의, 국제적인 transaction 거래 be in charge of ~의 책임을 지다, ~을 담당하다

정답 및 해설 **347**

3 Who is going to set up the audio system for the conference?

(A) This audio sounds really good.

(B) I will go home at 5 o'clock tomorrow.

(C) The Facilities Department will.

누가 회의용 오디오 시스템을 설치할 건가요?

(A) 이 오디오는 사운드가 정말 좋아요.

(B) 저는 내일 5시에 집에 갈 거예요.

(C) 시설 부서에서 할 거예요.

> 해설 Who 의문문의 답으로 회사의 부서 이름이 언급된 (C)가 답이다. 토익은 비즈니스 영어이기 때문에 회사의 부서, 직급, 업무에 대한 다양한 표현을 익혀 둬야 한다. (A)는 audio라는 어휘 반복 오답, (B)는 시점을 묻는 When 의문문의 답으로 적합하다.

> 어휘 **set up** 설치하다 **audio** 소리의, 음의 **conference** 회의 **sound** ~라고 들리다; 소리 **facility** 시설

4 Who's going to be assigned to our team?

(A) Yes, they said she will go.

(B) It hasn't been decided yet.

(C) The chances are really small.

누가 우리 부서에 배정될 건가요?

(A) 네, 그들이 그녀가 갈 거라고 말했어요.

(B) 아직 결정나지 않았어요.

(C) 가능성이 정말 적어요.

> 해설 누가 배정될 것인지 묻는 질문에 "몰라요" 유형이 정답이 된 경우이다. "몰라요" 유형과 오답을 지우는 훈련은 Part 2의 기본으로 확실하게 암기하고 훈련하도록 하자. (A)는 의문사 의문문에 Yes/No로 대답할 수 없다. (C)의 가능성이 적다는 문장은 Yes/No 의문문에 적합한 표현으로 문장 전체로 안 될 것 같다는 내용을 말하고 있다.

> 어휘 **assign** 배정하다 **decide** 결정하다 **chance** 가능성

5 Who will represent our company at the next stockholders' meeting in July?

(A) The stock is worth only $3.50 now.

(B) It will be held at the convention hall.

(C) Most of the senior managers from the headquarters.

누가 7월에 열리는 다음 주주 회의에서 우리 회사를 대표하나요?

(A) 주식은 지금 3달러 50센트예요.

(B) 컨벤션 홀에서 열릴 겁니다.

(C) 본사에서 온 대부분의 선임 부장들이요.

> 해설 Part 2에서는 문장 길이로 난이도를 높이는 경우가 있다. 긴 문장을 들으면서 동시에 바로 해석할 수 있도록 훈련하자. Who의 답으로 회사의 직급(senior managers)이 쓰인 (C)가 정답이다. (A)는 어휘 반복(stock) 오답, (B)는 질문의 meeting에서 연상 가능한 어휘(convention hall)를 제시한 오답으로, 장소를 묻는 Where 의문문의 답으로 적합하다.

> 어휘 **represent** 대표하다 **stockholder** 주주 **stock** 주식, 재고 **worth** ~의 가치가 있는 **be held** 개최되다 **senior** 선임 **headquarters** 본사

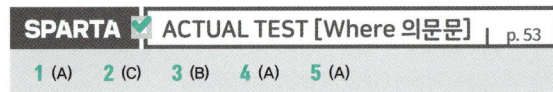

SPARTA ☑ ACTUAL TEST [Where 의문문] p. 53

1 (A) **2** (C) **3** (B) **4** (A) **5** (A)

1 Where do you want me to put the new client files?

(A) On my desk.

(B) At 10 o'clock.

(C) I'll call them tomorrow.

어디에 새로운 고객 파일을 둘까요?

(A) 제 책상 위에요.

(B) 10시에요.

(C) 제가 내일 그들에게 전화할게요.

> 해설 장소를 묻는 Where 의문문에 장소 명사 desk가 쓰인 (A)가 정답이다. (B)는 시점을 묻는 When 의문문의 답으로, (C)도 시점을 묻는 When 의문문의 답으로 적합하다.

> 어휘 **put** 놓다 **client** 고객 **file** 파일; (파일에) 정리하다

2 Where can I get my car repaired?

(A) I like both pairs.

(B) It's the latest model.

(C) I take mine to Ted's Garage.

어디에서 제 자동차를 수리 받을 수 있나요?

(A) 저는 두 짝 다 좋아요.

(B) 그것은 가장 최신 모델이에요.

(C) 저는 제 차를 테드 수리점에 가지고 가요.

> 해설 장소를 묻는 Where 의문문에 특정 장소를 언급한 (C)가 정답이다. (A)는 repair, pair의 유사 발음을 이용한 오답, (B)는 car를 듣고 연상 가능한 the latest model(최신 모델)을 이용한 오답으로, 어떤 차(What, Which)에 대해 묻는 문제에 알맞다.

> 어휘 **get ~ repaired** 수리 받다 **pair** 쌍, 2개 **the latest** 최신의 **garage** 차고, 수리점

3 Where should I deliver the new screen monitors?

(A) No, they didn't.

(B) To the fifth floor.

(C) Anytime next week.

어디로 새 모니터를 배달해야 할까요?

(A) 아니요, 그들은 하지 않았어요.

(B) 5층으로요.

(C) 다음 주 아무 때나요.

> 해설 장소를 묻는 Where 의문문에 구체적인 위치(fifth floor)를 언급한 (B)가 정답이다. 의문사 의문문은 Yes/No로 답할 수 없으므로 (A)는 오답이고, 인칭대명사도 틀렸다. (C)는 '다음 주 아무 때나'라고 시점을 언급하고 있으므로 When 의문문에 적절한 응답이다.

> 어휘 **deliver** 배달하다 **monitor** 모니터, 화면 **anytime** 아무 때나

4 Where do you want me to send the catalog?

(A) To my work address.

(B) Today will be great.

(C) The summer edition.

어디로 이 카탈로그를 보낼까요?

(A) 제 사무실 주소로요.

(B) 오늘이 좋을 것 같아요.

(C) 여름 편이요.

해설 어디로 발송할지 묻는 Where 의문문에 고유명사로 주소를 언급할 수도 있지만 '사무실 주소(work address)'라고 표현한 (A)가 정답이다. (B)는 시점을 묻는 When 의문문의 답으로 적합하다. (C)는 catalog에서 연상 가능한 edition(편, 판)이라는 어휘를 이용한 오답이다.

어휘 catalog 카탈로그, 상품 정보 **address** 주소; 주소를 적다 **edition** ~편, ~판

---

5 Where can I find more information about the company's vacation policy?

(A) In the employee handbook.

(B) They're going to Berlin.

(C) Just sign on the last page.

어디서 회사의 휴가 방침에 대한 정보를 더 찾을 수 있나요?

(A) 직원용 안내서에서요.

(B) 그들은 베를린으로 가요.

(C) 마지막 페이지에 서명해 주세요.

해설 의문사 Where만 듣고 답을 고르기 힘든 의문문이다. 선택지에 여러 장소가 등장하지만 회사 방침(policy)에 대한 정보를 묻고 있으므로 직원 안내서(employee handbook)를 언급한 (A)가 가장 알맞다. 어디로 가고 있는지를 묻고 있는 것이 아니므로 고유명사로 지명을 언급한 (B)는 어색하고, 마지막 페이지에 서명하라는 (C)도 의미상 적절하지 않다.

어휘 vacation 휴가 **policy** 방침, 정책 **employee handbook** 직원 안내서 **sign** 서명하다

SPARTA ✓ ACTUAL TEST [When 의문문] | p. 53

1 (B) **2** (C) **3** (A) **4** (C) **5** (B)

1 When did Heidi buy a violin?

(A) At the music store.

(B) Last year, I think.

(C) Her friend's performance.

언제 Heidi가 바이올린을 샀나요?

(A) 악기 상점에서요.

(B) 작년이었던 것 같아요.

(C) 그녀의 친구 공연이요.

해설 과거 시점을 묻는 When 의문문에서 last year를 써서 전형적으로 시점을 언급한 (B)가 정답이다. (A)는 violin과 연계되는 music store(악기점)이 등장하지만 묻고 있는 시점에 대한 내용이 없다. (C)도 연계성이 있는 performance(공연)가 등장하지만 시점에 대한 내용이 없어 오답이다.

어휘 buy 구매하다, 사다 **music store** 악기점 **performance** 공연, 실적

---

2 When are the billing statements sent out?

(A) To the Marketing Department.

(B) No, but I'll check again.

(C) The first Friday of every month.

대금 청구서는 언제 보내지나요?

(A) 마케팅 부서로요.

(B) 아니요, 하지만 다시 확인할게요.

(C) 매달 첫 주 금요일이요.

해설 When 의문문으로, 비즈니스 어휘가 등장해 어렵게 느껴질 수 있다. (A)는 부서 이름으로 의문사 Where나 Who의 답으로 적합하고, 의문사 의문문에 Yes/No로 답할 수 없으므로 (B)도 오답이다. 청구서가 언제 발송되는지를 묻고 있으므로 구체적인 시점을 언급한 (C)가 정답이다.

어휘 billing statement 대금 청구서 **send out** 보내다 **department** 부서 **check** 확인하다 **first** 처음의

---

3 When did the fax for the report arrive?

(A) I believe it was yesterday.

(B) Mr. Garcia sent the report.

(C) I will send it to your office.

보고서를 위한 팩스가 언제 도착했나요?

(A) 어제였던 것 같아요.

(B) Garcia 씨가 보고서를 보냈어요.

(C) 제가 당신 사무실로 보낼게요.

해설 시점을 물어보는 When 의문문에 yesterday로 답한 (A)가 답으로, 난이도를 높이기 위해 앞에 I believe를 덧붙여서 표현했다. (B)는 report를 반복한 오답으로, Who 의문문에 어울리고, (C)는 장소를 물어보는 Where 의문문의 답으로 적절하다.

어휘 fax 팩스; 팩스를 보내다 **report** 보고서; 보고하다 **believe** ~라고 생각하다

---

4 When will the opening in the sales division be filled?

(A) By advertising on the Internet.

(B) It is a good position in the field.

(C) After Mr. Young returns from his vacation.

판매 부서의 공석은 언제 채워질 건가요?

(A) 인터넷에 광고를 내서요.

(B) 그 분야에서 좋은 자리예요.

(C) Young 씨가 휴가에서 돌아온 후에요.

해설 의문사 When을 이용한 문제로, 비즈니스 관련 어휘가 등장해서 토익 초보에게는 어려울 수 있다. 접속사 After(~후에)를 써서 '~가 돌아온 후에'라는 의미로 시점을 표현한 (C)가 정답이다. (A)는 방법을 묻는 How 의문문의 답으로 알맞고, (B)는 회사 구인 관련 어휘가 등장하지만 시점을 나타내는 말이 없어 오답이다.

어휘 opening 빈자리 **division** 부서; 부분 **fill** 채우다 **advertise** 광고하다 **position** 자리, 직책 **field** 분야, 업계 **return** 돌아오다, 복귀하다 **vacation** 휴가

---

5 When will the employee telephone directory be ready?

(A) Three hundred forty-six employees.

(B) I just have to update a few more phone numbers.

(C) The director's office.

직원 전화번호부는 언제 준비되나요?

(A) 346명의 직원이요.

(B) 번호를 몇 개만 더 업데이트하면 돼요.

(C) 이사님 사무실이요.

해설 Telephone directory라는 자료를 완성하는 시점을 물어보고 있다. 정답은 몇 개의 전화번호만 바꾸면 된다, 결국 곧(soon)이라는 의미를 길고 자세하게 설명한 (B)가 정답이다. (A)는 숫자가 등장하지만 시점에 대한 내용이 없고, (C)는 directory/director의 파생어 유사 발음이 등장하지만 장소를 묻는 질문의 답으로 알맞다.

어휘 telephone directory 전화번호부 be ready 준비되다 update 업데이트하다, 수정하다 a few 몇몇의 director 이사 phone number 전화번호

UNIT 05 의문사 의문문 II

SPARTA 📄 PRACTICE
p. 58

1 Q **How was** the marketing **class** you took today?
당신이 오늘 들은 마케팅 수업은 어땠나요?

A **It was** really **helpful**. 정말 도움이 되었어요.

▶ <의문사 How + be 동사> 구문으로 상태를 물어보고 있다. 특히 '좋다'라는 형용사를 good 외에 다양하게 알아 두자. 수업이나 세미나의 경우에 "유익했다"라는 의미로 helpful, informative가 쓰인다.

2 Q **Why** did you look **so tired** during the concert?
당신은 콘서트 도중에 왜 그렇게 피곤해 보였나요?

A I **didn't sleep well** last night.
어젯밤에 잠을 제대로 못 잤어요.

▶ <Why + tired>라는 의문사 구문에서 정답을 추측할 수 있어야겠다. 특히 토익에서는 직장에서 업무 때문에 피곤하거나 야근을 했다는 내용도 등장한다는 것을 기억하자.

3 Q **What's** the **last stop** on this bus line?
이 버스 노선에서 마지막 정류장은 무엇인가요?

A The Valley **Shopping Center**. 밸리 쇼핑센터요.

▶ 의문사 What의 경우에는 What의 대답이 될 수 있는 명사를 추측할 수 있어야 한다. 마지막 정류장이 어디인지 묻는 질문에 정류장 이름을 대거나 그 정류장을 묘사할 수 있어야겠다.

4 Q **How often** do you hold staff development **training**?
당신네(회사)는 얼마나 자주 직원 개발 훈련을 개최하나요?

A About **once a quarter**. 분기당 한 번 정도요.

▶ <How + often>는 How와는 다르게 빈도수를 물어보는 별개의 의문사로 암기해야 한다. 전형적인 정답은 "once / twice / three times" 형태와 "every + 명사"의 형태이다.

5 Q **Why** is the office supply store **closed today**?
사무용품 가게는 오늘 왜 문을 닫았나요?

A **It's a** national **holiday**. 오늘 국경일이에요.

▶ <Why + close>에 문을 닫을 만한 이유를 듣고 이해할 수 있어야 한다. 휴일, 가게 내부 수리, 이전 등이 정답으로 가장 많이 등장하고 있다. 다양한 이유나 목적을 정답으로 고를 수 있어야겠다.

6 Q **What time** will the manager give **a speech**?
관리자는 언제 연설하기로 되어 있나요?

A At seven o'clock **in the evening**.
저녁 7시요.

▶ <What + time>은 의문사 "When"으로 이해해서 풀어야 한다. 정답으로 7시라는 시점을 나타내고 있다. 특히 What은 뒤에 연결되는 어휘에 따라서 다양한 의미로 변할 수 있다는 것을 기억해 두자.

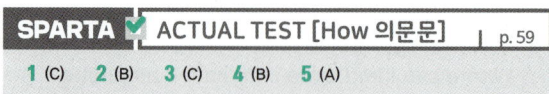

SPARTA ✅ ACTUAL TEST [How 의문문]
p. 59

1 (C) **2** (B) **3** (C) **4** (B) **5** (A)

1 How will you notify the applicant?

(A) Yes, I will.

(B) It is the correct date.

(C) I'll call him.

당신은 어떻게 지원자에게 공지할 건가요?

(A) 네, 제가 할게요.

(B) 그게 맞는 날짜예요.

(C) 제가 그에게 전화할게요.

해설 <How + 일반동사>로 방법을 물어보는 문제다. 연락하는 방법으로 '전화하다(call)'를 선택한 (C)가 정답이다. 특히 연락하다(contact, get in touch with, get to)와 연락 방법(전화, 이메일, 방문) 등의 내용은 시험에 자주 등장하므로 꼭 암기해 두자. (A)는 의문사 의문문에 Yes/No로 대답할 수 없어서 오답, (B)는 notify – date로 연상되는 어휘를 사용한 오답이다.

어휘 notify 공지하다 applicant 지원자 correct 정확한; 수정하다 call 전화하다; 전화

2 How far away is the car repair shop?

(A) The prices are very reasonable.

(B) It's just down the road.

(C) From nine to five.

자동차 수리점은 얼마나 먼가요?

(A) 가격이 매우 합리적이에요.

(B) 도로를 따라 내려가면 바로예요.

(C) 9시부터 5시까지요.

해설 <How + far>는 '얼마나 먼'이라는 의미로, 하나의 의문사로 취급하고 익혀 두도록 하자. 전형적인 답은 거리나, 걸리는 시간을 직접적으로 말하는 것이지만, down the road 이 길만 따라가면 된다고 대답한 (B)가 정답이다. (A)는 "어때요?"라는 How 질문의 정답으로 적합하다. (C)는 기간을 물어보는 How long의 답으로 적합하다.

어휘 far 먼 repair shop 수리점 reasonable 합리적인, 저렴한 just 바로

3 How are you getting to the marketing seminar?

(A) The hotel conference center.

(B) At two o'clock.

(C) I'm taking the train.

당신은 마케팅 세미나에 어떻게 가실 건가요?

(A) 호텔 컨퍼런스 센터요.

(B) 2시에요.

(C) 저는 기차를 탈 거예요.

해설 <How + get to>는 의문사 How에 일반동사 get to를 연결해서 방법을 물어보고 있다. 이동 방법으로 교통수단인 기차를 말한 (C)가 정답이다. (A)는 seminar, conference의 연계된 어휘가 등장하지만 장소를 나타내는 Where 의문문의 답으로 적합하다. (B)는 시점을 나타내는 When의 답으로 적합하다.

어휘 get to 도착하다 seminar 세미나, 워크숍 conference 회의 take (교통수단을) 타다

4 How many people will be attending the workshop?

(A) He is the keynote speaker.

(B) I'm estimating about eight hundred.

(C) At the end of May.

얼마나 많은 사람들이 워크숍에 참석할 건가요?

(A) 그는 기조 연사예요.

(B) 저는 800명 정도를 예측하고 있어요.

(C) 5월 말에요.

해설 <How + many people>이라는 의문문에 숫자로 답한 (B)가 정답이다. 함께 연결되는 어휘에 따라서 문장이 길어지면 무엇을 물어보는지 혼동될 수 있으니 긴 문장을 앞에서부터 놓치지 않고 따라 읽는 훈련을 하면 실수를 줄일 수 있다. (A)는 너랑 나의 대화에 그 남자(he)가 등장해서 오답, (C)는 시점을 물어보는 When 의문문의 정답으로 적합하다.

어휘 attend 참석하다 workshop 워크숍, 수업, 훈련 estimate 추측하다, 추정하다; 견적 end 끝, 말

5 How did you decide where to go on holiday?

(A) I researched places on the Internet.

(B) Usually by bus.

(C) No, we're flying there.

당신은 휴일에 어디로 갈 건지 어떻게 정했나요?

(A) 저는 인터넷에서 장소를 알아봤어요.

(B) 보통은 버스로요.

(C) 아니요, 저희는 비행기 타고 거기로 갈 거예요.

해설 <How + decide>의 구문으로 일반동사와 연결해서 장소를 어떻게 알아보고 결정했는지 방법을 물어보고 있다. 정답은 인터넷으로 찾았다고 한 (A)다. How 의문문은 연결되는 여러 구문이 오답에도 자주 등장하므로 정확하게 How 구문을 공부하는 것이 중요하다. (B)는 교통수단을 물어보는 How에 적합한 오답이다. (C)는 의문사 의문문에 Yes/No로 답할 수 없어서 오답이다.

어휘 holiday 휴일, 명절 research 조사하다; 조사 by bus 버스로, 버스를 타고

1 (B)   **2** (C)   **3** (A)   **4** (B)   **5** (C)

1 Why is Michael looking so happy today?

(A) In his file cabinet.

(B) He just won a big contract.

(C) He doesn't have any.

마이클은 오늘 왜 기분이 좋아 보이나요?

(A) 그의 서류 캐비닛 안에요.

(B) 방금 큰 계약을 따냈거든요.

(C) 그는 어떤 것도 가지고 있지 않아요.

해설 Why ~ happy, 즉 기분 좋은 이유를 골라야 한다. Because, For, So 등의 표현 없이 "큰 계약을 따냈다"고 말한 (B)가 정답이다. 토익에서는 업무 관련 대화가 많다는 것을 기억하고, 상황에 걸맞는 답을 유추하자. (A)는 장소를 물어보는 Where 의문문의 정답으로 적합하다. (C)는 happy, have any의 유사 발음을 이용한 오답이다.

어휘 happy 기분 좋은 file cabinet 서류 캐비닛 win a contract 계약을 따내다

2 Why is the factory increasing its hours of operation?

(A) Ten-hour shifts.

(B) Near the manufacturing plant.

(C) To fill a special order.

공장은 왜 운영 시간을 늘리나요?

(A) 10시간 교대근무요.

(B) 제조 시설 근처에요.

(C) 특별 주문을 맞추기 위해서요.

해설 Why ~ increasing이라는 구문으로 공장에서 운영 시간을 늘리는 이유를 물어보고 있다. to부정사의 부사적 용법을 사용해서 특별 주문 수량을 채우기(fill) 위해서라고 대답한 (C)가 답이다. 토익에서는 회사의 다양한 업무(제조, 판매, 관리)에 대한 기본 상식을 익히는 것이 도움이 된다. (A)는 hours of operation(운영 시간)에서 hour를 반복해서 혼란을 주는 오답이다. (B)도 factory - manufacturing plant 연상되는 어휘가 등장한 오답으로, 전치사 near가 쓰여 장소를 물어보는 Where 의문문의 답으로 적합하다.

어휘 increase 증가시키다 hours of operation 운영 시간, 영업 시간 shift 근무조, 교대조 manufacture 제조하다 plant 공장 fill an order 주문을 맞추다, 주문에 응하다 special 특별한

3 Why is the park so crowded today?

(A) There's a free concert later.

(B) A nearby parking area.

(C) No, not too cloudy.

공원이 오늘 왜 이렇게 붐비나요?

(A) 이따가 무료 콘서트가 있어요.

(B) 근처 주차 공간에요.

(C) 아니요, 그렇게 흐리지 않아요.

해설 Why ~ crowded의 질문에, 행사가 있어서 사람이 많다는 (A)가 정답이 되었다. 특히 길이 막히는 경우에 행사, 공사, 사고 등의 전형적인 정답

유형을 익혀 두면 도움이 될 것이다. (B)는 park - parking이 유사 발음으로 등장했지만 공원이 아니라 주차 장소를 의미하며, Where의 답으로 적합하다. (C)는 의문사 의문문에 Yes/No로 대답해서 틀렸다.

어휘 park 공원; 주차하다 crowded 붐비는, 사람이 많은 free 무료의, 시간이 자유로운 nearby 근처의 area 지역, 구역 cloudy 구름 낀, 흐린

4 Why isn't Cathy reporting the weather this evening?

(A) I haven't yet.

(B) She called in sick.

(C) Channel 7.

Cathy는 오늘 저녁에 왜 날씨를 보고하지 않나요?

(A) 저는 아직 하지 않았어요.

(B) 그녀는 아파서 결근한다고 연락 왔어요.

(C) 7번 채널이요.

해설 'Why not ~?(왜 ~하지 않았나?)' 질문은 Why 의문문 중 특히 많이 등장한다. 회사에서 업무를 못하거나 행사에 참석하지 못하는 전형적인 이유를 익혀 두도록 하고, 청유의 의미인 'Why don't ~?'와 혼동하지 않도록 주의하자. 정답은 '아파서'라고 답한 (B)이다. (A)는 Cathy에 대한 질문에 주어 I가 나와서 전혀 상관 없는 행동에 대해 말한 오답이다. (C)는 weather report에서 연상되는 채널 번호가 등장한 오답이다.

어휘 report 보고하다, 보도하다; 보고서 weather 날씨 I haven't ~ 나는 ~ 하지 않았다 call in sick 아프다고 결근하다, 연락하다 channel 채널

5 Why didn't anyone tell me about the schedule change?

(A) You can exchange it for another if you have the receipt.

(B) Because you want to change the schedule.

(C) We just found out about it ourselves.

왜 아무도 일정 변경에 대해 이야기하지 않았나요?

(A) 영수증이 있으면 다른 것으로 교환하실 수 있어요.

(B) 왜냐하면 당신은 일정을 바꾸고 싶으니까요.

(C) 우리도 지금 알았어요.

해설 Why ~ not 형태의 의문문으로, 왜 말을 하지 않았는지 물어보고 있다. 정답은 나도 몰랐다고 말한 (C)이다. 오답을 지워내면서 정답을 골라내는 훈련을 하자. (A)는 change, exchange의 유사 어휘가 등장한 오답이다. (B)는 Because와 schedule, change의 어휘만 반복해서 초보자를 현혹시키는 오답이다. 일정을 바꾸고 싶어 하는데, 일정이 바뀐 것을 왜 말해주지 않았느냐고 묻는 것은 맥락이 이상하다. 이처럼, Why 질문에서 Because가 붙은 대답은 정답일 가능성이 낮은데, 바로 해석이 안 되는 Because 문장이 있다면 답으로 고르지 않는 편이 안전하다.

어휘 change 변경; 변경하다 exchange 교환하다 another 다른 하나, 하나 더 receipt 영수증 find out 찾아내다, 알아내다 ourselves 우리들, 우리 스스로

1 (A) **2** (C) **3** (A) **4** (C) **5** (B)
6 (A) **7** (C) **8** (C)

1 What location was chosen for the photo shoot?

(A) Riverside Park.

(B) In the camera bag.

(C) I'm coming, too.

사진 촬영을 위해 어떤 장소가 선정됐나요?

(A) 리버사이드 공원이요.

(B) 카메라 가방 안이요.

(C) 저도 가요.

해설 <What + 명사> 구문의 명사가 해석되지 않으면 답을 고르기 어렵다. What location은 Where와 같이 생각해서 풀면 되며, 정답은 장소의 이름을 댄 (A)이다. 특히 고유명사는 Who, When, Where 의문문의 답이 되는 경우가 많다는 것을 기억해 두도록 하자. (B)는 photo - camera의 연계성이 있는 어휘를 사용한 오답이다. (C)는 위치에 대한 정보가 없는 오답이다.

어휘 location 위치 choose 고르다(과거분사형: chosen) shoot 사진 촬영

2 Which file cabinet did you reorganize?

(A) Sure, I can send it to you.

(B) In numerical order.

(C) The one by the window.

어떤 서류 캐비닛을 다시 정리했나요?

(A) 물론이죠, 제가 당신에게 보낼 수 있어요.

(B) 번호 순서대로요.

(C) 창문 옆에 있는 거요.

해설 어떤 캐비닛을 정리했는지 묻는 Which 의문문에, 선택 대상을 직접적으로 말하지 않고 부정대명사를 써서 그 특징을 표현한 (C)가 정답이다. Which 의문문에는 Yes/No로 답할 수 없는데, (A)의 Sure은 Yes를 의미하기 때문에 의문사 의문문에 대한 답이 될 수 없다. (B)는 reorganize와 order가 연계성이 있는 어휘이지만 이 문장은 어떻게 정리하는지 묻는 How 의문문의 답으로 적합하다.

어휘 file cabinet 서류 캐비닛 reorganize 재정리하다 numerical 번호 순의 order 순서, 주문; 주문하다

3 What would you like for lunch?

(A) A salad should be fine.

(B) Because I didn't eat breakfast.

(C) Around noon.

점심으로 무엇을 먹을 건가요?

(A) 샐러드면 좋을 것 같아요.

(B) 왜냐하면 저는 아침을 먹지 않았어요.

(C) 정오 경에요.

해설 What ~ like for lunch?로 점심에 무엇을 먹고 싶어 하는지를 물어보고 있는 문제로, 음식 이름인 salad로 대답한 (A)가 정답이다. (B)처럼

because가 나온 표현은 Why 의문문의 대답으로 가능하지만 실제 시험에서 정답이 되는 확률은 상당히 적다. 여기서는 lunch, breakfast의 연상 어휘가 들어간 오답이다. (C)는 점심과 연관있는 noon을 사용한 오답으로 시점을 물어보는 When 의문문의 답으로 적합하다.

어휘 like 좋아하다; ~와 같은 **fine** 좋은, 괜찮은 **noon** 정오

4 What do I have to do to renew my driver's license?
(A) Sure, I'll drive.
(B) By the end of July.
(C) There's a form online.

운전면허증을 갱신하려면 제가 무엇을 해야 하나요?
(A) 물론이죠, 제가 운전하죠.
(B) 7월 말까지요.
(C) 온라인에 양식이 있어요.

해설 What ~ to do to renew ~?라며 면허증을 갱신하기 위한 방법을 물어보는 문제. 토익에서는 어떤 업무를 하기 위한 가장 기본적인 방법이 양식을 작성(fill out a form)하는 것이다. 하지만 무조건 정답으로 고르기보다는 소거법을 통해서 답을 골라야겠다. 온라인에 양식이 있다고 하며, 간접적으로 양식을 제출해야 한다고 대답한 (C)가 정답이다. (A)의 Sure는 Yes와 같은 긍정으로, 의문사 의문문에는 긍정/부정 여부가 정답이 될 수 없다. (B)는 시점을 물어보는 When 의문문의 답으로 적합하다.

어휘 renew 갱신하다 **driver's license** 운전면허증 **drive** 운전하다 **form** 양식

5 Which water pipe connects to the bathroom sink?
(A) No, I don't think so.
(B) The white plastic one.
(C) With running water.

어떤 수도 파이프가 화장실 세면대에 연결되나요?
(A) 아니요, 저는 그렇게 생각하지 않아요.
(B) 하얀 플라스틱으로 된 거요.
(C) 흐르는 물로요.

해설 여러 개 중에 선택해야 하는 Which 의문문은 내가 선택하는 물건을 '~한 것'이라고 표현한 'the one'의 형태가 답이 되는 경우가 많다. 정답은 (B)인데, 하얗고 플라스틱으로 된 파이프라는 의미로 one을 사용했다. (A)는 의문사 의문문에 Yes/No로 답해서 오답, (C)는 water라는 어휘가 반복되었지만 파이프를 선택하는 내용은 없다.

어휘 pipe 파이프, 배관 **connect** 연결하다 **bathroom** 화장실 **sink** 개수대, 세면대; 빠져나가다 **run** 흐르다, 미끄러지다

6 What time is the marketing seminar supposed to begin?
(A) It starts in about an hour.
(B) He began working here last year.
(C) I will be in my office all day.

몇 시에 마케팅 세미나가 시작하기로 되어 있나요?
(A) 1시간 정도 후에 시작해요.
(B) 그는 작년에 여기서 일하기 시작했어요.
(C) 저는 하루 종일 사무실에 있을 거예요.

해설 <What + time>은 When 의문문과 같은 문제로 취급해서 풀면 된다. 하지만 오답에도 시점에 대한 표현이 등장하면 정답을 찾기 어려워진다. 이 문제도 모든 선택지에 시간 표현이 등장했는데, (B)는 너와 나의 대화 속에 he가 등장해서 오답, (C)는 기간을 나타내는 How long의 답으로 적합하다. 정답은 begin을 start로 패러프레이징해서 약 한 시간 뒤에 시작한다고 답한 (A)이다.

어휘 be supposed to ~하기로 되어 있다 **in an hour** 1시간 후 **all day** 하루 종일

7 What does the new manager look like?
(A) It looks like it'll be on Monday.
(B) He likes them to be on time.
(C) He's tall and has a mustache.

새로 온 매니저는 어떻게 생겼나요?
(A) 월요일에 있을 것 같아요.
(B) 그는 그들이 시간을 지키기를 원해요.
(C) 그는 키가 크고 콧수염이 있어요.

해설 look like를 이용해서 the new manager의 외모를 물어보는 문제이다. 키와 콧수염으로 특징을 나타낸 (C)가 정답이다. (A)는 look like라는 어휘가 반복, 시점을 물어보는 When 질문의 정답으로 적합하다. (B)는 like가 반복되어 혼동을 주지만, 발음만 유사하고 내용은 외모에 대한 이야기가 아니라서 오답이다.

어휘 look 보이다, 보다 **tall** 키가 큰 **mustache** 콧수염

8 What's the estimate for printing new product brochures?
(A) I think we should print more.
(B) It's ten cents per person.
(C) They say it's around a thousand dollars.

새로운 상품 카탈로그를 인쇄하는 데 견적이 얼마인가요?
(A) 우리는 좀 더 인쇄해야 할 것 같아요.
(B) 한 사람당 10센트입니다.
(C) 그들이 말하기를 약 천 달러라고 해요.

해설 <What + 명사>의 구문에서 명사가 해석되지 않으면 답을 고를 수 없다. estimate는 '견적'이라는 뜻으로 결국 견적이 얼마(How much)인지 말하는 답을 찾아야 한다. 견적을 물어보는 내용은 비즈니스 관련 문제에서 자주 등장한다는 것을 기억해 두자. a thousand dollars라고 대답한 (C)가 정답인데, 금액의 단위 dollars가 나와서 쉽게 파악할 수 있다. (A)는 print라는 어휘만 반복되는 오답이다. (B)도 cents로 가격을 말했지만, 단위를 한 사람당(per person)이라고 했고, 이는 인쇄 견적이 될 수 없다. 가격에 대한 오답도 같이 등장해서 난이도가 높은 문제에 해당한다.

어휘 estimate 추측, 견적; 추측하다, 추정하다 **print** 인쇄하다; 인쇄물 **brochure** 브로셔, 상품 정보 **around** 대략의 **thousand** 1000, 천

SPARTA 📝 PRACTICE | p. 64

1 Q Has the confirmation **letter come** from New York yet?
뉴욕에서 아직 확인 편지가 안 왔나요?

  A No, **not that I know of.**
  아니요, 제가 아는 바로는 아니에요.

  ▶ 완료 시제로 편지가 왔는지를 물어보는 질문에, 문장 전체로 No라고 답한 Not that I know of가 정답이다. 암기 문형은 꼭 반복해서 읽어서 내 것으로 만들자.

2 Q Aren't you working next week?
다음 주에 일하지 않아요?

  A No, I'll be **on vacation.**
  아니요, 휴가 갈 거예요.

  ▶ 다음 주에 일하는지 묻는 질문에, <No + 부정 세부 내용>으로 일하지 않고 휴가 간다고 답했다. Yes/No 이후에 전형적인 연결 구문으로 무엇이 나올지 문제를 통해 연습하자.

3 Q You finished preparing the **budget**, didn't you?
예산 준비를 끝냈죠, 그렇지 않아요?

  A Yes, **two days ago.**
  네, 이틀 전에요.

  ▶ 어떤 행동을 끝냈는지 물어보는 부가의문에 <Yes + 세부 내용>으로 답하고 있다. 어떤 일을 했냐고 물어볼 때 그 일을 한 시점을 대는 것은 전형적인 답변 구문이다.

4 Q Did you attend the accounting class on Tuesday? 화요일에 회계 수업에 참석했나요?

  A Yes, and I **learned a lot.**
  네, 그리고 많은 것을 배웠어요.

  ▶ 어떤 행동을 했는지 묻는 질문에 <Yes + 세부 내용>으로 답했다. 수업에 대한 세부적인 시간, 감상, 결과 등 여러 가지의 내용이 Yes 뒤에 연결될 수 있다는 것을 기억하자.

5 Q Haven't you found the copy of May Song's new book yet?
May Song의 새 책을 아직 못 찾았나요?

  A Yes, it'll **arrive next week.**
  네, 다음 주면 도착할 거예요.

  ▶ 아직 찾지 못했냐는 부정 의문문에 <Yes(찾았다) + 세부 내용>으로 주문한 책이 언제 도착할지를 알려주는 전형적인 정답 유형이다. '긍정/부정/부가의문문' 모두 긍정이면 Yes로 대답한다는 것을 기억하자.

6 Q Linda's promotion is **wonderful news**, isn't it?
Linda의 승진은 정말 좋은 소식이죠, 그렇지 않나요?

  A She really does **deserve it.**
  그녀는 정말 그럴 만해요.

  ▶ 부가의문문이다. 소식을 전해주는 내용에 긍정적으로 반응하는 훈련을 해야 한다. Yes가 생략되고 '정말 그럴 만하다'라고 긍정적으로 응답했다.

SPARTA ✅ ACTUAL TEST [긍정의문문] | p. 65

1 (B) **2** (A) **3** (B) **4** (C) **5** (A)

1 Are we getting bonuses at the end of the year?

  (A) It's a 20-percent increase.

  (B) I really hope so.

  (C) Put them in the bag.

  저희는 연말에 보너스 받나요?
  (A) 20퍼센트 증가예요.
  (B) 정말 그러기를 바라요.
  (C) 가방에 넣어 주세요.

  해설 보너스를 받는지 묻는 질문에 문장 전체로 "I hope so.(그러기를 바란다)"가 적절한 응답이다. 문장 전체로 Yes/No가 되는 암기 문형을 외워두면 정답을 맞히는 데 유리하다. (A)는 증가량을 물어보는 How much의 정답으로 적절, (C)는 장소를 물어보는 Where 의문문의 응답으로 적절하다.

  어휘 get 받다, 얻다 bonus 보너스 end of the year 연말 increase 증가; 증가시키다

2 Did you water the plants in the office?

  (A) No, but I can do it now.

  (B) From the flower shop.

  (C) Just a glass of water, please.

  사무실에 있는 화초에 물 줬어요?
  (A) 아니요, 하지만 지금 할 수 있어요.
  (B) 꽃집에서요.
  (C) 그냥 물 한 잔만 주세요.

  해설 과거의 어떤 행동을 했는지 물어보는 질문에 (A)는 <No + 다른 옵션>으로, 안 했지만 지금 당장 할 수 있다는 전형적인 형태의 정답이다. (B)는 plant, flower의 연계성이 있는 어휘가 등장한 오답이다. (C)는 water라는 어휘만 반복되지 내용상의 연계성이 전혀 없다. 정확하게 해석되지 않을 때는 비슷한 발음이나 연상되는 어휘를 지우는 것도 문제 풀이 기술 중 하나이다.

  어휘 water 물을 주다; 물 plant 화초, 공장 glass 유리잔

3 Is Dr. Jenkins accepting new patients?

  (A) The fourth door on the left.

  (B) No, but Dr. Smith is.

  (C) Oh, were they?

  Jenkins 선생님은 새 환자를 받나요?
  (A) 왼쪽에서 4번째 문이요.
  (B) 아니요, 하지만 Smith 선생님은 받아요.
  (C) 어머, 그들이었어요?

  해설 의사가 새 환자를 받는지 묻는 질문에 <No + 다른 옵션>의 형태인 (B)가 정답이 된 전형적인 문제다. 사람 이름이 고유명사로 등장해서 다소 생소하기는 하지만 Jenkins 씨가 환자를 받는지 묻는 질문에 <No + 다른 사람>의 형태로 다른 옵션을 제안했다. (A)는 위치를 나타내는 표현으로 Where 의문문의 답으로 적절, (C)는 평서문에 대한 반응으로 그들에 대한 의외의 소식을 접했을 때 가능한 응답 표현이다.

  어휘 accept 받아들이다 patient 환자; 인내심이 있는 fourth 4번째의

4 Do you have to leave work early today?

(A) No, I left it at home.

(B) The leaves are turning brown.

(C) Yes, I have a doctor's appointment.

오늘 일찍 퇴근해야 하나요?

(A) 아니요, 그것을 집에 두고 왔어요.

(B) 나뭇잎들이 갈색으로 변하고 있어요.

(C) 네, 진료 약속이 있어요.

해설 오늘 일찍 가야 하냐는 질문에, (C)의 <Yes + 세부 내용(떠나는 이유)>이 정답으로 나온 전형적인 형태의 긍정의문문 문제다. 다양한 세부 내용이 연결될 수 있다는 것을 기억하고 정답 유형을 익히자. (A)는 leave라는 어휘의 과거형인 left가 등장했지만 해석은 전혀 관련이 없고, (B)도 leaves라는 유사 발음 표현이 등장한 오답이다.

어휘 leave 떠나다, 두다, 놓다 leaves 나뭇잎(leaf의 복수형) turn 변하다 appointment 약속

5 Have you seen my glasses anywhere after the meeting?

(A) Aren't they on your desk?

(B) I picked up my prescription yesterday.

(C) We haven't seen the report yet.

회의 후에 제 안경 어디 있는지 보셨나요?

(A) 당신 책상 위에 없나요?

(B) 어제 처방된 약을 찾아왔어요.

(C) 저희는 아직 보고서를 보지 못했어요.

해설 안경을 봤냐는 질문에, 책상 위에 없냐고 반문한 (A)가 정답이다. 이 문장은 "보았다 + 책상 위에 있다"라는 <Yes + 세부 내용>의 변형이라고 볼 수 있다. 전형적인 대답 구문을 훈련하다 보면, 거기서 변형된 난이도 높은 문제를 맞히는 것도 가능하다. (B)는 안경이란 어휘와 연상이 되는 prescription(안경 도수)이라는 어휘를 사용했지만 여기서는 처방약이라는 다른 의미로 쓰였으며, (C)는 회의와 연계성이 있는 report(보고서) 어휘를 사용한 오답이다.

어휘 glasses 안경 pick up 되찾다, 가지러 가다 prescription 안경 도수, 처방, 처방된 약

SPARTA ☑ ACTUAL TEST [부정의문문] | p. 65

1 (A) **2** (B) **3** (A) **4** (C) **5** (C)

1 Didn't you get Mr. Gupta's letter last week?

(A) No, I never got it.

(B) I'll let him know.

(C) The last time.

지난주에 Gupta 씨의 편지를 받지 않았나요?

(A) 네, 못 받았는데요.

(B) 제가 그에게 알려줄게요.

(C) 지난번에요.

해설 편지를 받지 않았냐는 질문에 "네, 못 받았어요"라고 대답한 (A)가 정답으로, 전형적인 형태의 부정의문문이다. (B)는 Mr. Gupta를 받는 him이 등장하지만 의미상 어색하다. (C)는 last라는 어휘를 반복한 오답이다.

어휘 never 전혀, 결코 last 지난; 지속하다 let A know A에게 알리다

2 Haven't you seen that movie before?

(A) Moving expenses are pretty high.

(B) Yes, but I liked it so much I'm going again.

(C) Yes, he would like that very much.

전에 그 영화 보지 않았나요?

(A) 이사 비용이 너무 비싸요.

(B) 네, 하지만 정말 마음에 들어서 다시 한번 가려고요.

(C) 네, 그가 굉장히 좋아했을 거예요.

해설 부정의문문은 말하는 사람의 확신이 들어 있는 경우가 많다. '그 영화를 보지 않았냐?'는 것은 '봤는데 왜 또 보느냐'의 의미로 해석할 수 있다. '정말 좋아해서'라고 답한 (B)가 정답인데, 이런 종류의 질문으로 'Yes, but ~'의 표현이 답으로 자주 출제된다. (A)는 movie-moving의 유사 발음이 등장한 오답, (C)는 너와 나의 대화에서 he가 등장할 수 없다.

어휘 seen 보다(see의 과거분사형) moving 이사, 옮기는 것 expense 비용

3 Weren't you planning to change the design for the new product?

(A) No, not at this point.

(B) That art director.

(C) Two hundred dollars.

신제품 디자인을 바꾸려고 계획하고 있지 않았나요?

(A) 아니요, 지금은 아니에요.

(B) 그 미술 감독이요.

(C) 2백 달러요.

해설 바꾸려고 하지 않았냐는 부정의문문으로, 지금은 바꾸지 않을 거라고 <No + 부정 내용>을 이용해서 답한 (A)가 정답이다. (B)는 design, art라는 연상어를 사용한 오답, (C)는 신제품이라는 단어를 듣고 연상 가능한 가격을 수치로 제시한 오답이다.

어휘 plan 계획하다; 계획 change 변경하다; 변경 point 시점; 지적하다 art 미술, 예술

4 Don't you have a meeting at three o'clock?

(A) We invited only three people.

(B) I don't have any relatives to meet.

(C) Thank you for reminding me.

3시에 회의가 있지 않나요?

(A) 우리는 3명만 초대했어요.

(B) 만날 친척이 아무도 없어요.

(C) 생각나게 해 줘서 고마워요.

해설 3시에 회의가 있지 않냐고 물어보는 것은 전에 이에 대한 사전 지식이 있어서 확인하는 뉘앙스를 가지고 있다. 결국은 재촉이나 추궁의 의미도 있을 수 있다. 이에 대한 정답은 (C)처럼 알려줘서 고맙다고(Thank you for reminding me) 긍정적으로 반응하는 경우가 대부분이다. (A)는 three라는 어휘 반복으로 혼동을 유발하는 오답, (B)는 have/meet이라는 어휘만 반복된 의미상 전혀 관련 없는 오답이다.

어휘 meeting 회의 invite 초대하다 relative 친척; 상관 있는 remind 생각나게 하다, 다시 말해주다

5 Don't you want to purchase that property for the new factory site?

(A) Because of the broken machinery.

(B) I think it was handled properly.

(C) It's not a good location.

새로운 공장 부지로 그 부동산을 사고 싶지 않나요?

(A) 고장난 기계 때문에요.

(B) 제 생각에는 그건 잘 처리된 것 같아요.

(C) 좋은 위치가 아니에요.

해설 부동산을 사고 싶지 않냐는 질문에 <(No)+ 이유>의 형태로 답했다. 난이도 높은 Yes/No 의문문에서는 Yes/No를 생략한 채 뒤에 연결된 부분을 가지고 긍정의 의미인지, 부정의 의미인지 파악할 수 있어야 한다. (A)는 공장(factory)에서 연상 가능한 machinery가 등장한 오답이다. (B)는 property - properly의 유사 발음이 등장한 오답이다.

어휘 purchase 구매하다 property 부동산, 건물 site 현장 broken 고장난(break의 과거분사형) machinery 기계 handle 다루다, 처리하다 properly 알맞게, 적합하게 location 위치

SPARTA ✔ ACTUAL TEST [부가의문문] | p. 65

1 (A) **2** (A) **3** (B) **4** (C) **5** (C)

1 The shipment contained the price list, didn't it?

(A) No, it didn't.

(B) A shipping company.

(C) At six o'clock.

배송품에 가격표가 포함되어 있죠, 그렇지 않나요?

(A) 아니요, 그렇지 않아요.

(B) 배송회사요.

(C) 6시에요.

해설 배송품에 가격표가 포함되어 있냐는 질문에, '그렇지 않다'는 응답을 질문에 등장한 대동사 did를 이용해서 답했다. 출제율이 높지는 않지만 물어보는 조동사[대동사]를 그대로 답하는 형태는 영어 초보자들에게 쉽지 않은 유형이다. 특히, 부가의문문의 경우에는 문장을 끝까지 듣는 훈련을 해서 대동사를 들을 수 있도록 하자. (B)는 ship이라는 어휘만 반복된 오답, (C)는 시점을 물어보는 When 의문문의 응답으로 적절하다.

어휘 shipment 배송(품) list 목록; 목록을 대다 shipping 운송, 배송

2 That woman is the new vice president, isn't she?

(A) Yes, I met her earlier.

(B) That's good advice.

(C) Thank you for the invitation.

저 여성분이 새로운 부사장님이죠, 그렇지 않나요?

(A) 네, 전에 만났었어요.

(B) 좋은 조언이에요.

(C) 초대해 주셔서 감사해요.

해설 저 여자가 부사장이냐는 질문에 <Yes + 세부 내용>으로 여자에 대한 정보를 준 (A)가 정답이다. (B)는 vice - advice의 유사 발음이 등장한 오답, (C)는 권유[청유]형의 대답으로 알맞다. 익숙한 표현이라고 무조건 Thank you를 고르지 않도록 주의하자.

어휘 met 만나다(meet의 과거분사형) earlier 더 일찍(early의 비교급) advice 조언 invitation 초대

3 The performance starts at eight, doesn't it?

(A) The performers will be here soon.

(B) Yes, but we should be there a little earlier.

(C) It lasted longer than I had expected.

공연은 8시에 시작하죠, 그렇지 않나요?

(A) 연주자들이 곧 올 거예요.

(B) 네, 하지만 저희는 조금 더 일찍 가야 해요.

(C) 제가 예상했던 것보다는 오래했어요.

해설 공연이 8시에 시작하냐고 확인하는 질문에 'Yes, but ~'의 형태로, 맞지만 조금 더 일찍 가야 한다는 말을 부연한 (B)가 정답이다. (A)는 perform의 파생어가 등장한 오답으로, 공연 시간에 대한 내용은 없다. (C)는 공연 시간과 연상되는 표현들이 등장하지만 시제가 과거이고 시작 시점에 대한 내용도 없다.

어휘 performance 공연 performer 연주자 a little 약간 last 지속하다, 계속하다

4 I don't have any appointments tomorrow, do I?

(A) He did it the last time.

(B) The results were disappointing.

(C) No, you're available all day.

저는 내일 다른 약속이 없죠, 그렇죠?

(A) 그가 지난번에 했어요.

(B) 결과가 실망스러웠어요.

(C) 네, 하루 종일 여유 있어요.

해설 아마도 비서와의 대화인 것 같다. 내일 스케줄 상 약속이 있냐고 물어보는데, <No + 부정 내용>으로 약속이 없다고 답했다. (A)는 질문에 he가 언급되지 않아 오답이고, (B)는 appoint-disappointing의 유사 발음을 이용한 오답이다.

어휘 appointment 약속 last time 지난번에 disappoint 실망시키다 available 시간이 있는, 여유 있는

5 The company isn't still looking for new employees, is it?

(A) More than three years of experience.

(B) We offer competitive salaries and benefits.

(C) I believe the positions have all been filled.

회사에서 아직 신입 사원을 구하고 있지 않죠, 그렇죠?

(A) 3년 이상의 경력이요.

(B) 저희는 좋은 월급과 혜택을 제공해요.

(C) 제가 알기로는 그 자리는 이미 다 찼어요.

해설 회사에서 사람을 구했냐는 질문에 Yes/No 없이 '다 찼다'고 하면서 더 이상 구하지 않는다는 내용을 우회적으로 표현한 (C)가 정답이다. 질문에 Yes/No가 등장하는 것은 뒤에 연결되는 내용의 방향을 정해주는 것뿐이지 그 자체만으로 정/오답을 판단해서는 안 된다. 지금까지 등장한 ① 암기 문형 Yes/No, ② Yes + 긍정 내용, No + 부정 내용, ③ Yes/No가 없는 문장 전체의 긍정/부정을 연습하면 Part 2 Yes/No 의문문은 거의 마스터할 수 있다.

어휘 look for 찾다 experience 경력, 경험 offer 제공하다
competitive 경쟁력이 있는, 좋은 salary 월급 benefit 혜택
position 자리, 직책 fill 채우다

UNIT 07 Yes/No 의문문 II

SPARTA 📋 PRACTICE
| p. 70

1 Q Do you mind if I sit on this chair?
제가 이 의자에 앉아도 될까요?

  A Not at all. It's vacant.
천만에요(그러세요), 비었어요.

  ▶ mind는 원래 '싫어하다'라는 의미이지만 회화체에서는 "~해도 되나요?"의 권유[청유]형으로 사용되며 Sure 등의 응답도 가능하다. 전형적인 mind 구문을 익혀 두자.

2 Q Would you like a tour of the city before lunch or after?
시내 관광을 점심 전에 하실래요, 아니면 후에 하실래요?

  A Whenever it's more convenient.
아무 때나 더 편한 시간에요.

  ▶ 점심 전이나 후라는 선택의문문에서, '아무거나 좋아요(either)'의 변형인 whenever ~ 구문이 쓰였다. 선택의문문의 경우에 "아무거나 좋아요, 둘 다 좋아요"의 정답 표현을 익혀 두자.

3 Q This paint will make the room look too dark.
이 페인트는 방을 너무 어두워 보이게 만들 거예요.

  A We could choose a lighter color.
조금 더 밝은 색을 고를 수 있어요.

  ▶ 문제점을 얘기하자, 해결책을 제시하는 전형적인 평서문 문제다. 평서문에서는 먼저 말하는 사람의 의견에 관심을 가지고 대응하는 표현을 익혀 두면 좋다.

4 Q Are you available to work on weekends or only on weekdays?
당신은 주말에 일할 시간이 되나요, 아니면 주중에만 가능한가요?

  A My schedule is very **flexible.**
제 일정은 변동 가능해요.

  ▶ 주중인지 주말인지 묻는 선택의문문에서 아무거나 좋아요(either)의 변형으로 볼 수 있는 '저는 일정이 유연해요.' 즉, 둘 다 가능하다는 이야기를 하고 있다. 난이도가 높을수록 주어진 선택을 그대로 고르는 것이 아니라 paraphrasing(동의어 표현)으로 바꾸어 고르게 하는 경우가 많다.

5 Q Why don't we discuss the details at the meeting on Thursday?
자세한 것은 목요일에 회의에서 토론하는 것은 어떨까요?

  A I'd rather meet earlier if possible.
저는 가능하면 좀 더 빨리 만나고 싶은데요.

  ▶ 목요일에 만나자는 말에, <No + 다른 옵션(다른 시간)>으로 응답했다. 난이도가 높은 답의 경우 Yes/No 없이 문장 전체로 어떤 답을 했는지 확인하는 것이 필요하다.

6 Q I think we're going to need more chairs for today's meeting.
오늘 회의를 위해서는 의자가 더 필요할 것 같아요.

  A There should be some in the lounge.
라운지에 좀 있을 거예요.

  ▶ 평서문에서는 문제점이나 의견을 제시했을 때 해결을 제시하면서 대화를 이끌어 나가는 것이 가장 전형적인 정답 유형이다. 의자가 모자란다는 말에, 의자를 가져올 수 있는 장소를 구체적으로 언급하고 있다.

SPARTA ✅ ACTUAL TEST [선택의문문]
| p. 71
1 (B) **2** (A) **3** (C) **4** (C) **5** (B)

1 Should I bring my driver's license or my passport?
  (A) No, we don't accept copies.
  (B) Either one would be fine.
  (C) To show proof of residency.
운전 면허증을 가져올까요, 아니면 여권을 가져올까요?
(A) 아니요, 저희는 복사본을 받지 않아요.
(B) 아무거나 좋아요.
(C) 영주권을 증명해 보이기 위해서요.

해설 면허증과 여권 중의 선택에 대해서, (B)의 아무거나 좋아요(Either one would be fine)라는 선택의문문의 전형적인 정답 표현이 쓰였다. 이외에도 '둘 다 좋아요', '둘 다 싫어요'의 표현을 같이 익혀 두자. (A)는 copies(복사본)라는 어휘가 나왔지만 둘 중 하나를 선택하거나 새로운 것을 제시하고 있지 않다. (C)는 신분증에서 연상되는 표현이 나왔지만 목적을 나타내는 Why의 답으로 적합하다.

어휘 bring 가지고 오다 driver's license 운전 면허증 passport 여권
accept 받아들이다 copy 복사본; 복사하다 either 어느 쪽, 둘 중의 하나 show 보여주다 residency 거주, 체류 허가

2 Shall we continue with the interview, or do you need some rest?
  (A) Let's take a break.
  (B) I don't have them.
  (C) It has a beautiful view.
인터뷰를 계속 할까요, 아니면 휴식이 좀 필요해요?
(A) 잠깐 쉬었다 하죠.
(B) 저는 그것들을 가지고 있지 않아요.
(C) 전망이 정말 좋아요.

해설 쉬었다 하는 것과 계속하는 것 중 선택하라는 내용이다. 정답은 휴식(rest)이라는 표현의 동의어인 take a break를 사용해 둘 중 하나를 선택한 (A)이다. 난이도 높은 문제에서는 패러프레이징으로 정답을 나타낸다는 것을 잊지 말자. (B)는 물건을 가지고 있지 않다는 내용으로 질문과 관계가 없어서 오답이다. 익숙한 표현일수록 정확하게 해석하는 훈련을 하자. (C)는 interview/view의 유사 발음이 등장한 오답이다.

어휘 continue 계속하다 interview 취재, 면접 rest 휴식; 쉬다
take a break 쉬다 view 전망

정답 및 해설 **357**

정답 및 해설

3 Should we meet inside the museum or in front of it?

(A) Yes, we've been busy.

(B) It was nice to meet you, too.

(C) How about by the information desk?

박물관 안에서 만날까요, 아니면 앞에서 만날까요?

(A) 네, 우리는 계속 바빴어요.

(B) 저도 만나서 반가웠어요.

(C) 안내 데스크 옆에서 보는 게 어때요?

해설 박물관 안인지 건물 앞인지 중에서, 안내 데스크라는 새로운 옵션을 제시한 (C)가 정답이다. 물론 안내 데스크가 실내에 있을 수도 있지만 단순하게 표현된 두 개의 선택에서 새로운 선택을 제시한 보기를 골라낼 수 있어야겠다. 선택의문문에 Yes/No로 답하지 않으므로 (A)는 오답. (B)는 처음 만난 사람들의 대화로, 선택의문문의 답으로는 어색하다.

어휘 meet 만나다 museum 박물관 in front of ~ 앞에 information desk 안내 데스크

4 Can you discuss the production quotas now, or should we meet after lunch?

(A) The discussion was productive.

(B) It's about to launch.

(C) Now is all right with me.

생산 할당량을 지금 이야기할까요, 아니면 점심 후에 만나야 할까요?

(A) 토론은 생산적이었어요.

(B) 출시할 시기가 되었어요.

(C) 저는 지금이 좋은데요.

해설 토론을 지금 할 것인가, 아니면 점심 후에 할 것인가라는 선택에서, 지금이 좋다고 이야기한 전형적인 유형이다. 하지만 질문 길이가 길어지고 내용이 회사 업무로 바뀌면서 어려워졌다. 문장이 길어져도 해석이 가능하도록 청취 및 따라 읽기 훈련을 계속하자. (A)는 discuss/discussion의 파생어가 등장한 오답으로, How 의문문의 답으로 적합한 문장이다. (B)는 lunch/launch의 유사 발음 등장으로 질문과 전혀 연계성이 없다.

어휘 discuss 토론하다 production quota 생산 할당량 discussion 토론 productive 생산적인 launch 착수하다, 시작하다

5 Should I fax the contract or mail it to you?

(A) The contractor has approved it.

(B) What's more convenient for you?

(C) Yes, the letter has arrived.

계약서를 팩스로 보낼까요, 아니면 우편으로 보낼까요?

(A) 계약자가 승인했어요.

(B) 어떤 게 더 편하세요?

(C) 네, 편지가 도착했어요.

해설 팩스나 우편이라는 방법 중에 하나를 골라야 하는 선택의문문이다. 정답은 (B)로, '아무거나 좋아요'(Either will be fine)의 변형으로, 당신에게 편한 방법이 무엇인지(What's more convenient for you?) 반문하고 있다. (A)는 contract-contractor라는 유사 발음이 등장하지만 내용상 연계성이 전혀 없다. (C)는 선택의문문에 Yes/No로 답할 수 없다.

어휘 fax 팩스로 보내다; 팩스본 contract 계약서; 계약하다 mail 우편으로 보내다; 우편물 contractor 계약자, 도급업자 approve 승인하다 convenient 편리한

SPARTA ✔ ACTUAL TEST [권유(청유)형] | p. 71

1 (A) **2** (A) **3** (C) **4** (A) **5** (B)

1 Can you take over the training for a few minutes?

(A) Sure, no problem.

(B) Workplace safety.

(C) It was raining last night.

훈련을 잠깐 동안 맡아 주실 수 있으세요?

(A) 네, 물론이죠.

(B) 직장 내 안전이요.

(C) 어젯밤에 비가 왔어요.

해설 무엇을 해 달라고 부탁(Can you do ~?)하는 권유[청유]형의 전형적인 대답으로, (A) 물론이죠(no problem)라는 긍정의 답이 정답이다. Sure는 Yes와 의미가 같음을 알아 두자. (B)는 주제를 물어보는 What 의문문의 정답으로 적합, (C)는 훈련(training)이라는 어휘와 유사 발음인 raining을 사용한 오답이다.

어휘 take over 떠맡다, 인수하다 for a few minutes 몇 분 동안, 잠시 동안 no problem 물론이다, 문제 없다 workplace 직장 safety 안전

2 Would you like me to fill out this form for you?

(A) Yes, please do.

(B) No, it's from the branch office.

(C) I'd like a full refund, please.

제가 이 양식을 작성해 드릴까요?

(A) 네, 그렇게 해 주세요.

(B) 아니요, 지사에서 왔어요.

(C) 전액 환불해 주세요.

해설 ~을 해 드릴까요?(Would you like me to do ~?)라는 제안에, 긍정의 답인 (A)의 '그렇게 해 주세요(please do)'로 답했다. 초보 수험생들은 부탁을 하는 것보다 호의를 베푸는 제안(offer)에 약하므로 다양한 제안 표현을 꼭 익혀 두도록 하자.

어휘 fill out a form 양식을 작성하다(= complete a form) branch 지사, 지점 full refund 전액 환불

3 Why don't we ride together to the conference room?

(A) Unfortunately, I don't have an extra one.

(B) Because I already signed up for them.

(C) Good idea. I'd be happy to pick you up.

우리 회의장까지 같이 차를 타고 갈까요?

(A) 미안하지만, 저는 여유분을 가지고 있지 않아요.

(B) 왜냐하면 저는 벌써 등록했어요.

(C) 좋은 생각이에요. 제가 기꺼이 당신을 데리러 가죠.

해설 우리 같이 ~ 하자(Why don't we ~?)라는 권유[청유]에, "좋은 생각이다 + 세부 내용"을 댄 (C)가 정답이다. 오답 문장의 길이가 길고 해석이 어려우므로, 문장을 듣고 따라 읽기를 연습해 청취력을 기르도록 하자. (A)는 여분의 물건이 있냐고 물어보는 문제에 적합, (B)는 conference와 연계성이 있어 보이는 sign up(등록하다)이 등장하지만, 질문은 교통수단을 이야기하고 있다.

어휘 ride (교통수단을) 타다 conference 회의 unfortunately 유감스럽게도 extra 추가의, 여유의 sign up 등록하다(= register) be happy to 기꺼이 ~하다 pick up ~를 데리러 가다, 가지러 가다

4 Do you want me to bring anything from the Indian restaurant?

　(A) I just ate, but thanks.

　(B) How was your trip?

　(C) Yes, we do deliveries.

　인도 식당에서 뭐 좀 가져다 줄까요?

　(A) 좀 전에 먹었어요, 하지만 고마워요.

　(B) 여행은 어땠나요?

　(C) 네, 저희는 배달해요.

해설 '제가 ~를 하기를 원하나요?(Do you want me to ~?)'도 일종의 제안(offer)으로, 상대편에게 호의를 베풀 때 쓰는 표현이다. 정답은 (A)인데, Yes/No 없이 뒤에 이어진 문장만으로 '아니다, 사다 줄 필요가 없다'라고 말하고 있다. (B)는 Indian이라는 어휘에서 연상되는 trip을 사용한 오답으로, 내용상 연계성이 전혀 없다. (C)는 Yes로 답한 후 뒤에 이어지는 내용이 '어떤 음식을 사다 달라'고 말하는 것이 자연스럽다. 이 문장은 식당 종업원이 할 말로 적합하다.

어휘 bring 가져오다 Indian restaurant 인도 식당 eat 먹다(eat-ate-eaten) delivery 배달

5 Would you mind taking notes for me at the seminar?

　(A) Thanks, I'll sit here instead.

　(B) I wasn't planning on going.

　(C) As soon as you can.

　세미나에서 메모 좀 해 주시겠어요?

　(A) 고마워요, 저는 대신에 이쪽에 앉을게요.

　(B) 가지 않을 생각이었는데요.

　(C) 되도록 빨리요.

해설 '~ 좀 해 주실래요?(Would you mind ~?)'라는 문형에, 보통 <Yes + 세부 내용, No + 이유>로 답하는 것이 일반적이다. 이 문제는 난이도 있는 문제로, "몰라요" 유형에 속하는 '나는 아예 가지 않는다(I don't go, I didn't go, I don't know)'라는 표현인 (B)가 정답이 되었다. 결국 가지 않기 때문에 해 줄지 안 해 줄지를 대답할 필요가 없는 것이다. (A)는 호의를 베풀 때의 반응으로 적합, (C)는 시점을 나타내는 말로, 질문이 You에게 부탁하는 내용이기 때문에 대답에서는 I가 행동을 해야 한다.

어휘 Do you mind ~? ~해 주세요. (~하는 게 꺼려질까요?) take notes 메모하다 instead 대신에 plan on ~ ~을 하려고 계획하다 as soon as ~하자마자

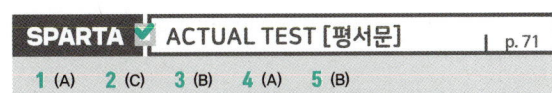

SPARTA ✅ ACTUAL TEST [평서문]　| p. 71

1 (A)　**2** (C)　**3** (B)　**4** (A)　**5** (B)

1 We're running out of pens and pencils.

　(A) I will order some then.

　(B) When will you be back?

　(C) I'd say a dozen boxes.

　우리는 펜과 연필이 거의 떨어졌어요.

　(A) 그러면 제가 좀 주문할게요.

　(B) 당신은 언제 돌아올 건가요?

　(C) 약 12박스요.

해설 사무실에 사무용품(office supplies)이 떨어졌다는 말에, 그럼 주문하겠다고 대답한 (A)가 정답이다. (B)는 When을 이용해 언제 돌아오냐고 묻는 말로, 질문에 적절한 응답이 아니다. (C)는 주문한 양에 대한 것으로, 질문과 어울리는 응답이 아니다.

어휘 run out of 거의 다 써버리다 order 주문하다 then 그러면 be back 돌아오다 I'd say 아마 ~겠죠(= I would say) dozen 12개, 한 다스

2 The security system needs to be repaired.

　(A) Just a while ago.

　(B) Revised safety procedures.

　(C) Yes, it's urgent.

　보안 시스템이 수리돼야 해요.

　(A) 좀 전에요.

　(B) 변경된 안전 규정이요.

　(C) 네, 정말 급해요.

해설 수리해야 한다는 문제 제기에, <Yes + 긍정 내용> 표현으로 상대방의 말에 동의하는 (C)가 답이다. (A)는 When 의문문에 적절한 응답, (B)는 security/safety라는 서로 연상되는 어휘를 이용한 오답이다.

어휘 security 보안 system 시스템 repair 수리하다 a while 잠깐 revise 개정하다 safety 안전 procedure 절차, 규정 urgent 급한

3 I haven't met the new marketing director yet.

　(A) Yes, I'd love to do that.

　(B) Neither have I.

　(C) Oh, will you? Thank you.

　새로 온 마케팅 이사님을 아직 뵙지 못했어요.

　(A) 네, 저도 그렇게 하고 싶어요.

　(B) 저도 보지 못했어요.

　(C) 어머, 그래 주실래요? 고마워요.

해설 '나도 ~를 만난 적이 없다, ~ 해 본 적이 없다(Neither have I)'라는 표현이 쓰인 (B)가 정답이다. 상대방이 무엇을 이야기했을 때 가장 기본적인 긍정적 반응은 "나도 그래"다. 인칭과 시제, 긍정/부정 여부에 따라 "so do I, so have I, neither have I" 등의 다양한 표현이 가능하다. 본문의 VOCABULARY를 통해 다른 평서문의 정답 패턴도 암기해 두자. (A)는 어떤 행동을 하자는 제안에 적절한 반응이다. (C)는 상대방이 호의를 베풀어 주겠다고 제안(offer)했을 때의 반응으로 적합하다.

어휘 meet 만나다 director 이사 would love to ~ 너무 ~하고 싶다 Neither have I. 나도 해 본 적이 없다. Will you? (당신이) 그렇게 해 줄래요?

4 Excuse me. I couldn't find the boarding time on this ticket.

(A) It should be at the bottom.

(B) I lost my boarding pass.

(C) We can take the next one in an hour.

실례합니다만, 여기 티켓에 탑승 시간이 없어요.

(A) 하단에 있을 거예요.

(B) 제 탑승권을 잃어버렸어요.

(C) 우리는 1시간 후에 다음 편을 탈 수 있어요.

해설 탑승권에 문제가 있음을 이야기하는 상대방에게 해결책을 제시한 (A)가 정답이다. (B)는 boarding이라는 어휘가 반복되는 전형적인 오답이다. 대답하는 사람은 직원일 것이므로 직원이 할 만한 표현을 고르도록 하자. (C)는 boarding을 듣고 연상 가능한 오답이다.

어휘 should be ~일 것이다 (추측) bottom 밑바닥, 아래 lose 잃어버리다 (lose-lost-lost) boarding pass 탑승권 take ~을 타다 in an hour 한 시간 이내에

5 The monthly sales report is due this morning.

(A) I don't believe they do.

(B) Can we finish it in time?

(C) No, I'm not attending.

월례 판매 보고서는 오늘 아침이 마감입니다.

(A) 그들이 하는 것 같지 않아요.

(B) 우리가 시간 내에 끝낼 수 있을까요?

(C) 아니요, 저는 참석하지 않아요.

해설 마감이 오늘이라는 말에, 시간 내에 끝낼 수 있을지 걱정하는 (B)가 정답이다. <Yes/No + 세부 내용>의 형태를 다양하게 연습하는 것이 필요하다. 마감이 오늘까지다 → "연장을 해 달라고 할까, 아니다, 연기됐다" 등의 다양한 반응이 가능하다. (A)는 they로 지칭할 사람이 없고, (C)는 No라고 답하면 마감 일정이 변경된 내용이 나와야 하는데, 내용과 관련이 없는 '참석'이 등장했다.

어휘 monthly 월례의, 매달의 report 보고서; 보고하다 I don't believe ~가 아닌 것 같다 in time 시간 내에 attend 참석하다

SPARTA ✦ REVIEW TEST [의문사 의문문] | p. 72

1 (B)	2 (A)	3 (B)	4 (B)	5 (C)	6 (A)	7 (B)
8 (A)	9 (C)	10 (A)	11 (C)	12 (B)	13 (C)	14 (C)
15 (A)	16 (A)	17 (B)	18 (C)	19 (A)	20 (B)	

1 When does your train leave?

(A) He's on the bus.

(B) At two thirty.

(C) To Memphis.

당신이 탈 기차는 언제 출발하나요?

(A) 그는 버스에 있어요.

(B) 2시 30분에요.

(C) 멤피스로요.

해설 시점을 물어보는 When 의문문에 구체적인 시간을 말한 (B)가 정답이다.

(A)는 너와 나의 대화 속에 he라는 대명사가 나온 오답으로, train의 연상어 bus로 혼동을 주고 있다. (C)는 장소를 나타내는 Where 의문문의 답으로 적합하다.

어휘 leave 출발하다, 떠나다 Memphis 멤피스 (미국의 지명)

2 Who's in charge of the advertising campaign?

(A) Mr. Wryer is supervising that.

(B) In the local newspaper.

(C) Ms. Kim's presentation.

누가 광고 캠페인을 책임지고 있나요?

(A) Wryer 씨가 감독하고 있어요.

(B) 지역 신문에요.

(C) 김 씨의 발표요.

해설 Who 의문문의 답으로 사람 이름이 들어간 (A)가 적절하다. 다소 생소한 발음의 이름이라 답으로 선택하기가 망설여질 수 있다. (B)는 장소를 물어보는 Where의 답으로 적합하다. (C)는 Kim이라는 알아듣기 쉬운 사람 이름이 있지만 's를 붙인 소유격으로, 결국 Ms. Kim이 아닌 presentation을 지칭하고 있어서, What 의문문의 답으로 적합하다.

어휘 be in charge of ~을 책임지다, 책임자다 supervise 관리하다 local 지역의 presentation 발표

3 Which path should I take to get to the lake?

(A) Here, I'll take it.

(B) The one on the left.

(C) Swimming and boating.

호수로 가려면 어떤 길로 가야 할까요?

(A) 여기요, 제가 가져갈게요.

(B) 왼쪽에 있는 거요.

(C) 수영과 보트 타기요.

해설 선택을 물어보는 Which 의문문의 대답으로 부정대명사 one을 이용한 (B)가 정답이다. 정답률이 높은 표현이니 꼭 익혀 두자. (A)의 here는 장소라기보다는 "자, 여기요" 등으로 해석이 가능하다. take라는 동사가 반복된 오답 표현으로 길에 대한 내용이 아니다. (C)는 질문에 나온 lake에 대한 연상어 swimming, boating이 나오지만, 길 선택에 대한 답변이 아니며, What 의문문의 답으로 적합하다.

어휘 path 길 take ~길로 가다, 가져가다 get to 도착하다 lake 호수 left 왼쪽 boat 보트; 보트를 타다

4 How many people have signed up for the online seminar?

(A) It's a new design.

(B) About a dozen.

(C) There are two separate lines.

온라인 세미나에 얼마나 많은 사람들이 등록했나요?

(A) 그건 새로운 디자인이에요.

(B) 약 12명이요.

(C) 2개의 서로 다른 줄이 있어요.

해설 "How many people"까지를 하나의 덩어리로 듣는 훈련을 하자. 정답은 숫자를 그대로 말해주는 것이 아니라 12를 dozen이라고 다르게 표현한 (B)이다. LC에서는 질문에 나온 어휘를 익숙하지 않은 다른 단어로 바꾸어 난이도를 높인다. 다양한 어휘의 암기를 게을리하지 말자. (A)는

sign과 발음이 유사한 design이 등장한 오답이다. (C)도 online - line의 유사 발음이 등장한 오답이다.

어휘 **sign up** 등록하다(= register) **dozen** 12개, 다스 **separate** 개별의, 각각의; 분리하다

5 Where can I rent commercial space downtown?

(A) The cost is reasonable.

(B) You can borrow it today.

(C) Try the Burnside Building.

어디에서 시내에 있는 상업 공간을 임대할 수 있을까요?

(A) 가격이 합리적이에요.

(B) 당신은 오늘 빌릴 수 있어요.

(C) 번사이드 건물을 한번 알아보세요.

해설 장소를 물어보는 Where 의문문에 고유명사를 사용하여 건물 이름을 말한 (C)가 정답이다. 특히, Who와 Where 의문문은 고유명사를 사용해서 사람 이름이나 장소 이름을 대는 경우가 많다는 것도 기억해 두자. (A)는 rent에서 연상되는 cost가 나왔지만 위치에 대한 대답은 아니다. (B)는 시점을 나타내는 When의 답으로 적합하다.

어휘 **rent** 임대하다; 임대료 **commercial** 상업적인, 장사를 하는 **space** 공간 **downtown** 시내로, 시내의 **cost** 비용 **reasonable** 합리적인, 저렴한 **borrow** 빌리다 **try** 시도하다

6 Why did they close the expressway?

(A) To repave the road.

(B) It's close to the main gate.

(C) To the nearest gas station.

왜 고속도로가 폐쇄됐나요?

(A) 도로를 재포장하기 위해서요.

(B) 거기는 현관에서 가까워요.

(C) 가장 가까운 주유소로요.

해설 이유를 물어보는 Why 의문문에 to부정사의 부사적 용법(~하기 위해, ~하려고)이 쓰인 (A)가 정답이 되었다. 정답률이 높은 표현이니 꼭 익혀 두자. (B)는 질문과 똑같은 close가 쓰였지만, 질문에서는 '폐쇄하다'는 뜻이고, (B)에서는 '가깝다'는 뜻이며, 이유가 아니라 위치를 말하고 있어서 Where 의문문의 대답으로 알맞다. (C)는 to가 등장하지만 장소를 나타내는 전치사이며, 차와 연계성이 있는 주유소라는 어휘를 제시한 오답이다.

어휘 **close** 닫다; 가까운 **expressway** 고속도로 **repave** (도로를) 재포장하다 **close to** ~에 가까운 **gate** 문 **nearest** 가장 가까운 **gas station** 주유소

7 What sort of position is he looking for?

(A) For over five months.

(B) Mostly in the advertising field.

(C) I would love to work at your company.

그는 어떤 종류의 자리를 찾고 있나요?

(A) 5개월 넘게요.

(B) 거의 광고 분야에서요.

(C) 귀하의 회사에서 일하고 싶습니다.

해설 의문사 What은 뒤에 연결되는 어휘에 따라서 완전히 다른 뜻이 된다. "What ~ position(어떤 직업/자리)"을 해석할 수 있어야 답을 고를 수

있다. 일하는 분야의 하나로 광고계를 말한 (B)가 정답이다. (A)는 기간을 나타내는 How long의 답으로 적합하다. (C)는 맥락상 구직과 관계된 대답으로 그럴 듯하게 들리나, 질문의 주어가 'he'라서 'I'를 주어로 제가 일하고 싶다고 대답할 수 없다. 특히 position - work 연관 어휘를 사용해서 혼란을 주는 오답이다.

어휘 **sort** 종류 **position** 자리, 직책 **look for** 찾다 **for** ~동안 **over** ~가 넘게 **mostly** 주로, 대부분 **field** 분야, 업계 **would love to ~** 너무 ~하고 싶다

8 Where should we leave the cleaning supplies?

(A) Take them to the storeroom.

(B) No, she hasn't left yet.

(C) Tomorrow's fine.

청소용품을 어디에 두어야 할까요?

(A) 그것들을 창고로 가지고 가요.

(B) 아니요, 그녀는 아직 떠나지 않았어요.

(C) 내일이 좋아요.

해설 장소를 묻는 Where 의문문에, storeroom(창고)으로 가져가라며 위치를 알려준 (A)가 정답이다. 의문사 의문문은 정답 표현을 암기해서 답을 맞히는 것이 가능하다는 것을 잊지 말자. 의문사 의문문에는 (B)처럼 Yes/No로 대답할 수 없다. (C)는 시점을 물어보는 When 의문문의 답으로 적합하다.

어휘 **leave** 두다, 놓다, 떠나다 **supplies** 용품, 물품 **take** ~을 가지고 가다, ~를 데리고 가다 **storeroom** 창고 **fine** 좋은

9 Why is the construction project behind schedule?

(A) That's not the projector I want.

(B) Approximately five days ago.

(C) We're waiting for some supplies.

왜 공사 프로젝트가 일정보다 늦어지고 있나요?

(A) 그건 제가 원한 프로젝터가 아닌데요.

(B) 대략 5일 전에요.

(C) 저희는 자재를 기다리고 있어요.

해설 "Why ~ behind schedule"로 공사가 늦어지는 이유를 묻고 있다. 업무가 늦어지는 이유는 그다지 다양하지 않으므로 몇 개씩 암기해 두도록 하자. 필요한 물품이 없어서 기다리는 중이라는 (C)가 정답이다. 이와 비슷한 문답의 예로, 보고서(report)의 경우에도 자료(data)가 오지 않아서 늦어진다는 식의 답변이 가능한 점을 참고로 알아 두자. (A)는 project - projector의 전형적인 유사 발음의 오답이다. (B)는 시점을 물어보는 When 의문문의 정답으로 적합하다.

어휘 **construction** 공사 **project** 과제, ~건, 프로젝트 **behind schedule** 일정보다 늦어진 **projector** 프로젝터(영사기) **approximately** 대략 **wait for** ~을 기다리다 **supplies** 용품, 자재

10 When will I receive a confirmation e-mail for my purchase?

(A) As soon as the order is placed.

(B) To assess its performance.

(C) Perhaps at the post office.

구매한 물건에 대한 확인 메일을 언제 받게 되나요?

(A) 주문되자마자요.

(B) 성과를 평가하기 위해서요.

(C) 아마도 우체국에서요.

해설 시점을 물어보는 When 의문문의 답으로 시점을 나타내는 접속사절이 쓰인 (A)가 답이 되었다. As soon as ~, When ~, Once ~로 시작하는 절을 암기해 두어야 한다. (B)는 to부정사를 이용해 목적을 나타냈으며, Why 의문문의 답으로 적합하다. (C)는 장소를 물어보는 Where 의문문의 정답으로 적합하다. 추측을 나타내는 부사 perhaps에 현혹되지 않도록 주의하자.

어휘 receive 받다 confirmation 확인 purchase 구매 물품; 구매하다 as soon as ~ 하자마자 place an order 주문하다 assess 평가하다 performance 실적, 성과, 공연 perhaps 아마도

11 Where is the sales report from the southern branch?

(A) No, I haven't met them yet.

(B) The document contains the sales figures for last month.

(C) The vice president should have it.

남부 지점에서 온 판매 보고서는 어디에 있나요?

(A) 아니요, 저는 아직 그들을 만나지 못했어요.

(B) 서류는 지난달 판매 수치를 포함하고 있어요.

(C) 부사장님이 가지고 있을 거예요.

해설 물건이 있는 장소를 물어보는 Where 의문문에, 장소 대신 어떤 사람이 가지고 있다고 대답한 (C)가 정답이다. 의문사 Where와 Who는 서로 호환해서 "어디 있어요? → 제가 가지고 있어요, 누가 가지고 있나요? → 책상 위에요." 등과 같은 문답도 가능하다는 것을 기억해 두자. (A)는 의문사 의문문에 Yes/No로 대답할 수 없으므로 오답이다. (B)는 sales가 반복되었지만 어떤 서류에 대한 설명으로, What 의문문에 대한 답으로 적합하다.

어휘 report 보고서; 보고하다 southern 남쪽의 branch 지점, 가지 met meet(만나다)의 과거분사형 contain 포함하다 figures 수치 vice president 부사장

12 How did you find a local distributer?

(A) I don't recall where it was.

(B) I searched online.

(C) On platform 4.

어떻게 현지 유통업자를 찾았나요?

(A) 어디였는지 기억나지 않아요.

(B) 온라인에서 찾았어요.

(C) 4번 플랫폼에서요.

해설 "How ~ find?"로 방법을 물어보는 문제에서 "온라인에서 찾았다"고 답한 (B)가 정답이다. 최근에는 정보를 구하는 방법으로 Web, Internet, online 등을 사용하는 경우가 많다는 것을 기억해 두자. (A)의 I don't recall 부분은 '몰라요' 유형과 비슷하나 이어지는 내용이 '방법'이 아닌 '장소'에 대한 이야기여서 답이 될 수 없다. (C)는 장소를 물어보는 Where 의문문의 정답으로 적합하다.

어휘 find 찾다 distributer 유통업자, 배급업자 recall 기억하다 search 찾다

13 Who's going to be the speaker at the teachers' convention?

(A) It was in the school auditorium.

(B) That's more convenient.

(C) We still haven't decided.

교사 총회에서 누가 발표할 건가요?

(A) 학교 강당에 있었어요.

(B) 그게 좀 더 편리해요.

(C) 아직 결정하지 않았어요.

해설 Who 의문문에 대해 아직 결정하지 못했다(We haven't decided)라고 '몰라요' 유형으로 답한 (C)가 정답이다. '몰라요' 유형은 질문 종류와 상관없이 출제 빈도가 높은 편이니 꼭 익혀 두자. (A)는 장소를 물어보는 Where 의문문의 답으로 적합하다. (B)는 convention-convenient의 유사 발음이 등장한 오답이다.

어휘 convention 대회, 총회, 회의 auditorium 강당 convenient 편리한

14 Which design proposal did the client prefer?

(A) They described it well.

(B) Because it's new.

(C) She liked the first one.

고객이 어떤 디자인 제안을 선호했나요?

(A) 그들이 설명을 잘 했어요.

(B) 왜냐하면 그것은 새롭거든요.

(C) 그녀는 첫 번째 것을 좋아했어요.

해설 어떤 것을 선호하는지(Which ~ prefer?) 묻는 질문에, 부정대명사 one을 이용해서 '첫 번째 것'으로 답한 (C)가 정답이다. (A)는 design과 describe가 관련 있어 보이지만, 이것은 상태를 물어보는 How 의문문의 답으로 적합하다. (B)의 Because는 Why 이외의 다른 의문문의 정답이 되기 힘들다는 것을 기억해 두자.

어휘 proposal 제안(서) client 고객 prefer 선호하다 describe 묘사하다 well 잘, 좋게

15 How much will it cost to replace the refrigerator?

(A) You should ask the vendor.

(B) It's too far to walk.

(C) In case we run out of stock.

냉장고를 교체하는 데 비용이 얼마나 들까요?

(A) 판매사에 물어보셔야 할 거예요.

(B) 걸어가기에는 너무 멀어요.

(C) 재고가 없는 경우에요.

해설 "How much"로 비용을 물은 질문에, 나는 모르니까 다른 사람에게 물어보라(ask someone else)며 '몰라요' 유형으로 답한 (A)가 정답이다. 특히, check, ask 등은 다른 데서 정보를 알아보라는 데 많이 사용된다. (B)에 쓰인 far는 거리나 상태를 물어보는 How long의 답으로 적합하다. (C)에서는 replace와 연계성이 있을 듯한 run out of stock이 나왔지만, 질문과 맞지 않아 오답이다.

어휘 cost 비용이 ~들다; 비용 replace 교체하다 refrigerator 냉장고 vendor 판매자, 상인 far 먼 in case ~하는 경우에 run out of (물품 등이) 다 떨어지다, 다 쓰다

16 Why was the office furniture we ordered returned to the warehouse?

(A) It was the wrong style.

(B) Order them next week, please.

(C) From the supervisor's office.

우리가 주문한 사무용 가구가 왜 창고로 돌려보내졌나요?

(A) 잘못된 스타일이었어요.

(B) 다음 주에 주문하세요.

(C) 관리자 사무실에서요.

해설 주문한 물건이 다시 돌려보내진 이유를 물어보고 있다. 아마도 상점에서 공장이나 창고로 물건을 돌려보낸 상황인 것 같다. 주문한 물건과 다른 것이 배달되었다는 의미로 다른 스타일(wrong style)을 이용해서 대답한 (A)가 정답이다. (B)는 order 어휘가 반복된 전형적인 오답이다. (C)는 장소를 물어보는 Where 의문문에 대한 대답으로 적합하다.

어휘 office furniture 사무용 가구 return 반품하다 warehouse 창고 supervisor 관리자, 상사

17 Which bus do you take?

(A) He's rather busy right now.

(B) I usually drive.

(C) Why don't you take some more?

당신은 어떤 버스를 타나요?

(A) 그는 지금은 좀 바빠요.

(B) 저는 보통 운전해요.

(C) 좀 더 가져가지 그래요?

해설 어떤 버스(Which bus ~?)인지 묻는 질문의 전형적인 정답은 버스 번호를 대거나 the one(~한 것)을 사용하는 경우가 대부분이다. 여기서는 버스를 이용하지 않고 직접 차를 몰아서 간다고 돌려 말한 (B)가 정답이다. (A)는 너와 나의 대화에서 대명사 he가 나와서 오답이다. (C)는 take를 반복해서 사용했지만 내용상 버스를 탄다는 의미가 아니여서 오답이다. 오답을 지워서 맞히는 훈련을 하면 정답률을 더 높일 수 있다.

어휘 take (교통수단을) 타다, (도로를) 타다, 가지고 가다 rather 좀 usually 보통

18 What's the marketing response for the sports drinks?

(A) The stadium is crowded with many people.

(B) Yes, the market is right around the corner.

(C) The initial sales are higher than we expected.

스포츠 음료에 대한 시장 반응은 어떤가요?

(A) 경기장은 많은 사람으로 붐벼요.

(B) 네, 시장은 모퉁이를 돌아서 바로예요.

(C) 초기 판매는 기대했던 것보다 더 높아요.

해설 의문사 What을 이용해서 시장 반응을 묻고 있다. marketing response에 대해, initial sales를 이용해서 판매량이 기대보다 높다고 대답한 (C)가 정답이다. (A)는 sports → stadium 연상 어휘를 이용한 오답, (B)는 marketing → market 연상 어휘를 이용한 오답이다.

어휘 response 반응, 대답 sports drink 스포츠 음료 stadium 경기장 initial 초기의, 처음의 expect 기대하다, 예상하다

19 Where do we store new client files?

(A) They're in a folder on the top shelf.

(B) Yes, it's a new supply store.

(C) You can sign on the bottom of the page.

우리는 신규 고객 파일을 어디에 보관하나요?

(A) 맨 위 선반에 있는 폴더 안에 있어요.

(B) 네, 그곳은 새로운 용품점이에요.

(C) 그 페이지 하단에 서명하시면 돼요.

해설 물건이 있는 장소를 물어보는 Where 의문문에, in a folder로 답한 (A)가 정답이다. 하지만 (C)의 오답에도 장소가 등장해서 난이도가 더 높아졌다. (C) on the bottom도 장소이지만 sign하는 위치를 설명하기 때문에 오답이다. (B)는 의문사 의문문에 Yes/No로 대답해서 오답이다.

어휘 store 보관하다; 가게 client 고객 folder 폴더 top 맨 위 shelf 선반 supply 용품, 물품 sign 서명하다 bottom 바닥

20 How could I create a new user account on this computer?

(A) She's not in our counting.

(B) It's easy. I'll show you.

(C) I've already signed it.

이 컴퓨터에 새로운 사용자 계정을 어떻게 만드나요?

(A) 저희는 그녀를 세지 않았어요.

(B) 쉬워요. 제가 보여드릴게요.

(C) 이미 서명했어요.

해설 "How ~ create"라고 방법을 물어보는 질문에 전형적인 정답은 설명서를 보거나 온라인을 참고하라는 대답이다. 하지만 이 문제는 (B)의 보여주겠다(I'll show you)라는 화용적 표현이 정답이 되는 경우다. 오답을 하나씩 지워가면서 정답 찾는 훈련을 해 두면, 예측 못한 어려운 문제도 풀 수 있다. (A)는 너와 나의 대화에 she가 등장해서 오답. (C)는 계정을 만드는 것과 sign이 연계성이 있어 보이지만, 방법을 설명하는 것이 아니다.

어휘 create 만들어내다 account 계정, 계좌 counting 계산, 세는 것 show 보여주다, 가르쳐주다 already 벌써, 이미

SPARTA 💡 REVIEW TEST [Yes/No 의문문] | p. 73

1 (A)	2 (A)	3 (B)	4 (C)	5 (B)	6 (B)	7 (A)
8 (B)	9 (C)	10 (B)	11 (C)	12 (A)	13 (C)	14 (C)
15 (A)	16 (B)	17 (A)	18 (C)	19 (B)	20 (A)	

1 Did you watch the football game yesterday?

(A) No, I missed it.

(B) It's 4:45.

(C) I've been training every day.

어제 축구 경기 봤어요?

(A) 아니요, 놓쳤어요.

(B) 지금 4시 45분이에요.

(C) 저는 매일 훈련했어요.

해설 TV 프로그램을 봤냐는 질문에, "아니, 놓쳤다"고 이야기한 전형적인 Yes/No 의문문 응답 패턴이다. (B)는 현재 시각을 언급하는 오답이고, (C)는 축구 경기에서 연상되는 training이라는 어휘가 등장한 오답이다.

어휘 watch 보다 miss 놓치다 train 훈련하다

2 Her plane is delayed for two hours, isn't it?

(A) Yes, I think so.

(B) Two hours ago.

(C) Please visit us again.

그녀의 비행기는 2시간이나 지연됐죠, 그렇지 않나요?

(A) 네, 그런 것 같아요.

(B) 2시간 전에요.

(C) 다시 방문해 주세요.

해설 부가의문문에 Yes로 답한 후, '그런 것 같아요(I think so)'라고 덧붙여 문장 전체로 긍정을 표현했다. (B)는 two hours라는 어휘만 반복되고 연착된 비행기에 대한 내용이 전혀 없다. (C)는 여행을 끝내고 돌아갈 때 나올 수 있는 표현으로, 정답으로 적절하지 않다.

어휘 plane 비행기 delay 지연시키다 ago ~전에 visit 방문하다

3 Let's end early today.

(A) Only in the beginning.

(B) That's a good idea.

(C) I already sent it.

오늘은 일찍 끝냅시다.

(A) 처음에만요.

(B) 좋은 생각이에요.

(C) 제가 벌써 보냈어요.

해설 빨리 끝내자는 권유[청유]형에, 전형적인 긍정 표현인 That's a good idea라고 답한 (B)가 답이다. 권유[청유]형의 답변이 될 수 있는 긍정(좋은 생각이다, ~하자)과 부정(미안하지만 ~한 이유로 안 된다) 표현을 익혀 두자. (A)는 early-beginning이라는 연상어가 등장한 오답, (C)는 '~하자'는 말에 already라는 부사를 써서 답하는 것이 가능하지만, 뒤에 이어진 내용이 어색하다. 부사는 문장 해석에 많은 영향을 끼치지 않는다는 것을 기억하자.

어휘 end 끝내다; 목적 beginning 시작 already 벌써

4 Didn't you contact the landlord about the plumbing problem?

(A) Apartment 3G.

(B) 200 dollars.

(C) Yes, I called him yesterday.

배관 문제에 대해 집주인에게 연락하지 않았나요?

(A) 아파트 3G호실이요.

(B) 200달러요.

(C) 네, 어제 그에게 연락했어요.

해설 어떤 행동을 하지 않았느냐(Didn't you ~?)라는 질문에, <Yes + 세부 내용>으로 그 행동을 한 시점을 나타낸 (C)가 정답이다. (A)는 landlord를 듣고 연상되는 아파트 번호가 나왔으나 내용상 어색하며, (B) 역시 landlord라는 어휘를 듣고 연상되는 임대료(rent)의 가격이 등장했으나 질문과 상응하지 않는다.

어휘 contact 연락하다 landlord 집주인 plumbing 배관 apartment 아파트

5 Why don't you join us for dinner tomorrow?

(A) No, they haven't been there yet.

(B) Thanks, but I have other plans.

(C) You're welcome to join us at any time.

내일 저희와 함께 식사하는 게 어때요?

(A) 아니요, 그들은 거기에 가 본 적이 없어요.

(B) 고마워요, 하지만 다른 약속이 있어요.

(C) 언제든지 저희와 함께 하셔도 돼요.

해설 같이 식사하자는 요청에, "미안하지만, 다른 약속이 있어서 안 된다"는 부정의 대답을 한 (B)가 정답이다. (A)는 No가 왔으므로 함께 하지 못하는 이유를 설명해야 하는데 they가 나온 인칭대명사 오류, (C)는 join이라는 어휘가 반복된 오답으로 질문에서 You를 초대하면 대답하는 사람은 대명사 I가 되어야 한다.

어휘 join ~에 참여하다, 만나다 have been there 거기에 가 본 적 있다 other plans 다른 계획

6 We'd like you to come up with a new company logo.

(A) I like the new logo, too.

(B) I'll get started on it right away.

(C) By the Art Department.

당신이 새로운 회사 로고를 만들어 주셨으면 합니다.

(A) 저도 새 로고가 좋아요.

(B) 당장 일을 시작할게요.

(C) 예술부에서요.

해설 새로운 로고를 만들어 달라는 요청에, "지금 당장 하겠다"고 긍정적으로 답한 (B)가 정답이다. 업무 관련 내용에 긍정적으로 반응하는 표현이 정답으로 많이 나왔다는 것을 기억하자. (A)는 new logo라는 어휘가 반복된 오답으로 초보자는 유사 발음이나 동일 단어가 반복되는 표현을 피하는 것도 좋은 전략이다. (C)는 Who, Where의 답으로 적합한 오답이다.

어휘 come up with ~을 만들어 내다, 고안해 내다 get started 시작하다 right away 지금 당장 art 미술, 예술 department 부서

7 Will the builders be working on the first or second floor?

(A) The first would be better.

(B) I'm sorry we retired.

(C) Making the window frames.

건축업자들이 1층에서 일할 건가요, 아니면 2층에서 일한 건가요?

(A) 1층이 더 좋을 것 같아요.

(B) 미안하지만 우리는 은퇴했어요.

(C) 창문 틀을 만드는 것이요.

해설 1층과 2층 중에 선택해야 하는 상황에서, 1층을 그대로 언급한 (A)가 정답이 되었다. 다른 PART 2 문제와는 달리 선택의문문에서는 질문에 나온 어휘가 반복될 수 있다는 것을 기억하자. (B)의 I'm sorry 부분은 A, B 둘 다 아닌 C를 선택하는 상황에서 가능하지만 뒤에 이어진 내용이 어울리지 않는다. (C)는 어떤 작업을 하냐는 질문의 답으로, What 의문문에 적합하다.

어휘 builder 건축업자, 건물을 짓는 사람 work on 작업을 하다
retire 은퇴하다 frame 틀

8 Let's put the flower arrangements on the tables.

(A) I already made the seating arrangements.

(B) Yes, they'll look much nicer there.

(C) He's a wonderful gardener.

꽃 장식을 테이블 위에 두도록 하죠.

(A) 저는 이미 좌석 배정을 했어요.

(B) 네, 거기에 두는 게 훨씬 더 좋아 보일 것 같아요.

(C) 그는 뛰어난 정원사예요.

해설 꽃 장식을 테이블에 두자는 제안에, <Yes + 세부 내용>으로 말하는 사람의 의견에 긍정적으로 반응한 (B)가 적절하다. (A)는 arrangements라는 어휘가 반복된 오답, (C)는 너와 나의 대화에 he가 등장한 오답이다.

어휘 put 놓다 arrangement 준비, 예약; 정렬 much nicer 훨씬 더 좋은
gardener 정원사

9 Are you ready to order, sir?

(A) No, I didn't order vegetable soup.

(B) Can I have the receipt, please?

(C) Please give me a few more minutes.

손님, 주문하시겠어요?

(A) 아니요, 저는 야채 수프를 주문하지 않았어요.

(B) 영수증 좀 주시겠어요?

(C) 시간을 조금만 더 주세요.

해설 식당에서 웨이터가 물어볼 만한 질문으로, 전형적인 정답은 <Yes + 세부 내용(어떤 음식을 주세요)>, <No + 이유(시간이 모자란다, 메뉴를 더 봐야 한다)>라는 내용이다. 정답은 Yes/No 없이 주문할 준비가 안 되었으니 시간을 더 달라고 한 (C)이다. (A)의 No 다음에는 왜 지금 주문할 수 없는지 말해야 한다. (B)는 식사를 마친 후에 영수증을 달라는 말이므로 상황상 어색하다.

어휘 be ready 준비하다 order 주문하다 soup 수프 receipt 영수증
a few minutes 몇 분

10 Are you a member of the gym, or are you a guest?

(A) Did she remember?

(B) I'm just visiting.

(C) I guess you are right.

체육관 회원이신가요, 아니면 손님이신가요?

(A) 그녀가 기억했나요?

(B) 저는 그냥 방문했어요.

(C) 당신 말이 맞는 것 같아요.

해설 회원이냐 아니냐는 질문에, '그냥 방문 중이다(visiting)'라는 말로 본인이 guest라는 것을 다른 표현으로 바꾸어 말했다. 특히, visit이라는 어휘는 '잠깐 방문하다, 들르다'라는 뉘앙스가 있다는 것을 기억해 두자. (A)는 member, remember라는 유사 발음이 등장한 오답, (C)는 당신 말이 맞는 것 같다는 뜻으로, 선택의문문의 답으로 적절하지 않다.

어휘 member 회원, 멤버 gym 체육관 guest 손님 remember 기억하다 visit 방문하다 guess 추측하다

11 Mr. Yamada's office is down the hall.

(A) Ask Mr. Bryant.

(B) Yes, he is quite tall.

(C) Should we stop by and say hello?

야마다 씨의 사무실은 복도 끝에 있습니다.

(A) Bryant 씨에게 물어봐요.

(B) 네, 그는 상당히 키가 커요.

(C) 잠깐 들러서 인사할까요?

해설 야마다 씨의 사무실 위치에 대한 정보를 듣고 긍정적으로 반응하는 문장을 골라야 한다. (A)는 다른 형태의 의문문에서 정보를 물어볼 경우 가능한 유형이지만, 여기서는 평서문으로 어떤 정보를 물어보고 있지 않으므로 오답이고, (B)는 Yes라고 했으므로 뒤에는 사무실 위치와 연계된 내용이 나와야 한다.

어휘 down the hall 복도 끝에 quite 꽤 stop by 들르다

12 Did Ms. Yang give you a copy of the sales report?

(A) Yes, but I haven't looked at it yet.

(B) I'll see if the room is free.

(C) Oh, is it on sale?

양 씨가 판매 보고서를 한 부 줬나요?

(A) 네, 하지만 아직 보지 않았어요.

(B) 방이 무료인지 알아볼게요.

(C) 어, 그거 할인되나요?

해설 서류를 받았냐는 질문에 '받았지만 아직 보지 않았다'라는 세부 내용이 첨가된 (A)가 정답이다. (B)는 sales라는 어휘에서 연상되는 free가 등장한 오답, (C)는 sale이라는 어휘가 반복된 오답으로 의미상 연계성이 없다. 정답을 고르기 어려울 경우, 확실한 오답을 지워서 정답을 남기는 Best Answer 고르기 훈련을 해야 한다.

어휘 a copy of 한 부, 한 권 yet 아직 if ~인지 아닌지 free 무료의
on sale 할인 중인

13 Can you give me a hand with the new project?

(A) The sales projection looks good.

(B) Thanks. I just bought one.

(C) Sure, I'm available in the afternoon.

새로운 프로젝트 건으로 저를 도와주실 수 있나요?

(A) 예상 매출이 좋군요.

(B) 고마워요, 방금 하나 샀어요.

(C) 물론이죠, 전 오후에 시간이 돼요.

해설 도와 달라는 요청에, <Yes + 세부 내용>으로 언제 도와줄 수 있는지를 언급한 (C)가 정답이다. (A)는 project, projection이라는 유사 발음을 이용한 오답, (B)는 내용상 전혀 관련 없는 오답이다.

어휘 give a hand 도와주다 project 프로젝트, 과제 projection 예측
buy 사다(buy-bought-bought) available 시간이 있는, 여유가 있는

14 Yesterday's lunch was delicious, wasn't it?

(A) Sorry. I'm not free then.

(B) No, she's the new office manager.

(C) Yes, the spaghetti was great.

어제 점심은 맛있었어요, 그렇지 않았나요?

(A) 미안해요. 그때는 시간이 없었어요.

(B) 아니요, 그녀는 새로 온 사무실 관리자예요.

(C) 네, 스파게티가 정말 좋았어요.

해설 어제 점심이 맛있지 않았냐는 부가의문문에, <Yes + 세부 내용>으로 그 중에 스파게티가 좋았다고 답한 (C)가 정답이다. (A)는 만나자고 하는 권유[청유]의 답으로 적합하다. (B)는 너와 나의 대화에서 she가 나올 수 없다.

어휘 delicious 맛있는 free 한가한, 자유로운, 무료의 spaghetti 스파게티

15 Aren't we offering a free ticket promotion next week?

(A) Actually, it is the following week.

(B) He's certainly the most qualified.

(C) I took it to the office.

우리는 다음 주에 무료 티켓 판촉 행사를 제공하지 않나요?

(A) 실은, 그 다음 주예요.

(B) 그 사람이 가장 적격이에요.

(C) 저는 그것을 사무실로 가지고 갔어요.

해설 다음 주에 판촉을 하지 않냐는 부정의문문으로, <No(Actually) + 그 다음 주(the following week)>라고 이야기한 (A)가 정답이다. No라는 대답이 나오면 아닌 이유(취소되었다, 연기되었다) 또는 다른 시기가 연결되는 것이 전형적이다. (B)는 he라고 부를 만한 사람이 질문에 없고, (C)는 판촉 행사에 대한 내용이 아닌 특정 물건에 관한 것이다.

어휘 offer 제공하다 free ticket 무료 티켓 promotion 판촉 actually 사실은 the following 그 다음의 certainly 확실히 qualified 자격 요건이 되는 take 가지고 가다(take-took-taken)

16 The parking area seems to be closed.

(A) Yes, the park is close by.

(B) Okay, let's try the one across the street.

(C) I don't think they look alike.

주차장이 문을 닫은 것 같아요.

(A) 네, 공원은 가까워요.

(B) 알겠어요, 길 건너에 있는 곳으로 한번 가보죠.

(C) 그들은 서로 닮은 것 같지 않아요.

해설 주차장이 문을 닫았다고 문제를 제시하는 평서문에, 그럼 다른 곳으로 한번 가보자고 제안하는 (B)가 정답이다. (A)는 parking-park이라는 유사 발음이 등장한 오답, (C)는 they라고 부를 만한 사람은 질문에 등장하지 않았다.

어휘 parking area 주차 공간 close 닫다; 가까운 park 공원; 주차하다 try 시도하다 across 건너편의 alike 비슷한, 닮은

17 Are they thinking about expanding their business?

(A) Yes, they're opening five new stores.

(B) They are expecting us soon.

(C) Because they can have what they want.

그들은 사업을 확장하는 것에 대해 생각하고 있나요?

(A) 네, 그들은 5개의 신규 매장을 열 거예요.

(B) 그들은 우리가 곧 올 거라고 기대하고 있어요.

(C) 왜냐하면 그들은 원하는 것을 가질 수 있거든요.

해설 사업을 확장시킬 거냐는 질문에, <Yes + 세부적인 확장 계획>을 언급한 (A)가 정답이다. (B)는 expand / expect라는 유사 발음을 이용한 오답, (C)는 내용상 연계성이 전혀 없다.

어휘 expand 확장하다 open 열다 expect 기대하다 what they want 그들이 원하는 것

18 I can help set up that software if you want.

(A) From technical support.

(B) No, it's not in the hall.

(C) Thanks, but I can take care of it.

원하신다면 그 소프트웨어 설치하는 것을 도와드릴 수 있어요.

(A) 기술 지원팀에서요.

(B) 아니요, 그건 복도에 있지 않아요.

(C) 고마워요, 하지만 제가 할 수 있어요.

해설 도와주겠다(I can help ~)라는 제안에, "괜찮다, 내가 처리할 수 있다"라는 부정의 표현이 쓰인 (C)가 정답이다. 특히 take care of는 토익에서 "일을 처리하다"의 의미로 자주 등장하므로 꼭 암기해 두자. (A)는 software라는 어휘를 듣고 연상 가능한 표현(technical support)으로 오답을 유도하고 있고, (B)는 No라고 했으므로 뒤에는 설치를 도와줄 필요가 없는 이유가 등장해야 한다.

어휘 set up 설치하다 technical support (team) 기술 지원팀 take care of ~ ~을 처리하다

19 Have you put the discounted prices on the sale items yet?

(A) I'll have one. Thanks.

(B) Yes, I've just finished it.

(C) Not very often.

세일 품목에 할인가를 붙였나요?

(A) 저도 하나 할게요. 고마워요.

(B) 네, 좀 전에 다 끝냈어요.

(C) 자주는 아니에요.

해설 어떤 업무를 끝냈냐는 질문에, <Yes + 세부 정보>로 언제 끝냈는지를 설명한 (B)가 적절한 응답이다. (A)는 쇼핑이나 식당에서의 상황으로, 상대방이 무언가를 권했을 때 가능한 응답이다. (C)는 빈도수를 나타내는 표현으로, 반복되는 행동에 대한 질문에 적합한 대답이다.

어휘 put 붙이다, 놓다 discounted 할인된 price 가격 just 좀 전에 finish 끝내다 often 자주

20 Should we throw out these files or archive them for later use?

(A) Let's get rid of them.

(B) Ben has one you can borrow.

(C) I prepared it this afternoon.

이 파일들을 버려야 하나요, 아니면 나중에 사용하기 위해 보관해야 하나요?

(A) 없애 버리죠.

(B) Ben이 당신이 빌릴 수 있는 것을 가지고 있어요.

(C) 제가 오늘 오후에 준비했어요.

해설 서류를 버릴 건지, 보관할 건지 묻는 선택의문문에, '버리다(throw out)'라는 표현을 '없애다(get rid of)'로 바꿔서 표현한 (A)가 정답이다. 선택의문문은 A, B 중에 선택한 것을 다른 말로 패러프레이징하는 것이 가장 난이도 높은 정답 유형 중 하나이므로 평소에 다양한 어휘를 암기하자. (B)의 빌리는 내용은 질문과 연계성이 없다. (C)도 기존에 많이 등장하는 내용이지만 이 문제는 서류를 버릴 건지 보관할 건지에 대해 물어보고 있다.

어휘 throw out 버리다 archive (파일을) 보관하다; 기록 보관소 later 나중의 use 사용; 사용하다 get rid of ~ ~을 없애다 borrow 빌리다 prepare 준비하다

PART 3

UNIT 08 PART 3 문제 유형

SPARTA 📄 PRACTICE I | p. 81

1 (B) **2** (A) **3** (B) **4** (B) **5** (B)

1 I'm here **to interview people** at the music festival. Have you seen many performances?
저는 뮤직 페스티벌의 사람들을 취재하기 위해서 여기에 왔습니다. 당신은 많은 공연을 보았나요?

해설 토익을 공부하는 수험생들은 회사에 대한 내용을 많이 배우기 때문에 interview라는 어휘만 듣고 직장 면접으로 생각하는 실수를 한다. 같은 단어에 여러 가지 의미가 있다는 것을 기억하고 문장을 듣자. to부정사 구문으로 행사에서 사람을 인터뷰(취재)하기 위해서라는 (B)가 정답이다.

2 I'm staying in room 506. I was wondering if you **could recommend** a **restaurant** near the hotel.
저는 506호실에 머물고 있는데요. 호텔 근처에 있는 식당을 추천해 주실 수 있는지 궁금합니다.

해설 General Question의 장소/직업/목적을 구분하면서 청취하는 훈련을 하자. 호텔만 생각하고 무조건 '예약'을 고르는 실수는 없어야겠다. 목적을 나타내는 I was wondering if you could ~ (당신이 ~해 줄 수 있는지 궁금해서요)라는 구문을 기억하자.

3 I just received an e-mail **confirmation for my appointment** at ten o'clock. I was wondering **if I could reschedule** it for another time.
제가 10시 약속에 대한 확정 이메일을 조금 전에 받았습니다. 다른 시간대로 바꿀 수 있을지 궁금합니다.

해설 목적 구문을 정확하게 듣는 훈련을 하자. 약속(appointment) 확정은 이미 약속한 것이기 때문에 약속을 잡는다는 보기는 정답이 될 수 없다. 앞에서 과거 상황을 설명하는 부분만 듣고 답을 고르지 않도록 주의하자.

4 We're interested in **having some T-shirts made** for our customers. Could you give me some more information about your prices?
저희는 고객들을 위한 티셔츠를 만드는 데 관심이 있어요. 당신 회사의 가격에 대해서 좀 더 정보를 주실 수 있어요?

해설 토익을 공부하려면 직장인의 일상 업무에 익숙해져야 한다. 티셔츠를 내가 입기 위해서 사는 것 외에도 회사 판촉물로 대량 주문을 하는 내용도 등장한다는 것을 기억하자. 단어 하나가 아니라 문장 전체의 내용을 들을 수 있도록 훈련하자.

5 Hi. I'm calling from Jackson Realtors. **An apartment has just been listed** that I think you might be interested in. It's available immediately.
안녕하세요. 잭슨 부동산에서 전화드립니다. 손님이 관심이 있을 만한 아파트가 지금 리스트에 올라왔어요. 지금 당장 이용하실 수 있습니다.

해설 장소/직업의 기초 어휘인 "부동산업자: realtor"를 암기하고 부동산 업무에 대한 상식을 익혀야겠다. 부동산에서 매물이 나와 listing(목록)에 뜨자마자 고객에게 연락하는 내용이다.

1 (A) **2** (B) **3** (B) **4** (A)

1 이 대화는 어디에서 일어나고 있는가?

(A) 자동차 영업소에서

(B) 신문사에서

W I **saw your advertisement** in a newspaper **on used cars**. Do you have electric cars here, too?

M No, not here. But we have another location on Route 53 about 10 miles north. They have some electric cars there.

W 제가 중고차에 대한 당신의 광고를 신문에서 봤는데요. 여기에 전기 자동차도 있나요?

M 아니요, 여기는 없어요. 하지만 북쪽으로 10마일만 가면 53번 도로 변에 가게가 하나 더 있는데요. 그곳에는 전기 자동차가 좀 있어요.

해설 신문 광고를 보고 관심이 있어서 업체에 연락하는 내용은 자주 등장한다. 신문이라는 어휘만 듣고 신문사를 고르지 않도록 주의하자. General Question은 대화가 일어나는 장소/직업을 전체적으로 생각해야 한다.

2 남자는 언제 플로렌스를 방문했는가?

(A) 2주 전에

(B) 1년 전에

M Hi. How was your vacation in Italy?

W It was just great. We stayed at a small hotel in Florence for two weeks.

M I really enjoyed Florence myself when **I visited there** with my family **last year.**

M 안녕하세요. 이탈리아에서의 휴가는 어땠어요?

W 정말 좋았어요. 저희는 플로렌스에 있는 작은 호텔에서 2주 동안 머물렀어요.

M 저도 작년에 가족들과 방문했을 때 정말 플로렌스가 즐거웠어요.

해설 Specific Question은 화자의 성별을 확인해야 한다. 여자가 먼저 2주 라고 말하지만, 문제에서 원하는 것은 남자가 갔던 시점이다. 정답은 (B) 1년 전이다. 녹음에서 들리는 것을 무조건 답으로 고르지 않도록 주의하자! 문제에서 원하는 정답을 골라내는 훈련을 하자.

3 화자들은 아마 어디서 일하는가?

(A) 인쇄 공장에서

(B) 광고 대행사에서

M I wanted to ask you about **a new advertisement campaign for** the Miller Company's coffee maker. This company is a really important client for us.

W Yes, we need to highlight a variety of colors of its products, especially the green and purple ones it recently developed.

M 당신에게 밀러 사의 커피메이커의 새로운 광고에 대해 물어보고 싶었어요. 이 회사는 우리에게 정말 중요한 고객이거든요.

W 네, 저희는 그 회사 상품의 다양한 색깔을 강조할 필요가 있어요, 특히 최근에 개발한 녹색과 보라색이요.

해설 토익에서 고득점을 얻기 위해서는 "회사 업무"에 대한 기본 상식이 있어야 한다. 여기에서는 고객(client)에게 서비스를 제공하는 다양한 업체 중에 광고업체(advertising agency), 보험사(insurance agency), 회계 사(accounting company) 등이 다른 회사의 대행 업무를 하고, 그 업무 를 위해서 공급업체(supplier)를 고용하기도 한다는 점을 알고 있어야 한다.

4 남자가 "다른 것과 달라 보일 거예요"라고 말한 것은 무슨 의도인가?

(A) 박스를 찾기 쉽다.

(B) 고객들을 위해서 특별히 디자인되었다.

M(A) Hello. Mailroom? This is Tom Reynolds from the fabric design team. We're supposed to get a package from our Shanghai office.

M(B) Yes, I've already **delivered it to your office** with other packages. It has a large, shiny blue logo on top of it. <u>It would certainly distinguish itself from the others.</u>

M(A) 여보세요. 우편물 처리실이죠? 저는 직물디자인팀의 톰 레이 놀즈예요. 저희가 상하이 사무소에서 소포를 받기로 되어 있 는데요.

M(B) 네, 이미 다른 소포들과 같이 당신 사무실에 배달했는데요. 그건 위에 크고 반짝거리는 파란색 로고가 있어요. 다른 것과 달라 보일 거예요.

해설 회사에 있는 다양한 장소 중에 "mailroom"은 회사에 들어온 우편물을 분류해서 배달해 주는 부서이다. 특정 표현 추론 문제(Imply Question) 는 문제에서 그 표현을 미리 읽어 두고 음원을 들으면서 문맥상 뜻을 파악할 수 있어야겠다.

---

1 (A) **2** (D) **3** (C) **4** (D) **5** (A) **6** (C) **7** (D)

8 (A) **9** (B) **10** (C) **11** (A) **12** (D)

Questions 1–3 refer to the following conversation.

W [1] Welcome to the Fast-and-Easy Technology Corporation. How may I help you?

M Yes, I'm here to see Ms. Elliot in the Personnel Department. I have a three o'clock appointment with her.

W Please wait just one more minute while [2] I call up to the fourth floor for Ms. Elliot. Can I have your name, sir?

M My name is Peter Hwang. [3] I'm here for a job interview, and she is waiting for me.

W 패스트 앤 이지 테크놀로지 사에 오신 것을 환영합니다. 어떻게 도와드릴까요?

M 네, 저는 인사부의 엘리엇 씨를 만나기 위해 여기 왔는데요. 그 분과 3시에 약속이 있어요.

W 제가 4층에 엘리엇 씨에게 전화하는 동안 잠깐만 더 기다려 주세요. 성함이 어떻게 됩니까?

M 제 이름은 피터 황입니다. 취업 면접이 있는데 그녀가 저를 기다리 고 계실 거예요.

어휘 reception desk 접수 데스크, 안내데스크　technology 기술　manufacturing facility 제조 시설　review 검토하다　proposal 제안, 제안서　look for 찾다　employment 고용, 취업　purchase 구매(물), 구매하다　Personnel Department 인사부　appointment 약속　minute 분, 짧은 시간　floor 층　interview 면접, 취재

1 이 대화는 어디에서 일어나는가?

(A) 안내데스크에서

(B) 기술 회의에서

(C) 제조 시설에서

(D) 엘리베이터 안에서

해설 장소를 물어보는 General Question으로, 주로 본문의 앞쪽에서 힌트를 얻어야 한다. 회사에 온 손님(guest)을 안내하고 전화를 받는 업무는 안내데스크의 접수원(receptionist)이 담당한다.

2 엘리엇 씨는 몇 층에서 일하는가?

(A) 1층

(B) 2층

(D) 3층

(D) 4층

해설 엘리엇(Elliot)이라는 Specific Question의 Key Word를 기억해두고 이에 관한 정보를 정확하게 듣도록 노력하자. 정답은 Elliot이라는 이름 앞에 등장한 4층이다.

3 남자는 왜 엘리엇 씨와 이야기를 하고 싶어 하는가?

(A) 그는 물건을 팔고 싶어 한다.

(B) 그는 제안을 검토해야 한다.

(C) 그는 직장을 찾고 있다.

(D) 그는 구매를 하고 싶다.

해설 남자가 엘리엇 씨를 만나고 싶어 하는 이유는 남자가 말할 확률이 높다. 마지막 문장에서 취업 면접(job interview)이라는 어휘를 듣고 직장을 찾고 있다(looking for employment)라는 표현을 골라낼 수 있어야 겠다. 익숙한 표현이라고 무조건 물건 판매를 고르지 않도록 주의하자.

Questions 4–6 refer to the following conversation.

M Hi, Nadia. **4** I stopped at the newsstand on Fifth Avenue this morning and bought a copy of *Publisher's Today* like you asked for.

W Thank you so much. How much do I owe you for the magazine?

M Seven fifty. The guy at the newsstand said **5** the price just went up last month.

W Wow, that's expensive. I guess **6** I should plan on getting a yearly subscription. I'm sure it's cheaper than the newsstand price. In fact, I think I'll go online and do that right now.

M 안녕하세요, 나디아. 제가 오늘 아침에 5번가에 있는 신문 가판대에 들러서 당신이 부탁한대로 <출판업자의 오늘>을 샀어요.

W 정말 고마워요. 잡지 값으로 얼마를 드려야 하나요?

M 7달러 50센트요. 신문 가판대에 일하는 사람이 가격이 지난달에 막 올라갔대요.

W 이런, 비싸네요. 아무래도 연간 구독권을 사야 할까 봐요. 신문 가판대 가격보다는 확실히 쌀 거예요. 실은, 지금 당장 온라인에서 신청을 해야겠어요.

어휘 donation 기부　write 쓰다　client 고객　buy 사다　happen 일어나다　location 위치, 장소　develop 개발하다　join 참가하다　carpool 자동차 같이 타기　lease 임대하다　subscription (신문, 잡지) 구독　newsstand 신문 가판대　a copy 한 부, 한 권　publisher 출판업자　ask for 요청하다　owe 빚지다　go up 올라가다　expensive 비싼　plan on ~ ~할 계획을 세우다　yearly 연간의, 연례의　cheaper 더 싼

4 남자는 오늘 아침에 무엇을 했는가?

(A) 기부를 했다

(B) 메모를 썼다

(C) 고객을 만났다

(D) 잡지를 샀다

해설 남자(man), 오늘 아침(this morning)이라는 문제의 Key Word를 기억하고 남자의 말에 집중해야 한다. 첫 문장에서 잡지 이름이 생소하기는 하지만 잡지를 구매한 것을 파악하고 정답을 고를 수 있어야겠다.

5 지난달에 무슨 일이 있었는가?

(A) 잡지의 가격이 올랐다.

(B) 회사가 새로운 장소로 이사했다.

(C) 그들은 신상품을 개발했다.

(D) 그들은 손님들과 논의했다.

해설 지난달(last month)을 기억하고, 귀로는 음원을 듣고 눈으로 문제를 보면서 동시에 풀어야 한다. 남자의 두 번째 대사에서 지난달에 잡지의 가격이 올랐다고 했으므로 정답은 (A)이다.

6 여자는 어떻게 돈을 절약할 계획인가?

(A) 카풀에 참여해서

(B) 좀 더 작은 장소를 임대해서

(C) 연간 구독을 신청해서

(D) 인터넷 서버를 바꿔서

해설 How does the woman plan에서, 돈을 save할 계획(plan)을 여자 목소리가 말할 확률이 높다. 구독하는 것이 싸다(cheaper than the newsstand price)는 부분에서 정답을 알 수 있다. 3문제를 한꺼번에 풀기 위해서는 지문을 들으면서 바로 해석하는 연습이 필요하다.

Questions 7–9 refer to the following conversation.

W **7** Have you seen my glasses? I thought I left them on the table during the conference, but they weren't there.

M I didn't see any. Do you want me to check the reception desk?

W Will you do that for me? Thanks.

M Sure thing. They usually keep lost items such as keys and umbrellas.

W **8** I can't concentrate on my reading without my glasses, and I have way too much work to do this afternoon.

M [9] I'll give you a call after I finish talking to the receptionist.

W Thanks again. I'll probably be in my office.

W 제 안경 혹시 보셨나요? 회의 때 테이블 위에 두었다고 생각했었는데, 거기 없네요.

M 저는 아무것도 못 봤어요. 제가 안내 데스크에 한번 확인해 볼까요?

W 그렇게 좀 해주실래요? 고마워요.

M 물론이죠. 거기는 보통 열쇠나 우산 같은 분실물을 보관해요.

W 전 안경 없이는 읽는 것에 집중할 수가 없고, 오늘 오후에 일이 너무 많아요.

M 제가 접수원과 통화하고 나서 전화 드리도록 할게요.

W 다시 한번 고마워요. 전 아마 제 사무실에 있을 거에요.

어휘 look for 찾다 material 자료, 재료 pair 쌍, 두 개 way too much 너무 많은 reception desk 안내 데스크 crowded 붐비는, 사람이 많은 contact 연락하다 visit 방문하다 in person 직접 left 두다, 놓다(leave의 과거형) check 확인하다 usually 보통 lost items 분실물 umbrella 우산 concentrate 집중하다 without ~ 없이 receptionist 접수원

7 여자는 무엇을 찾고 있는가?
(A) 회의 자료
(B) 새로운 테이블
(C) 열쇠 꾸러미
(D) 안경

해설 여자가 찾는 물건은 여자가 말할 확률이 높다. 첫 문장에서 정답이 나오므로 음성을 듣기 시작할 때 첫 번째 문제를 풀 수 있도록 훈련하자.

8 여자가 "일이 너무 많아요"라고 말한 것은 무슨 뜻을 함축하는가?
(A) 그녀는 많이 읽어야 한다.
(B) 그녀는 주말에 일해야 한다.
(C) 안내 데스크가 붐빈다.
(D) 사무실에 사람이 너무 많다.

해설 세부 추론 문제는 따옴표(" ")사이의 표현을 Key Word로 암기해 두고 본문에서 나올 때 문맥상의 뜻을 파악해서 정답을 맞혀야 한다. 안경이 없으면 읽는 것에 집중을 못 하는데, "I have way too much work"에서 읽을 것이 많다는 것을 유추할 수 있다.

9 남자는 어떻게 여자에게 연락할 것인가?
(A) 이메일을 보내서
(B) 전화를 해서
(C) 직접 사무실을 방문해서
(D) 편지를 써서

해설 직장에서 서로 연락하거나, 서류를 전달하는 방법은 가장 많이 출제되는 문제 중 하나다. 남자의 마지막 문장을 통해 여자에게 전화할 것임을 알 수 있다. 오답이기는 하지만 in person(직접)이라는 표현도 빈출 정답 표현으로 꼭 기억해 두자.

Questions 10-12 refer to the following conversation and table.

W [10] Thank you for visiting World Travel. My name is Angela. How can I help you?

M Hi. [11] My wife and I are interested in traveling to some exotic places for our 10th anniversary.

W I'm sure we can come up with something special for you. Do you have any particular places in mind?

M Well, I've always wanted to visit Southeast Asia, but my wife is interested in watching wildlife and nature in a remote part of the world such as Alaska.

W We have special packages this summer for couples that you might want to look at. [12] This package costs more than 4,000 dollars but includes breakfast and dinner daily.

M Hmm. I know what I want. [12] We can enjoy beautiful sceneries and delicious meals together for the whole trip.

W 세계 여행사를 방문해 주셔서 감사합니다. 제 이름은 안젤라입니다. 어떻게 도와드릴까요?

M 안녕하세요. 제 아내와 제가 10주년 기념일을 위해서 이국적인 곳으로 여행가는 데 관심이 있는데요.

W 손님 두 분을 위해서 저희가 뭔가 특별한 것을 준비할 수 있을 거라고 생각합니다. 생각해 두신 특별한 장소가 있으신가요?

M 글쎄요, 저는 언제나 동남 아시아를 방문하고 싶었고요, 제 아내는 알래스카 같은 외진 곳에서 야생동물이나 자연을 보는 데 관심이 있어요.

W 손님들이 보실 만한 커플들을 위한 올해 여름 특별 패키지가 있어요. 이 패키지는 4천 달러가 넘지만 매일 아침과 저녁 식사를 포함해요.

M 흠, 제가 무엇을 원하는지 알겠어요. 우리는 여행 내내 멋진 경치와 맛있는 식사를 즐길 수 있겠네요.

세계 여행사 여름 패키지

환상의 아시아	2,500달러
티벳의 우연	3,600달러
유럽의 매력	3,200달러
알래스카 탐방	4,500달러

어휘 fantastic 멋진 serendipity 우연, 운좋은 발견 charm 매력 expedition 탐험, 탐방 embassy 대사관 server 웨이터 travel agent 여행사 직원 clerk 직원 plan 계획; 계획하다 celebrate 축하하다 anniversary 기념일 souvenir 기념품 discounted price 할인가 be interested in ~에 관심이 있다, 흥미가 있다 exotic 이국적인 come up with ~를 생각해 내다 particular 특별한 in mind 생각에 wildlife 야생 동물 nature 자연 remote 외딴, 동떨어진 couple 커플, 쌍 breakfast 아침 식사 dinner 저녁 식사 enjoy 즐기다 scenery 경치 delicious 맛있는 meal 식사 whole 전체의

10 여자는 아마도 누구인가?

(A) 외국인 관광객

(B) 여행 가이드

(C) 여행사 직원

(D) 호텔 직원

해설 대화 초반에서 여자가 여행사 직원이라는 것을 추측할 수 있어야겠다.

11 남자는 왜 이 행사를 계획하는가?

(A) 기념일을 축하하기 위해서

(B) 세계를 여행하기 위해서

(C) 기념품을 사기 위해서

(D) 할인을 받기 위해서

해설 남자가 행사를 계획하는 이유는 남자가 말할 가능성이 많다. 남자의 첫 문장에서 기념일을 위한 여행을 계획하고 있음을 알 수 있다. 여행(travel)만 듣고 (B)를 고르지 않도록 주의하자.

12 도표를 보시오. 남자는 아마도 어디에 가기로 결정할 것인가?

(A) 아시아

(B) 티벳

(C) 유럽

(D) 알래스카

해설 표를 미리 훑어 두고 음원을 들으면서 단서를 파악하자. 직원이 말한 4천 달러 이상의 패키지는 식사가 포함된다는 내용과, 남자의 마지막 문장인 경치와 식사를 즐길 수 있다는 부분에서 남자가 알래스카에 가기로 결정한 것을 알 수 있다.

UNIT 09 주제별 공략: 일상생활

SPARTA 📄 PRACTICE | p. 88

1 (A) **2** (B) **3** (B) **4** (B)

---

1 여자는 무엇에 대해서 물어보는가?

(A) 비행 일정

(B) 지불 방법

W I'd like to book a direct flight to Miami for May 2nd, please. **Are there any flights that arrive** in Miami in the late afternoon?

M Yes, there's one that will land at 4 P.M. Would you like to pay for the ticket now?

W 저는 5월 2일에 마이애미로 가는 직행편 비행기를 예약하고 싶은데요. 오후 늦게 마이애미에 도착하는 비행기가 있을까요?

M 네, 오후 4시에 착륙하는 게 하나 있어요. 지금 티켓 값을 지불하시겠습니까?

해설 본문에 나온다고 무조건 정답이 아니다. 문제에서 여자가 물어보는 것은 비행기가 도착하는 시간으로 정답은 (A)이다. 돈을 지불하는 내용도 들리지만 여자가 물어본 것이 아니라 남자가 물어본 것이다.

---

2 여자는 내일 무엇을 할 계획인가?

(A) 예약을 한다

(B) 부동산을 본다

M Would you like to **look at the apartment tomorrow**? We can get in to see it sometime tomorrow.

W I'm busy in the morning because of the presentation, but the **afternoon would be fine**. Hope to see you then.

M 내일 아파트를 보시겠어요? 내일 아무때나 들어가 볼 수 있는데요.

W 저는 아침에는 발표 때문에 바쁘지만, 오후에는 괜찮아요. 그때 뵙도록 하죠.

해설 아마도 부동산 업체와의 대화인 것 같다. 아파트를 보는 것을 듣고 부동산을 구경하다(view a property)로 바꾸어 표현한 것을 고를 수 있어야겠다.

---

3 여자는 왜 전화를 하는가?

(A) 요금 고지서에 대해서 물어보기 위해

(B) 수리 서비스를 요청하기 위해

M Hello. Tim's Plumbing Services. How may I help you?

W Hi. I'm having a **problem with my water heater**. Could someone come and take a look at it?

M 안녕하세요. 팀네 배관 서비스입니다. 어떻게 도와드릴까요?

W 안녕하세요. 저희 온수기에 문제가 있어요. 누가 와서 한번 봐 주실 수 있을까요?

해설 잘 들리는 water라는 어휘만 듣고 오답을 고르지 않도록 주의하자. 배관공(plumber)에게 전화해서 배관 수리를 부탁하는 내용이다.

---

4 여자에 의하면, 구매자들은 왜 이 차를 좋아할 것인가?

(A) 연비가 좋다.

(B) 외관의 상태가 좋다.

W I think buyers will really like the car because the **exterior has been well maintained**. However, I can see a few holes in the cloth on the front seat. I recommend having that repaired.

M Okay, I'll do it if it can help sell the car.

W 제 생각에는 외관이 잘 관리되어 있어서 구매자들이 그 자동차를 아주 좋아할 것 같아요. 하지만, 앞쪽 좌석의 천에 구멍이 좀 있네요. 그걸 수리하는 것을 권해 드리고 싶어요.

M 알았어요, 그게 자동차 파는 데 도움이 되면 하도록 하죠.

해설 문제를 정확하게 읽고 단서를 찾았다고 해도 어휘력이 부족하면 동의 표현으로 나온 정답을 고르기가 힘들어진다. '외관이 잘 관리되다'가 '외부의 상태가 좋다(The outside is in good condition)'로 바뀐 (B)가 정답이다.

---

1 (B)	**2** (A)	**3** (D)	**4** (D)	**5** (B)	**6** (C)	**7** (C)
8 (C)	**9** (A)	**10** (D)	**11** (B)	**12** (A)		

Questions 1–3 refer to the following conversation.

M Excuse me. **1** I'd like to buy these strawberries. Are they organic?

W Yes, they are. In fact, **2** these ones are particularly special. They're locally grown just outside the city.

M That's great. They look so fresh and delicious. I'll take two baskets, please.

W Certainly. **3** Would you like a recipe to use the strawberries in? We have some free cards which describe a variety of dishes. You can take them from over there if you want.

M 실례합니다. 이 딸기를 사고 싶은데요. 이거 유기농인가요?

W 네, 맞습니다. 실은 이것들은 아주 특별합니다. 도시 바로 근교에 있는 지역에서 재배된 거예요.

M 그거 좋네요. 너무 신선하고 맛있어 보여요. 두 바구니 주세요.

W 물론이죠. 딸기가 들어가는 레시피를 드릴까요? 다양한 요리를 설명하는 무료 카드가 좀 있어요. 원하시면 저쪽에서 가져가세요.

[어휘] market 시장 special 특별한; 특가상품 locally 지역에서 season 계절 currently 현재 available 살 수 있는, 이용할 수 있는 offer 제공하다 business card 명함 coupon 쿠폰 handmade 수제의, 손으로 만든 basket 바구니 recipe 레시피, (음식) 조리 방법 organic 유기농의 in fact 사실은 particularly 특히 grown 기르다, 키우다(grow의 과거분사형) just 바로 outside 외부의, 바깥의 fresh 신선한 delicious 맛있는 free 무료의 explain 설명하다 a variety of 다양한 take 가져가다

1 대화는 어디에서 일어나는 것 같은가?

(A) 식당에서
(B) 과일 시장에서
(C) 꽃가게에서
(D) 호텔에서

[해설] 대화가 일어나고 있는 장소를 물어보는 General Question으로, 본문의 앞쪽에서 힌트를 얻을 수 있다. 첫 문장에서 딸기를 사고 싶다고 했으므로 대화가 일어나는 곳은 과일 시장임을 유추할 수 있다. 식자재를 듣고 무조건 식당을 고르지 않도록 주의하자.

2 여자에 의하면, 이 상품은 무엇이 특별한가?

(A) 그 지역에서 기른 것이다.
(B) 이번 계절에 처음 나온 것이다.
(C) 현재 재고가 없다.
(D) 오늘만 살 수 있다.

[해설] 여자(the woman), special이라는 문제의 Key Word를 기억하고 그 성별에 집중해서 음원을 들어야겠다. 여자가 특별하다고 한 다음에 지역에서 길러진 것이라고 말하는 부분에서 정답을 알 수 있다. 기존에 정답으로 많이 출제된 '재고 없음'을 무조건 고르지 않도록 주의하자.

3 여자는 남자에게 무엇을 제공하는가?

(A) 명함
(B) 할인 쿠폰
(C) 수제 바구니
(D) 무료 레시피

[해설] 여자가 제공하는 것은 여자 목소리로 나올 확률이 높다. 여자의 마지막 문장에서 무료 레시피를 권하는(Would you like ~? ~를 원하세요?) 내용을 듣고 정답을 간파할 수 있어야겠다. 바구니는 여자가 제공한 게 아니라 남자가 달라고 한 것이므로 정답이 아니다.

Questions 4–6 refer to the following conversation.

W Good morning, Mr. Wang. **4** We have a package for you to pick up here at the Palisade Park Post Office. You should have received a missed delivery card when we tried to deliver it a week ago.

M I'm looking through the mail now, and **5** I can't find any notice about a missed delivery. I just got back from vacation.

W Oh, I see. Well, that shouldn't be a problem. Just **6** be sure to bring along some form of photo identification when you come to pick your package up.

W 좋은 아침입니다, 왕 씨. 저희 팰리사이드 파크 우체국에 당신이 찾아 가실 소포가 있는데요. 저희가 1주일 전에 배달을 하려던 때에 "배달 부재 카드"를 받으셨을 텐데요.

M 제가 지금 우편물을 훑어보고 있는데, 배달 부재에 대한 통보는 찾지 못하겠는데요. 제가 좀 전에 휴가를 갔다가 돌아왔거든요.

W 네, 알겠습니다. 그건 문제가 아니에요. 소포를 찾으러 오실 때 사진이 있는 신분증을 꼭 챙겨 오시기 바랍니다.

[어휘] florist 꽃집, 꽃집 주인 travel agent 여행사 직원 postal 우편의, 우체국의 credit card 신용 카드 notice 통지, 통보 itinerary 일정표 revise 변경하다, 개정하다 invoice 송장, 주문내역서 bring 가지고 오다 proof 증명 payment 지불 account 계좌, 계정 identification 신분, 신분증 material 자재, 재료 package 소포 pick up 찾으러 가다 receive 받다 miss 놓치다 delivery 배달 try 시도하다 look through 훑어보다

4 여자는 아마도 누구인가?

(A) 꽃집 주인
(B) 버스 운전사
(C) 여행사 직원
(D) 우체국 직원

[해설] 여자가 누구인지를 물어보는 General Question으로, 주로 지문의 맨 앞에서 힌트를 주는 경우가 많다. 첫 문장의 소포를 찾으러 오라는 내용에서 여자의 직업을 추측할 수 있어야겠다.

5 남자는 무엇을 찾을 수 없다고 말하는가?

(A) 신용 카드
(B) 배달 통보
(C) 여행 일정표
(D) 수정된 송장

해설 남자가 찾지 못하는 것은 남자 목소리로 나올 확률이 높다. 하지만, 첫 번째 문제를 풀자마자 다음 문제로 넘어가는 난이도가 높은 문제에서는 힌트를 정확하게 집어내는 것이 중요하다. 여자가 missed delivery card(부재중이라 배달을 못 받아서 남기는 통보)를 받았냐고 물어보는데, 남자가 그 통보를 찾지 못하겠다는 부분에서 정답을 알 수 있다.

6 여자는 남자에게 무엇을 가지고 오라고 부탁하는가?

(A) 지불 증거
(B) 계좌 번호
(C) 사진이 있는 신분증
(D) 포장재

해설 말하다(say, mention, ask, suggest 등)라는 동사가 포함된 문제는 문제에서 지정한 성별이 정답을 말할 확률이 높으므로 이를 염두에 두고 들을 수 있어야겠다. 여자가 사진이 있는 신분증을 잊지 말고 가지고 오라(be sure to bring~)는 부분에서 정답을 알 수 있다. 내용상 추측해서 영수증 등을 정답으로 고르지 않도록 주의하자.

Questions 7-9 refer to the following conversation.

M **7** I'm trying to find a place to live near the Fenway Park area. I was just looking at the ads on your window about furnished apartments in that area.

W Yes, we have several apartments close to Fenway Park. Are you interested in a one-year contract?

M Actually, **8** I prefer a short-term contract while I get to know the area.

W Hmm. We may have a couple of furnished apartments for short-term contracts. If you could have a seat, **9** I'll check the listings on the computer to see what's available.

M 저는 펜웨이 공원 근처에 살 만한 곳을 찾고 있는데요. 당신네 창문에 가구가 구비된 아파트에 대한 광고를 막 봤어요.

W 네, 저희는 펜웨이 공원 근처에 몇 개의 아파트가 있답니다. 손님은 1년 계약에 관심이 있으신가요?

M 실은, 저는 그 지역을 알아가는 동안 단기 계약을 선호하는데요.

W 흠, 단기 계약이 가능한 가구가 구비된 아파트가 몇 개 있을지도 몰라요. 잠깐 앉아 계시면 제가 임대 가능한 아파트가 있는지 컴퓨터로 목록을 확인해 보도록 하죠.

어휘 furniture 가구 moving 이사 real estate 부동산 employment 고용, 채용 neighborhood 동네, 인근 prefer 선호하다 short-term 단기의 listing 목록 look for 찾다 waive 포기하다, 보류하다 penalty 벌금 ads 광고 (= advertisement) furnish (집기를) 갖추다, 설치하다 area 지역 a couple of 2개의, 몇 개의 check 확인하다

7 이 대화는 아마 어디에서 일어나고 있는가?

(A) 가구점에서
(B) 이삿짐 회사에서
(C) 부동산에서
(D) 고용업체에서

해설 대화의 장소를 물어보는 General Question으로, 본문의 앞쪽에서 힌트를 준다. 첫 문장의 살 장소(place to live)를 구하는 부분에서 부동산임을 추측할 수 있어야겠다.

8 남자는 무엇을 선호한다고 말하는가?

(A) 인근에서의 직업
(B) 주말 약속
(C) 단기 계약
(D) 다른 목록

해설 남자가 선호하는 것(prefer)이라는 Key Word를 기억하고 본문을 들으면 "prefer a short-term contract"에서 단기 계약을 선호한다는 것을 알 수 있다. 성인이 일상적인 사회활동을 하는 내용으로 계약 관계는 빠질 수 없으므로 꼭 기억해야 한다.

9 여자는 다음에 무엇을 하겠다고 말하는가?

(A) 정보를 찾겠다고
(B) 요금을 면제하겠다고
(C) 벌금을 내겠다고
(D) 이메일을 보내겠다고

해설 여자가 대화가 끝나자마자 할 일은 본문의 마지막에서 힌트를 줄 가능성이 높다. 앉아 있으면 뭐가 나와있는지를 알아보겠다(check the listings on the computer to see what's available)를 듣고 정보를 찾다(look for information)로 바꾼 표현을 고를 수 있어야겠다.

Questions 10-12 refer to the following conversation and list.

W Hi. **10** I have a very basic mobile phone that I've had for a few years, and I'd like to get a new one.

M Of course, but first, did you know that you have the option of trading in your old phone and getting a discount when you purchase a new one?

W Really? That's great. How much of a discount? 20 or 30 percent?

M Well, it depends on what model you have. Let me see. **11** Yours is the MT 4000, and according to this list, you're still eligible for a good discount.

W Well, it's not as much as I expected, but I'll take advantage of it.

M Okay. In addition, **12** I can easily transfer all your photos and contact information to your new phone. Now, let's take a look at some new models.

W 안녕하세요. 제가 몇 년 동안 쓴 기본 모델의 휴대전화를 가지고 있는데 새것을 사고 싶어서요.

M 물론이죠, 하지만 먼저, 손님의 오래된 전화기를 주시면 새 상품 구매 시 할인 받는다는 걸 알고 계셨나요?

W 정말요? 그거 좋네요. 할인이 얼마나 되는데요? 20퍼센트 아니면 30퍼센트요?

M 글쎄요, 그건 가지고 계신 기종에 따라 달라요. 어디 보죠. 손님

것은 MT4000인데요, 이 목록을 보면 많은 할인을 받을 수 있습니다.

W 그래요, 생각했던 것만큼은 아니지만, 그 이점을 취할게요.

M 좋습니다. 또한, 제가 손님의 모든 사진이랑 연락처를 손쉽게 새 전화기로 옮겨 드릴 수 있어요. 자, 이제 새로운 모델을 좀 보죠.

보상판매 방침	할인 범위
MT 3000	10% 할인
MT 4000	15% 할인
MT 프리미엄 시리즈	20% 할인
MT VIP 패키지	30% 할인

어휘 inquire 문의하다 repair 수리; 수리하다 provider 제공자, 제공업체 error 실수, 오류 invoice 소장, 주문 내역서 transfer 이동하다, 옮기다 provide 제공하다 manual 매뉴얼, 사용설명서 issue 발급하다 refund 환불 replace 교체하다 part 부품, 부분 basic 기본적인 a few 몇 개의 option 옵션, 선택 purchase 구입하다; 구매 물품 depend on ~에 달려 있다 be eligible for ~할 자격이 있다 expect 기대하다 take advantage of 이용하다 easily 쉽게 contact information 연락처

10 여자는 무엇에 대해서 물어보는가?

(A) 수리 서비스
(B) 인터넷 제공업체
(C) 송장의 오류
(D) 장비 교체

해설 여자가 물어보는 것은 여자 목소리로 언급된다. 첫 문장에서 오래된 전화기를 새것으로 바꾸고 싶다(I'd like to get a new one)라는 부분에서 장비 교체라는 동의 표현을 고를 수 있어야겠다.

11 도표를 보시오. 여자는 할인을 얼마나 받을 것인가?

(A) 10퍼센트
(B) 15퍼센트
(C) 20퍼센트
(D) 30퍼센트

해설 표를 미리 확인한 후 할인율에 대한 기본 정보를 가진 상태에서 본문을 들어야겠다. 남자가 제품이 MT4000이라고 했으므로 표에서 이에 해당하는 할인율은 15퍼센트다.

12 남자는 무엇을 해 주겠다고 제안하는가?

(A) 자료를 옮겨 주겠다고
(B) 사용설명서를 주겠다고
(C) 환불을 해 주겠다고
(D) 부품을 교체해 주겠다고

해설 남자가 offer(제안하다)한다는 문제를 미리 읽어 두고, 본문에서 호의를 베푸는 내용을 찾아야 한다. 사진과 전화번호를 옮겨 줄 수 있다(I can easily transfer all your photos and contact information)라는 부분을 듣고 동의 표현인 자료(data)로 패러프레이징한 (A)를 고를 수 있어야겠다.

SPARTA 📝 **PRACTICE** | p. 94

1 (B) **2** (B) **3** (B) **4** (A)

1 화자들은 아마 어디에 있는가?

(A) 공항에
(B) 호텔에

M Hi. My name is Daniel Hartford. **I checked into the hotel** earlier **today**. Do you have any messages for me? My luggage didn't arrive, so I've been expecting a call from Chicago Airlines.

W I'm sorry, Mr. Hartford. The airline hasn't called yet.

M 안녕하세요. 제 이름은 다니엘 하트포드입니다. 오늘 일찍 호텔에 체크인했는데요. 저에게 온 메시지가 있나요? 제 짐이 도착하지 않아서 시카고 항공사에서 올 전화를 기다리고 있어요.

W 죄송합니다, 하트포드 씨. 항공사는 아직 전화하지 않았어요.

해설 항공사의 연락을 기다리고 있지만, 하트포드 씨가 있는 장소는 공항이 아닌 호텔이라는 것을 앞쪽 문장을 듣고 선택할 수 있어야겠다.

2 여자는 미술관에서 무엇을 하고 싶어 하는가?

(A) 그림을 본다
(B) 수업을 등록한다

W Excuse me. I saw the flyer posted on the window of your gallery advertising art classes. I wonder **if I can sign up** for the water color painting class on Tuesday morning.

M Sorry, but that class is already full. Would you be interested in taking the same class on Wednesday?

W 실례합니다, 미술 수업을 광고하는 전단지를 미술관 창문에서 봤는데요. 화요일 아침에 있는 수채화 수업에 등록할 수 있는지 궁금해서요.

M 죄송합니다만 그 수업은 이미 꽉 찼어요. 수요일에 있는 같은 수업을 듣는 것은 어떠세요?

해설 가게에서 꼭 물건을 사야 한다거나 미술관에서 꼭 그림을 봐야 하는 것은 아니다. 장소를 알았으면 본문에서 주인공이 말하는 내용을 듣고 Specific Question의 정답을 고르는 훈련을 하자. 미술관에서 수업을 등록하고 싶다(sign up)라는 것의 동의 표현(register)을 골라야 한다.

3 남자는 왜 여자의 제안이 좋다고 말하는가?

(A) 좋은 물건이 있다.
(B) 위치가 편리하다.

W You know that a new theater opened up on Stenson Street. It is **only 15 minutes away**. We should try the place sometime next week.

M Oh, that sounds really good. I can just **walk to the place** from home and not have to worry about parking.

W 스탠슨 가에 새로 연 극장 알죠. 고작 15분 정도 떨어진 곳에 있어요. 다음 주에 한번 가봐야겠어요.

M 아, 정말 좋은 생각이에요. 집에서 그냥 걸어가도 돼서 주차에 대해 걱정할 필요가 없겠어요.

[해설] 거리가 가깝고 걸어갈 수 있다는 표현을 '편리한 위치'로 바꿔 말한 문제이다. 동의 표현을 많이 익혀 두는 것이 난이도 높은 문제를 대비하는 방법 중 하나다.

4 어떤 판촉이 현재 제공되고 있는가?

(A) 할인 가격

(B) 상품권

W Hi. I'm calling to subscribe to *Gardening Today* magazine.

M You're in luck. There's currently a special offer for that magazine. If you pay for a two-year subscription, you'll receive **50% off the original price**.

W 안녕하세요. 저는 <오늘의 정원> 잡지를 구독하려고 전화했는데요.

M 정말 운이 좋으세요. 현재 그 잡지는 특별 할인행사가 있거든요. 2년치 구독료를 내시면, 원래 가격의 50%를 할인 받으실 수 있어요.

[해설] 할인을 표현하는 다양한 어휘로는 "off, mark down, savings" 등이 있다. 문제를 정확하게 파악하고 다양한 어휘를 익혀 정답률을 높이도록 하자.

SPARTA ✔ **ACTUAL TEST** | p. 95

| 1 (B) | 2 (D) | 3 (A) | 4 (A) | 5 (D) | 6 (C) | 7 (B) |
| 8 (D) | 9 (A) | 10 (B) | 11 (D) | 12 (C) | | |

Questions 1–3 refer to the following conversation.

W Excuse me. **1** You work here at the national park, right? This is my first time visiting, and I'd like to learn more about the plants and animals here.

M Well, **2** the best way to learn about the park is by taking a tour. One starts in five minutes. It runs for about an hour. Would you like to sign up for it?

W **3** Thanks, but I won't have time today. I have to catch the bus back into town soon. Are there any other resources available?

M Yes, we have some excellent guidebooks in our gift shop. It's right downstairs.

W 실례합니다. 여기 국립공원에서 일하시죠, 그렇죠? 저는 처음 방문하는데, 여기의 식물과 동물에 대해서 좀 더 알고 싶어서요.

M 음, 공원에 대해서 배우는 가장 좋은 방법은 투어를 하시는 거예요. 5분 있으면 하나 시작하는데요. 약 한 시간 동안 진행됩니다. 지금 등록하시겠어요?

W 고마워요, 하지만 오늘은 시간이 없네요. 곧 시내로 돌아가는 버스를 타야 해요. 그 외에 이용할 수 있는 다른 자료는 없나요?

M 네, 기념품점에 가시면 아주 좋은 안내 책자가 있답니다. 바로 아래 층에 있어요.

[어휘] museum 박물관 press conference 기자회견 on sale 판매 중 gift shop 선물 가게 tour 투어, 견학 limited 제한된, 한정된 cash 현금 national 나라의, 국가의 learn 알다, 배우다 plant 식물; 심다 sign up for 등록하다, 신청하다 resources 자원, 자료 available 이용할 수 있는

1 남자는 아마 어디에서 일하는가?

(A) 박물관에서

(B) 공원에서

(C) 버스 정류장에서

(D) 대학교에서

[해설] 대화가 일어나고 있는 장소를 물어보는 General Question으로, 본문의 앞쪽에서 힌트를 얻을 수 있다. 첫 문장 (You ~ national park)에서 정답이 공원임을 알 수 있다.

2 남자는 5분 후에 무슨 일이 있을 거라고 말하는가?

(A) 기자회견이 시작될 것이다.

(B) 티켓이 판매될 것이다.

(C) 선물 가게가 문을 열 것이다.

(D) 견학이 시작될 것이다.

[해설] 5분 후(in five minutes)라는 Key Word를 기억하고 본문을 듣도록 하자. 투어가 5분 후에 있다(one starts in five minutes)를 듣고 정답을 고를 수 있어야겠다.

3 여자는 어떤 문제를 언급하는가?

(A) 그녀는 시간이 얼마 없다.

(B) 그녀는 현금이 없다.

(C) 그녀는 안내 책자를 잃어버렸다.

(D) 그녀는 버스를 놓쳤다.

[해설] 여자가 말하는(mention) 문제는 여자의 목소리로 단서가 언급된다. 투어를 하라는 제안에, 시간이 없다(I won't have time)를 듣고, 제한된 시간(a limited amount of time)이라는 동의 표현을 정답으로 골라낼 수 있어야겠다.

Questions 4–6 refer to the following conversation.

M Excuse me. **4** I'm staying at room 205. **5** I was wondering if you have any travel brochures for tourists. You know, tours visiting local attractions.

W Oh, yes. Actually, there should be a variety of brochures in your room.

M Really? I didn't see any brochures. Maybe you can help me. I heard there are bus tours of the downtown area. Do you have any information about them?

W Certainly. There's a ticket office for bus tours just down the street from here. **6** I can call to find out the tour schedule if you like.

M 실례합니다, 205호실에 묵고 있는데요. 여행객들을 위한 안내책자가 있나 해서요. 아시죠, 지역 명소를 가는 투어요.

W 아, 네. 실은 손님 방에 다양한 브로슈어가 있을 텐데요.

M 그래요? 저는 어떤 브로슈어도 보지 못했어요. 아마 당신이 도와 줄 수 있을 거예요. 제가 듣기로는 시내의 버스 관광이 있다고 하던 데요. 그것에 대한 정보를 가지고 계신가요?

W 물론이죠, 여기서 조금만 가시면 버스 관광을 위한 매표소가 있어요. 원하시면 제가 전화해서 투어 일정을 알아봐 드릴 수 있어요.

어휘 stay 머무르다; (숙소에) 묵다 brochure 브로슈어, 소책자 tourist 여행객 local 지역의 attraction 관심을 끄는 것; (관광) 명승지 variety 각양각색; 다양성 downtown 시내의, 번화가의

4 여자의 직업은 아마도 무엇인가?

(A) 호텔 직원

(B) 버스 운전사

(C) 식당 매니저

(D) 투어 가이드

해설 여자의 직업을 물어보는 General Question으로, 본문의 앞쪽에서 힌트를 얻을 수 있다. 투어에 대한 내용이 많이 나오긴 하지만, 앞에서 나눈 대화를 통해 장소는 호텔이고 여자의 직업은 호텔 직원임을 알 수 있다.

5 남자는 여자에게 무엇을 해 달라고 부탁하는가?

(A) 큰 방을 지정해 달라고

(B) 회의 주최자에게 메시지를 남겨 달라고

(C) 버스 회사로 가는 길을 알려 달라고

(D) 관광 정보를 제공해 달라고

해설 남자가 여자에게 해 달라고 하는(ask to do ~) 내용은 남자 목소리로 알 수 있다. 남자의 첫 대사에서 4번, 5번에 대한 힌트를 동시에 제공하고 있다. 관광지를 설명하는 안내책자를 달라는 내용을 듣고 정보 제공(provide the information)을 골라낼 수 있어야겠다.

6 여자는 무엇을 해 주겠다고 제안하는가?

(A) 여행사를 방문하겠다고

(B) 길 안내를 적어 주겠다고

(C) 일정에 대해서 물어봐 주겠다고

(D) 택시를 불러 주겠다고

해설 여자가 제안(offer)하는 부분은 여자 목소리로 언급된다. 원하면 일정을 알아봐 줄 수 있다(I can ~ if you like)라는 부분에서 정답을 골라낼 수 있어야겠다. 특히, 많은 정보가 등장하는 본문에서 원하는 것을 정확하게 골라내서 듣는 훈련을 하도록 하자.

Questions 7-9 refer to the following conversation.

M Excuse me. I just bought a ticket for a train to Boston, but **7 my ticket doesn't show the platform number. How will I know where to go?**

W **8 You can just check the platform number on the display monitor,** but it won't be posted until about 15 minutes before the departure time.

M Oh, okay. **9 I guess I still have time to get a cup of coffee** then.

W I think so. Can I have your ticket please just to make sure?

M Sure, here you are.

W **9 Yours is for 11 o'clock. You'll be fine.** Our food court is right across the waiting area, and there is also a display board over there.

M 실례합니다. 보스턴으로 가는 기차표를 방금 샀는데요, 하지만 제 표에는 플랫폼 번호가 없네요. 어디로 가야 하는지 어떻게 알죠?

W 모니터에서 플랫폼 번호를 확인하실 수 있지만 출발 시간 15분 전까지는 뜨지 않을 겁니다.

M 아, 알겠습니다. 그렇다면 커피 한잔 할 시간은 있다는 거군요.

W 그렇겠네요. 확실히 하기 위해 표 좀 볼 수 있을까요?

M 물론이죠. 여기 있습니다.

W 손님 건 11시 열차네요. 괜찮을 겁니다. 푸드코트가 대합실 바로 맞은 편에 있고 위쪽에 전광판도 있어요.

어휘 arrival 도착 boarding 탑승 location 위치 round-trip 왕복의 recommend 추천하다 information line 안내 번호 conductor 기차 차장 receipt 영수증 check 확인하다 display 진열하다, 인솔하다 platform 플랫폼 post 올리다, 게시하다 not ~ until (언제)가 되어야 ~하다 departure 출발 make sure 확실하게 하다 right 바로 across 건너서 waiting area 대기실 board 게시판, 판

7 남자는 무엇을 알고 싶어 하는가?

(A) 도착 시간

(B) 탑승 위치

(C) 유효기간

(D) 왕복 티켓 가격

해설 남자가 알고 싶은 것은 남자 목소리로 알 수 있다. 첫 문장에서 플랫폼 번호가 없는데 어디서 타는지를 알고 싶다(How will I know where to go)는 내용을 듣고 탑승 위치라는 동의 표현을 골라낼 수 있어야겠다.

8 여자는 남자에게 무엇을 하라고 제안하는가?

(A) 안내 전화에 전화하라

(B) 차장에게 말하라

(C) 티켓 영수증을 보관하라

(D) 모니터를 확인하라

해설 여자가 추천하는 것(recommend)은 여자의 목소리를 집중해서 들어야 한다. 여자가 모니터에서 플랫폼 번호를 확인할 수 있다는 부분을 듣고 답을 고르면 된다.

9 여자가 "괜찮을 겁니다"라고 말하는 것은 무슨 의도인가?

(A) 그는 시간이 충분하다.

(B) 그는 커피를 좋아할 것이다.

(C) 그는 기차에서 누군가를 만날 것이다.

(D) 차장이 그를 안내할 것이다.

해설 화자 의도 파악 문제는 따옴표 사이의 표현을 미리 기억해 두고, 본문을 들으면서 문맥상 일맥상통하는 부분을 찾아내야 한다. 기차 타기 전에 커피 마실 시간이 있겠냐는 말에, 시간을 확인한 후 "You'll be fine"이라고 했으므로 시간이 충분하다고 말한 것임을 알 수 있다.

Questions 10-12 refer to the following conversation and price list.

M Hi. **10 I heard that the art museum offers family memberships.** Are there any benefits other than museum access?

W Yes, the museum has members-only events such as lectures and film screenings every month.

M That's good to know. I would like to apply for a family membership for four people, please.

W Do you have children under 12? They are free if you bring them along with you.

M My children are already grown up. **11** So that would be four adults for the membership.

W Yes, **12** please fill out this form for four names to be included in the membership and your contact information.

M Okay, can I borrow your pen, please?

M 안녕하세요, 미술 박물관에서 가족 회원권을 제공한다고 들었어요. 박물관 입장 말고 다른 혜택이 있나요?

W 네, 박물관에서 매달 강연이나 영화 상영 같은 회원 전용 행사를 개최해요.

M 그거 좋네요. 4인 가족 회원권을 신청하고 싶습니다.

W 12살 이하의 어린이가 있나요? 같이 데리고 오시면 무료인데요.

M 우리 애들은 이미 다 컸어요. 그럼, 성인 4명의 회원권이네요.

W 네, 회원권에 포함될 4명의 이름과 당신의 연락처를 넣어 이 양식을 작성해 주세요.

M 알겠습니다, 펜 좀 빌려주시겠어요?

가족 회원권 패키지 (1인당)

노인	40달러
성인	50달러
12살 이상 어린이	30달러
12살 이하 어린이	보호자 동반시 무료

* 회원권은 매년 갱신 가능

어휘 senior citizen 고령자, 노인 adult 성인 chaperone 보호자 renew 갱신하다 yearly 매년 stadium 경기장 identification 신분, 신분증 join 참가하다, 참여하다 complete 작성하다(= fill out) paperwork 서류, 서류 작업 pick up 찾다, 가지러 가다 visitor 방문객 guide 안내책자 membership 회원권 benefit 혜택 access 이용, 접근 screening 상영 apply for 신청하다, 지원하다 contact information 연락처

10 이 대화는 어디에서 일어나고 있는가?

(A) 도서관에서

(B) 미술 박물관에서

(C) 콘서트 홀에서

(D) 스포츠 경기장에서

해설 대화를 나누고 있는 장소를 묻는 General Question인데, 대화에서 art museum 외에는 딱히 장소로 꼽을 수 있을 만한 어휘가 등장하지 않아 쉽게 답을 찾을 수 있다.

11 도표를 보시오. 남자는 오늘 얼마를 내야 하는가?

(A) 30달러

(B) 50달러

(C) 120달러

(D) 200달러

해설 남성이 지불해야 할 금액을 묻고 있다. 자녀가 모두 성인이고(My children are already grown up), 성인 4명의 회원권이라고 말했으므로 (that would be four adults for the membership) 표에서 성인 1인당 요금 50달러에 4명을 곱한 200달러가 된다.

12 여자는 남자에게 무엇을 하라고 부탁하는가?

(A) 사진이 있는 신분증을 제시하라고

(B) 다음 투어에 참가하라고

(C) 서류를 작성하라고

(D) 방문객 안내서를 가져가라고

해설 여성이 남성에게 요구한 구체적인 내용을 묻는 Specific Question으로, 여성이 한 말에 집중하자. 신청 양식에 네 사람의 이름과 남성의 연락처를 쓰라고 하였다. 보기 중에서, fill out this form을 complete some paperwork로 바꾸어 표현한 (C)가 정답이다.

UNIT 11 주제별 공략: 회사 생활

SPARTA PRACTICE | p. 100

1 (B) **2** (A) **3** (B) **4** (B)

1 여자는 무엇에 대해서 물어보는가?

(A) 회의 날짜

(B) 사무실의 위치

W Hello. I have some documents to deliver to Mr. Terry Anderson. **Can you tell me where his office is**?

M It's on the fifth floor. But Mr. Anderson is out of town for an important business meeting.

W 안녕하세요. 테리 앤더슨 씨에게 가져다 드려야 하는 서류가 있는데요. 그 분 사무실이 어디인지 알려 주시겠어요?

M 5층에 있어요. 하지만 앤더슨 씨는 중요한 사업상의 회의로 지금 자리를 비웠어요.

해설 여자가 물어보는 것을 알려면 여자의 목소리에 집중해서 들어야 한다. 첫 문장에서 사무실이 어디 있냐를 듣고 동의 표현인 위치(location)를 고를 수 있어야겠다.

2 여자의 문제는 무엇인가?

(A) 기계가 제대로 작동하지 않는다.

(B) 그녀는 발표에 늦었다.

W Did you contact the Maintenance Department about the photocopier? It keeps jamming, so **I can't copy my presentation materials** for today.

M Well, they said they'll be busy all day today. When is your presentation?

W 당신은 복사기 건으로 시설 관리팀에 연락했나요? 종이가 계속해서 껴서 오늘 있을 발표 자료를 복사할 수 없어요.

M 글쎄요, 그들은 오늘 하루 종일 바쁘다고 하네요. 당신의 발표는 언제인가요?

해설 복사기에 종이가 계속 낀다(it keeps jamming)는 표현을 듣고 (A) 제대로 작동되지 않는다(not working properly)를 고를 수 있어야겠다. 발표(presentation)라는 어휘를 듣고 그 어휘가 들어간 보기를 무조건 고르지 않도록 주의하자.

3 여자는 왜 전화하는가?

(A) 제안을 하기 위해

(B) 도움을 부탁하기 위해

W Hi. I heard you have experience in editing digital photographs. I'm calling **to ask for a favor**. I have pictures that I'd really like to use. **Do you know how to edit** them to fit to our product labels?

M Well, it doesn't sound too difficult. Can you send them to me?

W 안녕하세요. 제가 듣기로는 당신이 디지털 사진을 편집한 경험이 있다고 하던데, 부탁을 드리려고 전화했어요. 제가 사용하고 싶은 사진들이 있는데, 상품 라벨에 넣기 위해서 어떻게 편집을 해야 할지 아세요?

M 네, 그렇게 어렵게 들리지는 않네요. 사진들을 저에게 보내 주시겠어요?

해설 아마도 회사 동료 간의 대화인 것 같다. 무조건 사진만 듣고 사진과 관련된 회사라고 생각해서는 안 된다. 도움을 부탁하다(ask for a favor)를 동의 표현(ask for assistance)으로 바꾼 것이 정답이 되었다.

4 여자는 무엇을 부탁하는가?

(A) 상품 설명

(B) 가격 정보

M I'd like to replace the software package with the one that is a little more expensive but is better suited for my department's needs.

W That shouldn't be a problem. Just give me the **details about the difference in cost**.

M 저는 소프트웨어 패키지를 조금 더 비싼 것으로 바꾸고 싶어요, 그게 저희 부서의 필요에 더 적합한 것 같아요.

W 괜찮을 것 같습니다. 가격 차이에 대한 자세한 정보를 저에게 알려 주세요.

해설 비용의 차이에 대한 세부사항(details about the difference in cost)이라는 다소 난해한 표현이 '가격 정보(pricing information)'라는 단어로 패러프레이징되었다. 특히, information이라는 어휘는 여러 정보를 아우르는 표현으로 정답이 많이 되었다는 것을 기억해 두자.

SPARTA ✓ ACTUAL TEST | p. 101

| **1** (B) | **2** (D) | **3** (A) | **4** (C) | **5** (C) | **6** (D) | **7** (B) |
| **8** (A) | **9** (D) | **10** (A) | **11** (C) | **12** (D) | | |

Questions 1-3 refer to the following conversation.

M Hi, Adel. [1] I'm calling to make sure you saw the e-mail I sent earlier this morning about the quarterly sales report. We need to review the report by the end of the week.

W No, I didn't. [2] I've been having trouble with my computer all morning, and I haven't got any e-mails today.

M Okay. I'm glad I called then. This report is a top priority. So [3] let's meet tomorrow at three o'clock in my office to discuss it. Don't be late.

M 안녕하세요, 아델. 제가 오늘 아침 일찍 보낸 분기별 판매 보고서에 관한 이메일을 당신이 보았는지 확인하려고 전화했어요. 우리는 주말까지 그 보고서를 검토해야 해요.

W 아뇨, 못 봤어요. 저는 아침 내내 컴퓨터로 문제를 겪었고 오늘 아무 이메일도 받지 못했어요.

M 좋아요. 그럼 제가 전화를 잘 했네요. 이 보고서는 최우선 순위예요. 내일 오후 3시에 제 사무실에서 만나서 그것을 논의합시다. 늦지 마세요.

어휘 resolve 해결하다 technical 기술적인 follow up 후속 내용을 확인하다, 끝까지 하다 finalize 결말을 짓다 agenda 일정, 안건 recent 최근의 be unable to ~할 수 없다 locate 찾다, 위치시키다 contact information 연락처 list 목록에 올리다, 목록 incorrectly 부정확하게 not working 작동하지 않는 properly 제대로 quarterly 분기의 review 검토하다 priority 우선 순위

1 남자는 왜 여자에게 전화를 하는가?

(A) 기술적인 문제를 해결하기 위해

(B) 이메일 메시지에 대한 후속 내용을 말하기 위해

(C) 일정을 확정 짓기 위해

(D) 최근 주문에 대해 이야기하기 위해

해설 목적을 물어보는 General Question으로, 본문의 앞쪽에서 힌트를 준다. 첫 문장의 이메일 때문에 연락했다는 부분에서 정답을 알 수 있다.

2 여자는 무슨 문제가 있다고 말하는가?

(A) 그녀는 회의에 참석할 수 없다.

(B) 그녀는 폴더를 찾을 수 없다.

(C) 그녀의 연락처가 잘못 기재되어 있다.

(D) 그녀의 컴퓨터가 제대로 작동하지 않는다.

해설 여자가 말하는 부분에서 정답을 골라야 한다. 컴퓨터에 문제가 있었다(having trouble with my computer)에서 작동이 제대로 안 된다(not working properly)라는 (D)를 고를 수 있어야겠다.

3 남자는 여자에게 무엇을 하라고 제안하는가?

(A) 자신의 사무실로 오라고

(B) 이메일을 보내라고

(C) 고객에게 연락하라고

(D) 기계를 다시 시작하라고

해설 남자가 여자에게 제안(suggest)하는 부분을 기다리면서 문제를 순서대로 푸는 훈련을 하자. 마지막에 남자가 사무실에서 만나자(let's meet ~ in my office)에서 (A)를 고를 수 있어야겠다.

Questions 4-6 refer to the following conversation.

M Hello, Diana. [4] I have called you to help me with the cover of next month's newsletter.

W Well, I'll be glad to help you, but I don't know anything about the newsletter.

M   I'm just trying to put together some photos for the cover, but they don't look so good together.

W   Yes, **⁵ I see the problem. The pictures are too dark**. I don't see the colors well.

M   Is there any way to make them lighter? I don't know how to do that.

W   Leave it to me. **⁶ I have some photo-editing software**. I think I can easily change them.

M   안녕하세요, 다이애나. 다음 달의 사보 표지 때문에 저 좀 도와달라고 연락했어요.

W   음, 기꺼이 도와드리고 싶지만 저는 사보에 대해서 아무것도 모르는데요.

M   전 그냥 표지를 위해서 사진들을 합치고 있는데요, 함께 놓으니 좋아 보이지 않네요.

W   네, 뭐가 문제인지 알겠어요. 사진들이 너무 어두워요. 색깔들이 잘 보이지 않아요.

M   이것들을 좀 더 밝게 보이도록 만들 방법이 있나요? 저는 어떻게 하는지 모르겠어요.

W   제게 맡겨 두세요. 사진 편집 소프트웨어가 있어요. 제가 사진들을 쉽게 바꿀 수 있을 것 같아요.

어휘 book signing 책 사인회 advertisement 광고 package 포장, 포장재 text 글씨, 글 hard 어려운 print 인쇄하다; 인쇄물 spelling 스펠링, 철자 쓰는 것 develop 개발하다 take 가져가다 expert 전문가 edit 편집하다 cover 표지; 덮다 newsletter (회사) 사보 put together 구성하다, 조립하다 look good 좋게 보이다 leave 두다, 놓다 easily 쉽게

4 무엇이 논의되고 있는가?
(A) 책 사인회
(B) 잡지 광고
(C) 사보
(D) 포장 디자인

해설 주제를 물어보는 General Question으로, 본문의 앞쪽에서 주로 큰 힌트를 준다. 첫 문장에 사보 표지를 도와달라는 내용에서 주제가 사보임을 알 수 있다.

5 무엇이 문제인가?
(A) 일부 글자들이 읽기 힘들다.
(B) 페이지 인쇄가 안 된다.
(C) 몇몇 사진들이 너무 어둡다.
(D) 철자 오류가 있다.

해설 여자가 사진이 너무 어두운 것이 문제라고 했으므로 정답은 (C)이다.

6 여자가 "제게 맡겨 두세요"라고 말한 것은 무슨 의미를 함축하고 있는가?
(A) 그녀는 소프트웨어를 개발할 수 있다.
(B) 그녀는 그것들을 전문가에게 가져갈 수 있다.
(C) 그녀는 다음 달에 여기에 없을 것이다.
(D) 그녀는 사진을 편집할 수 있다.

해설 화자 의도 파악 문제에서 따옴표(" ")의 표현을 먼저 읽고 본문 안에서의 문맥을 이해하도록 노력하자. 사진이 어두운 것이 문제로, 여자가 편집 소프트웨어를 가지고 있으므로 "나한테 맡겨라"라는 부분에서 본인이 편집할 수 있다는 것을 추론할 수 있어야겠다.

Questions 7-9   refer to the following conversation with three speakers.

M(A)   Good morning, Maria, and Jason. **⁷ Did you have some time to think about the new applicants for the sales manager position?**

M(B)   Yes, all three candidates seem well qualified, but **⁸ the job requires a lot of international travels**.

W   You're right. I think **⁸ Mr. Kim is the only one who expressed interest in doing that**.

M(A)   But the problem is that he's not available to start until July.

M(B)   Oh, no. We have a big sales meeting in Milan in May.

W   **⁹ It's really important for new sales managers to attend the meeting.**

M(B)   Well, let's check with Mr. Kim and see if he has any flexibility in his schedule.

W   Good idea. Let's not worry until we really have to.

M(A)   좋은 아침이에요, 마리아, 제이슨. 판매 매니저 채용을 위한 새로운 지원자들에 대해서 생각할 시간이 좀 있었어요?

M(B)   네, 3명 모두 충분히 자격이 되지만, 그 자리는 해외 출장이 많이 필요하죠.

W   맞아요. 제 생각에는 김 씨가 거기에 흥미를 나타낸 유일한 지원자인 것 같아요.

M(A)   하지만 문제는 그가 7월이나 되어야 일을 시작할 수가 있다는 거예요.

M(B)   어, 안 돼요. 우리는 5월에 밀라노에서 큰 판매 회의가 있어요.

W   새로운 판매 매니저들은 그 회의에 참석하는 것이 정말 중요해요.

M(B)   글쎄요, 김 씨한테 그의 일정이 변동 가능한지 확인해 봅시다.

W   좋은 생각이에요, 미리 걱정하지 맙시다.

어휘 office space 사무 공간, 사무실 applicant 지원자 client 고객 be willing to ~할 용의가 있다 recently 최근에 headquarters 본사 flexibility 유연성, 변동 가능한 exercise 운동하다; 운동 language 언어 earlier 더 빠른 position 자리, 직책 candidate 후보자 qualified 자격이 되는 require 필요로 하다 travel 여행; 여행하다 express 표현하다 interest 흥미 available 시간이 되는, 준비되는 attend 참석하다 check 확인하다

7 화자들은 주로 무엇을 토론하고 있는가?
(A) 새로운 사무 공간
(B) 구직자
(C) 중요한 고객
(D) 여행 계획

해설 주제를 물어보는 General Question으로, 본문의 앞쪽에서 힌트를 주는 경우가 대부분이다. 첫 문장의 지원자들에 대해 생각해 봤냐는 부분에서 정답을 알 수 있다.

8 여자는 김 씨에 대해서 뭐라고 말하는가?

(A) 그는 출장을 갈 용의가 있다.

(B) 그는 최근에 새로운 일을 시작했다.

(C) 그는 이탈리아어와 영어를 말한다.

(D) 그는 회사 본사 근처에 산다.

해설 Mr. Kim이라는 Key Word를 기억하고 본문을 듣도록 하자. 김 씨가 출장에 관심을 표명했다(expressed interest)는 부분을 듣고 출장을 갈 의향이 있다(willing to travel)라는 동의 표현으로 바꾼 (A)를 골라야 한다. Key Word로 정답이 나올 위치를 잡고 동의 표현으로 정확성을 높이자.

9 남자 중 한 명이 "그가 여유가 있는지"라고 말한 의도는 무엇인가?

(A) Kim 씨는 많은 사람을 안다.

(B) Kim 씨는 운동을 많이 한다.

(C) Kim 씨는 많은 언어를 말할 수 있다.

(D) Kim 씨는 더 일찍 일을 시작할 수 있을지도 모른다.

해설 화자 의도 파악 문제로 "그는 유연하다"라는 문장이 문맥상 무슨 뜻인지 이해할 수 있어야겠다. 그가 유연하다는 것은 몸이 아니라 시간의 유연성으로, 원하면 일찍 일을 시작할 수도 있다는 뜻으로 해석해야겠다.

Questions 10-12 refer to the following conversation and list.

M   Hi, Jennifer. **10** Has your travel itinerary been finalized for the upcoming convention in London?

W   Yes, I just got it. Let me see. I know I have to stop by in Paris for two days **11** before heading up to London for the convention. But, oh, no, I need one more day in Liverpool before coming back to New York. I promised to visit one of the manufacturing facilities there.

M   **12** You should call the travel agent who gave you the itinerary right away. It would be difficult to change the schedule at the last minute because our tickets are reserved through corporate accounts and not eligible for changes on site.

W   Thanks. I'll do that right away. I have too many things to take care of before leaving.

M   안녕하세요, 제니퍼. 다가오는 런던의 컨벤션을 위한 당신 출장 일정이 확정되었나요?

W   네, 조금 전에 받았어요. 어디 봐요. 제가 컨벤션 때문에 런던으로 가기 전에 이틀 동안 파리에 들러야 하는 것은 알고 있어요. 하지만, 어, 안 되는데, 저는 뉴욕으로 돌아오기 전에 리버풀에서 하루가 더 필요해요. 거기에 있는 제조 시설 중에 하나를 방문하겠다고 약속했거든요.

M   당신에게 출장 일정표를 준 여행사 직원에게 당장 전화를 해 보셔야겠어요. 우리 티켓은 기업 계정을 통해서 예약되고 현장에서 변경할 수 없기 때문에 마지막에 일정을 바꾸는 건 어려울 거예요.

W   고마워요, 지금 당장 할게요. 떠나기 전에 처리해야 할 일이 너무 많네요.

제니퍼 앤더슨 씨의 일정
(뉴욕 지사)

목적지	날짜	기간
파리	3월 2일	2일
런던	3월 4일	3일
리버풀	3월 7일	2일
합계		7일

어휘 itinerary 일정 destination 목적(지) business trip 출장 convention 컨벤션, 대회의 airline 항공사 contact 연락하다 travel agency 여행사 finalize 확정하다 upcoming 다가오는 stop by 들르다 head up to ~를 향해 가다 visit 방문하다 manufacturing facility 제조 시설 at the last minute 마지막에 reserve 예약하다 corporate 기업의 be eligible for ~할 자격이 되다 on site 현장의 take care of 처리하다

10 화자들은 무엇에 대해서 이야기하는가?

(A) 출장

(B) 휴가 장소

(C) 참석자 수

(D) 회의 장소

해설 주제를 물어보는 General Question으로, 본문의 앞쪽에서 힌트가 나온다. 첫 문장의 컨벤션 일정이 잡혔냐는 부분에서 여자의 출장이 주제임을 알 수 있다.

11 도표를 보시오. 여자는 컨벤션 장소에 얼마나 머물 것인가?

(A) 1일

(B) 2일

(C) 3일

(D) 7일

해설 남자의 첫 문장에서 "upcoming convention in London"이라는 부분과 그 다음에 "~ before heading up to London for the convention"이라는 부분에서 런던이 컨벤션 장소임을 알 수 있다. 표에서 런던에서 체류 기간은 3일임을 알 수 있다.

12 남자는 여자에게 무엇을 하라고 제안하는가?

(A) 항공사를 바꾸라고

(B) 발표를 준비하라고

(C) 호텔에 당장 전화하라고

(D) 여행사에 연락하라고

해설 남자가 제안하는 것은 남자가 말할 확률이 높다. 남자가 여행사에 연락해야 한다(You should call the travel agent)라는 내용에서 정답을 알 수 있다. 특히, 지시나 제안(suggest, recommend, offer) 등의 부분은 본문의 마지막 부분을 통해 유추할 수 있다는 것을 알아 두자.

SPARTA 📋 PRACTICE | p. 106

1 (A) **2** (B) **3** (A) **4** (B)

1 남자는 어떻게 할인을 받을 수 있는가?

(A) 대량 주문을 해서
(B) 미리 돈을 지불해서

W The shirts are eight dollars each, but if you **order a lot of them**—more than 50—you'll get a fifteen-percent discount off the total price.

M That sounds reasonable. We'd also like to get our company logo printed on the shirts.

W 셔츠는 각각 8달러지만, 50개 이상으로 많이 구매하시면, 전체 가격의 15퍼센트를 할인 받으실 수 있습니다.

M 그 정도면 합리적인 거 같네요. 그리고 저희는 회사 로고를 셔츠에 인쇄하고 싶어요.

해설 기업에서 대량 주문을 할 때 할인이 가능하니 관련 표현을 익혀 두도록 하자. large order는 '대량 주문'으로 해석하면 된다.

2 여자는 아마 누구인가?

(A) 건축업자
(B) 가게 주인

W Mr. Backer, I just stopped by the construction site this morning and there **hasn't been much progress on my store**. What's making you so slow?

M It's because of the weather. But don't worry. Everything will be ready for the store's grand opening in May.

W 배커 씨, 제가 오늘 아침에 공사 현장에 들렀었는데요. 제 가게에 진행사항이 별로 없네요. 무엇 때문에 이렇게 느린 거죠?

M 날씨 때문에 그렇습니다. 하지만 걱정하지 마세요. 5월 매장 오픈 까지 모든 것이 준비될 것입니다.

해설 토익에서 회사는 작은 매장들도 포함하는데, small business owners 는 작은 사업을 운영하는 사람들을 의미한다. 가게를 오픈하기 위해서 공사업체를 고용한 사람과 업체와의 대화다. 다양한 하청업체에 대한 상식도 익혀 두자.

3 여자는 남자에게 어떤 문제를 말하는가?

(A) 물건 재고가 없다.
(B) 고객이 불평했다.

W Mr. Cunningham, I noticed **we're out of** Devil's Candies' hard candies **in the candy aisle**. I looked for more in the storage room, but I couldn't find any.

M They stopped producing those candies and started to make special chocolate.

W 커닝햄 씨, 캔디 칸에 데빌 캔디 사의 사탕이 다 떨어진 것을 발견했 는데요. 제가 창고를 찾아 봤지만 찾을 수가 없네요.

M 그들은 그 캔디 생산을 중단하고 특제 초콜릿을 만들기 시작했어요.

해설 슈퍼마켓에서 매니저와 직원의 대화인 것 같다. 상품 재고가 떨어졌다는 내용으로 정답은 (A)이다. candy만 듣고 고객이 쇼핑하는 것으로 생각하 지 않도록 주의하자.

4 남자에 의하면, 상품은 무엇이 특별한가?

(A) 부수기가 힘들다(견고하다).
(B) 잡기 쉬운 손잡이가 있다.

W Could you tell me a bit more about the product first?

M What makes the toothbrush unique is that it has a handle that's **specially designed** for children. The shape allows them to **hold the brush securely**.

W 먼저, 상품에 대해서 조금 더 말씀해 주시겠어요?

M 이 칫솔의 특별한 점은 아이들을 위해 특별하게 디자인 된 손잡이입 니다. 이 모양이 칫솔을 단단히 잡는 것을 가능하게 해 줍니다.

해설 상품을 팔기 위해서 온 업체와 상점 간의 대화다. 아이들을 위한 손잡이 로, 단단히 잡는 것이 가능하다는 것을 듣고 hold의 동의어 grip을 골라 낼 수 있어야 한다.

SPARTA ✅ ACTUAL TEST | p. 107

1 (D)	**2** (C)	**3** (C)	**4** (C)	**5** (D)	**6** (A)	**7** (C)
8 (B)	**9** (D)	**10** (C)	**11** (C)	**12** (B)		

Questions 1–3 refer to the following conversation.

W Good morning. I am the owner of the local yoga studio, and **¹ I'm interested in hiring your design firm to create a logo for my business.** Here's my business card.

M Thank you, Ms. Yolanda, I'd be happy to help. Why don't you tell me something about your tastes? That way, I'll be able to sketch some logos and send them to you to choose from.

W Well, I've looked at your website and seen some of the work you've done. **² I can tell you that I tend to like less complicated designs.**

M That's good to know. I'll make sure to **³ create some interesting but simple sketches for you.** I'll have them ready for you in a day or two.

W 좋은 아침이에요. 저는 우리 동네 요가 교실 주인인데요, 귀하의 디자인 회사에 저희 로고를 만들어 달라고 하려고요. 여기 제 명함 이 있어요.

M 감사합니다. 요란다 씨. 도와드리게 되어서 기쁩니다. 취향에 대해 서 말씀 좀 해주시겠습니까? 그렇게 하면 제가 몇 개의 로고를 스케 치해서 손님이 고를 수 있도록 보내 드릴 수 있습니다.

W 글쎄요, 그쪽 회사 웹사이트에서 만든 작품 몇 개를 봤는데요. 저는 덜 복잡한 디자인을 선호한다고 말씀 드릴 수 있겠네요.

M 말씀해 주셔서 감사해요. 제가 손님을 위해 확실히 흥미로우면서 도 단순한 스케치를 만들도록 하죠. 하루 이틀 안으로 준비해 드릴 게요.

어휘 museum 박물관 director 관리자, 이사 interior decorator 실내 장식가 sculptor 조각가 prefer 선호하다 natural 자연적인 material 재료, 자료 font 글씨 크기 simple 단순한 bold 대범한, 대담한 a few 몇 개의 exhibit 전시, 전시물 catalog 카탈로그, 안내책자 registration 등록 confirmation 확인 option 옵션, 선택 owner 주인 local 지역의, 동네의 hire 고용하다 firm 회사 create 만들어내다 business card 명함 taste 취향 sketch 밑그림(을 그리다) choose 선택하다 work 작품, 일 tend to ~하는 경향이 있다 less 덜한, 적은 complicated 복잡한 make sure 확실하게 ~ 하다

1 남자는 아마도 누구인가?

(A) 박물관 관장

(B) 실내 장식가

(C) 조각가

(D) 그래픽 디자이너

해설 GQ 문제로, 본문의 앞쪽에서 힌트를 얻어야 한다. 첫 문장에서 요가 교실 주인이 회사 로고를 만들기 위해 디자인 업체를 고용하는 내용이 나온다. 사업을 하기 위해서 거래를 해야 하는 업체들을 이해하자.

2 여자는 본인이 무엇을 선호한다고 말하는가?

(A) 천연 재료

(B) 큰 글씨 크기

(C) 단순한 디자인

(D) 대범한 색깔

해설 여자가 좋아하는 것은 여자가 말하는 부분에서 알 수 있다. 여자가 덜 복잡한(less complicated) 것을 선호한다는 부분을, 단순한(simple) 디자인으로 바꾸어 표현한 (C)가 정답이다.

3 남자는 여자에게 며칠 안에 무엇을 보낼 것인가?

(A) 전시 카탈로그

(B) 등록 확인

(C) 로고 옵션

(D) 직물 샘플

해설 며칠 후(in a few days)라는 Key Word를 기억하고 본문에서 정답을 듣도록 하자. 하루 이틀 안에 (in a day or two)의 동의 표현으로 로고를 며칠 안에 보내주겠다는 내용을 고를 수 있어야겠다.

Questions 4-6 refer to the following conversation.

W Ben, **4 the farm is almost ready to start making this year's fresh apple juice for our customers.** Is everything ready?

M Well, as the demand for our juice has increased a lot recently, we are planning to produce 20% more than last year. I'm not sure if we have enough bottles for our juice.

W I agree. We might not have enough bottles. **5 Could you place an order for more bottles today?**

M **6 I can't take care of it today since I'm making a delivery to the market,** but I'll be sure to do it first thing tomorrow.

W 벤, 농장은 고객들을 위해서 올해의 신선한 사과 주스를 만들 준비가 거의 되었어요. 모든 것이 준비되었나요?

M 글쎄요, 저희 주스의 수요가 최근에 많이 증가해서 우리는 작년보다 20프로를 더 생산할 계획이에요. 주스를 담을 병이 충분한지 확실하지 않네요.

W 저도 동의해요. 병이 충분하지 않을 수도 있어요. 오늘 병을 더 주문해 주시겠어요?

M 오늘은 시장에 배달을 해야 해서 처리할 수 없지만, 내일 아침 제일 먼저 하도록 하죠.

어휘 national park 국립 공원 travel agency 여행사 farm 농장 market 시장 arrange 정리하다 display 진열(품) unload (짐을) 내리다 update 업데이트하다, 새롭게 바꾸다 contact 연락, 접촉 supplies 용품, 물품 complete 완성하다 delivery 배달 additional 추가의 available 준비되어 있는

4 화자들은 어디에서 일하는가?

(A) 국립 공원에서

(B) 여행사에서

(C) 농장에서

(D) 시장에서

해설 대화의 장소를 물어보는 GQ로, 첫 문장의 손님들을 위해서 농장에서 주스를 생산한다는 부분에서 장소를 추측할 수 있어야겠다. 익숙하지 않은 업체도 정답으로 고를 수 있도록 문제를 많이 접해 보자.

5 여자는 남자에게 무엇을 해 달라고 부탁하는가?

(A) 진열품을 정리하라고

(B) 박스를 내리라고

(C) 연락처 목록을 업데이트하라고

(D) 물품을 주문하라고

해설 여자가 부탁하는 내용은 명령문이나 권유/청유형의 형태로 등장한다. "Could you ~?"라는 부분에서 주스를 담을 병을 주문하라고 했으므로 bottles를 supplies로 바꾸어 표현한 (D)를 고를 수 있어야겠다.

6 남자는 왜 오늘 작업을 끝낼 수 없다고 하는가?

(A) 그는 배달을 해야 한다.

(B) 그는 추가 정보가 필요하다.

(C) 도와줄 사람이 아무도 없다.

(D) 날씨가 나쁘다.

해설 남자가 주어진 일(task)을 오늘 못하는 이유로 시장에 배달을 가야 한다고 했으므로 (A)가 정답이다. Part 3의 3개의 문제 세트 중에서 주로 3번째가 난이도가 가장 쉬운 경우가 많다. 속도를 맞추지 못해 쉬운 문제를 놓치지 않도록 문제 푸는 속도를 훈련하자.

Questions 7-9 refer to the following conversation.

W Isn't this wonderful? I don't think I've ever seen the restaurant so busy before.

M Yes, it's too bad **7 we don't have enough space for our customers who are waiting to dine here.**

W **We should add a patio on the outside,** and then we could set more tables and chairs there.

M That's a good idea. But I don't think we can afford the construction cost. It could cost a fortune.

W Don't worry! **8**Increased business might be worth it. We should really try to expand our seating space.

M Okay, **9**tomorrow morning, we should call some banks and ask if we could get a small business loan for the expansion.

W 정말 놀랍지 않아요? 전 식당이 이렇게 바쁜 것을 본 적이 없었던 것 같아요.

M 네, 여기서 식사하려고 기다리는 손님들이 앉을 자리가 모자라는 것이 정말 아쉽네요.

W 바깥에 야외 테라스를 증축해야 해요. 그럼 거기에 식탁이랑 의자를 놓을 수 있어요.

M 좋은 생각이에요. 하지만 공사 비용을 댈 돈이 없을 거 같아요. 정말 비쌀 텐데요.

W 걱정 마요! 사세가 확장되면 그럴 가치가 있을 거예요. 저희는 정말 앉을 자리를 넓혀야 해요.

M 알았어요, 내일 아침에 은행에 전화해서 확장을 위한 중소기업 대출을 받을 수 있는지 알아볼게요.

어휘 **wonderful** 훌륭한, 놀라운 **dine** 식사하다 **patio** 파티오, 테라스 **afford** (시간·금전적) 형편이 되다, 여유가 되다 **construction cost** 공사 비용 **cost a fortune** 비싸다, 비용이 많이 들다 **worth** 가치가 있는

7 화자들은 무엇을 토론하고 있는가?

(A) 새로운 가게를 여는 것
(B) 야외 행사를 개최하는 것
(C) 식사 공간을 확장하는 것
(D) 새로운 장비를 구매하는 것

해설 식당의 주인과 동업자 또는 종업원과의 대화이다. 사람이 많은데 앉을 자리가 없으니 식당 공간을 넓히자는 다소 어려운 내용이다. 알아들은 내용을 가지고 최선을 다해 정답을 고르도록 하자.

8 여자는 어떤 의미로 "걱정 마요"라고 말하는가?

(A) 그녀는 구매물에 대해 지불할 의향이 있다.
(B) 그녀는 그들이 돈을 더 벌 거라고 생각한다.
(C) 그녀는 남자를 만나서 매우 기쁘다
(D) 그녀는 공사 마감일을 맞출 수 있을 거라고 생각한다.

해설 여자의 "걱정하지 마요"라는 표현은 남자가 공사 대금이 비쌀 거라는 문장 다음에 나오고, 그후에 가게를 확장하면 손님들이 더 올 거라는 부분에서, 돈을 더 벌 테니 걱정하지 말라는 의미임을 알 수 있다. 화자 의도는 문맥상 의미를 파악하는 것이 중요하다.

9 남자는 내일 아침에 무엇을 할 것인가?

(A) 더 많은 식탁과 의자를 구매한다
(B) 고객들에게 전화한다
(C) 새로운 집을 짓는다
(D) 금융업체에 연락한다

해설 내일 오전(tomorrow morning)이라는 Key Word를 기억하고 본문에서 정답을 찾아 듣는 훈련을 하도록 하자. 정답은 은행에 전화하다(call the bank)를 금융기관에 연락하다라는 표현으로 패러프레이징한 (D)이다.

Questions 10–12 refer to the following conversation and list.

M What did you think of the advertising agency's presentation this morning?

W I thought **10** they had some really good ideas for advertising our new line of summer clothing.

M Well, it was a very smooth presentation, but I'm not convinced they fully understand our market.

W Why would you say that?

M **11** Their projections for 2019/2020 were too pessimistic. As you can see on the chart, the age segment with the lowest projection could grow as much as the others.

W Hmm. That's understandable.

M We should contact the agency and tell them their target should be broader and include customers in their 40s and even 50s.

W **12** I'll get in touch with the account manager and express our concerns.

M 오늘 아침에 광고 대행업체의 발표에 대해 어떻게 생각했어요?

W 전 그들이 우리의 새로운 여름 의류를 광고하는 데 있어서 좋은 아이디어가 있었다고 생각했어요.

M 글쎄요, 발표는 상당히 매끄러웠는데, 저는 그들이 우리 시장을 완전히 이해한다고 확신하지 못하겠어요.

W 왜 그렇게 생각하죠?

M 그들의 2019/2020 예측은 너무 부정적이었어요. 차트에서 보다시피, 가장 낮은 예측의 연령대도 다른 연령대처럼 많이 증가할 수 있어요.

W 흠, 그건 그럴 만하네요.

M 우리는 업체에 연락을 해서 타겟층을 넓게 잡아서 40대는 물론 50대까지 포함하라고 말을 해야겠어요.

W 제가 그쪽 고객 매니저에게 연락해서 저희가 우려하는 바를 얘기할게요.

예상 구매력

나이	2019	2020
20대	10%	14%
30대	10%	10%
40대	7%	8%
50대	9%	9%

(증가율)

어휘 **project** 예측하다, 예견하다 **power** 힘, 능력 **rate** 비율 **manufacturer** 제조업체 **segment** 부분, 부위 **undervalue** 저평가하다 **create** 만들다, 창작하다 **contact** 연락하다 **agency** 대행업체, 회사 **distribute** 배포하다, 나누어주다 **survey** 설문조사 **presentation** 발표 **line** 상품 라인 **smooth** 매끄러운, 부드러운 **convince** 설득하다 **understand** 이해하다 **market** 시장 **pessimistic** 비관적인 **grow** 자라다 **understandable** 이해할 만한, 그럴듯한 **target** 목표, 타겟 **include** 포함하다 **get in touch with** 연락하다 **express** 표현하다, 표시하다 **concern** 걱정

10 화자들은 어떤 종류의 회사에서 일하고 있는 것 같은가?

(A) 광고 기획사

(B) 그래픽 디자인 회사

(C) 의류 제조업체

(D) 텔레비전 방송국

해설 회사 업무와 관련된 대화에서는 업체와 인력이 고용되는 내용이 많이 등장한다는 것을 기억해 두자. 옷에 대한 발표를 평가하는 내용에서 화자들이 의류업체에서 일하는 것을 추측할 수 있어야겠다.

11 도표를 보시오. 남자는 어떤 종류의 고객들이 저평가되었다고 생각하는가?

(A) 20대

(B) 30대

(C) 40대

(D) 50대

해설 남자가 한 말 중, 표에서 가장 낮은 예측을 가진 연령대도 다른 연령대만큼 성장할 것이라는 부분을 듣고, 표에서 가장 낮은 수치를 보인 (C) 40대를 고를 수 있어야겠다.

12 여자는 아마 다음에 무엇을 할 것인가?

(A) 새로운 광고 캠페인을 만든다

(B) 대행업체의 관리자에게 연락한다

(C) 고객들에게 설문지를 돌린다

(D) 상품의 가격을 변경한다

해설 여자가 다음에 할 일을 예측하는 내용으로, 고객관리 매니저한테 연락한다는 말을 듣고 광고 대행사에 연락한다는 (B)를 고를 수 있어야겠다. (A)는 함정인데, 화자들은 광고사의 고객이지 직접 광고를 만들 일은 없다.

SPARTA ☀ REVIEW TEST | p. 108

1 (B)	**2** (A)	**3** (D)	**4** (C)	**5** (A)	**6** (D)	**7** (A)
8 (D)	**9** (C)	**10** (D)	**11** (D)	**12** (B)	**13** (C)	**14** (B)
15 (B)	**16** (A)	**17** (C)	**18** (D)			

Questions 1–3 refer to the following conversation.

M ¹ I hope you enjoyed your meal. Would you like to see our dessert menu now?

W Yes, everything was great. I'd love to eat the tiramisu cake here at this restaurant. It's too bad you're so far away from our office. ² Do you have any plans to open a second location downtown?

M We don't have any plans to open a restaurant there. But the chef recently published a new cookbook, and you can get the recipes of some of our popular dishes.

W Good to know. I'm going to buy one.

M They're up by the cash register. ³ I can bring you one for you to look at.

M 식사를 잘 하셨기를 바랍니다. 이제 저희 디저트 메뉴를 보시겠어요?

W 네, 모든 것이 좋았어요. 이 식당의 티라미수 케이크를 정말 먹고 싶은데요. 저희 사무실에서 너무 멀어서 아쉬워요. 시내에 두 번째 식당을 열 계획은 없으신가요?

M 저희는 그쪽에 식당을 열 계획은 없어요. 하지만, 주방장이 최근에 새로운 요리책을 출판해서 저희의 인기 있는 요리 조리법을 얻으실 수 있습니다.

W 잘됐네요. 하나 살게요.

M 그것들은 계산대 옆에 진열되어 있어요. 손님이 보실 수 있도록 한 권 가지고 오겠습니다.

어휘 librarian 사서 expansion 확장 recipe 조리법 business hours 영업 시간 admission 입장 fee 요금 discount 할인 contact 연락하다 bring 가져오다 item 물건 dessert 디저트 tiramisu 티라미수 location 위치, 장소 downtown 시내 chef 주방장, 요리사 publish 출판하다 popular 인기 있는 dish 요리 cash register 계산대

1 남자는 아마도 누구인가?

(A) 예술가

(B) 웨이터

(C) 도서관 사서

(D) 택시 운전사

해설 남자의 직업이 무엇인지를 물어보는 General Question으로, 주로 본문 앞쪽에서 힌트를 주는 것이 일반적이다. 첫 문장 "I hope you enjoyed your meal. Would you like to see our dessert menu now?"에서 음식을 잘 먹었는지를 물어보고 디저트 메뉴를 보겠냐는 내용으로 보아, 장소가 식당이고 남자가 웨이터라는 것을 추측할 수 있다.

2 여자는 무엇에 대해서 물어보는가?

(A) 확장 계획

(B) 레시피 변경

(C) 영업 시간

(D) 입장료

해설 여자가 물어보는 내용은 여자의 목소리를 집중해서 들어야 한다. 여자가 시내에 두 번째 식당을 열 계획이 있는지 "Do you have any plans to open a second location in downtown?" 물어보는 내용을 듣고, (A)가 답임을 알 수 있다.

3 남자는 무엇을 하겠다고 말하는가?

(A) 할인을 제공한다

(B) 다른 가게에 연락한다

(C) 주문을 취소한다

(D) 물건을 가지고 온다

해설 남자가 하겠다고 말하는 것은 남자의 목소리를 집중해서 들어야 한다. 남자의 마지막 문장에서 "I can bring you one for you to look at" 손님이 보실 수 있도록 책을 가지고 올 수 있다는 부분을 듣고 (D)가 답임을 알 수 있다.

Questions 4–6 refer to the following conversation with three speakers.

M Ms. Chung. Ms. Patterson. ⁴ ⁵ I'm afraid the gallery hasn't been looking very tidy these days. You know I've been so caught up with the new exhibitions that I haven't had the time to focus on cleaning.

W(A) Yes, I know. All of the staff members at the gallery were so busy receiving the artwork necessary for the exhibitions that it has been hard to keep up with sweeping and dusting the main display area.

M We should think about hiring a cleaning service. ⁶ I can call a few local cleaning services to get some prices for the job.

W(B) That's a good idea. Thanks for bringing this up.

M 정 씨, 패터슨 씨. 요즘 미술관이 별로 깨끗해 보이지 않는 것 같아요. 아시다시피 새로운 전시 때문에 제가 정신이 없어서 청소에 집중할 시간이 없었네요.

W(A) 네, 알아요. 미술관의 모든 직원들이 새로운 전시를 위한 예술작품을 받느라 바빠서 메인 전시 구역을 쓸고 닦기가 힘들었어요.

M 우리는 청소 서비스업체를 고용하는 것을 생각해 봐야 할 것 같아요. 제가 몇몇 지역 청소 업체에게 전화해서 작업 비용을 알아볼 수 있어요.

W(B) 좋은 생각이에요. 알려주셔서 고마워요.

어휘 art gallery 미술관 display 전시(물) deposit 입금하다 supplies 용품 out of stock 재고가 없는 broken 고장난 ask for 요청하다 branch 지점 call for 요청하다 emergency 긴급, 비상 tidy 깨끗한 caught up in ~에 휩쓸린 exhibition 전시(회) focus on ~에 집중하다 staff 직원들 artwork 예술작품 keep up with 계속해서 ~하다, 뒤처지지 않다 sweep (빗자루로) 쓸다 dust (먼지를) 털다 hire 고용하다

4 화자들은 아마도 어디에서 일하는가?

(A) 공원에서

(B) 극장에서

(C) 미술관에서

(D) 서점에서

해설 대화가 일어나는 장소를 물어보는 General Question으로, 주로 본문 앞쪽에서 힌트를 준다. 본문 앞쪽의 "I'm afraid the gallery hasn't been looking very tidy these days"라는 부분에서 대화의 장소가 미술관임을 알 수 있다.

5 화자들은 어떤 문제점을 이야기하고 있는가?

(A) 진열 공간이 깨끗하지 않다.

(B) 돈이 입금되지 않았다.

(C) 일부 품목의 재고가 떨어졌다.

(D) 일부 가구가 부서졌다.

해설 대화에서 논의되는 문제점을 물어보는 문제는 General Question으로, 앞쪽에서 주로 힌트를 준다. 첫 부분에서 미술관이 깨끗하지 않다는 것을 알 수 있고, 다음 문장에서 청소를 하지 못했다고 했으므로 답은 (A)이다.

6 남자는 아마도 다음에 무엇을 할 것인가?

(A) 추천을 요청한다

(B) 다른 지사 사무실을 방문한다

(C) 긴급 회의를 소집한다

(D) 몇몇 회사들에 연락한다

해설 대화가 끝난 다음에 남자가 할 일을 예측하는 내용으로, 주로 본문 뒤쪽에서 힌트를 준다. 남자가 "I can call a few local cleaning services to get some prices for the job"이라고 하는 부분에서 지역 청소 업체에게 전화하겠다는 내용을 바꾸어 쓴 (D)가 답임을 알 수 있다.

Questions 7–9 refer to the following conversation.

W Excuse me. ⁷ I'm visiting this city for a conference. Can you tell me which bus goes to the conference center at 52nd and Main Street?

M It's very close to here. The number 22 bus will take you to the conference center. It's just two stops down.

W Thanks. ⁸ I am a little worried about arriving late for the opening speech. Today is the first day.

M Oh, it shouldn't take that long to get there. And if you're going to be here for a few days, ⁹ I suggest buying a bus pass. It's much cheaper than buying a ticket every time.

W 실례합니다. 저는 컨퍼런스 때문에 이곳을 방문했는데요. 어떤 버스가 52번가와 중심가에 있는 컨퍼런스 센터로 가는지 알려주시겠어요?

M 여기서 무척 가까워요. 22번 버스가 컨퍼런스 센터까지 데려다 줄 거예요. 아래쪽으로 두 정거장만 가시면 돼요.

W 고마워요. 개회사에 늦게 도착할까 봐 걱정되네요. 오늘이 첫날이거든요.

M 아, 거기 도착하는 데 그렇게 오래 걸리지는 않을 거예요. 그리고 여기 며칠 계실 거면 버스 정기 승차권을 사시는 게 좋아요. 매번 티켓을 사는 것보다 훨씬 싸거든요.

어휘 attend 참석하다 sign 서명하다 contract 계약서 award 상 real estate 부동산 be concerned about 걱정하다 reserve 예약하다 recommend 추천하다 purchase 구매하다 pass 통행권 stop 정류장 opening 개막 take (시간이) 걸리다

7 여자는 왜 도시를 방문하는가?

(A) 컨퍼런스에 참석하기 위해

(B) 계약서에 서명하기 위해

(C) 상을 받기 위해

(D) 부동산을 구매하기 위해

해설 여자가 방문하는 이유는 여자가 말할 확률이 높다. 여자의 첫 문장인 "I'm visiting this city for a conference"에서 여자가 컨퍼런스에 참석하기 위해서 왔다는 것을 알 수 있다. 따라서 답은 (A).

8 여자는 무엇이 걱정된다고 말하는가?

(A) 호텔 방을 예약하는 것

(B) 티켓을 사는 것

(C) 맞는 파트너를 구하는 것

(D) 행사에 제시간에 도착하는 것

해설 여자가 걱정된다고 말하는 것은 여자의 목소리를 집중해서 들어야 한다. 여자가 "I am a little worried about arriving late for the opening speech"라고 말하는 부분을 듣고 (D)를 고를 수 있어야 한다.

9 남자는 무엇을 하라고 추천하는가?

(A) 도시 지도를 사라고

(B) 센터까지 가는 택시를 잡으라고

(C) 버스 정기 승차권을 구매하라고

(D) 친구에게 도와달라고 전화하라고

해설 남자가 추천하는 내용은 남자가 말할 확률이 크다. 남자가 오래 있을 거면 버스 정기 승차권을 사라고 하는 부분 "I suggest buying a bus pass."를 듣고 (C)가 답임을 알 수 있다.

Questions 10-12 refer to the following conversation.

W Hello, Darnell. It's Yuriko calling. I'm sorry, but I'm still on my way to the office. So, I'm afraid I won't be able to go over our presentation materials with you.

M Oh, **11** the meeting starts soon.

W Well, there has been an accident, and I'm stuck on the highway. **10** I'm sure you could lead the presentation without me.

M Hmm, **12** I think I can manage that if I have the handouts. Where can I find them?

W They're already printed out, and I put them in a red folder on my desk.

M Great. I'll get them and get ready for it.

W 여보세요, 다넬. 저 유리코예요. 미안하지만 전 아직도 사무실로 가는 중이에요. 그래서 당신과 같이 발표 자료를 검토할 수 없을 것 같아요.

M 어, 미팅이 곧 시작하는데요.

W 그게 사고가 나서 고속도로에 막혔어요. 저 없이도 당신이 발표를 잘 이끌어 나갈 거라고 확신해요.

M 음, 인쇄물이 있으면 제가 할 수 있을 것 같은데요. 어디서 찾을 수 있나요?

W 이미 출력해서 제 책상 위에 빨간 폴더 안에 넣어 두었어요.

M 알았어요. 내가 가져다가 준비할게요.

어휘 transportation 교통편 material 자료, 재료 set up 설립하다, 계획하다 take over 떠맡다 refuse 거절하다 offer 제안 announce 발표하다 change 변경 express 나타내다 document 서류 install 설치하다 on one's way to ~로 가는 중 go over 검토하다 be stuck 꼼짝 못하다 lead 이끌다 manage 해내다, 관리하다 handout 인쇄물

10 여자는 남자에게 무엇을 하라고 제안하는가?

(A) 교통편을 예약하라고

(B) 추가 물품을 구매하라고

(C) 화상 통화를 잡으라고

(D) 발표를 대신 하라고

해설 여자가 제안하는 것은 여자가 말할 확률이 크다. 여자가 길이 막히니 "I'm sure you could lead the presentation without me"라면서 남자가 본인 없이 발표를 이끌어 줄 것을 제안하고 있다. 따라서 정답은 (D)이다. 교통에 문제가 있으나 제안한 것은 발표를 리드하는 것이다.

11 남자는 왜 "미팅이 곧 시작하는데요"라고 말하는가?

(A) 질문하기 위해

(B) 제안을 거절하기 위해

(C) 일정 변경을 발표하기 위해

(D) 걱정을 표명하기 위해

해설 화자 의도 문제는 따옴표 안의 문장의 문맥상 의미를 찾아야 하는 유형이다. 동료로 보이는 여자가 늦는다는 말에 대한 응답으로 "회의가 곧 시작한다"라고 말하는 것은 걱정을 나타내는 표현으로 보는 것이 자연스러우므로 답은 (D)이다.

12 남자는 무엇에 대해서 물어보는가?

(A) 몇 명을 초대해야 하는지

(B) 어디서 서류를 찾을 수 있는지

(C) 소프트웨어를 어떻게 설치하는지

(D) 언제 함께 점심을 먹을지

해설 남자가 인쇄물을 찾으면 할 수 있다고 "I think I can manage that if I have the handouts. Where can I find them?" 말하는 부분에서 (B)가 정답임을 알 수 있다.

Questions 13-15 refer to the following conversation.

W Hello. **13 14** I'm interested in buying some software that can improve the quality of the photographs I've uploaded to my computer, but my budget is pretty tight. I can only spend about 20 euros.

M Okay, we have several photo-enhancing programs you might like. What exactly do you want to do with your photos?

W Well, most of the pictures I've taken aren't very clear. I want some software that can sharpen the images so that they're easier to see.

M Now, let's take a look at these. All these products will help you get the job done. I'm sorry, but **15** you'll probably have to spend more than 20 euros.

W 안녕하세요. 저는 컴퓨터에 업로드한 사진의 화질을 향상시킬 수 있는 소프트웨어를 사려고 하는데요. 그런데 예산이 상당히 빡빡해서 약 20유로 정도밖에 쓸 수 없어요.

M 네, 저희는 손님 마음에 들 만한 몇 개의 사진 개선 프로그램이 있는데요. 사진들을 정확히 어떻게 하려고 하시나요?

W 글쎄요. 제가 찍은 대부분의 사진들이 선명하지 않아요. 저는 더 쉽게 알아 볼 수 있도록 이미지를 선명하게 할 소프트웨어를 원해요.

M 이제, 이것들을 보시죠. 이 모든 상품들이 그 작업을 할 수 있게 도와줄 것입니다. 하지만 죄송하게도, 20유로 이상은 쓰셔야 할 거예요.

어휘 appliance 전자제품 improve 향상시키다 connection 연결 quality 품질 delivery 배달 come back 돌아오다 technician 기술자 keep 보관하다 receipt 영수증 exchange 교환 upload 올리다 budget 예산 tight 빡빡한 euro 유로화(화폐 단위) several 몇 개의 enhance 향상시키다 clear 확실한, 선명한 sharpen 날카롭게 하다, 선명하게 하다 image 이미지, 영상 take a look 보다

13 여자는 무엇을 사고 싶어하는가?

(A) 카메라

(B) 프린터

(C) 소프트웨어

(D) 사무용 기기

해설 대화의 앞쪽을 듣고 장소가 가게이며 여자가 손님이라는 것을 추측할 수 있다. 여자의 첫 문장 "I'm interested in buying some software that can improve the quality of the photographs"에서 소프트웨어를 사고 싶어 하는 것을 알 수 있다. 따라서 답은 (C).

14 여자는 무엇을 향상시키고 싶어 하는가?

(A) 인터넷 연결 속도

(B) 사진의 화질

(C) 배달 서비스의 가격

(D) 상품의 디자인

해설 난이도가 높은 문제들의 경우 한 문장 안에서 2문제의 힌트를 제공하기도 한다. 첫 문장의 본인이 업로드한 사진의 화질을 향상시키고 싶다는 내용에서 14번의 힌트도 한꺼번에 제공하고 있다. 물론 그 이후에도 힌트는 등장하지만 가능하면 첫 번째 힌트에서 정답을 맞출 수 있도록 훈련하자. 정답은 (B).

15 남자에 의하면, 여자는 무엇을 해야 하는가?

(A) 나중에 다시 온다

(B) 예상보다 돈을 더 쓴다

(C) 기술자와 이야기한다

(D) 교환을 위해 영수증을 보관한다

해설 남자가 정답의 힌트를 말할 확률이 높다. 남자의 마지막 문장에서 "you'll probably have to spend more than 20 euros."라는 부분에서 여자의 예산인 20유로보다 가격이 비싸서 돈을 더 써야 할 것이라고 말하고 있으므로 정답은 (B)이다.

Questions 16-18 refer to the following conversation and price list.

W ¹⁶ Have you seen the logo Mr. Adams created? I think it's perfect for our café.

M ¹⁶ Yes, he sent me a picture of it last night. I think it'll look great on our employee T-shirts.

W Have we decided where to have them printed?

M I've already contacted a number of companies in the area. ¹⁷ You know, most won't print fewer than 50 shirts. But luckily, I found one place that doesn't require a minimum order.

W Great. Let's go with that one. We only need 25 for now.

M Okay. I'll order them right away. That way, ¹⁸ we'll get them ready for our café's grand opening on July 5th.

W Adams 씨가 만든 로고 보셨나요? 우리 카페에 완벽하게 맞는 것 같아요.

M 봤어요. 어젯밤에 그가 사진을 보내줬어요. 우리 직원용 티셔츠에도 잘 어울릴 것 같아요.

W 어디에서 인쇄할 건지 결정했나요?

M 제가 이 지역의 몇몇 회사에 연락을 했어요. 아시다시피, 대다수의 회사들이 50장 이하는 인쇄를 하지 않더라고요. 하지만, 다행히도 최소 주문 수량을 많이 요구하지 않는 곳을 하나 찾았어요.

W 잘됐네요. 그곳으로 정합시다. 지금으로서는 25장만 필요해요.

M 알았어요. 제가 지금 당장 주문할게요. 그렇게 하면, 카페의 개업일인 7월 5일까지 준비할 수 있을 거예요.

회사	셔츠당 가격	최소 주문량
찰스 사	6.10달러	55
베이직 텍	5.90달러	100
풀 컬러 디자인	6.50달러	25
스파이더 프린트	6.25달러	70

어휘 chart 차트 invoice 송장 project 프로젝트, 작업 take place 일어나다 business 사업(체) create 만들어내다 perfect 완벽한 a number of 많은 most 대부분 fewer 더 적은 luckily 운 좋게 require 필요로 하다 right away 지금 당장 grand opening 개업식

16 Adams 씨는 남자에게 무엇을 보냈나?

(A) 로고

(B) 차트

(C) 샘플 메뉴

(D) 송장

해설 Adams 씨가 보낸 것이라는 문제의 Key Word를 기억하고 본문에서 단서를 들을 수 있도록 훈련하자. 여자의 첫 문장에서 "Have you seen the logo Mr. Adams created"라는 부분에서 Adams 씨가 로고를 만들었고 그 다음에 남자가 그것을 받았다는 부분에서 로고의 사진을 보냈다는 것을 알 수 있다. 따라서 정답은 (A)이다.

17 도표를 보시오. 화자들은 어떤 회사를 고를 것 같은가?

(A) 찰스 사

(B) 베이직 텍

(C) 풀 컬러 디자인

(D) 스파이더 프린트

해설 시각 자료 관련 문제는 미리 문제와 표를 읽어 둔 후, 들은 정보에 근거해서 표에서 답을 골라야 한다. 남자가 보통은 50장 이하의 주문을 받지 않는데 운 좋게 한 군데를 찾았다고 "You know, most won't print fewer than 50 shirts. But luckily, I found one place that doesn't require a minimum order." 말하는 부분에서 50개 이하의 주문을 받는 업체가 정답임을 유추할 수 있다. 정답은 25장부터 주문이 가능한 (C)이다.

18 남자에 의하면, 7월 5일에는 어떤 일이 일어나는가?

(A) 회사가 더 많은 직원을 고용할 것이다.

(B) 프로젝트가 시작할 것이다.

(C) 세일이 있을 것이다.

(D) 새로운 사업체가 문을 열 것이다.

해설 7월 5일이라는 문제의 Key Word를 정확하게 기억하고 본문에서 그와 관련된 내용을 듣도록 하자. 남자의 마지막 문장에서 7월 5일이 개업식이라는 부분을 듣고 (D)가 답임을 알 수 있다.

PART 4

UNIT 13 유형별 공략: 광고

SPARTA PRACTICE | p. 116

1 (A) **2** (A) **3** (A) **4** (B)

1 무엇이 할인되고 있는가?

(A) 사무용품

(B) 사무가구

Mathew's **Stationery Store** is having its sixth anniversary sale this coming Saturday. Paper, pens and pencils, file folders, staplers, and all the **supplies you need** are **on sale**. Come and enjoy the biggest sale of the year.

매튜네 문구점은 이번 토요일에 6주년 개점 기념 세일을 합니다. 종이, 펜, 연필, 서류철, 스테이플러, 여러분이 필요한 모든 용품이 세일합니다. 오셔서 1년 중에 가장 큰 세일을 즐겨보세요.

해설 무엇이 할인되는지 물어보는 GQ 문제로, 첫 문장의 문구점(stationery store)에서 정답을 고를 수 있어야 한다. 그 뒤에 paper, pens 등의 사무용품(office supplies)이 언급되므로 (A)를 골라야 한다.

2 어떤 선물이 제공되고 있는가?

(A) 지갑

(B) 서류가방

Tiffany Luggage will satisfy your travel and fashion needs. As a bonus to our loyal customers, the first 100 people who purchase our new suitcases online will receive a **free gift**, a **matching purse** with the same design as our suitcases. Visit us today at www.tiffanyluggage.com to take advantage of this special offer.

티파니 가방은 여러분의 여행과 패션 욕구를 만족시켜 드릴 것입니다. 저희 단골고객님에게 보너스로, 온라인에서 새로 나온 가방을 사시는 처음 백 분께, 여행가방과 같은 디자인으로 세트인 여성용 지갑을 무료 선물로 드립니다. 이 특별한 선물을 이용하기 위해서 www. tiffanyluggage.com을 방문해 주시기 바랍니다.

해설 할인 광고에는 한정 기간 동안 세일을 하거나, 특별한 사은품을 주는 내용이 자주 등장한다. "gift"라는 Key Word를 기억하고 본문을 들어서 정답을 골라내도록 하자.

3 어떤 직책이 광고되고 있는가?

(A) 공사 조수

(B) 영업 사원

Are you looking for a full-time job for the summer? Endon Incorporated, a local homebuilder, **is hiring construction helpers** for several building sites for the eastern Riverdale area. To apply, come to the Endon Incorporated office located at 800 Main Street.

당신은 여름 동안 전업 직업을 찾고 있습니까? 지역 주택건설업자인 엔돈 사에서 동부 리버데일 지역의 공사현장에서 일할 공사 조수를 고용

하고 있습니다. 지원하기 위해, 800 중심가에 위치하고 있는 엔돈 사의 사무실을 찾아주시기 바랍니다.

해설 "의문점 + 해결책 + 특징"은 전형적인 광고 구조 중 하나다. 여름에 직업을 찾느냐, 다음에 "공사 보조 직원을 구한다"라는 부분에서 어떤 종류의 직책이 광고되고 있는지 알 수 있다.

4 어떤 종류의 소프트웨어가 광고되고 있는가?

(A) 네트워크 보안 소프트웨어

(B) 계약 관리 소프트웨어

If you run a business, you know that creating and renewing contracts can be a time-consuming and frustrating process. Well, now with CNL tracker, **contract management is quick** and **easy**. CNL is a new software application that helps you create and manage contracts in one safe place.

당신이 사업체를 운영한다면, 계약서를 만들고 수정하는 것이 시간이 많이 걸리고 힘든 작업이라는 것을 아실겁니다. 이제, CNL탐지기가 있으면 계약서 관리가 빠르고 쉽습니다. CNL은 여러분이 계약서를 안전한 한 장소에서 만들고 관리하는 것을 도와줄 새로운 소프트웨어 애플리케이션입니다.

해설 광고되는 물건이나 서비스의 어휘는 복잡할 수 있으나, 광고문 자체의 구조는 다른 광고문들과 상당히 비슷하다. "의문점 + 해결책 + 특징" 구조로 계약서 관리 소프트웨어를 선전하는 광고문이다.

SPARTA ✓ ACTUAL TEST | p. 117

1 (D) **2** (A) **3** (C) **4** (D) **5** (C) **6** (A) **7** (D)
8 (C) **9** (A) **10** (C) **11** (A) **12** (D)

Questions 1-3 refer to the following advertisement.

[1][2] Techno Electronics' annual event starts today, and you don't want to miss it. We are offering the lowest prices of the year on brand-name computers, audio equipment, and televisions. **[2] This is a once-a-year event.** And these prices will only be available for a limited time. Shop at the Huntington Avenue Store, or **[3]for those of you on the west side of the city,** visit our new store in the Eaglewood Shopping Center.

테크노 전자의 연례 행사가 오늘 시작합니다. 그리고 여러분은 그것을 놓치고 싶지 않으실 거예요. 저희는 유명 회사의 컴퓨터, 음향 장비 및 텔레비전을 연중 가장 낮은 가격으로 제공하고 있습니다. 이건 일 년에 한 번 있는 행사입니다. 그리고 이 가격은 한정 기한 동안만 적용됩니다. 헌팅턴가 가게에서 쇼핑을 하시거나, 시의 서쪽에 계시는 분들께서는 이글우드 쇼핑센터에 있는 저희의 새 가게로 오세요.

어휘 landscaping 조경 electronics 전자제품 community 지역공동체 fundraiser 모금 행사 trade show 무역 박람회(= fair) expand 확장하다 hours of operation 영업 시간 several 몇 개의 position 자리, 직책 area 지역 add 더하다, 추가하다, 확장하다 annual 연례의, 연간의 miss 놓치다 offer 제공하다 the lowest 가장 낮은 brand-name 이름 있는, 유명한 equipment 장비 available 준비되어 있는, 이용 가능한, 살 수 있는

1 어떤 종류의 사업체가 광고되고 있는가?

(A) 소프트웨어 회사

(B) 세탁소

(C) 조경업 서비스

(D) 전자제품 가게

해설 업체를 물어보는 GQ로, 본문의 앞쪽에서 힌트를 준다. 첫 문장에서 전자 (electronics)라는 어휘를 듣고 정답을 고를 수 있다.

2 어떤 특별한 행사가 일어나고 있는가?

(A) 연례 할인

(B) 개업식

(C) 지역 모금 행사

(D) 무역 박람회

해설 어떤 행사(what event)가 열리는 지 물어보는 것도 세부 묘사가 없으면 전체적인 내용을 물어보는 GQ에 속한다. 첫 문장에서 연중 한 번밖에 없는 세일이라는 것을 듣고 정답을 고를 수 있어야겠다.

3 화자는 이글우드 쇼핑센터에 대해서 뭐라고 말하는가?

(A) 영업 시간을 확장했다.

(B) 공석이 몇 개 있다.

(C) 새로운 가게가 문을 열었다.

(D) 주차 공간이 추가되었다.

해설 고유명사는 그 어휘가 그대로 등장하기 때문에 확실하게 기억하도록 노력하자. 이글우드 쇼핑센터라는 어휘와 보기를 미리 읽어두고 지문을 들으면서 확인할 수 있어야겠다. 특히 보기가 긴 경우에 초보는 꼭 미리 읽어 둔 후 지문을 듣는 데 집중해야 한다.

Questions 4-6 refer to the following advertisement.

4 Are you hungry for healthy lunch options? Then stop in for a visit to Michelle's Vegetarian Café. What really makes Michelle's café special? We get all of our ingredients from local farms daily. So at Michelle's, **5** you'll find a variety of delicious soups, salads, and sandwiches made with the freshest fruits and vegetables. And **6** for a limited time, if you order a lunch special, it comes with a free dessert of your choice. Visit www.michellecafe.com for more information.

당신은 건강한 점심 선택안을 기다려 오셨습니까? 그렇다면 미쉘의 채식주의자 카페에 들르세요. 미쉘의 카페를 특별하게 만드는 것은 무엇일까요? 저희는 모든 농산물을 지역의 농장에서 매일 받고 있습니다. 그래서, 미쉘네에서는 가장 신선한 과일과 야채로 만든 다양하고 맛있는 수프, 샐러드 그리고 샌드위치를 즐기실 수 있습니다. 그리고, 한정 기간 동안에 여러분이 점심 특별 메뉴를 주문하시면, 마음에 드는 디저트가 무료로 같이 나옵니다. 더 많은 정보를 위해서 www.michellecafe.com을 방문하세요.

어휘 **promote** 판촉하다, 선전하다 **supply** 용품 **grocery** 식료품 **payment** 지불, 계산 **express** 빠른, 속달의 **delivery** 배달 **ingredient** 재료 **convenient** 편리한 **location** 위치, 지점 **purchase** 구매(물); 구매하다 **dessert** 디저트 **coupon** 쿠폰 **recipe** 레시피, 조리법 **hungry** 배고픈 **healthy** 건강한 **option** 옵션, 선택안 **stop in** 들르다 **visit** 방문 **vegetarian** 채식주의자 **local** 지역의, 동네의 **farm** 농장 **daily** 매일

a variety of 다양한 **delicious** 맛있는 **the freshest** 가장 신선한 **a limited time** 한정된 시간 **lunch special** 점심 특선 메뉴 **come with** ~와 같이 나오다 **choice** 선택

4 어떤 종류의 업체를 판촉하고 있는가?

(A) 그래픽 디자인 회사

(B) 정원용품 업체

(C) 식료품점

(D) 식당

해설 어떤 업체인가를 물어보는 GQ로, 첫 문장에서 점심을 제공하는 카페라는 부분을 듣고 식당을 고를 수 있어야겠다. 야채/과일이 나오지만 그걸로 만든 요리를 광고하는 내용이므로 (C)는 오답이다.

5 화자는 미쉘네에 대해서 무엇이 특별하다고 말하는가?

(A) 모든 형태의 결제 수단을 받아 준다.

(B) 빠른 배달을 제공한다.

(C) 신선한 재료를 사용한다.

(D) 편리한 위치에 있다.

해설 광고문에 자주 등장하는 물건의 "특징"을 묻는 문제이다. "반문 + 해결책 + 특징"으로 업체 이름과 업종을 소개한 다음에 특징을 소개하는 것이 일반적이다. 정답은 '지역 농산물로 신선하게 요리한다'는 부분을 신선한 재료(ingredient)로 바꾸어 표현한 (C)이다.

6 특정 물건을 구매하면, 업체는 무엇을 제공하고 있는가?

(A) 무료 디저트

(B) 쿠폰

(C) 레시피 책자

(D) 상품권

해설 추가 할인이나 사은품에 대한 안내는 광고문의 맨 마지막에 등장하는 것이 일반적이다. 특선 요리를 시키면 디저트가 제공된다는 부분에서 그대로 답이 등장했다. 3번째 문제는 대부분 속도를 맞추는 것만으로도 풀 수 있으므로 초보는 문제 푸는 속도가 늦지 않도록 신경쓰자.

Questions 7-9 refer to the following advertisement.

7 8 Are you looking for a professional pool service with reasonable prices? Then you should call Horizon Pool Services. We will send our Horizon Pool specialists to your home or business to **7** clean and service your swimming pool. Our environmentally friendly cleaning detergent will ensure that the water is safe to swim in all year round. We charge our customers on an hourly basis starting at $30 an hour no matter how big your pool is. **8 9** This is significantly less than other cleaning services. This is practically a steal. **9** To consult with a customer service representative and to get a free estimate, please call 212-555-5949.

합리적인 가격에 전문적인 수영장 서비스를 찾고 있습니까? 그렇다면 호라이즌 수영장 서비스에 연락 주세요. 저희는 여러분의 집이나 사업체의 수영장을 청결히 유지하도록 호라이즌 수영장 전문가를 보내 드리겠습니다. 저희 환경친화적인 세제는 1년 내내 수영하기에 안전한 물을 보장해 드릴 것입니다. 저희는 고객님의 수영장이 아무리 커도

1시간에 30달러부터 시작하는 시간당 가격을 받습니다. 이것은 다른 청소 업체에 비해서 현저히 낮은 가격입니다. 공짜로 가져가는 것처럼 싼 거죠. 고객 서비스 담당 직원과 상담하고 무료로 견적서를 받아 보기 위해서는, 212-555-5949로 전화 주세요.

7 회사는 어떤 서비스를 제공하는가?

(A) 옷 수선

(B) 재정 상담

(C) 개인 트레이닝

(D) 수영장 청소

해설 어떤 업종인지를 물어보는 GQ로, 본문의 앞에서 힌트를 준다. 첫 문장에서 수영장 서비스란 어휘와 청소가 등장해서 정답을 추측할 수 있다.

8 이 서비스의 어떤 장점이 언급되는가?

(A) 고객 만족

(B) 무해한 음식

(C) 경쟁력 있는 가격

(D) 무료 배달

해설 광고하는 서비스의 특징을 물어보는 문제이다. 보통 여러 특징이 등장한다. '합리적인(reasonable) 가격'을 듣고 '경쟁력이 있는(competitive) 가격'으로 바꾸어 표현한 (C)를 골라낼 수 있어야겠다.

9 화자는 왜 "공짜로 가져가는 것처럼 싼 거죠"라고 말하는가?

(A) 그는 사람들에게 전화할 것을 독려하고 있다.

(B) 그는 회사의 보안에 대해 걱정하고 있다.

(C) 그는 고객들이 할인 쿠폰을 사용할 것을 원한다.

(D) 그는 효율적으로 일하기 위해 더 훈련해야 한다.

해설 화자 의도 문제는 문맥상 의미를 파악해야 한다. Part 4의 경우, 지문 종류에 따라서 화자 의도 문제가 쉽게 풀리는 경우도 있다. 해당 지문은 사업체의 서비스를 선전하는 내용으로, 가격이 저렴해서 "공짜로 가져가는 것처럼 싸다"라는 문장은 빨리 회사에 연락하라는 의미이다.

Questions 10-12 refer to the following advertisement and list.

10 Have you been looking for a quality driving school for you and your family members at a reasonable price? Now, Maneuver Driving School will satisfy all your needs for safe and efficient driving lessons. **11** For this month of January, we're offering a special five-week course at an amazing price of $3,000. That is significantly lower than the regular price. You will start with two weeks of classroom instruction, where you'll learn traffic rules and basic car maintenance. In addition, you'll have three weeks of actual behind-the-wheel instructions where you can practice what you have learned. Learning to drive has never been easier. **12** To sign up or to get more information, please call us at 212-603-7483.

당신은 여러분과 가족이 합리적인 가격에 다닐 수 있는 질 좋은 운전학교를 찾고 있었습니까? 이제, 매뉴버 운전학교가 안전하고 효과적인 운전 수업이 필요한 여러분의 욕구를 충족시켜줄 것입니다. 이번 1월에, 저희는 특별한 5주 수업을 3천 달러의 놀라운 가격에 제공하고 있습니다. 이것은 원래 가격보다 현저히 낮은 가격입니다. 당신은 교통법규와 기본적인 자동차 관리를 배우는 2주 실내 수업으로 시작할 겁니다. 추가적으로, 배운 것을 실제로 연습할 수 있는 3주 실제 운전 수업을 할 겁니다. 운전을 배우는 것은 이보다 더 쉬웠던 적이 없습니다. 등록하시거나 좀 더 정보를 알아보실 분은, 212-603-7483으로 연락주세요.

매뉴버 기관의 수업 과정

수준	기간	가격
기초 코스	5주	3천 달러
심화 코스	3주	2천 5백 달러

10 누구를 위한 광고인가?

(A) 교통 경찰들

(B) 자동차 정비사들

(C) 신규 운전자들

(D) 대학생들

해설 광고의 대상을 물어보는 GQ문제로, 첫 문장을 듣고 예측할 수 있어야겠다. 앞 문장에서 운전학교를 광고하는 것을 알 수 있으므로 광고문의 대상은 운전을 배우고 싶어 하는 신규 운전자다.

11 도표를 보시오. 이번 달에 무엇이 변경되었는가?

(A) 기초 코스의 가격

(B) 심화 코스의 가격

(C) 기초 코스의 기간

(D) 심화 코스의 기간

해설 그래프나 표가 포함된 문제는, 그래프와 문제의 Key Word를 훑어보고 음원을 들으면서 문제를 풀어야 한다. 이번 달에 5주 수업이 3000달러라는 부분을 듣고 (A) 기초 코스의 가격이 바뀐 것을 알 수 있어야겠다. 문제의 Key Word를 정확하게 읽어두고 본문에서 들어야 하는 첫 단계가 완성되어야 "표"와 연결하는 것이 가능하다.

12 청자들은 어떻게 더 많은 정보를 얻을 수 있는가?

(A) 강사에게 말해서

(B) 웹사이트를 방문해서

(C) 편지를 보내서

(D) 사무실에 연락해서

해설 추가 정보를 위한 안내는 광고 지문의 가장 마지막에 등장한다. 전화를 하라는 부분을 듣고 연락하다(contact)라는 어휘로 바꿔 표현한 (D)를 고를 수 있어야겠다.

UNIT 14 유형별 공략: 녹음 안내

SPARTA 📄 PRACTICE | p.122

1 (A) **2** (B) **3** (B) **4** (A)

---

1 말하는 사람은 아마도 누구인가?

(A) 컴퓨터 기술자

(B) 고용 상담사

Hello, Ms. Young. This is Nina Karman calling. **I am the technician** who set up the **computer system** in your office last month. Now, I'm trying to apply to work full time for a larger corporation, and I'd like to get a reference letter from you.

안녕하세요, 영 씨. 니나 카르멘이 전화 드립니다. 저는 지난달 당신 사무실에 컴퓨터 시스템을 설치했던 기술자인데요. 이제, 제가 더 큰 회사에 지원하려고 하고 있어서 당신에게서 추천서를 받고 싶습니다.

해설 녹음 안내는 첫 문장에서 자기 소개와 근무처를 말하는 경우가 많다. 첫 문장에 컴퓨터를 설치한 기술자라고 한 부분에서 정답을 알 수 있다.

2 화자는 왜 전화하고 있는가?

(A) 정책을 설명하기 위해

(B) 실수에 대해 사과하기 위해

Hello, Mr. Huang. I'm calling from McKenzie Paper Products. I'd like to **apologize for the mistake** with your stationery **order**. I discovered that when your order was being filled last week, the wrong product code was entered in our inventory control system.

안녕하세요, 황 씨. 맥킨지 제지회사에서 전화 드립니다. 사무용품 주문에 관한 실수에 대해 사과를 드리고 싶습니다. 귀하의 손님 주문을 지난주에 처리할 때, 잘못된 상품 코드가 저희 재고 관리 시스템에 입력된 것을 발견했습니다.

해설 녹음 안내의 목적은 첫 문장에서 자기소개가 끝난 후에 말하는 것이 일반적이다. 주문을 하다(place an order), 주문을 처리하다(fill the order)의 숙어를 기억해 두자.

3 화자는 어디에서 일하는가?

(A) 제과점에서

(B) 식당에서

Hello. This is Michael Benfield calling from Orchid **Restaurant**. I **received your** e-mail with an **inquiry** about reserving our restaurant for a corporate party on March 15th. Unfortunately, our dining area is already booked up that night.

안녕하세요, 저는 오키드 식당에서 전화 드리는 마이클 벤필드라고 합니다. 3월 15일에 기업 파티를 위해 저희 식당을 예약하는 건에 대해 문의하는 귀하의 이메일을 받았습니다. 죄송하지만, 저희 식당은 그날 저녁에 이미 예약이 차 있습니다.

해설 장소나 직업을 묻는 GQ 문제로, 본문의 맨 앞에서 힌트를 준다. 고유명사가 포함되었지만 식당임을 골라낼 수 있어야겠다. 특히, 상대편이 전화를 해서 응답 전화를 하는 경우도 출제 빈도율이 높은 상황으로, 본문의 앞쪽을 듣고 상황을 추측할 수 있어야겠다.

4 화자는 청자에게 무엇을 제공하라고 요청하는가?

(A) 수업에 대한 피드백

(B) 수업 참가자들의 목록

I would really appreciate it if you would please give me a call after the training and **tell me what you thought** of it. I'd like to know if everyone on the team liked the program. This would help us learn how we could improve our courses in the future.

훈련이 끝난 다음에 저에게 전화주셔서 어땠는지 말씀해 주시면 감사하겠어요. 저는 팀에 있는 모든 사람들이 프로그램을 좋아했는지 알고 싶습니다. 이것은 앞으로 저희가 수업을 향상시키는 방법을 배우는 데 도움을 줄 것입니다.

해설 녹음 안내에서 상대편에게 부탁하는 내용(ask to do)은 주로 본문의 마지막에 등장한다. 수업을 진행한 업체에서 보낸 메시지다. 수업을 듣고 어땠는지를 알려 달라는 것을 동의 표현인 피드백(feedback)이라는 어휘로 바꾸어 표현했다.

SPARTA ✔ ACTUAL TEST | p. 123

1 (D) **2** (A) **3** (B) **4** (C) **5** (A) **6** (D) **7** (B)

8 (A) **9** (D) **10** (D) **11** (C) **12** (D)

Questions 1–3 refer to the following telephone message.

Good afternoon, Mr. Hillman. **¹ This is Nina Kahn.** I'm the hiring manager at McFerrin Incorporated. We want to thank you for applying for a position in our marketing division. We're very impressed with your résumé and **² want to invite you to come in for an interview** sometime next week. **³ I will be conducting the interview,** and I'm available between 10 A.M. and 4 P.M. on Tuesday. Please call me back at 555-1434 to schedule an interview for Tuesday. I look forward to hearing from you soon.

힐만 씨, 안녕하세요. 저는 맥페린 사의 고용 매니저인 니나 칸입니다. 저희 회사의 마케팅 자리에 지원해 주셔서 감사합니다. 당신 이력서를 인상 깊게 보았고 다음 주 쯤에 면접을 위해 오셨으면 합니다. 제가 면접을 진행할 것이며, 저는 화요일 오전 10시부터 오후 4시까지 시간이 있습니다. 화요일 면접 일정을 잡기 위해서 555-1434로 전화를 주세요. 그럼 곧 연락오기를 기다리고 있겠습니다.

어휘 president 사장 intern 인턴 (사원) reporter 리포터, 기자 hirping 고용 set up 잡다 celebrate 축하하다 confirm 확인하다 request 신청하다 incorporated (법인) 회사 apply for 지원하다 division 부서(= department) impress 인상을 주다

conduct 행하다 be available 시간이 있다, 만날 수 있다
schedule 일정을 잡다; 일정 look forward to 기대하다, 고대하다

1 화자는 아마도 누구인가?
(A) 회사 사장
(B) 마케팅 인턴
(C) 텔레비전 리포터
(D) 고용 매니저

해설 말하는 사람이 누구인가를 물어보는 GQ로, 녹음 안내의 맨 앞에서 힌트를 준다. 첫 문장에서 언급된 고용 매니저를 듣고 (D)를 고를 수 있어야겠다.

2 화자는 왜 전화하는가?
(A) 면접을 잡기 위해서
(B) 승진을 축하하기 위해서
(C) 근무 일정을 확인하기 위해서
(D) 개인 정보를 요청하기 위해서

해설 전화를 하는 목적은 자기소개 이후에 나온다. 인터뷰 약속을 잡자는 내용에서 정답을 알 수 있다. 난이도가 높아질수록 인사부에서 면접 약속 외에 다른 용건으로도 연락을 하는 경우가 많으므로, 녹음 내용을 잘 파악하고 정답을 고르는 훈련을 하도록 하자.

3 화자는 어느 요일에 시간이 있는가?
(A) 월요일에
(B) 화요일에
(C) 목요일에
(D) 금요일에

해설 문제를 먼저 보고 시간이 되는(available)이라는 Key Word를 기억해 두었다가 대화를 들으며 포착하는 훈련을 하자. 화자가 화요일에 시간이 있다고 했으므로 정답은 (B)이다.

Questions 4-6 refer to the following recorded message.

Hi. You have reached Rebecca's Pizzeria. **4 We are closed for renovations,** and we'll reopen on April 5th with an extended dining area and a new menu. In addition to the fabulous selection of pizzas, pastas and salads that you've always enjoyed, **5 we will now offer delicious homemade ice cream.** To make a reservation on our grand opening day on April 5th, **6 visit our website at www.rebeccaspizzeria. com.** And while you are there, be sure to print a coupon for a complimentary coffee and soft drink.

안녕하세요, 당신은 레베카의 피자리아에 전화하셨습니다. 저희는 수리를 위해서 문을 닫았고, 확장된 식사 공간과 새로운 메뉴로 4월 5일에 다시 문을 열겠습니다. 여러분이 언제나 즐기시는 다양한 피자, 파스타, 그리고 샐러드에 추가로, 이제 저희는 맛있는 수제 아이스크림을 제공할 것입니다. 4월 5일 개업식 날에 예약하시려면 저희 웹사이트 www. rebeccapizzeria.com를 방문해 주세요. 그리고 거기에 접속해 계신 동안, 무료 커피나 청량음료를 드실 수 있는 쿠폰을 잊지 말고 프린트해 오세요.

어휘 host 개최하다, 주최하다 private 개인적인 event 행사 hours of operations 영업 시간 homemade 집에서 만든, 수제의 healthy 건강한 option 옵션, 선택 vegetarian 채식주의자 obtain 획득

하다, 얻다 purchase 구매하다, 구입하다 local 지역의 complete 완성하다 survey 설문조사 reach 연락하다, 도착하다 renovation 수리 reopen 다시 열다, 재개장하다 extend 연장하다, 확장하다 area 지역 in addition to ~에 더해서 fabulous 멋진, 엄청난 selection 선택 delicious 맛있는 grand 큰, 화려한 print 인쇄하다 coupon 쿠폰 complimentary 무료의(= free) soft drink 청량음료

4 메시지에 의하면, 왜 피자리아는 문을 닫는가?
(A) 개인 행사를 하고 있다.
(B) 영업 시간을 바꿨다.
(C) 리모델링 공사를 하고 있다.
(D) 이전했다.

해설 자동 녹음 안내가 나오는 가장 큰 이유 중에 하나가 지금 영업을 하지 않기 때문이다. 첫 문장에서 언급된 '수리(renovations)'를 듣고 동의 표현인 (C)를 고를 수 있어야겠다.

5 피자리아는 어떤 새로운 상품을 제공할 것인가?
(A) 수제 아이스크림
(B) 건강한 생선 선택권
(C) 채식주의자 메뉴
(D) 신선한 과일 주스

해설 문제를 먼저 보고 새로운 품목(new item)이라는 Key Word를 기억해서 본문을 들으며 관련된 부분을 포착하자. "we will now offer ~" 문장에서 그대로 수제 아이스크림이 나온다.

6 고객들은 어떻게 무료 음료 쿠폰을 얻을 수 있는가?
(A) 3번을 눌러서
(B) 지역 신문을 사서
(C) 설문지를 작성해서
(D) 웹사이트를 방문해서

해설 무료 음료 쿠폰(coupon for free drinks)이라는 Key Word를 기억하고 본문을 듣자. 할인이나 선물에 관한 내용은 본문의 마지막에 주로 등장한다는 것을 기억해 두자. 웹사이트를 방문하는 동안 쿠폰을 프린트하라고 했으므로 정답은 (D)이다. complimentary라는 어휘는 free와 동의어로 자주 등장한다.

Questions 7-9 refer to the following recorded message.

Hello. This message is for Ally Newman. This is Dennis calling from Johanson Construction. **7 I came out last week to give you an estimate for remodeling your kitchen.** While I was there, you mentioned that you'd like the entire project to be completed by March 1st. Well, after consulting with my partners, **8 I found that we won't be able to install the cabinets and appliances by that day. We're very busy this time of the year** since spring is around the corner. Please call me back and let me know **9 if you'd like us to go ahead and get started on the project.**

안녕하세요, 이 메시지는 앨리 뉴먼을 위해 남깁니다. 저는 요한슨 공사 업체의 데니스라고 합니다. 지난주에 제가 손님 부엌 리모델링에 대한 견적을 드리러 갔습니다. 제가 거기 있는 동안, 모든 프로젝트가 3월

1일까지 끝났으면 좋겠다고 말씀하셨습니다. 음, 제가 동업자들과 상의한 후, 그 날까지 찬장과 전자제품을 다 설치할 수 없다는 것을 알게 되었습니다. 봄이 거의 코앞이어서, 저희는 일 년 중 이맘때 굉장히 바쁩니다. 저한테 전화를 주셔서, 그 프로젝트를 시작하기를 원하시는지 알려주세요.

어휘 repair 수리하다 roof 지붕 remodel 리모델링하다, 수리하다 build 짓다, 만들다 garage 차고 install 설치하다 heating 난방 offer 제공하다, 제안하다 reduce 줄이다, 깎다 additional 추가의 refer 소개하다, 참조하다 complete 완성하다, 끝내다 estimate 견적 entire 전체의 consult 상담하다, 협의하다 partner 파트너, 동업자 cabinet 찬장, 캐비닛 appliance 전자제품 this time of the year 일 년 중에 이맘때 go ahead 진행하다, 나아가다 get started 시작하다

7 화자는 무엇에 관해 전화하는가?

(A) 지붕 수리

(B) 부엌 개조

(C) 차고 건립

(D) 난방시스템 설치

해설 전화하는 목적을 물어보는 내용은 자기 소개 다음에 등장하게 된다. 부엌 리모델링 때문에 전화했다는 부분을 듣고 전화의 목적을 알 수 있다.

8 화자는 왜 "저희는 일 년 중 이맘때 굉장히 바쁩니다"라고 말하는가?

(A) 그는 지연에 대해 설명하고 있다.

(B) 그는 사업 증가에 기뻐하고 있다.

(C) 그는 사람들에게 상품을 사도록 요구하고 있다.

(D) 그는 약속을 취소하고 싶어 한다.

해설 남자가 손님이 원하는 날짜를 맞추지 못할 것이라고 이야기한 후에 "우리 회사는 일 년 중 지금이 매우 바쁘다"라고 한 것은 지금 일이 많기 때문에 원하는 대로 일정을 맞추지 못한다는 설명을 하는 것으로 볼 수 있다.

9 화자는 무엇을 해 주겠다고 하는가?

(A) 가격을 낮춰주겠다고

(B) 추가로 직원을 고용하겠다고

(C) 다른 회사를 추천하겠다고

(D) 프로젝트의 일부를 완성하겠다고

해설 화자가 해 주겠다고 하는 것(offer to do)이라는 문제를 기억하고 본문을 듣도록 하자. 작업을 다 끝내는 것은 불가능하지만 진행하기를 원하는지 묻고 있다. 결국 일부분이라도 공사를 하고 싶으면 연락하라는 동의 표현인 (D)를 고를 수 있어야겠다.

Questions 10-12 refer to the following telephone message and schedule.

Hi, Keith. This is Pamela in Sales. As you may know, **10 11** Georgiana Yang was supposed to travel to New York to deliver a speech in the Annual Marketers' Conference this coming Friday. Well, unfortunately, she is not feeling well and can no longer go. **11** So I'd like you to travel and present your ideas in her place. The topic should be about the latest industry trends, and Georgiana

has already put together some materials for the conference. **12** I'll go ahead and send you the slides that she made so that you can begin preparing for the presentation. Let me know if there's any other way I can help you get ready.

안녕하세요, 키스. 저는 판매팀의 파멜라예요. 아시다시피, 조지아나 양이 이번 주 금요일에 연례 마케터 회의에서 발표하기 위해 뉴욕으로 가기로 했었는데요. 불행하게도 그녀가 몸이 좋지 않아서 갈 수가 없어요. 그래서 당신이 그녀 대신에 가서 발표를 했으면 좋겠어요. 주제는 업계 최신 동향에 대한 것일 거고요, 조지아나가 이미 회의를 위해서 자료를 준비했어요. 제가 먼저 가서 그녀가 만든 자료를 당신에게 보내서 발표 준비를 시작할 수 있도록 하죠. 준비하는 데 도움을 줄 수 있는 다른 방법이 있다면 알려주세요.

발표자	시간
오리엔테이션	10:00~10:30
스테판 마이어	10:30~12:00
점심시간	
조지아나 양	2:00~3:30
마이클 페르난도	4:00~5:30

어휘 purpose 목적 attend 참석하다 hold 개최하다 convention 협의회 contract 계약 give a presentation 발표하다 payment 지불 form 양식 figure 수치 slide 슬라이드 (발표자료) be supposed to ~하기로 하다 annual 연례의 marketer 마케터 conference 대회의 not feel well 몸이 좋지 않다 present 주다 in one's place ~를 대신해 topic 주제 latest 최신의 industry trend 업계 동향 put together 만들다 material 자료 go ahead 진행하다 prepare 준비하다 way 방법

10 뉴욕 여행의 목적은 무엇인가?

(A) 세미나에 참석하기 위해

(B) 협의회를 개최하기 위해

(C) 계약에 서명하기 위해

(D) 발표하기 위해

해설 New York이라는 Key Word를 기억하고 본문을 듣는 것이 유리하다. 발표를 하다(deliver a speech = give a presentation)를 동의 표현으로 익혀두자. speech, lecture, presentation, talk은 전부 "발표"의 의미.

11 도표를 보시오. Keith는 언제 발표할 것인가?

(A) 10시에

(B) 10시 반에

(C) 2시에

(D) 4시에

해설 Keith는 조지아나 양을 대신해서 발표를 하기 때문에 정답은 그녀의 시간대인 2시가 된다. 표에 시간, 금액 등 숫자가 나오는 경우 미리 훑어 두고 본문을 듣다가 관련 사항이 나올 때, 재빨리 문제로 돌아가서 고르면 유리하다.

12 청자는 무엇을 받을 것인가?

(A) 지불 양식

(B) 고객 리스트

(C) 판매 수치

(D) 슬라이드

해설 청자가 받을 것(~ listener be given)이라는 문제의 Key Word를 정확하게 기억하고 집중해서 듣도록 하자. 정답은 본문에서 그대로 언급된 slides이다.

UNIT 15   유형별 공략: 방송 / 뉴스

SPARTA 📑 PRACTICE | p. 128

1 (B)   **2** (A)   **3** (B)   **4** (B)

1 방송의 목적은 무엇인가?

(A) 여행 패키지를 설명하기 위해

(B) 기상 상황을 보고하기 위해

Today's weather will be picture perfect, but a change is coming tomorrow. Warmer air will move into the region tonight, and we expect the **temperature to reach** 20 degrees Celsius tomorrow. You might want to go out and enjoy the sun and warm weather.

오늘의 날씨는 그림처럼 좋지만, 내일은 변화가 오겠습니다. 더 따뜻한 공기가 오늘밤 이 지역으로 들어오고 있어서 내일은 섭씨 20도까지 올라갈 것으로 예상됩니다. 여러분은 나가셔서 태양과 따뜻한 날씨를 즐기시기 바랍니다.

해설 뉴스 방송은 맨 앞에서 목적을 말하게 된다. 첫 문장에서 날씨에 대해 언급했으므로 기상 안내임을 알 수 있다. 마지막에 야외활동에 대한 조언이 있지만 전체적인 목적은 아니다.

2 말하는 사람은 아마 누구인가?

(A) 라디오 아나운서

(B) 유명한 음악가

This is your **favorite classical music station**, WBY 93.5, and I'm your host, Jean. We'd like to remind you of an upcoming concert featuring pianist Angela Khanna, who will be performing tonight at the Memphis Civic Center.

여기는 여러분의 클래식 음악 방송국 WBY 93.5이고 저는 여러분의 호스트인 진입니다. 여러분께 피아니스트 안젤라 카나가 오늘밤 멤피스 시민 회관에서 연주하는 콘서트를 상기시켜 드리고 싶습니다.

해설 라디오쇼 진행자가 음악 공연에 대해 설명하고 있는 내용이다. 음악 내용을 설명한다고 음악가를 선택해서는 안된다. 첫 문장을 듣고 장소가 어딘지를 파악하는 것이 General Question 문제를 맞히는 전략이다.

3 이 뉴스는 언제 방송되고 있는가?

(A) 아침에

(B) 저녁에

Now, let's check on the traffic situation. **The evening rush hour is starting** with tie-ups on major roads. The traffic is already slow on Washington Bridge, but all lanes are open. Please allow extra time of 25 to 30 minutes to get to your destination.

자, 이제 교통상황을 확인해 보도록 하죠. 주요 도로가 막히면서 저녁 러쉬아워가 시작되고 있습니다. 워싱턴교는 이미 교통이 느려지고 있지만, 모든 차선이 열려 있습니다. 여러분의 목적지까지 가는 데 추가로 25~30분의 여유시간을 두시기 바랍니다.

해설 장소/직업과 더불어서 지금 말하고 있는 시점을 물어보는 문제도 General Question의 한 종류로 볼 수 있다. 첫 문장의 저녁 교통 혼잡(evening rush hour)이라는 부분에서 교통 안내가 나가고 있는 시점이 저녁임을 알 수 있다.

4 주로 무엇에 관한 뉴스인가?

(A) 기업 합병

(B) 공사 프로젝트

This is Emily Kim for Fox TV News at the future site of Gen Power's headquarters. **Construction of the new** Gen Tower began this past week. When it's finished, the thirty-story tower will be considerably taller than any other buildings in town and become a new landmark in the area.

저는 젠 전력 본사의 새로운 부지에서 전하는 폭스 뉴스의 에밀리 김입니다. 새로운 젠타워의 건설이 지난주에 시작되었습니다. 완성되면, 이 30층짜리 타워 건물은 도시의 다른 어떤 건물보다 높을 것이며, 이 지역의 새로운 명소가 될 것입니다.

해설 뉴스의 주제는 주로 본문의 맨 앞에 등장한다. 첫 문장에서 리포터가 새로운 건물의 공사가 시작되었다는 부분을 듣고 공사 프로젝트를 골라야겠다.

SPARTA ✅ ACTUAL TEST | p. 129

1 (B)   **2** (B)   **3** (A)   **4** (A)   **5** (B)   **6** (D)   **7** (C)
8 (B)   **9** (D)   **10** (D)   **11** (C)   **12** (B)

Questions 1–3   refer to the following traffic report.

1 This is Tim Jackson with a special traffic report. If you're on the highway right now, you know the situation is pretty bad. Those who are driving southbound on Highway 95 should be expecting some major delays. **2** There has been an accident where a truck loaded with construction supplies hit a car and turned over. The police are already on the scene directing traffic, but it will take at least another two hours to clean up. **3** We suggest you avoid Highway 95 altogether and take an alternate route. The regular traffic report will be in 15 minutes, and we'll give you all the details about the accident. Now let's go back to *Afternoon Jazz Note*.

저는 특별 교통뉴스를 진행하는 팀 잭슨입니다. 지금 고속도로에 계시다면, 상황이 나쁘다는 것을 아실 겁니다. 95번 고속도로 남쪽으로 가시는 분들은 큰 지연이 예측됩니다. 공사 자재를 실은 트럭이 자동차를 치고 전복되는 사고가 있었습니다. 경찰이 교통을 통제하며 현장에 있지만 정리하는 데 2시간은 걸릴 예정입니다. 95번 고속도로를 완전히 피해서 다른 길로 가실 것을 권해 드립니다. 정규 교통뉴스는 15분 후에 있는데 그때 이 사고에 대한 세부사항을 알려드리겠습니다. 자, 이제 오후의 재즈노트로 돌아가겠습니다.

어휘 report 뉴스; 보고하다 crew 직원들 pedestrian 보행자
police officer 경찰 cause 야기시키다, 만들다 accident 사고
construction 공사 take (도로로) 가다 public transportation
대중교통 situation 상황 southbound 남쪽행 expect 기대하다
major 주요한, 중요한 delay 지연 load 싣다 supplies 용품, 재료
turn over 뒤집다, 뒤집히다 scene 현장, 풍경 direct 방향을 잡다,
통제하다 clean up 청소하다 suggest 제안하다 avoid 피하다
altogether 한꺼번에 alternate 다른 route 길, 도로 regular
정규의, 일반적인 detail 세부 사항

1 누구를 위한 뉴스인가?

(A) 도로관리청 직원들

(B) 자동차 운전자들

(C) 보행인들

(D) 경찰관들

해설 누구를 대상으로 하는지 물어보는 GQ로, 본문의 맨 앞을 듣고 운전자들을 대상으로 하는 교통 안내라는 것을 추측할 수 있어야겠다.

2 무엇이 문제를 야기시켰는가?

(A) 나쁜 날씨

(B) 사고

(C) 도로 공사

(D) 느린 운전자들

해설 문제점을 물어보는 것도 GQ의 일종으로, 맨 앞에서 힌트를 준다. 트럭이 자동차를 쳐서 막힌다는 부분을 듣고 (B)를 고를 수 있어야겠다.

3 청자는 무엇을 하라고 권유 받는가?

(A) 다른 길로 가라고

(B) 95번 고속도로를 타라고

(C) 안내센터로 가라고

(D) 대중교통을 이용하라고

해설 청자들에게 지시하는 내용은 주로 본문 마지막에 나오지만, 교통 안내에서 권하는 지시사항은 폭넓지 않으므로 정답 유형을 익혀 두고 음원을 들으면서 확인하도록 하자. 교통 안내 유형에서는 다른 길(different road, alternate route, alternative)로 가라는 표현이 정답으로 많이 나왔다는 것을 기억해 두자.

Questions 4-6 refer to the following announcement.

Good morning and welcome back to our hourly weather update with Jessica Dewey. **4 We will continue to have more unseasonably warm weather today.** We can expect clear skies with temperatures approaching almost 50 degrees Fahrenheit in some regions. A high pressure system in the southern part of the country is keeping the usual winter wind and rain away from the rest of the country. **5 However, things are likely to be back to normal by next week or so. The temperature will drop sharply** from Monday afternoon, and we might even see some snow coming on Tuesday. So, enjoy the warm weather while you can. This is Jessica Dewey, and **6 we**

will have the next report in exactly one hour along with the hourly traffic report.

좋은 아침입니다, 제시카 듀이와 함께하는 매시간 날씨 업데이트입니다. 오늘은 계절에 맞지 않는 따뜻한 날씨가 계속될 것입니다. 맑은 하늘과 함께 일부 지역에서는 화씨 50도에 달할 것입니다. 남쪽의 고기압이 평소의 겨울 바람과 비가 전국에 퍼지는 것을 막고 있습니다. 하지만 다음 주쯤에는 상황이 정상으로 돌아올 것 같습니다. 기온은 월요일 오후부터 급격히 떨어져서 화요일에는 눈을 볼 수도 있습니다. 그러므로 즐길 수 있을 때 따뜻한 날씨를 즐기시기 바랍니다. 저는 제시카 듀이고 다음 날씨는 매시간 교통안내와 함께 정확하게 1시간 후에 하겠습니다.

어휘 suggest about ~에 대해서 암시하다 warm 따뜻한 all day 하루
종일 snowstorm 눈폭풍, 눈보라 be like ~와 같다 temperature
온도 soar 비상하다, 높이 올라가다 decrease 줄어들다 sunny
맑은(= clear) take place 일어나다 hourly 매시간의, 시간당
update 새로운 소식; 새로 바꾸다 unseasonably 계절에 맞지 않게
clear 맑은 approach 다가가다, 근접하다 degree 도, 등급
region 지역 high pressure 고기압 usual 보통의 rest 남은,
나머지 normal 정상, 보통의 drop 떨어지다 sharply 날카롭게,
급격히 while ~하는 동안 exactly 정확하게

4 오늘 날씨에 대해 화자는 무엇을 암시하는가?

(A) 따뜻할 것이다.

(B) 하루 종일 비가 올 것이다.

(C) 눈보라가 칠 것이다.

(D) 오후에 날씨가 변할 것이다.

해설 오늘 날씨(today's weather)라는 Key Word를 기억하고 본문을 듣자. 앞쪽에서 언급한 unseasonably warm weather today를 듣고 (A)를 고를 수 있어야겠다.

5 다음 주 날씨는 어떻게 될 것인가?

(A) 온도가 많이 올라갈 것이다.

(B) 온도가 내려갈 것이다.

(C) 비가 조금 올 것이다.

(D) 날씨가 맑을 것이다.

해설 다음 주(next week)라는 Key Word를 기억하고 녹음을 들어야 한다. 온도가 급격히 떨어진다(drop sharply)를 듣고 decrease라는 동의 표현으로 (B)를 고를 수 있어야겠다.

6 다음 날씨 안내는 언제인가?

(A) 10분 후

(B) 20분 후

(C) 30분 후

(D) 60분 후

해설 다음 방송 안내는 주로 본문 맨 마지막에 등장한다. 정확히 한 시간 후(in exactly one hour)를 듣고 60분이라는 어휘로 바꾸어 표현한 (D)를 고를 수 있다. 동의 표현을 익혀 두면 난이도가 올라가도 정답을 고르는 데 유리하다.

Questions 7-9 refer to the following broadcast.

And in local news, there has been a lot of interest about the proposed budget for the Pleasantville community. Well, **7 yesterday, the city council made its decision and finally voted to approve it.** One of the things the city now has funds to do is to build the new Charlestown Bridge. The old Charlestown Bridge was damaged in the 1970s and closed to traffic for decades because of a lack of funds and interest by the public. **8 When the construction project is completed and the bridge reopens, it will bring in more tourists to the city and boost the local economy,** the spokeswoman said. Work will begin on April 1st, and the project will take about six months to be completed. **9 And we should be able to see the new beautiful Charlestown Bridge around wintertime.**

자, 지역 뉴스로는 플레전트빌 공동체에 상정된 예산에 대한 높은 관심이 있었습니다. 어제, 시 위원회는 마침내 예산안을 통과하기로 결정했습니다. 이제 자금으로 할 수 있는 일 중에 하나는 새로운 찰스타운 다리를 짓는 것입니다. 오래된 찰스타운 다리는 1970년대에 붕괴되어서 자금과 대중의 관심 부족으로 몇 십 년 동안 폐쇄되어 있었습니다. 공사 프로젝트가 끝나고 다리가 다시 개통되면, 더 많은 관광객들이 도로로 오고 지역 경제가 부흥할 것이라고 대변인은 말했습니다. 작업은 4월 1일에 시작하고, 프로젝트를 완성하는 데 6개월 정도가 걸릴 예정입니다. 그리고 저희는 겨울쯤에 새롭고 아름다운 찰스타운 다리를 볼 수 있을 것입니다.

어휘 city council 시 위원회 respond to ~에 반응하다 approve 승인하다, 허가하다 budget 예산 revise 수정하다, 개정하다 reopen 다시 열다 tourist 관광객 save 절약하다, 모으다 reelection 재선거 local 지역의 community 지역공동체 propose 제안하다 fund 자금; 자금을 대다 finally 마침내 ruin 파괴하다, 붕괴시키다 for decades 수십 년 동안 lack 부족 public 대중; 대중의 complete 완성하다 boost 상승시키다, 올리다 spokeswoman 대변인(여자) take (시간이) 걸리다

7 시 위원회는 어제 무엇을 했는가?

(A) 질문에 대답했다

(B) 축제를 발표했다

(C) 예산을 승인했다

(D) 법 개정을 했다

해설 '어제, 시 위원회'라는 Key Word를 기억하고 본문에서 힌트를 찾자. 예산이 통과되었다는 두 번째 문장에서 정답을 고를 수 있어야겠다.

8 다리가 재개통되면 어떤 일이 있을 것인가?

(A) 자동차가 늘어날 것이다.

(B) 관광객이 늘어날 것이다.

(C) 돈이 더 모일 것이다.

(D) 재선거가 있을 것이다.

해설 '다리 재개통(bridge reopens)'이라는 Key Word를 기억하고 본문을 듣도록 하자. 완성되면 관광객들이 모일 것이라는 부분에서 정답을 골라낼 수 있어야겠다.

9 화자는 어떤 의미로 "프로젝트를 완성하는 데 6개월 정도가 걸릴 예정입니다" 라고 말하는가?

(A) 그는 마감이 연장되어야 한다고 생각한다.

(B) 그는 나쁜 날씨에 대해 걱정한다.

(C) 그는 좀 더 많은 사람이 그 지역 공동체에 살아야 한다고 생각한다.

(D) 그는 그 공사에 대해 기대하고 있다.

해설 화자 의도 파악 문제로, 6개월이 지나면 공사가 끝나고 아름답고 새로운 다리를 볼 수 있다는 다음 문장에서 화자가 이 공사를 기대하고 있는 것을 추론할 수 있으므로 답은 (D)이다.

Questions 10-12 refer to the following broadcast and graph.

In business news, **10 one of the world's largest manufacturers of aircraft engines, Aerostar, has been contracted to supply MS 720 engines for new airplanes for Delta Airlines.** This is Aerostar's biggest sale of the year. In order to supply the engines required by the contract, **11 Aerostar will discontinue the production of the engine with the lowest sales and is also planning to open another manufacturing plant at the beginning of September.** The new factory will be located in the city of Lamington. At a press conference earlier this morning, **12 the mayor of Lamington expressed his enthusiasm for the opening of the facility and asserted that it will bring more jobs to the community.**

비즈니스 뉴스로는, 세계에서 가장 큰 비행기 엔진 제조업체인 에어로스타가 델타 항공사에 새로운 비행기의 MS 720 엔진을 공급하기로 계약을 맺었습니다. 이 계약은 올해 에어로스타의 가장 큰 판매가 될 것이다. 계약서에서 요구하는 엔진을 공급하기 위해, 에어로스타는 가장 낮은 판매량의 제품 생산을 중단할 것이며, 9월 초에 또 하나의 제조 공장을 열 계획을 하고 있다. 새 공장은 래밍톤 시에 위치될 것이다. 오늘 아침에 있었던 기자회견에서, 래밍톤 시장은 지역 공동체에 좀 더 많은 일을 가져올 수 있다고 주장하면서 이 시설 설립에 대한 열정을 보였다.

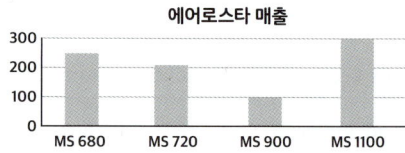

에어로스타 매출

어휘 produce 생산하다 light bulb 전구 discontinue 중단하다 mayor 시장 pass 통과하다 employment 고용 opportunity 기회 energy 에너지, 힘 policy 방침, 정책 revise 수정하다, 개정하다 transportation 교통 improve 향상하다 manufacturer 제조업체 aircraft 비행기, 기체 contract 계약하다; 계약 airline 항공사 supply 공급하다; 공급물품 plant 공장 beginning 초반 September 9월 be located ~에 위치하다 press conference 기자회견 express 표현하다, 나타내다 enthusiasm 열정 facility 시설 assert 주장하다 community 지역 공동체

10 이 사업체는 무엇을 생산하는가?

(A) 전구

(B) 라디오

(C) 자동차

(D) 엔진

해설 업종을 물어보는 GQ로, 본문의 맨 앞을 듣고 힌트를 얻어야 한다. 정답은 본문 중 언급된 (D)이다.

11 도표를 보시오. 어떤 제품의 생산이 중단될 것인가?

(A) MS 680

(B) MS 720

(C) MS 900

(D) MS 1100

해설 본문 내용은 주로 큰 계약 건인 MS 720 엔진에 대해 이야기하고 있지만, 미리 문제를 읽어 두고 올해에 생산이 중단되는 상품에 대한 내용을 들어야 한다. 본문에서 판매가 가장 낮은 엔진은 단종된다(Aerostar will discontinue the production of the engine with the lowest sales)라는 부분을 듣고, 표에서 가장 판매가 낮은 MS 900을 골라낼 수 있어야겠다.

12 시장은 래밍턴에 어떤 일이 있을 것이라고 말하는가?

(A) 더 많은 교통법규가 통과될 것이다.

(B) 고용 기회가 증가할 것이다.

(C) 에너지 방침이 변경될 것이다.

(D) 대중교통 서비스가 향상될 것이다.

해설 시장이 무엇이라고 했는지 물었으므로, mayor가 나오는 부분을 집중해서 듣자. 시장이 한 말이 나오는 부분에서 it will bring more jobs to the community는 지역에 일자리가 더 생긴다는 뜻으로, bring more jobs를 동의 표현 employment opportunities로 바꾸어 표현한 (B)가 답이 된다.

UNIT 16 유형별 공략: 행사 안내

SPARTA 📋 PRACTICE | p. 134

1 (A) **2** (B) **3** (A) **4** (B)

---

1 무엇 때문에 서비스가 변경되었는가?

(A) 장비의 오작동

(B) 나쁜 날씨 환경

Attention, all Quickrail passengers who are waiting for the four o'clock train to Warrington. This service has been cancelled **due to a mechanical problem** with the train. There is an issue with the engine.

4시에 워링턴으로 가는 기차를 기다리는 모든 퀴레일 승객들께서는 주목해 주세요. 이 서비스는 기차의 기계적인 문제로 취소되었습니다. 엔진에 문제가 있었습니다.

해설 문제점은 전체적인 내용을 물어보는 GQ로, 특히 교통 안내(비행기/기차)에서 지연 이유는 출제 빈도율이 가장 높은 문제다. 정답도 가장 자주 등장하는 기계적인 결함이 그대로 나왔다.

---

2 강연 직후에 무슨 일이 있을 것인가?

(A) 단체 사진을 찍을 것이다.

(B) 연회가 열릴 것이다.

In fact, Ms. Ortega will join us right **after the lecture** for a **brief reception** in the lobby. Smith's Bookstore has kindly extended its hours tonight for the reception. So, please join us.

사실, 올테가 씨는 강연 직후에 로비에서 짧은 모임을 저희와 함께 하시겠습니다. 스미스네 서점은 오늘 이 파티를 위해서 친절하게도 영업시간을 연장해 주셨습니다. 그러니, 꼭 참석해 주세요.

해설 아마도 저자 사인회(book signing) 행사를 소개하는 마지막 부분인 것 같다. 특히 서점에서 저자 사인회를 많이 한다. 행사가 끝나고 발표자와 함께 작은 파티나 서명회를 여는 것도 자주 등장하는 내용이다.

---

3 어떤 종류의 행사가 일어나고 있는가?

(A) 지역 공동체의 모금회

(B) 시상식

Welcome, everyone, to this dinner to benefit the children of our community. With your help, we hope **to raise** enough **money to renovate** our town's playground. So enjoy yourselves and be generous.

저희 동네의 어린이들을 위한 이번 저녁 식사에 오신 것을 환영합니다. 여러분의 도움으로 저희는 도시의 놀이터를 개조할 충분한 돈을 모금할 수 있을 거라 생각합니다. 그러니 즐거운 시간을 보내시고 너그럽게 모금해 주세요.

해설 지역의 비영리 단체(nonprofit organization)나 공공 시설(public facility)을 위한 모금 행사는 자주 등장하는 행사 중 하나이다. GQ는 본문 맨 앞에서 힌트를 준다는 것을 기억하고 문제를 풀자.

---

4 워크숍의 주제는 무엇인가?

(A) 성공적인 회의를 행하는 것

(B) 직장에서 창의성을 격려하는 것

Welcome to **today's workshop** on ways to **promote creative thinking** in the office. Encouraging employees to take new, creative approaches to problems is important for a successful, innovative company.

사무실에서 창의적인 사고를 독려하는 방법에 대한 오늘의 워크숍에 오신 것을 환영합니다. 성공적이고 혁신적인 회사를 위해서는 직원들에게 문제 해결에 새롭고 창의적인 접근을 하도록 독려하는 것이 중요합니다.

해설 워크숍의 주제도 GQ 문제로, 본문 첫 문장에서 힌트를 얻을 수 있다. 회사 생활에서는 다양한 주제에 대한 상식이 있으면 유리하지만, 배경 지식보다 더 중요한 것은 문제 유형을 파악하고, 정답이 나올 부분을 집중해서 듣는 것이다. 첫 문장에서 정답을 그대로 골라낼 수 있어야겠다.

| **1** (C) | **2** (B) | **3** (B) | **4** (D) | **5** (C) | **6** (C) | **7** (C) |
| **8** (D) | **9** (D) | **10** (A) | **11** (B) | **12** (B) | | |

Questions 1-3 refer to the following introduction.

1 I'm pleased to welcome you to the Aurora Art Gallery for its grand opening of this amazing exhibit. Tonight, you'll have the opportunity **2** to view Adam Finnegan's complete collection of watercolor paintings, and also hear directly from him. In fact, you may not be aware of this, but **3** Adam Finnegan spent almost 20 years working as a taxi driver before even picking up a paint brush. He'll talk to us momentarily about how he became an artist. And then you'll have the rest of the evening to mingle, enjoy refreshments, and of course, view the artist's works.

저는 이런 멋진 전시의 대개장을 위해서 오로라 미술관에 오신 여러분을 진심으로 환영합니다. 오늘밤, 여러분은 아담 패니건의 수채화 그림의 완벽한 컬렉션을 보시고 그의 얘기를 직접 들으실 기회를 가질 겁니다. 사실, 여러분은 이걸 모르실 수도 있지만, 아담 패니건은 붓을 들기 전에 거의 20년 동안 택시 운전사로 생활을 했습니다. 그는 곧 어떻게 화가가 되었는지 말씀을 해주실 겁니다. 그러고 나서 여러분은 나머지 저녁 시간을 다른 사람들과 어울리고, 간식도 드시면서, 물론 화가의 작품도 관람하시게 될 겁니다.

어휘 **introduction** 소개 **professor** 교수 **painter** 화가 **critic** 평론가 **memoir** 회고록 **career** 직장, 경력 **lead** 이끌다, 리드하다 **collect** 모으다, 수집하다 **be pleased** 기쁘다 **grand opening** 대개장 **amazing** 멋진 **exhibit** 전시 **opportunity** 기회 **view** 보다, 관람하다 **complete** 완성된, 완벽한 **collection** 수집, 컬렉션 **watercolor** 수채화 **directly** 직접적으로 **be aware of** 눈치채다 **spent** (시간을) 보내다(spend의 과거형) **taxi** 택시 **pick up** 집다 **paintbrush** 그림 그리는 붓 **momentarily** 곧, 좀 있다가 **artist** 화가, 예술가 **rest of** 나머지의 **mingle** 섞이다, 어울리다 **refreshment** 간식 **work** 작품

1 이 소개는 아마 어디에서 일어나고 있는가?

(A) 교실에서
(B) 서점에서
(C) 미술 갤러리에서
(D) 식당에서

해설 소개 안내를 하고 있는 장소를 물어보는 GQ로, 본문의 맨 앞에서 힌트를 준다. 첫 문장에서 갤러리에 온 것을 환영한다는 표현을 듣고 장소가 갤러리임을 알 수 있다.

2 아담 패니건은 누구인가?

(A) 교수
(B) 화가
(C) 작가
(D) 평론가

해설 고유명사인 사람이 등장할 경우, 이름 앞뒤로 소개 설명이 나오게 된다. 아담의 수채화 그림을 관람하겠다는 부분에서 이 사람이 화가임을 추측할 수 있다.

3 아담 패니건은 무엇에 대해서 말할 것인가?

(A) 그의 회고록을 쓰는 것
(B) 그의 경력을 바꾼 것
(C) 회사를 이끄는 것
(D) 예술작품을 수집하는 것

해설 행사 소개에서 초대 발표자의 배경 및 일정을 말하는 부분은, 그 사람의 직업을 말한 바로 다음에 나온다. 택시 운전사로 일하다가 화가가 된 이유를 설명한다(became an artist)는 부분을 듣고 직업을 바꾸었다고 한 (B)를 정답으로 찾아낼 수 있어야겠다.

Questions 4-6 refer to the following announcement.

So **4** this is our last stop on our tour today; The Greek Museum of History. Here in the museum, there are collections of artifacts from over 5,000 years of history in the region. **5** Many exhibits include the stories of historic figures. And it's especially interesting to learn about the lives of these people from different times in the past. To fully appreciate what the museum has to offer, **6** I'd suggest getting one of the audio devices available at the front desk. It will provide additional information. Please plan to meet back here in the lobby in two hours.

자, 이제 오늘 저희 투어의 마지막 정류지인 그리스 역사 박물관입니다. 여기 박물관에서는, 이 지역의 5천 년이 넘는 역사적인 작품들이 있습니다. 많은 전시물들이 역사적인 인물들의 이야기를 담고 있습니다. 그리고 과거의 다른 시대에 살았던 이 인물들의 삶을 배워가는 것은 정말 흥미로운 일입니다. 이 박물관에서 제공하는 것을 충분히 감상하기 위해서, 저는 프런트에 있는 오디오 장치를 빌리라고 권해 드리고 싶습니다. 그것은 추가 정보를 제공해 줄 것입니다. 2시간 후에 여기 로비에서 다시 만날 계획을 세우시기 바랍니다.

어휘 **take place** 일어나다 **museum** 박물관 **special** 특별한 **interest** 흥미, 관심 **monument** 기념비, 유적 **lives** 인생, 삶 (life의 복수형) **historical** 역사상의 **figure** 인물 **renovation** 개조, 수리 **exhibit hall** 전시홀, 전시장 **recommend** 추천하다 **purchase** 구매하다; 구매 **book** 예약하다(= reserve) **sign up** 신청하다, 등록하다 (= register) **last stop** 마지막 정류지 **artifact** 유물 **region** 지역 **include** 포함하다 **historic** 역사의 **times** 시대 **appreciate** 감상하다, 감사하다 **offer** 제공하다 **device** 장치 **available** 이용할 수 있는, 사용할 수 있는 **additional** 추가의

4 이 안내는 아마 어디에서 일어나고 있는가?

(A) 공원에서
(B) 호텔에서
(C) 도서관에서
(D) 박물관에서

해설 안내가 나오는 장소를 물어보는 GQ로, 첫 문장에서 장소가 박물관임을 알 수 있다.

5 화자는 그의 특별한 관심이 무엇이라고 이야기하는가?

(A) 중요한 화가의 작품
(B) 기념비의 디자인

(C) 역사적 인물들의 삶

(D) 전시홀의 개조

해설 특별한 흥미(special interest)라는 문제의 Key Word를 기억하고 본문에서 포착해야 한다. 역사적인 인물의 삶을 알아가는 것이 흥미롭다는 부분에서 답을 찾을 수 있다. 특히 figures가 인물이라는 의미로 해석될 수 있다는 것을 기억해 두자.

6 화자는 무엇을 추천하는가?

(A) 지도를 구입하는 것

(B) 방을 예약하는 것

(C) 오디오 플레이어를 사용하는 것

(D) 시내 관광을 신청하는 것

해설 화자가 제안(recommend)하는 것을 묻는 유형은 Part 4에 자주 등장하는 문제로, 주로 본문의 후반부에 등장한다. 내가 제안하겠다(I'd suggest)라는 부분 이후로 박물관의 오디오 플레이어를 사용해 설명을 들으라는 부분에서 정답을 추측할 수 있다. 대부분의 박물관이 작품에 대한 녹음 설명을 제공한다는 것도 상식으로 알아 두자.

Questions 7-9 refer to the following excerpt from a meeting.

----

7 Welcome to the workshop on developing a business plan. My name is James Gilmer, and I'll be leading this subject. Let's start with a simple explanation of what that is. A business plan is a statement that describes your goals and how you plan to achieve them. A well-written business plan makes **8** a good impression, and this is important for getting financial support from people willing to invest in your company. **9** Before we look at some examples of effective business plans, I'd like to go around and have each of you share your work experience with the group. Now, who would like to begin?

사업 계획서 개발에 관한 워크숍에 오신 것을 환영합니다. 제 이름은 제임스 길머로, 이 주제를 이끌어 나갈 것입니다. 먼저 그게 무엇인지를 간단하게 설명하는 것으로 시작하겠습니다. 사업 계획서는 여러분의 목적과 그것들을 어떻게 성취할지 계획하는 것을 설명한 보고서입니다. 잘 쓰여진 사업 계획서는 좋은 인상을 주고, 이것은 여러분 회사에 투자할 용의가 있는 사람들에게서 재정적인 후원을 얻는 데 중요합니다. 자, 이제 효과적인 사업 계획서 샘플을 보기 전에 제가 돌아다니면서 여러분 각각의 업무 경험을 다른 사람들과 공유할 수 있도록 하겠습니다. 자, 누가 먼저 시작하시겠어요?

어휘 topic 주제 apply for 지원하다 effective 효과적인 create 만들다, 창조하다 business plan 사업 계획서 impression 인상 attract 당기다, 끌어모으다 attention 주의, 집중 gain 얻다, 획득하다 investor 투자가 support 후원 share 나누다, 함께하다 experienced 경험이 많은 workshop 워크숍, 트레이닝, 수업 develop 개발하다, 발전시키다 lead 이끌다, 선도하다 subject 주제 explanation 설명 statement 진술, 발표, 보고서 describe 설명하다 goal 목표 achieve 달성하다 well-written 잘 쓰인 financial 재정의 example 예제 go around 돌아다니다

7 워크숍의 주제는 무엇인가?

(A) 직장에 지원하는 것

(B) 효과적인 발표를 하는 것

(C) 사업 계획을 세우는 것

(D) 광고를 디자인하는 것

해설 워크숍의 주제를 물어보는 GQ로, 지문 맨 앞에서 단서가 그대로 등장했다. 첫 번째 문제의 핵심을 정확하게 집어내야 3문제를 다 맞힐 수 있고, 속도 조절에도 유리하다.

8 화자에 의하면, 왜 좋은 인상을 주는 것이 중요한가?

(A) 신규 고객을 끌어모으기 위해

(B) 청중들의 집중을 유지하기 위해

(C) 직원들의 존경을 받기 위해

(D) 투자자들의 후원을 받기 위해

해설 인상이 중요한 이유(important ~ impression)라는 문제의 Key Word를 정확하게 기억하고 본문을 집중해서 듣도록 하자. 좋은 인상을 주는 것은 재정적인 후원을 받는 데 중요하다고 했으므로 답은 (D)이다.

9 화자는 어떤 의미로 "여러분의 업무 경험을 다른 사람들과 공유하세요"라고 하는가?

(A) 그는 경력이 많은 직원들만 고용하고 싶어 한다.

(B) 그는 같은 회사에서 일한 적이 있다.

(C) 그는 그들이 같이 일함으로써, 돈을 절약할 수 있다고 생각한다.

(D) 그는 서로 아는 것이 배우는 과정에 도움이 될 거라고 믿는다.

해설 강사로 보이는 화자가 사업 계획이라는 주제를 설명하기 전에 "서로의 업무 경험을 공유하도록 하겠다"고 말하는 부분에서 화자가 강의를 진행하는 데 도움이 될 거라고 생각한다는 것을 알 수 있다.

Questions 10-12 refer to the following instruction and ticket.

Good evening, ladies and gentlemen. **10 11** We regret to inform you that because of the heavy fog here in San Francisco, Eva Airline Flight 0027 to Taipei is delayed until tomorrow morning. The flight will depart from the same gate at the same time tomorrow. All passengers are asked to proceed to the customer service desk to receive new boarding passes. **12** A shuttle bus to the Quality Inn Airport Hotel will be departing shortly from the International Terminal Number 5. Your luggage will be ready for you to pick up at the terminal as well. We apologize for the inconvenience. Your hotel rooms and breakfast tomorrow morning will all be covered by the airline.

신사 숙녀 여러분, 좋은 저녁입니다. 죄송스럽게도 에바 항공사의 타이페이행 0027편이 여기 샌프란시스코에서 짙은 안개로 인해서 내일 아침까지 지연되었다는 말씀을 드립니다. 비행편은 내일 동일한 게이트에서 같은 시간에 출발할 것입니다. 모든 승객들은 고객 서비스 데스크로 가셔서 새로운 탑승권을 받으셔야 합니다. 5번 국제 터미널에서 잠시 후에 퀄리티 인 공항 호텔로 가는 셔틀버스가 출발하겠습니다. 손님 짐은 터미널에서 찾을 수 있도록 준비되어 있습니다. 불편을 드려 사과 드립니다. 여러분의 호텔 방과 내일 아침 식사는 항공사에서 책임질 것입니다.

탑승권

항공편: BR 0027	출발지: 샌프란시스코
날짜: 12월 22일	목적지: 대만
시간: 오후 1시 55분	

‖‖‖‖‖‖‖‖‖‖‖‖‖

어휘 boarding pass 탑승권 airline 항공사 conductor (기차) 차장 travel agent 여행사 직원 shuttle 셔틀버스 regret 유감이다, 미안하다 inform 알리다, 공지하다 heavy 무거운, 진한 fog 안개 be delayed 지연되다 proceed 가다, 진행하다 luggage 짐 be ready 준비되다 apologize 사과하다 inconvenience 불편함 cover (비용을) 대신 내주다

10 화자는 아마 누구인가?

(A) 항공사 직원

(B) 기차 차장

(C) 뉴스 리포터

(D) 여행사 직원

해설 말하는 사람이 누구인지를 물어보는 GQ로, 본문의 첫 번째 문장에서 비행기 지연 안내를 하고 있으므로 공항 또는 항공사 직원임을 추측할 수 있다.

11 도표를 보시오. 어떤 정보가 내일 업데이트될 것인가?

(A) BR 0027

(B) 12월 22일

(C) 오후 1시 55분

(D) 샌프란시스코

해설 새롭게 바뀌는 정보에 대한 내용을 들어야 한다. 본문에서 비행기가 내일까지 연착되며, 내일 같은 시간에 같은 게이트에서 출발한다 "The flight will depart from the same gate at the same time tomorrow"라는 부분에서 결국 출발 날짜가 변경되어야 하므로, (B)가 정답이다.

12 셔틀버스는 어디로 갈 것인가?

(A) 터미널로

(B) 호텔로

(C) 식당으로

(D) 공항으로

해설 셔틀버스가 가는 곳(Where ~ shuttle go)이라는 문제의 Key Word를 정확하게 기억하고 본문을 듣자. 음원과 선택지에 여러 단어가 겹치게 등장하지만 터미널에서 셔틀버스를 타고 호텔로 가는 내용을 들을 수 있어야겠다. 특히, 공항 관련 안내문에서 결항이 되면 항공사에서 호텔 숙박비/식사비를 제공하는 것을 상식적으로 알아 두자.

---

1 (A) **2** (B) **3** (A) **4** (B)

1 청자들은 아마 어디에서 일하는가?

(A) 피트니스 센터에서

(B) 공공 도서관에서

Good morning. Today's staff meeting is about an important **project for our fitness center**. We're going to be setting up a library of online workout videos. This video library will allow people to workout at home or even at work at any time of the day they want.

좋은 아침입니다. 오늘의 직원 회의는 저희 피트니스 센터의 중요한 프로젝트에 관한 것입니다. 저희는 온라인 운동 비디오의 자료실을 만들 계획입니다. 이 비디오 자료실은 사람들이 하루 중 언제라도 그들이 원하는 시간에 집이나 직장에서 운동을 할 수 있게 할 것입니다.

해설 장소를 물어보는 GQ로, 본문 앞쪽에서 힌트를 얻을 수 있다. 첫 문장에서 피트니스 센터의 직원회의(staff meeting)라는 것을 알 수 있다. 'fitness center'에서 어떤 업장인지 쉽게 파악했다 할지라도, 청자가 무조건 고객이 되는 것은 아니다. 직원이나 또 다른 협력/하청 업체일 수도 있으니 긴장을 늦추지 말고 정확히 듣자.

2 화자에 의하면, 무엇이 변경되는가?

(A) 데이터베이스에 접근하기 위한 암호

(B) 건물에 들어가는 절차

Starting on the first of the next month, **we will be changing** how employees **access the building**. All employees will receive a photo identification badge to swipe when you enter the building. Everyone must go to the security desk to have their photographs taken.

다음 달 1일부터 저희는 직원들이 건물에 들어가는 방법을 변경할 것입니다. 모든 직원들은 건물에 들어갈 때 대야 하는 사진이 있는 신분증을 받을 것입니다. 모두들 사진을 찍기 위해 경비 데스크로 가시기 바랍니다.

해설 무엇이 변경되는가는 GQ에 해당하는 내용으로, 본문 앞쪽에서 힌트를 얻을 수 있다. "access the building"이 "건물에 들어가다"라는 의미임을 알면 쉽게 내용을 파악할 수 있고, 그 뒤의 "to swipe when you enter the building"에서도 힌트를 얻을 수 있다. 전체적으로 직원들이 건물 출입에 대한 절차 변경을 공지받는 내용이다.

3 어떤 상품이 논의되고 있는가?

(A) 스마트폰 케이스

(B) 노트북 컴퓨터

Next on the agenda this morning is this month's sales report about accessories for electronic devices. As you may have read, **our sales** of smartphone cases **are not as high** as we'd hoped. We aren't successfully reaching our target customers.

오늘 아침의 다음 안건은 이번 달 전자기기 액세서리 판매 보고입니다. 여러분도 읽어 보셨겠지만, 스마트폰 케이스의 판매량이 기대한 것만큼 높지 않습니다. 우리는 목표로 하는 고객에 성공적으로 접근하지 못하고 있습니다.

해설 어떤 상품이 논의되고 있는지를 물어보는 것은 GQ로, 대개 본문 앞쪽에서 힌트를 제시한다. 전자제품의 액세서리(accessories for electronic devices)라는 데서도 힌트를 얻을 수 있고, 그 다음 문장에 smartphone cases가 그대로 등장한다. 판매량의 증가는 회의 내용에서 가장 많이 등장하는 주제 중 하나로 꼭 익혀 두자.

4 화자에 의하면, 안토니 씨의 가장 큰 업적은 무엇인가?

(A) 그는 가장 잘 팔리는 상품을 개발했다.

(B) 그는 고객층을 확대했다.

His notable achievement here at the Samsonight Company has been **securing more business contracts** than any other sales representatives in the firm's history. We thank you, Anthony, and would like to present this award as a small token of our appreciation.

여기 샘소나이트 회사에서의 그의 주목할 만한 업적은 회사 역사상 어떤 판매 직원들보다도 사업 계약을 많이 체결했다는 것입니다. 우리는 안토니에게 감사를 표하고 감사의 작은 표시로 이 상을 드리고 싶습니다.

해설 토익에서 난이도가 높은 정답은 소위 패러프레이징된 표현(동의어)으로, 음원에서 들려준 단어 그대로가 아닌 동의어로 나타낸 보기가 정답이 되는 것이다. 사업 계약을 더 많이 확보했다는(securing more business contracts) 부분을 고객층을 확대한(expanded a client base) 것으로 바꾸어 표현한 (B)가 정답이다.

SPARTA ✓	ACTUAL TEST				p. 141

1 (C)	2 (A)	3 (A)	4 (C)	5 (A)	6 (D)	7 (D)
8 (A)	9 (B)	10 (B)	11 (C)	12 (D)		

Questions 1-3 refer to the following introduction.

¹ Before we open for business today, I'd like to introduce Ms. Yvette Lawrence, our new head chef. We received many applications for her position. But ² Lawrence stood out among them because of her intensive international experience in China and Indonesia. She has been working in restaurants all over the world since graduating Culinary School of Shanghai six years ago. And recently, she also published a book about French and Chinese Cooking. ³ Over the next few months, she will be adding a few new items to the menu. I'm very excited Ms. Lawrence will be joining our team.

오늘 영업을 시작하기 전에, 저는 새로운 수석 조리장인 이벳 로렌스 씨를 소개하고 싶습니다. 저희는 이 자리에 많은 지원서를 받았는데요, 로렌스는 중국과 인도네시아에서의 국제적인 경험 때문에 그들 중에서 가장 뛰어났습니다. 그녀는 6년 전에 상하이 요리 학교를 졸업하고 나서 전세계의 식당에서 일했습니다. 또한 최근에, 그녀는 프랑스와 중국 요리에 대한 책도 출간했습니다. 앞으로 몇 개월 동안, 그녀는 메뉴에

몇 가지 새로운 품목을 추가할 것입니다. 저는 로렌스 씨가 저희 팀에 합류하게 되어서 정말 기쁩니다.

어휘 take place 일어나다 grocery 식료품 qualification 자격 요건 experience 경험, 경력 creative 창의적인 recipe 레시피, 조리방법 skill 기술 advanced 상급의, 고급의 degree 학위 supplier 공급업체 appliance 전자제품 head chef 수석 조리장 application 지원, 지원서 position 자리, 직책 stand out 눈에 띄다, 뛰어나다 intensive 집중적인 culinary 요리의 publish 출판하다 add 더하다, 추가하다 be excited 흥분하다, 매우 좋아하다 join 참가하다, 들어오다

1 이 발표는 어디에서 일어나고 있는 것 같은가?

(A) 서점에서

(B) 식료품점에서

(C) 식당에서

(D) 여행사에서

해설 장소를 물어보는 GQ로, 본문의 앞쪽에서 가장 결정적 힌트를 얻을 수 있다. 오늘 영업 전에 새로운 조리장을 소개한다는 부분에서 장소가 식당인 것을 추측할 수 있다.

2 로렌스 씨의 가장 중요한 자격 요건으로 무엇이 언급되는가?

(A) 국제적인 경험

(B) 창의적인 레시피

(C) 전문적인 기술

(D) 고급 학위

해설 지원자의 해외 경력(intensive international experience)이 언급되고 있다. 그 외의 다른 조건은 강조되지 않았다.

3 화자에 의하면, 로렌스 씨는 무엇을 바꿀 것인가?

(A) 메뉴

(B) 근무 일정

(C) 공급 업체

(D) 전자제품

해설 대부분의 소개(introduction)는 과거의 업적 이후에 현재나 미래의 계획에 대한 내용이 반드시 등장한다. 앞으로의 계획으로, 메뉴를 추가한다는(she will be adding a few new items to the menu) 내용에서 메뉴가 바뀔 것임을 알 수 있다.

Questions 4-6 refer to the following excerpt from a meeting.

⁴ Good morning, regional managers. I received this quarter's sales figures yesterday, and I'm happy to announce that our total number of sales increased by 38 percent and profits by 15 percent from the same period of last year. ⁵ The increase is due to our new line of organic food, which has been a big success nationwide. Building on this success, we're now planning to add organic desserts to our product line. These new ice creams and yogurts will appear in selected test markets next month. Then, ⁶ we'll be sending surveys to our customers and getting some feedback

on them. We hope to continue our success by looking into how our customers respond to our new products.

지역 매니저 여러분, 안녕하세요. 어제 분기별 판매 수치를 받았는데, 작년의 같은 기간보다 판매는 38%, 수익은 15% 증가했다는 것을 알려드리게 되어 기쁩니다. 이 증가는 전국적으로 크게 성공한 우리의 새로운 종류의 유기농 식품 덕분입니다. 이 성공을 발판 삼아, 저희는 이제 유기농 디저트를 상품 라인에 추가하려고 계획하고 있습니다. 이 새로운 아이스크림과 요거트는 다음 달에 선정된 테스트 마켓에서 선보일 것입니다. 그리고 나서, 저희는 그 상품에 대한 피드백을 얻기 위해 저희 고객들에게 설문지를 보낼 것입니다. 저희는 고객들이 신상품에 어떻게 반응하는지 자세히 검토해서 저희의 성공을 지속해 나가기를 바라고 있습니다.

어휘 hear 듣다 year-end 연말의 successful 성공적인 increase 증가시키다 budget 예산 improvement 향상 packaging 포장 material 물질, 재료 celebration 축하, 재료 invitation 초대(장) coupon 쿠폰 survey 설문조사 regional 지역의 figure 수치, 실적 profit 수익 period 기간 due to ~덕분에 line (상품) 라인 organic 유기의, 유기농의 nationwide 전국적으로 add 추가하다 dessert 디저트 appear 나타나다 selected 선출된, 뽑힌 market 시장 feedback 피드백, 의견 continue 계속하다 look into 들여다보다 respond to ~에 반응하다

4 이 담화를 어디에서 들을 수 있는가?

(A) 연말 파티에서
(B) 시상식에서
(C) 직원 회의에서
(D) 사내 야유회에서

해설 장소를 물어보는 GQ로, 본문 앞쪽에 등장하는 내용에서 지역 매니저를 대상으로 하는 정기 회의임을 유추할 수 있다.

5 발표의 주제는 무엇인가?

(A) 성공적인 신제품
(B) 증가된 광고 예산
(C) 포장 재질의 향상
(D) 축하 계획

해설 주제(main topic)를 묻는 GQ 문제로, 보통 앞쪽에서 힌트를 많이 주는데, "신상품(유기농 식품)으로 인한 판매 증가"를 언급했고, 유기농 디저트를 상품군에 추가하겠다는 내용이 이어진다. 정답은 성공을 거둔 유기농 제품을 상품(product)으로 바꾸어 표현한 (A)인데, 오답 중에서 (B)의 increased만 보고 속지 말자. 늘어난 것은 매출이지 예산(budget)이 아니다.

6 고객들에게 무엇이 보내질 것인가?

(A) 파티 초대장
(B) 제품 샘플
(C) 할인 쿠폰
(D) 마케팅 설문지

해설 '고객에게 보낼 것(sent to the customers)'이라는 문제의 Key Word를 기억하고 본문을 집중해서 듣자. 신제품 개발 절차의 하나로 고객 설문조사(customer survey)를 계획하고 있음을 알 수 있다. 따라서 이를 마케팅 설문지(marketing survey)로 바꾼 (D)가 답이다.

Questions 7-9 refer to the following excerpt from a meeting.

Before I close the meeting, **7** I'd like to remind everyone about the new parking policy going into effect next week. Our company is starting an environmental initiative. As part of this plan, we decided to reserve the front rows of the parking areas in the main parking lot for those employees who participate in the carpool program. **8** Riding with colleagues to work will help reduce pollution and allow our company to contribute to environmental protection effort. **9** If you're interested in participating in this initiative, please send an e-mail to Alexander Yang, our transportation planner, at ayang@kcop.org.

오늘 회의를 끝마치기 전에, 여러분께 다음 주부터 시작하는 새로운 주차 방침에 대해서 다시 한번 알려드리고 싶습니다. 저희 회사는 새로운 환경 보호 계획을 시작하려고 하고 있습니다. 이 계획의 일부로, 메인 주차장의 앞쪽 줄은 카풀 프로그램에 참여하는 직원들을 위해서 남겨 두기로 결정했습니다. 동료사원들과 함께 차를 타고 출근하는 것은 공해를 줄이고 우리 회사가 환경 보호 노력에 일조할 수 있게 합니다. 여러분이 이 새로운 계획에 참여하고 싶으시면 저희 교통 기획자인 알렉산더 양에게 ayang@kcop.org로 메일을 보내시기 바랍니다.

어휘 overseas 해외의 office 사무소, 지점 security 보안 gate 게이트, 문 create 만들다 space 공간 environment 환경 lower 내리다 (= decrease) expense 비용 promote 촉진시키다, 활성화시키다 community 지역 공동체 relations 관계 permit 허가증, 허가 take part in ~에 참가하다 program 계획, 과정 schedule 일정을 잡다; 일정 coworker 동료사원(= colleague) remind 다시 알려주다, 주의를 환기시키다 policy 방침 go into effect 효력이 발생하다 initiative 새로운 계획, 독창력 part 부분 reserve 예약하다, 맡아두다 row 줄 area 지역 carpool 자동차 같이 타기, 카풀 ride 타다 reduce 줄이다 pollution 공해, 오염 allow 허락하다, ~하게 하다 contribute 공헌하다 protection 보호 effort 노력 be interested in ~에 관심이 있다, 흥미가 있다 transportation 교통 planner 기획자, 계획자

7 회사는 무엇을 계획하고 있는가?

(A) 해외 사무소를 여는 것
(B) 자동차를 더 파는 것
(C) 보안 게이트를 짓는 것
(D) 특별한 주차 공간을 만드는 것

해설 회사가 계획하고 있는 것을 묻는 GQ 문제로, 본문 앞쪽에 'new parking policy'가 나오고, 이후에 carpool을 하는 직원들에 대해서 별도의 주차 공간을 배정한다는 내용이 이어진다. "we decided to reserve the front rows of the parking areas"에서 카풀 참여자들을 위해 주차장 앞줄(front row)을 따로 남겨 두기로 결정했다는 것을 "special parking spaces"로 바꾸어 표현한 (D)가 정답이다.

8 왜 변화가 일어나는가?

(A) 환경을 보호하기 위해
(B) 직원 보안을 강화하기 위해
(C) 회사 비용을 줄이기 위해
(D) 지역 관계를 공고히 하기 위해

해설 일차적으로는 카풀을 하는 직원들에게 혜택을 주려는 것이 이유가 될 수 있는데, 선택지에는 그 내용이 없다. 그 외에, 공해를 줄이고 환경보호에 기여한다는 부분에서, (A)가 답임을 알 수 있다. 기존에 정답이 많이 되었다는 이유로 무조건 비용 절감을 고르지 않도록 주의하자.

9 청자들은 왜 알렉산더 양에게 이메일을 보내야 하는가?

(A) 새로운 주차증을 받기 위해

(B) 프로그램에 참가하기 위해

(C) 면접 약속을 잡기 위해

(D) 동료 직원들을 만나기 위해

해설 직원들에게 지시하거나 부탁하는 사항은 일반적으로 마지막 부분에 등장한다. 마지막에 이 새로운 주차 계획에 참가하고(participate in) 싶은 사람은 알렉산더 양에게 이메일을 보내라는 부분을 듣고 '프로그램(계획)에 참가하다(take part in)'라는 동의 표현을 골라낼 수 있어야 겠다.

Questions 10-12 refer to the following talk and schedule.

Good morning. **10** I'd like to thank everyone on the construction site for your hard work. Let us go over the current projects to see where we are in terms of time frame. The renovation on Aurora Shopping Center and Hackensack Hospital are coming along nicely. The work on the city garden had some problems, but the site manager assured that everything will be ready in time of opening in May. **11** Unfortunately, Tammy's Tavern Café won't be completed by the original deadline, so we've asked to extend the construction period by two weeks. In light of this news, I had to create a new work schedule. Please take a look at it and **12** let me know as soon as possible if you notice any problems.

안녕하세요. 공사장에서 열심히 일하시는 여러분께 감사 드리고 싶습니다. 저희가 일정상 어디에 있는지 확인하기 위해 현재의 프로젝트들을 검토해 봅시다. 오로라 쇼핑센터와 해컨색 병원의 개조는 잘 진행되고 있습니다. 시 정원 작업은 문제가 좀 있었지만, 현장 감독이 5월 개장까지는 모든 것이 준비될 거라고 장담했습니다. 불행하게도, 타미네 술집은 원래 마감일까지 완성할 수가 없어서 저희는 공사기간을 2주 연장해 달라고 부탁했습니다. 이런 변화를 반영해서 제가 새로운 업무 일정을 잡았습니다. 한번 보시고 문제를 발견하면 최대한 빨리 저에게 알려주시기 바랍니다.

프로젝트	마감일
오로라 쇼핑센터	4월 10일
시 정원	4월 25일
타미네 술집	4월 30일
해컨색 병원	5월 1일

어휘 construction 공사 planner 계획하는 사람 server 종업원, 웨이터 (= waiter) deadline 마감 confirm 확인하다 quantity 수량 submit 제출하다 invoice 송장, 고지서(= bill) review 검토하다 procedure 절차 notify 공지하다 go over 검토하다 current 현재의 in terms of ~의 면에서 frame 틀, 형태 renovation 수리, 공사(= construction) come along 따라오다, 되어가다 assure

보장하다 in time 시간 안에 complete 완성하다 original 원래의 extend 연장하다 period 기간 in light of ~을 고려해서, ~의 관점에서 create 만들다 take a look 보다 notice 눈치채다, 알아채다

10 화자는 아마도 누구에게 이야기하고 있는가?

(A) 가게 매니저들

(B) 공사장 일꾼들

(C) 행사 계획자들

(D) 식당 종업원들

해설 누구에게 이야기하고 있는지, 즉 듣는 사람(listeners)이 누구인지를 물어보는 GQ 문제로, 본문 앞쪽에 나오는 "thank everyone on the construction site for your hard work"에서, 듣는 사람들이 공사장에서 일한다는 것을 추측할 수 있다.

11 도표를 보시오. 어떤 마감일이 더 이상 정확하지 않은가?

(A) 4월 10일

(B) 4월 25일

(C) 4월 30일

(D) 5월 1일

해설 표가 나오는 문제는 표를 한번 훑어 보고 문맥상 어떤 의미인지를 파악해야 한다. 마감이 지연된 것은 타미네 술집이고, 결과적으로 주어진 일정표에서 정확하지 않은 정보는 타미네 술집의 마감일인 (C) 4월 30일이다.

12 청자들은 최대한 빨리 무엇을 하라고 부탁 받는가?

(A) 물품 수량을 확인하라고

(B) 프로젝트 송장을 제출하라고

(C) 안전 절차를 검토하라고

(D) 문제가 있으면 알려 달라고

해설 직원회의에서 가장 많이 나오는 문제 중 하나다. 회의 진행자가 참석자들에게 자료(material)를 나눠주고 의견을 물어보는 경우가 많다. 자료의 하나인 일정표를 주고 문제가 있으면 알려 달라고 했으므로 정답은 (D)이다.

SPARTA 💡 REVIEW TEST | p. 142

1 (B)	2 (A)	3 (D)	4 (B)	5 (D)	6 (A)	7 (B)
8 (D)	9 (A)	10 (C)	11 (D)	12 (A)	13 (B)	14 (C)
15 (C)	16 (A)	17 (B)	18 (C)			

Questions 1-3 refer to the following telephone message.

Hello, Ms. Andrews. **1** This is Chris Santiago. I am the manager of the Human Resources Department at Leckcom Electronics. Thank you for applying for the quality control position in the Inventory Department. I am impressed with your résumé. **2** We would like to interview you for the job and want to know if you're available this Thursday at 11:00 A.M. Please call me back and let me know if you are okay with the assigned day and time. **3** I'll be working in my office until 4:00 P.M. today, but if there's no answer, please leave a message on my voice mail. Thank you very much.

안녕하세요, 앤드류 씨. 저는 크리스 샌티에고입니다. 저는 렉콤 전자의 인사부 담당자입니다. 재고 관리 부서의 품질 관리직에 지원해 주셔서 감사 드립니다. 당신의 이력서를 보고 깊은 인상을 받았습니다. 목요일 오전 11시에 이 직책에 대한 인터뷰를 했으면 하는데 가능한지 알고 싶습니다. 저한테 다시 전화 주셔서 지정된 날짜와 시간이 괜찮은지 알려 주시기 바랍니다. 저는 오늘 오후 4시까지 사무실에 있을 거지만, 전화를 받지 않으면 음성 사서함에 메시지를 남겨 주시기 바랍니다. 감사합니다.

어휘 shipping 배송 human resources 인사부 quality control 품질 관리 set up 잡다, 계획하다 shipment 배송(물) apply for ~에 지원하다 inventory 재고 be impressed 깊은 인상을 받다 résumé 이력서 available 시간 있는, 만날 수 있는 assigned 지정된 leave 남기다, 떠나다 voice mail 음성 사서함

1 샌티에고 씨는 누구인가?

(A) 운송부 담당자

(B) 인사부 직원

(C) 품질관리 담당자

(D) 전기기사

해설 전화한 샌티에고 씨가 누구인지 묻고 있는 GQ 문제로, 화자의 직업/직급은 주로 본문의 앞쪽에서 제시된다. 맨 앞에 "This is Chris Santiago. I am the manager of the Human Resources Department at Leckcom Electronics."라며 자신이 인사부 담당자임을 직접적으로 언급하고 있다. 따라서 정답은 (B)이다.

2 화자는 왜 이 메시지를 남기고 있는가?

(A) 인터뷰 날짜를 정하려고

(B) 지연을 알리려고

(C) 주문을 요청하려고

(D) 배송을 취소하려고

해설 메시지를 남기는 목적을 묻는 것도 전체적인 내용을 물어보는 General Question의 일종으로, 주로 자기 소개 이후에 등장하는 것이 일반적이다. 자신이 인사부 소속이라는 것을 소개하고 "We would like to interview you for the job and want to know if you're available this Thursday at 11:00 A.M."에서 남자는 특정 시간에 인터뷰가 가능한지 묻기 위해 메시지를 남겼음을 알 수 있으므로 정답은 (A)이다.

3 화자는 언제 사무실을 떠날 것인가?

(A) 오전 10시

(B) 정오

(C) 오후 2시

(D) 오후 4시

해설 화자가 언제 사무실을 떠날 것인지에 대한 세부 정보를 묻고 있는 문제로, Key Word를 정확하게 기억하고 듣도록 훈련하자. 특히 녹음 안내에서는 연락처를 주고 연락이 안 될 경우에 지시 사항을 남기는 내용이 많이 등장한다. 메시지의 후반부 "I'll be working in my office until 4:00 P.M. today ~'에서 화자는 자신이 오늘 4시까지만 사무실에 있을 것이라고 언급하고 있다. 따라서 그가 사무실을 떠날 시간은 오후 4시 이후이다. 정답은 (D).

Questions 4-6 refer to the following excerpt from a meeting.

Now, [4] I'd like to discuss the next issue of our travel magazine, which will focus on different types of translation apps that international tourists can use when they're on business trips. There are many numbers of free apps that translate and interpret foreign languages, and we need to research them so that our readers can easily access them. So [5] your first assignment is to look into the currently available apps in the market. Please list the names of apps you can find by the end of the day. [6] Tomorrow morning, I'll be assigning each of you at least two or three apps, and you're expected to spend the morning writing a short report on them.

이제 우리 여행 잡지의 다음 호에 대해서 이야기하고 싶은데요, 해외 여행객들이 출장 갔을 때 사용할 수 있는 다양한 종류의 번역 앱에 대해 집중할 겁니다. 외국어를 번역하고 통역하는 무료 앱이 너무 많이 있고 독자들이 편하게 사용할 수 있도록 그것들을 조사할 필요가 있습니다. 그래서 여러분들의 첫 번째 과제는 현재 시장에 나와 있는 앱을 조사하는 것입니다. 오늘까지 여러분이 찾을 수 있는 앱의 이름을 목록으로 만들어 주세요. 내일 아침에는 제가 여러분 각각에게 적어도 2~3개의 앱을 배정하고 여러분들은 그것들에 대한 짧은 보고서를 작성하면서 아침을 보내게 될 것입니다.

어휘 developer 개발자 editor 편집가 agent 직원, 대행 직원 talk 담화, 발표 itinerary 일정 upgrade 개선 merger 합병 assignment 과제 report 보고서 client 고객 attraction 관광지 issue ~호, ~판, 안건 translation 번역 app 앱, 애플리케이션 tourist 여행객 business trip 출장 interpret 통역하다 language 언어 research 연구; 조사하다 access 접근하다, 사용하다 look into 자세히 들여다보다, 조사하다 list 목록을 만들다 be expected to ~하도록 기대되다

4 화자는 아마도 누구인가?

(A) 소프트웨어 개발자

(B) 잡지 편집자

(C) 호텔 매니저

(D) 여행사 직원

해설 말하는 사람의 직업, 정체를 물어보는 것은 General Question으로, 주로 본문의 앞쪽에서 힌트를 준다. 첫 문장의 "Now, I'd like to discuss the next issue of our travel magazine ~"이라는 부분에서 이들이 일하는 장소가 잡지사임을 알 수 있다. 따라서 화자는 (B) 잡지 편집자일 것이다.

5 주로 무엇에 대한 담화인가?

(A) 여행 일정

(B) 컴퓨터 업그레이드

(C) 사업체 합병

(D) 업무 배정

해설 주제나 목적을 물어보는 문제도 General Question으로 본문의 앞쪽 또는 전반적으로 반복되는 내용을 통해 알 수 있다. 첫 문장에서 잡지사의 다음 달 기사 주제에 대한 내용이 나오고 "your first assignment is to look into the currently available apps in the market."이라고 직원들에 할 일을 배정하는 내용에서 (D)가 정답임을 알 수 있다. 특히 GQ의

경우에는 한 부분을 파악하는 것보다 전체적인 내용을 파악하고 소거법으로 오답을 지우는 것도 하나의 유용한 풀이법이다.

6 화자는 청자들이 내일 아침에 무엇을 하기를 원하는가?

(A) 보고서를 쓰는 것
(B) 몇몇 고객들과 만나는 것
(C) 설문조사를 실시하는 것
(D) 지역의 관광명소를 방문하는 것

해설 '내일 아침'이라는 문제의 Key Word를 정확하게 기억하고 본문에서 주는 힌트를 캐치할 수 있도록 훈련하자. 오늘까지는 리스트를 만들고 내일은 짧은 보고서를 작성하라 "Tomorrow morning, I'll be assigning each of you at least two or three apps, and you're expected to spend the morning writing a short report on them"이라는 부분에서 답이 (A)임을 알 수 있다. Specific Question의 경우에는 문제를 정확하게 파악하고 기억하는 것이 중요하다.

Questions 7-9 refer to the following announcement.

Gather around, everyone. **7** I have an important announcement before we continue work on the construction project today. The clients have asked us to speed up the building process. The only way we can finish this before May 1st is by working after hours, including Saturdays and Sundays. Tell me if you're available for any of the weekends. Let me go over the procedure again. **8** You can sign up for overtime shifts in my office. I need to update the client on this by tomorrow. Thanks for all your hard work. **9** And for those of you who agree to work on the weekends, lunch will be provided. That's the company's way of showing our appreciation.

모든 직원분들은 모여 주세요. 우리가 오늘 건축 프로젝트를 계속하기 전에 중요한 발표가 있습니다. 고객들이 건설 절차를 서둘러 달라고 요청해 왔습니다. 우리가 이것을 5월 1일까지 끝낼 수 있는 유일한 방법은 토요일과 일요일을 포함한 시간외 근무를 하는 것입니다. 주말에 근무 가능한 시간이 있으면 저에게 알려 주세요. 절차를 다시 한번 알려 드리도록 하죠. 여러분들은 제 사무실에서 야근 근무조를 신청하실 수 있습니다. 저는 이 건에 대해 내일까지 고객에게 업데이트를 해 드려야 합니다. 여러분의 노고에 감사드립니다. 그리고 주말에 일하기로 동의하신 분들을 위해서 점심이 제공됩니다. 회사에서 감사를 표하기 위함입니다.

어휘 field 분야, 업계 tourism 관광 construction 건설, 공사 manufacturing 제조 catering 출장 요리 imply 암시하다 dissatisfied 만족하지 못한 budget 예산 arrange 계획하다, 잡다 transportation 교통 temporary 임시의 session 시간, 수업 announcement 공지 speed up 속도를 내다 process 절차 work after hours 시간외 근무하다 go over 검토하다 procedure 절차 sign up for 신청하다 overtime 야근 shift 근무조 show 보여주다 appreciation 감사

7 화자는 아마도 어느 분야에서 일하는가?

(A) 관광
(B) 건설
(C) 제조
(D) 출장 요리

해설 일하는 장소, 업계를 물어보는 문제는 General Question으로 주로 본문의 앞쪽에서 힌트를 주는 것이 일반적이다. 첫 부분의 "I have an important announcement before we continue work on the construction project today."라는 부분에서 화자가 건설업에 있다는 것을 추측할 수 있다.

8 화자는 어떤 의미로 "저는 이 건에 대해 내일까지 고객에게 업데이트를 해 드려야 합니다"라고 말하는가?

(A) 그녀는 행사에 참석할 수 없다.
(B) 그녀는 과정에 불만이다.
(C) 그녀는 더 많은 예산이 필요하다.
(D) 그녀는 직원들이 빨리 결정하기를 원한다.

해설 화자 의도 추론 문제는 난이도가 높은 편에 속하므로 이 문제를 푸느라 뒤에 나오는 문제를 놓치지 않도록 유의하자. 직원들에게 야근을 신청하라는 말 후에, 내일까지 고객에게 정보를 주어야 한다는 말이 나왔으므로 되도록 빨리 신청하라는 의미로 이해할 수 있다. 다른 선택지를 소거법으로 지워서 푸는 것도 하나의 방법이다.

9 회사는 몇몇 직원들을 위해 무엇을 할 것인가?

(A) 음식을 제공한다
(B) 교통편을 잡는다
(C) 임시직 직원을 고용한다
(D) 추가 수업을 계획한다

해설 회사가 직원들을 위해 하는 행동이라는 문제를 기억하고 본문을 듣자. 본문에서 감사의 표시로 점심을 주겠다 "And for those of you who agree to work on the weekends, lunch will be provided."라는 내용을 통해 (A)가 답임을 유추할 수 있다.

Questions 10-12 refer to the following recorded message.

Hello, Ms. Jenna. This is Terry Richardson calling from Tomas Investment Management. Thank you for coming in last week for an interview for the analyst's position. **10** We were very impressed with your work experience and would like to offer you the job. Now as I've mentioned, **11** you'll have to relocate from the Boston office to Hong Kong. I'm confident you'll like living there. It's a great city with lots of potential to grow. I look forward to seeing you again, Ms. Jenna. Oh, and **12** Tomas Investment Management will be closed next week, but you can always reach me by e-mail.

안녕하세요, 제나 씨. 저는 토마스 투자 관리사의 테리 리처드입니다. 지난주에 분석가 직책 면접을 보러 와 주셔서 감사합니다. 우리는 당신의 경력이 매우 인상 깊었고 그 자리를 당신에게 제안하고 싶습니다. 제가 말씀 드린 것처럼 당신은 보스턴 사무소에서 홍콩으로 옮기셔야 합니다. 저는 당신이 그곳에서의 생활을 좋아할 것이라고 확신합니다. 그곳은 앞으로 성장 가능성이 많은 좋은 도시입니다. 제나 씨를 다시 만나기를 기대하고 있겠습니다. 아, 그리고 토마스 투자 관리사는 다음 주에 쉽니다. 하지만 언제든지 이메일로 연락주세요.

어휘 promote 판촉하다 travel package 여행 패키지 appointment 약속 employment 고용 request 요청하다 financial 재정적인 aid 도움 reference 참조, 참고 move 이사하다, 이동하다 workshop 수업, 워크숍 investment 투자 management 관리

analyst 분석가 position 자리, 직책 work experience 경력
mention 언급하다 relocate 이동하다, 이전하다 potential 잠재력,
가능성 look forward to 기대하다, 고대하다 reach 연락하다

10 화자는 왜 전화하는가?

(A) 여행 패키지를 선전하기 위해

(B) 약속을 잡기 위해

(C) 일자리를 제공하기 위해

(D) 급여를 이야기하기 위해

[해설] 녹음 메시지(recorded message)의 목적은 주로 자기 소개 이후에 등장
하는 것이 일반적이다. 첫 문장에서 투자회사라는 것을 말하고 면접 본
자리를 제안하고 싶다고 말하는 부분에서 정답을 알 수 있다.

11 화자는 청자에게 무엇을 하라고 요구하는가?

(A) 재정적인 도움을 요청하라고

(B) 서류를 개정하라고

(C) 추천서를 제공하라고

(D) 새로운 도시로 이주하라고

[해설] 화자가 청자에게 해야 한다고 말하는 내용으로, "you'll have to relocate
from the Boston office to Hong Kong"을 "move to a new city"로
바꾸어 표현한 (D)가 정답임을 알 수 있다.

12 화자는 다음 주에 무슨 일이 있을 거라고 말하는가?

(A) 회사가 문을 닫을 것이다.

(B) 발표가 있을 것이다.

(C) 가격이 올라갈 것이다.

(D) 워크숍이 있을 것이다.

[해설] '다음 주'라는 문제의 Key Word를 정확하게 기억하고 본문을 듣도록
하자. 본문 내용 마지막에 "Tomas Investment Management will be
closed next week"라는 부분에서 정답이 (A)임을 알 수 있다.

Questions 13-15 refer to the following talk and table.

Thank you for coming to today's sales meeting. As
you know, **13** we ran a special incentive program
for our sales representatives last quarter by
offering different types of rewards for sales of
our automobiles. **14** During the quarter, the great
majority of you sold 10 to 15 cars. Those employees
will receive their cash rewards in their paychecks.
Rosa Calero, however, was the only person to sell
more than 15 cars and already has **15** plans for her
vacation to Ecuador to see her parents. I think she
deserves a vacation as a reward. Congratulations,
Rosa.

오늘 판매 회의에 와 주셔서 감사합니다. 여러분도 아시다시피, 지난
분기부터 저희 자동차 판매에 대한 다양한 보상을 제공함으로써 영업
사원들을 위한 특별한 인센티브 프로그램을 진행하고 있습니다. 지난
분기 동안 여러분의 대다수가 10대에서 15대의 자동차를 팔았습니다.
그 직원들은 월급수표에 현금 보상을 받게 됩니다. 하지만 로사 카렐로
씨는 혼자서 15대 이상의 자동차를 팔았고 에콰도르에 사는 부모님을
만나기 위한 휴가를 이미 계획하고 있습니다. 그녀는 포상 휴가를 받을
자격이 있습니다. 축하 드려요, 로사.

보상 레벨	판매량	보상
레벨 1	1~3	극장 티켓
레벨 2	4~9	100달러치 매장 상품권
레벨 3	10~15	현금 300달러
레벨 4	16~20	현금 300달러 + 추가 휴가

[어휘] reward 보상, 배상 gift certificate 상품권 cash 현금 clothes
의류 automobile 자동차 appliance 전자제품 reach 도달하다,
도착하다 award 상 participate in 참가하다 expo 박람회
run 운영하다 incentive 인센티브 representative 직원, 사원
quarter 분기 majority 대다수 paycheck 봉급수표 plan 계획;
계획하다

13 화자는 어떤 종류의 업체에서 일하는 것 같은가?

(A) 의류 회사

(B) 자동차 회사

(C) 전자제품 제조사

(D) 가구 공장

[해설] 화자가 일하는 업계를 물어보는 것은 General Question으로 주로
본문의 앞쪽에서 힌트를 주는 것이 일반적이다. 자동차를 파는 자사의
직원들에게 인센티브를 준다 "we ran a special incentive program
for our sales representatives last quarter by offering different
types of rewards for sales of our automobiles."는 부분에서 자동차
업계임을 추측할 수 있다.

14 도표를 보시오. 대다수의 직원들이 어떤 보상 레벨에 도달했는가?

(A) 레벨 1

(B) 레벨 2

(C) 레벨 3

(D) 레벨 4

[해설] 시각 자료 문제는 미리 문제를 읽고 본문의 힌트를 표와 매칭해서 찾아
야 한다. '대다수의 직원들'이라는 문제의 Key Word를 기억하고 본문을
듣자. "During the quarter, the great majority of you sold 10 to 15
cars"라는 부분에서 직원의 대다수가 10~15대의 자동차를 팔았으니
결국은 레벨 3에 도달했다는 것을 추측할 수 있다.

15 화자에 의하면, 왜 로사 카렐로는 다음 달에 에콰도르로 여행 가는가?

(A) 새로운 직책에 지원하기 위해

(B) 상을 받기 위해

(C) 가족 일원을 만나기 위해

(D) 업계 박람회에 참석하기 위해

[해설] 로사 카렐로가 다음 달에 에콰도르에 가는 이유라는 문제의 Key Word
를 정확하게 기억하고 본문을 듣도록 하자. 그녀는 부모님을 만나기
위해서 에콰도르에 간다(plans for her vacation to Ecuador to see
her parents)는 부분을 듣고 "family members"로 바꾸어 표현한 (C)
를 고를 수 있다.

Questions 16-18 refer to the following broadcast and
map.

And now for the Pleasantville sports news. We
were all disappointed that **16** the baseball
championship game between our own Red

Phoenix and Indians was cancelled last Saturday night because of the big snowstorm. The game has been rescheduled for this Friday evening at 7 o'clock at Angel Arena. **17** Tickets are going fast, but don't worry if you don't get a ticket. You can watch the game on the local television channel. Snow removal is ongoing, and **18** all parking spaces at the area will be open except one. The area that will be closed is the one closest to Saint Joseph Street. Go Phoenix!

자 이제, 플레전트빌 스포츠 뉴스 시간입니다. 우리 모두는 지난 토요일 저녁에 큰 눈보라로 우리 레드 피닉스와 인디언스의 야구 챔피언 경기가 취소되어서 실망했습니다. 이번 주 금요일 저녁 7시에 엔젤 경기장에서 경기 일정이 다시 잡혔습니다. 티켓이 빠른 속도로 팔리고 있지만 티켓을 구하지 못해도 걱정하지 마세요. 여러분은 지역 TV 채널에서 경기를 볼 수 있습니다. 제설 작업이 진행되고 있고 그 지역의 주차장은 한 곳을 빼고 다 개방될 것입니다. 폐쇄되는 지역은 세인트조셉 가에서 가장 가까운 곳입니다. 피닉스 파이팅!

어휘 street ~가, 길 **arena** 경기장 **reschedule** 일정을 변경하다, 바꾸다 **repair** 수리하다 **snowstorm** 눈보라, 폭설 **worse** 더 나빠지는 **sold out** 매진된 **disappointed** 실망한 **removal** 제거, 치우기 **ongoing** 계속되는, 진행 중인 **except** ~을 제외하고

16 왜 야구 경기는 일정이 변경되는가?

(A) 날씨가 나빴다.

(B) 선수들이 부상 당했다.

(C) 티켓이 충분히 팔리지 않았다.

(D) 경기장이 수리 중이다.

해설 '경기 일정 변경의 이유'라는 문제의 Key Word를 정확하게 기억하고 본문을 듣도록 하자. 경기가 폭설로 취소되었다(the baseball championship game ~ was cancelled last Saturday night because of the big snowstorm.)라는 부분을 듣고 날씨가 나빴다는 (A)를 고를 수 있다.

17 화자에 의하면, 왜 일부 청자들이 텔레비전으로 경기를 볼지도 모르는가?

(A) 눈보라가 거세지면

(B) 티켓이 매진되면

(C) 주차할 공간이 없으면

(D) 경기가 다시 취소되면

해설 '텔레비전으로 경기를 보는 이유'라는 키워드를 기억하고 본문을 듣자. 티켓이 빠르게 팔리고 있지만, 혹시 티켓을 못 구해도 텔레비전으로 볼 수 있다(Tickets are going fast, but don't worry if you don't get a ticket. You can watch the game on the local television channel.)라는 부분에서 결국 매진되면 집에서 볼 수 있다는 의미로 (B)를 고를 수 있다.

18 도표를 보시오. 어떤 주차장이 폐쇄될 것인가?

(A) 주차장 A

(B) 주차장 B

(C) 주차장 C

(D) 주차장 D

해설 시각 자료 문제는 음원을 듣기 전에 문제와 그림을 파악해 놓는 것이 유리하다. 지도를 보면 가운데에 경기장이 있고, 2개의 도로 이름을 확실하게 봐 두어야 한다. 모든 주차장이 하나 빼고 다 여는데, 그 닫힌 주차장은 세인트조셉 가에서 가장 가깝다(The area that will be closed is the one closest to Saint Joseph Street.)고 한 부분에서 정답은 (C)임을 알 수 있다.

PARTS 5&6

READING 기본기 다지기

SPARTA 📋 READING POINT | p. 152

① 문맥에 맞는 어휘 선택하기

송장과 관련 서류가 동봉되었습니다. 귀하께서 제품에 만족하시리라 믿으며 다음 주문을 기대하겠습니다.

② 문맥에 맞는 시제 선택하기

저는 이 시간을 빌어 클라인 씨를 그의 특출한 공헌으로 칭찬하고자 합니다. 여러분 모두 아시다시피, 그는 지난 12주 동안 V102 프로젝트에서 일했습니다. 수석 연구원으로서 그는 프로젝트에서 생화학자뿐만 아니라 팀 리더로서도 중요한 역할을 했습니다.

③ 적절한 접속사 또는 접속부사 선택하기

저는 로버트 판사님 법정에서 사무를 본 6주 동안의 기회로부터 많은 것을 얻었습니다. 로버트 판사님께서 조지아 주 법정에서 20년 이상의 경험이 있다는 것을 생각하면 제가 판사님을 도우면서 보낸 시간 동안 아주 많은 귀중한 지식을 얻었습니다.

④ 문맥에 맞는 적절한 문장 선택하기

Eagle 항공사는 중국, 싱가포르, 말레이시아와 다른 수많은 국가들과 점진적인 네트워크를 구축하고 있는 아시아 최고의 항공사입니다. 우리는 최근 V757과 E-9000을 포함하는 새로운 항공편의 운항을 시작했습니다. 우리의 중심지는 싱가포르의 중심에 위치해 있고, 항공편은 미주나 유럽, 아프리카를 가로질러 30여 개국에 이르는 세계적인 목적지 네트워크를 개발하고 있습니다.

UNIT 01 명사

SPARTA 📋 PRACTICE I | p. 155

1 (C) **2** (B)

1 Home Updates Magazine의 구독은 온라인 또는 전화로 갱신이 가능하다.

해설 빈칸은 문장의 주어 자리로 보기 중 유일한 명사인 (C) Subscriptions가 정답이다.

어휘 subscribe 구독하다 renew 갱신[연장]하다

2 모든 직원들의 헌신 덕택에 프로젝트가 성공적으로 끝났다.

해설 빈칸은 전치사(Thanks to)의 목적어 자리이자 소유격(employees') 다음 명사 자리다. 따라서 보기 중 유일한 명사인 (B) dedication이 정답이다.

어휘 thanks to ~덕분에 dedication 헌신 successfully 성공적으로 complete 완료하다, 끝마치다

SPARTA 📋 PRACTICE II | p. 156

1 (A) **2** (D)

1 각 부서의 모든 직원은 강한 전문성을 가지고 그들의 업무를 수행한다.

해설 전치사의 목적어 자리로 보기 중 명사인 (A), (B), (D) 중에 (B) professional(전문가), (D) profession(직업)은 가산명사로 '관사 + 명사' 혹은 복수형으로 와야 하므로 부적절하다. 따라서 '전문가 기질'을 의미하는 불가산명사인 (A) professionalism이 정답이다.

어휘 division 부서 perform 수행하다 duty 임무 professionally 전문적으로

2 신중한 계획 덕에 새로운 사무실 공사가 순조롭게 진행되고 있다.

해설 빈칸은 전치사(thanks to)의 목적어 자리이므로 명사가 나와야 한다. 이때 명사 plan은 셀 수 있는 명사로, 단수 형태로 쓰이는 경우 반드시 관사(a/an/the)를 동반해야 한다. 반면 planning(계획하는 동작을 의미)은 셀 수 없는 명사이므로 관사 없이 전치사 뒤에 올 수 있다.

어휘 careful 신중한 construction 공사 progress 진행되다 smoothly 순조롭게

SPARTA 📋 PRACTICE III | p. 157

1 (D) **2** (A)

1 EC 연구소의 방문객들은 먼저 보안 데스크에서 등록해야 한다.

해설 빈칸은 문장의 주어 자리. 보기의 visit(방문)과 visitors(방문객들) 중 문장의 본동사인 register(등록하다)의 주체는 사람이므로 정답은 사람 명사인 (D) Visitors이다.

어휘 visit 통 방문하다, 명 방문 register 등록하다 security desk 보안 데스크

2 운영진들은 재무팀의 예산 결정을 지지하기로 동의했다.

해설 빈칸 앞 명사 budget과 짝을 이루는 복합명사 문제다. budget decisions는 '예산 결정'으로 묶어서 암기해 두자.

어휘 executive 경영[운영] 간부[이사/중역] agree 동의하다 finance team 재무팀

SPARTA ✅ ACTUAL TEST | p. 158

1 (D) **2** (A) **3** (D) **4** (B) **5** (C) **6** (B) **7** (D)
8 (C) **9** (C) **10** (A) **11** (C) **12** (D) **13** (A) **14** (B)

1 기금 조성 행사는 매우 높은 참여율을 보여서 모금액은 예상보다 많을 것이다.

해설 형용사 high의 수식을 받는 적절한 명사를 찾는 문제다. (B) 과거동사/과거분사와 (C) 동사를 제외하면 '높은 참여율'이라는 의미를 완성하는 (D) attendance가 정답이 된다. (A) attendant는 '종업원, 수행원'이라는 가산명사이다.

어휘 fundraising 모금 record 기록하다

2 Sky Motors 사는 작업장에서 생산력을 올리기 위해 도움이 될 다양한 훈련 프로그램을 제공한다.

해설 빈칸 앞은 help (to) 동사원형 형태로, to부정사에서 to가 생략된 원형부정사 enhance는 동사의 성질을 여전히 가지고 있으며, 빈칸은 타동사 enhance의 목적어 자리가 된다. 따라서 보기 중 명사인 (A) productivity가 정답이다. 참고로 produce도 동사뿐만 아니라 명사도 가능하지만, 명사로는 '농산물'이라는 의미이므로 문맥상 적합하지 않다.

어휘 a variety of 다양한 enhance 높이다[향상시키다] produce 생산하다 productive 생산적인 productively 생산적으로

3 새롭게 임명된 매니저는 Lima에서 고객업무를 담당하는 회사 대표로서 근무할 것이다.

해설 빈칸은 전치사의 목적어 자리. 보기가 모두 명사이므로 전치사 as와 어울리는 문맥상 적절한 어휘를 찾는다. as는 동격 관계를 나타내는 전치사로 The newly appointed manager와 동일시 될 수 있는 명사를 선택하면 되겠다. 보기 중 사람을 대변할 만한 명사는 (D) representative 뿐이며, representative는 '대표자, 직원'이라는 의미 외에도 형용사로 '~을 나타내는, 대표하는'이라는 의미도 있다는 것을 알아 둔다. (A) agreement 협정, 합의 (B) interest 관심, 흥미 (C) account 계좌

어휘 appointed 임명된 serve as ~의 역할을 하다

4 만약 당신이 메시지를 잘못 받았다고 생각하시면, 기술지원부서의 마이클 키튼 씨께 바로 알려주세요.

해설 message를 수식하는 전치사구 문제. 문맥상 'error가 있는 메시지'가 가장 적절하다. (A) loss는 '손실, 손해'라는 뜻으로 적절하지 않다. (C) problem은 가산명사일 뿐만 아니라, 상태나 상황에 문제가 있을 때 사용하므로 지금의 문맥에는 자연스럽지 않다. (D) mistake 또한 가산명사이며 앞에 전치사를 사용할 경우 in이 아닌 by mistake로 사용되는데, 이때 관사는 붙지 않는다. 참고로, error는 상황에 따라 가산과 불가산 모두 가능한 명사다. in error '실수로, 잘못하여'는 묶어서 암기해 두자.

어휘 notify 알리다 immediately 즉시

5 우리와 계속된 거래에 대한 감사의 뜻으로, 당신을 연례 만찬에 초대하고 싶습니다.

해설 명사 어휘 문제. 전치사와 전치사 사이의 명사는 앞뒤 전치사도 봐야 하지만 뒤따라오는 명사와도 의미상 조합이 맞아야 한다. 보기 중 (A) comment는 전치사 on/about과 함께 쓰고, (B) response는 전치사 to와 함께 쓴다. of 뒤 명사 your continued business with us(우리와 계속된 거래)에 대한 (C) appreciation '감사' (D) description '설명' 중에 정답을 고르면 된다. 문맥상 적절한 것은 (C).

어휘 would like to ~하고 싶다 annual banquet 연례 만찬

6 유명한 사업가 Brian Lynch 씨는 내년에 소매 의류 매장을 여는 의도를 발표했다.

해설 문장의 동사 announce와 빈칸 뒤 to open a retail clothing store를 확인한 후, 알맞은 명사를 선택한다. '~할 의도/계획을 발표하다' 어구는 토익에서 단골 출제 문제로 announce + a decision/intention(의도)/plan/initiative/desire + to do 패턴을 암기해 두자.

어휘 renowned 유명한 entrepreneur 기업가 explanation 설명 construction 공사 ideal 명 이상 형 이상적인

7 이달의 직원으로 지명된 분들은 다음 주 금요일 파인 레스토랑에서 있을 카마 엔터프라이즈의 연례 시상식에 초대됩니다.

해설 명사 어휘 문제로 빈칸 앞의 의미를 고려해 볼 때, 연례 시상식에 초대된다는 의미이므로 '의식, 식'의 의미를 갖는 (D) ceremony가 정답이다. awards ceremony는 '시상식'을 의미하는 복합명사로 암기해 두자.

어휘 nominate 임명[지명]하다 kindly 진심으로 invite 초대하다

8 귀하는 가구 배송 시간을 잡기 위해 우리 고객 서비스원 중 한 명인 Wyble 씨로부터 연락 받으실 것입니다.

해설 문장에 will be라는 동사가 자리하고 있으므로 동사인 (B) deliver는 정답이 될 수 없다. 과거분사인 (A)는 '배송된 가구'라는 의미로 보면 문장 구조상의 문제는 없지만, '배송된 가구를 위한 시간을 잡기 위해서'라는 의미상 오류가 생긴다. 나머지 보기 (C)와 (D)의 차이는 (C)는 '배송'일 경우 불가산명사, '배송품'일 경우 가산명사가 나와야 하지만 (D) deliverer는 '배달원'으로 가산명사만 가능하다. 문맥상 복합명사로 '가구 배송'이 적합하므로 정답은 (C) delivery가 된다.

어휘 arrange a time 시간을 잡다 deliver 배달하다

9 Eisenberg 씨는 한동안 변동이 없었던 연료 가격이 곧 오를 것 같다고 말했다.

해설 빈칸은 명사절 접속사 that 다음 문장의 주어 자리. 빈칸 앞 fuel과 어울려 복합명사를 이루는 단어를 선택한다. 단서는 뒤 수식어 which have been으로 앞 명사가 복수라는 것을 알 수 있다. 따라서 정답은 복수형 명사인 (C) prices가 정답이다. 참고로 pricing은 불가산명사로 '가격 책정'이라는 뜻이 있으며, (D)는 가산명사(가격)뿐 아니라 동사(가격을 책정하다)로도 가능하다.

어휘 stable 안정된, 변동 없는 for a while 잠깐, 얼마 동안

10 유명한 환경 운동가 Sally Magennis는 오늘 행사에서 지역 사회 프로젝트를 위한 자금을 받았다.

해설 품사 어형 문제로, [선행사(Sally Magennis), + a renowned -------,]의 구조에서 빈칸 앞 형용사의 수식을 받으면서 Sally Magennis와 동격을 이루는 사람 명사 자리이다. 따라서 (A)가 정답이다.

어휘 renowned 유명한 receive 받다 funding 자금 community 주민, 지역 사회 event 행사

<11-14> 다음 이메일에 관한 문제다.

수신 : 전 직원
발신 : Adam Bartley, 매니저
날짜 : 11월 13일 월요일
제목 : 회신 : 로비 보수 공사

예기치 못한 문제들로 인해 Stamford의 중앙 로비 보수공사 완공일이 11월 16일이 아닌 11월 23일로 변경되었습니다. 이번 지연은 여러분이 계속 북문을 통해 건물로 들어와야 한다는 것을 의미합니다.
게다가, 로비에 인접한 사무실들은 다음 주까지 가끔씩 소음 피해를 겪게 될 것입니다. 불편을 드려 죄송합니다. 하지만 최종 결과는 고객들에게 감동을 주는 매력적이고 현대적인 공간이 될 것입니다. 일단 작업이 마무리되면 여러분 모두가 동의하실 거라고 생각합니다.

어휘 renovation 수리, 보수 due to ~때문에 unexpected 예상하지 못한, 뜻밖의 completion date 완공일 instead of ~대신에 in addition 게다가 occasional 가끔의, 때때로의 noise 소음 disruption 방해

inconvenience 불편 attractive 매력적인 modern 현대의 space 공간 impress 감명을 주다 course 과정 route 수단, 방법, 길 rate 비율 continuous 연속의 reachable 닿을 수 있는, 도달 가능한 direct 직접적인 adjacent 인접한 apologize 사과하다 agree 동의하다 once 일단 ~하면

11 [유형] 명사 어휘 문제

해설 명사 어휘 문제로, 앞 문장에서 보수공사 완공일의 변경을 공지한 후 이어지는 '이러한 -----은 계속 북문을 통해 건물로 들어와야 한다는 것을 의미합니다.'에서 빈칸에 자연스럽게 들어갈 수 있는 명사 어휘는 (C) delay(지연)이다.

12 [유형] 형용사 어휘 문제

해설 adjacent은 to와 함께 쓰여 adjacent to '(지역·건물 등이) ~에 인접한, ~에 가까운'이라는 의미로 사용된다. 따라서 정답은 (D) adjacent이다.

13 [유형] 동사의 형태 문제

해설 빈칸은 동사 자리이며 주어(we)가 복수이고, 현재의 불편에 사과드린다는 내용이므로 현재시제인 (A) apologize가 가장 적절하다.

14 [유형] 알맞은 문장 넣기 문제

(A) 저는 직접 피해를 겪었습니다.
(B) 일단 작업이 마무리되면 여러분 모두 동의하실 거라고 생각합니다.
(C) 주된 문제는 바닥 문제입니다.
(D) 북문은 하루 24시간 동안 개방됩니다.

해설 지문은 입주 업체들에게 양해를 구하는 내용이며, 문제는 마지막 부분에 들어올 내용을 묻고 있다. 빈칸 앞에서 현재 다소 불편하더라도 결과는 좋을 것이라고 말하고 있으므로, 일이 모두 끝나면 이것에 동의할 것이라고 말하는 (B)가 적합하다.

UNIT 02 대명사

SPARTA 📄 PRACTICE I | p. 161

1 (B) **2** (C)

1 온라인 뱅킹 고객들은 하루 24시간 내내 그들의 계좌 정보에 접근할 수 있다.

해설 대명사의 격 문제로 명사 앞 소유격 (B) their이 정답이다.

어휘 access 접근하다, 이용하다 24 hours a day 하루 종일 account information 계좌 정보, 계좌 번호

2 밀러 씨는 그의 판매 보고서를 제출했지만, 루소 씨는 그녀의 것을 아직 제출하지 않았다.

해설 빈칸은 타동사의 목적어 자리로 소유격+명사(her sales report)를 대신한 소유대명사 (C) hers가 정답이다.

어휘 submit 제출하다 sales report 판매 보고서

SPARTA 📄 PRACTICE II | p.162

1 (D) **2** (D)

1 엘고트와 제임스는 그들 스스로 3일 동안 시장 점유율을 분석했다.

해설 주어와 목적어가 같을 때 목적어 자리에 재귀대명사를 사용한다. 주어가 Elgort and James(They)이므로 이를 가리키는 재귀대명사인 (D) themselves가 정답이다.

어휘 market share 시장 점유율 analysis 분석 by oneself 혼자, 스스로

2 많은 회사들이 내년 예산에 일부 변화를 주기로 결정했다.

해설 [Many of the + 복수명사] 형태로 정답은 부정대명사 (D) Many가 정답이다. (B) Every는 대명사로 쓸 수 없고, (A) Much와 (C) Little은 [Much/Little of the + 불가산명사]의 패턴으로 쓴다.

어휘 decide 결정하다 make a change 변경하다 budget 예산

SPARTA 📄 PRACTICE III | p. 163

1 (B) **2** (C)

1 우리 제품의 품질은 경쟁사 제품보다 훨씬 더 좋다.

해설 지시대명사가 대신하는 명사가 단수이면 that을, 복수이면 those를 쓴다. 여기서 빈칸에 들어갈 대상은 단수인 the quality이므로 정답은 (B) that이다.

어휘 quality 품질 competitor 경쟁사

2 우리 회사의 성장을 믿고 있는 사람들은 더 많은 투자를 하려고 계획할 것이다.

해설 동사가 -s가 없는 believe인 것을 보면, 주어가 복수임을 알 수 있다. (D)의 Anyone이 쓰이려면 단수 취급해서 believes라고 써야 한다. 참고로 "<those who + 복수동사> : ~하는 사람들 / <anyone who + 단수동사> : ~하는 사람은 누구나"를 알아 두자.

어휘 growth 성장 continue 계속하다 investment 투자

SPARTA ✅ ACTUAL TEST | p. 164

1 (D) **2** (B) **3** (D) **4** (A) **5** (B) **6** (D) **7** (A)
8 (B) **9** (A) **10** (B) **11** (D) **12** (A) **13** (B) **14** (D)

1 로빈슨 씨는 이 제안서가 고객에게 도착하기 최소 일주일 전에 철저하게 검토할 겁니다.

해설 빈칸 뒤에는 동사 is가, 앞에는 전치사 또는 접속사로 가능한 before가 있다. 여기서는 before를 접속사로 보고 그 다음에 '주어+동사(is)'로 이어진다고 봐야 한다. 따라서 빈칸은 부사절의 주어 자리이므로 정답은 주격 대명사인 (D).

어휘 review 검토하다 proposal 제안(서) thoroughly 철저히 at least 최소한 due (권리나 자격이 있는 사람에게) 주어야 하는

2 부품을 더 이상 구할 수 없어서, 기술자들은 진공청소기 모델 TVX T150를 제공할 수 없습니다.

해설 빈칸 뒤에 부품(parts)이라는 명사를 수식하는 소유격인 (B)가 정답이다. (D) theirs는 소유대명사이므로 답에서 제외되며, 나머지 것들 중에서 (A) our와 (C) his는 앞에 대신 받아 줄 만한 명사가 존재하지 않아 답이 될 수 없다.

어휘 technician 기술자 vacuum cleaner 진공청소기 part 부품
no longer 더 이상 ~가 아니다

3 여행 기간을 연장하고자 하는 사람들은 가장 가까운 여행사에 즉시 연락해야 한다.

해설 those who are wanting에서 <주격 관계대명사+be동사> 즉, who are가 생략된 형태로 (D) wanting이 답이다.

어휘 extend 늘이다, 연장하다 immediately 즉시

4 최근 연구는 아침을 규칙적으로 먹는 사람은 아침을 건너뛰는 사람에 비해서 운동을 더 많이 하고, 더 건강한 경향이 있다는 것을 밝혀냈다.

해설 빈칸에는 뒤에 오는 주격 관계대명사 who의 선행사가 될 수 있는 명사가 나와야 한다. 여기서 빈칸에는 아침식사를 거르는 일반적인 사람을 일컫는 대명사가 와야 한다. 보통 이럴 때 those who를 써서 '~하는 사람들'이라는 표현을 많이 쓴다. 따라서 정답은 (A)이다.

어휘 recent 최근의 reveal 드러내다, 밝히다 regularly 규칙적으로 tend
to ~하는 경향이 있다 skip 건너뛰다

5 머시 클리닉을 개업한 지 7년 만에 포쳐 박사는 에드먼튼에서 손꼽히는 의사 중 한 명으로 자리 잡았다.

해설 빈칸은 타동사의 목적어 자리로 주어인 Dr. Forcher를 의미하므로 재귀대명사인 (B) herself가 정답이다.

어휘 open 개업하다 establish oneself 자리 잡다, 들어앉다 leading
손꼽히는, 뛰어난 physician 의사; 내과의사

6 전례 없는 시장의 압박으로, 많은 회사들이 스스로 구조조정하고 있다.

해설 빈칸은 동사구 'are restructuring'의 뒤에 위치하고 있으므로 동사 'restructure'의 목적어가 와야 하는 자리다. 의미상 '많은 회사들이 스스로 구조조정하다'라는 뜻이 되어야 하므로 재귀대명사인 (D) themselves가 알맞다.

어휘 in response to ~에 대한 반응으로 unprecedented 전례 없는
market pressure 시장 압박 restructure 구조조정하다

7 정부 규정은 면세점에서 물건을 구매할 때 탑승권이 여권과 함께 있을 것을 요구한다.

해설 빈칸은 접속사 when이 이끄는 종속절에서 동사 purchase 앞에 위치하고 있으므로 주어 자리다. 따라서 주격인 (A) you가 와야 한다.

어휘 regulation 규정 require 요구하다 boarding pass 비행 탑승권
accompany 수반하다, 동행하다 passport 여권 purchase
구매하다 duty-free shop 면세점

8 아직 휴가를 쓰지 않은 Valentine City 직원들은 월말까지 휴가를 사용해야 한다.

해설 빈칸은 타동사의 목적어 자리로 vacation days를 대신하는 목적격인 (B) them이 와야 한다.

어휘 employee 직원 by the end of the month 월말까지

9 주방장인 윌리엄 새들러의 요리책에 있는 조리법들은 고객들이 가장 좋아하는 요리를 기반으로 선별되었다.

해설 빈칸은 명사 앞 소유격 자리이므로 보기 중 소유격 대명사인 (A) his가 정답이다.

어휘 recipe 조리[요리]법 on the basis of ~을 기반으로 favorite 아주
좋아하는 dish 요리

10 인사과는 가급적 빨리 모든 보험 카드 사본을 제출해 달라고 요청했다.

해설 명사(convenience)를 꾸며주는 대명사로 소유격 (B) your를 답으로 선택한다. at one's earliest convenience(가급적 빨리)는 토익에 매우 자주 등장하는 표현이다.

어휘 Human Resources 인사과 insurance card 보험 카드
convenience 편의

<11-14> 다음 편지에 관한 문제다.

> Best Riverside Inn의 친애하는 고객 여러분께,
>
> 저희는 Best Riverside Inn으로 여러분을 맞이하게 되어 대단히 기쁩니다. 30년 전 저희 부모님께서는 벽돌을 손수 정성스레 쌓으면서 본관을 지으셨습니다. 이곳은 단순히 호텔일 뿐만 아니라 저희 집이기도 하며, 저희는 여러분을 가족의 일원으로 생각합니다. 저희는 여러분이 머무는 동안 즐길 수 있는 다양한 활동들을 제공합니다. 전체 행사 목록은 저희 웹 사이트에 매주 게시됩니다. 일부 옵션에는 요리 수업, 강에서 카약 타기 그리고 자전거 타기가 포함되어 있습니다.
> 그리고 추가 비용을 내시면 식당에서 가족 저녁만찬이나 식사를 즐길 수 있습니다.
> 여러분이 더욱 즐겁게 머무실 수 있도록 저희가 할 수 있는 일이 있으면 알려 주세요.
>
> 진심으로,
>
> The Best Riverside Inn

어휘 Inn 여인숙, 여관 welcome 환영하다 lay 쌓아올리다 brick 벽돌 as
well 또한, 역시 a wide range of 다양한 activity 활동 additional
fee 추가 비용 meal 식사 enjoyable 즐거운 complete 완전한
list 목록 post 공지하다, 게시하다 weekly 매주 retreat 은신처
setting 환경 conserve 절약하다 electricity 전기 turn off 끄다
refrigerator 냉장고 bottled water 생수

11 [유형] 명사 어휘 문제

해설 고객들이 머무는 동안 다양한 활동들을 제공한다고 했으므로 빈칸에 들어갈 명사는 (D) hotel(호텔)이 적합하다. 뿐만 아니라 앞서 언급된 '여인숙, 여관'을 의미하는 Inn을 통해서도 정답이 (D)임을 알 수 있다.

12 [유형] 알맞은 문장 넣기 문제
(A) 전체 행사 목록은 저희 웹사이트에 매주 게시됩니다.
(B) 저희는 평화롭고 아름다운 환경의 조용한 휴식처를 제공합니다.
(C) 전기를 절약하기 위해 외출 시 전등을 끄시기 바랍니다.
(D) 모든 객실에는 작은 냉장고와 생수가 있습니다.

해설 빈칸 앞에서 호텔에서 다양한 활동들을 제공한다고 언급했으므로, 관련 목록이 매주 공지된다는 내용인 (A)가 이어지는 것이 가장 자연스럽다.

13 [유형] 동사 시제 문제

[해설] 빈칸 뒤에 호텔에서 제공하는 옵션을 말하고 있으므로 현재시제인 (B) include(포함하다)가 가장 적절하다.

14 [유형] 대명사 문제

[해설] 상대방이 이용할 수 있는 식사에 대해 이야기하고 있으므로, 빈칸에 들어갈 소유격 대명사는 2인칭 (D) your가 적절하다.

UNIT 03 형용사와 부사

SPARTA 📄 PRACTICE I | p. 167

1 (B) **2** (B)

1 합병은 양사 모두에게 매우 수익성이 있는 것으로 판명되었다.

[해설] be동사의 보어 자리이자 부사(extremely)의 수식을 받는 형용사 자리다. 따라서 정답은 (B).

[어휘] merger 합병 extremely 매우 profitable 수익성이 있는

2 각 신입 사원은 계약서에 서명하기 전에 계약조건들을 신중하게 읽어야 한다.

[해설] 동사(read)를 수식하는 부사 자리 문제. 보기 중 부사인 (B)가 정답이다.

[어휘] terms 조건 sign 서명하다 contract 계약

SPARTA 📄 PRACTICE II | p. 168

1 (B) **2** (A)

1 마케팅 직에 지원한 많은 후보자들은 뛰어난 자격을 갖추고 있다.

[해설] 복수 가산명사(candidates)를 수식할 수 있는 수량 형용사는 보기 중 (B) Many뿐이다. [each/another + 단수 가산명사], [much + 불가산명사]

[어휘] candidate 후보자 apply for 신청하다, 지원하다 highly 매우 qualified 자격을 갖춘

2 우리는 신상품에 대한 광고가 아주 많은 흥미를 불러 일으켰다는 것에 만족했다.

[해설] 불가산명사 interest를 수식하는 수량 형용사 (A) much가 정답이다. [many/few + 복수 가산명사], [each + 단수 가산명사]

[어휘] advertisement 광고 create 자아내다, 불러일으키다 interest 흥미, 관심

SPARTA 📄 PRACTICE III | p. 169

1 (A) **2** (A)

1 교통체증 때문에 발표자가 연례 회의에 늦게 도착했다.

[해설] 빈칸은 동사(arrived)를 수식하는 부사 자리. 의미상 '늦게 도착하다'가 어울리므로 정답은 (A) late이다. (B) lately도 부사지만 '최근에'라는 의미로 문맥상 어울리지 않는다.

[어휘] presenter 발표자 annual meeting 연례 회의 due to ~때문에 traffic congestion 교통체증

---

2 푸지 사의 연간 수익은 더 많은 투자자들을 끌어들이기에 충분히 인상적이지 않았다.

[해설] 빈칸은 문맥상 주어인 The Fuji Corporation's yearly earnings가 '인상적이지 않다'는 의미이므로 (A) impressive가 정답이다. (B) impressed는 주어가 사람(감동을 받는 입장)일 때 사용한다.

[어휘] earnings 수익 enough to ~하기에 충분한 attract 끌어들이다 investor 투자자 impressionist 인상파 화가

SPARTA ✔ ACTUAL TEST | p. 170

1 (B)	2 (A)	3 (D)	4 (B)	5 (D)	6 (B)	7 (B)
8 (D)	9 (B)	10 (D)	11 (B)	12 (A)	13 (B)	14 (A)

1 공격적인 마케팅 전략이 제품의 시장 점유율을 높이기 위해 고안되었다.

[해설] 마케팅 전략(marketing strategy)은 marketing과 strategy란 단어로 이루어진 복합명사이고 이를 수식하는 품사는 형용사다. 보기 중 형용사인 (B) aggressive가 답이다.

[어휘] aggressive 공격적인 share 몫, 분담, 점유율; 공유하다

2 에어리모 107 항공기는 그들의 신뢰성으로 잘 알려진 회사의 모든 최신 항공기를 대표하고 있다.

[해설] be동사의 보어 자리에 위치하는 적절한 품사는 형용사이므로 '대표하는'이라는 뜻의 (A) representative가 답이다. representative는 '직원'이라는 사람명사로도 사용되지만, 이 경우 가산명사의 형태를 취해야 함을 알아 두자.

[어휘] represent 대표하다 representation 표시, 표현 state-of-the-art 최신식의 aircraft 항공기 be known for ~로 알려지다 reliability 신뢰성

3 Dale Morton은 약 30년 동안 모범적인 철도 기술자였고 평생 열렬한 철도 팬이었다.

[해설] 'for 30 years'라는 기간을 수식하는 부사로, '약, ~정도'를 뜻하는 (D) about이 가장 적절하다. (A) besides '~외에', (B) between '~사이에', (C) along '~를 따라'

[어휘] model 모범적인 railroader 철도 기술자 ardent 열렬한

4 고객들은 합리적인 요금과 훌륭한 고객 서비스 때문에 Speedo Wireless로 자주 돌아온다.

[해설] 주어와 동사 사이에서 동사를 수식하는 부사 자리다. 보기 중 return과 어울리는 부사를 선택해야 한다. (A) '매우, 상당히' / (B) '자주, 빈번하게' / (C) '상호적으로' / (D) '적당히' 중에서 '고객들이 빈번히 돌아온다'고 해야 문맥상 어울리므로 정답은 (B) frequently가 된다. 부사가 동사를 꾸밀 경우 시제를 파악하는 것도 방법이 될 수 있는데, 문장의 동사는 return이라는 현재 시제라서 반복적이며 정기적인 의미의 부사 frequently와 잘 어울린다.

[어휘] because of ~ 때문에 reasonable 합리적인 outstanding 뛰어난, 우수한

5 영업직에 지원하는 모든 지원자들은 상당한 자격을 갖췄지만 Swan 씨의 면접이 특히 인상적이었다.

[해설] [be ---- impressive] 구조로 빈칸은 부사 자리다. especially는 전체 중 하나가 유독 튀는 것을 의미한다. 빈칸 뒤 형용사 impressive(인상 깊은)는 impressed(감명 받은)와 구별돼야 하는데, 특히 impressed는 한정적 용법으로 쓰일 때 사람 명사만 수식하고 서술적 용법으로 쓰일 때 '사람의 상태'를 나타낼 때만 쓴다는 것을 알아 두자.

[어휘] promptly 즉각 occasionally 때때로 immediately 즉각 especially 특히

6 사장은 첫해에 영업 사원들이 이룬 훌륭한 일에 대해 자랑스러워했다.

[해설] (A) excel는 동사로 '뛰어나다, 탁월하다'의 의미고 (C) excellence는 명사로 '뛰어남, 탁월함', (D) excellently는 부사로 '뛰어나게, 우수하게, 탁월하게'라는 의미로 perform(수행하다)을 수식하는 부사로 자주 출제된다. 빈칸은 명사 work를 수식하는 형용사 자리로 'excellent'가 나와야 한다. 정답은 (B).

[어휘] congratulate 축하하다, 자랑스러워하다 sales staff 영업 사원

7 JP Technology 사는 기업의 효율성을 증진시킬 수 있게 하는 혁신적인 소프트웨어를 제공한다.

[해설] 빈칸은 명사인 software를 수식하는 형용사 자리다. 따라서 보기 중 품사가 형용사인 (B) innovative가 정답이다.

[어휘] be capable of ~할 수 있다 improve 향상시키다 organization 조직, 단체 efficiency 효율성

8 저희는 현재 최종 설계도를 진행하고 있고, 3월 말에 공사를 시작할 것이라고 장담합니다.

[해설] 'we are --- processing'의 동사구 사이에 들어갈 말로, 이를 수식하는 부사가 와야 한다. '최종 설계도를 진행하고 있고, 3월 말에는 공사를 시작할 것'이라고 일정에 대한 계획을 얘기하고 있으므로, 의미상 '현재'라는 뜻의 (D) currently가 가장 적절하다. (A) ordinarily '보통, 대개' / (B) commonly '일반적으로' / (C) lately는 '최근에'라는 뜻으로 현재 진행시제와 함께 쓸 수 없다.

[어휘] assure 장담하다, 보장하다 process 진행하다 final draft 최종안 construction 공사

9 Coppola Association 사의 목표는 그 회사의 제품들이 전국 모든 지역에서 구매 가능하도록 만드는 것이다.

[해설] 빈칸은 단수 가산명사인 region을 수식하는 자리로, (A) all과 (D) many 다음에는 복수 가산명사가 오므로 답이 될 수 없다. 의미상 '모든 지역'이 어울리므로 정답은 (B) every가 된다.

[어휘] goal 목표 product 제품 available 이용 가능한 region 지역

10 그 역사 지구는 Canterbury 중앙에 위치해 있고, 지하철로 쉽게 접근이 가능하다.

[해설] 빈칸은 be동사 뒤에서 주격 보어 역할을 하는 형용사 자리고, The historic district는 '지하철로 쉽게 ~하다'에서 의미를 완성하는 '접근이 용이한'의 뜻을 가지고 있는 (D) accessible이 정답이다.

[어휘] transportable 수송[운반] 가능한 necessary 필수적인 be located 위치해 있다

<11-14> **다음 기사에 관한 문제다.**

> 지난 10년 동안 Lakewood 지역의 거주자 수가 상당히 증가했다. 인구 통계 자료에 따르면 인구는 35% 상승했으며 이는 주변 지역의 약 2배에 가깝다. 지역 주택 공급은 수요를 충족시키기에 불충분한 상황이다. 그 결과로 4개의 새 아파트 단지 건설 계획이 진행 중이다. 새 단지를 위한 부지는 이미 확보되어 있다.
> 현재 Lakewood에는 Milford Place와 Summerwood 두 곳만 있다. 새 건물들은 750세대를 추가로 공급할 것이다.

[어휘] resident 거주민 rise 오르다 significantly 상당히 suggest 나타내다, 보여주다 community 지역 사회 insufficient 불충분한 in development 개발 중인 complex 복합단지 currently 현재 result 결과 compromise 타협, 화해, 양보 substitute 대리(인), 대체물 replacement 교체, 대리(인) pool 수영장 fitness center 헬스장 accurate 정확한 analysis 분석 survey 설문 조사 additional 추가적인 expendable 소비해도 좋은, 소모용의 approachable 가까이하기 쉬운, 사귀기 쉬운 experimental 실험의, 실험용의

11 [유형] 시제 문제

[해설] 앞 문장에서 인구가 늘어난 사실이 언급되었고, 그 수치를 말하는 내용이므로 과거시제 (B) climbed가 정답이다.

12 [유형] 명사 어휘 문제

[해설] 문맥상 'as a result(그 결과로)'가 자연스러우므로 (A) result가 정답이다.

13 [유형] 알맞은 문장 넣기 문제

(A) Lakewood 거주민들은 각 단지에 수영장과 헬스장이 갖춰지길 바란다.

(B) 새 단지를 위한 부지는 이미 확보되어 있다.

(C) 설문조사에 대한 더 정확한 분석이 필요하다.

(D) 아파트 단지는 주요 도로 근처에 지어져야 한다.

[해설] 앞 문장은 아파트 단지 건설이 추진 중이라는 내용이므로, '부지까지 이미 선정된 상황이다'라며 부연 설명을 덧붙이는 (B)가 흐름상 적절하다.

14 [유형] 형용사 어휘 문제

[해설] '새 건물들은 750세대를 ------ 공급할 것이다'라는 문장에서 문맥상 적합한 어휘는 (A) additional이다.

UNIT 04 전치사

SPARTA 📄 PRACTICE I
| p. 173

1 (A)　**2** (A)

1 마감 기한 이후에 접수된 신청서는 고려되지 않을 것이다.

해설 빈칸은 명사를 연결하는 전치사 자리로, 보기 중 유일하게 전치사로 쓸 수 있는 (A) after가 정답이다. (B), (C), (D)는 문장을 연결하는 접속사이다.

어휘 application 신청서　deadline 기한, 마감(일자)　consider 고려하다, 간주하다

2 승객들은 안내 데스크 근처에 있는 수하물 수령 장소에서 짐을 기다려야 한다.

해설 빈칸은 명사구(the information desk)를 연결하는 전치사 자리다. 보기가 모두 전치사이므로 문맥에 알맞은 전치사를 선택해야 한다. '안내 데스크 ----에 있는 수하물 수령 장소'라는 문맥에 적합한 어휘는 (A) near(~ 근처에)이다.

어휘 between 사이에　into ~안으로　upon ~의 위에(= on)　passenger 승객　luggage 수하물　baggage claim 수하물 수령 장소

SPARTA 📄 PRACTICE II
| p. 174

1 (C)　**2** (A)

1 과거에 아틀란타의 ANNA's Hair Studio는 일주일에 6일, 아침 10시에 문을 열었다.

해설 전치사 선택 문제. 시각을 나타내는 전치사 at을 써야 하므로 (C)가 정답이다.

어휘 in the past 과거에

2 젠슨 사는 국내 남부 지역에 새로운 지사 사무실을 열 계획을 하고 있다.

해설 전치사 선택 문제. 장소, 범위의 전치사 in을 써야 하므로 (A)가 정답이다.

어휘 branch 지사　southern 남쪽의

SPARTA 📄 PRACTICE III
| p. 175

1 (B)　**2** (D)

1 렉스 자동차 사의 주주들을 위한 연례 회의가 4월 11일 목요일에 개최될 예정이다.

해설 전치사 선택 문제. 의미상 '주주들을 위한 연례 회의'가 적절하므로 (B) for가 정답이다.

어휘 annual 연례의　shareholder 주주　hold 개최하다

2 6월 5일에 일정이 잡혀 있던 행사는 폭우로 인해 취소되었다.

해설 접속사와 전치사의 구별 문제. 빈칸 다음 명사구가 나왔으므로 보기 중 유일한 전치사인 (D) because of가 정답이다. 나머지 접속사들도 암기해 두자. (A) while ~하는 동안, (B) although ~에도 불구하고, (C) since ~때문에

어휘 scheduled 예정된　heavy rain 폭우

SPARTA 📄 PRACTICE IV
| p. 176

1 (B)　**2** (C)

1 회원 혜택을 잃지 않기 위해 이 문서에 나와 있는 규정들을 지켜 주십시오.

해설 comply는 전치사 with과 함께 쓰여 '~을 따르다, 준수하다'의 의미를 갖는 관용 표현이다. 따라서 (B)가 정답이다.

어휘 outline 개요를 서술하다　avoid -ing ~하는 것을 피하다　benefit 혜택, 특전

2 우리의 투자 방침에 대한 정보는 요청 시 곧 고객에게 제공될 수 있습니다.

해설 빈칸은 명사구(our investment)를 연결하는 전치사 자리다. 보기 중 유일한 전치사인 (C) concerning이 정답이다.

어휘 investment 투자　policy 정책　upon request 요청 시

SPARTA 📄 PRACTICE V
| p. 177

1 (C)　**2** (A)

1 만약 저희 제품 중 어떤 것에 대해 문의가 있으시면 저희 고객 서비스 부서로 연락 주십시오.

해설 전치사 자리로 '~에 관한'이라는 의미를 가지고 있는 (C) about이 적합하다.

어휘 contact 연락하다　Customer Service Department 고객 서비스 부서

2 우리 팀의 노고 덕분에 그 프로젝트는 예정보다 일찍 끝났다.

해설 전치사 선택 문제로, ahead of schedule(예정보다 먼저)을 완성하는 (A)가 정답이다. on schedule '예정대로', behind schedule '예정[정시]보다 늦게'도 함께 암기해 두자.

어휘 hard work 노고　complete 완료하다, 끝마치다　depending on ~에 따라　in exchange for ~대신의, 교환으로　aside from ~외에는, ~을 제외하고

SPARTA ✅ ACTUAL TEST
| p. 178

1 (B)	**2** (B)	**3** (B)	**4** (C)	**5** (A)	**6** (B)	**7** (A)
8 (A)	**9** (A)	**10** (D)	**11** (B)	**12** (C)	**13** (C)	**14** (D)

1 Khaosan Bakery & Restaurant은 개인적인 행사로 12월 23일 일요일에 문을 닫습니다.

해설 전치사 for는 본질적으로 '~을 위해서'라는 개념으로, '~을 위해(행동이나 동작의 목적), ~을 대신하여, ~ 때문에'라는 의미들을 만들어낸다. 문맥상 '식당이 사적인 행사로 인해 문을 닫는다'는 내용이 자연스러우므로 정답은 (B) for가 된다.

어휘 private 사적인　event 행사

2 Deli Catering의 메뉴는 재료의 사용 가능 여부에 따라 온라인에 게시된 것과 약간 다를 수 있다.

해설 보기는 (A) 부사, (B) 전치사, (C) 부사, (D) 전치사로 나열되어 있다. 빈칸 뒤 문장 구조는 the availability of ingredients 명사구가 있으므로 빈칸은 전치사 자리다. 빈칸 앞 depending을 보자마자 on/upon를 고를 수 있어야 한다. depending on은 '~에 따라'의 뜻을 가지고 있다. 따라서 정답은 (B)가 된다.

어휘 differ 다르다 slightly 약간 post 공지하다 availability 유용성, (입수) 가능성 ingredient (특히 요리 등의) 재료[성분]

3 새로운 주법은 서면상의 동의 없이 고객의 개인 정보를 이용하거나 파는 것을 금지한다.

해설 빈칸 이전이 완전한 문장이고 빈칸 뒤에는 명사구인 a written agreement가 있으므로 앞의 문장과 뒤의 명사구를 연결시켜 줄 수 있는 의미상 적절한 전치사가 와야 하는 자리다. 문맥상 '서면 동의 없이 개인 정보를 이용하거나 파는 것을 금한다'는 의미가 되어야 하므로 빈칸에 적절한 전치사는 '~ 없이'라는 의미의 (B) without이다.

어휘 forbid 금지하다 client 고객 except ~을 제외하고 within ~안에

4 코엔 씨는 상하이로 오기 전에 Birmingham 미술관에서 연구원으로 일했다.

해설 빈칸 뒤 명사로 신분/직업이 왔기 때문에 장소 앞에 쓰이는 down이나 into는 어울리지 않는다. 동사 serve는 <serve in+회사/직장> (~에서 일하다), <serve as+직업/신분>(~로서 일하다)로 쓰인다. 뒤에 a researcher라는 직업을 나타내는 명사를 통해 (C) as가 정답임을 알 수 있다. 참고로 as는 동일한 관계를 나타내는 연결어로 쓰여 뒤에 명사가 온다면 그와 동일한 동격 관계의 명사가 문장에 있어야 정답이 될 수 있다. 예를 들어 지금처럼 Mr. Cohen = a researcher라는 관계가 성립되면 as가 정답이 된다. 추가로 work[serve/act] as(~로서 일하다)의 다른 표현도 익혀 두자.

어휘 researcher 연구원 serve as ~로서 일하다

5 파라다이스 호텔은 모든 주요 관광지에 걸어서 갈 수 있는 거리에 있는 이스트 리버 구역에 편리하게 위치해 있다.

해설 빈칸은 명사구(walking distance)를 연결하는 전치사 자리다. (B) 부사와 (C) 접속부사를 제외하고 걸어서 갈 수 있는 거리(walking distance)를 연결하는 전치사를 택한다. (A) 전치사 within은 <within+장소=특정 장소>(~이내에), <within+시간=특정 시간>(~이내에)로 자주 출제된다. 따라서 '걸어서 갈 수 있는 거리 이내에'라는 뜻을 완성하는 (A)가 정답이다.

어휘 conveniently 편리하게 locate 위치하다 district 지역, 지구 distance 거리, 간격 tourist attraction 관광 명소

6 복잡한 규정 때문에 퀸스 컴퓨터 사의 지역 공장의 준공이 내년으로 연기될 것이다.

해설 전치사 선택 문제. 의미상 '복잡한 규정 때문에'가 적절하므로 전치사인 (B) Because of가 정답이다. 같은 의미지만 접속사인 (D) Now that과 구별해야 한다.

어휘 complex 복잡한 regulation 규정 opening 준공 local 지역의 postpone 연기하다 however 그러나 now that ~ 때문에

7 그 인사부 매니저는 다가오는 훈련 세미나에 대해 모든 직원들에게 메모를 보냈다.

해설 빈칸은 명사구(the upcoming training seminar)를 연결하는 전치사 자리다. 보기 중 전치사인 (A) concerning '~관하여', (D) following '~이

후에' 중 문맥상 '곧 있을 훈련 세미나에 관해서 모든 직원들에게 메모를 보냈다'가 적절하므로 (A)가 정답이다.

어휘 reminder (약속·할 일 등을) 상기시켜 주는 편지[메모] upcoming 다가오는, 곧 있을 usually 보통, 대개 following ~이후에(= after)

8 프로젝트 팀은 유감스럽게도 12월 7일 전에 프레젠테이션이 준비되지 못할 것이라고 이사회에 알렸다.

해설 '12월 7일 ------ 프레젠테이션이 준비되지 못할 것이다'라는 문맥에 적합한 전치사는 (A) before (~전에)이다.

어휘 regrettably 유감스럽게도 inform 알리다 ready 준비된 between ~사이에 above ~위에 within ~이내에

9 날씨가 좋지 않을 경우 내일 저녁으로 예정된 야외 행사는 다음 주 토요일로 연기될 것입니다.

해설 빈칸 앞의 in the event와 함께 쓰여 '만일 ~할 경우에는'이라는 뜻을 갖는 전치사는 (A) of(~의)이다.

어휘 outdoor 실외의 arrange 마련하다 postpone 연기하다 against ~에 반대하여 with ~와 함께 by ~함으로써

10 연관된 일의 엄청난 양을 고려하면, 연구를 마치는 데 1년은 걸릴 것이다.

해설 빈칸은 명사구를 연결하는 전치사 자리로, 보기 중 유일한 분사형 전치사인 (D) Considering이 정답이다.

어휘 overwhelming 압도적인 involve 수반[포함]하다 considering ~을 고려[감안]하면 consider 고려하다 considerable 상당한, 많은

<11-14> 다음 기사에 관한 문제다.

4월 21일 — 오늘 오후, 소프트웨어 개발자 Ed Harry는 새로운 회사를 창립했다. 새로운 회사 E-Harry Design은 온라인 상점의 외관 및 기능성 향상을 전문으로 할 것이다.

Harry 씨의 기술팀은 고객의 사이트에서 데이터를 수집하고 사용자들의 선호도에 따라 사이트를 개편하는 데 능하다. 이것은 방문자들의 행동을 조사하는 새로운 소프트웨어의 도움으로 가능하다.

Harry 씨는 그의 회사 서비스에 대해 수요가 있을 것으로 기대하면서 "휴대폰에서 태블릿, 데스크톱에 이르기까지 모든 화면 크기에서, 향상된 사용자 경험을 위한 고객의 웹 인터페이스를 업그레이드할 것입니다." 라고 말했다.

어휘 developer 개발자 specialize in ~을 전문으로 하다 enhance 향상시키다 functionality 기능성 technician 기술자 gather 모으다 based on ~에 근간을 둔 preference 선호도 hire 고용하다 launch (사업을) 시작하다 tour 순회(순방)하다 contact 연락하다 above ~위에 a wider customer 더 많은 고객 examine 조사[검토]하다 behavior 행동 prefer 선호하다 improvement 개선, 향상 improve 개선시키다 improved 향상된, 개선된

11 [유형] 동사 어휘 문제

해설 '소프트웨어 개발자 Ed Harry는 새로운 회사를 -------.'에서 문맥상 적합한 어휘는 (B) launched(창립했다)이다.

12 [유형] 전치사 어휘 문제

해설 '고객들의 사이트로부터 데이터를 모으다'라는 내용이므로 '~로부터'의 의미를 가지고 있는 (C) from이 정답이다.

13 [유형] 알맞은 문장 넣기 문제

    (A) 그것은 대부분의 온라인 상점들이 더 넓은 고객층에 도달하도록 도왔다.

    (B) 시장 조사에 따르면 가정용품을 판매하는 온라인 상점이 증가한 것으로 나타났다.

    (C) 이것은 방문자들의 행동을 조사하는 새로운 소프트웨어의 도움으로 가능하다.

    (D) 고객들은 종종 매장 방문보다 온라인 쇼핑을 선호한다.

[해설] 보기 (A)와 (C)에 대명사 it과 지시대명사 this가 각각 포함되어 있으므로 앞 문장과의 연관성을 고려해야 한다. 앞 문장은 '방문자의 선호도를 분석하여 사이트를 개편한다'는 내용인데, 이러한 작업을 가능케 하는 것은 '최신 소프트웨어 덕분이다'라고 말하는 (C)가 연결되는 것이 가장 자연스럽다.

14 [유형] 형용사 자리 문제

[해설] 빈칸 뒤에 user experience가 복합명사임을 알아야 한다. 빈칸은 전치사의 목적어인 명사(user experience) 앞의 형용사 자리이므로 (D) improved(향상된, 개선된)가 정답이다.

UNIT 05 동사의 종류

SPARTA 📝 PRACTICE I | p. 181

1 (C)   **2** (B)

1 지난주에 주문된 배송은 혹독한 기상 조건으로 인해서 아직 도착하지 않았다.

[해설] 빈칸 앞에 조동사 did not이 왔으므로 빈칸에는 동사원형이 와야 한다. 따라서 정답은 (C)이다.

[어휘] order 주문하다   because of ~ 때문에   severe 심한, 혹독한   weather condition 기상 조건

2 파손된 상품들은 주문하신 상품의 수령일로부터 7일 이내에 보고되어야 합니다.

[해설] 주어인 '파손된 상품들'은 사물이므로 구매자에 의해 피동적으로 보고되어진다고 해야 의미가 통한다. 조동사 must 뒤에 'be+과거분사' 형태로 빈칸은 수동태 표현을 완성하는 과거분사 (B) reported가 정답이다.

[어휘] damaged 손상된   merchandise 상품, 물건   receipt 수령, 수취   shipment 선적, 출하

SPARTA 📝 PRACTICE II | p. 182

1 (D)   **2** (A)

1 교통체증으로 인해 그들은 세미나에 정시에 도착할 수 없었다.

[해설] 조동사 다음 동사원형 자리다. 보기는 모두 동사원형이며 빈칸 다음 전치사구로 연결된 것으로 보아 자동사가 와야 한다. 따라서 (D) arrive가 정답이다.

[어휘] due to ~때문에   traffic congestion 교통체증   on time 정시에

2 포터 씨는 우리의 브라질 사무실에 온 직원들을 환영하는 연회에 참석하도록 초대 받았다.

[해설] a reception을 목적어로 취하는 타동사 자리다. 타동사 (A) attend와 (C) face 중에 문맥상 '연회에 참석하다'를 완성하는 (A) attend가 답이다. 참고로 attend의 동의어인 (B) participate은 자동사로 전치사 in과 함께 쓰인다.

[어휘] invite 초대하다   reception 연회   representative (판매) 대리인   participate 참석하다

SPARTA 📝 PRACTICE III | p. 183

1 (C)   **2** (C)

1 저희 프로그램에 관한 추가 정보를 요청하려면 해리스 씨에게 이메일을 보내십시오.

[해설] <Please ---- + 사람 목적어(Ms. Harris) + 사물 목적어(an e-mail)> 형태로 목적어를 2개 취하는 4형식 동사 (C) send가 정답이다.

[어휘] request 요청하다   additional 추가의, 부가의   announce 발표하다

2 매니저는 직원들에게 평가서를 완전하게 작성할 것을 요청했다.

[해설] 문장의 본동사인 ask는 to부정사를 목적격 보어로 취하는 5형식 동사로 빈칸은 (C) to fill이 정답이다.

[어휘] employee 직원   evaluation form 평가서   completely 완전히

SPARTA ✅ ACTUAL TEST | p. 184

1 (C)	**2** (B)	**3** (D)	**4** (A)	**5** (A)	**6** (D)	**7** (A)
8 (D)	**9** (A)	**10** (D)	**11** (A)	**12** (A)	**13** (C)	**14** (B)

1 이 가전제품 사용에 어려움을 겪는 고객들은 수신자부담 번호로 전화를 걸어 고객 서비스 부서와 상담해 주시기 바랍니다.

[해설] 자동사/타동사 구별 문제. 빈칸 뒤에 with이라는 전치사가 있으므로 <자동사+전치사>로 타동사구를 이루는 것을 찾아야 한다. (B) contract는 의미상 오답, (D)는 be in touch with이라는 관용어구로 주로 사용되며 touch with으로는 쓰지 않는다. (C) speak는 자동사로 '~와 이야기하다'라는 의미로 쓰일 때 with과 함께 쓰인다. (A) call은 자동사로 쓰일 때 전치사 with이 아닌 to를 쓴다.

[어휘] consumer 소비자   home appliance 가정용 기구, 가전 제품   toll-free 수신자 부담의

2 전자기 환경 적합성 명령은 전자기 방출을 일으키거나 영향을 받을 수 있는 모든 제품에 적용된다.

[해설] 조동사 다음에는 동사원형이 온다. 따라서 동사원형 be는 접속사 or로 앞의 could에 연결되어 있음을 알 수 있다. 여기에서는 의미상 '영향을 받는다'는 내용의 수동태가 되어야 하므로 be동사 다음에 과거분사가 와야 한다. 따라서 정답은 (B)이다.

[어휘] electromagnetic compatibility 전자기 환경 적합성   directive 명령, 지시   emission 방출, 배출

3 우리는 특별 연수기간 동안 국제 경쟁을 연구하기 위한 새 전략을 모색할 것이다.

[해설] 빈칸은 조동사 'will'과 목적어인 'new strategies' 사이에 있으므로 동사원형이 와야 할 자리다. 문맥상 특별 연수기간 동안 국제 경쟁에 대해 연구할 새 전략을 '모색'할 것이라는 의미가 되어야 하므로 빈칸에 가장 적절한 동사는 '(문제 등을) 탐구하다, 조사하다'라는 뜻의 (D) explore이다.

4 인사부 안내서는 직원들에게 회사의 연금, 서비스, 정책과 관련한 정보를 제공하려고 의도된 것이다.

해설 빈칸은 to부정사에서 동사원형이 와야 하는 자리다. 빈칸 뒤에 간접 목적어인 'employees'와 직접 목적어인 'information'이 위치해 있고, 문맥상 '직원들에게 정보를 제공하려고 한다'는 의미가 되어야 하므로 빈칸에는 'A에게 B를 제공하다'라는 의미를 갖는 'give A B'가 되어야 한다. 따라서 4형식 동사인 (A)가 적절하다.

어휘 intend to 동사원형 ~할 작정이다, 의도하다 concerning ~에 관해 benefits 연금 policy 정책 support 받치다, 유지하다 produce 생산하다 promote 증진하다, 승진시키다

5 다카하시 씨에게 제 도쿄 사무실 방문이 2월 10일로 재조정됐음을 알려주세요.

해설 명령문은 동사원형으로 시작하고 please를 붙이면 공손한 표현이 된다. 따라서 보기 중 유일한 동사원형인 (A) inform이 정답이다. inform은 토익에서 여러 가지 패턴으로 출제되는데, ① <inform+A+of+B>, ② <inform+사람+that+주어+동사>, ③ <be informed of ~>, ④ <be informed that+주어+동사> 이렇게 4가지 패턴을 기억해 두자. 참고로 (B) informed는 informed decision(신중한 결정), (D) informative는 informative meeting(유익한 회의)으로 덩어리째 암기하자.

어휘 visit 방문 reschedule 일정을 변경하다

6 Art Studio 사는 기자들에게 직원을 20%만큼 줄이겠다고 발표했다.

해설 빈칸 뒤에 목적어(that절)가 1개만 있는 것으로 보아, 빈칸에는 목적어를 하나만 갖는 3형식 동사가 와야 한다. 따라서 보기 중 3형식 동사인 (D) announced가 답이다. to reporters는 전치사구이므로, 목적어로 간주될 수 없다.

어휘 reporter 기자 reduce the staff 인원을 감축하다

7 감독관들은 신입 사원들에게 공장에서는 보호용 헬멧을 항상 착용해야 한다는 것을 상기시켜야 한다.

해설 빈칸 뒤에 목적어 2개(the new hires / that절)가 온 것으로 보아, 빈칸에는 목적어를 2개 갖는 4형식 동사가 와야 한다. 따라서 보기 중 4형식 동사인 (A) remind가 정답이다.

어휘 new hire 신입 사원 protective headgear 보호용 모자 at all times 항상, 언제나

8 경비원은 9시 이후에 외부인의 건물 출입을 허용하지 않을 것이다.

해설 <---- +목적어+to부정사> 형태로 to부정사를 목적격 보어로 취할 수 있는 5형식 동사 (D) allow가 정답이다.

어휘 security guard 경비원, 보안 요원 outside 외부

9 수영장이나 헬스장 같은 시설을 이용할 때는 모든 안전 규정을 따르세요.

해설 보기가 모두 '(규칙이나 규율 따위 등을) 따르다, 준수하다'라는 의미를 가지고 있는 동사들이다. 빈칸 다음에 to를 보고 자동사 자리임을 알 수 있으므로 보기 (B) observe와 (D) obey는 타동사라서 오답이다. 자동사 (C) comply는 'comply with'으로 사용되므로 오답, 정답은 (A) adhere가 된다. 이와 같이 동의어들은 자동사와 타동사로, 자동사에 어울리는 전치사와 함께 묶어 암기하자.

어휘 adhere to(= comply with, observe, obey, follow) (규칙·명령 등을) 따르다 safety regulations 안전 규정 facility 시설 such as ~와 같은

10 매장이나 온라인상에 있는 너무 많은 제품들은 때때로 빠른 구매 결정을 어렵게 만든다.

해설 make는 5형식으로 쓰일 때 목적어와 목적격 보어가 뒤따라야 한다. 목적어는 명사로 이에 대한 목적격 보어는 형용사나, 목적어와 동격일 경우 명사가 나와야 한다. 위 문장에서 makes의 목적어는 it인데, it이 받아줄 만한 단수명사가 앞에 나오지 않았으므로 이를 가목적어로 보고 진목적어를 to make quick purchase decisions로 파악할 수 있어야 한다. 빠른 구매 결정을 하는 것은 실체적으로 만들어질 수 없는 것이기 때문에 그 뒤에 어떠한 상태로 만드는지에 대한 목적격 보어로 '형용사'가 와야 가장 적절하다. 따라서 정답은 (D). make와 같이 5형식 문장에서 목적어 뒤 형용사를 목적격 보어로 가지는 동사 consider, keep, find, leave도 암기해 두어야 한다.

어휘 difficultly 어렵게, 힘들게 difficulties 곤란, 말썽 difficulty 어려움, 곤경 difficult 어려운, 힘든

<11-14> 다음 정보에 관한 문제다.

> **창고 시설 안전 지침: 소화기**
>
> 소화기는 건물 전체에 20미터마다 설치되어야 하며, 장애물들에 가로막히면 안 됩니다.
> 모든 소화기는 1년에 한 번 면허증을 소지한 보수유지 계약자가 점검해야 합니다. 각각의 꼬리표는 그것이 마지막으로 검사된 날짜를 보여줍니다. 전문가의 점검 외에도, 모든 소화기는 최소한 한 달에 한 번 시설 요원이 점검해야 합니다. 명백한 물리적 손상, 부식 또는 누출이 있는지 확인하십시오.
> 통에 적힌 지시 사항이 명확하게 보이는지 확인하십시오.

어휘 fire extinguisher 소화기 obstruction 방해, 가로막음, 장애물 licensed 면허증을 소지한, 인가를 받은 maintenance 유지 보수 in addition to ~이외에도 obvious 명백한 physical 물리적인 damage 손상 corrosion 부식 leakage 누수 canister 통 free 자유로운 weak 약한 evident 분명한 different 다른 tag 꼬리표 inspect 검사하다 intend to ~할 의도가 있다 extend (기간/기한을) 연장하다 accept 받아들이다 stand 서다, 참다

11 [유형] 형용사 어휘 문제

해설 '장애물로부터 자유로운 상태가 되어야 한다' 즉, 가로막혀 있으면 안 된다는 의미를 완성하는 (A) free가 정답이다.

12 [유형] 알맞은 문장 넣기 문제
(A) 각각의 꼬리표는 그것이 마지막으로 검사된 날짜를 보여줍니다.
(B) 우리는 검사의 빈도를 늘릴 예정입니다.
(C) 우리는 계약을 1년 더 연장하려고 합니다.
(D) 내일 훈련 교육이 실시될 것입니다.

해설 앞뒤 문장의 흐름을 봐야 하는 문제다. 앞 문장은 '일 년에 한 번 점검을 받아야 한다'라는 내용인데, 그 뒤에는 '마지막 검사 날짜(the last date it was inspected)'를 언급함으로써 다음 검사 날짜에 대한 기준을 언급하는 것이 자연스러우므로 (A)가 정답이다.

13 [유형] 동사 어휘 문제

해설 문맥상 전치사 for와 함께 '찾다, 확인하다'의 의미를 나타내는 (C) Look이 정답이다.

14 [유형] 부사 자리 문제

해설 빈칸은 형용사(visible)를 수식하는 부사 자리이므로 정답은 (B) clearly이다.

UNIT 06 수 일치

SPARTA 📄 PRACTICE I | p. 187

1 (B) **2** (D)

1 대부분 고객들은 보통 물건을 구입하기 전에 가격을 비교한다.

해설 복수 주어 Most customers와 어울리는 (B) compare이 정답이다.

어휘 customer 고객 usually 주로, 대개 compare 비교하다 make a purchase 구매하다

2 국립 공원 방문객들은 지난 3년간 상당히 증가했다.

해설 주어는 빈칸 바로 앞에 있는 the national park가 아니라 Visitors로, to the national park는 주어를 수식하는 전치사구다. 따라서 복수 주어인 Visitors와 어울리는 동사 (D) have가 정답이다.

어휘 visitor 방문객 significantly 상당히 increase 증가하다 over the past three years 지난 3년 동안

SPARTA 📄 PRACTICE II | p. 188

1 (C) **2** (D)

1 상품들을 정시에 배달하는 것은 배달 서비스 산업에서 경쟁력을 유지하는 데 있어 필수다.

해설 주어는 동명사인 Shipping이므로 보기 중 단수동사인 (C) is가 정답이다.

어휘 ship 배송하다 on time 정시에 essential 필수적인 competitive 경쟁력 있는

2 Well Mart 웹사이트에서 주문한 고객들은 20퍼센트 할인을 받을 것이다.

해설 주격 관계대명사절의 동사는 선행사와 수 일치시킨다. 따라서 복수 주어 Customers와 어울리는 (D) purchase가 정답이다.

어휘 purchase 구매하다 order (상품의) 주문

SPARTA 📄 PRACTICE III | p. 189

1 (D) **2** (B)

1 고객 수는 대개 당신이 얼마나 성공적으로 상품을 광고하느냐에 달렸다.

해설 [The number of+복수 명사] 패턴에서 동사는 단수형이 온다. 따라서 (D) depends가 정답이다.

어휘 largely 주로, 대체로 depend on ~에 달려 있다 successfully 성공적으로 advertise 광고하다

2 모든 직원들은 이번 분기에 매출이 상당히 증가할 것으로 기대하고 있다.

해설 주어 자리에 <all of the[소유격]+명사>가 있을 경우 뒤에 있는 명사의 단/복수에 따라 동사의 수가 결정된다. the staff members가 복수 명사이므로 복수 동사인 (B) expect가 정답이다.

어휘 expect 기대하다 sales 매출 go up 증가하다 substantially 상당히 quarter 분기

SPARTA ✓ ACTUAL TEST | p. 190

1 (C)	**2** (B)	**3** (C)	**4** (A)	**5** (B)	**6** (C)	**7** (D)
8 (A)	**9** (A)	**10** (A)	**11** (B)	**12** (C)	**13** (A)	**14** (A)

1 부다페스트 오페라 하우스에 가까운 도시 중심부에 위치한 대부분의 호텔들은 고객을 유치하기 위해 할인을 제공한다.

해설 주어와 동사 사이에 수식어가 들어간 경우로 문장의 주어를 먼저 확인한다. 여기서 주어는 Most of the hotels이므로 빈칸 동사 자리에는 복수 동사가 와야 한다. 따라서 정답은 (C)이다.

어휘 close to ~에 가까운 attract 마음을 끌다, 끌어모으다

2 Warden Pharmaceutical Group은 어제 해외영업부를 확장할 거라고 발표했다.

해설 빈칸은 문장의 동사 자리로, 동사가 될 수 없는 (D)를 제외하고 동사 형태인 (A), (B), (C) 중에 수 일치를 통해 (A)를 소거한다. 빈칸 다음 목적어인 plans가 있기 때문에 수동태인 (C)를 소거하면 정답은 (B)가 된다.

어휘 enlarge 확장하다 overseas sales divisions 해외영업부 announce 발표하다

3 과학자들은 회사를 위한 매우 중요한 프로젝트에 필요한 정보를 조사하고 있다.

해설 주어와 동사의 수를 일치시켜야 하며 주어가 사람이고 '찾는' 역할을 직접 수행하므로 능동태가 되어야 한다. 주어인 Scientists가 복수이므로 복수 동사인 have가 와야 하며, 보기 중에 능동형으로 가장 적절한 것은 현재완료진행형인 (C)이다.

어휘 necessary 필요한 project 계획 search for ~을 찾다

4 이 빌딩의 건축을 3달 만에 끝냈다는 것은 새로운 운송 체계의 상당한 성장을 보여준다.

해설 명사절(That it took only three months to finish the construction of this building)이 문장의 주어로, 빈칸은 동사 자리다. 명사절이 문장의 주어로 쓰이면 동사는 단수가 나와야 하므로 동사 보기 (A), (C), (D) 중 복수 동사인 (C)를 제거하고 빈칸 뒤에 목적어인 the remarkable progress가 있기 때문에 수동태인 (D)를 제거하면 (A)가 답이 된다.

어휘 finish 마치다 construction 건축 show 보여주다 remarkable 상당한 progress 성장 transportation system 운송 체계

5 Coswden 전자회사는 신제품을 출시한 이래로, 총 판매 수치가 꾸준하게 증가했다.

해설 주어는 Coswden Electronics로 -s로 끝났지만 하나의 회사로서 단수 취급해야 하며, 이를 뒤에서 소유격 its를 쓴 것으로도 알 수 있다. 주어가 단수이므로 단수 동사가 와야 하며, 보기 중 (A), (C), (D)는 주어가 복수일 때만 쓸 수 있어서, 주어의 단복수 여부와 관계 없이 쓸 수 있는 (B) released가 정답이다. 참고로 주절의 시제가 현재완료인 have increased여서, 접속사 since가 이끄는 종속절의 시제는 과거가 되어야 하는데, 의미상 '전자회사가 새로운 제품을 내놓았다'는 능동의 의미가 되어야 하기 때문에 수동태인 (C) were released는 답이 될 수 없다.

어휘 since ~이래로 product 제품 total 전체의, 총계의 sales figures 판매 수치 increase 늘어나다 steadily 꾸준히 release 출시하다, 발표하다

6 경기 불황 때문에 상업 부동산 투자에 관심을 갖는 투자자 수가 전혀 증가하지 않고 있다.

해설 주격 관계대명사 다음 동사 자리로 선행사와 수를 일치시켜야 한다. 따라서 복수 동사인 (A)와 (C) 중에, 빈칸 다음 목적어가 없고 투자자들이 투자하는 것에 관심을 갖게 되는 것이므로 수동태인 (C)가 정답이다.

어휘 investor 투자자 investment 투자 commercial 상업의 real estate 부동산 economic depression 경기 침체, 불황

7 허가 없이 정보를 업로드하거나 수정하는 행위는 엄격히 금지되고 있다.

해설 빈칸은 문장의 동사 자리로, 문장 전체의 주어를 파악하는 것이 우선이다. 빈칸 앞 to upload or change information은 주어인 attempts를 수식하는 to부정사의 형용사적 용법으로 쓰인 것이다. 따라서 문장의 주어는 복수라는 것을 알 수 있고, 보기 중 동사가 될 수 없는 (C)를 제외하고 단수 동사 (A)와 (B)를 소거하면 유일한 복수동사인 (D)가 답이 된다.

어휘 unauthorized 승인되지 않은 attempt 시도 upload 업로드하다 stringently 엄격히 prohibit 금지하다

8 최고의 시장 분석가들 일부가 연말쯤이면 주식 시장이 1만 포인트에 도달할 거라고 예견한다.

해설 빈칸은 문장의 동사 자리로, 보기가 모두 동사이므로 수 일치를 먼저 파악한다. [some of the+복수명사] 형태에서 of 뒤의 복수명사에 수 일치를 해야 하므로 단수 동사인 (B)와 (C) 제거, 복수동사인 (A) 능동형과 단/복수동사인 (D) 수동 형태 중에서 빈칸 뒤 that 이하가 명사절로 목적어 역할을 하고 있으므로 수동태형인 (D)를 제거하면 (A) predict가 정답임을 알 수 있다.

어휘 analyst 분석가 stock market 주식 시장 predict 예견하다

9 히들스턴 자동차 제조사는 향후 2년 동안 인력을 10퍼센트까지 늘릴 것이다.

해설 빈칸은 동사 자리다. 보기 중 동사가 될 수 없는 (B) increasing을 제외하고 수 일치를 통해 (C) increase를 제거하면 (A) will increase와 (D) is increased가 남는데 중 빈칸 뒤 목적어(its workforce)를 취할 수 있는 능동태인 (A) will increase가 정답이 된다.

어휘 workforce 인력 increase 늘리다

10 Puerto 국제 공항에서 출발하는 모든 비행편들은 추후 통지가 있을 때까지 지연될 것이다.

해설 빈칸은 동사 자리다. 보기 중 동사가 될 수 없는 (D) postponing을 제외한다. 문장의 주어는 복수(All flights)이므로, 수 일치를 통해 (B) is postponing과 (C) has postponed를 제거하면 (A) will be postponed가 정답이 된다.

어휘 flight 항공편 until further notice 다음 통지가 있을 때까지 postpone 연기하다, 미루다

<11-14> 다음 기사에 관한 문제다.

> Eos Zinfandel 항구의 성장
> 11월 27일
>
> 국제항만협회의 보고서에 따르면, Eos Zinfandel 항을 통과하는 화물 수송량이 올해 또 증가했다. 사실, 두 자릿수 성장은 2년 연속이다. 다양한 제품이 이 항구를 통해 이동했으며, 부패하기 쉬운 음식과 철강, 목재, 금속과 같은 자재들이 가장 보편적이었다. 이러한 증가된 작업량을 처리할 인력의 필요성이 증대되고 있다.
> 그 결과, 항구의 취업 기회 또한 증가했다. 당국은 화물 수송량의 증가를 지역 경제 성장의 명확한 지표로 보고 있다.

어휘 according to ~에 따르면 cargo traffic 화물 수송량 consecutive 연속의 double-digit growth 두 자릿수 성장 a variety of 다양한 steel 강철 lumber 목재 metal 금속 perishable 상하기 쉬운 as a result 그 결과 authorities 당국 indicator 지표 in contrast 그에 반해서 in fact 사실상 nevertheless 그럼에도 불구하고 even so 그렇기는 하지만 material 자재 benefit 혜택 deal with 다루다, 처리하다 workload 작업량 indicate 나타내다, 보여주다 significant 현저한 drop 감소, 하락

11 [유형] 연결어 문제

해설 '화물 수송량이 올해 또 증가했다'는 내용 뒤에 '두 자릿수 성장은 2년 연속이다'라는 부연 설명이 이어지므로 보기 중 (B) In fact(사실)가 들어가는 것이 문맥상 자연스럽다.

12 [유형] 명사 어휘 문제

해설 빈칸 뒤의 예시들(such as steel, lumber, and metal)을 포함할 수 있는 어휘는 (C) materials(자재)이다.

13 [유형] 알맞은 문장 넣기 문제

(A) 이러한 증가된 작업량을 처리할 인력의 필요성이 증대되고 있다.
(B) 그 항구는 5년 동안의 자료를 제출했다.
(C) 제품들은 내년부터 이용 가능하다.
(D) 한 조사는 화물량의 상당한 감소를 보여준다.

해설 앞 문장에서 화물 수송량의 증가에 대해 설명했고, 뒤 문장은 일자리가 늘고 있다는 결과를 말하고 있으므로, 빈칸에는 '증가된 작업량을 처리할 인력이 필요하다'는 내용의 (A)가 적절하다.

14 [유형] 동사 형태 문제

해설 빈칸은 동사 자리이고, 주어 Authorities는 '당국'이라는 뜻으로 항상 복수형으로 쓰이며, 빈칸 뒤에 목적어(the growth)가 있으므로 능동태이자 복수 동사인 (A) view가 정답이다.

SPARTA 📝 PRACTICE I | p. 193

1 (D) **2** (D)

1 직원 회의는 다음 주 월요일에 2층에 있는 회의실에서 열릴 것이다.

해설 빈칸은 동사 자리로, 수 일치를 통해 (B)를 제거하고 빈칸 다음에 목적어가 없으므로 능동형인 (C)를 제거한다. 미래시제의 단서 next Monday를 통해 정답은 (D)임을 알 수 있다.

어휘 staff meeting 직원 회의 conference room 회의실

2 BVW의 최신 고급차는 처음에 비평가들로부터 부정적인 평가를 받았다.

해설 4형식 문장에서 간접 목적어(VW's latest luxury car)가 주어가 되어, 수동태가 되고 뒤에 직접 목적어(negative reviews)가 남는 경우이다. 원래의 능동태 문장은 'Critics gave VW's latest luxury car negative reviews.'이다.

어휘 originally 처음에는, 원래 negative 부정적인 critic 비평가, 평론가

SPARTA 📝 PRACTICE II | p. 194

1 (C) **2** (A)

1 이사회는 채용에 더 많은 자금이 이용 가능하도록 만들 것을 요청했다.

해설 5형식 문형 <make+목적어+목적격 보어(형용사)>가 수동태(be made+형용사)가 된 경우이다.

어휘 request 요청하다 available 이용 가능한 recruitment 신규 모집

2 관리자들은 그들의 지도력을 기르기 위해 매달 회의에 참석하도록 요구된다.

해설 <require+목적어+목적격 보어(to부정사)>가 수동태(be required to 부정사)가 된 경우이다.

어휘 supervisor 관리자 require 요구하다 attend 참석하다 monthly 매달의 leadership 지도력

SPARTA 📝 PRACTICE III | p. 195

1 (B) **2** (D)

1 저희는 Welton Construction Company가 그 프로젝트 입찰을 따냈다는 것을 알리게 되어 기쁩니다.

해설 감정동사는 주어가 감정을 느끼는 사람이면 수동태로 표현한다. 따라서 정답은 (B)이다.

어휘 announce 알리다 bid 입찰

2 AFM은 회원들의 경력 개발에 전념하는 단체다.

해설 be devoted to -ing(~하는 데 전념[헌신]하다)이므로 정답은 (D).

어휘 association 단체, 협회 boost 후원하다, 밀어주다

SPARTA ✔ ACTUAL TEST | p. 196

| **1** (C) | **2** (D) | **3** (C) | **4** (D) | **5** (A) | **6** (D) | **7** (C) |
| **8** (C) | **9** (B) | **10** (B) | **11** (B) | **12** (C) | **13** (C) | **14** (A) |

1 Top-Class Office Tower의 난방 시스템이 시 건물 안전 부서에 의해서 점검되고 있는 중이다.

해설 동사 자리 문제는 1. 수 일치 2. 태 3. 시제 순으로 해결한다. 능동태와 수동태 구별은 대부분(자동사 제외) 빈칸 다음 목적어 유무로 판단하면 된다. 뒤에 목적어가 있다면 능동, 목적어 없이 전치사구 또는 부사절이 나오면 수동이라 판단하면 된다. 보기 중 정답이 될 수 있는 것은 (B)와 (C), 주어 heating system은 단수이므로 수 일치를 통해 (B)는 오답이다. 따라서 (C)가 정답.

어휘 heating system 난방 시스템 department 부서 inspect 조사하다, 검사하다

2 직원들의 새 전화번호부 목록이 다음 주 수요일에 인트라넷에 게시될 것이다.

해설 빈칸은 조동사 will 다음에 위치하고 있으므로 동사원형이 와야 하고, 문장의 주어인 A new list of employee phone numbers는 '게시되는' 대상이므로 원형 수동태인 <be+p.p.> 형태가 와야 한다. 따라서 정답은 (D) be posted이다.

어휘 list 목록 intranet 구내 인터넷 통신망 post ~을 게시하다

3 지난 분기에 서비스 정책이 갱신된 이래로 불만이 상당히 감소했다.

해설 '~한 이래로'라는 의미의 시간 접속사 since가 이끄는 종속절의 주어가 the service policy이고 동사 자리가 빈칸이다. 의미상 정책(policy)이 갱신된다는 수동태가 자연스러우므로 (A)와 (B)는 답이 아니다. 또 주절의 시제가 현재완료(have reduced)인데, since절의 의미를 보면 과거 어느 특정 시점에 정책이 갱신된 것이므로 과거시제가 알맞다. 그래서 정답은 (C) was updated가 된다. (D)의 have been updated는 have동사로 보아 주어 policy가 복수로 취급된 것이므로 수 일치가 되지 않는다. 이는 since절의 주어 policy를 못 보고 주절의 주어 Complaints와 그 뒤의 복수동사 have를 보고 착각을 일으키게 한 함정이다.

어휘 complaint 불만, 불평 reduce 감소하다 significantly 상당히 service policy 서비스 정책 quarter 분기 update 갱신하다

4 공용 컴퓨터는 복사기와 함께 도서관 2층에 위치해 있다.

해설 Public computers와 photocopiers는 사람에 의해 위치가 정해지는 사물이므로 동사 자리인 빈칸에는 수동형인 (D) are located가 와야 한다. be located at/in/on(~에 위치해 있다)를 숙어처럼 알아 두자.

어휘 public 공공의, 공중의 along with ~와 함께 photocopier 복사기

5 비행기 연착으로 인해 Walker 씨는 10시 회의 시간에 맞춰 도착하지 못할 것이다.

해설 조동사 다음 동사원형 자리로, arrive는 수동태가 될 수 없는 완전 자동사이므로 (A) arrive가 정답이다.

어휘 due to ~때문에 flight delay 항공기 지연 in time 제시간에

6 Bamber 씨는 Creation Sphere 사의 영업직에 정말 관심이 있기 때문에 지원하기로 결정했다.

해설 보어 자리(be동사 뒤 보충어)에 어떤 품사가 들어가야 하는지 묻고

있다. 명사 또는 형용사가 나올 수 있는데 명사가 오는 경우는 주어와 동격을 이루어야 한다. 주어 'he'와 'interest'(관심, 이자)는 동격을 이룰 수 없기 때문에 형용사가 보어 자리에 와야 하며, interesting과 interested 중 그는 관심을 '주는' 쪽이 아니라 '가지는' 수동의 입장이므로 정답은 (D) interested가 되어야 한다. interesting과 interested 외에도 사람의 '감정'이 분사(형용사)로 쓰일 경우 명사가 사람이면 감정을 받는 p.p.형이 답이고, 사람이 아니면 -ing/-ive형이 답이라는 것도 명심하자.

> **어휘** decide 결정하다 apply for ~에 지원하다 position 자리 be interested in ~에 관심이 있다

7 폭우로 인해 내일로 예정되었던 회사 야유회가 5월 23일로 연기될 것이다.

> **해설** 빈칸은 동사 자리로, 문장의 주어(the company outing)와의 수 일치를 통해 복수동사인 (A)와 (B)를 제거한 후, 주어인 회사 야유회는 '연기되는' 대상이므로 수동태인 (C) will be postponed를 골라야 한다.

> **어휘** outing 야유회

8 All Bay View 아파트는 최신 보안 시스템과 연료 효율이 좋은 가정용 기기들을 갖추고 있다.

> **해설** 문장의 주어는 All Bay View apartments로, 문맥상 '아파트가 연료 효율이 좋은 가정용 기기들을 갖추고 있다'라는 의미가 되어야 한다. 따라서 '~을 갖추고 있다'라는 의미의 be equipped with이 적절하므로 (C)가 답이다.

> **어휘** energy-efficient 연료 효율이 좋은 household 가정용의 appliance (가정용) 기기

9 회사 로고는 광고부서에 의해 제출된 것 중에서 선정되었다.

> **해설** 먼저 be동사 다음에 올 수 있는 형태는 (B) chosen과 (D) choosing인데, logo는 '선택되는' 대상이므로 빈칸에는 수동태를 완성하는 과거분사 (B) chosen이 와야 한다.

> **어휘** choose 고르다, 선택하다 selection 선택된 것 submit 제출하다

10 사무실에 있는 모든 직원들은 새로운 시간 관리 프로그램이 설치된 이후로 훨씬 더 생산적이다.

> **해설** 주절의 동사 자리로, 빈칸 뒤에 목적어가 아닌 보어(productive)가 위치하므로 정답은 (B) has been이다.

> **어휘** productive 생산적인 time-management 시간 관리 install 설치하다

<11-14> 다음 공지에 관한 문제다.

> **Office-Jet 컬러 복사기 방침**
>
> 이 컬러 복사기는 마케팅 부서 직원 전용입니다.
> 다른 부서 직원들은 2층에 있는 흑백 복사기를 사용하시기 바랍니다.
> 마케팅 부서 직원들은 관리자의 승인 없이 하루에 50부까지 복사할 수 있습니다. 추가로 복사하려면 관리자의 승인을 받아야 합니다.
> 컬러 인쇄는 업무용으로만 가능하다는 점에 주의하세요. 개인 용도의 복사는 허용되지 않습니다.
> 컬러 복사기 출력물은 Office-Jet 내부 사용 및 광고 대행사와 같은 외부 마케팅 제휴업체를 위한 것입니다.
> 협조해 주셔서 감사합니다.

> **어휘** copier 복사기 department 부서 black-and-white copier 흑백 복사기 up to ~까지 authorization 승인 managerial 관리의 approval 승인 purpose 목적 internal 내부의 external 외부의 such as ~와 같은 cooperation 협조 customary 습관적인 peculiar 독특한 subtle 미묘한 such 그러한 additional 추가적인 required 요구된 be intended for ~를 위한 것이다 personal 개인의 permit 허락하다 maintain 유지하다 replace 교체하다

11 **[유형]** 형용사 어휘 문제

> **해설** '이 컬러 복사기는 마케팅 부서 직원 전용입니다'의 의미를 완성하는 (B) exclusive(독점적인)가 정답이다.

12 **[유형]** 형용사 어휘 문제

> **해설** 마케팅 직원들은 관리자 승인 없이 하루에 50장까지 복사할 수 있는데, '------- 복사가 필요하면 관리자의 승인을 받아야 한다'는 내용에서 빈칸에 들어갈 적절한 어휘는 (C) additional(추가적인)이다.

13 **[유형]** 능동/수동 구별 문제

> **해설** 빈칸은 동사 자리이며 빈칸 뒤에 목적어가 없으므로 수동태인 (C) is intended가 정답이다.

14 **[유형]** 알맞은 문장 넣기 문제

> (A) 개인 용도의 복사는 허용되지 않습니다.
> (B) 기술 지원부서가 모든 프린터와 복사기를 관리합니다.
> (C) 흑백 복사기는 업그레이드되었습니다.
> (D) 프린터는 곧 교체될 것입니다.

> **해설** 빈칸 앞 문장은 복사기 사용이 오로지 업무 목적에만 국한된다는 내용이므로 빈칸에는 이를 부연 설명하는 (A)가 적절하다.

UNIT 08 시제

SPARTA PRACTICE I | p. 199

1 (A) **2** (D)

1 회사 직원 회의에 대한 의제가 내일 메일로 보내질 것이다.

> **해설** 빈칸은 동사 자리다. 동사가 될 수 없는 (D) sending은 오답. 문장 끝에 정확한 미래 시점을 나타내는 tomorrow(내일)가 있으므로 이와 어울리는 미래시제 (A) will be sent가 정답이다.

> **어휘** agenda (회의) 안건, 의제

2 지난 주말에, 전세계의 사진 전문가들이 Bayview 호텔에 모였다.

> **해설** 빈칸은 동사 자리로, 동사가 될 수 없는 (B) convening와 (C) to convene는 제외시킨다. 문장 처음에 정확한 과거 시점을 나타내는 Last weekend(지난 주말)가 있으므로 이와 어울리는 과거시제 (D) convened가 정답이다.

> **어휘** specialist 전문가 convene 모이다, 소집하다

SPARTA 📋 PRACTICE II
| p. 200

1 (B)　　**2** (A)

1 몇몇 기자들은 사장이 컨벤션 센터에 도착했을 때 그를 기다리고 있는 중이었다.

해설 빈칸은 동사 자리로, when이 이끄는 절의 시제가 과거(arrived)이므로 주절의 시제 역시 과거시제를 써야 한다. 따라서 정답은 과거진행 시제인 (B) were waiting이 된다.

어휘 reporter 기자

2 유가 상승으로 Max Delivery 사는 다음 달까지 배송비를 올릴 것이다.

해설 빈칸은 동사 자리로, by next month는 미래를 표현하는 시간 부사이므로 주절의 시제를 미래로 써야 한다. 따라서 정답은 (A)이다.

어휘 due to ~ 때문에　**shipping cost** 배송비

SPARTA 📋 PRACTICE III
| p. 201

1 (C)　　**2** (B)

1 지난 5년 동안, Kunis 씨는 회사에서 최고의 영업 사원이 되길 열망해 왔다.

해설 빈칸은 동사 자리로, (B) aspiring와 (D) to aspire는 오답이다. 문장 처음에 현재완료의 단서를 나타내는 '5년 전부터 지금까지'를 의미하는 'For the past five years'가 있으므로 현재완료 시제 (C) has aspired가 정답이다.

어휘 leading 선두적인, 선두의　**salesperson** 판매원　**aspire** 열망하다

2 JK 병원은 10년 전에 설립된 이래로 최고의 의료 서비스를 제공해오고 있다.

해설 빈칸은 동사 자리로, 동사가 될 수 없는 (A) providing은 오답. <since+ 과거 시점(its establishment ten years ago)>에서 주절의 시제가 현재 완료임을 알 수 있다. 따라서 (B) has provided가 정답이다.

어휘 establishment 설립, 수립

SPARTA ✅ ACTUAL TEST
| p. 202

| **1** (C) | **2** (A) | **3** (C) | **4** (A) | **5** (B) | **6** (D) | **7** (B) |
| **8** (D) | **9** (C) | **10** (D) | **11** (D) | **12** (C) | **13** (D) | **14** (D) |

1 Hanson 씨는 지난주에 그녀의 일을 지원할 보조 직원으로 Russell 씨를 고용하는 정식 계약서에 서명했다.

해설 과거를 나타내는 부사구 last week이 있으므로, 동사는 과거시제가 되어야 한다. 따라서 답은 (C) signed.

어휘 contract 계약(서)　**hire** 고용하다　**assistant** 보조원　**support** 지원 하다　**sign** 서명하다, 사인하다

2 당신이 프로젝트를 마치면 상이 주어져야 하는지 우리에게 추천할 평가 자를 만날 것이다.

해설 project를 끝내는 시점은 미래의 일이지만 when으로 시작되는 절이므로 현재시제가 미래시제를 대신한다. 따라서 정답은 (A)이다. 시간/조건 절을 이끄는 종속접속사는 before, after, once, as soon as, as long as, when, by the time, if, unless 등이 있다.

어휘 assessor 평가자　**recommend** 추천하다　**whether** ~인지 아닌지　**award** 상　**issue** 내주다, 지급하다

3 Rogers 씨가 업무 기술을 숙달한 후에, 그의 상관은 신입 직원 교육을 도울 것을 그에게 요구했다.

해설 주절의 동사 시제가 과거(asked)이고, 종속절에서 Rogers 씨가 기술을 숙달한 시점은 과거보다 먼저 일어난 일이라는 것을 알 수 있다. 따라서 과거완료시제가 와야하므로 정답은 (C)이다.

어휘 supervisor 상사　**train** 훈련시키다　**master** 숙달하다, 터득하다

4 2011년에, 이탈리아 패션 디자이너인 Gianni Versace 씨는 패션계에 몸담은 지 45년 만에 은퇴를 발표했다.

해설 빈칸은 동사 자리로 보기 (C)는 답에서 제외되며, 문두에 <in+과거년도> 를 통해 과거시제가 들어갈 자리임을 알 수 있다. 답은 (A).

어휘 retirement 은퇴　**fashion business** 패션업계

5 지난 11월 우리 영업부는 시 규정 때문에 과거에는 손대지 못했던 주거 지역으로 영업을 확장하기 시작했다.

해설 과거를 나타내는 시간어구 Last November가 있기 때문에, 과거 시제가 되어야 한다. 따라서 답은 (B)이다.

어휘 expand into ~로 확대하다　**residential district** 주거 지구　**formerly** 이전에　**off-limits** 출입 금지의, 논의 금지의　**regulation** 규정

6 측량기사가 지난 목요일에 10 Mulberry Drive에 대지경계선 그리는 일을 끝냈다.

해설 동사 어형을 묻는 문제로, 시제를 묻고 있다. 문미에 last Thursday가 있으므로 과거시제임을 쉽게 알 수 있다. 따라서 정답은 (D)이다.

어휘 survey technician 측량사　**map** 지도를 그리다　**property line** 대지 경계선

7 Columbus 씨는 지난 10년간 홍콩에 있는 Grand Industry 사에서 일했다.

해설 빈칸 뒤에 the last ten years라는 특정 기간을 나타내는 표현이 있으므로, 시간 앞에서 쓰일 수 있는 전치사를 찾는 문제다. '지난 10년에 걸쳐' 라는 의미로 '특정 기간 동안의 세월에 걸치다'라는 표현으로 쓰일 때 (B) over가 쓰인다. 또한 <over/during/for/in+the last[past]+기간명사> 는 현재완료시제와 어울려 쓰이므로 문장의 시제가 전치사 선택의 단서 가 될 수 있다.

어휘 industry 산업

8 마케팅 팀 구성원들은 지난 2주 동안 고객 만족도 조사를 수행했다.

해설 빈칸이 동사 자리임이 확인되면 '수 일치→능동/수동 구별→시제' 순으로 문제를 해결한다. 시제를 구별할 때 각 시제와 어울리는 시간의 단서를 찾아 해결하면 된다. <for the past[last]+기간 명사>는 현재완료와 어울리는 시간부사구이다. 따라서 정답은 (D) have conducted가 된다.

어휘 customer satisfaction 고객 만족(도)　**survey** 설문조사　**conduct** 수행하다

9 20년간 영업해 온 Ann's Hair Salon은 여전히 모든 고객들이 원하는 탁월한 미용 서비스를 제공하고 있다.

해설 빈칸은 부사 자리로, 보기에 나와 있는 부사들은 각 시제와 어울려 쓰이 는 특징이 있다. (B) soon과 (D) later는 미래시제와 어울려 쓰이며, (A)

once는 과거시제와 어울린다. (C) still은 현재시제와 어울리는 부사 중 하나로, 현재시제 동사(provides)가 쓰였으므로 정답은 (C)가 된다.

어휘 **provide** 제공하다 **excellent** 뛰어난 **customer** 고객 **desire** 바라다, 원하다

10 퀸 씨가 우리 회사에 웹 디자이너로 입사했을 무렵, 그녀는 이미 수년 동안 웹 디자인 분야에서 일한 경력이 있었다.

해설 빈칸에 들어갈 동사의 시제는 종속절의 동사 joined(과거시제)보다 이전 의 일이므로 과거완료(had + 과거분사)를 써야 한다. 따라서 정답은 (D) had worked이다.

어휘 **join** 가입하다, 입사하다 **firm** 회사 **field** 분야 **already** 이미

<11-14> 다음 메모에 관한 문제다.

> 저희 Tektra Pak 사는 귀하의 의견을 진중하게 받아들이고 있습니다. 연례 설문조사에서 얻은 피드백은 저희가 어디에서 고객들의 요구를 이미 충족하거나 능가하는지 볼 수 있도록 합니다.
> 여러분의 의견은 저희가 개선할 부분이 어디인지도 보여줍니다. 여러분의 기대를 완전히 충족시키지 못할 때 저희는 변화를 줍니다.
> 저희는 가능한 한 많은 고객의 의견을 듣고자 합니다. 그리하여 설문 조사 제출 기한이 10월 5일로 연장되었습니다. 설문지를 아직 작성하지 않았 다면, 잠시 시간을 내어 작성해 주십시오. 모든 설문 응답자들은 값비싼 건강 관리 제품들이 든 선물 바구니를 받을 수 있는 추첨에 응모될 것 입니다.
> 설문 조사 결과는 10월 30일 웹사이트에 게시될 것입니다.

어휘 **opinion** 의견 **seriously** 진지하게, 진중하게 **feedback** 반응, 의견 **survey** 조사 **meet** 충족시키다 **need** 요구 **satisfy** 만족시키다 **expectation** 기대, 예상 **deadline** 마감일 **submit** 제출하다 **extend** 연장하다 **questionnaire** 설문지 **respondent** 응답자 **be entered into a drawing** 추첨에 응모되다 **post** 게시하다 **increase** 늘리다, 증대하다 **conquer** 정복하다, 공략하다 **promote** 증진하다, 장려 하다 **exceed** 능가하다, 초과하다 **as stated** 명시된 바와 같이 **compliment** 칭찬 **questionnaire format** 설문지 서식 **raise** 올리다, 일으키다 **worthy** 존경할 만한 **comparable** 비교할 만한 **valuable** 귀중한, 값비싼

11 [유형] 동사 어휘 문제

해설 our customers' needs(고객의 요구)를 목적어로 취하는 적절한 동사로 는 '초과하다, 능가하다'라는 의미의 (D) exceed가 적절하다.

12 [유형] 알맞은 문장 넣기 문제

(A) 명시된 바와 같이, 정직한 피드백은 칭찬보다 더 중요합니다.
(B) 저희는 최근에 설문지 서식을 변경하지 않았습니다.
(C) 여러분의 의견은 저희가 개선할 부분이 어디인지도 보여줍니다.
(D) 그러나 고객들은 1년에 여러 설문조사를 작성합니다.

해설 빈칸 앞 문장은 고객의 피드백으로 인해 회사가 잘 하고 있는 부분을 파악할 수 있다는 내용이므로, 피드백을 통해 회사의 부족한 부분 또한 파악할 수 있다는 내용의 (C)가 나오는 것이 적합하다.

13 [유형] 형용사 어휘 문제

해설 '------- 건강 관리 제품들이 든 선물 바구니를 받을 수 있는 추첨에 응모 된다'는 내용에서 빈칸에 적절한 형용사는 (D) valuable(값비싼, 귀중한) 이다. valuable과 혼동될 수 있는 어휘 worthy는 명사 앞에서 수식하는

경우 '존경 받을 만한'이라는 의미로 쓰이며 worthy of의 형태로 쓰이면 '~할 가치가 있는'이라는 의미로 쓰인다.

14 [유형] 시제 문제

해설 앞서 설문지 제출기한을 10월 5일로 연장했다고 했다. 그리고 설문 응답 자들이 추첨에 응모된다는 내용을 미래시제로 표현했기 때문에 '10월 30일에 설문 결과가 게시되는 것' 또한 미래시제로 표현되어야 한다. 따라서 정답은 (D) will be이다.

UNIT 09 부정사

SPARTA 📄 PRACTICE I | p. 205

1 (D) **2** (B)

1 우리는 회의에서 사업 확장 안건에 관한 합의에 도달하는 데 실패했다.

해설 빈칸은 타동사의 목적어 자리로, fail은 동명사가 아닌 to부정사를 목적 어로 취한다. 따라서 (D) to reach가 정답이다.

어휘 **reach a consensus** 합의에 이르다

2 출장에 대한 상환을 받으려면, 직원들은 비용 보고서를 제출해야 한다.

해설 주어(employees), 동사(must submit), 목적어(expense reports)를 갖 춘 완전한 절이므로 콤마 앞부분은 수식어다. 따라서 보기 중 수식어 자 리에 올 수 있는 것은 부사 역할을 하는 to부정사이므로 (B) To receive 가 정답이다.

어휘 **reimbursement** 상환, 배상

SPARTA 📄 PRACTICE II | p. 206

1 (C) **2** (A)

1 그 사진들은 출판 허가를 받기 전에 편집될 필요가 있다.

해설 need는 to부정사를 목적어로 취할 수 있다. (A) to edit은 to부정사의 능동형, (C) to be edited는 to부정사의 수동형이다. 능동형인 to edit 뒤에 목적어가 있어야 하는데 빈칸 뒤에 목적어가 없으므로 (A)는 오답. '사진이 편집될 필요가 있다'고 해야 하므로 수동형인 (C) to be edited 가 정답이다.

어휘 **approve** 승인하다 **publication** 출판

2 사장은 비서에게 문서를 2부 발송하도록 시켰다.

해설 빈칸 앞의 had는 사역동사 have(~하도록 시키다)의 과거형이다. 목적어 her secretary와 send의 관계는 능동이므로 to가 생략된 동사원형 (A) send가 답이다.

어휘 **secretary** 비서 **in duplicate** (서류 등이) 2통으로

SPARTA 📄 PRACTICE III | p. 207

1 (D) **2** (B)

1 우리 회사의 전 직원은 경영 훈련 과정을 받을 자격이 있다.

해설 <be eligible to + 동사원형>(~할 자격이 있다)를 알면 쉽게 풀 수 있다. (D) to take가 답이다.

어휘 management training course 경영 훈련 과정

2 Sunixa Home Furnishings 사는 자사의 국내 매출이 일시적으로 악화될 것으로 예상하고 있다.

해설 expect는 to부정사를 목적격 보어로 취하는 5형식 동사다. <expect+목적어+to부정사> 패턴을 알면 쉽게 풀 수 있다. 정답은 (B)이다.

어휘 domestic sales 국내 매출 temporarily 일시적으로 worsen 악화되다

---

1 (D)	2 (D)	3 (A)	4 (D)	5 (A)	6 (A)	7 (B)
8 (A)	9 (B)	10 (B)	11 (A)	12 (C)	13 (D)	14 (A)

1 이번 회의의 목표는 효과적인 마케팅 전략을 세우는 것이다.

해설 be동사의 보어 자리로, 주어인 The objective와 동격을 이루기 위해 to부정사가 필요하다. 따라서 (D) to develop이 정답이 된다.

어휘 objective 목표 effective 효과적인 strategy 전략

2 생산성을 높이기 위한 노력으로 Bisset Micros는 향후 2년 동안 150개의 일자리를 감축할 계획이다.

해설 <in an effort to+동사원형> 패턴에서 productivity를 목적어로 취할 수 있는 동사원형 자리다. 따라서 (D) increase가 답이 된다. <in an effort to 동사원형(~하기 위한 노력으로)>의 패턴을 알아 두자.

어휘 productivity 생산성

3 항상 원활한 작동을 유지하기 위해 시스템의 정기적인 점검이 행해져야 한다.

해설 빈칸 다음에 동사원형(maintain)이 있으므로 바로 앞에 올 수 있는 것은 (A) in order to뿐이다. (B) as a result of(~의 결과로서), (C) according to(~에 따르면), (D) by means of(~의 도움으로)는 모두 전치사다.

어휘 smooth 순조로운 at all times 항상

4 소비자의 요구사항과 불만사항을 계속 파악하는 것은 필수적이다.

해설 <It is -----+to부정사> 패턴에서 빈칸은 형용사 자리다. 따라서 (D) essential이 정답이 된다.

어휘 essential 필수적인 keep track of ~에 대해 계속 파악하다

5 예기치 못한 개인적인 사정 때문에 당신의 파티 초대를 받아들일 수 없다는 것을 알리게 되어 유감입니다.

해설 빈칸은 [be unable to부정사](~할 수 없다)에서 동사원형 자리로, accept는 '(기꺼이) 받아들이다'라는 뜻이다. 문맥상 개인적인 사정으로 초대장을 받아들일 수 없어 유감을 나타내고 있으므로 목적어인 your invitation과 어울리는 동사는 (A) accept가 된다. 'accept an invitation(초대를 수락하다)'으로 자주 출제된다. decline your invitation(초대를 거절하다)도 함께 알아 두자.

어휘 regret 후회하다, 유감스럽게 생각하다 invitation 초대 unexpected 예기치 못한 personal 개인적인 accept 받아들이다 admit 인정하다 assert 주장하다 appear 나타나다

6 Hanson Motors의 부사장인 Chris Cunningham은 곧 중동에 있는 새로운 지사들을 방문할 것이다.

해설 형용사적 용법의 to부정사는 뒤에서 명사를 수식해 준다. 뒤에 나온 명사구(the new branch offices ~)를 이끌고 앞에 나오는 명사(a chance)를 뒤에서 수식할 수 있는 (A) to visit이 가장 적절하다. <a chance to+동사원형(~할 기회)>도 기억하자.

어휘 vice president 부사장 branch office 지사

7 드 폴 대학은 모든 지도 주임교수에게 최소한 1년에 한 번은 견습생들의 수행평가를 치르도록 요구한다.

해설 문장의 본동사는 requires이므로, 빈칸에는 동사 (C)는 올 수 없다. 타동사 require는 목적격 보어로 to부정사를 취하므로 답은 (B) to give이다. <require+목적어+to부정사>를 익혀 두자. 빈칸 뒤에 performance appraisals가 있으므로 given과 같은 과거분사는 올 수 없다.

어휘 student employee 견습생 performance appraisal 수행평가

8 새로운 담당자는 비서에게 이사회가 시작하기 전에 빨리 문서를 정리할 것을 요청했다.

해설 빈칸에는 본동사가 와야 하며, 이 때 <동사+목적어+to부정사>의 문장 구조를 취할 수 있어야 한다. 문맥상 '~을 요구하다'의 의미가 가장 적절하기 때문에 정답은 (A) asked가 된다.

어휘 secretary 비서 organize 준비하다 question 질문하다 inquire 문의하다

9 이 프로그램은 주 정부와 지역 공공복지 사무소에서 제공하는 아동 복지 서비스를 마련하기 위해 계획되었다.

해설 intend는 <intend A to do sth>(A가 ~하도록 계획하다) ↔ <A be intended to+동사원형>처럼 목적격 보어로 to부정사를 취하는 동사이므로 빈칸에는 동사원형이 와야 한다. 따라서 (B) establish가 정답이다.

어휘 welfare 복지 local 지역 public 공공의 agency 사무소

10 모든 보수 관리 직원들은 수리할 때 기계의 모든 부품들을 주의 깊게 확인하는 것이 중요하다.

해설 <It ~ for ~ to do>의 가주어·진주어 구문으로, 빈칸은 진주어에 해당하는 to부정사의 동사원형 (B) check이 적절하다. to부정사에서 to와 동사원형 사이에 부사(carefully)가 들어갈 수 있다는 것도 알아 두자.

어휘 essential 필수적인, 가장 중요한 maintenance 보수 관리 carefully 주의 깊게 check 조사하다, 점검하다 component 부품 do repairs 수리하다

<11-14> 다음 메모에 관한 문제다.

수신 : General Electrics 사 전 직원

발신 : 인사과

날짜 : 8월 13일

제목 : 병가

General Electrics 사의 전 직원 여러분께,

General Electrics 사의 직원으로서, 여러분은 건강상의 이유로 결근하는 동안 급여를 받는 병가를 낼 수 있습니다.
급여 공제를 피하기 위해 병환을 입증하는 서류로 의사의 서명이 있는 문서를 제출해야 합니다. 그것은 진료 받은 날짜, 직무를 이행할 수 없음을

증명하는 진술서, 그리고 복귀 예상 날짜를 포함해야 합니다. 그러면 담당 팀장이 서류를 인사부로 전송할 것입니다. General Electrics 사는 여러분의 건강 정보의 비밀을 보장합니다.
직원의 건강 기록은 타당한 업무상의 이유가 있을 시에만 열람 가능합니다.

어휘 be entitled to ~할 권리를[자격을] 주다 sick absence 병가 avoid 피하다 deduction 공제 pay 임금 physician-signed 의사의 서명이 된 illness 병 statement 진술(서) certify 증명[증언]하다 perform 수행[이행]하다 expected date 예상 날짜 forward 전송하다, 보내다 access 접근하다, 이용하다 valid 타당한, 유효한 reason 이유 amenity 편의 시설 facility 시설 proximity 근접, 가까움 ensure ~을 책임지다, 보장하다 privacy 비밀 absent 결석의 a variety of 다양한 physician 의사

11 [유형] 명사 어휘 문제

해설 '건강상의 -------로 결근하는 동안 급여를 받는 병가를 낼 수 있습니다'에서 문맥상 적합한 어휘는 (A) reasons(이유)이다.

12 [유형] to부정사 문제

해설 '의사의 서명이 있는 서류가 요구된다'는 의미를 완성하는 동사의 형태는 (C) are required to이다.

13 [유형] 대명사 문제

해설 빈칸은 앞 문장의 명사 a physician note를 대신하는 대명사 자리이므로 정답은 (D) It이다.

14 [유형] 알맞은 문장 넣기 문제

(A) General Electrics 사는 여러분의 건강 정보의 비밀을 보장합니다.
(B) 여러분은 다양한 이유로 결근할 수 있습니다.
(C) 필요 시 주치의의 도움을 받을 수 있습니다.
(D) 하지만, 병이 너무 오래 지속되면 당신이 일하는 것은 어려울 것입니다.

해설 빈칸 뒤는 직원의 건강 기록 접근 권한에 대한 내용이 나온다. (A)는 건강 정보 비밀 보장에 대한 내용으로 빈칸 뒤 문장과 내용상 자연스럽다. 따라서 (A)가 정답이다.

UNIT 10 동명사

SPARTA 📄 PRACTICE I | p. 211

1 (A)   **2** (C)

1 운전할 때 안전벨트 매는 것을 잊지 마세요.

해설 forget은 to부정사/동명사가 올 때 의미가 각각 다른데, 문맥상 '~할 것을 잊다'는 의미가 어울리므로 to부정사가 와야 한다. 따라서 빈칸은 (A) to fasten이 정답이다. (C) fastening이 오면 '안전벨트를 매었던 것을 잊지 마세요'라는 어색한 문장이 된다.

어휘 seatbelt 안전벨트 fasten 매다

2 우리 웹사이트에서 콘텐츠를 이용하는 것은 우리의 약관에 동의함을 의미한다.

해설 빈칸 뒤의 명사구를 목적어로 취할 수 있는 동명사 (C) Using이 정답이다. (A) Use를 넣어 명령문으로 생각할 수 있지만, 빈칸 뒤에 접속사 없이 또 다른 동사(implies)가 있으므로 답이 될 수 없다.

어휘 imply 의미하다 terms and conditions (계약이나 지불 등의) 조건

SPARTA 📄 PRACTICE II | p. 212

1 (D)   **2** (B)

1 모든 방문객들은 연구실로 들어가기 전에 유효한 신분증을 제시해야 한다.

해설 빈칸은 전치사(before) 뒤에서 the laboratory를 목적어로 취할 수 있는 동명사 자리다. 따라서 정답은 (D)가 된다.

어휘 visitor 방문객 valid 유효한 laboratory 연구실, 실험실

2 재무부서는 우리의 결제 시스템을 업그레이드하기 위한 초기 예산 견적서를 제출했다.

해설 전치사 for의 목적어 자리로, 빈칸 뒤 our billing system을 목적어로 취할 수 있는 동명사가 와야 한다. 따라서 (B) upgrading이 답이다.

어휘 estimate 견적서 billing system 결제 시스템

SPARTA 📄 PRACTICE III | p. 213

1 (A)   **2** (D)

1 구인 광고에 신속하게 응하는 것은 그 직책에 고용될 가능성을 높인다.

해설 '고용할'이라는 능동의 개념이 아니라 '고용될' 가능성이라는 수동의 개념이기 때문에 동명사의 수동형인 <being+p.p.>를 써야 한다. 따라서 (A) being hired가 빈칸에 적절하다.

어휘 respond 응하다 promptly 즉시 job ads 구인 광고

2 우리는 최고 품질의 제품과 서비스를 제공하는 데 전념한다.

해설 동명사 관용 표현인 <be committed to -ing>(~하는 데 헌신(전념)하다)에서 빈칸은 동명사 자리다. 따라서 (D) providing이 알맞다.

어휘 highest-quality 최고 품질의

SPARTA ✅ ACTUAL TEST | p. 214

| **1** (B) | **2** (B) | **3** (D) | **4** (B) | **5** (B) | **6** (A) | **7** (A) |
| **8** (B) | **9** (C) | **10** (D) | **11** (B) | **12** (C) | **13** (B) | **14** (D) |

1 회사를 설립하는 것은 특히 위험을 감수하는 것을 두려워하는 사람에게 아주 도전적인 과제다.

해설 빈칸은 a business를 목적어로 취하면서 주어가 될 수 있는 동명사 자리다. 따라서 (B) Establishing이 정답이다.

어휘 establish 설립하다 business 사업 challenging 어려운, 도전적인 task 업무 afraid 두려운 risk 위험

2 우리는 그들이 요구한 서비스들을 제공함으로써 지역에 사업을 끌어들이고 유지시킬 수 있다.

해설 <by+-ing>은 '~함으로써'라는 의미로 정답은 (B)이다. to부정사도 동사의 성질을 가질 수 있으므로 빈칸에 들어갈 수 있다고 판단할 수 있지만 to부정사는 전치사 다음에 올 수 없다는 것을 기억하자. 참고로 the services와 they demand 사이에 목적격 관계대명사(that/which)가 생략되어 있고 형용사절이므로 문장의 필수요소가 아니다.

어휘 attract 마음을 끌다, 끌어들이다 demand 요구하다

3 호텔 경영 방침에 따르면 레스토랑에서 일하는 모든 직원들은 주방과 음식 창고에 들어가기 전에 모자를 착용하고 손을 씻어야 한다.

해설 <전치사+동명사> 형태로, 전치사 prior to 다음에는 동명사 entering이 와서 뒤의 명사 kitchen을 목적어로 취한다. 따라서 정답은 (D)이다.

어휘 policy 정책 require 요구하다 put on ~을 쓰다/입다 storage room 저장고

4 하급 편집자가 할 일은 회사 안내책자와 출판물의 텍스트를 확인하는 것을 포함한다.

해설 동명사 문제 역시 동사 문제와 마찬가지로 목적어와의 의미상 조합을 봐야 한다. 빈칸 뒤의 texts of company brochures and publications (회사 책자와 출판물의 텍스트)를 목적어로 취하기에 적절한 것은 (B)이다.

어휘 responsibility 책임 editor 편집자 include 포함하다 brochure 안내책자 publication 출판물 advertise 광고하다 review 검토하다 purchase 구매하다 network (정보망을) 형성하다

5 우리 회계사 Matthew Barney는 비용을 줄이기 위해 오늘 새롭게 발표된 세금 공제 계획에 대해 더 알아낼 것을 고대하고 있다.

해설 빈칸 앞의 to를 to부정사로 판단해 동사원형을 넣을 것인지, 전치사 to로 보고 (동)명사를 넣을 것인지 파악해야 하는 문제. <look forward to+(동)명사>는 '~을 고대하다'라는 뜻의 관용 표현이다. 여기서 to는 전치사로 (B) finding이 정답이다.

어휘 accountant 회계사 newly 새롭게 tax deduction 세금 공제 cut cost 비용을 줄이다

6 매뉴얼을 먼저 읽지 않고 새 컴퓨터 장비를 작동하는 것을 시도하지 마세요.

해설 [without+-ing]에서 전치사의 목적어 자리로, 빈칸 뒤에 목적어(the manual)를 취할 수 있는 동명사가 와야 한다. 따라서 (A) reading이 알맞다.

어휘 attempt 시도하다 operate 작동하다, 운영하다 equipment 장비 manual 매뉴얼

7 Mack 씨는 지금 문서를 복사하고 분류하는 것을 도와줄 수 있는 비서를 찾고 있다.

해설 <전치사(with) + 동명사(copying) + and + 동명사(sorting) + 목적어> 구조. 전치사의 목적어로, 뒤에 documents를 목적어로 취할 수 있는 것은 동명사 (A) copying이다.

어휘 secretary 비서 sort 분류하다 document 문서

8 유통부서 직원들은 선반에 없는 책을 찾거나 유통 중인 책을 회수하는 것에 도움을 줄 수 있다.

해설 <provide assistance in A and B> 형태로, 이 때 A와 B는 동일한 구조여야 하므로, B의 in recalling과 동격인 <in+동명사>가 와야 한다. 따라서 정답은 (B) locating이다.

어휘 circulation 유통, 순환 recall 회수하다

9 Maria Chilton 박사는 그녀의 환자에게 매일 최소 30분을 운동하는 데 쓰라고 했다.

해설 <spend+money[time]+(in) 동명사>의 형태이므로 답은 (C) exercising이다. spend는 주어로 소비하는 주체가 나오므로 앞에 사람, 조직 등이 온다.

어휘 patient 환자 a minimum of 최소한의

10 신상품을 성공적으로 출시하는 방법 중 하나는 신중하게 시장 조사를 하는 것이다.

해설 <key to+명사/동명사(~의 방법/해결책)>에서 빈칸은 동명사 launching을 수식하는 부사 자리이다. 따라서 (D) successfully가 정답이다.

어휘 launch 출시하다 successfully 성공적으로

<11-14> 다음 이메일에 관한 문제다.

수신 : 전 직원
발신 : malsabah@smartthings.co.za
날짜 : 12월 13일
제목 : 업무 조사

여러분, 좋은 오후입니다.

연간 업무 조사는 Smart Things 사에서 근무하는 것에 대한 여러분의 생각을 공유할 기회입니다. 여러분의 의견은 우리 회사의 미래를 형성하는 데 도움이 될 것입니다. 12월 17일부터 23일까지 참여 가능한 온라인 설문 조사에 응해 주실 것을 부탁드립니다.
여러분의 답변은 비밀 보장됩니다. 답변의 요약본만 Smart Things 사의 관리팀과 공유될 것입니다.
며칠 후 여러분은 설문조사 링크 주소를 포함한 이메일을 받을 겁니다. 시간을 내서 여러분의 피드백을 주세요.
이러한 기여는 회사를 성장하게 합니다.

진심으로,

Mubarac Al Sabah
인사부 이사

어휘 engagement 업무 annual 매년의 opportunity 기회 share 나누다, 공유하다 thought 생각, 사고 opinion 의견 shape 만들다, 형성하다 fill out 작성하다 response 응답 summary 요약(본) contribute 기여하다 complete 완전한 popular 인기 있는 confidential 비밀의, 기밀의 professional 전문적인 reply 응답하다 promptly 즉시 deadline 마감 기한 provide 제공하다

11 [유형] 동명사 문제

해설 빈칸은 전치사의 목적어 자리로 동사인 (C)와 (D)는 올 수 없고, (A)는 to부정사가 전치사의 목적어로 쓰일 수 없기 때문에 오답이다. 따라서 동명사인 (B) working이 정답이다.

12 [유형] 형용사 어휘 문제

해설 설문조사 답변의 비밀이 보장된다는 문맥이므로 가장 적합한 어휘는 (C) confidential(기밀의)이다.

13 [유형] 전치사 어휘 문제

해설 '답변의 요약본만 Smart Things 사의 관리팀과 공유됩니다'의 의미를 완성하는 (B) with(~와 함께)이 정답이다.

14 [유형] 알맞은 문장 넣기 문제
(A) 모든 직원은 메시지에 즉시 응답했습니다.
(B) 프로젝트 마감일은 이번 달 30일입니다.
(C) 이 설문조사는 이달 안에 마무리되어야 합니다.
(D) 시간을 내서 여러분의 피드백을 주세요.

해설 지문은 설문조사 참여를 독려하는 내용이며, 빈칸 앞 문장에서 설문조사 링크가 포함된 이메일이 발송될 것이라 예고하고 있으므로 (D)가 빈칸에 들어갈 내용으로 가장 적합하다. (B)는 'the project'에 해당하는 내용이 본문에 없으므로 오답이다.

UNIT 11 분사

SPARTA 📑 PRACTICE I | p. 217

1 (C) **2** (C)

1 많은 사람들이 공연에 참석할 것으로 예상되기 때문에 모든 초대 손님들은 일찍 도착해 주시기 바랍니다.

해설 빈칸 뒤에 명사 guests(손님들)를 수식하는 형용사 자리다. 수식 받는 guests는 '초대되는' 대상이므로 (C) invited가 정답이 된다.

어휘 guest 손님 ask 요구하다 expect 예상하다 attend 참석하다

2 오후 6시 이후에 받은 전화 주문은 다음 날 아침에 처리될 것입니다.

해설 빈칸 뒤 본동사 will be processed를 확인하고 동사인 (A)를 오답 처리한다. (D)가 들어가는 경우 복합명사가 될 수 있는데, 복합명사의 복수형은 마지막 명사에 -(e)s가 붙어 있기 때문에 오답이다. 따라서 이 문제는 빈칸 앞 명사를 후치 수식하는 현재분사와 과거분사의 구별 문제다. 물론 해석으로 해결할 수 있지만 현재분사 receiving이 명사를 후치 수식할 때 빈칸 뒤에 목적어가 와야 하므로 정답이 될 수 없다. 명사를 후치 수식하는 현재분사와 과거분사의 구별은 분사가 타동사인 경우 빈칸 뒤의 목적어의 유무에 따라 결정할 수 있다. 따라서 정답은 (C).

어휘 phone order 전화 주문 process 처리하다

SPARTA 📑 PRACTICE II | p. 218

1 (B) **2** (D)

1 마케팅 매니저는 자신의 영업사원들의 월별 실적에 만족하지 못했다.

해설 빈칸은 be동사 다음 보어 역할을 할 수 있는 단어가 들어가야 할 자리다. marketing manager는 만족을 얻는 입장이므로 전치사 with와 함께 '~에 대해 만족하는'이라는 의미로 쓰이는 (B) satisfied가 정답이다.

어휘 monthly performance 월별 실적 sales representative 영업사원

2 광고된 직책에 관심이 있는 사람들은 신청서를 월말까지 제출해야 합니다.

해설 빈칸 앞의 those는 '사람들'을 의미하며, 동사 interest가 사람명사를 수식할 때 사람(those)은 감정을 느끼는 대상이므로 p.p로 수식한다. 따라서 (D) interested가 정답이 된다.

어휘 advertise 광고하다 application 신청서 by the end of the month 월말까지

SPARTA 📑 PRACTICE III | p. 219

1 (B) **2** (A)

1 4년 전 세미나에 참석한 이래로 우리는 꾸준히 서비스 수준을 높여 왔다.

해설 접속사 since 뒤에 주어와 동사가 나오지 않고, 보기들이 동사의 형태를 지니고 있기 때문에 분사구문이 되어야 한다는 것을 알 수 있다. 빈칸 다음에 목적어 역할을 하는 the seminar가 왔기 때문에 능동형 분사구문이 되어야 하므로 (B) attending이 정답이다. 토익 시험에서 분사구문 문제는 while, when, before, after, since 뒤에 빈칸을 두어 능동(-ing) 분사구문과 수동(-ed) 분사구문을 묻는 문제가 주로 출제된다.

어휘 steadily 꾸준히 increase 증가하다

2 보고서를 마감일 전에 끝마쳤기 때문에, 우리는 직원 회의를 예정되었던 것보다 더 일찍 열 수 있었다.

해설 완료형 분사구문으로, 빈칸에는 Having p.p와 Having been p.p가 들어갈 수 있으므로 능동과 수동을 확인해야 한다. 주어 we와 목적어 the report는 능동 관계이므로 (A) Having이 정답이다.

어휘 deadline 마감일 hold 열다, 개최하다

SPARTA 📑 PRACTICE IV | p. 221

1 (B) **2** (D)

1 저희 회사는 자세한 설치 지침을 제공하는 무료 DVD를 드립니다.

해설 명사 installation instructions(설치 지침)를 수식하는 형용사 자리다. (B) detailed와 (C) detailing 중에 installation instructions(설치 지침)는 '자세히 설명된' 대상이므로 (B) detailed가 정답이 된다.

어휘 offer 제공하다 provide 제공하다 installation 설치 instruction 지침, 사용설명서

2 우리는 몇몇 유망한 지원자들이 지원할 때까지 빈자리를 채우는 것에 어려움을 겪는 중이었다.

해설 명사 candidates를 수식하는 형용사 자리로 '유망한 후보자들'을 뜻하는 promising candidates를 하나의 덩어리로 암기해 두자.

어휘 have difficulty -ing ~하는 데 어려움을 겪다 fill 채우다 vacant 빈 candidate 후보자 apply 지원하다

SPARTA ✅ ACTUAL TEST | p. 222

1	2	3	4	5	6	7
(B)	(B)	(C)	(D)	(C)	(C)	(C)
8	9	10	11	12	13	14
(D)	(D)	(B)	(D)	(B)	(A)	(C)

1 회사 정책에 따라서 우리 고객들의 개인 정보는 서면 동의서 없이 공개되지 않습니다.

해설 서면 동의는 written consent로 쓰인다. 이 외에 written permission [notification] (서면 허가[통보])도 알아 두자.

어휘 policy 정책 **personal information** 개인 정보 **release** 공개하다, 풀다 **consent** 동의 **written** 서면의

2 그의 선택을 신중히 고려한 후에 스콧은 그 일이 흥미로워 보여서 그 직책을 받아들이기로 결심했다.

해설 the work seems ~, 즉 '그 일이 ~해 보인다'는 것으로, work를 설명해 주는 단어가 쓰여야 한다. interested는 사람이 '관심이 있는, 흥미가 있는'의 의미이므로 어울리지 않고, 그 일이 interesting(흥미로운, 재미있는)해 보인다고 해야 한다. 따라서 정답은 (B)이다.

어휘 consider 고려하다 carefully 주의 깊게 accept 받아들이다 position 직책, 자리

3 새로운 장비를 구매할 때 설치 전에 매뉴얼을 주의 깊게 읽어야 한다.

해설 원래의 부사절인 when you purchase new equipment를 분사구문으로 바꾸기 위해 주어(you)를 생략하고 동사원형에 -ing를 붙여 when purchasing이 된 것이므로 (C)가 정답이다. 분사구문을 만들 때 명확한 의미 전달을 위해 분사 앞에 접속사를 남겨 놓기도 한다.

어휘 equipment 장비, 설비 install 설치하다 purchase 구매(하다)

4 테크 에이스 컴퓨터 사의 직원들은 5월에 예상치 못한 보너스를 받고 놀랐다.

해설 명사를 앞에서 수식하는 형용사 자리다. 의미상 보너스를 예상하지 못한 것이므로 (D) unexpected가 정답이 된다.

어휘 surprise 놀라게 하다 unexpected 예상치 못한

5 스즈키 씨는 모든 직원들에게 회장을 위해 계획된 은퇴 기념 파티에 참석할 것을 부탁했다.

해설 빈칸은 명사를 뒤에서 수식하는 현재분사와 과거분사를 구별하는 문제로, 빈칸 뒤에 목적어가 없는 것을 보고 과거분사 자리임을 알 수 있다. 따라서 (C) planned가 답이 된다. plan은 형태의 변화 없이 명사와 동사로 사용될 수 있는데, (D) plans(계획)가 답이 될 수 없는 이유는 동사 attend(참석하다)의 목적어로 적합하지 않기 때문이다.

어휘 attend 참석하다 retirement party 은퇴 파티 plan 계획하다

6 신입 사원을 교육하는 방법을 설명하는 문서들은 회사 웹사이트에 있다.

해설 빈칸은 명사를 뒤에서 수식하는 현재분사와 과거분사를 구별하는 문제로, 빈칸 뒤에 목적어 역할을 하는 how to train을 보고 현재분사 자리임을 알 수 있다. 따라서 (C) describing이 정답이다.

어휘 describe 묘사하다 train 훈련시키다

7 ZJA 컨퍼런스를 등록할 때, 할인을 받기 위해 회원번호를 제공해야 합니다.

해설 접속사가 들어간 분사구문이다. 원래의 문장인 When you register for ~에서 의미를 분명히 하기 위해 접속사를 생략하지 않고 주절의 주어와 같은 you를 생략한 후 when절의 동사원형에 -ing를 붙인 형태다. 따라서 정답은 (C).

어휘 register for ~에 등록하다 discount 할인

8 임직원들은 출장 중에 발생한 모든 비용에 관해 보고하도록 요청 받는다.

해설 분사구문에서 주절의 주어와 같고, 동사가 be동사라면 생략이 가능하다. 여기서도 주절의 주어와 같은 Employees, 동사는 are로 빈칸 다음에 employees are on a business trip이라는 구문을 생각하면서 문맥

상 가장 어울리는 접속사를 선택하면 된다. 보기 중 접속사는 so와 while이 있는데, 출장 간 '동안에', 출장 '중에' 발생한 비용을 보고하라는 의미가 문맥상 자연스러우므로 '~하는 동안에'라는 의미의 접속사 while이 정답이다. meanwhile은 접속사가 아니라 부사, during은 전치사라는 것도 기억해 두자.

어휘 report 보고하다 expense 비용 incur 발생하다

9 식당의 인상적인 새로운 메뉴로 인해, 고객 수가 상당히 증가했다.

해설 명사(new menu)를 앞에서 수식하는 형용사 자리다. 보기 중 (A) impressed와 (D) impressive 중에 impressed는 감정동사의 p.p. 형으로 사람명사만 수식하므로 '인상적인'이라는 의미를 가지고 있는 (D) impressive가 정답이다.

어휘 as a result of ~의 결과로 impressive 인상적인, 감명 깊은

10 영업 부장인 카렌 씨는 이사회로부터 좋은 평가를 받았다.

해설 명사(evaluation)를 수식하는 형용사 자리다. 의미상 '좋은 평가(evaluation)'를 의미하므로 (B) outstanding이 정답이 된다. (A) accepting 받고 있는 (C) amplified 증폭된 (D) inscribed 새겨진

어휘 sales manager 영업 부장 receive 받다 evaluation 평가 the board of directors 이사회

<11-14> 다음 정보에 관한 문제다.

> Konika 사무실 복사기는 당신이 가지고 있는 가장 중요한 도구 중 하나입니다. 따라서 복사기를 올바르게 관리하는 방법을 아는 것은 효율적인 회사 운영에 있어 중요한 부분입니다. 당신의 복사기를 최상의 상태로 유지할 수 있는 우리 전문가 팀의 4가지 중요한 비법이 여기 있습니다.
> 먼저, Konika에서 승인한 소모품, 특히 Konika 토너 카트리지를 사용하십시오.
> 둘째, 용지를 넣을 때 주의하십시오. 이 설명서의 지침을 따르면 용지를 올바르게 넣고 용지 걸림을 방지할 수 있습니다.
> 셋째, 복사기를 정기적으로 청소하십시오. Konika가 권장하는 부드러운 천과 청소용품만 사용하십시오.
> 마지막으로, 복사기 수리가 필요한 경우, 인증된 전문 기술자를 선택하기를 권장합니다. 이 조언들을 따르면 당신의 사무실 복사기 수명이 연장될 것입니다.

어휘 copier 복사기 tool 기구, 도구 properly 적절히 efficient 효율적인 vital 중요한 expert 전문가 in top shape 최적의 상태로 especially 특히 load 끼다, 넣다 instructions 지시사항 prevent 막다, 방해하다 paper jam 종이 걸림 regularly 정기적으로 in need of ~을 필요로 하는 repair 수리 select 선택하다 technician 기술자 prolong 연장시키다, 연장하다 on the other hand 다른 한편으로는, 반면에 in summary 요컨대, 요약하면 even so 그렇기는 하지만 therefore 그러므로 employee 직원 supply 소모품 access 접근, 이용 power 전력 cleaning materials 청소 용품 recommend 추천하다 in case of ~의 경우에 dust 먼지 certification 증명, 공인, 자격증 certified 공인된, 증명된 certify 증명하다, 공인하다

11 **[유형]** 연결어 문제

해설 빈칸 앞에서 복사기가 중요한 도구라고 했고, 다음 문장에서 복사기를 올바르게 관리하는 방법을 아는 것이 중요하다는 내용이 이어지므로 빈칸에 들어갈 적절한 연결어는 (D) Therefore(그러므로)이다.

12 [유형] 명사 어휘 문제

해설 'Konika에서 승인한 ------, 특히 Konika 토너 카트리지를 사용하십시오'에서 빈칸에 들어갈 적절한 어휘는 토너 카트리지를 포함하는 (B) supplies(소모품, 사무용품)이다.

13 [유형] 알맞은 문장 넣기 문제

(A) Konika가 권장하는 부드러운 천과 청소용품만 사용하십시오.
(B) 복사기를 사용하지 않을 때는 절전 기능을 선택하십시오.
(C) 용지가 걸리면 복사기 옆의 지시 사항을 따르십시오.
(D) 고급 용지는 기계 내부에 먼지가 추가로 쌓이지 않도록 합니다.

해설 빈칸 앞 문장에서 주기적으로 청소하라는 내용이 나오므로, 그 뒤에는 청소하는 방법을 알려주는 내용의 (A)가 오는 것이 적절하다. (C)의 용지 걸림에 관한 내용은 두 번째 사항에 해당하는 내용이므로 오답이다.

14 [유형] 분사 문제

해설 빈칸은 사람명사(professional technician)를 수식하는 형용사 자리이므로 (C) certified(증명된, 공인된)가 적절하다.

UNIT 12 접속사

SPARTA 📄 PRACTICE I | p. 225

1 (D)   **2** (C)

1 저희는 고객 여러분께 어떤 손실이나 피해도 배상할 것입니다.

해설 빈칸 앞에 loss와 빈칸 뒤의 damage를 연결하는 접속사 자리다. 문맥상 '어떤 손실 혹은 피해도 배상할 것입니다.'가 적절하므로 '또는, 혹은'이라는 뜻의 (D) or가 답이다.

어휘 reimburse A for B A에게 B를 변상하다 loss 손실 damage 피해

2 경쟁력을 유지하기 위해 회사는 비용을 줄이고 생산성을 높여야 한다.

해설 빈칸은 reduce costs(비용을 줄이다)와 improve productivity(생산성을 높이다)를 연결하는 접속사 자리로, 문맥상 '그리고'라는 뜻의 등위접속사 (C) and가 알맞다. (B) so는 두 개의 완전한 절만 연결한다는 것도 알아 두자.

어휘 competitive 경쟁력 있는 reduce 줄이다 cost 비용 productivity 생산성

SPARTA 📄 PRACTICE II | p. 226

1 (B)   **2** (A)

1 그 매장은 신용 카드나 개인 수표 둘 다 받지 않기 때문에 고객들은 현금으로 지불해야 한다.

해설 상관접속사 문제다. [---- + 명사(credit cards) + nor + 명사(personal checks)] 구조이므로 neither A nor B(A도 B도 아닌) 구조에 맞게 빈칸에는 (B) neither가 알맞다.

어휘 personal check 개인 수표 pay in cash 현금으로 지불하다

2 디자인 작업은 뛰어난 상상력뿐만 아니라 세부사항에 대한 많은 주의를 요구한다.

해설 상관접속사 문제로, 앞의 not only를 보고 but (also)를 떠올릴 수 있어야 한다. not only A but also B는 'A뿐만 아니라 B 역시'의 의미를 갖는 상관접속사 구문이다. 따라서 (A) but이 정답이다.

어휘 imagination 상상력 a great deal of 상당량의 attention 주의, 주목

SPARTA 📄 PRACTICE III | p. 227

1 (A)   **2** (D)

1 항공사 정책은 근무 중 유니폼을 항상 착용할 것을 명시한다.

해설 타동사(states)의 목적어 자리에 완전한 문장을 연결해 주는 명사절 접속사가 나와야 한다. 따라서 (A) that이 답이 된다.

어휘 policy 정책 state 명시하다 on duty 근무 중인

2 감독관은 우리가 내일까지 보고서를 제출할 수 있도록 우리들을 늦게까지 남아 있게 했다.

해설 두 문장을 한 문장으로 적절하게 이어줄 수 있는 접속사가 필요하다. 두 절의 의미를 파악해 보면 뒷부분의 절이 '목적'의 의미임을 알 수 있다. 목적의 의미를 갖고, 종속절을 주절과 연결하는 접속사는 (D) so that (~하기 위해)이다.

어휘 submit 제출하다 accordingly 따라서, 그러므로 however 그러나 therefore 따라서

SPARTA ✔ ACTUAL TEST | p. 228

1 (A)	**2** (C)	**3** (A)	**4** (C)	**5** (B)	**6** (B)	**7** (B)
8 (C)	**9** (B)	**10** (C)	**11** (B)	**12** (D)	**13** (C)	**14** (D)

1 Flanigan 씨나 Delgado 씨가 전화로 주문을 받아 배송부서에 통지하기 위해 사무실에 있을 것이다.

해설 <either+명사(Mr. Flanigan)+ ---- +명사(Ms. Delgado)> 구조로 되어 있다. 빈칸 앞 either와 함께 짝을 이루는 상관접속사 자리이므로 정답은 (A) or이다.

어휘 order 주문 by phone 전화로 notify 알리다

2 건물 소유주는 지붕과 사무실 발코니에 조그만 정원을 만들기로 결정했다.

해설 상관접속사 문제이다. <----+A(on the roof)+and+B(on office balconies)> 구조를 보면, both A and B가 되어야 한다는 것을 알 수 있다. 따라서 정답은 (C) both이다.

어휘 building owner 건물 소유주 garden 정원

3 제안에 대해 많은 개선이 이루어졌음에도 불구하고, 이사회가 그것을 승인할 것 같지 않다.

해설 문장과 문장을 연결하는 부사절 접속사 자리다. '많은 개선점들이 그 제안에 대해 이루어졌지만, 승인이 안 될 것 같다'로 주절과 종속절이 반대되는 의미다. 따라서 '비록 ~이긴 하지만'이라는 뜻의 (A) Although가 적절하다. (C) Despite(~에도 불구하고)와 (D) Due to(~ 때문에)는 전치사로 문장을 연결할 수 없어 오답.

어휘 improvement 개선(책) proposal 제안 approve 승인하다

4 신입 사원을 위한 교육 과정이 다음 주 월요일에 제공될 예정이지만 등록률은 여전히 꽤 낮다.

해설 문장과 문장을 연결해 주는 접속사 자리다. 문맥상 '교육 과정이 제공되겠지만 여전히 등록률이 낮다'가 적절하므로 역접의 의미인 (C) but이 알맞다.

어휘 registration rate 등록률 quite 꽤 low 낮은

5 갱신된 인쇄 절차가 홍보자료 형태에 영향을 끼칠지 여부는 앞으로 더 두고 봐야 할 것이다.

해설 remain to be seen은 '보이기 위해 남아 있다' 즉, '두고 봐야 한다'는 의미다. 빈칸에는 빈칸부터 materials까지를 명사절로 묶어줄 수 있는 (B) Whether이 적절하다.

어휘 whether ~인지 아닌지 procedure 절차, 조치 promotional 홍보의

6 Crine Electronics는 시장 상황에 적응하는 유연성과 효과적인 제품 혁신으로 명성이 높다.

해설 보기와 같이 and, both, either 등이 있는 경우 상관접속사의 문제인지 먼저 파악하자. 빈칸 이후에 등위접속사 and가 있으므로 상관접속사인 both A and B(A와 B 둘 다)를 묻는 문제. 따라서 정답은 (B) both.

어휘 reputation 명성, 평판 flexibility 유연성 adapt to ~에 적응하다 effective 효과적인 innovation 혁신

7 Basso 출판사는 어떤 내용의 광고나 지원도 받지 않으며, 사용자에게 어떤 종류의 홍보도 제공하지 않는다.

해설 neither 다음에 두 개의 단어나 구가 연결될 때는 (B) nor가 필요하다. [neither A nor B: A도 B도 아니다]

어휘 publishing 출판(사) advertising 광고 sponsorship 후원 promotion 홍보

8 할부금은 할부 마감일 전이나 마감일에 지불되어야 한다.

해설 빈칸 앞 내용과 빈칸 뒤의 내용이 나열되어 의미상 병렬 구조를 이루고 있다. 이럴 때는 등위접속사 and나 or 중에서 의미상 맞는 것을 골라야 한다. 보기 중 적절한 것은 (C) or이다.

어휘 installment 할부 due date 마감일

9 재무담당 부장과 이사가 기업 인수 자금에 관한 논의를 끝내는 대로 그들의 결정 사항을 발표할 것이다.

해설 보기에 모두 접속사가 나오므로 문맥의 의미를 따져야 한다. 논의를 끝내는 것과, 그 결정 사항을 발표하는 것은 시간상 바로 이어지는 일로 볼 수 있으므로 '~하자마자'라는 뜻의 (B) As soon as가 알맞다.

어휘 funding 자금 조달 buyout 매입, 기업 인수 announce 발표하다

10 회사 주차장이 다음 주에 재포장되므로, 직원들은 그 기간 동안 대중교통을 이용할 것을 권고 받는다.

해설 접속사 문제. 해당 문장에서 동사는 will be repaved / are advised 2개이고, 접속사는 없으므로 빈칸은 접속사가 들어갈 자리다. 따라서 전치사인 (A) except(제외하고)는 제거. 다음 주에 회사 주차장을 재포장할 것이므로, 직원들은 대중교통을 이용하기 바란다는 내용이 문맥상 자연스럽다. 따라서 정답은 '그래서, 그러므로'의 결과를 나타내는 (C) so이다.

어휘 repave (도로를) 재포장하다 be advised to do ~하도록 권고 받다 public transportation 대중교통

<11-14> 다음 이메일에 관한 문제다.

수신 : hwelchman@attmail.com
발신 : dkobiela@jeromeindus.co.uk
날짜 : 8월 15일
제목 : Jerome 사에서의 첫날

친애하는 Welchman 씨,

Jerome Industrials에 오신 것을 환영합니다. 실험실 보조원 전임 정규직 직책을 수락해 주셔서 감사합니다. 우리는 당신이 9월 1일 Aidan Building에 오기를 고대합니다. 프런트 데스크에서 Helen McCrory를 찾아주세요. 그녀가 인사과까지 당신과 동행할 것입니다. 그곳에서 당신은 일을 시작하는 데 필요한 모든 서류뿐만 아니라 사원증도 받을 겁니다. 큰 규모이기 때문에 Jerome 사의 Leicester 캠퍼스는 길을 찾기 어려울 수 있습니다. 지도를 참고하시면 건물들의 위치를 찾는 데 도움이 될 겁니다. 우리 웹 사이트에서 그것을 다운로드 받을 수 있습니다. 질문이 있으시면 주저 말고 제게 연락하세요.

진심으로,

Dorota Kobiela
인사 행정관

어휘 welcome 환영하다 permanent position 정규직 laboratory 실험실 assistant 조수, 보조원 arrival 도착 obtain 얻다 necessary 필수적인 navigate (지도 등을 보며) 길을 찾다 study 참고하다 orient (~을 일정 방향으로) 향하게 하다 location 위치 hesitate 주저하다 offer 제공하다 accept 받아들이다 discuss 토론하다 advertise 광고하다 as well as ~뿐만 아니라 additionally 추가적으로 sign 서명하다 attached 첨부된 provide A with B A에게 B를 제공하다 replacement 후임, 교체품

11 [유형] 동명사 어휘 문제

해설 빈칸은 문맥상 position(직책)에 대한 수락을 이야기하는 것이므로 (B) accepting이 정답이다.

12 [유형] 동사 시제 문제

해설 문맥상 '프런트로 가면 Helen McCrory 씨가 동행할 것이다'라는 내용으로 미래시제인 (D) will accompany가 정답이다.

13 [유형] 상관접속사 문제

해설 빈칸 앞 명사(your employment badge)와 빈칸 뒤 명사(all of the documents)를 연결하면 'B뿐만 아니라 A도'의 의미를 완성하는 (C) as well as가 문맥상 적절하다.

14 [유형] 알맞은 문장 넣기 문제
(A) 첨부 파일에 서명 후 다시 보내주세요.
(B) 저는 당신에게 후임자를 보낼 것입니다.
(C) 공사는 내년에 끝날 예정입니다.
(D) 우리 웹사이트에서 그것을 다운로드 받을 수 있습니다.

해설 채용 합격자에게 보내는 안내 이메일로, 빈칸 앞에서 지도가 길을 찾는 데 도움이 될 것이라고 언급하고 있다. 정답은 앞에서 언급된 a map을 one으로 대신 받아 지도를 구하는 방법을 설명하는 (D)이다.

SPARTA 📄 PRACTICE I | p. 231

1 (B)   **2** (B)

1 Fashion Publishing 사는 직원들을 20%까지 줄이겠다고 발표했다.

해설 <동사＋----＋문장> 형태로 빈칸부터 20 percent까지가 동사 announced의 목적어다. 따라서 완전한 문장과 결합하는 (B) that이 정답이다.

2 우리는 저희와의 지속적인 거래에 진심으로 감사 드리며 이를 유지하기 위해 우리가 할 수 있는 일을 할 것입니다.

해설 빈칸 이하는 do의 목적어 자리로 빈칸 뒤에 불완전한 절을 이끄는 명사절 접속사 (B) what이 정답이다.

어휘 appreciate 감사하다 business partnership 사업 제휴 keep 유지하다

SPARTA 📄 PRACTICE II | p. 232

1 (A)   **2** (A)

1 이사들이 그 모델의 생산을 시작할지 말지를 결정할 것이다.

해설 타동사의 목적어 자리로, 뒤에 or not to부정사를 취할 수 있는 명사절 접속사는 (A) whether이다.

어휘 production 생산

2 Alex 씨는 Adamson 씨에게 11월에 있는 영업 전시회에 참석 여부를 물었다.

해설 빈칸 이하는 asked의 목적어 자리로 빈칸 뒤에 완전한 절을 이끄는 명사절 접속사 (A) if가 정답이다.

어휘 ask 묻다 be available to ~할 시간이 있다 participate in ~에 참석하다 sales exposition 영업 전시회

SPARTA 📄 PRACTICE III | p. 233

1 (C)   **2** (A)

1 새 상품이 1월에 출시될 때까지 지금의 제품을 사용할 수 있습니다.

해설 빈칸 뒤에는 주어, 동사가 다 갖춰진 절이므로, 문장을 이끄는 종속 접속사가 필요하다. 보기 중 '~할 때까지'의 뜻을 가진 (C)가 문맥상 적절하다. (B)와 (D)는 전치사고, (A)는 부사라서 문장을 이끌 수 없다.

어휘 launch 출시하다

2 더 이상의 질문이나 의견이 없으면 회의를 마치겠습니다.

해설 빈칸을 기준으로 앞뒤에 완전 문장이 있으므로 빈칸에는 접속사가 나와야 한다. 주어진 보기 중 접속사는 (A) unless와 (D) when이다. 문맥상 '더 이상의 질문이 없다면 회의를 마치겠다는 내용'이므로 if ~ not의 의미를 갖는 조건 접속사 (A) Unless가 의미상 알맞다. 전치사 (B) Despite와 (C) Besides는 뒤에 문장을 이끌 수 없다.

어휘 bring A to a close A를 끝내다 further 더 이상의, 추가의 comment 설명, 논평

SPARTA 📄 PRACTICE IV | p. 234

1 (A)   **2** (B)

1 가전제품의 수명을 연장시키길 원한다면 정기적인 관리를 해야 합니다.

해설 빈칸은 문장과 문장을 연결하는 접속사 자리로, (B) And, (D) But은 등위접속사로 문두에 올 수 없다. 의미상 '제품의 수명을 연장시키길 원하면 그만큼 관리를 해야 한다'는 의미로 (A) If가 정답이다.

어휘 prolong 연장하다 appliance 가정용 기기 maintenance 유지, 보수

2 Clark 씨는 유능한 회계사지만 직무를 완전히 혼자서 처리할 수는 없다.

해설 문장과 문장을 연결하는 접속사 자리로, 부사절 접속사 (A) When, (B) Although, (C) Because 중에 의미상 '그는 유능한 회계사지만 혼자서 일을 처리할 수 없다'는 의미가 적절하므로 (B) Although가 정답이다. (D) In spite of는 '~임에도 불구하고'라는 뜻의 전치사.

어휘 competent 유능한 accountant 회계사 perform 수행하다 duty 직무, 임무

SPARTA 📄 PRACTICE V | p. 235

1 (A)   **2** (D)

1 지난해 인건비가 상당히 많이 낮았음에도 불구하고 회사는 순이익을 내는 데 실패했다.

해설 문장과 문장을 연결하는 접속사 자리로, (B) Even, (C) Also는 문장을 연결할 수 없는 부사이므로 오답, (D) Despite는 (A) Even though와 의미는 같지만 전치사로 문장을 연결할 수 없다. 따라서 정답은 (A).

어휘 labor cost 인건비 significantly 상당히 net profit 순익

2 당신이 확인된 방문객임을 알 수 있도록 항상 통행증을 휴대하고 계십시오.

해설 문장과 문장을 연결하는 접속사 자리로, 부사절 접속사 (B) although와 (D) so that 중에 의미상 '확인된 방문객임을 알 수 있도록 통행증을 휴대하고 계십시오'라는 의미가 어울리므로 '~하도록'이라는 의미의 (D) so that이 알맞다.

어휘 recognize 알아보다 confirm 확인하다

SPARTA ✅ ACTUAL TEST | p. 236

1 (C)   **2** (C)   **3** (C)   **4** (C)   **5** (A)   **6** (D)   **7** (A)
8 (B)   **9** (C)   **10** (C)   **11** (A)   **12** (B)   **13** (D)   **14** (C)

1 우리의 냉동 도넛 브랜드가 전국적으로 성공할 것이라고 확신한다.

해설 빈칸 이하가 문장 형태이면서 동시에 are confident의 목적어인 구조이므로 빈칸은 명사절 접속사 자리다. that과 what은 둘 다 명사절 접속사이지만 빈칸 뒤가 완전한 문장이므로 완전한 문장과 결합하는 (C) that이 적절하다. 'be confident that' 패턴으로 암기해 두자.

어휘 confident 확신하는 frozen 얼린 succeed 성공하다 nationwide 전국적으로

2 등록 절차를 시작하기 전에, 지침서를 읽어 주시기 바랍니다.

해설 문장과 문장을 연결하는 접속사 자리로, (A) About, (B) From, (D) During은 모두 전치사이므로 오답이다. (C) Before는 접속사 또는 전치사로 쓰이므로 (C)가 정답이다.

어휘 registration process 등록 절차 guideline 지침(서)

3 회사가 생산비를 줄였기 때문에 수익은 5개월 동안 상승했다.

해설 문장과 문장을 연결하는 접속사 자리. (A) So와 (D) And는 등위접속사로 문두에 올 수 없고, (B) Despite는 전치사이므로 오답이다. 따라서 이유를 나타내는 접속사 (C) As가 정답이다.

어휘 production cost 생산비 profit 수익

4 본사 근처에 토지를 매입할지에 대한 결정이 곧 내려질 것이다.

해설 빈칸은 전치사 다음 목적어 자리로 뒤에 to부정사를 취할 수 있는 명사절 접속사 (C) whether이 답이 된다.

어휘 acquire 획득하다 head office 본사

5 지난 프로젝트의 실패는 고객들이 원하는 것을 무시해서 일어났다.

해설 동명사인 disregarding의 목적어 자리로 빈칸 뒤에 목적어가 없는 불완전한 문장이 왔으므로 정답은 (A) what이다.

어휘 previous 이전의 disregard 무시하다, 묵살하다

6 구내식당이 수리되는 동안, 샌드위치와 샐러드는 스낵바에서 구입할 수 있을 것이다.

해설 문장과 문장을 연결하는 접속사 자리로 정답은 (D) While이다. (A) Throughout, (B) Within, (C) During은 모두 전치사이므로 오답이다. 참고로 during은 '~동안'이라는 뜻으로 while과 의미는 같지만 전치사임을 기억하자.

어휘 undergo 겪다 renovation 수리, 보수

7 정원에 제한이 있다는 점이 염려된다면 워크숍 좌석을 미리 예약해야 합니다.

해설 보기는 모두 접속사. 정원 제한을 염려하는 것과 미리 예약하는 것이 문맥상으로 자연스럽게 연결되기 위해서는 '정원 제한이 걱정된다면'이라는 조건을 나타내는 접속사 (A) If가 알맞다.

어휘 capacity 수용력, 정원 in advance 미리

8 지대가 매우 위험하기 때문에 직원들은 이 구역에서 보호복을 입는 것이 필수이다.

해설 빈칸은 문장과 문장을 연결하는 접속사 자리로, (A) soon은 부사라서 오답, (C) because of는 전치사라서 오답이다. 부사절 접속사 (B) since와 (D) after 중에 의미상 '지대가 위험하기 때문에 보호복을 입는 것이 필수이다'라는 의미가 적절하므로 (B)가 정답이다.

어휘 essential 필수적인 protective 보호하는, 보호의

9 지금으로서는 사내 연례연회를 회사 라운지에서 열 것인지, 근처의 허드슨 공원에서 열 것인지를 아직 결정하지 못했다.

해설 먼저 빈칸을 중심으로 문장 구조를 살펴보면 빈칸 앞에는 주어(we)와 동사(have not determined)가 있고, 빈칸 뒤에는 주어(company banquet), 자동사(will take place)를 갖춘 완전한 문장이 연결되어 있으므로 빈칸은 완전한 문장을 이끌어 본동사(have not determined)의 목적어 역할을 하는 명사절 접속사 자리다. whether는 whether

---

A or B(A인지 B인지) 구문을 취할 수 있는데 빈칸 뒤에 or가 있어서 (C) whether이 답이다.

어휘 determine 결론을 내리다, 결정하다 banquet 연회 take place 발생하다 lounge 라운지, 휴게실

10 마침내 귀하를 회계사로 고용하기로 결정한 것을 알리게 되어 기쁩니다.

해설 빈칸 뒤는 완전한 문장의 형태로, "당신을 회계사로 결정했음"은 명사절이며, 주절은 "~을 알리게 되어 기쁘다"이므로, 주절과 종속절의 의미관계가 성립한다. "~하는 것을 알린다(announce)"는 구조가 성립하려면 (C) that을 써야 한다.

어휘 announce 알리다, 통보하다 decide 결정하다 accountant 회계사

<11-14> 다음 광고에 관한 문제다.

9월에 개업한 Global Planet 체육관
525번지 Pierpont 가, 샬럿, 노스캐롤라이나 34093

Global Planet 체육관의 30일 무료 체험 기간 동안 여러분은 저희의 수업, 장비 및 시설들을 체험해 볼 기회를 얻습니다. 체험 기간 내내 여러분에게는 요금이 부과되지 않습니다. 어떠한 손해도 전혀 없습니다. 가입하려면 연락처와 지불 정보가 필요하지만, 귀하가 30일 이상 회원을 유지하는 경우에만 요금이 부과될 것입니다.
이 기간 내에 더 이상 Global Planet 체육관의 회원이 되고 싶지 않다고 결정한다면 간단히 우리 웹사이트 www.gpgym.com을 방문하면 됩니다. 회원 페이지에서 회원권 취소를 선택하고 필요한 정보를 입력하세요.

어휘 trial period 체험 기간 opportunity 기회 equipment 장비 facility 시설 completely 완전히 risk-free (해약 등을 해도) 손해가 없는 details 세부사항 no longer 더 이상 ~않다 charge (요금을) 부과하다 currently 현재 deposit 보증금 sign up 서명하다 justly 바르게, 공정하게 regularly 정기적으로 evenly 고르게, 균등하게 simply 간단히 extend (기한/기간 등을) 연장하다 renew 갱신하다 cancel 취소하다 initiate 시작하다

11 [유형] 알맞은 문장 넣기 문제

(A) 체험 기간 내내 여러분에게는 요금이 부과되지 않습니다.
(B) 역도 수업은 현재 이용할 수 없습니다.
(C) 회원권을 등록하시려면 현금 보증금이 요구됩니다.
(D) 모든 질문은 customerservice@gpgym.com으로 메일 보내시기 바랍니다.

해설 빈칸 뒤 문장의 risk-free(해약 등을 해도 손해가 없는)가 단서다. 체험을 이용해도 전혀 비용이 발생하지 않는다는 의미이므로 (A)가 정답이다.

12 [유형] 접속사 선택 문제

해설 빈칸은 타동사 decide의 목적어 자리로, 빈칸 뒤 완전한 문장을 취하는 명사절 접속사 (B) that이 정답이다. 명사절 접속사 (A) who와 (D) what은 불완전한 문장을 동반하므로 오답이다. 빈칸 앞 within this time (이 기간 내에)은 부사 의미로 삽입된 전치사구다.

13 [유형] 부사 어휘 문제

해설 빈칸은 동사 visit을 수식하는 부사 자리로 '간단히 웹사이트를 방문하면 됩니다'의 의미를 완성하는 (D) simply(간단히)가 문맥상 적절하다.

14 [유형] 동사 어휘 문제

해설 회원이 되고 싶지 않은 경우를 이야기하고 있으므로, '회원권 취소를 선택하라'는 내용이 적절하다. 따라서 정답은 (C) cancel이다.

UNIT 14 관계대명사

SPARTA 📄 PRACTICE I

1 (B)   **2** (A)

1 Miami 호텔은 1주일 이상 머무는 고객들에게 무료 영화 쿠폰을 제공한다.

해설 빈칸부터 one week까지가 문장의 형태로 앞의 customers를 수식하므로 빈칸은 관계대명사 자리. 선행사인 customers는 사람이고 빈칸 뒤에 주어가 없으므로 사람을 수식하는 주격 관계대명사 (B)가 알맞다.

어휘 offer 제공하다 stay 머무르다

2 두 번째 교육은 책무가 회의와 행사를 기획하는 직원들을 대상으로 합니다.

해설 주어는 The second training session, 동사가 is, 빈칸부터 events까지는 문장 형태로 앞의 employees를 수식하므로 빈칸은 관계대명사 자리다. 빈칸 뒤가 완전한 문장(responsibilities가 주어, 동사 include, 목적어 planning meetings and events)이고, employees whose responsibilities는 '직원들의 책무들'이 되어야 적절하므로 (A) whose가 답.

어휘 training session 교육 responsibility 책무

SPARTA 📄 PRACTICE II

1 (B)   **2** (B)

1 영업부서에 고용을 희망하는 사람은 누구든지 일주일 이내에 신청서를 제출해야 한다.

해설 빈칸 뒤에 동사(should submit)가 있으므로 빈칸에는 동사가 올 수 없다. anyone (who is) seeking에서 <주격 관계대명사+be동사>가 생략된 패턴이다. 따라서 (B) seeking이 정답이다.

어휘 seek 구하다 employment 고용

2 출판 목적의 연구 기사는 기술적인 통계자료를 포함해야 한다.

해설 빈칸 뒤에 동사 must include가 있으므로 보기 중 동사인 (A) intend와 (C) will be intended는 제외. 원래 문장 Research articles (which are) intended for ~에서 <주격 관계대명사+be동사>가 생략된 패턴이다. 따라서 (B) intended가 정답이다.

어휘 descriptive 기술적인 statistics 통계자료 intend 의도하다

SPARTA 📄 PRACTICE III

1 (B)   **2** (D)

1 소비자들은 5년 이상 지속되는 내구성 있는 전구를 구입할 수 있다.

해설 빈칸부터 five years까지가 문장의 형태로 앞의 lamps를 수식하므로 빈칸은 관계대명사 자리. 선행사인 lamps(전구들)는 사물이고, 빈칸 뒤

에 주어가 없으므로 사물을 수식하는 주격 관계대명사 (B) that(=which)이 답이다.

어휘 consumer 소비자 long-lasting 오래 가는 last 지속하다 more than ~ 이상

2 Russell 씨는 다음 달에 발표할 TNA 개발 계획에 대해 이야기했다.

해설 빈칸부터 next month까지가 문장의 형태이고 앞의 TNA development plan을 수식하므로 빈칸은 관계대명사 자리. 빈칸 뒤에 announce의 목적어가 없으므로 선행사인 TNA development plan을 수식하는 목적격 관계대명사 (D) which가 답이다. 빈칸 앞에 콤마가 있으므로 (A) that은 올 수 없다.

어휘 announce 발표하다

SPARTA ✔ ACTUAL TEST

1 (C)	**2** (C)	**3** (B)	**4** (A)	**5** (C)	**6** (C)	**7** (A)
8 (D)	**9** (C)	**10** (C)	**11** (A)	**12** (C)	**13** (B)	**14** (B)

1 강당을 떠나야 하는 관객은 진행 중인 프레젠테이션을 방해하지 않기 위해 조용히 나가 주시기 바랍니다.

해설 문장의 주어는 Audience members, 동사는 are asked이다. 빈칸부터 the auditorium까지가 문장의 형태로, 앞의 Audience members를 수식하므로 빈칸에는 관계대명사가 와야 한다. 빈칸 다음에 주어가 없으므로 주격 관계대명사 자리로, 보기 중 주격 관계대명사로 쓸 수 있는 것은 (B) which과 (C) who, 이 중 선행사가 사람이므로 (C) who가 답이다.

어휘 audience 청중 auditorium 강당 exit 나가다 disturb 방해하다 ongoing 진행 중인

2 새로운 신청서를 처리할 업무 담당자는 인사부서 매니저인 David Ellison이다.

해설 빈칸 앞에는 The person이라는 사람 선행사가 있고 빈칸 뒤에는 명사 job이 있다. 문맥상 '그 사람의 임무'라는 뜻이 되어야 하므로 소유격 관계대명사인 (C) whose가 정답이다.

어휘 process 처리하다 application 신청서 human resources 인사부서

3 직원들은 부서를 재편성하는 데 큰 공을 세운 그들의 매니저 Martin 씨에게 존경심을 표했다.

해설 선행사가 manager = Mr. Martin이고 빈칸 뒤에 주어가 없으므로 빈칸에는 주격 관계대명사 (B) who가 알맞다.

어휘 admiration 감탄, 존경 achieve 성취하다, 이루다 notable 눈에 띄는 reorganization 재편성, 개편

4 Brown 씨는 독일어를 유창하게 구사하는데, 이는 해외 마케팅 책임자인 그에게 큰 자산이 될 것이다.

해설 두 문장을 적절히 이어줄 관계사를 고르는 문제. 빈칸에는 German을 선행사로 받고, will be의 주어가 되는 주격 관계대명사가 필요하다. 콤마(,)와 함께 계속적 용법으로 쓰이는 (A) which는 and that의 의미로, 앞에 나온 구, 절, 문장 또는 그 일부를 받아서 뒷문장과 연결시켜준다. 여기서 German은 언어를 뜻하므로, 사람 주격 관계대명사 (C)는 오답.

어휘 asset to ~에 있어서 강점, 이점 role 역할 overseas 해외의 marketing manager 마케팅 관리자

정답 및 해설 **433**

5 Tyler 씨는 그녀의 작품들이 현재 1번가에 있는 한 화랑에서 전시 중인 매우 재능 있는 예술가이다.

해설 빈칸에는 절을 연결하는 접속사 역할을 하는 동시에 대명사 역할을 하는 관계대명사가 들어가야 한다. 동사 are 앞에 주어 works가 나오며 그 다음에도 완전한 문장이 나오므로 주격이나 목적격 관계대명사는 올 수 없다. 앞의 선행사인 artist와 works가 소유 관계이기 때문에 소유격 관계대명사 (C) whose가 알맞다.

어휘 talented 재능 있는 artist 예술가 work 작품 display 전시하다 gallery 화랑 Avenue 대로

6 대부분의 항공사들은 규정된 무게를 초과하는 수화물에 추가 비용을 청구한다.

해설 빈칸 앞 명사를 뒤에서 수식하는 현재분사와 과거분사의 구별 문제. 문장의 동사(charge)가 이미 있으므로 (A)와 (D)는 제외되고 명사인 baggage를 수식하는 관계가 능동이므로 정답은 (C) exceeding이 된다. baggage와 exceeding 사이에 <주격 관계대명사(which)+be동사>가 생략된 형태이다.

어휘 charge 청구하다 extra fee 추가 요금 baggage 짐 specified weight 규정된 중량

7 Ferroni 씨는 Daily News의 편집장에서 은퇴하는 Corey Stoll의 업무를 인계받기 위해 임명되었다.

해설 선행사(Corey Stoll)가 사람명사이고, 빈칸은 관계절(is retiring ~ Daily News) 안에서 주어 역할을 한다. 따라서 사람 주격 관계대명사인 (A) who가 정답이다. 주격/목적격 관계대명사인 that 앞에는 콤마가 올 수 없다는 것을 기억하자.

어휘 appoint 임명하다 take over 인수하다, 인계받다 chief editor 편집장

8 강풍을 동반한 뇌우 때문에 비행이 지연되었다.

해설 문장의 동사는 was delayed로, 빈칸에 또 다른 동사가 올 수 없다. 따라서 (A)는 제외. 보기의 accompany는 '동반하다, 수반하다'의 뜻으로 사물이 주어면 수동태로 be accompanied by ~로 많이 쓰인다. 빈칸 앞에 which was가 생략되었다. 따라서 답은 (D)이다.

어휘 thunderstorm 뇌우

9 관리자들은 팀원들에게 그들이 직면한 문제에 대한 가능한 해결책을 제시해야 한다.

해설 빈칸 뒤에 타동사(face)의 목적어가 없는 불완전한 문장임을 파악해야 한다. 따라서 빈칸은 목적격 관계대명사가 생략된 문장의 주어 자리로, 보기 중 주어 역할을 할 수 있는 (C) they가 정답이다.

어휘 provide 제공하다 possible 가능한 solution 해결책 face 직면하다

10 컴퓨터 프로그램 사용에 능숙하지 않은 사람은 누구든지 10월 10일로 예정된 컴퓨터 교육 수업에 등록하도록 강력히 권고된다.

해설 빈칸 앞 that은 형용사절을 이끄는 주격 관계대명사이다. 빈칸은 주격 관계대명사 다음 동사 자리로 선행사와 수 일치를 시켜야 한다. 수업이 예정된 것이므로 능동형인 (A)는 오답이다. 따라서 (C) is scheduled가 답이다.

어휘 urge 강력히 권고[촉구]하다 register for ~에 등록하다 schedule 일정을 잡다

<11-14> 다음 발표문에 관한 문제다.

> ## Lucy Walker의 고객 서비스 세미나
>
> Lucy Walker 씨는 고객 만족 및 유지 분야에서 널리 인정받는 권위자입니다. Walker 씨는 Westfield Services 사의 마케팅 부사장으로서 10년간 근무했습니다. 이곳 Westfield에서 겪은 경험으로 얻은 통찰력을 활용하면서 Walker 씨는 혁신적인 교육 기술을 사용하는 유익한 세미나를 전개합니다. 그것들 중 하나는 역할극을 활용하는 것입니다. 결과적으로, 참가자들은 실제 상황을 다루는 값진 훈련을 하게 됩니다. 9월 3일과 5일에 예정된 교육들은 이미 마감되었음에 유의하십시오. 하지만 9월 4일과 6일 교육은 한정된 자리가 여전히 남아 있습니다.

어휘 widely 널리 recognized 인정받는 satisfaction 만족 retention 보유, 보존, 유지 insight 통찰력 gain 얻다 informative 유익한 employ 사용하다 innovative 혁신적인 technique 기술, 방법 as a result 그 결과 valuable 가치 있는, 귀중한 deal with 다루다 limited 제한된 authority 권위자, 대가 authorized 공인된 authorization 권한 부여, 위임, 허가서 conduct 수행하다 colleague 직장 동료 prestigious 유명한, 명성 있는 participant 참가자 application 신청서 specifically 명확히, 분명히 unfortunately 불행하게, 운 나쁘게, 공교롭게

11 [유형] 사람명사 / 사물명사 구별 문제

해설 'Lucy Walker 씨는 고객 만족 및 유지 분야에서 널리 인정받는 ------- 입니다'에서 빈칸에 들어갈 적절한 어휘는 (A) authority(권위자, 대가)이다.

12 [유형] 관계대명사 문제

해설 빈칸 앞에 완전한 절이 있고 빈칸 뒤에 동사(employ)가 있으므로, 빈칸은 주어와 접속사 역할을 할 수 있는 주격 관계대명사 자리이므로 (C) which가 정답이다. (A) those는 지시대명사/형용사이므로 정답에서 제외되고, (B) in that(~라는 점에서)은 뒤에 주어와 동사가 나와야 하므로 답이 될 수 없으며, 관계대명사 (D) what은 선행사 없이 명사절을 만들기 때문에 오답이다.

13 [유형] 알맞은 문장 넣기 문제

(A) Westfield 사에 있는 동안 그녀는 동료들과 세미나를 진행하기 시작했습니다.
(B) 그것들 중 하나는 역할극을 활용하는 것입니다.
(C) 그녀는 명성 있는 Norton 경영대학을 졸업했습니다.
(D) 참가자는 신청서와 함께 이력서를 제출해야 합니다.

해설 빈칸 앞에서 혁신적인 '교육 기술들'에 관해 언급했으므로, 그러한 교육 기술들 중 하나의 예시를 드는 (B)가 나오는 것이 자연스럽다.

14 [유형] 연결어 문제

해설 빈칸 앞 문장에서 이미 세미나 자리가 꽉 찼음을 언급했고, 다음 문장은 제한적으로 몇 자리가 남아 있다는 내용인 것으로 보아 빈칸에 들어갈 적절한 연결어는 (B) However(그러나)이다.

SPARTA 📄 PRACTICE I | p. 245

1 (D) **2** (B)

1 중앙 사무실에 있는 불량 복사기는 가급적 빨리 교체되어야 한다.

해설 '가능한 ~한[하게]'라는 의미로 as와 as possible 사이에는 형용사나 부사의 원급이 온다. 따라서 형용사 원급인 (A) quick과 부사 원급인 (D) quickly가 가능한데, 여기서는 동사 be replaced를 수식하는 부사가 필요하므로 정답은 (D) quickly이다.

어휘 faulty 흠이 있는 photocopier 복사기 replace 교체하다

2 Office Pro의 사무가구 디자인은 경쟁사들의 디자인보다 더 효율적이다.

해설 '~보다 ~한[하게]'라는 의미로 more와 than 사이에는 형용사나 부사가 온다. 따라서 형용사인 (B) efficient와 부사인 (A) efficiently가 가능한데, 여기서는 be동사의 보어 자리이므로 형용사인 (B) efficient가 정답이다.

어휘 office furniture 사무용 가구 competitor 경쟁사

SPARTA 📄 PRACTICE II | p. 246

1 (B) **2** (A)

1 고객 설문조사에 따르면, Abby's Food는 Carson 시에서 가장 좋은 품질의 해산물을 제공한다.

해설 비교 대상이 quality of seafood(해산물의 질)이고 비교 범위가 in Carson City(칼슨 시)이므로 최상급 형태인 (B) highest가 적절하다.

어휘 according to ~에 따르면 customer survey 고객 여론조사

2 이 신제품은 우리 회사가 개발한 것 중 가장 진보된 것이다.

해설 뒤따르는 advanced one our company has developed가 비교 범위와 대상을 한정시켜 주며, 이를 통해 최상급의 형태가 올 자리임을 알 수 있다. 따라서 정답은 (A) most가 된다.

어휘 advanced 진보된 develop 개발하다

SPARTA 📄 PRACTICE III | p. 247

1 (A) **2** (A)

1 장비가 첨단일수록, 성능은 더 좋다.

해설 <the+비교급~, the+비교급~> 형태로 콤마 뒤에 the better를 통해 (A) The more를 답으로 골라야 한다.

어휘 equipment 장비 performance 성능

2 두 관리자 중에서, Lee 씨가 인터넷 비즈니스 분야에 더 전문가다.

해설 Of the two managers를 보아 둘 중 한 명을 가리키는 것으로 비교급이 와야 한다. 나머지 보기는 모두 부사이며 비교급인 (A) better가 정답이 된다. 두 개 중에 비교할 때 비교급 앞에 the가 온다는 것에 주의하자.

어휘 qualified 자격을 갖춘 specialist 전문가

SPARTA 📄 PRACTICE IV | p. 248

1 (A) **2** (C)

1 무료 구독이 필요하다면, 첨부된 엽서를 작성하셔야 합니다.

해설 <If+주어+should+동사원형>에서 if가 생략되면 주어와 동사가 도치되어 <Should+주어+동사원형>이 된다. 따라서 (A) Should가 정답이다.

어휘 subscription 구독 attached 첨부된 postcard 엽서

2 당신이 좀 더 일찍 도착했다면, 할인 상품을 구매할 수 있었을 텐데요.

해설 가정법에서 if가 생략되면 if절의 조동사나 be동사가 주어 앞으로 도치된다. 가정법 과거완료(if+주어+had+p.p.~, 주어+조동사의 과거형+have+p.p.) 문장으로, if가 생략되면 had가 문장 앞으로 도치되므로 (C) Had가 정답이다.

어휘 arrive 도착하다 cut-price 할인된 가격의

SPARTA 📄 PRACTICE V | p. 249

1 (D) **2** (D)

1 동봉된 것은 시 의회 회의에 정기적으로 참석하는 회원들에 대한 업데이트된 기록입니다.

해설 빈칸을 주어 자리, 즉 명사 자리로 보고 (C)를 정답으로 선택하기 쉬우나 attachment(첨부) = an updated record(업데이트된 기록) 관계가 성립하지 않으므로 (C)는 오답이다. 이 문장은 be동사의 보어가 문두에 와서 주어와 동사가 도치된 형태로, 원래 문장은 An updated record of members who ~ is attached이다. 따라서 be동사 뒤의 보어인 (D) Attached가 정답이다.

어휘 regularly 정기적으로 city council 시의회

2 코라 밀러 씨는 많은 책의 저자일뿐 아니라 유망한 사진작가다.

해설 부정어가 문두에 오면 주어와 동사가 도치되므로 보기 중 (D) Not only가 정답이다.

어휘 writer 작가 promising 유망한 photographer 사진작가

SPARTA ✅ ACTUAL TEST | p. 250

| **1** (B) | **2** (C) | **3** (A) | **4** (D) | **5** (A) | **6** (D) | **7** (D) |
| **8** (D) | **9** (A) | **10** (B) | **11** (B) | **12** (A) | **13** (B) | **14** (C) |

1 의료장비 지원팀은 이사진에게 그곳의 심장 검사 모니터가 시장에 나와 있는 다른 최고의 모델들만큼 신뢰할 만하다고 확신시켰다.

해설 보어 자리에 위치할 수 있는 명사와 형용사 중 'as ~ as'의 원급 비교 형태로 사용이 가능한 것은 형용사다. 보기 중 형용사는 reliant(의존하는)와 reliable(믿을 만한, 신뢰할 만한)이다. 이 중 주어인 monitor와 어울리는 것은 '믿을 만한'이라는 뜻의 (B) reliable이다.

어휘 assure ~에게 보증하다, 확신하다 reliability 신뢰성

2 올해 개발된 새로운 시스템은 기존의 것보다 덜 효율적이다.

해설 빈칸 뒤에 than과 비교 대상(the previous one)이 있는 것으로 보아 비교급이 들어가야 할 자리다. 따라서 little의 비교급 형태인 (C) less가 정답이다.

어휘 efficient 효율적인 previous 이전의

3 그 연구는 생명공학 산업이 다른 관련 분야보다 더 빠르게 성장하고 있다는 것을 발견했다.

해설 빈칸 앞에 비교급 faster가 있으므로 비교 대상(other related fields) 앞에 (A) than을 써야 한다.

어휘 biotechnology 생명공학 related field 관련 분야

4 Star Airlines는 New Delhi에서 Kabul까지 이용 가능한 가장 저렴한 항공편을 제공한다.

해설 the 뒤에는 명사뿐만 아니라 최상급도 올 수 있으므로 문맥에 알맞은 것을 선택해야 한다. 이 문장에서는 빈칸 뒤에 available이 최상급의 단서가 될 수 있으므로 (D) cheapest가 정답이다.

어휘 available 구할[이용할] 수 있는

5 휘발유 가격이 올해 초보다 훨씬 더 올랐다.

해설 빈칸은 비교급(higher) 앞에서 비교급을 강조하는 부사 자리다. 따라서 (A) much가 알맞다.

어휘 gasoline 휘발유 at the beginning of the year 연초에

6 지금까지 워크숍에 20명 미만의 사람들이 신청했기 때문에 워크숍은 취소되어야 한다.

해설 빈칸 뒤에 than이 있으므로 빈칸에는 형용사의 비교급 형태가 와야 한다. 또한 people은 가산명사이기 때문에 빈칸에는 가산명사를 수식할 수 있는 (D) fewer가 가장 적절하다.

어휘 since ~ 때문에 sign up 신청하다 cancel 취소하다

7 그 프로젝트를 마치는 데 시간이 더 필요하다면, 미리 생산부에 알려주시기 바랍니다.

해설 가정법 미래의 기본형은 <If+주어+should+동사원형, 주어+조동사(과거형) 또는 명령문>이다. 이것의 도치형은 <Should+주어+동사원형, 주어+조동사(과거형) 또는 명령문>이므로 (D) Should가 정답이다.

어휘 extra 추가의 inform 알리다 Production Department 생산부
in advance 미리

8 문제가 발생했을 때 Freeman 씨가 수리회사에 연락했더라면, 지금쯤 그는 곤경을 겪지 않을 것이다.

해설 'Had he contacted ~'는 원래 가정법 과거완료의 'If he had contacted ~'에서 If가 생략되면서 주어와 동사가 도치된 것이다. 맨 마지막의 now로 인해 이 문장이 혼합 가정법이라는 것을 알 수 있다. 과거 사실(Freeman 씨가 '과거'에 수리회사에 연락을 하지 않음)에 대해 반대로 가정하는 것은 가정법 과거완료시제가 되어야 하고, 현재 사실('지금' 곤경을 겪고 있음)에 대해 반대로 가정하는 것은 가정법 과거시제가 되어야 한다. 따라서 정답은 (D) wouldn't be이다.

어휘 contact 연락하다 repair company 수리회사 be in a predicament 곤경에 처하다

9 회사는 고객의 개인 정보를 팔 수 없으며 그것을 공유할 수도 없다.

해설 빈칸 다음에 주어와 동사가 도치(can they share it)되어 있으므로 보기 중 부정어인 (A) nor가 정답이다.

어휘 firm 회사 personal information 개인 정보 share 공유하다

10 우리는 그렇게 짧은 기간에 수출이 그만큼 많이 증가하리라고는 전혀 생각하지 못했다.

해설 부정어(Never)가 문장 맨 앞에 오면 주어와 동사가 도치되는데, 본동사가 일반 동사일 경우에 본동사는 원래 자리에 원형으로 남고 조동사가 인칭과 시제에 맞게 부정어 뒤에 나온다. 여기서는 본동사가 일반 동사(think)이므로 그대로 남고 대신에 조동사가 주어 앞에 들어가는데, 주어(we)가 1인칭이므로 (A) does는 답이 될 수 없고 시제를 고려했을 때 (D) will도 오답이다. 따라서 do의 과거형인 (B) did가 정답이다.

어휘 export 수출 in such a short period 그렇게 짧은 기간 동안에

<11-14> 다음 이메일에 관한 문제다.

발신 : Stellan Skarsgard

수신 : 모든 관리자

날짜 : 11월 15일

제목 : 연례 직원 시상식 연회

관리자들에게,

12월이 빠르게 다가오고 있고 연례 연회 준비 위원회는 올해 직원 시상식에 대한 자세한 내용을 준비하고 있습니다. 아시다시피, 이번 연례 행사는 저희가 전 직원들에게 감사를 전하고 지난 한 해를 되돌아 볼 훌륭한 기회입니다. 또한, 전 직원들에게 편안한 환경에서 동료들과 함께 시간을 보낼 수 있는 기회를 제공할 것입니다.

작년 사우스햄튼에서의 연회는 거리 때문에 여러 직원이 행사에 참석하기 어려웠다는 것을 압니다. 이를 더 수월하게 하기 위해, 현재 우리는 사무실 건물과 보다 가까운 장소를 찾고 있습니다. 어떤 제안이라도 있으시면 회신해 주십시오.

어휘 annual 매년의, 연례의 quickly 빠르게 approach 다가오다 details 세부사항 excellent 훌륭한 opportunity 기회 thank 감사하다 entire 전체의 look back 되돌아보다 in addition 게다가, 또한 provide 제공하다 colleague 동료 relaxed 편안한 environment 환경 distance 거리 venue 장소 initial 처음의 favoring 형편에 맞는, 유리한, 순조로운 hiring 고용 driving directions 운전 경로 attach 첨부하다 apologize for ~에 대해 사과하다 confusion 혼란 reply 답장[답신]을 보내다 suggestion 제안 confirm 확인하다 attendance 출석, 참석

11 [유형] 형용사 어휘

해설 빈칸은 event 앞에 적절한 형용사를 묻는 문제로 이메일의 제목(Annual Staff Awards Banquet)을 통해 매년 하는 행사라는 것을 알 수 있다. 따라서 빈칸에 들어갈 적절한 형용사는 annual의 동의어인 (B) yearly 이다.

12 [유형] to부정사

해설 빈칸은 완전한 문장 뒤 명사 chance를 수식하는 to부정사 자리로 'chance to 동사원형(~할 기회)'을 완성하는 (A) to spend가 정답이다.

13 [유형] 형용사 자리

해설 빈칸은 동사 make의 목적격 보어 자리로 목적어의 상태를 서술하는 형용사가 들어가야 할 자리다. 따라서 보기 중 형용사의 비교급 형태인 (B) easier이 정답이다.

14 [유형] 알맞은 문장 넣기 문제

(A) 운전 경로를 첨부했습니다.

(B) 혼란을 드려 사과 드립니다.

(C) 어떤 제안이라도 있으시면 회신해 주십시오.

(D) 참석 확인하는 것을 잊지 마십시오.

[해설] 이메일의 맨 마지막 문장에 들어가야 할 말을 고르는 문제로 빈칸 앞 문장에서 지난 연회는 거리로 인해 직원들이 많이 참석하지 못해 이번에는 회사에서 더 가까운 장소를 물색 중이라고 했다. 따라서 빈칸에는 이에 대한 제안이 있으면 회신해 달라는 (C)가 가장 적절하다.

PART 7

UNIT 16 편지 / 이메일

SPARTA ⧉ PRACTICE | p. 257

1 (C) **2** (D) **3** (A)

편지의 목적을 찾는 문제

저는 저와 제 친구가 런던에 있는 동안 당신의 여행사가 저희를 위해 만든 계획에 관해 불평을 하기 위해 편지를 씁니다. 당신의 광고에 따르면, 우리는 런던에서 우리가 원하는 뭐든지 고를 수 있었습니다.

[어휘] complain 불평하다 arrangement 약속, 계획 according to ~에 따르면

1 이 편지의 목적은 무엇인가?

(A) 예약하기 위해

(B) 광고회사를 고용하기 위해

(C) 일정표에 불만사항을 알리기 위해

(D) 여행의 목적지를 결정하기 위해

[해설] 편지의 목적은 주로 "I'm writing to ~"로 언급된다. 'I am writing to complain about the arrangements your travel company made ~'에서 편지를 쓴 목적이 여행사의 계획에 대해 불만사항을 접수하려는 것임을 알 수 있다. 그러므로 정답은 (C)이다.

동봉 사항을 묻는 문제

지금 시점에서, 우리가 이미 할인한 2년 정기 구독에 대해 특별 할인을 발표하게 되어 자랑스럽습니다. 이 편지를 받은 후 10일 이내에 신청한다면 당신은 1년에 24달러의 낮은 금액으로 2년간 구독할 수 있습니다. 이는 가판대 가격에서 총 20% 할인을 받는 것입니다. 이 일회성의 제안을 이용하시려면 동봉된 주문 양식을 오늘 작성하세요.

[어휘] announce 발표하다 special savings 특별 할인 receipt 수령, 수취, 영수증 low price 저렴한 가격 take advantage of ~을 이용하다 one-time offer 일회성의 제안 fill out (양식을) 채우다 enclosed order form 동봉된 주문 양식

2 이 편지에 무엇이 첨부되어 있는가?

(A) 할인 쿠폰

(B) 견적서

(C) 특별 할인 목록

(D) 구독 신청서

[해설] 편지에만 특별히 출제되는 동봉사항을 묻는 문제. 보통 지문에서 'is enclosed[included/attached]'와 함께 제시된다. 'simply fill out the enclosed order form today'를 통해 동봉된 것이 구독 신청서임을 알 수 있으므로 정답은 (D)이다.

추후 당부 사항을 묻는 문제

DS500의 특징과 또 다른 제품 DS400의 차이점을 강조하여 설명한 소책자를 동봉했습니다. 귀하의 주문을 취소할 건지 변경할 건지에 대해 저에게 말씀해 주세요.

어휘 feature 특징 highlight 강조하다 modify 변경하다

3 이 글을 읽는 사람은 아마도 다음에 무엇을 할 것인가?

(A) 글을 쓴 사람에게 결정을 알려 준다
(B) 2개의 물품에 대한 차이를 구별한다
(C) 광고 전단을 동봉한다
(D) 제품들의 특징을 설명한다

해설 추후 당부를 묻는 문제는 명령문인 'Please let me know whether you will cancel or modify your order.'에 답이 나타나 있다. 그러므로 정답은 구독 신청에 대한 결정을 알린다는 (A)이다.

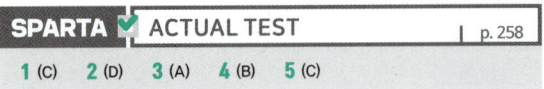

SPARTA ✔ ACTUAL TEST | p. 258

1 (C)　**2** (D)　**3** (A)　**4** (B)　**5** (C)

<1-2> 다음 이메일에 관한 문제다.

발신: 타릭 드미어 <rik-D@matteosystem.com>
수신: 모든 공급 구역 지부 직원들
　　　<bulletin-service@matteosystem.com>
날짜: 1월 24일 수요일
주제: 크리스 크래머 은퇴

몇 명의 지원자들이 1월 26일 금요일 오후 6시에 직원 식당에서 크리스 크래머를 위한 은퇴 기념 파티를 계획하고 있습니다. 다들 아시다시피, 크리스는 회사에서 25년 넘게 일했고, 동료들로부터 많은 존경을 받고 있습니다.
저는 지난 25년간 이 회사를 위해 훌륭한 일을 한 그에게 감사의 의미로 선물을 구매하고자 모든 직원들이 쾌히 7달러씩 기부할 것을 부탁하는 바입니다. 아직 선물의 종류에 대해서는 결정하지 않았으니, 그와 관련한 모든 제안을 환영합니다. 다시 한번, 곧 우리 곁을 떠날 절친한 동료 크리스를 위한 파티 계획을 지원해 주십시오. 모두 금요일 날 뵐 것을 기대하겠습니다.

타릭 드미어
시스템 엔지니어링 국장

어휘 resignation 사임, 사퇴 token 상징, 표 gratitude 감사

1 Ⅰ 이메일의 목적을 묻는 문제 Ⅰ

이 이메일은 왜 쓰였는가?

(A) 동료에게 물품 기부를 요청하기 위해
(B) 직원들에게 Cramer 씨의 경력을 알리기 위해
(C) 연회의 계획을 발표하기 위해
(D) 기념 행사에 자원하기 위해

해설 이메일을 쓴 목적을 묻고 있으므로 지문 상단에 있는 subject를 반드시 참고하도록 한다. 내용 중에 'Some volunteers are planning a resignation party for Chris Cramer'에서 이메일의 목적이 Chris의 은퇴 기념 파티에 대한 계획을 알리는 것임을 알 수 있으므로 정답은 (C)이다.

2 Ⅰ 추후 당부 사항을 묻는 문제 Ⅰ

Demir 씨는 동료들에게 무엇을 하라고 요청하고 있는가?

(A) Chris의 사임에 관해 발표해 달라고

(B) 그에게 곧 있을 파티에 참석할 수 있는지 알려 달라고
(C) 행사를 위해 장식하는 것을 도와달라고
(D) 선물에 대한 제안을 하라고

해설 Demir가 동료들에게 요청하는 사항을 묻는 문제로, 'We have not decided on the type of gift yet, so we welcome all suggestions.'에서 'welcome(기꺼이 받아들일 테니 해달라)'이라는 요청 표현과 함께 답이 드러나 있다. 그러므로 정답은 (D)이다.

<3-5> 다음 편지에 관한 문제다.

친애하는 Shey 씨,

전화요금 미납으로 인하여 귀하의 전화가 끊기게 되었다는 것을 알려 드리게 되어 유감입니다.
우리는 귀하께서 요금을 할부로 납입할 수 있도록 모든 노력을 다했습니다. 보통 이런 조치를 취하고 싶지는 않기 때문에 귀하께서 우리의 질문에 대답을 해 주었더라면 당신의 전화가 유지될 수 있도록 다른 방법이 강구되었을 수도 있었습니다. 그러나 우리는 어떠한 연락도 받지 못했습니다. 결과적으로 우리는 귀하의 계정을 종료시키는 것 외에 어떤 대안이 없습니다. 우리는 이 문제를 저희의 변호사들에게 넘길 것입니다. 그러나 귀하께서 문제를 해결할 수 있다면, 우리는 당신에게 그 소식을 들어 기쁠 겁니다. 가능한 한 빨리 귀하의 전화가 다시 연결될 수 있기를 간절히 바랍니다.
요금을 즉시 납부하시면 큰 불편함을 피할 수 있을 것입니다.

진심을 담아,

Alfrio Levy
회계부
피닉스 퍼블릭 텔레콤

어휘 whereby 그것에 의해 in installments 할부로 alternative 대신의 terminate 끝내다 attorney 변호사

3 Ⅰ 주제를 묻는 문제 Ⅰ

이 편지의 주제는 무엇인가?

(A) 서비스의 중단
(B) 요금 지불 방법
(C) 상품 품질에 관한 문제점
(D) 전화 설치

해설 편지의 주제를 묻고 있는 전반적인 내용 관련 문제이다. 'It is with regret that we have to inform you that your phone has been disconnected due to the nonpayment of your phone bill.'에서 편지의 주제가 서비스의 중단임을 알 수 있다. 그러므로 정답은 (A)이다.

4 Ⅰ 추후 당부 사항을 묻는 문제 Ⅰ

Shey 씨는 무엇을 하라고 요청 받고 있는가?

(A) Levy 씨에게 즉시 전화할 것
(B) 미지불 요금을 낼 것
(C) 주문서를 제출할 것
(D) 사무실을 직접 방문할 것

해설 추후 당부를 묻는 문제로, 'However, if you should find yourself able to solve this problem, we would be pleased to hear that from you.'에서 문제를 해결, 즉 미납 요금을 납부해 줄 것을 요청하고 있다. 따라서

정답은 (B)이다.

5 | 맥락 완성 문제 |

[1], [2], [3] 그리고 [4]로 표시된 자리 중 다음 문장이 들어가기에 가장 좋은 위치는 어디인가?

"그러나 우리는 어떠한 연락도 받지 못했습니다."

(A) [1]

(B) [2]

(C) [3]

(D) [4]

해설 맥락을 완성시키는 문제로, 맥락이 갑자기 바뀌거나 논리에 공백이 있는 부분에 집중하도록 한다. 여기에서는 'Consequently, we have no alternative but to terminate your account.' 앞에 해당 문장을 넣어 연락 받지 못해 결과적으로 전화 서비스를 중단할 수밖에 없다는 맥락으로 연결시켜야 한다. 그러므로 정답은 (C)이다.

UNIT 17 광고

SPARTA 📄 PRACTICE | p. 263

1 (B) **2** (B) **3** (C)

주제를 찾는 문제

너무 바빠서 요리할 시간이 없으십니까?
이안 비스트로가 당신을 위해 요리해 드립니다!

이안 비스트로는 윈체스터의 연방 법원 건물 맞은편에
새로운 식당을 열었습니다.
이안 비스트로에서 이 광고를 언급해서 총액의 10퍼센트를 할인 받으세요!

어휘 bistro 작은 식당 located 위치한 across 건너서 federal 연방의 courthouse 법원 mention 언급하다 total 총액의

1 무엇이 광고 중인가?

(A) 행사 장소

(B) 식당의 개업

(C) 요리 수업

(D) 저렴한 요리 도구

해설 상품광고는 광고 중인 상품명이 고유명사로 드러난 문장을 찾으면 된다. 'Ian's Bistro has opened a new restaurant in Winchester'에서 새롭게 개업하는 식당이 주제임을 알 수 있다. 그러므로 정답은 (B)이다.

추론하는 문제

취업 기회
직책: 현장 사업소 소장
급여 및 복리후생: 연봉 31,000~45,000달러 선에서 경력에 따라 조정.
3주 연차 휴가, 의료 보험, 출장 경비, 차량 지원, 스톡옵션 제공.

어휘 career 직업 benefits 복리후생 annual leave 연차 휴가

2 다음 중 이 광고에서 암시하는 내용은 무엇인가?

(A) 경력자만 지원해야 한다.

(B) 회사는 다양한 복지혜택을 제공한다.

(C) 한 달 이상의 유급 휴가가 제공된다.

(D) 직원들은 저렴한 가격으로 차를 빌릴 수 있다.

해설 추론 문제는 지문에 단서가 뚜렷이 드러나지 않을 수 있기 때문에 흩어져 있는 단서들을 논리적으로 조합해야 한다. 구인광고에 드러난 급여 및 혜택을 단서를 잡아 보기를 소거하며 가장 객관적인 답을 찾도록 한다. 급여조건 중 'health insurance'가 있으므로 정답은 (B)이다.

추후 당부 사항을 묻는 문제

선호되는 경력: 관리 보조직 혹은 관련 경력
이력서는 7월 17일까지 인사 부장에게 kswayne@realauditing.com으로 보내 주세요.
합격자 발표는 8월 22일에 개별적으로 통보합니다.

어휘 prefer 선호하다 executive assistant 비서, 보좌관 related 관련된 candidate 후보 notify 통보하다

3 지원자는 다음에 무엇을 하도록 요청 받는가?

(A) 경력을 관리자에게 알릴 것

(B) 인사 부장과 대화할 것

(C) 특정 날짜까지 이메일을 보낼 것

(D) 비서와 일할 것

해설 구인광고에서는 추후 당부사항으로 지원 방법을 다음과 같이 명령문으로 준다. 'Send résumé by July 17 to Human Resources director.'에서 정답은 (C)임을 알 수 있다.

SPARTA ✅ ACTUAL TEST | p. 264

1 (C) **2** (D) **3** (D) **4** (B) **5** (D) **6** (D)

<1-3> 다음 광고에 관한 문제다.

> ## 로렌스 금융회사
>
> 선두의 금융 서비스 은행이 회계 서비스 관리자를 구합니다. 정확한 세금 납부 보고를 보증하기 위해 소득 상환을 재분류하는 것을 담당하게 될 것입니다. 세금 관련 정보를 허가하는 것, 재분류 양을 측정하는 것, 다양한 내부 시스템을 이용하여 재분류를 실행하는 것, 그리고 모든 세금 보고 과정들과 관련된 품질관리 검사를 시행하는 것이 또 다른 담당 업무가 될 것입니다. 지원 자격이 되려면, 후보자는 학사 학위를 갖고 있어야 하고 뛰어난 분석력과 함께 세금이나 중개에 관한 사전 경력이 있어야 합니다. 그들은 또한 요청 시에 초과 근무와 주말 근무가 가능해야 합니다. 관심이 있으시면 아래로 이력서를 보내주십시오:
>
> 로사베스 모스 캔터
> 로렌스 금융회사
> 985, 앤드류 파크 대로
> 휴스턴, TX 48954

어휘 reclassify 재분류하다 accurate 정확한 validate (정당성을) 입증하다 internal 내부의 quality-control 품질관리 relevant 관련된 brokerage 중개 analytical 분석적인

1 | 주제를 찾는 문제 |

어떤 직책이 광고 중인가?

(A) 공무원

(B) 부동산 중개인

(C) 회계사

(D) 금융 상담사

해설 제목에서 언급된 직책명과 '구한다'라는 의미의 주제문에서 답을 찾는다. 여기서는 'A leading financial service bank is looking for an account services director.'에서 회계사를 찾는다고 했으므로 정답은 (C)이다.

2 | 구인 자격요건을 묻는 문제 |

다음 중 이 직책에 요구되는 것이 무엇인가?

(A) 의사소통 능력

(B) 관련 기관에서 승인한 면허증

(C) Lawrence Financial 사에 관한 배경 지식

(D) 대학 교육

해설 구인광고의 자격요건을 묻는 대표적인 문제로, 'In order to qualify, the candidate must have a college degree'에서 학위가 필요하다고 언급했다. 그러므로 정답은 (D)이다.

3 | 맥락 완성 문제 |

[1], [2], [3], 그리고 [4]로 표시된 자리 중 다음 문장이 들어가기에 가장 좋은 위치는 어디인가?

"그들은 또한 요청 시에 초과 근무와 주말 근무가 가능해야 합니다."

(A) [1]

(B) [2]

(C) [3]

(D) [4]

해설 'The candidate'와 'also'의 표현을 고려해 볼 때 이 문장에 나타난 자격 요건은 이전 문장에도 자격 요건이 언급되고 있음을 짐작하게 한다. 그러므로 'In order to qualify, the candidate must have a college degree ~ with strong analytical skills.' 문장 뒤인 (D)가 알맞다. 'must work'이었다면 임무를 나타냈겠지만 'must be able to work'이기 때문에 자격 요건을 의미함에 유의해야 한다.

<4-6> 다음 광고에 관한 문제다.

> **6주 만에 속독법을 배우세요!**
>
> 뭐든 빠르고 쉽게 읽고 싶나요? 여러분이 속독할 수 있다면, 사업을 하거나 교육을 받는 데 있어 유리해질 것입니다! 저희가 시험을 마친 진짜 최고의 속독 기술인 스피디리디는 책 페이지나 컴퓨터 화면에 있는 정보를 어느 때보다도 더 빠르게 여러분의 머리 속에 넣을 수 있도록 돕는다고 보장합니다.
>
> 5회 속독 왕을 차지한 아놀드 거스터슨이 개발한 이 프로그램을 지금 이 특별한 조건으로 이용하실 수 있습니다. 이 프로그램은 집중력 향상과 앞에 있는 어떤 정보보다 재빨리 주제를 이해할 수 있는 능력을 키우는 데 도움을 줄 겁니다. 또한 당신은 전체 페이지를 읽지 않고도 중요한 정보를 매우 빨리 살피는 법을 배울 수 있습니다.
>
> 오늘 구매하시면 보너스로 '이해를 돕기 위한 듣기' CD를 받으실 수 있습니다. 저희 패키지는 99달러 95센트의 저렴한 가격으로 제공되며, 환불이 가능합니다. 저희 웹사이트 www.readfast.com에서 신청서를 작성해 주시거나 1-866-345-1234로 전화해서 지금 주문하세요!

어휘 edge 이익, 유리 guarantee 보장하다 develop 개발하다 champ (= champion) 챔피언 increase 향상시키다 comprehend 이해하다

scan 훑어보다 vital 중요한 entire 전체의; 전체 entitle ~라고 칭하다 comprehension 이해(력) money-back guarantee 환불 보장 order 주문하다

4 | 주제를 묻는 문제 |

업체는 어떤 종류의 서비스를 제공하고 있는가?

(A) 읽기 교수법

(B) 속독 능력을 배양하는 프로그램

(C) 최고의 사업가들을 위한 교육

(D) 언어 정복을 위한 조언

해설 상품광고에 드러난 제공 서비스를 묻는 문제이므로 주제문에서 답을 찾는다. 다만 상품광고는 제목과 지문 초반에 광고카피가 주로 나오므로 고유명사로 상품명이 언급된 곳까지 주의하며 찾도록 한다. 상품의 고유명사가 들어간 'Our tried and ~ before'에서 주제가 속독을 도와주는 교육 프로그램인 것을 알 수 있다. 그러므로 정답은 (B)이다.

5 | 세부 내용을 묻는 문제 |

서비스의 장점으로 언급된 것은 무엇인가?

(A) 포괄적인 읽기 자료

(B) Gusterson 씨와의 토론

(C) 타 회사보다 낮은 가격

(D) 구매 가격의 환불

해설 광고 중인 서비스의 장점은 곧 상품의 특징에 대한 세부 설명에 속한다. 'Our package ~ guarantee.'에서 불만족 시 환불할 수 있음을 장점으로 확인할 수 있다. 따라서 답은 (D)이다.

6 | 추후 당부 사항을 묻는 문제 |

제품을 주문하는 데 이용 가능한 수단은 무엇인가?

(A) 종이로 된 양식 작성하기

(B) 가까운 지점 방문하기

(C) 팩스 보내기

(D) 사무실로 전화하기

해설 상품광고에서 주문하는 방법은 추후 당부에 속하므로 지문 마지막의 명령문에서 찾는다. 'call 1-866-345-1234 to order now!'에서 답이 (D)임을 알 수 있다.

UNIT **18** 공지 / 메모

SPARTA 📄 PRACTICE | p. 269

1 (B) **2** (A) **3** (B)

메모의 목적을 묻는 문제

수신: 부서의 전 직원들

발신: Rhonda Lansing, 연구 개발 부서장

날짜: 5월 26일

주제: 곧 있을 행사

우리 회사의 새로운 냉장고 모델 광고 작업을 하고 있는 모든 분들을 비공식 오찬에 초청하고 싶습니다.

어휘 Research and Development 연구 개발 (부서) upcoming 곧 있을 publicize 선전하다 casual 격식을 차리지 않는 luncheon 오찬

1 이 메모의 주된 목적이 무엇인가?

　(A) 프로젝트의 시작을 축하하기 위해

　(B) 사람들에게 행사 참석을 요청하기 위해

　(C) 새로운 부장을 소개하기 위해

　(D) 동료들에게 함께 어울리라고 요청하기 위해

해설 전반적인 내용을 묻는 문제로, 메모의 상단 서식에 있는 제목과 첫 번째 문장의 주제문에서 답을 찾을 수 있다. 곧 있을 행사에 참여를 요청하는 목적이므로 정답은 (B)이다.

공지의 목적을 묻는 문제

회사 도서관 카드

법률협회의 도서관 시스템이 업계의 회원들에게 시설을 이용할 수 있도록 해 드립니다. 지역 내 업체들의 직원들은 회사 도서관 카드를 받을 자격이 주어질 것입니다.

어휘 business community 업계, 재계 be eligible for ~할 자격이 있다

2 공지의 목적은 무엇인가?

　(A) 서비스를 설명하기 위해

　(B) 아이디어를 제안하기 위해

　(C) 실수를 정정하기 위해

　(D) 개관을 발표하기 위해

해설 서두에서 법률협회의 도서관 시스템이 업계 회원들에게 시설을 이용할 수 있게 한다면서 도서관 이용에 관한 내용을 기술하고 있으므로 정답은 (A)이다.

세부 내용을 묻는 문제

어떠한 종류라도 분쇄된 종이는 재활용하지 않습니다. 분쇄된 종이는 쓰레기통에 일반 쓰레기와 함께 버려 주세요. 당신의 모든 직원들에게 간단한 규칙에 대해 알려주시길 바라고, 그것은 관리직원들의 업무를 덜어 줄 것입니다. 감사합니다.

Ken Rickson
관리부서, 잡부 감독관

어휘 shredded paper 분쇄된 종이류 discard 버리다 custodial 관리의 bin 통 toss away 버리다

3 공지에 따르면, 분쇄된 종이는 어떻게 버려져야 하는가?

　(A) 재활용되어야 한다.

　(B) 쓰레기와 함께 버려져야 한다.

　(C) 'RECYCLE'이라고 적혀 있는 쓰레기통에 버려야 한다.

　(D) 별도의 봉투에 담아야 한다.

해설 "Please discard shredded paper with the regular trash in the trash bin"에 나왔듯이, 분쇄된 종이는 일반 쓰레기통에 버려 달라고 요청하고 있으므로 (B)가 답이다.

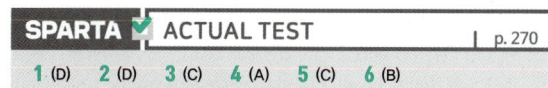

p. 270

1 (D)　**2** (D)　**3** (C)　**4** (A)　**5** (C)　**6** (B)

<1-3> 다음 공지에 관한 문제다.

> **공지**
>
> 이 라운지는 점심과 휴식 시간 동안 Columbia Soft Tech 직원들만을 위해 마련된 공간입니다. 아래의 지침을 주의 깊게 따라 주시기 바랍니다:
>
> * 만약 가구를 옮겼다면 제자리에 돌려놓아 주세요.
> * 라운지 구역에 있는 가구를 사무실로 가져가지 마세요.
> * 사용한 후 부엌을 정리해 주세요.
> * 종이, 유리, 그리고 캔은 재활용하기 위해 분리해 주세요.
>
> 커피와 다른 음료들은 모두 회사에서 제공됩니다. 만약 빈 냉장고를 발견했다면, 행정부서의 Ethan Milla에게 더 채워 달라고 요청하세요.

어휘 notice 공지 return 돌려주다 furniture 가구 proper 적절한 kitchenette 부엌 recycle 재활용하다 supply 공급하다 refrigerator 냉장고

1 ㅣ **공지 대상을 찾는 문제** ㅣ

공지는 누구를 대상으로 하는가?

　(A) 지역사회 구성원들

　(B) 방문객들

　(C) 구직자들

　(D) 직원들

해설 공지를 읽는 대상은 글의 전반에 걸친 내용과 관련 있으므로 주제문을 참고하여 문제를 풀어야 한다. 공지의 주제문인 첫 번째 문장에서 이 라운지는 Columbia Soft Tech 직원들을 위해 사용된다는(This lounge is a space intended exclusively for Columbia Soft Tech staff members) 내용으로 미루어 보아, 이 공지는 직원들을 대상으로 하고 있음을 알 수 있으므로 정답은 (D)이다.

2 ㅣ **세부 내용을 묻는 문제** ㅣ

다음 중 지침에서 언급되지 않은 것은 무엇인가?

　(A) 물건들은 원래 위치에 놓여져야 한다.

　(B) 부엌은 사용한 후 정돈되어야 한다.

　(C) 쓰레기는 지정된 통에 넣어져야 한다.

　(D) 손상된 가구는 보고되어야 한다.

해설 세부 내용의 진위를 가리는 문제는 보기를 지문과 대조하는 것이 필요하다. 이 전략을 이용하여 읽었던 본문을 다시 읽지 않도록 시간 안배에 신경 써야 한다. 'Do not take lounge-area furniture to your office'에서 라운지 가구를 가져가지 말라고 했을 뿐, 가구가 손상되었을 경우 보고하라는 얘기는 없으므로 정답은 (D)이다.

3 ㅣ **세부 내용을 묻는 문제** ㅣ

공지에 따르면, Milla 씨의 업무 중 하나는 무엇인가?

　(A) 방문객들 맞이하기

　(B) 부엌 청소하기

　(C) 음식 채워 넣기

　(D) 회의 일정 잡기

해설 문제의 키워드는 what, Mr. Milla's responsibilities이다. 공지 후반부에 만약 빈 냉장고를 발견하면, 행정부에 있는 Ethan Milla에게 채워 달라고 이야기하라고(If you find the refrigerator empty, ~ fill it with more.) 나와 있으므로, 정답은 (C)이다.

<4-6> 다음 회람에 대한 문제다.

> 수신 : 전 직원
> 발신 : 회계부
> 날짜 : 2월 12일
>
> 여행 경비 청구 처리 과정에 소비되는 시간을 줄이기 위해, 회계 사무실은 회사 차량을 사용하는 모든 직원들에게 회사 법인카드를 발부합니다. 4월 1일부터 운전자는 등록된 차량의 연료만 구매할 수 있는 카드가 발급됩니다. 모든 영수증은 그 후 스캔되어, 회사의 웹사이트에서 찾을 수 있는 신규 온라인 시스템에 입력되어야 합니다. IT 부서는 3월 25일부터 일주일 동안 교육실에서 온라인 경비보고서 양식을 신규 시스템 상에서 올바르게 제출하는 방법에 대한 교육을 진행할 것입니다. 회사 차량을 이용하는 전 직원은 시간별 교육 중 하나에 참석해야 합니다. 접수처에서 목록에 원하는 날짜와 시간을 명시하세요.

어휘 travel expense 여행 경비 claims 청구 accounting 회계 issue 발부하다 receipt 영수증 tutorial 개인교습 correctly 올바르게 indicate 명시하다 preferred 선호하는 reception 접수처 policy 정책 salary 봉급 a fleet of ~ 한 회사 소유의(비행기, 트럭, 버스) remind 상기시키다 sign up for ~를 신청하다

4 | 회람의 목적을 묻는 문제 |

회람의 목적은 무엇인가?

(A) 직원들에게 정책 변경을 알리기 위해
(B) 급여 처리 지연을 설명하기 위해
(C) 회사의 새로운 차량을 소개하기 위해
(D) 전 직원에게 훈련에 참여하는 것을 상기시키기 위해

해설 지문의 첫 부분에서 주제를 파악한다. 수신자는 '전 직원', 발신자는 '회계부서'이며, 서두에서 여행 경비 청구 처리 시간을 줄이기 위해 회사 차량을 이용하는 모든 직원들에게 법인카드를 발부할 거라고 했으므로(issuing company credit cards), 회사의 새로운 정책을 직원들에게 알리는 내용임을 알 수 있다. 그러므로 정답은 (A)이다.

5 | 세부 내용을 묻는 문제 |

일부 직원들은 왜 3월 25일로 시작하는 주에 교육실로 가야 하는가?

(A) 고객에게 컴퓨터 개선점을 제안하기 위해
(B) 신입 사원들과 만나기 위해
(C) 새로운 소프트웨어 시스템 이용법을 배우기 위해
(D) 추가 운전 연습을 신청하기 위해

해설 질문의 키워드는 March 25로, 3월 25일부터 한 주 동안 IT부서가 온라인 경비 보고서 제출 방법을 교육할 거라고 했으므로 직원들은 그 주 동안 새로운 온라인 보고서 양식의 제출 방법을 배우기 위해 참석해야 한다는 것을 알 수 있다. 따라서 답은 (C)이다.

6 | 추후 당부사항을 묻는 문제 |

직원들은 접수처에서 무엇을 제시할 것을 권고 받는가?

(A) 소유 차량 번호
(B) 예상 참석 시간
(C) 연료 구입 비용
(D) 발행된 법인카드 목록

해설 'Please indicate ~.'에서 목록에 참석을 원하는 날짜와 시간을 접수처에서 알리라고 했으므로 정답은 (B)이다.

UNIT 19 기사

SPARTA PRACTICE | p. 275

1 (A) **2** (D) **3** (C)

기사의 목적을 묻는 문제

Magi-Tech가 태양열 텐트를 만들다

Magi-Tech는 어제 태양열을 이용하는 텐트 견본을 만들었다고 발표했습니다. 회사는 텐트가 100퍼센트 태양열로 작동하고, 햇빛이 없을 때에만 두개의 9V 배터리로 작동할 수 있다고 했습니다. 실외에서 활동하기를 좋아하는 사람은 이것을 아주 유용하다고 생각할 것입니다.

어휘 prototype 견본 solar power 태양열

1 기사의 목적은 무엇인가?

(A) 캠핑하는 사람들이 에너지를 절약하는 데 도움을 주기 위해
(B) 세계에 새로운 기술을 알리기 위해
(C) 태양열을 이용해 환경을 보존하기 위해
(D) 배터리를 태양열 전지로 바꾸기 위해

해설 기사문에서는 announced가 들어간 첫 문장이 주제문이다. 따라서 새로운 제품 소개가 주제다. 정답은 (A)로, (B)는 전세계라고 확대 해석했고, (C)와 (D)는 근거가 부족해서 오답이다.

세부 내용을 묻는 문제

Heller 씨는 회사가 너무 빨리 움직여서 이전의 확장 시도가 성공적이지 못했다는 것을 시인했다. 또한 그는 당시에 그러한 일을 담당할 만한 적절한 인력을 회사가 보유하지 못했다는 것도 인정했다. 이제 로스앤젤레스에 본사가 있는 Eagle Eye는 적지에 더 숙련된 직원을 둔 만큼, 확장은 아주 큰 성공이 될 거라고 Heller 씨는 자신 있게 주장했다.

어휘 concede 시인하다 previous 이전의 attempt 시도 expansion 확장 successful 성공적인 acknowledge 인정하다 personnel 인력 undertaking (힘든) 일 at the time 당시에 headquarters 본사 claim 주장하다

2 Eagle Eye에 대해 암시되는 것은 무엇인가?

(A) 추가 인력이 필요하다.
(B) 상품의 다양성을 확장시키고 싶어 한다.
(C) Heller 씨를 최고 경영자로 고용하기로 결정했다.
(D) 본사는 현재 로스앤젤레스에 위치해 있다.

해설 기사에 언급된 회사 Eagle Eye에 대해 암시된 것을 찾는 문제이므로, 선택지와 지문 내용의 일치 여부를 확인해야 한다. 지문 후반, whose headquarters ~ Los Angeles 부분을 통해 (D)가 정답임을 알 수 있다. (A), (B)는 언급된 바 없고, Heller 씨는 기사에 언급된 인터뷰 대상이므로 (C)도 오답이다.

추론 문제

로컬 비즈니스 - 4월 4일
로열 항공사의 항공기 내 음식 판매

로열 항공사의 대변인, Mac Green 씨는 어제 기자들에게 5월 28일부터 이코노미석 승객들에게 무료 식사를 더 이상 제공하지 않을 것임을 밝혔다. 지난 3년 간 항공 여행객들로부터 '베스트 국내 항공사'로 알려진 이 회사는 이 제도의 시행이 1년에 천만 달러를 절약할 수 있을 것으로 기대하고 있다.

어휘 on board 승차한 spokesperson 대변인 as of ~일자로 intend to ~할 계획이다, ~을 의도하다 discontinue 중단하다 passenger 승객 economy class 일반석 name ~을 명명하다

3 로열 항공사에 대해 무엇이 암시되는가?
(A) 다른 경쟁사에 매입될 상황에 처해 있다.
(B) 연간 예산이 감소할 것이다.
(C) 여행객들에게 평판이 좋다.
(D) 다른 회사에 합병될 것이다.

해설 추론 문제는 지문 속에 답이 명백히 드러나지 않아 전반적인 맥락에서 여러 단서를 조합할 수 있어야 한다. 특히 맥락 파악이 어려운 기사에서의 추론 문제는 철저한 대비가 필요하다. 중반부 'The company, named the best domestic airline for the past 3 years by air travelers'에서 로열 항공사는 지난 3년 간 여행객들이 지명한 '베스트 국내 항공사'라고 했으므로 좋은 평판을 가진 회사라고 한 (C)가 답이다.

SPARTA ✓ ACTUAL TEST | p. 276

1 (A) **2** (C) **3** (A) **4** (D) **5** (D) **6** (B) **7** (C) **8** (B)

<1-4> 다음 기사에 관한 문제다.

(3월 18일 토요일) 대중교통 이용이 전국에 걸쳐 계속해서 상승하고 있다. 최근 갤런당 평균 2.52달러로 기름값이 인하됨에도 불구하고, 전국교통위원회의 연구원들은 전국에서 3분기 승객 수는 지난해의 같은 시기와 비교할 때 8%나 상승했다고 보도했다. 일부 도시에서는 버스와 열차를 타는 사람들의 수가 20%까지 상승했다.

"많은 사람들은 대중교통을 한번 이용해 보고 마음에 들어 했습니다. 그들은 마치 일상이 된 것처럼 보입니다."라고 전국교통위원회 회장은 말했다. 여전히, 일부 대중교통 종사자들은 회의적이다. "기름값이 일단 갤런당 2달러 이하로 다시 내려가면, 제 버스에 타는 손님들의 수가 예전에 그랬던 것처럼 떨어지는 것을 보게 될 것입니다."라며 버스 운전사 Chris Payne은 추측했다.

어휘 public transportation 대중교통 rise 오르다 decrease 감소하다 gas price 기름 값 researcher 연구원 council 위원회 nationwide 전국적인 ridership 승객 수 give a try 한번 ~해 보다 be here to stay 일상이 되다 speculate 추측하다 drop 떨어지다 skeptical 회의적인

1 I 기사의 주제를 묻는 문제 I

기사는 주로 무엇에 관한 것인가?
(A) 대중교통 승객 수 증가
(B) 연료 가격의 예상치 못한 하락
(C) 버스와 열차에 대해 증가한 시의 지출
(D) 많은 수의 은퇴하는 버스 운전사들

해설 기사의 주제를 묻고 있는 질문으로, 첫 문장에서 "The use of public transportation continues to rise around nation"을 통해, 계속해서 상승하고 있는 대중교통 이용에 대한 내용임을 알 수 있다. 그러므로 정답은 (A)이다.

2 I 세부 내용을 묻는 문제 I

Payne 씨에 따르면 무엇이 버스 승객 수의 감소를 야기할 것인가?
(A) NTC 연구원들의 보고서
(B) 고객 신뢰 부족
(C) 더 낮아진 기름값
(D) 자동차 매출 상승

해설 지문을 읽기 전에 문제를 먼저 정확히 파악하여, 기사의 줄거리를 추론해 보는 전략이 필요하다. 마지막에 "Once gas prices fall back below around $2.00 a gallon ~ I'll start seeing the number of passengers on my bus drop ~"이라고 했으므로, 기름값이 갤런당 2달러 근처로 내려갈 경우 승객 수가 다시 줄어들 것이라 예상하고 있음을 알 수 있다. 그러므로 정답은 gas prices와 같은 의미인 (C)이다.

3 I 동의어 찾기 문제 I

두 번째 단락 세 번째 줄에서 "speculated"와 의미상 가장 가까운 것은 무엇인가?
(A) 짐작했다
(B) 구별했다
(C) 투자했다
(D) 확인했다

해설 이 유형의 문제는 단순한 사전적 의미보다 맥락과 어울리는 것을 찾도록 한다. 해당 어휘의 자리가 비어 있다고 생각하고 풀어도 효과적이다. 여기에서 그가 언급하고 있는 내용은 조건 접속사 once를 사용하여 기름값이 어느 수준 이하로 내려간다면, 즉 미래에 생길 수 있는 일에 대한 추측이므로(I'll start seeing ~) 정답은 '추측하다, 짐작하다'라는 뜻을 지니는 (A) guessed이다.

4 I 맥락 완성 문제 I

지문에 표시된 [1], [2], [3], 그리고 [4] 중에서 다음 문장이 들어가기에 가장 좋은 위치가 어디인가?
"여전히, 일부 대중교통 종사자들은 회의적이다."
(A) [1]
(B) [2]
(C) [3]
(D) [4]

해설 기사는 간혹 어떤 주제에 대한 가치 판단을 대조하는 기법을 쓰기도 한다. 여기에서도 대중교통을 옹호하는 사람들과 회의적인 시각을 가진 사람들을 이 문장을 중심으로 대조시키고 있다. 'Lots of people gave public transportation a try and liked it. It looks as if they're here to stay.'의 대중교통에 대한 긍정적인 의견과, 'I'll start seeing the number of passengers on my bus drop to what it used to be.' 와 같은 회의적 이론 사이에 이 문장이 삽입되어야 맥락이 완성된다. 따라서 정답은 (D)이다.

<5-8> 다음 기사에 관한 문제다.

> 블랙웰 출판사는 내년 1월에 프레시안 미디어 사와 합병할 계획이라고 발표했다. 새로운 회사는 블랙웰 & 프레시안 미디어라고 불리게 될 것이다. 이 결정은 두 회사가 3년 연속 적자를 본 결과다. 양사는 시장의 70% 이상을 장악하고 있는 국내 최대 출판사 게이트 미디어 주식회사와 경쟁하기 위해 안간힘을 썼다.
> 게이트 미디어 주식회사는 2008년 빈치스 두베 2세에 의해 설립된 이래로 다른 중소 출판사 10군데가 파산 신고를 하도록 만들었다. 프레시안 미디어 사의 대변인에 의하면, 합병된 후, 새로운 회사는 300만 달러 상당의 마케팅 캠페인을 실시할 것이다. 유명 작가인 앤소니 곤잘레스는 이 새로운 회사와 계약하기 위해 게이트 미디어 주식회사를 떠날 것이라고 이미 발표했다.

어휘 merge 합병하다 struggle 애를 쓰다, 분투하다 compete 경쟁하다 found 설립하다 force A to B A가 B하도록 강요하다 declare 신고하다, 선언하다 bankruptcy 파산 spokesman 대변인 complete 완성하다 launch 착수하다, 실시하다 announce 발표하다 pursue 모색하다, 추구하다 induce 유도하다 voluntary 자발적인 retirement 퇴직 operation cost 운영비 competitive 경쟁력 있는 go bankrupt 파산하다 publish 출간하다 lay off 일시 해고하다 considerable (양이) 상당한(= substantial) decision 결정 straight 연속적인 loss 손실

5 | 추론 문제 |

두 회사는 왜 변화하려고 하는가?
(A) 자발적 퇴직을 유도하기 위해
(B) 더 많은 직원을 채용하기 위해
(C) 운영비를 줄이기 위해
(D) 경쟁력을 유지하기 위해

해설 이 문제에 대한 답을 찾기 위해서는 지문 전체를 파악하고 추론해야 한다. 지문 중반부에, 시장 점유율 70%가 넘는 대기업 게이트 미디어 주식회사가 10개의 중소 출판사를 파산하게 한 점, 후반부에 합병 후 300만 달러에 이르는 마케팅 캠페인을 실시할 것이라는 점 등을 통해 회사의 규모를 키워 경쟁사에 대항할 경쟁력을 키우기 위함임을 알 수 있다. 그러므로 정답은 (D)이다.

6 | 세부 내용을 묻는 문제 |

기사에 따르면, 2008년에 발생한 일은 무엇인가?
(A) 게이트 미디어 주식회사가 파산했다.
(B) 빈치스 두베 2세가 회사를 창업했다.
(C) 프레시안 미디어 사가 새 캠페인을 시작했다.
(D) 앤소니 곤잘레스가 책을 출간했다.

해설 지문 중반부에 'Since Gate Media, Inc. was founded by Vinchis Duvet, Jr. in 2008'이라고 언급된 부분을 보면 2008년에 빈치스 두베 2세가 게이트 미디어 주식회사를 설립했음을 알 수 있다. 그러므로 정답은 (B)이다.

7 | 추론 문제 |

기사에서 추론할 수 있는 것은 무엇인가?
(A) 새 회사는 많은 근로자들을 해고할 것이다.
(B) 블랙웰 출판사는 상당한 자금을 투자할 것이다.
(C) 게이트 미디어 주식회사는 거대 기업이다.
(D) 프레시안 미디어 본사는 소재지를 이전할 것이다.

해설 지문 중반부에 'Both companies have struggled to compete with the nation's largest publishing company, Gate Media, Inc., which controls over 70 percent of the market.'이라고 언급된 부분을 보면 게이트 미디어 주식회사가 국내 최대 출판사이고 시장 점유율이 70%를 넘는다고 했으므로 내용상 이와 일치하는 (C)가 정답이다.

8 | 맥락 완성 문제 |

지문에 표시된 [1], [2], [3], 그리고 [4] 중에서 다음의 문장이 들어가기 가장 좋은 위치는 어디인가?
"이 결정은 두 회사가 3년 연속 적자를 본 결과다."
(A) [1]
(B) [2]
(C) [3]
(D) [4]

해설 발췌된 문장에서 언급된 결정이란 두 회사의 합병임을 유추할 수 있고, 두 회사가 3년 연속 적자를 본 결정적인 원인은 국내 거대 출판사인 게이트 사와의 치열한 경쟁 때문이었으므로, 이 맥락을 전후로 연결할 수 있는 [2]번 자리가 가장 적절하다. 그러므로 정답은 (B)이다.

UNIT 20 온라인 대화문

SPARTA PRACTICE | p. 281

1 (C) **2** (D) **3** (B)

글의 주제를 찾는 문제

Paul: 큰 문제가 생겼어요. 지금 기조 연설가에게서 전화를 받았는데요. 악천후로 인해서 비행기가 결항됐대요.

Risa: 정말요? 그래서 그는 지금 공항에서 비행기를 기다리고 있나요?

어휘 keynote speaker 기조 연설자 inclement (날씨가) 궂은 cancel 취소하다

1 문제가 무엇인가?
(A) 기조 연설자와 연락이 되지 않는다.
(B) 연설자가 연설 준비를 하지 않았다.
(C) 예정대로 행사를 시작하는 게 어려울 것이다.
(D) 악천후로 인해 사람들이 행사에 거의 등록하지 않았다.

해설 전반적인 내용을 묻는 문제로, 기조 연설자와 연락이 되었지만 그가 타고 올 비행기가 출발하지 않아, 행사를 진행하는 데 어려움이 있음을 알 수 있다. 따라서 정답은 (C)이다.

의도 파악 문제

Aaron: 안녕. 직업소개소를 통해 직장을 구하고 있니?

Caroline: 오, 안녕. 맞아. 여름 일자리에 대한 정보들을 찾고 싶어. 일찍 시작하면 원하는 일자리를 구할 가능성이 더 클거라 생각했거든.

Aaron: 잘했어. 좋은 가능성들을 찾았어?

어휘 look for 찾다 job placement office 직업 소개소, 취업 알선소 possibility 가능성 hire 고용하다 agree 동의하다

2 10시 5분에 Aaron이 쓴 "잘했어"는 무엇을 의미하는가?
(A) 그는 Caroline의 직업을 찾아주기 위해 노력한다.
(B) 그는 공석에 대한 충분한 정보를 가지고 있다.
(C) 그는 Caroline이 고용되길 전적으로 바란다.
(D) 그는 Caroline의 계획에 동의한다.

해설 단순한 번역이 아닌 두 사람의 대화의 전반적인 맥락 안에서 의도된 의미를 찾는다. 이 대화에서는 Aaron이 Caroline이 말하는 구직 계획에 대해 동조하는 맥락임을 알 수 있다. 따라서 정답은 (D)이다.

세부 내용을 묻는 문제

Madison: 이 물건들 모두 할인 받을 수 있나요? Kentbuz 사 직원이 당신의 상점에서 물건을 사면 10% 할인이 된다고 들었거든요.

SUB SUPPLIES: 네. 또한 대량으로 구매하셨으므로 10%를 더 할인해 드릴 수 있습니다. 그래서 총 구매 가격의 20%를 할인해 드리도록 하겠습니다.

어휘 get a discount 할인 받다 additional 추가의 in bulk 대량으로 supplier 공급자 pay in cash 현금으로 지불하다

3 왜 Madison이 할인을 받을 것인가?
(A) 할인 쿠폰을 가지고 있다.
(B) Kentbuz 사의 직원이다.
(C) 가게를 자주 방문한다.
(D) 현금으로 지불할 것이다.

해설 두 사람의 대화 속에 'discount'를 찾아 인접한 정보에서 답을 찾도록 한다. 'I heard that employees at Kentbuz, Inc. get a ten-percent discount when they shop at your store.'에 대해 직원이 긍정적으로 대답했으므로 할인 받는 이유는 Madison이 Kentbuz 사의 직원이기 때문이라고 할 수 있다. 그러므로 답은 (B)이다.

SPARTA ✔ ACTUAL TEST						p. 282
1 (A)	**2** (C)	**3** (B)	**4** (A)	**5** (C)	**6** (C)	**7** (D)
8 (B)	**9** (C)	**10** (A)	**11** (B)	**12** (B)		

<1-3> 다음 문자 메시지 대화에 대한 문제다.

Suzi: 안녕, 이번 주 토요일에 Drysmont에서 열리는 수공예 전시회에 대해 들어 본 적 있어? 이번 주 토요일 오후에 가보려고 하거든. (3:27)

James: 와! 믿을 수 없다! 나도 갈까 했거든. 하지만 내가 작년에 갔을 때 주차가 너무 힘들었어. (3:29)
주차할 자리 찾는 데 40분 넘게 걸렸어. (3:30)

Suzi: 걱정할 필요 없어. 이번에는 전시회장까지 무료 셔틀 서비스가 제공돼. Royal 호텔 근처의 버스 정류장에서 타면 돼. (3:32) 그렇게 하는 게 어떠니? 셔틀버스는 20분마다 운행될 예정이야. (3:40)

어휘 handcraft 수공예품 exhibition 전시(회) awful 몹시 나쁜 venue 장소

1 **| 추론 문제 |**
James에 대해 무엇이 암시되는가?
(A) 그는 그 장소에 차를 타고 갔었다.
(B) 그는 행사에 참여할 필요가 있다.
(C) 그는 전시회에 갈 충분한 시간이 없다.
(D) 그는 Drysmont의 거주민이다.

해설 전반적인 내용에서 추론하는 문제로, 'when I went there last year, the parking was awful.'을 보았을 때 James는 이전에 차로 그 장소에 간 적이 있었다는 추론이 가능하다. 따라서 정답은 (A)이다.

2 **| 의도 파악 문제 |**
3시 29분에 James가 쓴 "믿을 수 없다"는 무엇을 의미하는가?
(A) 그는 전시회에 처음으로 가는 것을 기대하고 있다.
(B) 그는 Suzi와 가게 되어 매우 기쁘다.
(C) 그는 Suzi와 동일한 계획이어서 놀랍다.
(D) 그는 전시회가 Drysmont에서 열리는 것을 믿을 수 없다.

해설 문자 그대로 번역하지 말고 전반적인 내용 속에서 의도된 의미를 파악해야 한다. James가 'I'm considering going, too'라고 Suzi와 동일한 계획이었음을 언급하므로 정답은 (C)이다.

3 **| 추후 당부 사항을 묻는 문제 |**
Suzi는 James에게 무엇을 하라고 제안하는가?
(A) 일찍 간다
(B) 셔틀을 탄다
(C) 티켓을 미리 구매한다
(D) 택시를 탄다

해설 Suzi의 답변 중 'You can catch a shuttle ~ How about doing that?'을 보면 셔틀을 탈 것을 권하고 있다. 그러므로 정답은 (B)이다.

<4-6> 다음 문자 메시지에 대한 문제다.

Sarah: 톰, 정말 죄송하지만, 병이 심해져서 오늘 회사에 갈 수 없을 것 같아요. (오전 8:45)

Tom: 안됐군요. 진찰은 받아봤나요? (오전 8:45)

Sarah: 지난주 토요일에 갔는데, 의사가 지금 유행하는 독감이라고 하더군요. 물을 많이 마시고, 침대에 누워 있으라고 했어요. 지시한 대로 했는데 주말 내내 아팠고, 병이 악화된 것 같아요. 어젠 움직이지도 못했어요. 부장님께 제 상태를 말씀해 주시겠어요? (오전 8:48)

Tom: 안타깝네요! 알았어요. 걱정하지 마세요. 부장님께서 마크에게 당신 일을 처리하도록 지시를 내리실 거예요. (오전 8:49)

어휘 illness 병 get worse 악화되다 make it 출근하다 flu 감기 advise 충고하다 plenty of 많은 instruction 지시 develop 발전하다, 병이 다음 단계로 진행되다 handle 처리하다

4 | 추론 문제 |

Tom은 누구일 것 같은가?

(A) 동료

(B) 의사

(C) 이웃

(D) 부장

해설 Sarah가 부장에게 말해 달라고 했으므로 (D)는 오답이고, 회사에 못 간다고 전화하는 것으로 보아 직장 동료임을 알 수 있다. 따라서 정답은 (A)이다.

5 | 의도 파악 문제 |

오전 8:49에 Tom이 쓴 "안타깝네요"는 무엇을 의미하는가?

(A) 그는 Mark가 추가 업무를 하는 것을 원하지 않는다고 생각한다.

(B) 그는 치료가 부적절하다고 여긴다.

(C) 그는 Sarah를 안쓰럽게 생각한다.

(D) 그는 부장에게 보고하는 것이 어렵다고 생각한다.

해설 전반적인 맥락을 통해 의도를 파악할 것. Tom은 Sarah의 사정을 헤아려 그녀의 병가에 대한 조치를 취하려고 한다. 그러므로 정답은 (C)이다.

6 | 추론 문제 |

Mark는 무엇을 해야 할 것인가?

(A) 병원에 가기

(B) Sarah의 상태를 보고하기

(C) Sarah의 일 하기

(D) 그의 작업 마무리하기

해설 Tom의 마지막 말 'The director may instruct Mark to handle your work'에서 Mark가 Sarah의 일을 하게 될 것임을 알 수 있다. 그러므로 정답은 (C)이다.

<7-8> 다음 문자 메시지 대화에 관한 문제다.

Benjamin Bratt [오전 11:19]

그곳에 작업이 어떻게 되어 가고 있는지 궁금합니다.

Alanna Ubach [오전 11:21]

대부분 완료되었습니다. 우리는 메인 홀 천장에 조명 장치를 설치하는 중이고 거의 끝나갑니다.

Benjamin Bratt [오전 11:23]

그게 다예요? 만약 그 작업이 오후 1시 이전에 완료된다면, 당신들이 여기에 와서 저희를 도와주었으면 해요.

Alanna Ubach [오전 11:25]

우리는 시스템을 설치한 후 시범 운행도 해야 해요.

Benjamin Bratt [오전 11:26]

흠, 꼭 오늘 해야 하나요?

Alanna Ubach [오전 11:28]

네, 호텔에서 그렇게 하라고 강력히 요청했어요.

Benjamin Bratt [오전 11:32]

알았어요. 그러면 오후 2시쯤에 제게 전화하세요.

어휘 complete 완성하다 lighting fixture 조명 장치 almost 거의 trial 시도, 시험 strongly 강력하게

7 | 전반적인 내용을 묻는 문제 |

글쓴이들은 어디에서 일할 것 같은가?

(A) 위생업체에서

(B) 민간 경비업체에서

(C) 가구회사에서

(D) 건축회사에서

해설 우바치 씨가 호텔 메인 홀 천장에 조명 장치를 설치하고 있다고 한 것을 미루어 볼 때, 그녀가 건축업에 종사하고 있음을 알 수 있다. 그러므로 정답은 (D)이다.

8 | 의도 파악 문제 |

오전 11시 23분에 브렛 씨가 "그게 다예요?"라고 쓴 의미는 무엇인 것 같은가?

(A) 그는 다른 물품이 필요한지 궁금해한다.

(B) 그는 작업이 끝나는 데 시간이 얼마나 걸리는지 알고 싶어 한다.

(C) 그는 문제의 원인을 알아내야 한다.

(D) 그는 작업 일정을 확인해야 한다.

해설 해당 메시지에 뒤에 나오는 내용을 보면, 브렛 씨는 우바치 씨에게 일이 끝나면 자신을 도와줄 것을 요청하고 있다. 이를 미루어 볼 때, 브렛 씨는 현재 우바치 씨가 하고 있는 일이 언제 끝나는지 묻고 있음을 알 수 있다. 그러므로 정답은 (B)이다.

<9-12> 다음은 온라인 채팅 토론에 관한 문제다.

Jaime Camil [오후 2:31]

모두들 안녕하세요. 여러분은 부서장으로서, 멜리자 법률회사와의 합병 발표 이후 직원들의 의견에 대해 이야기하세요.

Renee Victor [오후 2:33]

처음 발표가 난 직후에는 언짢아했지만, 점차 안정되는 것처럼 보였습니다. 그들은 추후의 변화에 예의 주시하고 있습니다.

Amanda Mohr [오후 2:34]

저희 직원들은 그 결정이 일부 인사 이동과 대규모 해고를 수반할 것이라 예상하고 있습니다. 지속된 경기 침체 때문에, 직원들은 앞으로 일어날지도 모르는 변화에 대해 걱정하고 있습니다.

Thomas Diaz [오후 2:35]

제 직원들에게 이 문제에 대해 뭐라고 말하기 조심스럽습니다. 추가 정보 없이 그들에게 아무 것도 말할 수 없어요.

Jaime Camil [오후 2:36]

저희는 그것에 대해 노력하고 있습니다. 다음 주에 이사회에서 대략적으로 결정나면, 여러분과 더 자세한 내용을 공유하도록 하겠습니다.

Amanda Mohr [오후 2:37]

우리 사무실 일부는 곧 이삿짐으로 가득찰 것 같습니다.

Jaime Camil [오후 2:38]
이 계획이 끝날 때까지, 여러분의 협조가 필요합니다. 그 외에 다른 질문이 있으시면, 저에게 언제든지 연락하세요.

어휘 department 부서 announcement 발표 merger 합병 uncomfortable 불편한, 유쾌하지 않은 gradually 점차적으로 pay sharp attention to ~을 예의 주시하다 personnel moves 인사 이동 massive 대량의 layoff 해고 recession 경기 침체 roughly 대략적으로 share 공유하다 details 세부사항 be filled with ~로 가득 차다

9 | 전반적인 내용을 묻는 문제 |

카밀 씨는 왜 메시지를 보냈는가?
(A) 사무실 이전 일정을 확인하기 위해
(B) 가능한 계획들을 발표하기 위해
(C) 직원들의 의견을 알아내기 위해
(D) 회의 일정을 잡기 위해

해설 카밀의 첫 메시지에서 합병 발표 이후 각 부서 직원들의 의견을 알려 달라고 요청하고 있다. 그러므로 정답은 (C)이다.

10 | 의도 파악 문제 |

오후 2시 36분에, 카밀 씨가 "저희는 그것에 대해 노력하고 있습니다" 라고 쓴 의미는 무엇인 것 같은가?
(A) 더 상세한 정보를 모으고 있다.
(B) 여러 사무실이 곧 문을 닫을 것이다.
(C) 그는 대표이사를 정기적으로 만난다.
(D) 업무 시간이 상당히 연장되었다.

해설 바로 이전 메시지에서 토마스 디아즈가 추가 정보가 없어서 직원들에게 말할 것이 없다고 하자, 카밀이 그것에 대해 노력 중이라고 말하고 있다. 이를 미루어 볼 때 합병에 관한 세부 정보를 모으고 있다는 것을 짐작할 수 있다. 그러므로 정답은 (A)이다.

11 | 세부적인 내용을 묻는 문제 |

부서들은 언제 최신 정보를 받을 것인가?
(A) 이번 주 후반에
(B) 일주일 후에
(C) 2주 후에
(D) 한 달 후에

해설 카밀이 다음 주에 이사회가 합병에 대한 내용을 대략적으로 결정하면 이에 대한 정보를 공유하겠다고 했으므로 정답은 (B)이다.

12 | 추후 당부 사항을 묻는 문제 |

부서장들은 무엇을 할 것으로 예상되는가?
(A) 신입 사원 고용하기
(B) 질문하기
(C) 새로운 사원증 제공하기
(D) 사무 장비 주문하기

해설 카밀의 마지막 메시지에서 그 외의 다른 질문이 있으면 자신에게 언제든 지 연락할 것을 당부하고 있다. 따라서 정답은 (B)이다.

SPARTA PRACTICE | p. 289

1 (D) **2** (D) **3** (C)

<1-3> 다음 공지와 메모에 대한 문제다.

> ## 빌리지하우스 임대
> 건물 내부 사진을 보시려면
> www.resnick-realty.com를 방문하세요!
>
> 브랜더빌의 스프링 힐 빌리지하우스
> 브랜더빌 몰과 64번 주간고속도로 근처에 위치한 멋진 3개의 침실과 2개의 화장실을 갖추고 있습니다. 최근에 새롭게 카펫을 깔고, 페인트칠을 했으며, 화강암 조리대를 갖추었습니다. 벽돌 테라스를 갖춘 안락한 뒤뜰이 있습니다. 월 임대료는 쓰레기 수거를 포함하고 있습니다. 한 달 보증금은 필수입니다. 4월 1일에 입주 가능합니다.
> 오픈하우스는 3월 6일 오후 2시부터 5시까지입니다.
> 더 많은 정보는 레즈닉 부동산의 보니 레즈닉에게 717-555-8364로 전화 주세요.

> **귀하께서 사무실에 안 계신 동안**
>
> 수신 : 보니 레즈닉
> 날짜 : 3월 2일
> 시간 : 10시 30분 오전 ( ) / 오후 (o)
>   리날도 마르티네즈 씨가 전화했습니다.
> 전화 : 717-555-2987
>
> 마르티네즈 씨가 오늘 신문에서 빌리지하우스의 광고를 보았습니다. 그는 다음 달에 이 지역으로 이주할 것이고, 이번 주에 이곳에서 집을 구하고 있습니다. 그 집을 보기 위해 빠른 시간 내에 약속을 잡길 원하고 있습니다. 위에 명시된 휴대전화 번호로 통화할 수 있습니다.
>
> 메시지 수신 : 타미 아놀드

어휘 rent 대여(하다) interior 내부의 property 재산, 소유물 conveniently 편리하게 locate 위치하다 interstate (주와 주 사이의) 고속도로 granite 화강암 countertop 조리대 cozy 안락한 backyard 뒤뜰 brick 벽돌 security deposit 임대 보증금 relocate 이전하다 housing 주택 ASAP(= as soon as possible) 가능한 한 빨리

1 | 잘못된 내용을 찾는 문제 |

아파트에 관해 암시된 것이 아닌 것은?
(A) 새로운 바닥재를 깔았다.
(B) 주요 도로 근처에 있다.
(C) 온라인으로 살펴볼 수 있다.
(D) 단기간 임대가 가능하다.

해설 지문의 전반적인 내용을 잘 파악하면서 보기를 대조해 잘못된 내용을 찾는다. 첫 번째 지문에서 To see interior pictures of the property, visit www.resnick-realty.com라고 했으므로 (C)는 맞고, conveniently located near Interstate 64에서 (B)를 알 수 있으며, Recently updated with new carpeting에서 (A)를 알 수 있다. 언급되지 않은 것은 (D)이다.

2 | 이중 지문 통합 문제 |

Martinez 씨에 관해 알 수 있는 것은?

(A) 다음 주에 아파트를 보길 원한다.

(B) 조리대를 교체하기를 원한다.

(C) 현재 스프링 힐 빌리지하우스 근처에 살고 있다.

(D) 브랜더빌로 곧 이사할 것이다.

해설 Mr. Martinez에 대한 질문은 그에 대한 정보가 있는 두 번째 지문에서 찾는다. Martinez 씨가 남긴 전화 메시지에서 확인할 수 있는 내용으로, He's relocating to the area next month에서 the area는 첫 번째 지문에 나온 Branderville이므로 (D)가 답임을 알 수 있다.

3 | 이중 지문 통합 문제 |

Martinez 씨는 왜 Resnick 씨에게 전화했는가?

(A) Resnick 씨는 그에게 맞는 저렴한 가격의 주택을 찾을 수 있다.

(B) Resnick 씨는 그의 지인 중 한 명이다.

(C) Resnick 씨는 시기적절한 계약을 제공할 수 있다.

(D) Martinez 씨의 친구가 Resnick 부동산 서비스를 추천했다.

해설 두 지문의 전체 맥락을 파악하지 못하면 풀기 힘든 유형의 문제이다. 첫 번째 지문에서 Resnick이 광고하는 주택이 'Available on April 1st.'라고 했고, 두 번째 지문에서 Mr. Martinez는 'He's relocating to the area next month'라고 언급하고 있기 때문에 시기에 맞는 계약을 제공할 수 있다는 (C)가 정답이다.

SPARTA ✅ ACTUAL TEST p. 290

| 1 (C) | 2 (A) | 3 (C) | 4 (B) | 5 (C) | 6 (A) | 7 (D) |
| 8 (B) | 9 (A) | 10 (D) | | | | |

<1-5> 다음 편지들에 대한 문제다.

날짜: 2월 4일

관계자분께,

저는 한 달 전에 당신의 매장 중 한 곳에서 새 휴대폰을 샀는데, 문제를 겪고 있습니다. 전화를 할 때 대화 중간에 끊기는 경향이 특히 불만스럽습니다. 확실하지는 않지만 실제적인 원인은 휴대폰 스피커가 제대로 작동하지 않거나 연결이 안 좋아서 그런 것 같습니다. 마이크는 정상입니다.

제 거주 지역에서 휴대폰 이용에 문제를 겪는 것은 이번이 처음입니다. 제가 추측하기에 이것은 장비 자체의 결함입니다. 저는 또한 집에서 꽤 멀리 떨어진 제 사무실에서도 휴대폰을 사용해 봤지만, 제 휴대폰 문제인지 제가 통화하는 상대방의 휴대폰 문제인지 아직 모르겠습니다. 저는 휴대폰을 반품하고자 합니다. 이 문제를 도와주시길 바랍니다.

마크 베르게

친애하는 고객님께,

고객님의 최근 요청에 감사드립니다. 저희는 고객 데이터베이스를 체크해 봤으며, 고객님이 12월 27일 저희 엘링턴 매장에서 XRS 456 모델의 휴대폰을 구매하신 것을 확인했습니다. 고객님의 새 휴대폰에 문제가 있어 정말 유감입니다.

구매하신 휴대폰의 결함일 경우에는 제조사로 반품될 것입니다. 하지만 저희는 최근에 고객님 지역 근처에 있는 송전탑을 교체했고, 그것이 고객님이 언급하신 문제의 이유일 수도 있습니다. 불행하게도, 기술지원 전문가인 저는 당신의 특별한 요청에 대해 도울 권한이 없습니다.

도움이 더 필요하시면, BT&T 지점 중 하나를 방문해 주세요. 가까운 BT&T 매장을 찾으시기 위해서는 www.btandttelephones.com/storelocation 을 방문해 주세요.

진심으로,

피터 스트라한 / 기술지원보조

어휘 tendency 경향 particularly 특히 frustrating 불만스러운 connection 연결 normally 정상적으로 residence 거주 assume 가정하다 equipment 장비 defective 결함 있는 manufacturer 제조업자 replace 대체하다 transmission 전송 authority 권한

1 | 주제를 묻는 문제 |

베르게 씨의 문제는 무엇인가?

(A) 실제 사용한 것보다 많은 요금이 청구됐다.

(B) 휴대폰의 일부 기능을 이용할 수 없다.

(C) 전화 통화가 중단된다.

(D) 전화를 받는 사람이 잘 듣지 못한다.

해설 주제를 문제로 제기하는 경우가 많다. 베르게 씨는 휴대폰 사용에 어려움을 겪고 있는데, 'it has a tendency to cut off in mid-conversation'에서 그 내용을 알 수 있다. 즉, 통화할 때 전화가 끊기는 경향이 있다고 했으므로 정답은 (C)이다.

2 | 세부 내용을 묻는 문제 |

베르게 씨는 왜 장비 문제라고 생각하는가?

(A) 전에 쓰던 전화는 작동이 잘됐다.

(B) 전화기 부품이 없어진 걸로 보인다.

(C) 전화 서비스 계약을 연장하지 않았다.

(D) 전화기에 눈에 보이는 파손이 있다.

해설 첫 번째 지문의 This is the first time ~ my residence에서 힌트를 제시하고 있는데, 이전에는 집에서 사용했을 때 문제가 없었다고 한다. 이와 같이 말한 이유는 이번에 구입한 전화 말고 이전 전화는 작동이 잘 됐기 때문이므로 정답은 (A)이다.

3 | 세부 내용을 묻는 문제 |

BT&T는 어디에서 보수 작업을 하고 있는가?

(A) 엘링턴 매장에서

(B) 본점에서

(C) 베르게 씨의 집 근처에서

(D) BT&T 본사 근처에서

해설 두 번째 지문에서 'we have been replacing our transmission towers near your location'이라고 했으므로 정답은 (C)임을 알 수 있다.

4 | 세부 내용을 묻는 문제 |

두 번째 편지에서 언급되지 않은 것은?

(A) 휴대폰을 구매한 날짜

(B) 휴대폰을 제조한 회사 이름

(C) 베르게 씨가 휴대폰을 구입한 장소

(D) 보다 많은 정보를 찾을 수 있는 곳

해설 두 번째 문장 you purchased ~ from our Elington store에서 (A), (C)는 확인 가능하다. 하단의 please visit www.btandttelephones. com/storelocation에서 매장을 찾을 수 있으므로 (D)도 확인 가능하다. 하지만 (B)에 대해서는 언급된 부분이 없다.

5 | 지문 통합 문제 |

스트라한 씨가 베르게 씨를 돕지 못하는 것은?

(A) 수리 센터를 찾는 것

(B) 교환을 받는 것

(C) 제품을 반품하는 것

(D) 보증을 늘리는 것

해설 첫 번째 지문에서 베르게 씨는 휴대폰 반품을 요구하고 있고, 두 번째 지문에서는 'Unfortunately, as a technical support specialist ~ your particular request'라면서 반품 요청을 받아주지 못해서 안타깝다고 했으므로 정답은 (C)이다.

<6-10> 다음 이메일과 회람에 관한 문제다.

발신: 페트리샤 클락슨
수신: 알렉시아 라스무센
제목: 컨퍼런스

알렉시아 씨께,

요청하신 대로 저는 당신에게 이달 말에 있을 컨퍼런스에 대해 더 많은 정보를 제공하고자 이 글을 씁니다. 컨퍼런스는 12월 25일 금요일에 캘리포니아 주 샌프란시스코의 시티 컨퍼런스 센터에서 열립니다. 이 컨퍼런스는 뉴 미디어 주식회사 직원들이 연예계의 다른 사람들을 만날 수 있는 좋은 기회입니다.

컨퍼런스 일정은 다음과 같습니다:

• 오전 8:00 ~ 오전 10:00
"고객 이해하기"
발표자: 시장 분석가 조셉 크로스

• 오전 10:15 ~ 오후 12:00
"생산성 높이기"
발표자: 필립 모틴 미디어 사 영업 이사 밥 로스

• 정오 ~ 오후 1:00 무료 오찬

• 오후 1:30 ~ 오후 3:30
"효과적인 발표하기"
발표자: 앤더슨 엔터테인먼트 대표이사 데본 그레이에

• 오후 3:45 ~ 오후 5:45
"연예 산업의 미래 동향"
발표자: <가장 성공한 10대 미디어 회사>의 저자 필립 트렌트

• 오후 5:45 ~ 오후 6:00
폐회사, 컨퍼런스 진행자 사무엘 라이트

뉴 미디어 주식회사에서 등록비, 숙박비 및 모든 식대를 지불할 것임을 알려드립니다. 회의장 왕복 교통비는 직원 부담입니다. 이 정보가 도움이 되기를 바랍니다.

안녕히 계십시오.

페트리샤 클락슨
뉴 미디어(주) 관리자

발신: 알렉시아 라스무센
수신: 전 직원
제목: 컨퍼런스

안녕하세요, 여러분! 약간의 일정 변동이 있음을 알려드리고자 이 글을 씁니다. 뉴스에서 이미 들으셨을지 모르지만, 조셉 크로스 씨가 월요일 밤에 심장마비를 겪고 킹스 카운티 병원에서 회복 중입니다.
유감스럽지만, 그는 계획대로 발표할 수 없을 것입니다. 저는 컨퍼런스 진행자로부터 플리트 미디어 사의 고객관리 이사인 로레인 브라코 씨가 대신 발표할 것이라고 전달 받았습니다. 그녀는 "고객을 만족시키는 방법"이라는 제목으로 고객들의 불만 사항을 다룬 15년간의 경험에 대해 연설할 것입니다.
또한, 컨퍼런스에서 특별식을 요청하고 싶으시면 12월 23일까지 895-326-6547로 페트리샤 클락슨에게 연락하십시오.

어휘 request 요청하다 provide 제공하다 entertainment industry 연예계 as follows 다음과 같이 present 발표하다 analyst 분석가 increase 증가시키다 productivity 생산성 effective 효과적인 presentation 발표 CEO(= chief executive officer) 대표이사, 최고 경영자 trend 추세, 동향 author 저자 closing remark 폐회사 coordinator 진행자, 조정자 pay for ~을 지불하다 registration 등록 accommodations 숙박 transportation 교통, 운송 inform 알리다 slight 약간의 suffer (고통을) 겪다 recover 회복하다 unfortunately 불행하게도, 유감스럽게도 give[make] one's presentation 발표하다 experience 경험 deal with ~을 다루다 complaint 불만 contact 연락하다 policy 정책 work schedule 작업 일정 organize 준비하다, 조직하다 be intended for ~을 위한 것이다, ~을 대상으로 하다 develop 발전시키다, 개발하다 executive 경영진

6 | 전반적인 내용을 묻는 문제 |

페트리샤 클락슨은 왜 이메일을 썼는가?

(A) 행사에 관한 정보를 제공하기 위해

(B) 회의 일자를 변경하기 위해

(C) 회사의 새 방침을 논의하기 위해

(D) 새 작업 일정을 소개하기 위해

해설 첫 지문의 첫 문장 'As you requested, I am writing to provide you with some more information about the conference at the end of the month.'를 보면 이달 말에 있을 컨퍼런스에 관한 정보를 제공하기 위해 이메일을 작성한다고 했으므로 정답은 (A)이다.

7 | 세부적인 내용을 묻는 문제 |

페트리샤 클락슨이 행사에 관해 뭐라고 하는가?

(A) 샌프란시스코에서 매년 열린다.

(B) 앤더슨 엔터테인먼트가 주관한다.

(C) 업계의 신입 사원들을 위한 것이다.

(D) 사업적 관계를 발전시킬 훌륭한 자리다.

해설 첫 지문 상단에 'The conference is a great way for New Media, Inc. employees to meet other people in the entertainment industry.' 라고 언급된 부분을 보면 이 컨퍼런스가 뉴 미디어 사의 직원들이 연예 산업에 종사하는 다른 사람들을 만날 수 있는 좋은 방법이라고 했으므로 (D)가 정답이다.

8 | 세부적인 내용을 묻는 문제 |

직원들은 무엇에 돈을 지불해야 하는가?

(A) 등록

(B) 교통

(C) 숙박

(D) 식음료

해설 첫 지문의 하단 'Employees are expected to pay for transportation to and from the conference.'에서 직원들은 행사장까지 왕복 교통비를 부담해야 한다고 언급했으므로 정답은 (B)이다.

9 | 지문 통합 문제 |

컨퍼런스에서 어떤 세미나가 취소되었는가?

(A) 고객 이해하기

(B) 생산성 높이기

(C) 효과적인 발표하기

(D) 연예 산업의 미래 동향

해설 두 번째 지문의 'You may have already heard it on the news, but Joseph Cross suffered a heart attack ~, he will not be able to give his presentation as planned.' 부분을 통해 심장마비를 겪은 조셉 크로스가 예정대로 발표할 수 없음을 알 수 있고, 첫 지문의 일정을 보면 조셉 크로스의 발표 주제가 "Understanding the Customer" 로 되어 있으므로 정답은 (A)이다.

10 | 진위 여부를 묻는 문제 |

로레인 브라코에 관해 사실인 것은?

(A) 그녀는 뉴 미디어 사의 대표이사이다.

(B) 그녀는 고객 서비스에 대한 책을 썼다.

(C) 그녀는 컨퍼런스를 주관했다.

(D) 그녀는 회사의 중역이다.

해설 두 번째 지문 중반부에서 'Lorraine Bracco, the director of customer relations at Fleet Media, will be giving a presentation instead.' 를 확인할 수 있는데, 콤마 뒤에 동격으로 설명되는 the director of customer relations를 통해서 그녀가 한 회사의 중역(executive)임을 알 수 있다.

450 스파르타 토익 700

UNIT 22 삼중 지문

SPARTA 📄 PRACTICE | p. 298

1 (C) **2** (D) **3** (D)

<1-3> 다음 송장과 이메일들에 관한 문제다.

송장 #4527

청구서 수신:

존 코벳

749 멀버리 가

리프몬트, 로드아일랜드 22099

배송 수신:

(동일)

품목#	기재사항	수량	가격
7982	산악텐트(2인용)	1	159.99 달러
1054	블루버드 팩, 어린이용	1	21.97 달러
1067	디럭스 팩	1	89.99 달러
9856	우비, 어린이용 스몰사이즈, 빨간색	1	19.96 달러

합계: 291.91 달러

부가세: 8.76 달러

총 요금: 300.67 달러

발신: 고객서비스부 <customerservice@wildwoodcamping.com>

수신: 존 코벳 <corbett@t-mail.net>

날짜: 5월 5일

제목: 송장 #4527

존 코벳 님께,

5월 1일 귀하의 구매에 감사드립니다.

이 이메일에 당신의 주문에 대한 송장을 첨부했습니다. 배송이 완벽한지 확인 바랍니다. 또한, 작은 어린이용 파란색 우비가 현재 품절되었음을 알려 드리게 되어 유감입니다. 그러므로, 귀하께서 당신의 아들과 캠핑을 가는 날 전까지 이 물건이 필요하다고 하셔서, 파란색 우비 대신에 빨간 우비를 보내드립니다. 다른 모든 품목들은 주문하신 대로 배송될 것입니다. 캠핑하면서 멋진 시간 보내시길 바랍니다!

진심을 담아,

WILDWOOD CAMPING GEAR

발신: 존 코벳 <corbett@t-mail.net>

수신: 고객서비스부 <customerservice@wildwoodcamping.com>

날짜: 5월 6일

제목: 회신: 송장 #4527

저는 빨간색 어린이용 우비를 돌려보냅니다. 제 아들은 파란색을 좋아해서, 다른 것은 입으려고 하지 않을 겁니다. 저는 아이와 마을을 떠나는 길에 파란 코트를 살 것입니다. 그 이외에는 제품들과 서비스에 대해서 매우 만족합니다. 이 이메일을 보시자마자 수정한 송장을 보내주시고 저는 즉시 알맞은 금액에 대한 수표를 보내드리도록 하겠습니다.

존 코벳

어휘 invoice 송장 bill 청구서 ship 배송하다 description 설명, 기술 quantity 양 deluxe 호화로운 raincoat 우비 tax 세금, 부가세 due 요금 out of stock (일시적으로) 재고가 떨어진, 품절의 enclose 동봉하다, 첨부하다 return 반품하다 revised 수정된 immediately 즉시

1 | 첫 번째 지문의 세부 내용을 묻는 문제 |

제품들은 어디로 배송되었는가?

(A) 호주 시드니

(B) 콜로라도 마운틴 뷰

(C) 로드아일랜드 리프몬트

(D) 영국 런던

해설 배송 주소는 'Ship To: (same)'이라고 나와 있다. 이는 위의 청구서 수신지와 동일하다는 것인데 그 주소는 749 Mulberry St. / Leafmont, Rhode Island 220099이라고 기재되어 있다. 따라서 정답은 (C) '로드아일랜드 리프몬트'이다.

2 | 지문 통합 문제 |

누가 캠핑을 갈 것인가?

(A) 두 어른

(B) 부모 한 명과 두 아이들

(C) 보이 스카우트 분대

(D) 부모 한 명과 아이 한 명

해설 첫 지문의 표 안에 2인용 장비 'Mountain Tent (for 2)'를 구입하고 두 번째 지문 편지의 내용 중 ' ~ because you need the item until the date you are going camping with your son.'을 통해, 캠핑을 떠나는 사람이 누구인지를 알 수 있다. 여기서 you는 물품을 주문한 부모이고, 그의 아들과 둘이 캠핑을 떠나는 것이므로 답은 (D)이다.

3 | 지문 통합 문제 |

John Corbett는 얼마를 지불할 필요가 없는가?

(A) 159.99 달러

(B) 21.97 달러

(C) 89.99 달러

(D) 19.96 달러

해설 세 번째 지문 존 코벳의 답장 이메일을 보면 'I am returning the red children's raincoat'라고 나와 있다. 첫 번째 지문인 송장에서 빨간색 어린이용 우비는 19.96달러이므로 이 금액은 지불하지 않아도 된다. 그러므로 정답은 (D)이다.

SPARTA ✓ ACTUAL TEST | p. 300

1 (C) 2 (D) 3 (C) 4 (A) 5 (C) 6 (C) 7 (C)
8 (B) 9 (C) 10 (C)

<1-5> 다음 이메일들과 표에 관한 문제다.

발신: Martha Higareda <Mhigareda@higaredacommunications.com>
수신: <customerservice@waterlogic.com>
날짜: 5월 3일
제목: 물 디스펜서

우리 회사는 최근 1607 Lake Drive로 이전했고, 리필 가능한 냉·온수 물 디스펜서를 렌트하고자 합니다. 더불어, 우리는 정기적으로 식수 배송 서비스를 이용하고 싶습니다. 다른 회사들의 몇몇 온라인 후기들을 확인한 후에, 우리는 Waterlogic이 사용자로부터 좋은 후기들을 많이 받았다는 것을 알았습니다. 그래서 저희는 당신에게 제일 먼저 연락하기로 결정했습니다. 주문을 결정하기 전에, 당신이 보유하고 있는 디스펜서들과 다른 선택권들 그리고 초기비용과 유지비용에 대한 견적 또한 알고 싶습니다.

진심을 담아,
Martha Higareda
Higareda Communications

발신: Daryl Gates <gates@waterlogic.com>
수신: Martha Higareda <Mhigareda@higaredacommunications.com>
날짜: 5월 4일
제목: 회신: 물 디스펜서

Higareda 씨에게,

우리 서비스에 관심을 가져주시고 연락 주셔서 감사합니다. Waterlogic은 텍사스에서 가장 맛있는 물을 제공합니다. 우리는 어떤 디스펜서 모델이 당신의 필요에 맞는지 당신과 함께 결정하게 되어 기쁩니다. 이 이메일에 당신이 요청했던 견적이 포함된 파일을 첨부합니다. 그러니 그 표를 참고하시고 선택사항과 가격을 비교해 보시기 바랍니다. 15리터 시스템은 주로 가정에서 사용됩니다. 20리터 모델은 사업체에서 가장 인기가 있습니다. 당신의 필요에 맞는 견적을 제공하기 위해서, 얼마나 많은 사람들이 물 디스펜서를 이용할 예정인지 저에게 알려주세요.
리필 가격에 추가로, 우리 서비스는 첫 구매에 대하여 30달러의 1회의 환불 가능한 보증금을 받습니다. 배송 비용은 주문하시는 물병 수와 우리 배송 직원들이 물건을 들고 내리기 쉬운 지역인가에 따라 상이합니다. 마지막 내용은 간단한 현장 방문을 통해 확인하실 수 있습니다.
우리는 고객님과의 계약을 논의하기 위해 당신이 있는 지역에 영업사원을 파견하게 되어 기쁩니다. 일정을 잡기 위해 525-5458번으로 연락 주세요.

Daryl Gates
Waterlogic

<가격 견적 목록>

모델	디스펜서 특징	물병 사이즈	리필당 가격	디스펜서 월 이용 요금
WLH 1502	냉수와 얼음	15L	30달러	9.9달러
WLH 1503	냉/온수	15L	30달러	12달러
WLB 2003	냉/온수	20L	45달러	14.9달러
WLB 2004	냉수와 얼음	20L	45달러	19.9달러

어휘 move 이전하다 refillable 리필 가능한 review 평, 후기 estimate 견적(서) meet 충족하다 compare 비교하다 typically 주로, 전형적으로 refundable 환불 가능한 determine 결정하다

1 | 첫 번째 글의 목적을 찾는 문제 |

왜 첫 번째 이메일이 쓰였는가?

(A) 청구서 오류에 대해 항의하기 위해

(B) 회사에 주소 변경을 알리기 위해

(C) 서비스에 관해 문의하기 위해

(D) 제품 반품을 문의하기 위해

해설 첫 번째 이메일의 목적을 묻는 문제로 'We are interested in renting a refillable water dispenser with built-in heating and cooling'을 보면 알 수 있다. 그러므로 정답은 (C)이다.

2 | 세부 내용을 묻는 문제 |

지불과 관련해 언급된 것은 무엇인가?

(A) 할인은 대량 주문에 적용된다.

(B) 고객들은 매주 청구서를 받는다.

(C) 첫 주문은 배송이 무료다.

(D) 첫 주문은 추가 비용이 든다.

해설 지불과 관련하여 언급된 것이 무엇인지 묻는 문제로, 두 번째 지문에 첫 구매에 대하여 30달러의 1회의 환불 가능한 보증금을 받는다고 (In addition to the refill costs, our service requires a one-time refundable deposit of $30 with your first order.) 했으므로, 정답은 (D)가 된다.

3 | 진위 여부를 파악하는 문제 |

가격 견적을 위해 필요하지 않은 정보는 무엇인가?

(A) 고객의 주소

(B) 사용자의 수

(C) 선호하는 물의 종류

(D) 원하는 디스펜서

해설 가격 견적을 위해 필요하지 않은 정보가 무엇인지 묻는 문제로, NOT을 포함한 문제는 지문에서 해당 내용을 하나씩 소거해 나가며 꼼꼼하게 풀어야 한다. 보기 (A)는 두 번째 지문 두 번째 단락에 (how easy it is for our delivery people to access the drop-off and pickup area.), 그리고 보기 (B)는 두 번째 지문 첫 번째 단락(please let me know how many people will be using the water dispenser.)에 나와 있다. 마지막으로, 보기 (D)는 세 번째 지문의 모델명이 나와 있는 표에 있으므로, 답은 (C)이다.

4 | 추후 당부 사항을 묻는 문제 |

두 번째 이메일에 따르면, 왜 Higareda 씨는 Gates 씨와 연락해야 하는가?

(A) 미팅 일정을 잡기 위해

(B) 구독을 취소하기 위해

(C) 보증금을 내기 위해

(D) 연락처를 묻기 위해

해설 두 번째 지문 마지막 단락의 맨 마지막 문장에, 일정을 잡기 위해서 연락하라고 (Please contact me at 525-5458 to make an appointment.) 했으므로, 정답은 (A)가 된다.

5 | 통합 지문 문제 |

어떤 모델이 Higareda 씨의 요구 사항에 가장 잘 맞겠는가?

(A) WLH-1502

(B) WLH-1503

(C) WLB-2003

(D) WLB-2004

해설 세 개의 지문이 모두 연계된 통합 지문 문제이다. 첫 번째 지문 첫 번째 줄에, 냉온수를 사용할 수 있는 리필 가능한 물 디스펜서를 원한다는 (we are interested in renting a refillable water dispenser) 내용과, 두 번째 지문에 20리터가 사업체에 가장 인기있다는 (A twenty-liter model is the most popular for businesses.) 내용을 토대로, 첨부된 세 번째 지문의 모델명을 참고하여, 답이 (C)임을 알 수 있다.

<6-10> 다음 일정표, 회람, 그리고 웹 페이지에 관한 문제다.

지하철 교통 시스템
스노든 - 생 미셸 노선
1월 1일 - 6월 30일 시행

(도착 시간)

기차	스노든	아카디	파르크	장 탈롱	생 미셸
67*	오전 8:15	오전 8:50	오전 9:14	—	오전 10:15
11	오전 10:02	오전 10:32	—	오전 11:10	오전 11:59
28*	오후 12:45	오후 1:25	오후 1:44	오후 2:09	오후 3:05
25	오후 6:30	오후 7:07	오후 7:31	오후 7:55	오후 9:01

* 공휴일 운행 안 함

승객 여러분께

표시된 곳을 제외하고 매일 지하철로 이동할 수 있다는 것을 알아 두십시오.

일정은 6개월마다 갱신됩니다. 7월 1일부터 12월 31일까지의 일정은 5월 15일에 게시됩니다.

사전에 구매하지 못한 티켓은 승차하여 차장에게 1달러의 추가 요금을 지불하고 구입할 수 있습니다.

---

www.sts.com/notice

홈	공지	서비스	질의응답

지하철 최신 소식

3월 5일

새로운 승차권 발매기로 지하철 교통 시스템 승객들은 3월 20일부터 모든 역에서 티켓을 구매할 수 있습니다. 이는 모든 거래를 위해 개방되어 있을 대부분의 매표소에서 줄을 서서 기다리는 시간을 상당히 줄일 것으로 예상됩니다. 추가 세부 내용을 원하시면 위의 "서비스"를 클릭하세요.

3월 12일 월요일에는 다음과 같은 서비스 중단이 승객들에게 영향을 줄 것입니다.: 장 탈롱 역의 서비스가 역 주변의 진입로 일부와 주차장의 도로 재포장으로 인해 일시적으로 중단될 예정입니다. 28번 열차는 장 탈롱 역에서 정차하는 마지막 기차가 될 것이며, 정기적인 열차 서비스는 다음 날 재개됩니다.

7월 1일부터, 새로운 9번 기차가 가장 혼잡한 통근 시간 동안 스노든에서 생 미셸까지 운행하는 급행 서비스를 시작할 것입니다. 도착 시간은 다음 일정표에 게시될 것입니다. 9번 기차에는 특별 통근 요금도 부과될 예정입니다.

어휘 except 제외한 indicate 표시하다 in advance 사전에 conductor 차장 on board 탑승 중인 additional charge 추가 요금 significantly 상당히 waiting time 대기 시간 ticket office 매표소 transaction 거래 discontinue 중단하다 repave (도로를) 재포장하다 access road 진입로 resume 다시 시작하다 peak 절정의 commuting 통근

6 | 세부 내용을 묻는 문제 |

기차 일정표에 대해 알 수 있는 것은 무엇인가?
(A) 한 달에 한 번 변경된다.
(B) 항상 유동적이다.
(C) 공휴일에는 다르다.
(D) 교통부가 정한다.

해설 첫 번째 지문에 '*'로 표시된 서비스는 공휴일에 이용할 수 없다고 언급되어 있으므로 공휴일에는 다른 날과 일정이 다르다는 것을 알 수 있다. 그러므로 정답은 (C)이다.

7 | 거짓 정보를 찾는 문제 |

티켓 구매 방법으로 언급되지 않은 것은?
(A) 기차 내의 직원에게서
(B) 자동 기기에서
(C) 여행사 직원에게서
(D) 고객 서비스 창구에서

해설 두 번째 지문 하단 'For tickets not purchased in advance, they are available from a conductor on board for an additional charge of $1.'에서 언급된 것처럼 기차 차장으로부터 표를 구입할 수 있으므로 (A)는 사실이며, 세 번째 지문 상단 'New ticket machines will allow subway transit system passengers to purchase tickets at all stations beginning on March 20.'에서 승차권 발매기로 티켓을 구매할 수 있다는 것이 언급되었으므로 (B)도 사실이다. 또한, 바로 뒤에 언급된 'These are expected to significantly decrease the waiting time on lines at most ticket offices, which will remain open for all transactions.'에서 고객 서비스 창구인 매표소에서 표를 구매할 수 있으므로 (D)도 사실이다. 그러므로 언급되지 않은 (C)가 정답이다.

8 | 지문 통합 문제 |

3월 12일에, 장 탈롱 역에 마지막 기차가 도착하는 시간은 언제인가?
(A) 오전 11시 10분
(B) 오후 2시 9분
(C) 오후 7시 55분
(D) 오후 9시 1분

해설 세 번째 지문을 보면 3월 12일은 도로 재포장으로 인해 장 탈롱 역의 일부 서비스가 제한되는 날이며, 28번 기차가 마지막으로 정차하는 기차라고 언급된다. 첫 번째 지문에서 28번 기차가 장 탈롱 역에 도착하는 시간이 오후 2시 9분임을 확인할 수 있으므로 정답은 (B)이다.

9 | 세부 내용을 묻는 문제 |

웹 페이지에 따르면, 기차 서비스에 어떤 변화가 일어날 것인가?
(A) 한 역사가 개조될 것이다.
(B) 할인된 한 달 정기권이 출시될 것이다.
(C) 통근 기차가 추가될 것이다.
(D) 고객 서비스 창구가 더 늦게까지 열려 있을 것이다.

해설 세 번째 지문 하단을 보면 7월부터 통근 시간에 급행 서비스를 제공하는 9번 기차가 신설된다고 언급하고 있으므로 (C)가 정답이다.

10 | 지문 통합 문제 |

9번 기차의 도착 시간은 언제 알 수 있는가?
(A) 3월 12일에
(B) 3월 20일에
(C) 5월 15일에
(D) 7월 1일에

해설 세 번째 지문 하단에 7월 1일에 시작하는 급행 서비스의 도착 시간은 다음 일정표에 게시된다고 나와 있다고 했고, 두 번째 지문 중반에 7월 1일부터의 일정은 5월 15일에 게시된다고 했으므로 정답은 (C)이다. (D) 7월 1일은 서비스 시작일이므로 선택하지 않도록 주의해야 한다.

books.english.co.kr